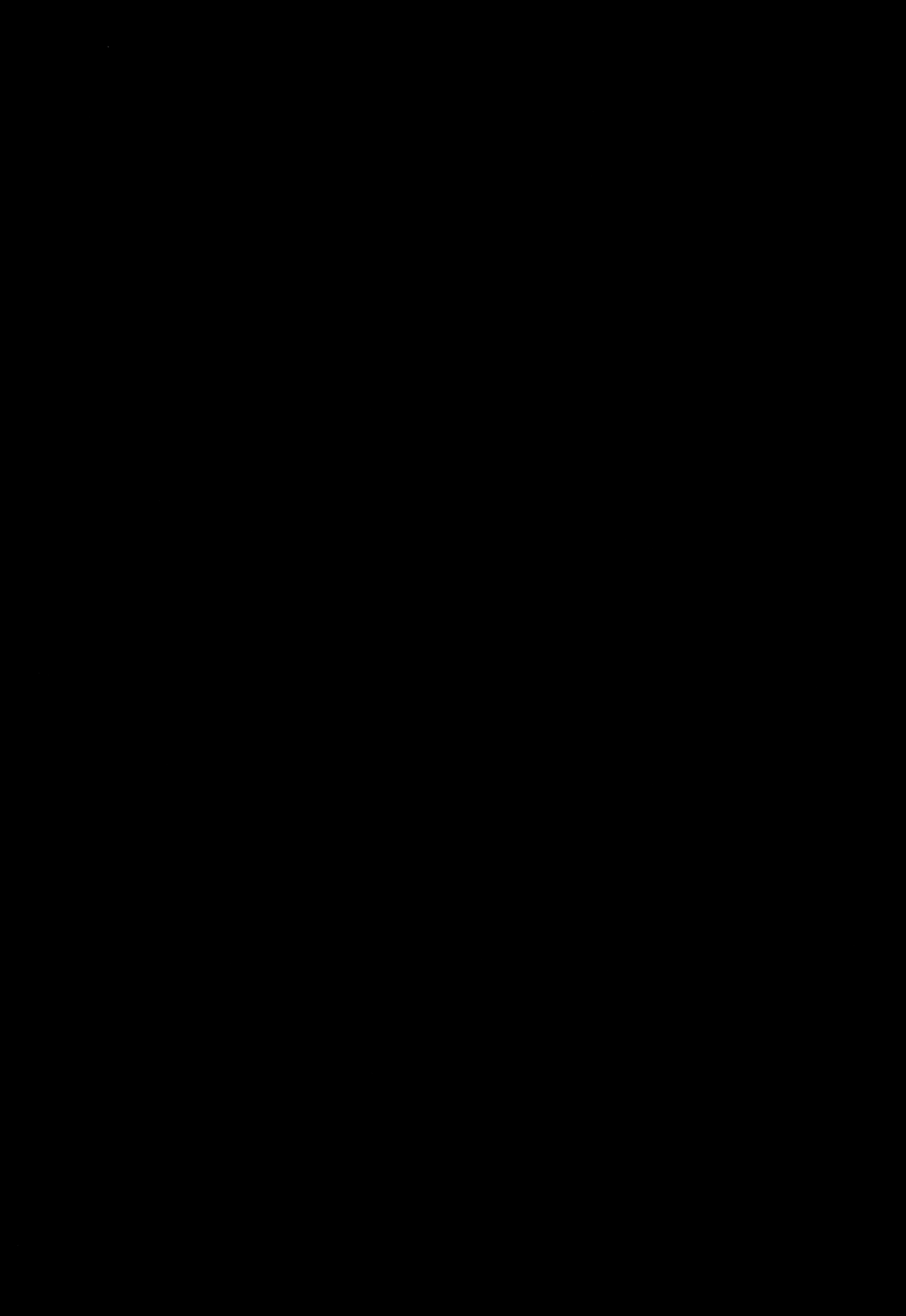

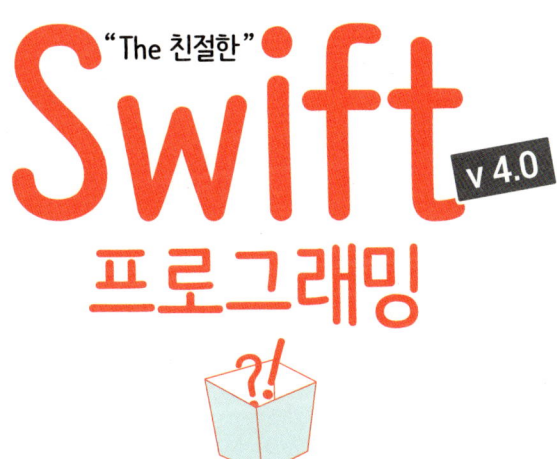

 IT 책장은 독자들의 꿈을 채워가는 책장출판사의 전문서 및 실용도서 브랜드입니다.

"The 친절한"
Swift v4.0 프로그래밍 Zero

초판 1쇄 인쇄 | 2018년 05월 01일
초판 1쇄 발행 | 2018년 05월 15일

지은이 | 정재곤
펴낸이 | 배호종
펴낸곳 | 책장

출판사 등록번호 | 제2012-000213호
주소 | 서울특별시 마포구 신공덕동 9-26 공덕코어 3층
전화 | 070-6046-8395
카페 | http://cafe.naver.com/ilovebookcase
메일 | riger303@naver.com

기획 및 책임 편집 | 배호종 / **표지 및 본문 디자인** | 이승현 / **본문 일러스트** | Design 책장
전산편집 | 조주연 / **영업 및 자료 문의** | riger303@naver.com

가격 | 31,000원
ISBN | 979-11-954189-0-9 (13000)

- 잘못된 책은 구입한 서점에서 바꿔 드립니다.
- 이 책의 모든 내용, 디자인, 이미지, 편집 구성 및 저작권은 책장출판사와 저자에게 있습니다.
- 책에 수록된 모든 콘텐츠는 허락 없이 복제하거나 옮겨 실을 수 없습니다.

"The 친절한" Swift v4.0 프로그래밍

정재곤 지음

Preface
머리말

Motive

스위프트, 대세가 될까? 쪽박이 될까? 고민하지 마세요!

요즘은 하나의 프로그램을 만드는 데도 다양한 기능과 라이브러리가 사용되는 시대입니다. 만약 프로그램에 필요한 기능을 만들 때 예전부터 쓰던 프로그래밍 언어를 사용하면 많은 시간과 노력이 필요할 수밖에 없습니다. 그런데 새로 태어난 여러 언어 중 하나인 스위프트를 사용하면 어떨까요? **스위프트는 모든 프로그래밍 언어 중에서도 성능과 언어적 특성이 매우 훌륭한 언어입니다.** 다시 말해, **개발 시간을 단축하고 효율성을 높일 수 있는 언어인 것입니다.** 그리고 오픈소스로 배포되면서 아이폰이나 맥OS를 위한 프로그램뿐만 아니라 웹서버나 윈도우 기반 프로그램까지 만들 수 있게 되었죠. 이렇듯 많은 개발자에게 영향을 미칠 수 있는 새로운 프로그래밍 언어가 되었지만 아직 스위프트의 본모습을 모르는 분이 많습니다. 이런 분들께 스위프트를 제대로 알려주기 위해 이 책을 쓰게 되었습니다.

Insight

개념을 익히면서 언어를 대하는 통찰력도 높이세요!

이 책은 기존 프로그래밍 언어와 스위프트 언어가 어떤 차이가 있는지도 설명합니다. 무엇이 다른 점인지 생각하면서 보면 더욱 좋습니다. 예를 들어, 자바 언어를 접한 적이 있다면 옵셔널이나 클로저와 같은 개념이 매우 흥미롭게 느껴질 것입니다. 비슷한 개념이 있지만 스위프트가 **제안하는 혁신적인 개념을 중심으로 기존 언어와 어떻게 다른지 반드시 확인해 보세요.** 그러면 좀 더 빨리 스위프트 언어를 이해할 수 있게 됩니다. 만약 코딩을 처음 해보는 분이라면 하나씩 꼼꼼히 따라해 보길 바랍니다. 코딩은 누구나 시작할 수 있지만 속성으로 익히기보다 차근차근 이해하면서 따라하고, 똑같은 내용을 여러 번 반복해야 실력이 늘 수 있습니다.

Style

코딩은 쉽게 접하는 게 최선이겠죠? 눈높이를 낮춰 설명했어요.

- 첫째 마당은 엑스코드라는 개발 도구를 설치하고 곧바로 첫 번째 코딩을 시작합니다. 무작정 따라만 해도 될 정도니 어렵지 않습니다.

- 둘째 마당은 스위프트의 특징을 하나씩 설명합니다. 코드를 하나씩 입력하면서 진행하기 때문에 집중해서 따라가다 보면 어떤 내용인지 쉽게 익히게 됩니다.

- 셋째 마당은 둘째 마당에서 배운 내용을 바탕으로 아이폰 앱을 직접 만듭니다. 아이폰 앱이 제작되는 기초적인 내용을 연습하면서 스위프트가 아이폰 앱에 어떻게 사용되는지 이해하게 됩니다.

Effect

학습 효과를 높일 수 있는 다양한 장치를 활용하세요.

코드를 하나씩 따라할 때 이해가 어려운 부분이 있다면 QR 코드를 스캔하세요. 책에서 못 다한 코드 설명을 동영상으로 보고 들을 수 있습니다. 동영상 강의만 반복해서 보더라도 내용을 쉽게 이해할 수 있습니다.

그리고 각 단원의 마지막에는 연습문제가 있습니다. 코딩의 기본이 반복이기 때문에 연습문제를 풀면서 익힌 내용을 한 번 더 복습할 수 있습니다. 그밖에도 다양한 퀴즈와 정리 노트 등이 있으니 효과적인 학습에 도움이 될 것입니다.

코드 입력을 따라하면서 하나씩 이해했다면 반드시 몇 번씩 반복해야 한다는 것, 기억하세요!

저자 정재곤

mike.jung.global @gmail.com

About this book

이 책에 대해서

■ 누구에게나 친절한 시작점이 되도록

개발 환경을 최적화해서 초보자도 쉽게 스위프트를 이해하도록 진행합니다. 맥북을 처음 접할 수도 있는 독자에게 맥 OS 환경에 적응할 수 있도록 상세한 설명이 진행됩니다. 또한 애플리케이션 개발 도구인 엑스코드 설치 및 플레이그라운드에서 직접 코딩을 실습할 수 있도록 간단한 예제를 제시하고 있습니다.

소스 코드를 하나씩 입력하면서 해당 코드가 무엇이며, 어떤 역할을 하는지 스위프트 문법을 토대로 설명이 이어집니다. 또한 입력했던 소스 코드는 저자가 직접 영상으로 풀이해 나가기 때문에 학습에 큰 효과가 있습니다. 그리고 확실히 개념을 잡고 넘어가도록 곳곳에 퀴즈를 준비했으니 반드시 풀어 보면 좋습니다.

■ 책의 구성과 흐름!

| 첫째 마당 | **스위프트와 만나기**

- 스위프트가 무엇인지 간략히 알아보자!
- 맥북 환경에서 사용, 맥북의 구조와 사용법 간략히 알아보자!
- 개발 도구 설치 후 첫 프로그램을 만들자!
- 직접 만든 프로그램은 실제 단말에 연결해서 실행하자!

| 둘째 마당 | **스위프트 하나씩 알아가기**

- 각 단원에서 무엇을 배울지 핵심적인 키워드를 먼저 살펴보자!
- 소스는 무엇인지? 프로그램은 어떻게 실행하는지 알아보자!
- 플레이그라운드를 실행하고 코드를 입력해 보자!
- 스위프트 언어의 문법을 알아가자!

| 셋째 마당 | **아이폰 앱 만들어 보기**

- 아이폰 앱을 간단하게 만들면서 앱에 적용된 스위프트 살펴보기

■ 혹시, 대상 독자인가요?

스위프트 언어에 입문할 때 다른 언어의 문법과 무엇이 다른지 궁금한 분!

IOS 애플리케이션 개발에 필요한 스위프트 학습이 필요한 분!

스위프트로 어떤 앱을 개발할 수 있는지 알고 싶은 분!

Preparation
사 전 준 비

■ 빵빵한 장비? 일단, 맥북은 있어야겠죠?

맥북 권장 사양
맥북 사양은 높을수록 좋지만 그 중에서도 메모리가 8G 이상인 것이 좋아요.

필요한 프로그램
엑스코드(XCode)라는 프로그램만 있으면 시작할 수 있고
맥북의 앱스토어(AppStore)에서 설치할 수 있어요.

■ 프로그래밍 경험? 있으면 좋고 없어도 괜찮아요.

코딩을 해본 적이 있나요?
코딩을 해본 적이 있다면 기존 언어와 다른 부분을 중점적으로 보세요.

코딩을 해본 적이 없나요?
새로 나오는 명칭과 코드의 구조를 중심으로 하나씩 차근차근 따라가 보세요.

■ 마음가짐? "뭣도 모르지만 무작정 따라할 테다!"

스위프트 코드를 하나씩 입력해 보세요
아무것도 몰라도 따라할 수 있도록 만들어져 있어요. 그냥 차근차근 따라가 보세요.

스위프트로 실제 동작하는 앱 만들기
스위프트의 기초적인 내용들을 보고 나면 기초적인 아이폰 앱까지 만들 수 있어요.

✓ 무작정 코딩? 샘플 코드가 준비되어 있으니 다운로드 먼저~

| 참조 코드
다운로드 | • 테크타운 사이트 : http://tech-town.org
• 아이러브책장 카페 : http://cafe.naver.com/ilovebookcase |

| 참고 코드
설치 방법 | • 테크타운과 책장 카페에 게시한 참조 파일을 다운로드한 다음 Finder 창을 열어서 확인합니다. 저장 경로는 [데스크톱] – [projects]입니다.
• 저장한 소스코드 폴더는 이후에 학습하게 될 참조 파일의 경로이니 반드시 익혀두세요. |

How to use this book
이 책을 보는 방법

Start!!

1단계!
핵심 키워드 먼저 살펴보기!
키워드별 간략한 설명을 먼저 읽어보고 시작하기 바랍니다.

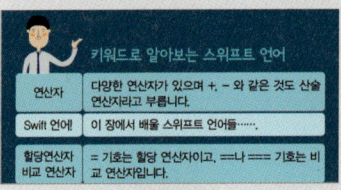

2단계!
직접 코드 입력하고 확인하기!
작성된 경로는 다운로드한 샘플 코드의 저장 경로입니다.

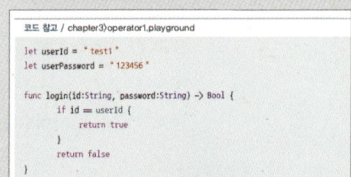

4단계!
유용한 팁 적극 활용하기!
궁금한 내용은 [정박사님 궁금해요] 코너에서 확인하세요!

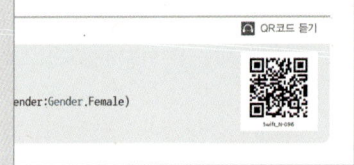

3단계!
코드 동영상으로 실력 쌓기!
유튜브에 게시된 저자의 친절한 코드 설명 영상을 바로 볼 수 있습니다.

5단계!
퀴즈 풀고 실력 진단하기!
단락이 끝난 후 공부했던 내용을 응용해서 풀어봅니다.

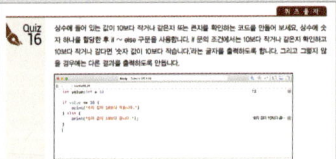

6단계!
연습문제로 반복 학습하기!
[Swift study]로 복합적인 코딩 능력을 키워봅니다.

7단계!
총정리로 핵심 내용 복습하기!
첫 단계에서 알아보았던 키워드별 해설뿐 아니라 전체적인 스위프트 언어를 일괄적으로 정리해 놓았습니다.

Schedule for myself
스스로 계획표

✓ 프로그래밍을 몰라도 너무 모른다? 당신은 얼마나 알고 계신가요?

자가 진단

다음 질문마다 0점에서 9점 중 하나씩 체크해 보세요.
각 항목의 점수를 합한 후 학습 계획을 새워보세요.   나의 점수 = _____ 점

1. 지금껏 접해 본 프로그래밍 언어의 개수는?
   0 1 2 3 4 5 6 7 8 9

2. 프로그래밍 언어를 실무에서 자주 사용하고 있다?
   0 1 2 3 4 5 6 7 8 9

3. 나는 프로그래밍 언어로 코딩을 잘 한다?
   0 1 2 3 4 5 6 7 8 9

학습 계획

자가 진단 점수 합계가 10점 미만이라면 4주 학습 계획표로 학습할 것을 권장합니다.
10점 이상이라면 2주 학습 계획표로 학습할 것을 권장합니다.

2주 학습 계획표

구분	1일차	2일차	3일차	4일차	5일차	6일차	7일차
학습 내용	첫째 마당		둘째 마당				
	01~03장	04장	01장	02장	03장	04장	05장
QR 코드 동영상	–	–	17개	31개	11개	43개	44개
	–	–	29분 소요	38분 소요	12분 소요	38분 소요	39분 소요
학습 날짜	매	일		1	시	간	씩
구분	8일차	9일차	10일차	11일차	12일차	13일차	14일차
학습 내용	둘째 마당				셋째 마당		
	06장	07장	08장	09장	01장	02장	03장
QR 코드 동영상	24개	35개	32개	29개	10개	18개	24개
	17분 소요	24분 소요	19분 소요	15분 소요	05분 소요	05분 소요	11분 소요
학습 날짜	매	일		1	시	간	씩

첫째 마당: 2일
둘째 마당: 9일(각 chapter별 1일)
셋째 마당: 3일

Schedule for myself
스스로 계획표

4주 학습 계획표

구분	1일차	2일차	3일차	4일차	5일차	6일차	7일차
학습 내용	첫째 마당				둘째 마당		
	01장	02장	03장	04장	01장	01장	02장
QR 코드 동영상	–	–	–	–	총 17개		총 31개
					7개	10개	15개
	–	–	–	–	29분 소요		38분 소요
학습 날짜	매	일		1	시	간	씩

구분	8일차	9일차	10일차	11일차	12일차	13일차	14일차
학습 내용	둘째 마당						
	02장	03장	03장	04장	04장	05장	05장
QR 코드 동영상	–	총 11개		총 43개		총 44개	
	16개	5개	6개	20개	23개	22개	22개
	–	12분 소요		38분 소요		39분 소요	
학습 날짜	매	일		1	시	간	씩

구분	15일차	16일차	17일차	18일차	19일차	20일차	21일차
학습 내용	둘째 마당						
	06장	06장	07장	08장	08장	08장	09장
QR 코드 동영상	총 24개		총 35개		총 32개		총 29개
	12개	12개	17개	18개	16개	16개	14개
	17분 소요		24분 소요		19분 소요		15분 소요
학습 날짜	매	일		1	시	간	씩

구분	22일차	23일차	24일차	25일차	26일차	27일차	28일차
학습 내용	둘째 마당	셋째 마당					
	09장	01장	01장	02장	02장	03장	03장
QR 코드 동영상	–	총 10개		총 18개		총 24개	
	15개	5개	5개	9개	9개	12개	12개
	–	05분 소요		05분 소요		11분 소요	
학습 날짜	매	일		1	시	간	씩

첫째 마당: 4일
둘째 마당: 18일(각 chapter별 2일)
셋째 마당: 6일

QR Code & Movie

QR 코드로 동영상 보기

■ 유튜브 ▶ 에서 `Swift 프로그래밍 Zero` 를 검색하세요!

책 설명만으로는 부족한가요?
저자가 직접 설명하는 318개의 코드 동영상을 보세요.

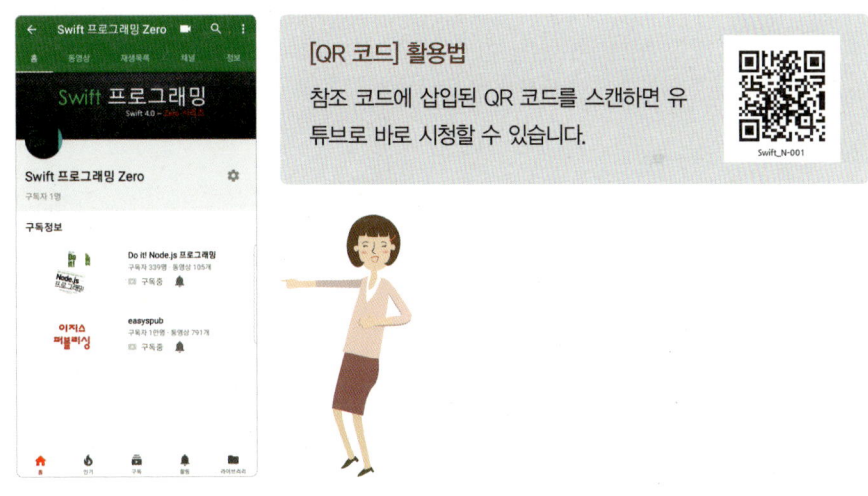

[QR 코드] 활용법
참조 코드에 삽입된 QR 코드를 스캔하면 유튜브로 바로 시청할 수 있습니다.

■ 팟빵에서 `정박사` 를 검색하세요!

[소스코드 읽어주는 정박사] 카테고리의 에피소드는 책의 소스코드 등록 순서로 게시되어 있습니다.

각 에피소드의 제목은 책 페이지로 작성되어 있으니 쉽게 검색해서 학습할 수 있습니다.

Contents
목차

스위프트와 만나기

01-1 이제 누구나 배워야 할 언어, 스위프트를 알아보자 • 20 중요도 ★☆☆☆☆
1 _ 스위프트란 무엇일까? • 21
2 _ 스위프트의 특징 • 23
3 _ 스위프트의 미래와 학습 방법 • 26

01-2 맥북이 생겼어요, 어떡하죠? • 28 중요도 ★★☆☆☆
1 _ 맥북 살펴보기 • 29
2 _ 데스크톱 살펴보기 • 34
3 _ 파일과 폴더 다루기 • 40

01-3 개발도구 설치하고 첫 번째 프로그램 만들기 • 42 중요도 ★★★★☆
1 _ 엑스코드(Xcode) 설치하기 • 43
2 _ 엑스코드의 플레이그라운드 사용하기 • 44

01-4 아이폰 앱은 어떻게 만들까? • 54 중요도 ★☆☆☆☆
1 _ 첫 번째 아이폰 앱 만들기 • 55
2 _ 실제 단말에 연결해서 실행하기 • 59

둘째 마당

스위프트 하나씩 알아가기

02-1 데이터를 담아 두는
스위프트 변수와 자료형 이해하기 • 66   중요도 ★★★★☆

주요어 소스, 기본 자료형, 형 변환, 상수, 문자열

1 _ 소스는 무엇이고 프로그램은 어떻게 실행할까? • 67
2 _ 데이터 값을 넣어 두는 변수란 무엇일까? • 69
3 _ 기본 자료형 사용하기 • 82
4 _ 숫자를 문자열의 형태로 바꾸는 형 변환하기 • 93
5 _ 상수와 타입앨리어스 알아보기 • 99
6 _ print와 문자열 템플릿 • 102

Swift study 01 변수에 값을 저장한 후 화면에 출력하기 • 106
Swift 총정리 데이터를 담아 두는 스위프트 변수와 자료형 • 107

02-2 필요한 기능을 함수로 만들어 사용하기 • 110   중요도 ★★★★★

주요어 함수, 파라미터, 옵셔널, 튜플

1 _ 함수란 무엇일까? • 111
2 _ 스위프트 프로그램의 형태 살펴보기 • 115
3 _ 함수와 파라미터 • 118
4 _ 함수를 좀 더 자세히 알아보기 • 130
5 _ 옵셔널과 튜플 사용하기 • 138

Swift study 02 사람의 나이를 계산한 후 알려주는 함수 만들기 • 154
Swift 총정리 기능을 담고 있는 스위프트 함수의 정의와 호출 • 155

Contents
목차

02-3 연산자와 조건문 이해하기 · 160   중요도 ★★☆☆☆
주요어 산술 연산자, 비교 연산자, 할당 연산자, 범위 연산자, if 문, for 문

1 _ 비교 연산자와 산술 연산자 알아보기 · 161
2 _ 할당 연산자와 논리 연산자 알아보기 · 168
3 _ 조건 연산자와 자료형 확인 연산자 알아보기 · 171
4 _ 범위 연산자 알아보기 · 175
5 _ if 문 이해하기 · 178

Swift study 03   사람이 미성년자인지 확인하는 함수 만들기 · 184
Swift 총정리   다양한 연산자의 기능과 사용 방법 · 185

02-4 클래스와 구조체 사용하기 · 188   중요도 ★★★★★
주요어 클래스, 인스턴스, 초기화 함수, 속성, 메소드, 구조체, 열거형

1 _ 함수를 다시 한 번 꼼꼼히 생각해 보기 · 189
2 _ 클래스의 역할은 무엇일까? · 193
3 _ 클래스와 인스턴스 만들어 보기 · 197
4 _ 인스턴스가 만들어질 때 기능 수행하기 · 204
5 _ 객체의 속성 · 214
6 _ 구조체 사용하기 · 227
7 _ enum으로 열거형 만들기 · 234

Swift study 04   사람 클래스를 정의하고 사람 객체 만들기 · 244
Swift 총정리   붕어빵 틀에 해당하는 클래스 그리고 구조체 · 245

02-5 여러 데이터를 논리에 맞게 처리하기 · 250   중요도 ★★★☆☆
주요어 배열, 딕셔너리, 셋, 흐름 제어, if 문, switch 문, guard 문, for 문, while 문

1 _ 여러 데이터를 한꺼번에 넣어두기 · 251
2 _ 배열 다루기 · 258
3 _ 배열 안에 배열 넣기 · 269

4 _ 딕셔너리에 들어 있는 값 빨리 찾기 • 272

5 _ 셋에 데이터 넣어두기 • 281

6 _ 조건문과 반복문 정리하기 • 286

Swift study 05 여러 강아지 객체를 만들어 딕셔너리에 보관하기 • 304

Swift 총정리 여러 데이터의 보관과 조건문, 반복문 사용 • 305

02-6 일급 객체로서의 함수와 클로저 다루기 • 310 중요도 ★★★★★

주요어 일급 객체, 중첩 함수, 클로저, 클로저 표현식

1 _ 함수는 변수에 할당할 수 있어요 • 311

2 _ 클로저 이해하기 • 324

Swift study 06 강아지 객체의 함수에 콜백 함수 전달하기 • 340

Swift 총정리 일급 객체로 다뤄지는 함수와 클로저 • 341

02-7 상속과 프로토콜이 무엇인지 알아보기 • 346 중요도 ★★☆☆☆

주요어 상속, 메소드 재정의, 형 변환, 프로토콜, 자료형 다루기

1 _ 상속이란 무엇일까? • 347

2 _ 메소드 재정의와 메소드 추가하기 • 358

3 _ 객체의 형 변환 • 363

4 _ 프로토콜은 언제 사용할까? • 375

Swift study 07 클래스를 상속하고 프로토콜을 준수하도록 하기 • 386

Swift 총정리 클래스 상속 방법과 프로토콜 사용 방법 • 387

02-8 메모리 관리와 예외 처리하기 • 391 중요도 ★★★☆☆

주요어 메모리 관리, 예외 처리, 확장, 서브스크립트, 중첩 타입, 접근 제어

1 _ 자동으로 메모리 관리하기 • 392

2 _ 예외 처리하기 • 404

3 _ 확장 사용하기 • 414

Contents
목차

  4 _ 서브스크립트 사용하기 • 419
  5 _ 중첩 타입과 접근 제어 사용하기 • 421

  Swift study 08 강아지 클래스 안에서 예외 상황 만들기 • 424
  Swift 총정리 ARC를 이용한 자동 메모리 관리와 예외 처리 • 425

02-9 문자열과 시간 다루기 • 430 중요도 ★★☆☆☆

 주요어 파운데이션 프레임워크, 문자열, 날짜와 시간, NSObject

  1 _ 파운데이션 프레임워크 • 431
  2 _ 문자열 다루기 • 437
  3 _ 날짜와 시간 다루기 • 445
  4 _ 다양한 기능을 가진 로그, 배열, 딕셔너리 객체 사용하기 • 450

  Swift study 09 문자열과 시간을 객체의 속성으로 넣어주기 • 456
  Swift 총정리 문자열과 시간을 다루는 방법 • 457

셋째마당 스위프트를 활용한 아이폰 앱 만들기

03-1 스위프트로 아이폰 앱 만들기 • 462 중요도 ★★☆☆☆

  1 _ 가장 간단한 아이폰 앱 만들기 • 463
  2 _ 새로 만든 프로젝트의 스위프트 코드 살펴보기 • 479
  3 _ 뷰 컨트롤러 다루기 • 485
  4 _ 로그인 화면 완성하기 • 494

| Swift study 10 | 더하기 화면과 기능 만들어 보기 • 500 |
| Swift 총정리 | 스위프트로 아이폰 앱 만들기 • 501 |

03-2 앱의 화면 만들기 • 503   중요도 ★☆☆☆☆

1 _ 여러 개의 화면을 만들어서 화면끼리 전환하기 • 504

2 _ 프레젠테이션 방식으로 화면 전환하기 • 505

3 _ 내비게이션 컨트롤러로 화면 전환하기 • 517

4 _ 세그웨이로 화면 전환하기 • 523

5 _ 커스텀 세그웨이 만들기 • 535

6 _ 화면 전환하면서 데이터 전달하기 • 541

| Swift study 11 | 여러 화면을 전화하면서 데이터 전달하기 • 546 |
| Swift 총정리 | 앱 화면을 만들 때 스위프트 활용 이해하기 • 547 |

03-3 클래스를 만들고 여러 가지 작업을 동시에 수행하기 • 549   중요도 ★★★☆☆

1 _ 앱의 수명 주기 • 550

2 _ 앱 상태에 따라 데이터를 저장했다가 복구하기 • 555

3 _ 클래스를 만들고 화면에 이미지로 보여주기 • 563

4 _ 여러 가지 작업을 동시에 실행하기 • 579

| Swift study 12 | 프로토콜과 클래스 만들고 화면에 이미지로 보여주기 • 588 |
| Swift 총정리 | 클래스를 만들고 여러 가지 작업을 동시 수행하기 • 589 |

| 첫째 마당 |

스위프트와 만나기

스위프트가 처음이라서 낯설고 어렵게 느껴지나요? 스위프트가 무엇인지 그리고 어디서부터 어떻게 시작해야 하는지 잘 모르겠죠? 스위프트라는 생소한 언어와의 만남이 두려움이 아니라 누군가를 소개받을 때 느껴지는 설렘처럼 다가오도록 도와줄 테니 잘 따라오세요. 우선 첫째 마당에서는 스위프트가 무엇이고 어떤 방법으로 어떻게 시작하는지 살펴봅니다. 스위프트로 프로그램을 만들 때 겪는 여러 가지 당황스러운 상황을 잘 이해할 수 있도록 개발에 필요한 도구를 먼저 설치하고 프로그램 개발을 시작해 봅니다. 자, 그럼 스위프트 언어가 어떤 것인지 알아보러 가 볼까요?

01-1
이제 누구나 배워야 할 언어, 스위프트를 알아보자 중요도 ★★☆☆☆

스위프트는 어디에 쓰일까요? 아이폰 앱을 만들 때 스위프트 언어를 사용한다는 말은 들어보았을 것입니다. 실제로 스위프트에 관심을 갖고 있는 분들을 살펴보면 오브젝티브-C로 아이폰 앱을 만들다가 스위프트를 사용해야 하는 상황 때문에 책을 들춰보기 시작한 경우가 많습니다. 그렇다면 아이폰 앱을 만드는 데 관심 없는 사람들은 스위프트를 알 필요가 없을까요? 스위프트는 애플 제품에 최적화되어 있고 해당 디바이스에서 동작하는 앱을 만드는 데 많이 사용됩니다. 하지만 웹서버나 윈도우 PC에도 사용할 수 있게 되었고 심지어는 웹브라우저나 안드로이드 스마트폰까지 활용 영역을 확장해 나가고 있습니다. 이 장에서는 스위프트에 대해 간단히 알아보고 스위프트가 어떤 것인지, 왜 배워야 하는지 같이 생각해 볼 것입니다.

1 _ 스위프트란 무엇일까?

스위프트는 아이폰 앱이 동작하는 iOS나 맥북이 동작하는 macOS에서 실행시킬 수 있는 앱을 좀 더 쉽게 만들 수 있도록 애플(Apple Inc.)에서 새로 만든 프로그래밍 언어입니다. 스위프트(Swift)라는 단어가 가지고 있는 의미 그대로 앱을 좀 더 빨리 만들고 실행 속도도 더 빠르게 만들겠다는 목표를 보여줍니다. 이런 점 때문에 2014년 애플에서 개최한 세계 개발자 대회(WWDC, Worldwide Developers Conference)에서 스위프트가 새로운 언어로 발표되었을 때 많은 개발자들이 환호했습니다. 그 이후에도 스위프트는 지속적인 관심을 받고 있습니다.

▲ WWDC 2014에서 새로운 언어인 스위프트 공개 모습(YouTube 영상 참조)

스위프트는 최근에 만들어진 언어라서 기존 언어가 갖고 있던 여러 가지 장점들을 수용했습니다. 특히 자바스크립트(Javascript)와 같은 스크립트의 언어의 간결함과 오브젝티브-C(Objective-C)의 객체 지향 특징들이 결합되어 강력한 언어로 탄생했습니다. 사실 새로운 언어라고 해서 모두 좋은 점만 갖고 있지는 않습니다. 장점이 있는 반면에 단점도 있을 수 있죠. 예를 들어, Go라는 언어도 구글에서 최근에 만들었지만 스위프트와는 다른 특징들을 갖고 있으며 그 언어만의 장점과 단점이 있습니다. 마찬가지로 스위프트가 아무리 좋다고 해도 단점으로 부각되는 것들이 있습니다. 예를 들어, 같은 기능을 다양한 형식으로 만들 수 있다는 특징이 있는데 이것은 코드 해석을 더 복잡하게 만들기 때문에 단점으로 부각되기도 합니다. 하지만 여러 가지 면에서 스위프트는 좋은 언어(Good Language)라고 평가되고 꼭 배워야 하는 언어 중의 하나로 꼽힙니다.

스위프트가 어떤 언어인지 좀 더 명확하게 이해하고 싶다면 2014년에 애플이 스위프트를 공개할 때 표현한 말을 되새길 필요가 있습니다.

Objective-C without the C

단어 그대로 받아들이면 오브젝티브-C에서 C를 없앴다는 말로 이해할 수 있습니다. 하지만 이 말의 의미는 그리 간단하지 않습니다. C를 없앴다는 말이 정확히 어떤 뜻인지 이해하려면 오브젝티브-C가 왜 만들어졌는지를 알아야 합니다.

사람들이 영어, 한국어와 같은 언어로 서로 의사소통하는 것처럼 컴퓨터와 의사소통하기 위해 사용되는 것이 프로그래밍 언어(Programming Language)입니다. 지금까지 이 프로그래밍 언어 분야에서 C와 C++는 오랜 시간동안 많이 사용되었습니다. 애플에서 만든 iOS나 macOS도 예외일 수는 없었습니다. C와 C++ 중에서 C에 기반을 두면서도 객체 지향의 장점들을 적용하여 오브젝티브-C를 만든 후 개발자들이 프로그램을 만들 때 사용하도록 해 왔습니다. 그리고 오브젝티브-C는 아이폰이나 macOS에서 동작하는 프로그램을 만들 때 아주 강력한 성능을 보여주었습니다. 하지만 C 언어로부터 만들어진 것이다 보니 포인터를 사용해야 했고, 이로 인해 초보 개발자가 적응하기 어렵다는 문제와 코드 작성이 복잡하다는 문제를 안고 있었습니다. 이 때문에 개발자가 언어를 익히더라도 어느 정도 수준에 오르지 못하면 개발 과정에서 많은 오류를 만들어내곤 했습니다.

그래서 만든 결과물이 오브젝티브-C에서 C를 뺀 스위프트입니다. 스위프트는 C가 갖고 있는 포인터와 메모리 관리 문제 등을 제거하면서 동시에 오브젝티브-C의 장점들만 수용해서 만들었습니다. 이뿐만 아니라 다른 언어들의 장점까지 수용하여 오브젝티브-C와는 다른 새로운 언어로 만들어졌습니다.

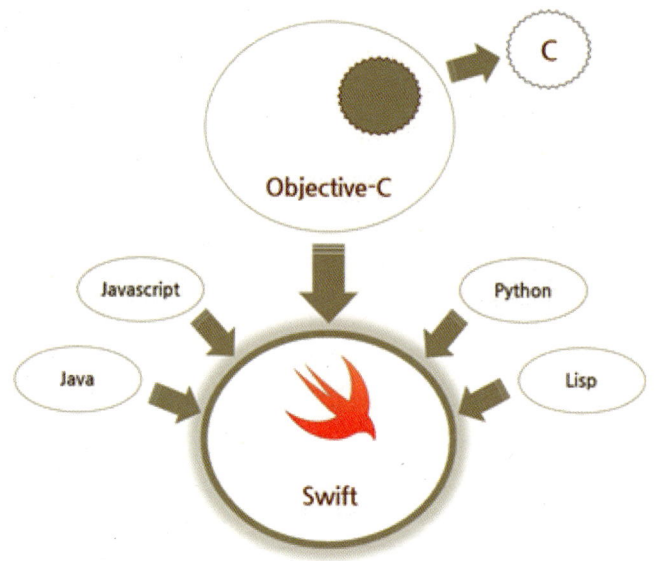

▲ 오브젝티브-C에서 출발했지만 새로운 언어로 탄생한 스위프트

스위프트가 처음 공개되었을 때 여러 가지 버그와 문제점을 안고 있었지만 2015년 말에 스위프트 2.2 버전을 오픈 소스(Open Source)로 공개했을 때쯤에는 다른 플랫폼에서도 충분히 사용할 수 있을 만큼 안정화되었습니다. 2016년에 발표한 3.0 버전은 언어를 조금 더 다듬고 macOS에서 사용되던 유용한 기능들을 리눅스와 같은 다른 플랫폼에서도 사용할 수 있는 정도까지 발전하게 됩니다. 그리고 이제 더욱 안정화된 4.0 이상의 버전까지 내놓고 있습니다.

스위프트가 맥북이나 아이폰을 위해서만 사용되는 것은 아닙니다. 스위프트를 Apache 2.0 라이선스로 공개하면서 리눅스용 컴파일러가 제공되었고 이 때문에 리눅스에서도 스위프트를 사용해 서버를 만들 수 있게 되었습니다. 서버를 만들 수 있다는 것은 웹서비스에 필요한 기능을 만들 수 있는 새로운 웹서버들이 스위프트로 만들어질 수 있다는 것을 의미합니다. 실제로 Kitura와 같은 웹서비스 프레임워크도 만들어져 웹서버의 기능을 할 수 있게 되었습니다. 뿐만 아니라 다른 여러 플랫폼에도 포팅(Porting)되어 어디에서든 스위프트를 사용할 수 있는 환경이 만들어지고 있습니다.

2 _ 스위프트의 특징

과연 스위프트의 어떤 점 때문에 사람들이 그렇게 스위프트를 배워야 한다고 하는 것일까요? 단지 스위프트가 조금 쉽고 강력한 기능을 갖고 있어서 스위프트를 사용하면 프로그램을 잘 만들 수 있다고 생각해서 일까요? 스위프트가 갖고 있는 주요 특징들을 살펴보면 그 답을 얻을 수 있을지도 모릅니다. 스위프트의 주요 특징은 다음과 같은 다섯 가지로 얘기할 수 있습니다.

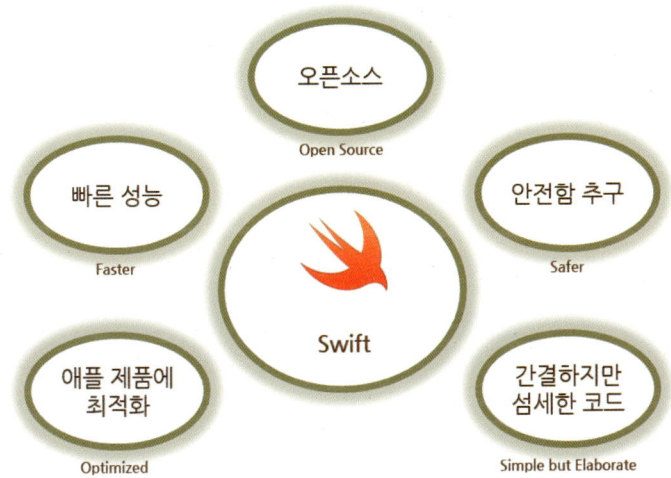

▲ 스위프트의 주요 특징

오픈 소스

많은 개발자들이 스위프트에 관심을 갖게 된 계기는 2015년 말에 오픈 소스로 전 세계에 공개되었기 때문입니다. 2014년에 처음 공개되었을 때만 해도 스위프트는 iOS와 macOS에서 동작하는 프로그램을 만드는 데 사용할 새로운 언어였습니다. 그래서 아이폰 앱이나 맥OS용 프로그램을 만드는 개발자들만 관심을 갖고 있었죠. 그러나 오픈 소스로 공개되어 다른 플랫폼에도 포팅되기 시작하면서 여러 분야의 개발자들 역시 관심을 가져야만 하는 중요한 언어가 되었습니다.

스위프트가 오픈 소스로 공개된 이후에 서버에서도 사용할 수 있게 되었는데, 스위프트로 웹서비스를 제공할 수 있는 웹서버를 만들 수 있게 되면서 더 많은 분야의 개발자들이 영향을 받기 시작했습니다. 이뿐만 아니라 윈도우 PC에서 사용할 수 있도록 닷넷 프레임워크(.Net Framework)로 포팅하는 작업과 안드로이드 스마트폰에서 사용할 수 있도록 포팅하는 작업이 진행되거나 검토되고 있습니다. 이제 스위프트만 알면 아이폰, 맥북, 안드로이드폰, 웹서버, 리눅스, 윈도우 PC 등에서 동작하는 프로그램을 만들 수 있는 시대가 다가오고 있는 것이죠. 심지어 웹브라우저에서도 사용할 수 있게 되면서 스위프트의 활용 분야가 점점 확대되고 있습니다. 앞으로 스위프트가 더 많은 영역에서 사용된다면 훨씬 더 많은 사람들이 관심을 갖고 배우려 할 것입니다.

▲ 스위프트로 다룰 수 있는 예상 분야

스위프트의 사용처가 많은 분야로 확대되기까지 어느 정도의 시간은 필요하겠지만 그만큼 스위프트가 좋은 언어이고 스위프트를 배워서 활용하려는 사람이 많다는 것은 충분히 짐작할 수 있을 것입니다.

빠른 성능

스위프트로 아이폰 앱을 만들다 보면 기존에 사용하던 오브젝티브-C보다 더 빠른 성능을 보여줍니다. 오브젝티브-C가 파이썬이나 다른 언어보다 빠르다는 것을 생각한다면 스위프트는 아주 빠르다고 말할 수 있습니다. 특히 gcc 컴파일러 대신 LLVM 컴파일러를 사용하는데 이 컴파일러에서 제공하는 코드 최적화기(Optimizer)는 스위프트로 만든 프로그램이 가장 좋은 성능을 낼 수 있게 합니다. 이런 빠른 성능 때문에 새로운 언어 도입을 검토할 때 스위프트를 다른 언어보다 우선으로 검토하게 됩니다. 실제로 안드로이드 스마트폰에서 자바와 함께 스위프트를 사용할 것을 검토하게 된 중요한 요인 중 하나가 바로 이런 빠른 성능입니다.

> **정박사님 궁금해요** gcc 컴파일러와 LLVM 컴파일러는 무엇이 다를까요?
>
> gcc와 같은 일반적 컴파일러는 보통 Frontend, Optimzer, Backend라는 세 가지 구성 요소를 가지고 있습니다. 그리고 이런 구성 요소는 각각 나눠서 실행되지 않고 단일 바이너리에 의해 한 번에 실행됩니다. 이에 반해 LLVM 컴파일러는 구성 요소들을 분리해서 각각의 부분들을 조합할 수 있게 설계했는데 그 결과 컴파일 속도는 2배 정도 빨라졌고 빌드된 실행 파일의 크기도 20~30% 정도 줄일 수 있었습니다. 실행 속도도 파일의 크기가 줄어든 것과 비례해 더 빨라졌습니다. 한 마디로 효율성과 확장성이 좋아진 컴파일러라고 말할 수 있겠네요.

안전함 추구

iOS나 macOS용 프로그램을 만들 때 사용하던 오브젝티브-C는 포인터를 사용했으며 필요한 경우 직접 메모리를 관리해야 했습니다. 이 때문에 앱의 소스 코드 양이 많아질수록 오류도 더 많이 발생했습니다. 스위프트는 포인터를 사용하지 않으며 메모리도 자동으로 관리됩니다. 또한 옵셔널(Optional)을 사용할 수 있어 변수에 할당된 값이 없을 때 발생할 수 있는 오류를 크게 줄일 수 있습니다. 이외에도 변수나 상수를 반드시 선언한 후에 사용하게 하는 등 코드를 좀 더 안전하게 만들 수 있는 방법을 제공합니다. 따라서 기존에 사용하던 오브젝티브-C보다 안전하다고 할 수 있으며, 이런 점들이 기존 애플 개발자가 오브젝티브-C 대신에 스위프트를 사용하는 가장 큰 이유입니다. 옵셔널이나 변수, 상수 등의 내용은 둘째 마당에서 자세하게 살펴볼 것입니다.

애플 제품에 최적화

스위프트 언어가 어떤 것인지만 알아서는 아이폰 앱이나 macOS 앱을 만들 수 없습니다. 즉, 아이폰 앱 개발에 필요한 SDK나 macOS용 앱을 개발할 때 필요한 SDK가 있어야 화면을 만들고 멀티미디어, 센서 등의 기능을 활용할 수 있습니다. 스위프트에서 사용할 수 있는 SDK와 라이브러리가 충분히 있어야 한다는 말이죠. 애플에서는 스위프트로 아이폰 앱과 macOS용 앱을 만들 때 필요한 SDK를 완전한 세트로 제공합니다. 코코아 프레임워크(Cocoa Framework)나 코코아 터치 프레임워크(Cocoa Touch Framework)는 애플에서 제공하는 SDK인데 이 모든 것들을 스위프트에서 사용할 수 있습니다. 이것은 스위프트가 기존에 애플에서 사용하던 C나 오브젝티브-C를 완전히 대체할 수 있다는 것을 의미하며, 스위프트를 사용해 완전한 앱을 만들 수 있다는 것을 의미합니다. 이렇게 스위프트는 아이폰 앱을 위한 SDK나 macOS를 위한 SDK와 함께 애플 제품에 최적화되어 있습니다.

간결하지만 섬세한 코드

스위프트는 자바스크립트와 같은 스크립트 언어의 간결함을 갖고 있습니다. 따라서 가장 단순한 형태의 코드는 마치 스크립트 언어처럼 쉽게 이해할 수 있습니다. 그런데 객체 지향, 옵셔널, 클로저 등 다양한 코드 형태를 만들다 보면 같은 기능을 여러 형태로 바꾸어 만들 수 있음을 알게 됩니다. 다시 말해, 개발자가 처한 구체적인 상황에 맞추어 적절한 코드 형태를 만들도록 지원하는 것입니다. 이렇게 코드를 섬세하게 다룰 수 있다는 점은 스위프트의 강력한 힘을 느끼게 하고 이와 반대로 코드가 훨씬 복잡해 보이는 문제를 만들기도 합니다. 하지만 공동으로 개발 작업을 하는 개발자들끼리 코드 패턴을 비슷하게 맞추는 것을 전제로 하면 간결하고 섬세한 코드를 만들 수 있어 적은 양의 코드로도 효율적인 프로그래밍이 가능합니다.

3 _ 스위프트의 미래와 학습 방법

지금까지 얘기한 내용을 들었을 때 어떤 생각이 드나요? "스위프트만 제대로 알면 할 수 있는 것이 참 많겠구나!"라는 생각이 들지 않나요? 아직 스위프트가 세상에 나온 지 얼마 되지 않았지만 앞으로 스위프트로 할 수 있는 일은 점점 많아질 것입니다. 다시 말해, 이제 스위프트는 꼭 알아야 할 필수 언어가 되었다는 의미입니다.

스위프트가 애플의 제품에서 동작하는 모든 프로그램을 만들 수 있다는 사실은 스위프트를 배우면 적어도 아이폰 앱과 macOS용 앱을 만들 수 있으며, 와치(Watch)나 TV에서 동작하는 프로그램도 만들 수 있다는 것을 말합니다. 이런 점을 현재 시점에서 본 스위프트의 상태라고 한다면 미래의 스위프트는 어떨까요?

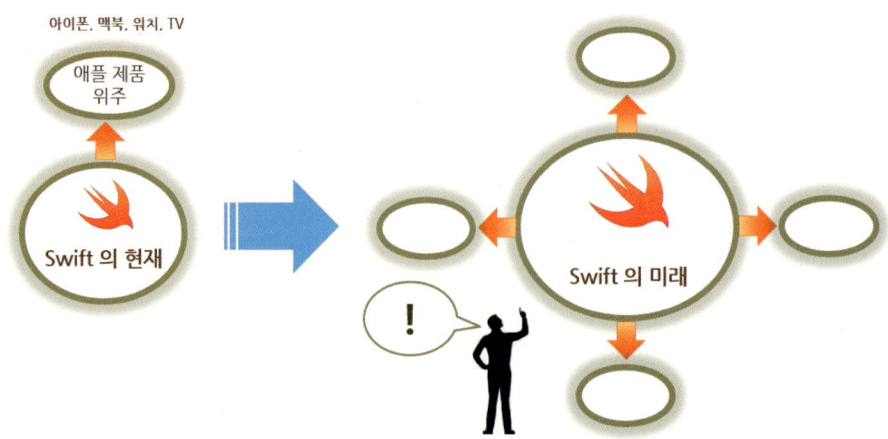

▲ 스위프트의 현재와 미래

앞에서도 얘기했지만 애플이 공개한 뛰어난 성능의 리눅스용 컴파일러로 웹서비스를 제공할 수 있게 되면서 스위프트는 단순히 애플 제품뿐만 아니라 서버 프로그래밍이 가능한 언어가 되었습니다. 특히 스위프트 코드를 클라우드에 올려 실행할 수 있는 형태로 만들면 훨씬 많은 사람들이 클라우드에서 동작하는 웹서비스를 운용할 수 있습니다. 이제 스위프트라는 한 가지 언어만으로도 스마트폰이나 PC용 프로그램, 그리고 서버 쪽 프로그램까지 만들 수 있는 시대로 변화하고 있는 것입니다. 좀 더 나아가 안드로이드 OS, 리눅스, 윈도우 PC에서도 사용할 수 있게 된다면 스위프트의 활용 범위는 훨씬 넓어질 수 있습니다. 스위프트의 미래를 긍정적으로 예상할 수 있다면 더 이상 스위프트 배우기를 미루면 안 되겠죠?

그렇다면 스위프트는 어떻게 공부하는 것이 좋을까요? 스위프트는 프로그램을 만드는 프로그래밍 언어라서 우선 이 언어에 익숙해져야 합니다. 어떻게 해야 익숙해질 수 있을까요?

이 책은 처음부터 실무에서 필요한 내용을 중심으로 설명합니다. 물론 스위프트의 모든 것을 차근차근 설명하고 있기 때문에 단계별로 하나씩 알아갈 수 있지만 각각의 내용은 실무에 필요한 내용을 기초로 합니다. 동시에 각 단락마다 직접 코드를 만들어 볼 수 있는 기회를 제공합니다. 제공된 예제도 실무에 활용할 때 필요한 중요한 내용 위주로 되어 있어서 스위프트의 기능과 함께 코드 작성 방법을 익힐 수 있도록 도와줍니다. 이렇게 스위프트가 어떤 언어인지를 알고 나면 셋째 마당에서 아이폰 앱을 직접 만들면서 스위프트가 어떻게 사용되는지 살펴봅니다. 스위프트는 애플 제품에 최적화되어 있기 때문에 아이폰 앱을 만들 때 가장 쉽게 스위프트 활용 방법을 익힐 수 있습니다. 우선 아이폰 앱 화면을 간단하게 만들면서 스위프트가 어떻게 활용되는지 익히다 보면 앱을 만드는 데 흥미가 생기게 됩니다. 특히 스마트폰에서 동작하는 스위프트 프로그램은 코드 양이 적어서 언어를 처음 접하는 사람이라도 내용을 이해하고 반복 학습하거나 수정해 보기에 좋습니다.

새롭게 알게 된 스위프트 언어를 완전히 자기 것으로 만들려면 코드 수정을 반복해 보는 것이 중요합니다. 둘째 마당에서 배운 내용은 충분히 반복하여 익숙해져야 하며, 셋째 마당으로 넘어가 스마트폰에서 동작하는 앱을 만든 다음에도 반복 학습하는 것이 좋습니다. 이렇게 하면 실제 스마트폰에서 동작하는 앱을 바로바로 확인할 수 있어 흥미를 잃지 않을 수 있습니다.

첫째 마당에서 자세히 설명할 테지만 플레이그라운드(Playground)를 사용하기 때문에 스위프트 코드를 입력한 후 실행 결과를 바로바로 확인할 수 있습니다. 또한 아이폰 앱 화면을 만들 때도 화면과 스위프트 코드를 연결한 후 실행하면 앱 화면에서 결과를 바로 확인할 수 있습니다. 코드의 양도 그리 많지 않으므로 쉽게 반복할 수 있을 것입니다.

이 책은 여러분이 좀 더 친숙하게 스위프트를 접할 수 있도록 단계별로 하나하나 설명합니다. 따라서 처음엔 조금 생소하겠지만 계속 반복해서 직접 코드를 만들다 보면 스위프트 전문가가 되어가는 자신을 발견할 수 있을 것입니다. 이제 스위프트의의 기초 지식을 쌓아갈 준비가 되셨나요?

01-2
맥북이 생겼어요. 어떡하죠?

중요도 ★★☆☆☆

스위프트를 다루려면 맥북을 사용해야 합니다. 웹이나 윈도우에서도 스위프트를 사용할 수 있는 방법이 있지만 아이폰이나 맥북에서 동작하는 앱이나 프로그램을 만들려면 처음부터 맥북을 사용하는 것이 좋습니다. 또한 이 책에서는 맥북에서 동작하는 엑스코드라는 도구로 프로그램을 만들기 때문에 반드시 맥북이 있어야 프로그램을 만들 수 있습니다. 그런데 맥북은 윈도우와 운영체제가 달라서 처음 접했다면 어떻게 써야할지 막막할 수 있습니다. 이 장에서는 맥북을 처음 접하는 사용자를 위해 가장 기본적인 기능을 알아봅니다.

1 _ 맥북 살펴보기

맥북을 처음 구매했다면 윈도우용 노트북과 다른 외관과 충전기를 보게 됩니다. 충전기를 연결한 후 커버를 열고 전원을 켜는 것까지는 쉽게 할 수 있습니다. 맥북의 커버를 열고 오른쪽 위에 있는 전원 버튼을 눌러 맥북을 켭니다. 그러면 다음과 같은 화면을 볼 수 있습니다. macOS 운영체제는 이 화면을 데스크톱(Desktop)이라고 부르며, 현재 작업하고 있는 공간을 뜻합니다.

▲ 맥북을 켰을 때 첫 화면

데스크톱의 메뉴

맥북은 매킨토시 운영체제(macOS)를 사용하는데 데스크톱 화면을 보면 위쪽과 아래쪽에 긴 바 모양의 메뉴와 아이콘들이 나타납니다. 위쪽 바에서 왼쪽에 보이는 것이 애플 메뉴이고 오른쪽에 보이는 것이 시스템 메뉴입니다. 그리고 아래쪽에 아이콘 모음처럼 생긴 것을 독(Dock)이라고 부릅니다.

❶ 애플 메뉴
→ 맥의 기본 정보와 메뉴를 보여줍니다. 작업 창을 띄워 놓고 어떤 작업을 하든 상관없이 항상 사용할 수 있습니다. 현재 선택되어 있는 작업 창에 따라 메뉴 구성이 달라집니다.

❷ 시스템 메뉴

→ 맥의 현재 상태를 보여줍니다. 와이파이(WiFi)의 연결 상태를 알려주는 네트워크, 배터리 상태, 언어 설정, 시간, 계정, 스포트라이트(Spotlight) 등의 정보가 표시됩니다.

❸ 독(Dock) 메뉴

→ 자주 사용하는 응용 프로그램을 보여줍니다. 독에 응용 프로그램을 담아두면 바로바로 클릭해서 실행할 수 있습니다.

❹ 스택(Stack) 메뉴

→ 자주 사용하는 폴더를 보여줍니다. 바로가기가 필요한 폴더가 있으면 추가해 둘 수 있습니다. 사용하던 응용 프로그램이 축소되어 있을 때도 이곳에 표시됩니다.

화면에 보이는 몇 가지 대표적인 메뉴가 어떻게 사용되는지 알아보기 전에 생소하게 보이는 키보드와 터치 패드를 먼저 살펴보겠습니다.

키보드 자판

키보드 자판 배열은 다음과 같습니다. 맥북이 언제 출시된 것인지에 따라 각각의 키에 그려진 그림이 다를 수는 있지만 주요 키의 기능은 동일하니 걱정하지 마세요.

▲ 맥북의 키보드 형태

최근에는 위쪽 첫 줄의 기능이 터치 바(Touch Bar)로 대체되기도 합니다. 터치 바는 디스플레이 패널에 키를 표시하므로 실제 키가 아닌 가상의 키이지만 기능은 거의 같습니다. 위쪽 첫 줄에 있는 여러 가지 키의 기능은 다음과 같습니다.

❶ esc 키

→ 실행 취소 키입니다. 윈도우 자판에서 일반적으로 사용하는 esc 키와 같습니다.

❷ 밝기 조절 키

→ 화면의 밝기를 조절합니다. 밝게 하거나 흐리게 할 수 있습니다.

❸ 미션 컨트롤(Mission Control) 키

→ 여러 개의 데스크톱을 추가하거나 볼 수 있게 합니다. 버튼을 누르면 화면 위쪽에 한 줄의 새로운 데스크톱 리스트가 보입니다. 마우스 커서를 갖다 대면 그 영역이 더 크게 보입니다. [+] 버튼을 눌러 데스크톱을 추가할 수도 있습니다.

▲ 데스크톱 위쪽에 미션 컨트롤이 나타난 화면

❹ 대시보드(Dashboard) 키

→ 대시보드에는 계산기, 메모장 등 다양한 위젯을 배치해서 사용할 수 있습니다. 버튼을 누르면 대시보드가 보이는데, 최신 맥 운영체제는 기본적으로 이 기능이 꺼져 있습니다. 필요한 경우 설정에서 기능을 다시 켤 수 있습니다.

> **정박사님 궁금해요** 대시보드 기능을 켜고 싶은가요?
>
> 엘 캐피탄(El Capitan)이나 시에라(Sierra)와 같은 요즘의 맥 운영체제에는 대시보드 기능이 꺼져 있기도 하고 켜져 있기도 합니다. 이 기능을 켜고 싶다면 독(Dock) 메뉴에 있는 [시스템 환경 설정] → [Mission Control]을 열고 [Dashboard:] 부분을 [Space로]라고 변경하면 됩니다.

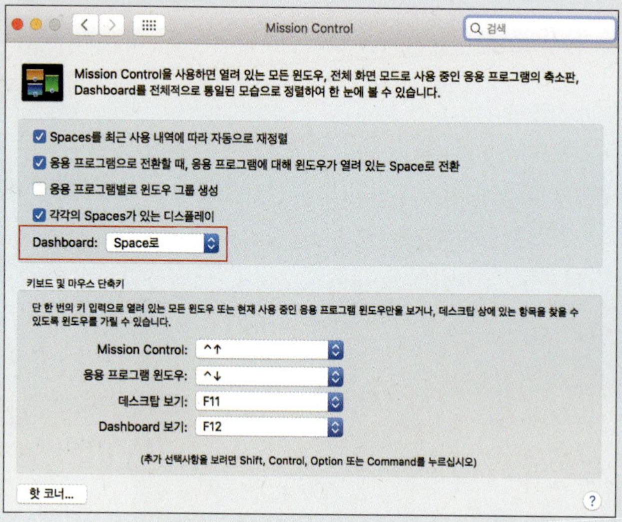

◀ [시스템 환경 설정] 창에서 대시보드 기능을 켠 경우

❺ 키보드 백라이트(Backlight) 조절 키

→ 키보드 아래쪽에서 나오는 불빛은 주변의 밝기를 자동으로 인식해 백라이트의 밝기를 조절합니다. 직접 조절하고 싶다면 이 키를 사용합니다.

❻ 음악 제어 키

→ 이전 곡, 재생/ 일시 정지, 다음 곡 선택 버튼입니다. 이 버튼은 음악 관련 응용 프로그램(iTunes)이 실행되어 있을 때만 동작합니다.

❼ 볼륨 조절 키

→ 소리의 크기를 조절하거나 음소거를 할 수 있습니다.

❽ DVD 꺼내기 키

→ 맥북은 DVD를 넣을 때 어느 정도만 끼우면 자동으로 들어갑니다. 따라서 DVD를 넣을 때는 별도의 버튼이 필요 없으며, 만약 꺼내고 싶다면 이 버튼을 눌러 꺼냅니다.

키보드의 가장 아래쪽 줄에 있는 키의 기능들은 다음과 같습니다.

❾ fn 키

→ `fn` 키를 누른 상태에서 키보드 가장 위쪽 줄의 버튼을 누르면 윈도우에서 사용하던 방식처럼 `F11` ~ `F12` 키를 사용할 수 있습니다.

❿ control 키

→ `control` 키를 누른 채 마우스로 클릭하면 보조 클릭 기능을 사용할 수 있습니다. 윈도우의 `Ctrl` 키와 기능이 다르다는 점에 주의하기 바랍니다.

⓫ option 키

→ `option` 키를 누른 채 키보드의 여러 가지 키를 누르면 해당 키가 다른 기능으로 동작할 수 있습니다. 윈도우에서 사용하던 `Alt` 키와 기능이 같습니다.

⓬ command 키

→ `command` 키를 누른 채 키보드의 여러 가지 키를 누르면 해당 키가 단축키처럼 동작할 수 있습니다. 윈도우에서 사용하던 `Ctrl` 키와 기능이 유사합니다.

키보드의 주요 키에 대해 알아보았습니다. 여러 가지 키 중에서 `control` 키와 `command` 키의 기능을 잘 기억해 두는 것이 좋습니다. 이와 함께 기능 키를 조합해서 사용하는 다음 두 가지 주요 기능도 함께 기억하세요.

❶ 한/영 전환하기

→ `command` + `space` 키를 누르면 한글에서 영문, 영문에서 한글로 전환됩니다. `command` 키를 길게 누른 상태에서 `space` 키를 누르면 여러 언어 중에서 원하는 언어를 선택할 수 있습니다. 자판에 [한/영] 전환 키가 있는 경우에는 그 키를 사용해도 됩니다.

❷ 한자 입력하기

→ 한글을 입력하고 `option` + `return` 키를 누르면 이 글자와 관련된 한자들이 표시됩니다. 그중에서 원하는 한자를 선택한 후 `return` 키를 누르면 한자를 입력할 수 있습니다.

터치 패드

맥북의 터치 패드는 트랙 패드(TrackPad)라고 부릅니다. 맥북의 트랙 패드는 손가락을 하나부터 네 개까지 활용할 수 있는 다양한 기능을 지원합니다. 손가락으로 터치해서 움직일 때는 제스처(Gesture)라는 기능이 동작하면서 원하는 기능이 실행됩니다.

❶ 손가락 하나 사용하기

→ 일반적인 윈도우용 노트북의 터치 패드처럼 마우스 커서가 손가락을 따라 움직입니다. 커서를 아이콘 위에 놓고 두 번 톡톡 치거나 트랙 패드를 눌러 클릭하면 파일이 실행됩니다. control 키를 누른 상태에서 한 번 톡 치거나 트랙 패드를 누르면 윈도우용 노트북에서 마우스 오른쪽 버튼을 클릭한 것처럼 보조 메뉴가 나타납니다.

❷ 손가락 두 개 사용하기

→ 손가락 두 개로 트랙 패드를 터치한 상태에서 위쪽이나 아래쪽으로 움직이면 화면이 스크롤됩니다. 위쪽으로 밀어 올리면 화면이 위쪽으로 스크롤되고 아래쪽으로 내리면 화면이 아래쪽으로 스크롤되어 내려갑니다. 윈도우용 PC에서 마우스로 스크롤을 올리거나 내리던 방향과 반대라는 점에 주의합니다. 웹브라우저와 같은 응용 프로그램이 실행 중일 때 손가락 두 개를 터치해서 좌우로 움직이면 페이지 앞/뒤로 이동할 수 있습니다. 맥북에서는 웹브라우저로 사파리(Safari)를 사용하는데, 웹브라우저 사용 중에 두 손가락을 터치한 상태에서 오므리거나 펴면 화면이 확대되거나 축소됩니다.

❸ 손가락 세 개 사용하기

→ 손가락 세 개를 터치한 상태에서 움직이면 마우스로 특정 개체를 클릭해서 움직이는 것과 같이 동작합니다. 보통 아이콘을 선택해서 이동시킬 때 사용합니다. 웹브라우저나 문서 편집기에서는 텍스트의 일부분을 선택하는 데 사용됩니다. 손가락 세 개를 위로 쓸어 올리면 미션 컨트롤이 동작되면서 현재 실행 중인 데스크톱들을 볼 수 있습니다. 반대로 아래로 쓸어내리면 원래대로 돌아갑니다.

❹ 손가락 네 개 사용하기

→ 손가락 네 개를 사용해서 데스크톱 화면을 오므리면 런치 패드(LaunchPad) 화면이 나타납니다. 런치 패드는 응용 프로그램을 모아놓은 창으로써 어떤 응용 프로그램이 설치되어 있는지 쉽게 볼 수 있고 바로 실행할 수 있습니다. 손가락 네 개를 펴면 다시 원래의 화면으로 돌아옵니다. 여러 개의 데스크톱을 동시에 사용할 때 손가락 네 개를 좌우로 쓸어 넘기면 데스크톱이 전환됩니다.

2 _ 데스크톱 살펴보기

맥북을 켰을 때 보이는 데스크톱(바탕화면)은 여러 개 만들 수 있으며, 현재 작업하고 있는 공간이 현재의 데스크톱이라고 보면 됩니다. 이 책에서는 데스크톱을 여러 개 만들지 않으므로 데스크톱을 전환하는 일은 없습니다.

애플의 메뉴 아이콘

데스크톱 위쪽 줄의 왼쪽 끝에 있는 애플 아이콘을 누르면 다음 그림처럼 가장 기본적인 메뉴가 나타납니다.

▲ 애플 아이콘을 눌렀을 때 나타나는 기본 메뉴

❶ 이 Mac에 관하여
→ 맥북에 어떤 운영체제가 설치되어 있는지 그리고 메모리나 저장 장치의 크기는 어느 정도인지 등을 확인할 수 있습니다.

❷ 시스템 환경설정
→ 환경설정 창을 띄워서 필요한 설정을 변경할 수 있습니다. 화면 및 마우스 설정 등이 가능합니다.

❸ App Store
→ 앱스토어 창을 띄웁니다. 맥북에 설치하는 응용 프로그램은 기본적으로 앱스토어에서 찾아 설치할 수 있습니다.

❹ 최근 사용 항목
→ 최근에 실행했던 응용 프로그램이나 열어 보았던 파일을 보여줍니다.

❺ Finder 강제 종료
→ 열려있는 응용 프로그램을 강제로 종료할 수 있습니다.

❻ 잠자기
→ 잠자기 상태인 대기 모드로 전환합니다.

❼ 재시동

→ 시스템을 다시 시작합니다.

❽ 시스템 종료

→ 시스템을 종료합니다.

❾ 로그아웃

→ 현재 계정을 로그아웃합니다.

응용 프로그램 찾아서 실행하기

아래쪽 독에는 자주 사용하는 응용 프로그램들이 이미 아이콘으로 들어 있습니다. 따라서 실행하려는 응용 프로그램을 찾아서 클릭하면 쉽게 실행할 수 있습니다. 그런데 아래쪽 독에 여러분이 실행하려는 응용 프로그램이 없다면 어떻게 실행할까요? 맥북에서 응용 프로그램을 찾는 방법은 여러 가지입니다. 아래에서 설명하는 방법 중에서 편한 방법으로 실행하면 됩니다.

- 스택(Stack)에 있는 응용 프로그램 아이콘을 눌러서 찾기

독의 오른쪽에는 세로 줄로 구분된 몇 개 아이콘이 있습니다. 이 영역을 스택(Stack)이라고 부르는데 스택에 들어 있는 대표적인 아이콘들은 다음과 같습니다.

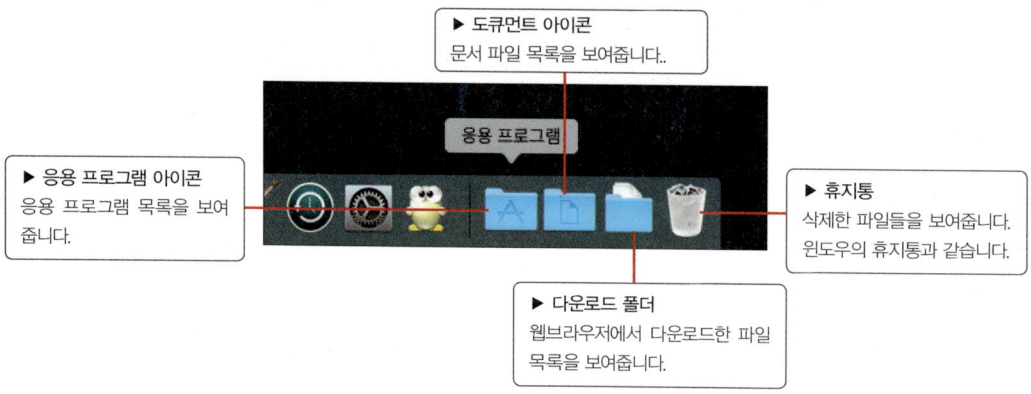

▲ 스택에 보이는 응용 프로그램 아이콘

아이콘 중에서 [다운로드 폴더] 아이콘을 클릭하면 [Finder에서 열기] 메뉴가 작게 보입니다. 이 메뉴를 누르면 파인더가 실행되면서 [다운로드 폴더]가 표시됩니다. 이 창의 왼쪽에서 [응용 프로그램] 메뉴를 선택하면 설치된 응용 프로그램들을 확인할 수 있습니다.

- **파인더(Finder) 창을 열고 응용 프로그램 찾기**

아래쪽 독의 왼쪽 끝부분을 보면 두 사람이 마주보는 얼굴 모양의 아이콘이 있습니다. 이 아이콘이 윈도우의 파일 탐색기와 같은 기능을 하는 파인더(Finder)입니다. 파인더 창을 열고 왼쪽 목록에서 [응용 프로그램] 항목을 선택하면 파인더의 오른쪽에 설치된 응용 프로그램 목록이 표시됩니다.

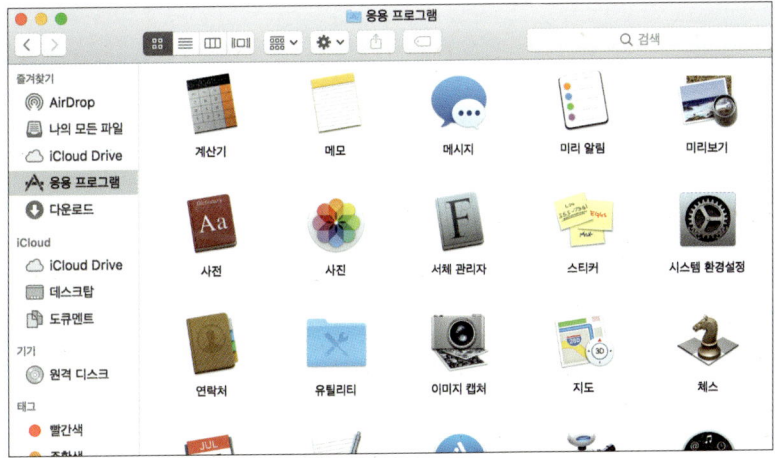

▲ 파인더 창에서 응용 프로그램 목록 보기

만약 어떤 웹사이트를 열어보고 싶다면 열거된 응용 프로그램 목록에서 [Safari] 항목을 찾아 클릭합니다. 맥북의 기본 웹브라우저는 사파리이기 때문에 웹사이트를 찾아 열 때는 사파리 웹브라우저를 많이 사용합니다. 상단의 입력 창에는 검색 또는 웹사이트 주소를 입력할 수 있습니다.

▲ 사파리 웹브라우저 창

- 런치 패드(LaunchPad)에서 응용 프로그램 찾기

손가락으로 터치하는 트랙 패드에 네 손가락을 올린 다음 오므리면 런치 패드 화면이 나타납니다. 이 런치 패드 화면에는 응용 프로그램 아이콘이 격자 모양으로 배열되어 있어 빠르게 찾아 실행할 수 있습니다.

▲ 런치 패드 화면에 보이는 응용 프로그램 아이콘

오므렸던 네 손가락을 다시 펴면 원래 화면으로 돌아갑니다. 지금까지 응용 프로그램을 찾아 실행하는 세 가지 방법을 알아보았습니다. 어떤 방법이든 여러분이 편한 방법으로 실행하면 됩니다.

응용 프로그램 종료하기

데스크톱 화면에 띄운 응용 프로그램 창을 종료하려면 어떻게 해야 할까요? 가장 간단한 방법은 응용 프로그램의 왼쪽 위에 있는 ⓧ 모양의 닫기 아이콘을 클릭하는 것입니다.

▲ 응용 프로그램의 왼쪽 위에 있는 아이콘들

두 번째 있는 ⊖ 아이콘은 아래쪽 스택으로 창을 축소하는 기능입니다. 두 번째 아이콘을 클릭해 보면 아래쪽 스택의 오른쪽 끝부분으로 현재 실행중인 창이 추가되면서 창이 데스크톱에서 사라집니다. 스택으로 보낸 아이콘을 다시 클릭하면 원래의 응용 프로그램 창이 나타납니다.

그런데 가끔씩 창이 동작하지 않거나 응용 프로그램이 멈추는 경우가 생깁니다. 이 경우에는 응용 프로그램을 강제로 종료시킬 수 있습니다. 화면의 왼쪽 위에 있는 애플 아이콘을 눌러 [강제 종료...] 메뉴를 선택하면 [응용 프로그램 강제 종료] 창이 나타납니다.

▲ [응용 프로그램 강제 종료] 창

이 창에는 실행 중인 응용 프로그램 목록이 나타나며, 그중에서 강제 종료할 응용 프로그램을 하나 선택해서 종료할 수 있습니다.

> **정박사님 궁금해요** 화면 캡처를 하고 싶은가요?
>
> 맥북을 사용하다보면 웹사이트에서 필요한 자료를 캡처하거나 여러분이 직접 만든 작업물을 캡처해서 저장하고 싶을 때가 있습니다. 다음은 맥북에서 화면을 캡처하는 방법입니다.
>
> ❶ 전체 화면 캡처 : `command` + `shift` + `3` 키를 누르면 찰칵 소리가 나면서 전체 화면이 캡처됩니다. 캡처된 이미지 파일은 데스크톱 화면에 표시됩니다.
>
> ❷ 필요한 부분만 선택하여 캡처 : `command` + `shift` + `4` 키를 누르면 커서가 십자 모양으로 바뀌면서 화면의 일부분을 선택할 수 있습니다. 마우스를 눌러 원하는 부분을 선택하면 부분 화면만 캡처됩니다. 캡처된 이미지 파일은 데스크톱 화면에 표시됩니다.
>
> ❸ 원하는 창만 캡처 : `command` + `shift` + `4` 키를 누른 후 `space` 키를 누르면 커서가 카메라 모양으로 바뀝니다. 마우스를 이리저리 움직이면 마우스 커서가 있는 위치의 창이 선택됩니다. 이때 마우스로 클릭하면 선택된 창만 캡처됩니다. 캡처된 이미지 파일은 데스크톱 화면에 표시됩니다.

데스크톱에 있는 아이콘이나 파일 삭제하기

만약 데스크톱에 있는 아이콘이나 파일을 삭제하고 싶다면 마우스로 아이콘을 끌어서 오른쪽 아래에 있는 휴지통에 갖다 넣으면 됩니다. 또는 파일이 선택되어 있는 상태에서 `command` + `backspace` 키를 눌러도 됩니다. 윈도우의 휴지통 기능처럼 휴지통에 넣은 파일은 복원할 수도 있고 완전히 삭제할 수도 있습니다. 휴지통 아이콘을 클릭하면 휴지통 안에 어떤 파일이 있는지 쉽게 확인할 수 있습니다.

3 _ 파일과 폴더 다루기

파인더가 윈도우의 파일 탐색기와 같은 역할을 한다고 했습니다. 따라서 파인더를 사용하여 파일을 복사하거나 삭제하는 경우가 많습니다. 아래쪽 독에서 파인더 아이콘을 클릭하여 창을 띄운 후 왼쪽 영역에서 [나의 모든 파일]을 선택하면 오른쪽에 파일들이 표시됩니다. 이렇게 불러온 파인더에서 파일 이름을 수정하거나 복사하는 작업에 대해 알아보겠습니다.

파일 이름 바꾸기

데스크톱이나 파인더에 있는 파일의 이름을 바꾸려면 이름 부분을 클릭하면 됩니다. 그러면 이름을 입력할 수 있는 상태가 되고 이름을 입력한 후 다시 한 번 클릭하면 이름이 바뀝니다.

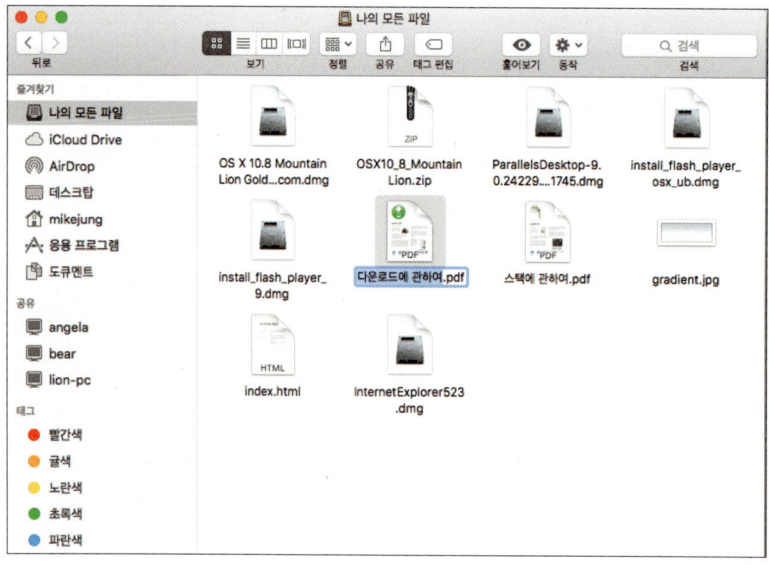

▲ 파일 이름을 클릭하여 수정

파일 복사하기

파일 복사는 보조 메뉴를 열어 처리할 수 있습니다. 파일을 선택하고 control 키를 누른 상태로 클릭하면 보조 메뉴가 보입니다. 그중에서 [복제]를 선택하면 복사할 수 있습니다.

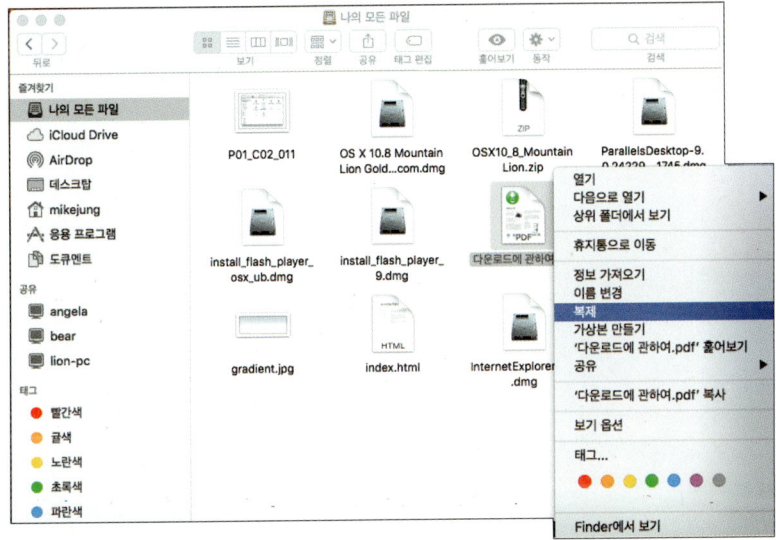

▲ 보조 메뉴를 띄우고 [복제]를 선택

키보드의 단축키로 파일을 복사할 수도 있습니다. 파일을 선택한 후 command + c 키를 누르고 다시 command + v 키를 누르면 파일이 복사됩니다. 파일을 선택한 후 보조 메뉴를 열고 [정보 가져오기]를 누르면 파일의 종류나 크기 등의 정보를 알 수 있습니다.

지금까지 맥북을 사용하는 데 필요한 가장 기초적인 내용들을 살펴보았습니다. 이 단락에서는 처음 맥북을 열었을 때 당황스러울 수 있는 내용만 살펴보았으니 맥북의 다른 기능들은 차차 사용하면서 알아 가면 됩니다. 그래도 이 정도면 이것저것 눌러보면서 무언가 할 수 있는 정도는 되었습니다.

> **정박사님 궁금해요** 윈도우 PC에서 macOS를 사용하고 싶을 땐 어쩌죠?
>
> 맥북 구입비용이 부담이라서 갖고 있는 윈도우 기반 노트북을 그대로 사용하려는 분도 많습니다. 이때는 윈도우 PC에 VMWare를 설치한 후 가상 머신으로 macOS를 실행하면 사용할 수 있습니다. 단, CPU는 i7 이상, 메모리는 12G 이상 되어야 동작 속도가 느려지지 않으니 참고하세요.

01-3
개발 도구 설치하고 첫 번째 프로그램 만들기 `중요도 ★★☆☆☆`

스위프트로 무언가를 만들 때 필요한 개발 도구가 엑스코드(Xcode) 프로그램입니다. 그래서 이 책은 맥북에서 동작하는 엑스코드를 사용합니다. 책에서 설명하는 내용을 익히기 위해서 먼저 엑스코드 설치 과정을 진행합니다. 이 장에서 엑스코드라는 개발 도구 설치 과정을 따라한 후 곧바로 스위프트를 활용한 첫 번째 프로그램을 같이 만들어 보겠습니다. 생소한 언어라고 겁부터 내지 않아도 됩니다. 하나씩 따라서 개발하다 보면 쉽게 결과를 만들 수 있으니까요.

1 _ 엑스코드(Xcode) 설치하기

맥북이나 아이폰에서 동작하는 앱을 만들고 싶다면 개발 도구를 먼저 설치해야 합니다. 맥북의 운영체제는 macOS이고 아이폰의 운영체제는 iOS인데 이 운영체제에서 동작하는 프로그램이나 앱은 엑스코드라는 개발 도구를 사용해야 만들 수 있습니다. 평소에 많이 사용하던 운영체제가 윈도우(Windows)였다고 하더라도 맥북에 익숙해지는 데 오랜 시간이 걸리지는 않습니다. 다음 설치 과정부터 하나씩 따라가면 됩니다.

❶ 화면 아래쪽에 아이콘들이 보이는 독(Dock) 영역에서 앱스토어(AppStore) 아이콘을 찾아 클릭합니다. 그러면 앱스토어 창이 나타납니다.

▲ 앱스토어 아이콘   ▲앱스토어를 실행했을 때 나타나는 화면

❷ 앱스토어 창의 오른쪽 위에는 검색어를 입력할 수 있는 검색창이 있습니다. 검색창에 'Xcode'를 입력한 후  키를 누르면 Xcode라는 단어가 포함된 응용 프로그램들이 나열됩니다.

▲Xcode를 입력해서 검색한 화면

❸ 나타난 목록에서 Xcode 응용 프로그램을 클릭하면 상세 정보가 나타납니다. 아직 설치되지 않은 상태라면 [받기] 버튼이 활성화됩니다. [받기] 버튼을 클릭해서 다운로드한 후 설치를 진행합니다.

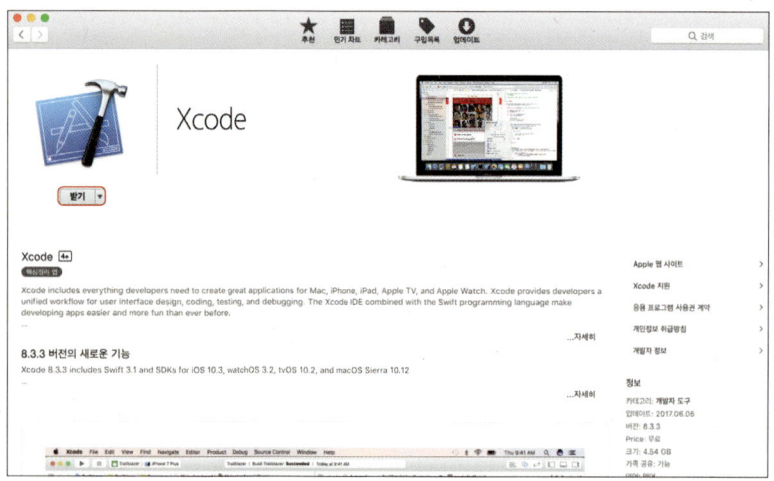

▲ Xcode의 상세 정보를 보여주는 화면

다운로드하려면 애플 아이디와 비밀번호를 입력해야 합니다. 이때 비밀번호는 여러분이 애플에 가입할 때 등록했던 것을 입력하면 됩니다. 설치 과정은 어렵지 않아서 설치 화면을 따라가다 보면 끝마칠 수 있습니다. 단, 파일 용량이 크기 때문에 다운로드나 설치 시간이 오래 걸릴 수 있습니다.

> **정박사님 궁금해요**   **운영체제나 엑스코드의 최신 버전은 자주 바뀌나요?**
>
> 엑스코드를 이미 설치한 경우라도 자주 업데이트되므로 현재 사용할 수 있는 최신 버전으로 업데이트하길 바랍니다. 따라서 이 책에서 설명하는 최신 버전 정보는 여러분이 설치하는 시점에 따라서 다를 수 있습니다.

개발 도구 설치가 끝났습니다. 별로 어렵지 않죠? 이제 개발 도구인 엑스코드를 실행한 후 화면을 간단하게 살펴볼 것입니다.

2 _ 엑스코드의 플레이그라운드 사용하기

앞으로 엑스코드 응용 프로그램은 자주 사용하게 되니 바로가기 아이콘을 바탕화면에 추가하거나 아래쪽 독에 추가해 두는 것이 좋습니다. macOS에서는 바탕화면을 데스크톱(Desktop)이라고 하니 앞으로 바탕화면은 데스크톱이라고 부르겠습니다.

❶ 데스크톱 화면 아래쪽의 독에서 파인더(Finder) 아이콘을 찾아 클릭합니다. 그러면 새로운 창이 뜨는데 그 창의 왼쪽에 보이는 메뉴 중에서 [응용 프로그램]을 선택합니다. 오른쪽에 Xcode 항목이 보이면 그 항목을 바탕화면인 데스크톱으로 끌어다 놓습니다. 그러면 데스크톱에 바로가기 아이콘이 추가됩니다. 아래쪽 독에도 Xcode 항목을 끌어다 놓으면 아이콘이 추가됩니다.

▲ 파인더 아이콘   ▲파인더 창에서 [응용 프로그램]을 선택한 화면   ▲ Xcode 바로가기 아이콘

정박사님 궁금해요 — 터치패드에서 드래그가 안 돼요

맥북을 처음 구매하면 터치패드에서 드래그가 안 되도록 설정되어 있을 수 있습니다. 이 경우에는 설정을 바꿔주면 됩니다. 데스크톱 화면 왼쪽 위에 있는 애플 아이콘을 누르고 [시스템 환경설정...] 메뉴를 선택합니다. 설정 화면이 보이면 [손쉬운 사용] 메뉴를 클릭합니다. [손쉬운 사용] 대화상자가 표시되면 왼쪽 메뉴에서 [마우스와 트랙패드]를 선택합니다. 그런 다음 오른쪽 화면에서는 [트랙패드 옵션...] 버튼을 클릭합니다. 그러면 [드래그 활성화] 체크박스가 나타나는데 이 체크박스를 체크하고 오른쪽 옵션을 [드래그 잠금 사용 안 함] 또는 [세 손가락으로 드래그하기]로 선택합니다. [세 손가락으로 드래그하기]를 선택하면 세 손가락으로 끌어다 놓을 수 있게 됩니다

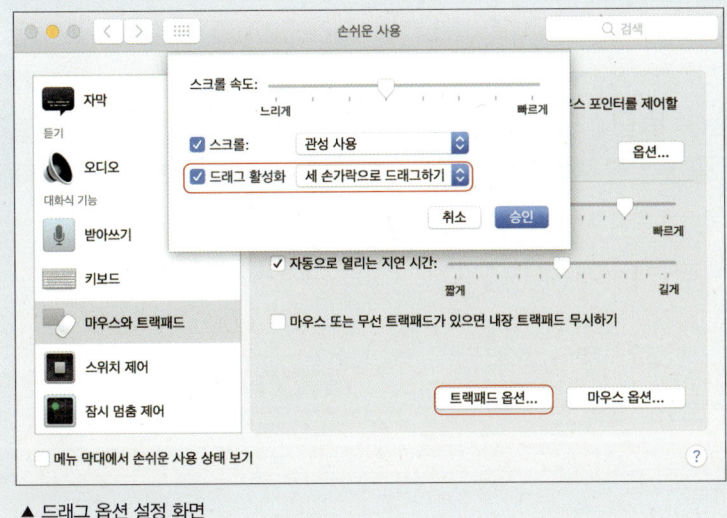

▲ 드래그 옵션 설정 화면

❷ Xcode 바로가기 아이콘을 더블클릭해서 실행하면 라이선스 동의 창이 뜹니다. [Agree] 버튼을 클릭하면 비밀번호를 입력하라는 대화상자가 나타납니다. 사용자 계정의 비밀번호를 입력하고 [승인] 버튼을 클릭합니다.

▲ 엑스코드를 실행했을 때 나타나는 라이선스 동의 창

❸ 'Installing components...'라는 메시지가 보이면서 추가 설치가 진행됩니다. 이 메시지는 처음 실행했을 때만 나타나고 그 다음부터는 보이지 않습니다.

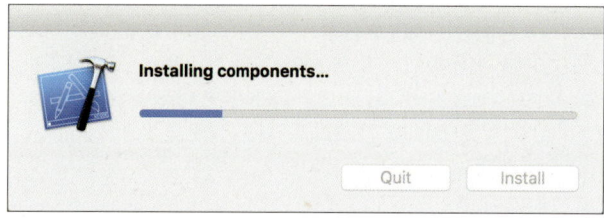

▲ 추가 설치 진행 메시지

❹ 추가 설치가 끝나면 시작 화면이 나타납니다. 시작 화면에서는 새로운 프로젝트를 만들거나 예전에 만들었던 프로젝트를 열 수 있습니다. 새로운 응용 프로그램이나 앱을 만들려면 프로젝트를 먼저 만들어야 합니다. 프로젝트는 하나의 프로그램을 만들기 위한 작업장이라고 생각하면 됩니다. 둘째 마당에서는 플레이그라운드를 자주 사용할 것이므로 먼저 첫 번째 메뉴인 [Get started with a playground]를 클릭합니다.

▲ Xcode 시작 화면

> **정박사님 궁금해요** 이 책을 활용하려면 시작 화면에서 어떤 메뉴를 선택해야 하나요?
>
> 시작 화면에는 세 개의 메뉴가 표시되어 있는데 첫 번째는 [Get started with a playground]라는 메뉴이고 두 번째는 [Create a new Xcode project], 그리고 세 번째는 [Check out an existing project]입니다.
> 새로운 응용 프로그램이나 앱을 만들기 위해서는 두 번째 메뉴를 클릭해야 하는데 실제 앱을 만들기 전에 간단한 코드를 입력하고 실행 결과를 확인하고 싶은 경우에는 첫 번째 메뉴를 클릭합니다. 첫 번째 메뉴는 사실 연습장과 같은 역할을 하는데 이 책에서는 첫 번째 메뉴를 눌러 플레이그라운드(Playground)라는 것을 실행한 상태에서 코드를 입력하기도 하고 두 번째 메뉴를 눌러 만드는 프로젝트(Project)를 사용하기도 합니다. 둘째 마당에서는 첫 번째 메뉴를 눌러 플레이그라운드를 사용하고 셋째 마당에서는 두 번째 메뉴를 이용해 프로젝트를 만들어 사용합니다.

❺ 플레이그라운드 템플릿을 선택하라는 창이 표시됩니다. 'Blank'라는 템플릿이 기본으로 선택되어 있으니 그대로 둔 상태로 [Next] 버튼을 클릭해서 다음 단계로 넘어갑니다.

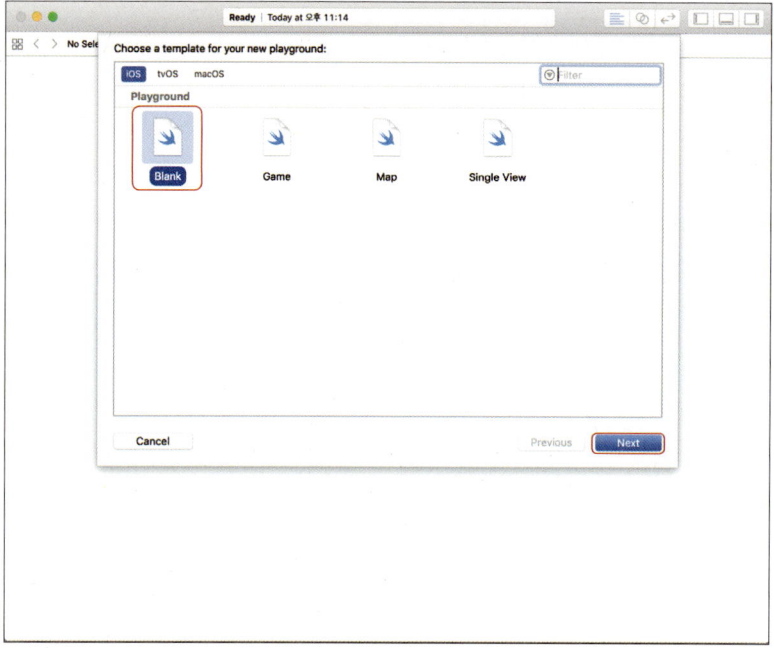

▲ 플레이그라운드 템플릿을 선택하는 화면

❻ 저장할 플레이그라운드 파일의 이름을 입력한 후 저장할 폴더 경로를 어디로 정할건지 물어보는 대화상자가 나타납니다. 'Save As:' 란에는 'MyPlayground'라는 이름이 자동으로 입력되어 있으니 그대로 둡니다. 아래쪽에는 데스크톱(Desktop) 폴더가 기본 저장 폴더로 선택되어 있습니다. 데스크톱 화면에 저장 폴더를 만드는 것보다는 새 폴더를 만드는 것이 결과물을 정리하기 좋습니다. 왼쪽 아래에 있는 [New Folder] 버튼을 클릭한 후 새 폴더의 이름을 입력하는 대화상자가 나타나면 새 폴더 이름으로 'projects'를 입력하고 [Create] 버튼을 클릭합니다.

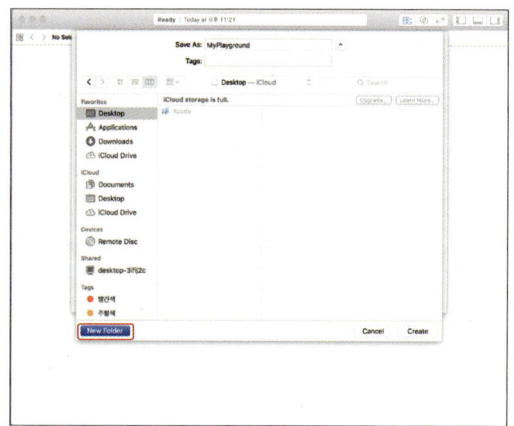

▲ 파일 저장 위치를 묻는 대화상자

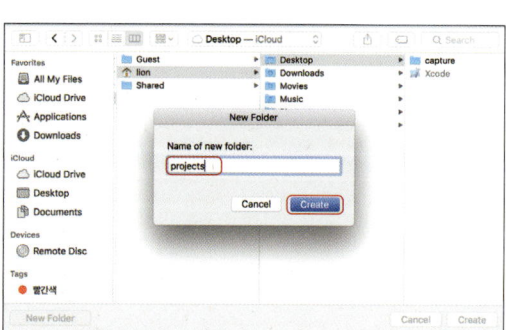

▲ [projects] 폴더를 새로 만들기

❼ [projects]라는 새로운 폴더가 만들어진 상태에서 그 폴더가 선택되어 있습니다. 저장 위치를 묻는 대화상자 아래쪽의 [Create] 버튼을 클릭합니다. 그러면 대화상자가 닫히고 엑스코드의 플레이그라운드 창이 나타납니다. 창 안에는 자동으로 입력된 코드가 있으며 오른쪽에는 회색으로 구분된 영역이 보입니다. 이렇게 두 개 영역으로 나누어진 이유는 왼쪽에 코드를 입력하면 그 결과가 오른쪽에 표시되는 구조이기 때문입니다.

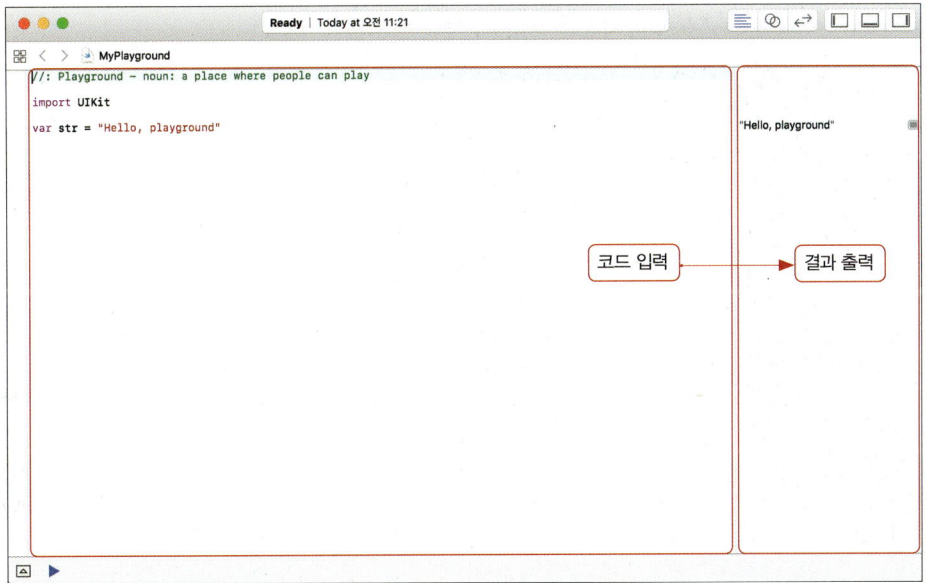

▲ 엑스코드의 플레이그라운드 창

> **정박사님 궁금해요** | 입력한 코드 파일이 제대로 저장되었는지 어디서 확인할 수 있나요?
>
> 짐작했겠지만 플레이그라운드 창에 자동으로 입력된 코드는 이전 단계에서 만들었던 [projects] 폴더 안에 파일로 저장됩니다. 만약 파일이 제대로 만들어졌는지 확인하고 싶다면 데스크톱 화면에 있는 [projects] 폴더를 더블클릭합니다. 그러면 그 안에 MyPlayground.playground라는 파일이 생성되어 있는 것을 확인할 수 있습니다.

❽ 그런데 왼쪽 영역에 무언가를 입력하려고 해도 글자가 너무 작아 보입니다. 글자를 크게 볼 수 있도록 데스크톱 화면의 가장 위쪽에 보이는 메뉴 중에서 [Xcode] → [Preferences...] 메뉴를 선택합니다. 설정 창이 나타나는데 위쪽에는 어떤 항목을 설정할 것인지 선택하는 아이콘이 있고 그 아래에는 선택한 항목의 상세 내용이 표시됩니다. 설정 창이 나타났을 때 기본 설정 값으로 선택되어 있는 아이콘은 [General]입니다. 여기서는 위쪽 아이콘 중에서 [Fonts & Colors] 아이콘을 선택합니다.

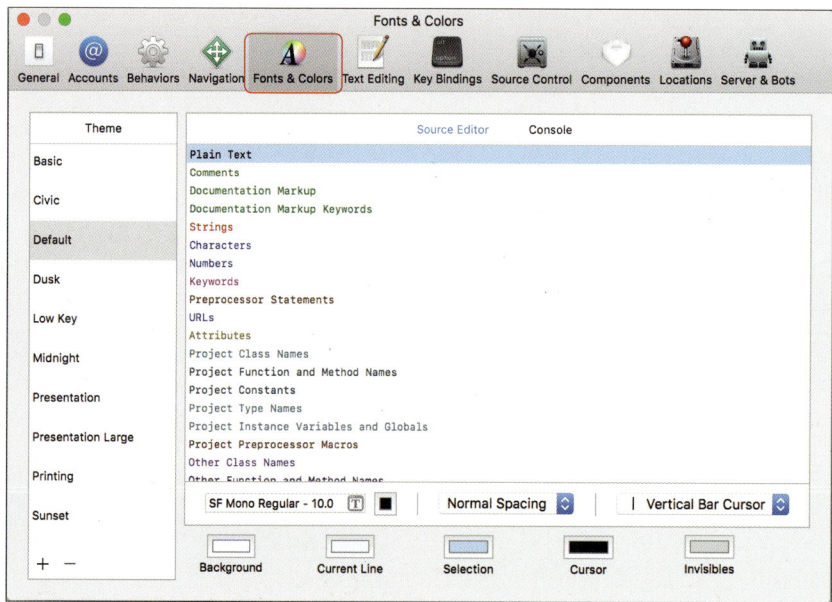

▲ 엑스코드 설정 창

정박사님 궁금해요 — 위쪽 메뉴에 [Xcode]라는 메뉴가 안 보여요

데스크톱 화면 위쪽의 메뉴는 어떤 창이 선택되어 있는지에 따라 자동으로 변경됩니다. 만약 화면에 떠 있는 Xcode 창을 선택하지 않은 상태라면 상단의 메뉴는 다른 것으로 표시되어 있을 것입니다. 따라서 Xcode 창을 선택해야 화면 상단의 메뉴에 [Xcode] 메뉴가 보입니다.

❾ 현재 선택된 테마와 폰트 정보가 나타납니다. 폰트 크기를 바꾸기 위해 우선 오른쪽에 보이는 모든 항목을 한꺼번에 선택합니다. 아래쪽에 있는 Font 항목을 보면 오른쪽에 [T] 모양의 아이콘이 있습니다. [T] 모양의 아이콘을 클릭하면 폰트의 종류와 크기를 바꿀 수 있습니다. 왼쪽에 보이는 항목은 코드 입력 창의 배경색을 변경할 수 있는 테마입니다. 코드를 입력할 때 눈이 덜 아프도록 배경색을 검은 색으로 설정해 두는 경우도 많습니다. 여러분이 좋아하는 배경색으로 설정하면 됩니다.

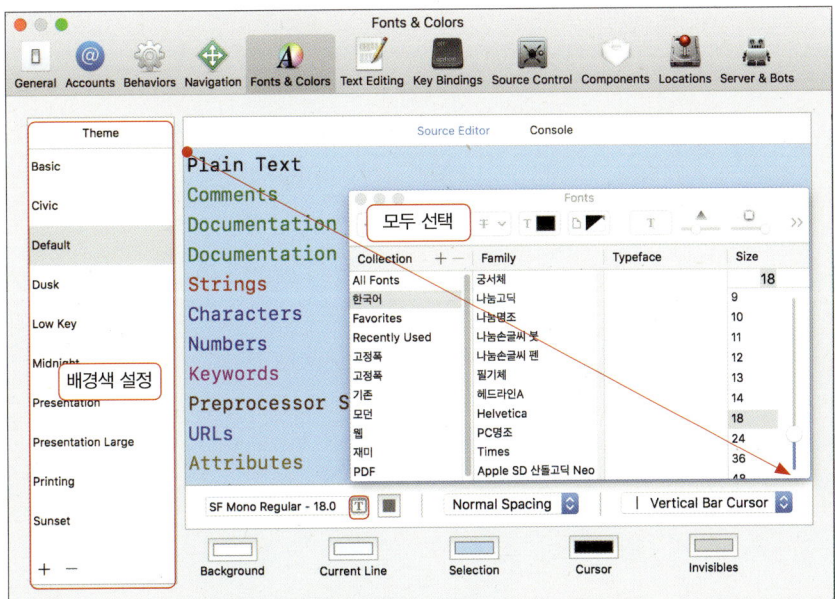

▲ 현재 선택된 테마와 폰트를 보여주는 설정 화면에서 폰트 바꾸기

> **정박사님 궁금해요** 여러 항목을 한꺼번에 선택하려면 어떻게 해야 하나요?
>
> 여러 항목을 선택할 때는 먼저 가장 위쪽에 있는 항목을 하나 선택한 후 `shift` 키를 누른 상태로 아래쪽 방향 화살표(↓)를 누르면 됩니다. 또는 마우스로 가장 위쪽 항목을 선택한 후 `shift` 키를 누른 상태에서 가장 아래쪽 항목을 선택하면 그 사이에 있는 항목들이 한꺼번에 선택됩니다.

❿ 현재 선택된 폰트 크기가 11이라면 18정도를 선택했을 때 충분히 큰 크기로 볼 수 있습니다. 폰트 크기를 바꾸고 나면 입력한 코드를 훨씬 편하게 볼 수 있습니다. 창의 왼쪽 위에 있는 ⓧ 아이콘을 클릭하면 원래 화면으로 돌아갑니다.

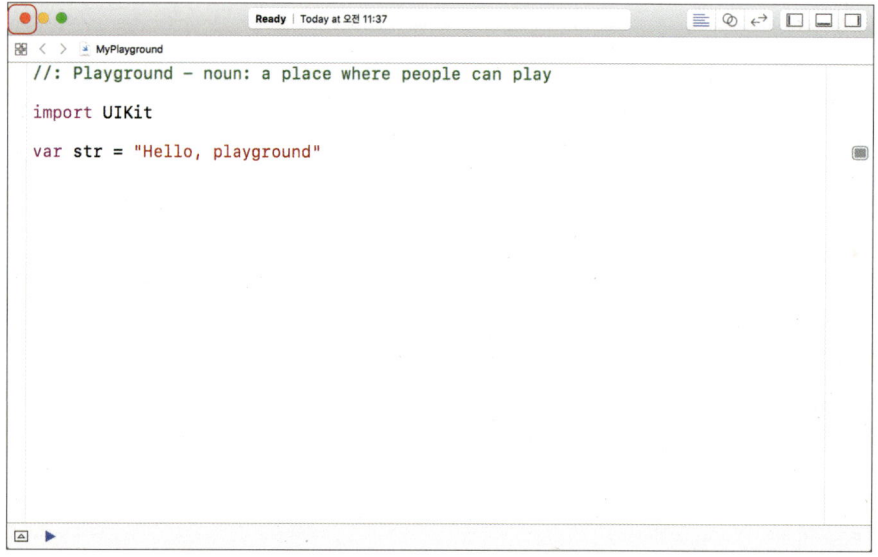

▲ 폰트를 바꾸고 난 후의 플레이그라운드 화면

⓫ 아직 플레이그라운드를 띄우기만 했을 뿐 그 외의 내용은 아무것도 모릅니다. 플레이그라운드가 동작하는 방식을 알아보기 위해 가운데 입력 창의 마지막 부분에 다음 코드처럼 한 줄을 추가합니다.

코드 참고 / MyPlayground.playground

```
//: Playground - noun: a place where people can play
import UIKit
var str = "Hello, playground"
var str2 = "안녕!"
```

⓬ `command` + `space` 키를 눌러 한글 입력 모드로 변환한 다음 한글을 입력합니다. 그리고 한/영 변환 키를 다시 한 번 누르면 영문 입력 모드로 변경됩니다. 키보드에 [한/영] 변환 키가 있다면 그 키를 사용해도 됩니다. 코드를 입력할 때는 띄어쓰기와 대소문자, 그리고 큰따옴표도 잘 구분하면서 입력합니다. 한 줄을 입력한 후 `command` + `s` 키를 눌러 저장하면 화면 위쪽의 바 가운데에 'Running MyPlayground'라는 메시지가 표시됩니다. 이것은 무언가 동작한다는 의미이며, 이 메시지가 없어지면서 동작이 끝나면 오른쪽의 회색 영역에 "안녕!"이라는 글자가 표시됩니다.

만약 오른쪽 영역이 너무 좁다면 영역을 구분하고 있는 세로 선을 드래그해서 영역을 넓혀주면 글자가 보이게 됩니다. 어떻게 이 글자가 보이게 되었는지는 모르더라도 우리가 큰따옴표 안에 넣어 입력했던 글자가 표시된 것임은 짐작할 수 있을 겁니다.

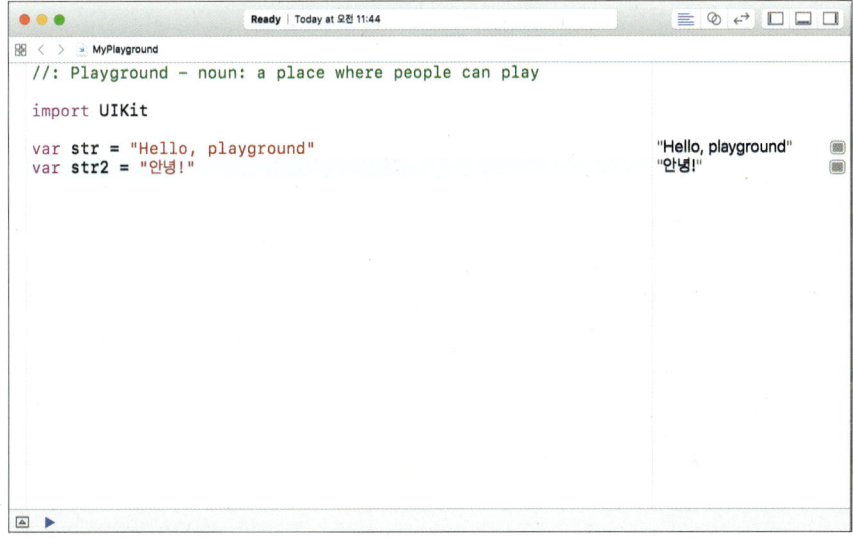

▲ 한 줄을 입력했을 때의 결과 화면

아직 어떻게 동작하는 것인지 잘 모르지만 입력한 결과가 오른쪽에 표시되는 것을 보니 신기하지 않나요?

우리가 입력한 것이 무엇인지는 둘째 마당에서 자세하게 살펴보겠습니다.

01-4
아이폰 앱은 어떻게 만들까?

중요도 ★★☆☆☆

스위프트는 아이폰이나 맥북 등에서 실행되는 앱을 만들기 위해 개발된 것입니다. 그러니 원래의 목적에 맞게 아이폰 앱을 한 번 만들어 보는 것은 의미가 있습니다. 왜냐하면 스위프트가 윈도우나 다른 모바일 단말에서 사용된다고 하더라도 그 특성을 가장 잘 보여주는 것이 애플의 단말이기 때문입니다.

엑스코드를 사용해 아이폰 앱을 처음 만드는 일은 스위프트 언어를 전혀 몰라도 할 수 있습니다. 따라서 지금은 스위프트로 아이폰 앱을 만든다기보다는 엑스코드로 아이폰 앱을 만든다고 얘기하는 것이 더 정확합니다. 하지만 이 책의 둘째 마당에서 스위프트를 익히고 나면 셋째 마당에서 몇 가지 간단한 아이폰 앱의 화면과 기능을 만들어 볼 것이므로 스위프트를 알아야 아이폰 앱을 만들 수 있다는 점은 항상 생각해야 합니다.

그러면 아이폰 앱을 만드는 일이 얼마나 쉽고 간단한지 알아보겠습니다.

1 _ 첫 번째 아이폰 앱 만들기

앞 장에서 엑스코드로 플레이그라운드를 실행한 후 한 줄의 코드를 입력했을 때 나타나는 결과물까지 확인해 보았습니다. 그런데 플레이그라운드는 실제 앱을 만들기 전에 연습해 보는 연습장에 불과합니다. 실제 응용프로그램이나 앱을 만들고 싶다면 먼저 다른 유형의 프로젝트를 만들어야 합니다. 이번에는 아이폰에서 동작하는 실제 앱을 직접 만든 후 실행까지 진행해 보겠습니다.

❶ 엑스코드를 실행하여 시작 화면이 뜨면 왼쪽에 나열되는 세 가지의 메뉴와 함께 오른쪽에 최근에 만든 파일이나 프로젝트가 나타납니다. 이미 MyPlayground를 만들었기 때문에 오른쪽 영역에 표시됩니다. 이번에는 실제 앱을 만들기 위해 시작 화면의 메뉴 중에서 두 번째 메뉴인 [Create a new Xcode project] 를 클릭합니다.

▲ 엑스코드를 다시 실행했을 때의 시작 화면

❷ 처음 보이는 대화상자에는 어떤 단말에 필요한 프로젝트를 만드는 것인지, 그리고 첫 번째 화면의 유형은 어떤 것으로 할지를 물어봅니다. 위쪽 영역에서는 iOS, watchOS, tvOS, macOS, Cross-platform 등의 항목 중 하나를 선택할 수 있는데 iOS 항목이 디폴트로 선택되어 있습니다. iOS는 아이폰이나 아이패드가 동작하는 데 필요한 아이오에스(iOS) 운영체제를 의미하며, 이 운영체제에서 동작하는 앱을 만들고 싶을 때 선택합니다. 만약 맥북에서 동작하는 응용프로그램을 만들고 싶다면 OS X 항목을 선택하면 됩니다. 위쪽에 선택되어 있는 항목은 그대로 두고 아래쪽 영역을 봅니다. 이 항목들은 첫 화면의 유형을 나타내는데 Single View Application(또는 Single View App)을 선택합니다. 이것은 첫 화면을 하나의 화면으로 만들겠다는 의미입니다. 아래쪽의 [Next] 버튼을 클릭합니다.

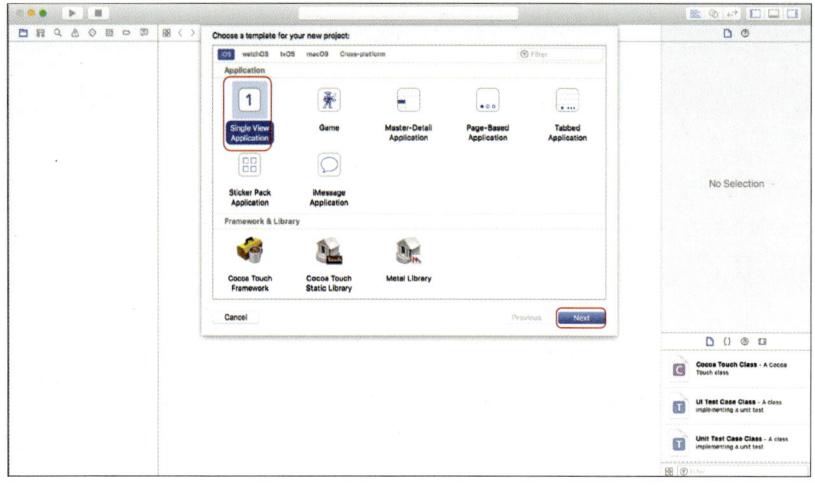

▲ 단말 운영체제의 종류와 화면 유형을 물어보는 화면

❸ 앱의 이름 등을 입력할 수 있는 창이 나타납니다. 앱의 이름을 입력하는 Product Name 입력상자에 'Hello'를 입력합니다. 회사 이름을 넣는 Organization Name에는 맥북 소유자의 이름이 자동으로 들어갈 수 있으니 자동으로 입력된 이름이 있으면 그대로 둡니다. Organization Identifier에는 도메인 이름처럼 고유한 구분자를 넣을 수 있는데 여기에는 org.techtown을 입력합니다. 그러면 Bundle Identifier 입력상자에는 'org.techtown.Hello'가 자동으로 생성됩니다. Language 콤보박스는 어떤 개발 언어로 개발할 것인지 선택할 수 있는데 여러분은 스위프트를 사용할 것이므로 입력되어 있는 Swift를 그대로 둡니다. 아래 항목들도 그대로 둔 채 아래쪽의 [Next] 버튼을 클릭합니다.

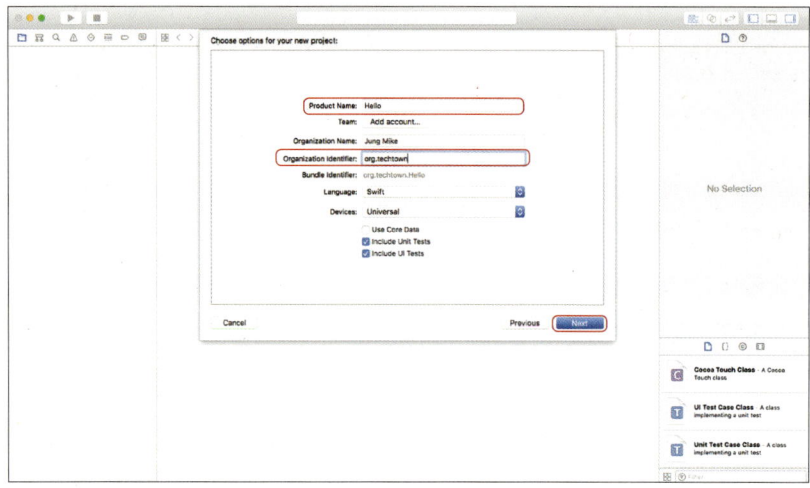

▲ 앱의 이름 등을 입력하는 화면

❹ 이번에는 새로 만든 프로젝트를 어디에 저장할 것인지 묻는 화면이 나타납니다. 앞 장에서 데스크톱에 만들어 놓았던 [projects] 폴더가 선택되어 있다면 그대로 두고 오른쪽 아래에 있는 [Create] 버튼을 클릭합니다. 그러면 대화상자가 사라지면서 엑스코드 메인 화면이 나타납니다.

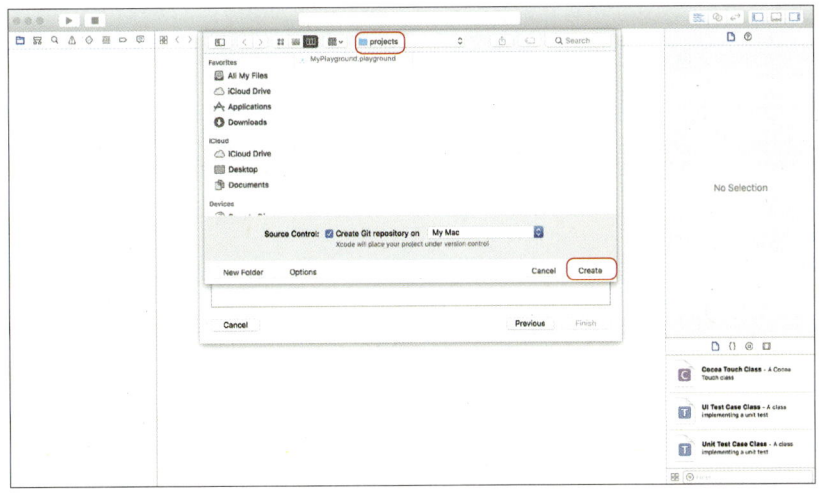

▲ 프로젝트를 저장할 곳을 묻는 화면

정박사님 궁금해요 — 엑스코드 메인 화면은 어떻게 구성되어 있나요?

엑스코드 메인 화면은 크게 세 개의 영역으로 나누어져 있는데 왼쪽이 내비게이터(Navigator) 영역, 가운데가 작업 영역 그리고 오른쪽이 유틸리티 영역입니다. 내비게이터 영역 위쪽에는 여러 가지 아이콘이 있는데 처음 실행하면 가장 왼쪽에 있는 프로젝트 내비게이터(Project Navigator) 아이콘이 선택되어 있습니다. 따라서 내비게이터 영역에는 프로젝트 내비게이터와 관련된 창이 보이며, 이 안에 새로 만든 프로젝트가 표시됩니다. 트리 구조를 갖고 있는 프로젝트 안에는 여러 폴더와 파일이 들어 있습니다. 그 파일 중에서 하나를 선택하면 가운데 작업 영역에 선택한 파일의 내용이 표시됩니다. 오른쪽 유틸리티 영역에는 인스펙터(Inspector)라고 불리는 창들이 표시됩니다. 유틸리티 영역 위쪽에 있는 각 아이콘을 눌러보면 선택한 아이콘에 맞는 인스펙터 창이 열립니다. 유틸리티 영역의 아래쪽에는 라이브러리를 위한 창 등 기타 화면들이 나타납니다.

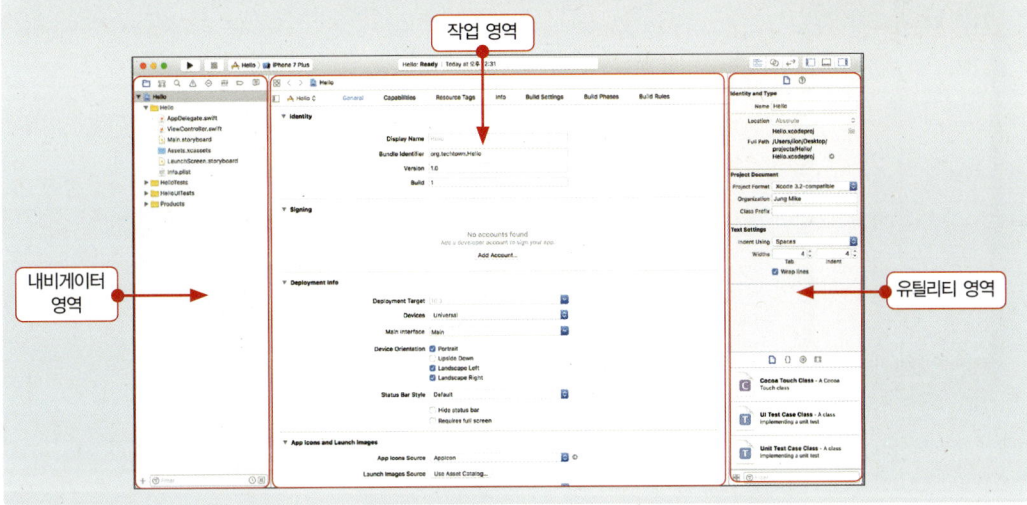

❺ 자동으로 생성된 프로젝트 내용을 조금씩 바꿔가며 실습해 보는 일은 셋째 마당에서 진행할 것이므로 여기서는 내용을 수정하지 않고 바로 실행해 보겠습니다. 먼저 엑스코드 메인 화면의 위쪽을 보면 실행(▶), 중지(■) 아이콘과 함께 이 프로젝트의 이름인 'Hello'와 'iPhone 7 Plus' 또는 'iPhone 8 Plus'라는 단말 정보가 표시된 버튼이 있습니다. 왼쪽에 있는 실행(▶) 버튼을 클릭하면 시뮬레이터가 실행됩니다. 시뮬레이터가 정상적으로 실행된 후에는 앱이 시뮬레이터 안에서 실행됩니다. 시뮬레이터가 실행될 때까지 시간이 많이 걸릴 수도 있으니 조금 기다립니다.

▲ 위쪽에 표시된 실행 아이콘과 단말 정보

> **정박사님 궁금해요** 'Hello'와 'iPhone 8 Plus' 등 단말 정보가 표시된 버튼이 뭐죠?
>
> 아이폰 모델 중에서 8 Plus 모델을 시뮬레이터(Simulator)로 실행하도록 설정되어 있다는 뜻입니다. 시뮬레이터는 실제 단말처럼 보이게 만든 가상 단말이며 에뮬레이터(Emulator)라고도 부릅니다.

❻ 시뮬레이터는 실제 단말과 동작 방식이 거의 같습니다. 단말의 화면이 너무 커서 맥북 화면에 모두 나타나지 않으므로 트랙 패드를 두 손가락으로 쓸어내리면 단말 화면의 위쪽이나 아래쪽을 볼 수 있습니다. 앱은 하얀 화면만 나타나기 때문에 시뮬레이터 화면의 위쪽으로 이동해야 시계를 확인할 수 있습니다.

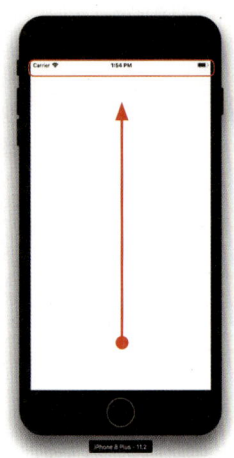

▲ 시뮬레이터에서 앱이 실행되었을 때의 화면

야호! 앱이 실행되었네요. 앱 화면에는 아무 것도 없는 빈 화면만 출력되었지만 이것도 앱이 실행되었기 때문에 나타난 화면입니다. Xcode 화면 상단의 중지(■) 아이콘을 누르면 시뮬레이터에 실행되었던 앱이 종료됩니다. 홈 화면으로 돌아가려면 시뮬레이터 화면을 선택한 상태에서 데스크톱 상단에 보이는 [Hardware] → [Home] 메뉴를 선택합니다. 또는 단축키인 shift + command + H 를 누릅니다.

2 _ 실제 단말에 연결해서 실행하기

지금부터는 시뮬레이터가 아니라 실제 단말에 연결해서 실행해 보겠습니다. 앞 단락에서 만든 앱은 최신 단말은 물론이고 아이폰 4s처럼 예전에 생산된 단말에서도 실행할 수 있습니다. 여기서는 맥북에 실제 단말을 연결해서 실행하는 방법을 알아보겠습니다.

❶ 실제로 단말을 연결해서 실행하려면 먼저 USB 케이블로 단말과 맥북을 연결합니다. 그러면 맥북에서 아이튠즈(iTunes)가 실행되고 단말 연결을 허용할 것인지를 묻는 대화상자가 나타납니다. [계속] 버튼을 누르고 단말을 확인하면 단말에는 단말에 연결된 맥북을 신뢰할 것인지를 묻는 대화상자가 나타납니다. [신뢰] 버튼을 누르면 엑스코드에서 단말을 인식할 수 있습니다.

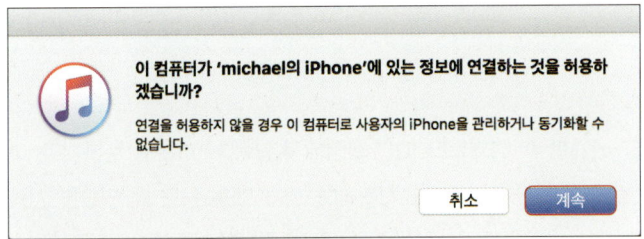

▲ 아이튠즈에서 단말 연결을 허용할 것인지 묻는 대화상자

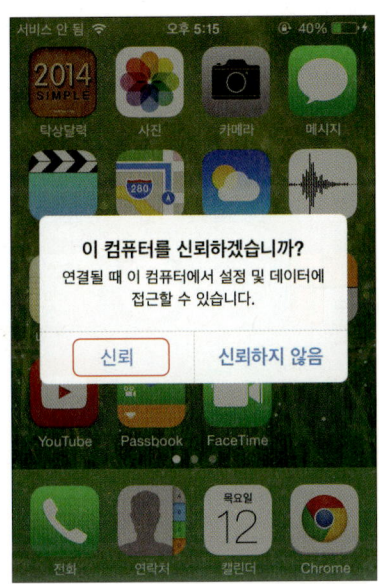

▲ 단말이 연결된 맥북을 신뢰할 것인지 묻는 대화상자

| 정박사님 궁금해요 | 단말이 연결된 상태인지 알 수 있나요? |

만약 신뢰할 수 있는 맥북으로 설정하기 전이라면 엑스코드 화면 위쪽에 표시된 단말을 선택해서 리스트를 확인합니다. 그러면 연결된 실제 단말이 없다고 표시됩니다.

▲ 연결된 실제 단말이 없다고 표시된 화면

❷ 실제 단말이 연결되었으므로 해당 단말을 선택한 후 엑스코드 메인 화면에서 실행(▶) 버튼을 누릅니다. 그러면 다음과 같이 코드 사인(code sign)을 실패했다는 메시지가 표시됩니다. 실제 앱을 만들 때 필요한 인증 정보가 없어 오류가 발생한 것인데요, 다행히 [Fix Issue]라는 버튼이 보입니다. 이 버튼을 클릭하면 엑스코드가 알아서 테스트용 인증 정보를 만들어 넣어줍니다.

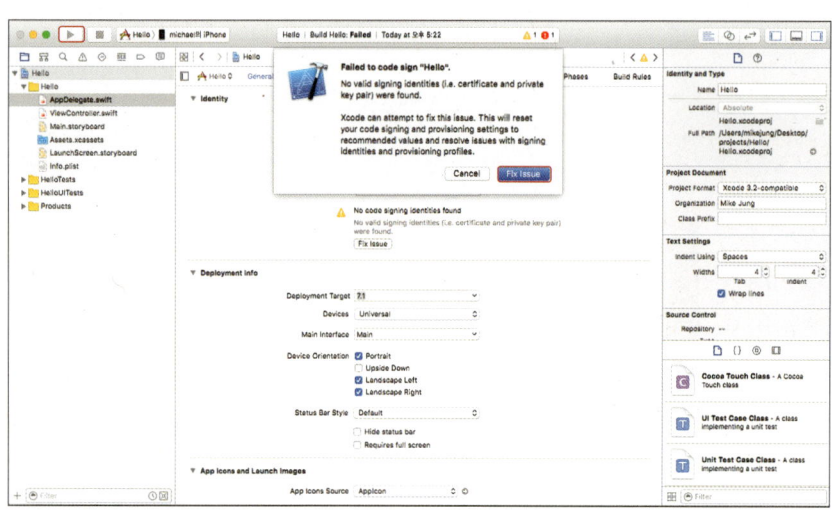

▲ 코드 사인(code sign)이 실패했다는 메시지

| 정박사님 궁금해요 | 코드 사인(code sign)에 실패했다는 메시지가 뭔가요? |

코드 사인(code sign)이란 앱을 만든 후 인증 정보를 넣어주는 과정으로 실제 앱을 만들 때 반드시 필요한 과정입니다. 테스트용으로 앱을 만들 때도 테스트용 인증 정보를 넣어야 하므로 엑스코드 메인 화면에서 실행(▶) 버튼을 클릭했을 때 인증 정보를 넣는 과정을 진행해야 합니다. 아직 여러분이 입력한 정보가 없기 때문에 인증 정보를 넣을 수 없어 오류가 발생한 것입니다.

❸ 이때 다음과 같이 비밀번호를 입력하라는 대화상자나 개발팀 정보를 입력하라는 대화상자가 추가로 표시됩니다. 비밀번호는 애플 ID의 비밀번호로 입력하고 개발팀 정보는 아무 값이나 입력하면 인증 정보 입력을 마칠 수 있습니다.

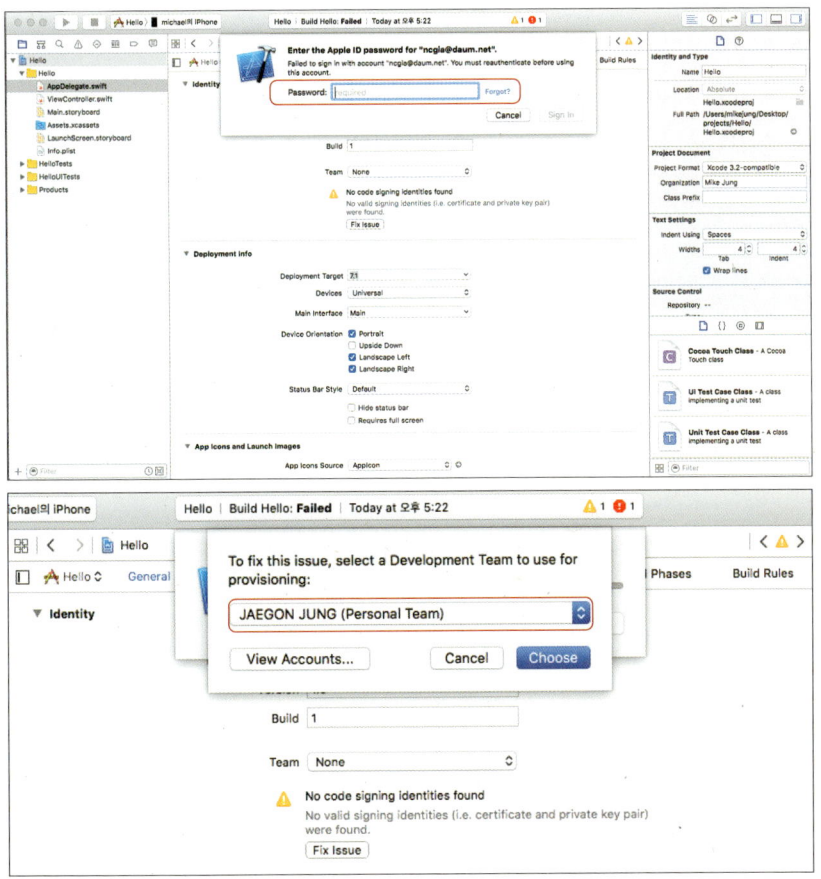

▲ 코드 사인에 필요한 정보를 추가로 입력하는 대화상자

❹ 여기까지 입력하면 엑스코드가 코드 사인 과정을 거쳐 앱에 인증 정보를 넣은 후 단말에 설치하고 실행하는 과정을 자동으로 진행합니다. 그리고 마침내 실제 단말에 앱이 실행됩니다.

▲ 실제 단말에 앱을 실행한 경우

첫째마당 | 스위프트와 만나기 61

이제 실제 단말에도 앱이 실행됩니다. 앞에서 설명했듯이 빈 흰색 화면만 나타나더라도 이 화면은 여러분이 직접 만든 앱이 실행되어 나타난 것입니다. 몇 번 클릭한 것만으로도 앱이 실행되니 아이폰에서 실제로 동작하는 앱을 만드는 것도 어렵지 않겠죠? 실행된 앱 화면의 배경색이 백지 같아서 글자나 그림을 올려 제대로 된 앱을 만들고 싶은 생각도 들 것입니다.

그렇다면 앱을 만드는 과정에서 스위프트는 언제 사용되는 것일까요? 우선 엑스코드 화면으로 돌아가서 왼쪽 프로젝트 영역에 있는 파일들 중 ViewController.swift 파일을 클릭해 봅니다.

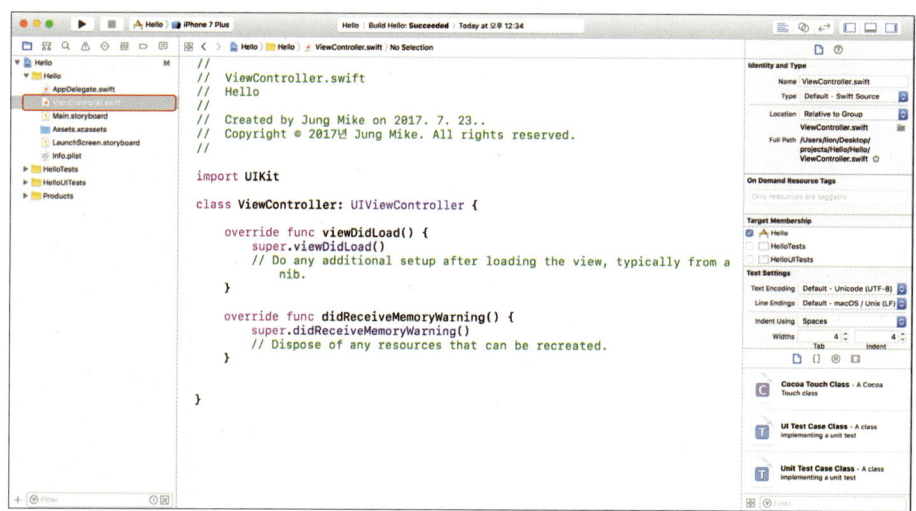

▲ 프로젝트 영역에서 ViewController.swift 파일을 클릭했을 때 보이는 내용

그러면 가운데 작업 영역에 이해하기 힘든 난해한 코드들이 보입니다. 이것이 바로 스위프트 코드입니다. 확인한 것처럼 스위프트 코드가 들어간 파일은 파일 이름 뒤에 .swift 확장자가 붙어 있습니다. 이 스위프트 코드는 앱이 동작할 때 중요한 역할을 합니다. 따라서 이 코드의 의미를 잘 이해하고 해석할 줄 알아야 합니다. 하지만 아직 스위프트를 배우지 않았기 때문에 이 코드가 무엇을 말하는지 잘 모르겠죠? 앞으로 스위프트 기초에 익숙해진 다음 앱을 만들 때 필요한 추가적인 내용들도 알아야 코드를 해석할 수 있습니다.

즉, 본격적으로 앱을 만들기 전에 스위프트를 다룰 줄 알아야 합니다. 그래서 앞으로 배울 둘째 마당은 스위프트 내용을 하나하나 설명합니다. 코드를 만들 때는 엑스코드의 플레이그라운드를 사용하므로 코드를 하나씩 만들고 실행하면서 스위프트가 어떤 것인지 알아보려고 합니다. 이렇게 익히다 보면 엑스코드를 다루는 방법도 조금씩 익숙해 질 것입니다.

그런데 이 책을 읽는 독자 중에는 프로그래밍 언어를 처음 접하는 분도 있지만 자바스크립트를 사용해 본 경험자, 안드로이드 앱을 만들어 본 개발자 또는 오브젝티브-C로 아이폰 앱을 개발해 본 개발자도 있을 것입니다. 따라서 어떤 언어를 다뤄 보았는지에 따라 둘째 마당의 내용을 따라가는 방법이 약간 다를 수 있습니다. 스스로 어떤 경험을 갖고 있는지 다음 표에서 확인한 후 자신에게 필요한 학습을 하세요.

어떤 경험이 있나요?	이 책의 둘째 마당 활용법
• 기존 아이폰 앱 개발자	스위프트는 오브젝티브-C의 특징을 갖고 있지만 실제로 오브젝티브-C를 사용했던 개발자가 스위프트를 처음 접했을 때는 너무 다르다고 느끼는 경우가 많습니다. 따라서 스위프트 언어를 새로 배운다는 자세로 임하고, 중요하다고 말한 내용을 중심으로 과정을 따라갑니다. 그리고 한 단락이 끝난 마지막에 제공하는 스위프트 요약 내용을 활용해서 스위프트가 오브젝티브-C와 어떤 부분이 다른지 정리해 보는 것이 좋습니다.
• 자바스크립트 개발자	웹페이지를 만들 때 자바스크립트를 써 본적이 있다면 스위프트가 자바스크립트와 비슷하다고 느낄 수 있습니다. 그러나 자바스크립트와 달리 스위프트는 컴파일 후 실행되며, 자료형을 명시하는 타입 기반의 언어입니다. 이 때문에 스위프트의 내용을 하나씩 따라하며 익히다 보면 자바스크립트보다 어렵다고 느껴질 수 있습니다. 따라서 프로그래밍 언어를 처음 배운다는 생각으로 각 단락의 내용을 반드시 이해한 후 여러 번 반복해서 익숙해져야 합니다.
• 안드로이드 개발자	자바를 사용해서 앱을 개발할 때처럼 포인터가 없고, 객체 지향 언어로서 클래스를 사용하는 방식도 동일하므로 스위프트 언어를 익히는 속도가 빠를 수 있습니다. 다만 스크립트 언어와 유사한 특성이나 옵셔널, 클로저 등의 내용은 알고 있던 내용과 다르기 때문에 책의 학습 과정이 진행될수록 점점 더 어렵다고 느낄 수 있습니다. 특히 함수를 정의하거나 자료형을 명시하는 방법 등이 달라서 코드를 입력하는 과정에 충분히 익숙해지지 않으면 나중에 코드를 입력할 때 혼란이 올 수 있습니다. 따라서 각 단락의 내용을 여러 번 반복해서 익숙해져야 합니다.

여러분은 위의 세 가지 경우 중에서 어떤 경우에 해당하나요? 기존에 프로그래밍 언어를 다뤄 보았더라도 프로그래밍 언어를 처음 배운다는 느낌으로 둘째 마당을 진행하기를 권합니다.

그럼 스위프트의 세계로 한 번 들어가 볼까요?

| 둘째 마당 |

스위프트 하나씩 알아가기

첫째 마당에서 스위프트는 왜 배워야 하는지 어렴풋이 알아봤으니 이제 하나씩 이해하면서 익혀 보겠습니다. 처음에는 단순해 보이는 코드 한 조각씩 알아보겠지만 한 조각이 모여 좀 더 튼튼하고 훌륭한 프로그램이 됩니다. 따라서 하나씩 이해한 내용을 여러 번 반복해서 입력하다 보면 스위프트가 점점 친숙해 질 것입니다. 특히 이 책은 각 단락마다 퀴즈를 풀면서 코드를 만들고 수정하는 과정을 거치기 때문에 여러분이 학습한 코드를 오랫동안 기억할 수 있습니다.

이제 스위프트 언어가 개발에 어떻게 활용되는지 기본 개념을 하나씩 익힌 후 완성된 프로그램으로 만들어가는 시간을 가져볼까요?

"미래지향형 언어라서 여러 분야에 사용되지~"

01 | 스위프트는 왜 배우죠?
앞으로 많은 분야에서 쓰는 대세 언어가 될 거야!

"코드 반복해 보고 퀴즈는 덤으로~"

"간결하고 강력한 스위프트의 장점만 호로록~"

02 | 스위프트는 어떻게 배워요?
문법을 이해한 후 코드를 여러 번 입력해서 익히고 퀴즈로 Test! OK?

03 | 스위프트는 장점이 많다던데…….
언어의 간결함과 강력한 기능을 합쳤어. 게다가 속도까지 빠르니 배워야겠어? 안 배워야겠어?

"중요한 옵셔널과 클로저도 잊지 마!"

04 | 다른 언어랑 차이점이 뭐죠?
기존 언어와 비슷해. 하지만 약간씩 다른 사용법, 옵셔널과 클로저는 눈 크게 뜨고 봐~!

02-1
데이터를 담아 두는 스위프트 변수와 자료형 이해하기 중요도 ★★★☆☆

첫째 마당에서 플레이그라운드에 무언가를 입력하고 실행하는 과정을 무작정 따라해 보니 어떤 느낌이 드나요? 스위프트도 프로그램을 만드는 언어라서 처음 접한 사람은 "영어로 되어 있어서 너무 어렵고 생소해요."라고 얘기하는 경우가 많습니다. 또한 엑스코드라는 응용 프로그램도 처음 보았을 때는 "어떻게 사용해야 하는지 잘 모르겠어요."라고 얘기하는 경우도 있습니다.

이 장은 첫째 마당에서 생소하게 느꼈던 스위프트를 처음 접할 때 알아야 할 기초적인 내용부터 설명합니다. 요리를 만들 때 각 재료를 미리 준비했다가 사용하듯이 프로그램을 만들려면 프로그램에 사용되는 데이터를 각각 어딘가에 담아 두어야 합니다. 따라서 데이터를 어떻게 담아 두는지 알아보는 내용부터 시작합니다.

키워드로 알아보는 스위프트 언어

| 변수 | 값을 담아 둘 수 있어야 그 값으로 계산을 하거나 화면에 보여줄 수 있습니다. |
| 자료형 | 값을 담아 두는 상자의 크기가 값의 종류에 따라 달라집니다. |

1 _ 소스는 무엇이고 프로그램은 어떻게 실행할까?

맥북 화면 아래쪽에 있는 독(Dock)에서 파인더(Finder) 아이콘을 클릭하여 파인더 창을 엽니다. 그리고 창의 왼쪽에서 [데스크톱(Desktop)] 폴더를 선택한 후 하위 경로에 있는 [projects] 폴더를 열어 봅니다. 이 폴더 안에는 여러분이 첫째 마당에서 만들었던 MyPlayground.playground 파일과 [Hello] 폴더가 들어 있습니다. 이 폴더에서 볼 수 있는 것처럼 플레이그라운드에서 만든 코드는 하나의 파일로 만들어지고 새 프로젝트를 만들면 [projects] 폴더가 추가로 생성됩니다. 결국 [projects] 폴더란 새 프로젝트를 만들었을 때 작업한 파일들이 들어가는 작업 공간입니다.

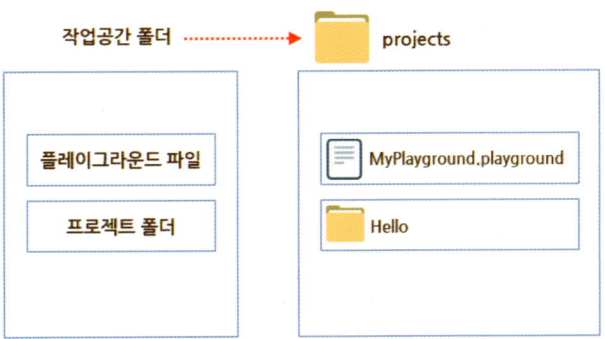

▲ 작업 공간인 [projects] 폴더 안에 생성되는 프로젝트

새 프로젝트를 만들 때 직접 원하는 경로에 폴더를 지정하면 지정한 폴더 안에 프로젝트가 생성됩니다. 그런데 한 번 폴더를 지정하면 새로운 다른 프로젝트를 만들어도 그 폴더로 저장 경로가 설정됩니다. 따라서 한 번 생성한 [projects] 폴더 안에 새 프로젝트가 계속해서 추가됩니다.

[projects] 폴더 안에 있는 파일 중에서 MyPlayground.playground 파일을 더블클릭하면 엑스코드의 플레이그라운드 화면이 뜨면서 그 파일에 들어 있던 코드가 자동으로 표시됩니다. 그리고 화면에 표시된 코드가 실행되는데 이때 화면 위쪽의 상태 표시줄에 'Running MyPlayground'라는 메시지가 나타납니다. 이 메시지가 사라지면 오른쪽 회색 영역에 실행 결과가 출력됩니다. 만약 실행 결과가 나타나지 않는다면 아래쪽에 있는 [실행] 버튼(▶)을 클릭하면 됩니다.

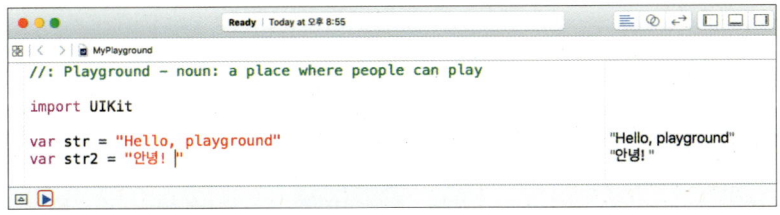

▲ 이전에 만든 파일을 플레이그라운드로 실행한 화면

플레이그라운드 화면에 표시된 코드는 첫째 마당에서 입력했던 것입니다. 내용을 살펴보면 각 줄에는 import 또는 var로 시작하는 코드가 있는데 이것이 스위프트 소스입니다. 그러면 '소스'라는 것은 무엇일까요?

엑스코드는 스위프트로 응용 프로그램을 만들 수 있도록 도와주는데 이때 스위프트로 만든 코드를 '소스' 또는 '소스 코드'라고 합니다. 이렇게 소스를 사용해서 응용 프로그램을 만들 때 스위프트라는 언어(Language)가 사용되며, 이 언어로 소스 코드를 작성한 결과가 프로그램이 됩니다. '프로그램 (Program)'이란 보통 컴퓨터에서 사용하는 워드나 엑셀처럼 사용자가 쓸 수 있도록 만든 것을 말하며, 응용 프로그램(Application)이라고 부르기도 합니다. 그리고 스마트폰에서 실행되는 응용 프로그램은 줄여서 앱(App.)이라고도 부릅니다. 이와 같은 프로그램을 만드는 역할을 언어가 담당하다 보니 언어를 다른 말로 프로그래밍 언어(Programming Language)라고도 부릅니다.

프로그램이 워드나 엑셀 같은 것이라고 했으니, 프로그램을 이용한다는 것은 '숫자 두 개를 더해줘!'와 같은 명령을 '컴퓨터에 지시하면 컴퓨터가 그 일을 처리하는 것'임을 이해하는 것도 어렵지 않을 것입니다.

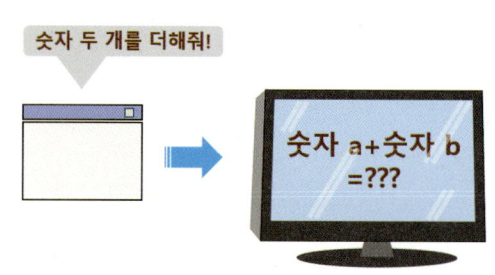

▲ 컴퓨터에 일을 지시하는 프로그램

프로그램을 만들 때는 컴퓨터가 지시 받은 명령을 수행할 수 있게 컴퓨터가 알아들을 수 있는 언어를 사용해야 합니다. 컴퓨터가 알아들을 수 있는 언어를 '기계어(machine code)'라고 합니다. 기계어는 숫자 '0'과 '1'의 나열로 되어 있어 컴퓨터는 이해할 수 있지만 사람은 거의 이해할 수 없습니다. 그래서 사람이 사용하는 말에 좀 더 가까운 수준으로 만든 것이 프로그래밍 언어입니다. 스위프트도 그런 프로그래밍 언어 중 하나입니다.

프로그래밍 언어는 사람이 이해할 수 있는 단어라서 프로그램을 만들어 실행할 때는 컴퓨터가 이해할 수 있도록 기계어로 바꿔줍니다. 이렇게 기계어로 바꿔주는 과정을 빌드(Build) 또는 컴파일(Compile)이라고 합니다. 스위프트로 만든 코드도 컴파일 과정을 거치는데, LLVM 컴파일러를 사용해 컴파일한 후 실행할 수 있습니다.

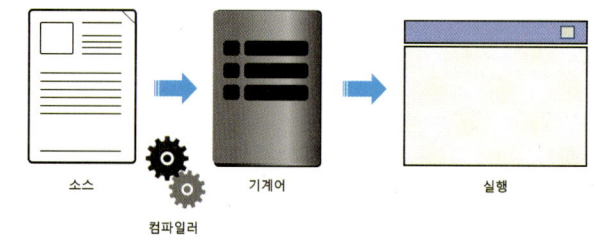

▲ 컴퓨터에 일을 지시하는 프로그램

그런데 우리가 플레이그라운드에서 입력했던 한 줄 소스는 입력하자마자 자동으로 실행되었습니다. 이것은 여러분이 코드를 입력할 때마다 플레이그라운드가 자동으로 컴파일하고 실행하기 때문입니다. 만약 직접 컴파일하여 실행하고 싶다면 화면 왼쪽 아래에 있는 [실행] 버튼(▶)을 클릭하면 됩니다. 이제 소스가 무엇이고 어떻게 실행되는 것인지 이해가 되었나요?

2 _ 데이터 값을 넣어 두는 변수란 무엇일까?

프로그램으로 계산을 하거나 화면에 무언가를 보여주려면 먼저 값을 담아 둘 수 있어야 합니다. 어떤 값을 담아 둔다는 것은 그 값이 담길 상자를 만들고 상자 안에 값을 넣어 두는 것과 같습니다. 이때 사용되는 상자를 변수(Variable)라고 합니다. 변수는 값을 담아 두는 상자라고 단순하게 생각할 수도 있지만 어떤 경우에는 상자 모양만 만들어 놓고 메모리에서 어느 위치에 값이 있는지 가리킬 때도 있습니다. 변수를 좀 더 쉽게 이해하려면 변수를 하나 만들어서 어떤 값을 넣을 수 있는지 알아보는 것이 좋습니다. 우선 플레이그라운드를 실행해서 하나씩 알아보겠습니다.

플레이그라운드 실행하고 코드 입력하기

플레이그라운드를 실행하고 코드를 입력해 볼 차례입니다. 처음 진행하는 과정이니만큼 순서에 맞게 잘 따라해 보기 바랍니다.

❶ 엑스코드를 실행하고 시작화면에서 첫 번째 메뉴인 [Get started with a playground]를 누릅니다.

❷ 플레이그라운드 템플릿을 선택하는 창이 표시됩니다. 기본으로 선택되어 있는 'Blank' 템플릿을 그대로 둔 상태로 [Next] 버튼을 클릭해서 다음 단계로 넘어갑니다.

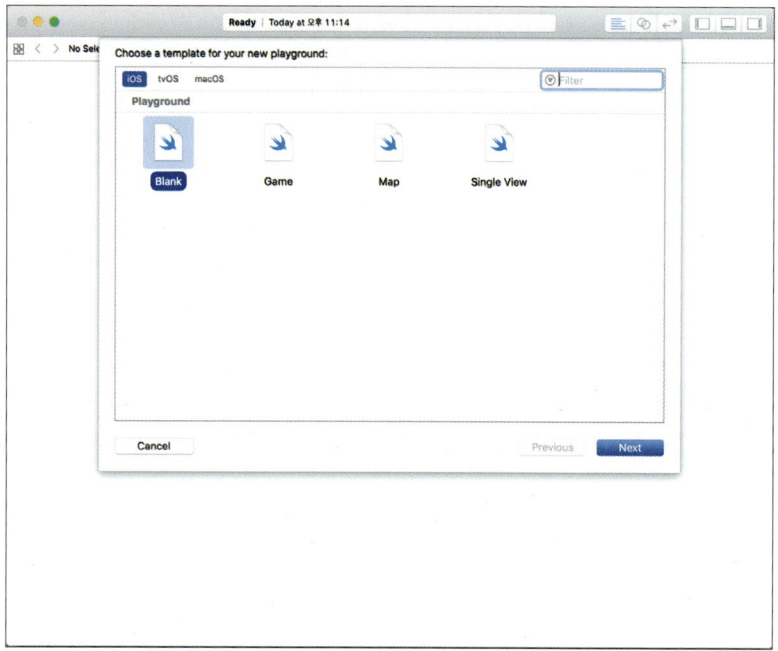

❸ 저장할 플레이그라운드 파일의 이름을 입력하고 저장할 폴더를 선택하는 대화상자가 나타납니다. 'Save As:' 입력란에는 'variable1'을 입력하고 'Title:' 입력란 바로 아래에 있는 [폴더 선택] 버튼을 눌러서 [projects] 폴더를 선택합니다.

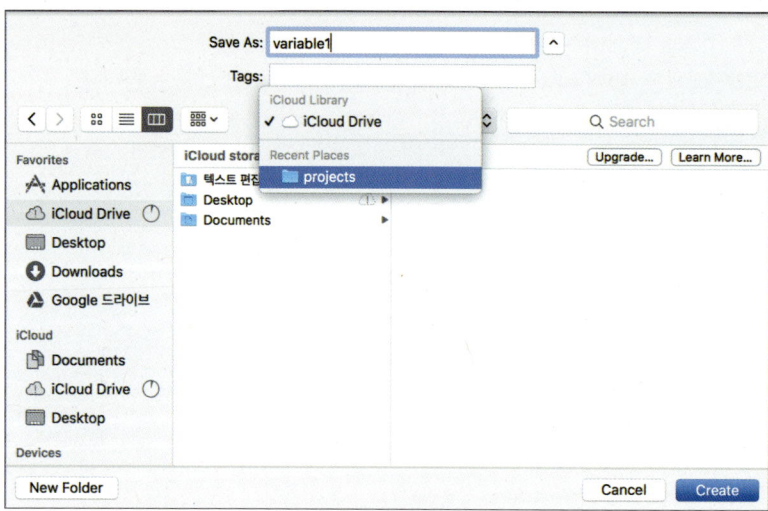

❹ 왼쪽 아래에 있는 [New Folder] 버튼을 클릭하여 [projects] 폴더 안에 [chapter1] 폴더를 새로 만듭니다. 새로 만든 [chapter1] 폴더를 선택한 상태에서 [Create] 버튼을 클릭합니다. 그럼 폴더 안에 variable1.playground 파일이 생성되면서 플레이그라운드 화면으로 전환됩니다.

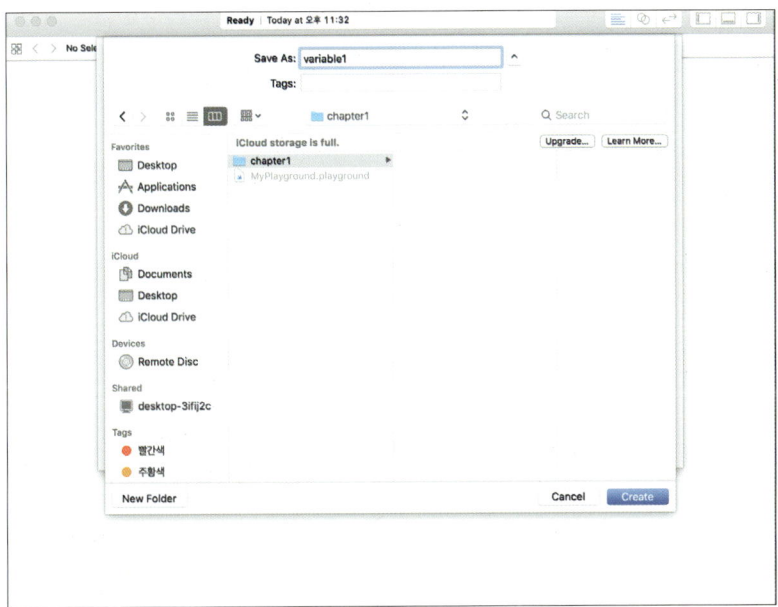

❺ 플레이그라운드에서 새로운 파일을 만드는 과정은 앞에서 해 보았던 것이니 어렵지 않게 따라할 수 있을 것입니다. 플레이그라운드 화면에 자동으로 입력되어 있던 소스를 모두 선택하고 `backspace` 키를 눌러 삭제한 후 다음 코드를 입력합니다. 소스 코드를 입력한 후에는 `command` + `s` 키를 눌러 변경된 내용을 파일에 저장합니다.

코드 참고 / chapter1〉variable1.playground QR코드 듣기

```
var count = 10

print(count)
```

> **정박사님 궁금해요** — **방해만 되는 Running 메시지 중지시키기**
>
> 코드를 입력할 때마다 위쪽 상태표시줄에 계속 'Running ...' 메시지가 표시됩니다. 플레이그라운드는 코드를 입력할 때마다 자동으로 컴파일하고 실행하는 과정을 진행하는데 처음에는 편리하지만 입력하는 코드의 양이 많아지면 코드를 입력하는 데 방해가 됩니다. 자동으로 실행되지 않도록 만들기 위해 하단 왼쪽에 있는 [실행] 버튼을 길게 누릅니다. 그러면 [Automatically Run] 메뉴가 선택되어 있고 그 아래에 [Manually Run] 메뉴가 있는 것을 볼 수 있습니다. [Manually Run] 메뉴를 선택하면 자동으로 실행되지 않습니다.
>
>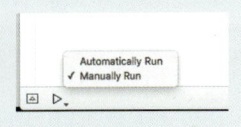

이제 입력한 첫 줄의 코드 먼저 살펴보겠습니다. var 뒤에 공백이 있고 count라는 글자 뒤에 = 기호, 그리고 10이라는 숫자가 있습니다. 이 코드가 실행되어 오른쪽에 10이라는 숫자가 출력됩니다. 이 숫자는 실제 화면에 출력되는 결과가 아니라 count라는 이름의 변수에 들어 있는 값입니다. 실제 화면에 출력되는 결과를 보고 싶다면 오른쪽 위에 있는 아이콘 중에서 아래쪽 탭을 보여주는 모양의 아이콘(오른쪽에서 두 번째 아이콘)을 클릭합니다. 그러면 아래쪽에 디버그 영역(Debug Area)이 나타납니다. 처음부터 이 아이콘이 선택되어 있는 상태라면 아래쪽에 실행 아이콘이 들어 있는 영역을 위로 끌어당겨 영역을 넓혀주면 됩니다. 디버그 영역은 일종의 콘솔(Console) 창으로써 프로그램이 실행된 결과를 보여줍니다.

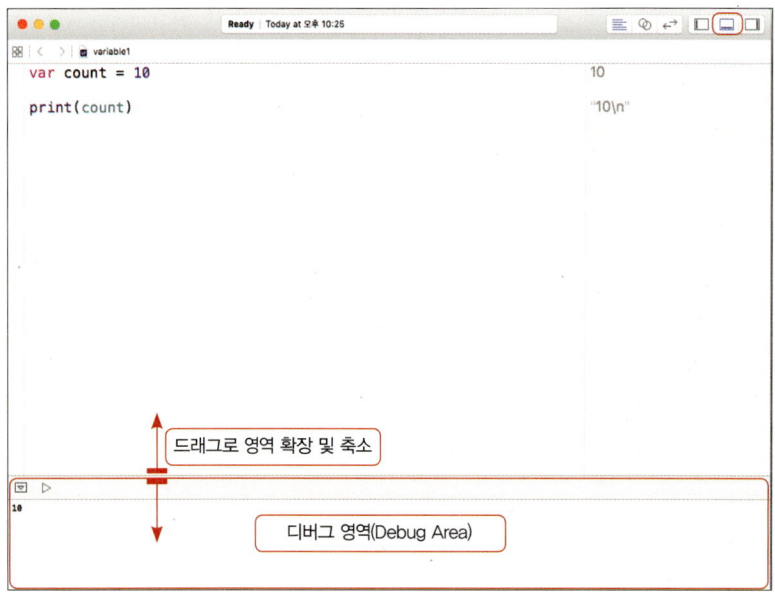

▲ 프로그램이 실행된 결과를 보여주는 디버그 영역

디버그 영역에 숫자 10이 출력되었습니다. 이 숫자는 첫 번째 줄이 아니라 두 번째 줄에 입력한 코드가 실행되어 출력된 것입니다. 즉, 두 번째 줄에 있는 print가 소괄호 안에 넣은 변수 상자에 들어 있는 값(count)을 화면에 출력한 것입니다.

변수 이름과 변수 상자

앞에서 입력했던 두 줄의 코드 중에 첫 번째 줄이 변수를 만들었습니다. 즉, count가 변수 이름인데 이 변수 이름은 다른 것들과 구별하기 위해 주어집니다. 이렇게 무언가를 구별하려고 사용하는 고유한 이름을 '식별자(Identifier)'라고 합니다. 예를 들어, 사람의 손가락 지문이나 눈의 홍채는 그 사람만이 갖고 있는 고유의 것이라서 본인 확인을 할 때 사용합니다. 이와 마찬가지로 식별자는 다른 것과 구별되는 고유한 이름입니다. 따라서 변수 이름은 다른 것을 위해 사용한 이름과 중복되지 않도록 고유한 이름으로 만들어야 합니다.

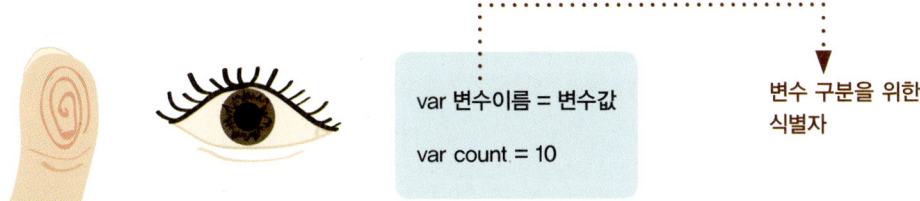

▲ 식별자란?

변수에 이름을 지어주면 그 이름으로 무언가를 가리킬 수 있는데 이렇게 지어진 변수의 이름을 줄여서 '변수 이름'이라고 합니다. 그리고 count라는 변수에 등호(=) 기호를 붙인 후 그 뒤에 어떤 데이터를 붙이면 그것이 '변수의 값(Value)'이 됩니다. 즉, 숫자 10이 count 변수에 들어가는 구조가 됩니다. = 기호의 오른쪽에 있는 값이 왼쪽에 있는 변수라는 것에 들어가는 것이죠. 변수에 어떻게 값이 들어가는지 정리하면 다음과 같습니다.

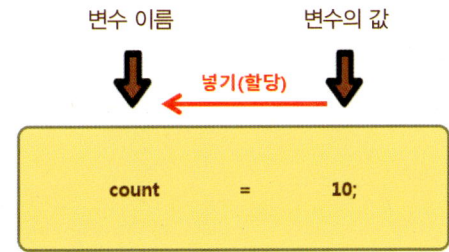

▲ 변수에 값을 넣어주기

이렇게 count라는 변수에 10이라는 숫자 값이 들어가는 것입니다. count 변수를 상자라고 생각하면 좀 더 쉽습니다. 10이라는 숫자 값을 상자 안에 넣는 과정은 다음과 같이 그려볼 수 있습니다.

▲ 변수 상자에 숫자 값 넣기

변수를 상자라고 했지만 실제 컴퓨터에서는 메모리에 10이라는 숫자를 넣을 수 있도록 메모리 공간을 만들게 됩니다. 그 안에 10이라는 데이터가 저장되는 것이죠. 그런 다음 변수 이름으로 할당한 메모리 공간을 가리키게 됩니다. count라는 이름을 포스트잇 메모지처럼 메모리 공간에 붙여둔 것이라고 생각하면 더 쉽겠네요. 그런데 10이라는 숫자 값을 넣을 때와 '안녕!'이라는 글자를 값으로 넣을 때 상자의 크기(메모리 크기)가 똑같이 만들어진다면 쓸모없이 메모리만 낭비되는 문제가 생깁니다.

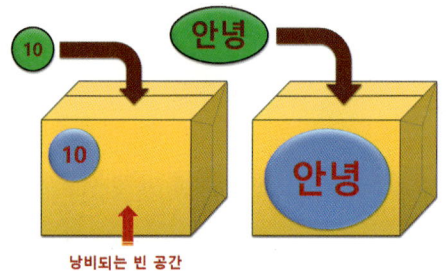

▲ 숫자와 글자를 똑같은 크기의 상자에 넣는 경우

메모리는 한정된 공간입니다. 따라서 10이라는 숫자 값에 맞는 크기의 상자, '안녕!'이라는 글자 값에 맞는 크기의 상자를 사용하는 것이 효율적입니다.

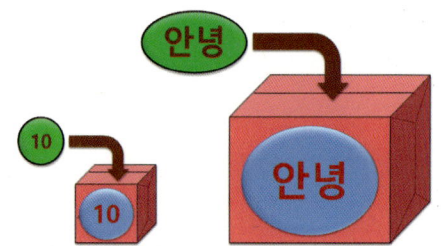

▲ 숫자와 글자를 각각의 크기에 맞는 상자에 넣는 경우

여기서는 어떤 크기의 상자를 사용할 것인지 결정해야 하며, 이렇게 크기가 각각 다른 상자를 자료형 또는 타입(Type)이라고 합니다.

> **자료형(또는 타입)이란?**
> 숫자나 글자 등 값을 저장할 때 어느 정도 크기의 상자를 사용할 것인지 또 어떤 모양을 가진 상자를 사용할 것인지를 결정하는 것을 말합니다.

스위프트의 자료형

스위프트는 변수를 만들 때 자료형을 함께 명시하도록 합니다. 이것은 스위프트가 타입 기반의 언어(Type based language)이기 때문입니다. 타입 기반 언어는 코드에 자료형을 명시하지만 타입 기반 언어가 아니면 자료형을 명시하지 않습니다. 예를 들어, 자바스크립트와 같은 언어는 자료형을 명시적으로 표시하지 않지만 C나 자바와 같은 언어는 자료형을 명시적으로 표시합니다. 스위프트도 자료형을 명시적으로 표시해야 하지만 그 형식은 다른 언어가 사용하는 것과 약간 다릅니다.

> **정박사님 궁금해요** **스위프트에서 자료형을 명시할 때 방식이 다른가요?**
>
> 여러가지 다른 프로그래밍 언어를 사용해 본 개발자라면 스위프트에서 자료형을 명시하는 방법이 약간 다르다는 것을 눈치챘을 것입니다. 자료형을 명시하는 방법을 자바스크립트나 자바와 비교해 보면 좀 더 쉽게 이해할 수 있습니다.
>
> (1) 자바의 경우
> int count = 0;
>
> (2) 자바스크립트의 경우
> var count = 0;
>
> (3) 스위프트의 경우
> var count : Int = 0
>
> 어떻게 다른지 이해되나요? 스위프트 언어를 자바스크립트와 비교했을 때 변수 이름 앞에 var을 붙인다는 점은 같습니다. 하지만 스위프트가 자료형을 명시하지 않는 것은 아닙니다. 변수 이름 앞에 자료형을 명시한 자바와 달리 스위프트는 자료형을 변수 이름 뒤에 명시합니다.

변수 이름 앞에 var을 붙이는 이유는 변수를 만들 때 자료형을 명시하지 않는 경우가 있기 때문입니다. 따라서 var을 붙여 변수라는 것을 표시합니다. 여기서 주의할 것은 두 개의 변수 앞에 똑같이 var을 붙였어도 메모리에 만들어진 실제 변수 상자의 크기는 각각 다를 수 있다는 점입니다. 그런데 변수 상자의 크기를 알려주지 않았는데도 어떻게 변수 상자의 크기를 결정할 수 있는 걸까요? 자료형을 명시하지 않고 변수 상자를 만드는 경우 변수 상자의 크기는 변수에 할당된 값에 의해 결정됩니다. 즉, 정수가 할당되면 그것에 맞는 변수 상자가 만들어지고 문자열이 할당되면 그 문자열에 맞는 변수 상자가 만들어 집니다.

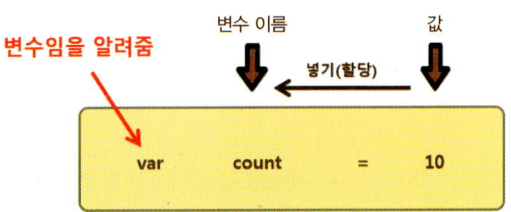

▲ 변수를 만들 때 변수임을 알려주는 var

결국 스위프트에서 변수를 만들 때는 var을 변수 이름 앞에 붙인다고 생각하면 쉽습니다. 이렇게 만든 변수는 변수 이름을 이용해서 그 안에 들어 있는 변수 값을 사용할 수 있습니다. 즉, 앞에서 입력했던 코드의 두 번째 줄을 보면 print라는 단어 뒤에 소괄호를 붙이고 그 소괄호 안에 count라는 변수 이름을 넣었습니다. 이렇게 하면 count 변수 상자 안에 있는 값인 숫자 10을 꺼내어 화면에 출력합니다.

> **정박사님 궁금해요** **스위프트는 대소문자를 꼭 구별해서 써야 하나요?**
>
> 스위프트는 대소문자를 구분합니다. 예를 들어, print라는 글자의 첫 문자를 Print라고 대문자로 입력하면 오류가 발생합니다. 마찬가지로 괄호를 입력할 때도 잘 붙여서 신중하게 입력해야 합니다.
>
> ▼ 스위프트 코드를 입력할 때 주의할 점
> 1. 대문자와 소문자를 구분합니다.
> 2. 소괄호 ( ), 중괄호 { }, 대괄호 [ ] 그리고 큰따옴표 " " 중 하나도 빼놓지 말아야 합니다.
> 3. 글자는 문자열이라고 불리며 큰따옴표 " " 안에 넣어줍니다.

지금까지 숫자 10을 count 변수에 담는 방법을 설명하면서 변수가 무엇이며, 어떻게 만들 수 있는지 알아보았습니다. 만약 변수 값이 숫자가 아니라 글자라면 어떻게 변수에 담을 수 있을까요? 변수에 글자를 담는 방법도 숫자와 동일합니다. 그러면 '안녕!'이라는 글자를 변수에 저장한 후 화면에 나타내는 코드를 만들어 보겠습니다. 앞에서 입력했던 코드 아래에 다음 코드를 추가합니다.

코드 참고 / chapter1〉variable1.playground　　　　　　　　　　　　　　QR코드 듣기

… 중략

```
var message = "안녕!"
print("message 변수의 값 : " + message)
```

message 앞에 var을 붙여 변수를 만들고 등호(=)를 입력한 후 "안녕!"이라는 글자를 입력해서 변수에 글자를 넣었습니다. 그리고 다음 줄에는 print라는 단어 뒤에 소괄호를 붙인 후 그 안에 "message 변수의 값 : "이라는 글자와 + 기호 그리고 message 변수를 넣었습니다.

> **정박사님 궁금해요** 한 줄이 끝날 때마다 세미콜론(;)을 붙여주지는 않나요?
>
> 다른 프로그래밍 언어를 사용해 봤다면 지금까지 입력한 코드에서 한 줄이 끝날 때마다 세미콜론을 붙이지 않고 진행했다는 것을 눈치 챘을 것입니다. 세미콜론을 붙이면 어디에서 문장이 끝나는지 명확히 알 수 있으므로 C나 자바를 사용했던 분이라면 세미콜론을 붙여도 됩니다. 하지만 스위프트는 세미콜론을 붙이지 않아도 알아서 문장이 끝나는 지점을 체크하므로 붙이지 않습니다. 결국 스위프트는 문장(Statement)이 끝날 때마다 세미콜론을 붙여도 되고 붙이지 않아도 됩니다.

코드 입력이 끝났으면 command + S 키를 눌러 저장합니다. 수동 실행(Manually Run)으로 옵션을 설정해 둔 경우라면 좌측 하단에 있는 [실행] 버튼(▶)을 클릭하여 실행합니다. 이 책에서는 앞으로 수동 실행으로 옵션을 설정해 두었다고 가정하고 설명합니다. 그러면 화면 오른쪽과 아래쪽 디버그 영역에 실행 결과가 표시됩니다.

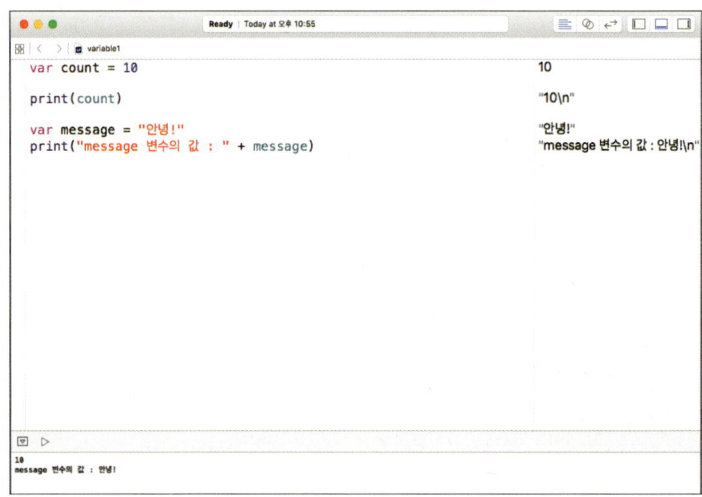

▲ 문자열 변수를 만들어 값을 넣은 경우

보통 더하기 기호(+ 기호)는 숫자 두 개를 더하는 용도로 사용합니다. 그런데 여기서는 + 기호의 왼쪽에는 숫자 대신 글자를 넣고 오른쪽에는 글자가 포함된 변수를 입력했습니다. 이렇게 하면 + 기호가 왼쪽의 글자와 오른쪽의 변수에 들어 있는 글자를 붙여서 결과로 출력합니다.

> **정박사님 궁금해요** + 기호를 사용해서 숫자와 글자를 붙일 수도 있나요?
>
> C++나 자바를 사용해 보았다면 + 기호의 왼쪽과 오른쪽에 각각 숫자와 글자를 입력했을 때 숫자가 자동으로 글자로 변환된 후 두 개의 글자를 붙여서 출력한다고 알고 있을 것입니다. 그러나 스위프트는 + 기호를 사용해서 양쪽에 있는 값을 붙일 때 문자열과 문자열만 붙일 수 있으며, 숫자와 글자는 붙일 수 없습니다. 따라서 여러분이 직접 숫자를 글자로 바꾼 후 붙여야 합니다.

화면 오른쪽 영역에 나타난 결과는 변수에 저장된 값입니다. 따라서 숫자는 그대로 보이지만 문자열일 때는 큰따옴표가 붙어서 표시됩니다. 이것은 스위프트가 문자열을 표시할 때 큰따옴표를 붙이기 때문입니다. 그런데 잘 보면 print가 실행되었을 때 문자열 안에 '\n'이 같이 붙어 있습니다. 이것은 print라는 명령이 자동으로 붙이는 문자인데 나중에 print가 동작하는 원리를 살펴보면 이해가 될 것입니다. print가 명령이 아니라 함수라는 것은 나중에 함수에 대해 살펴보면 이해할 수 있습니다.

아래쪽 디버그 영역에는 프로그램이 실행된 결과를 출력합니다. 출력한다는 것은 화면에 무언가를 표시해준다는 것이죠. 이 디버그 영역에 숫자 10이나 '안녕!'이라는 글자가 표시되면 프로그램이 정상적으로 실행된 것입니다. 앞으로도 디버그 영역에 값이 제대로 표시되었다면 프로그램이 정상 실행된 것으로 판단할 것이며, 오른쪽 영역에 보이는 값은 참고만 할 것입니다.

이제 var을 사용해 변수를 만들고 그 안에 숫자나 글자를 넣을 수 있다는 것을 알았습니다. 그리고 변수를 만들 때의 코드 모양은 같더라도 실제 메모리에 만들어진 변수 상자의 크기는 달라진다는 것도 알았습니다.

그런데 이 변수 상자 안에 들어 있는 값은 언제든 바뀔 수 있습니다. 사실 '변수'라는 단어의 뜻도 '바뀔 수 있는 수'라는 의미를 갖고 있습니다. 예를 들어, 다음 소스 코드를 추가하고 실행하면 처음 넣었던 데이터가 바뀌어 화면에 출력되는 것을 확인할 수 있습니다.

코드 참고 / chapter1〉variable1.playground QR코드 듣기

```
… 중략

message = "네, 안녕하세요."
print("message 변수의 값 : " + message)
```

코드를 실행하면 '안녕!'으로 출력된 글자가 '네, 안녕하세요.'로 바뀐 것을 볼 수 있습니다.

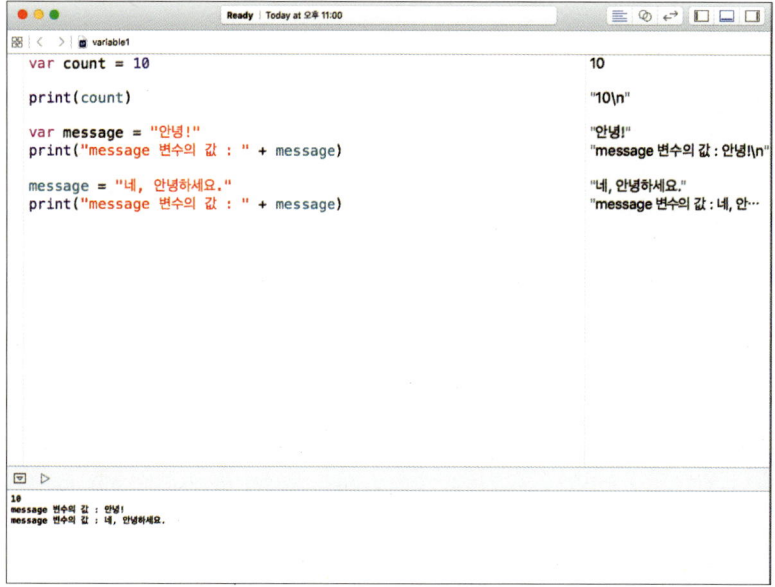

▲ 변수에 들어가는 값을 바꾼 결과

이렇게 변수는 그 안에 들어 있는 값을 언제라도 다른 값으로 바꿀 수 있습니다.

변수의 선언과 할당

지금까지 살펴본 변수의 특징을 정리하면 다음과 같습니다.

> • **스위프트에서 변수의 특징**
> ❶ 변수는 값을 저장하는 상자와 같습니다.
> ❷ 변수는 var이라는 단어를 변수 이름 앞에 붙여서 만듭니다.
> ❸ 똑같은 변수라도 실제 메모리에 만들어진 변수 상자의 크기는 다를 수 있습니다.
> ❹ 변수에 한 번 데이터를 넣어 두면 변수 이름을 사용해 데이터를 확인할 수 있습니다.
> ❺ 변수에 들어 있는 데이터는 언제든 바꿀 수 있습니다.

코드에서 변수를 만들 때는 var이라는 단어를 사용한다고 배웠는데, var이라는 단어와 함께 변수 이름을 입력하여 변수를 만드는 것을 '변수를 선언한다.'라고 합니다. '변수의 선언(Declaration)'은 메모리에 변수를 하나 만들어 놓는 것을 의미합니다. 그리고 변수를 만들면서 값을 바로 넣어주면 그 값의 종류에 따라 변수 상자의 크기가 결정됩니다. 하지만 변수를 미리 만들어 놓고 나중에 그 변수에 값을 넣고 싶은 때는 변수의 자료형을 같이 적어주어야 변수 상자의 크기가 결정됩니다.

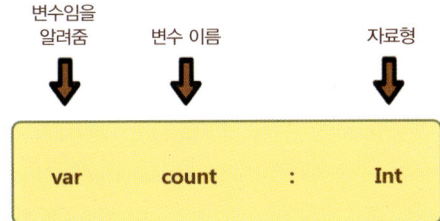

▲ 변수를 선언하기

다시 말해, var과 변수 이름만 사용하면 변수 상자의 크기는 알 수 없습니다. 이 때문에 변수 이름 뒤에 콜론(:)을 붙인 후 자료형을 입력해서 변수 상자의 크기를 알려줍니다. 이것을 타입 어노테이션(Type Annotation)이라고 합니다. 만약 정수가 들어가는 변수 상자를 만들고 싶다면 변수 이름 뒤에 콜론(:)을 붙인 후 Int를 적으면 됩니다. 만약 문자열을 넣을 수 있는 변수 상자를 만들고 싶다면 String을 적습니다. 여기서 Int의 'I'나 String의 'S'가 대문자라는 점을 항상 주의 깊게 생각하세요.

이렇게 선언한 변수에 값을 새로 넣을 때는 앞에서 보았던 것처럼 = 기호를 사용합니다. 이것을 '할당한다(Assign).'라고 하며 변수의 이름 오른쪽에 = 기호를 붙이고 그 뒤에 값을 입력합니다. 한 번 변수를 만들면 그 변수의 값은 언제라도 바꿔서 넣을 수 있습니다.

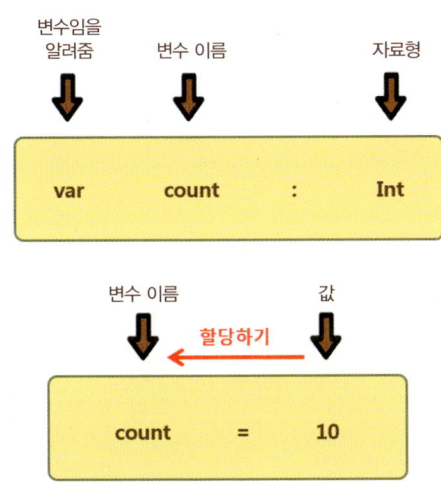

▲ 변수를 선언한 후 값을 할당하기

변수를 선언한 후 그 변수에 값을 할당하도록 다음 코드를 추가합니다.

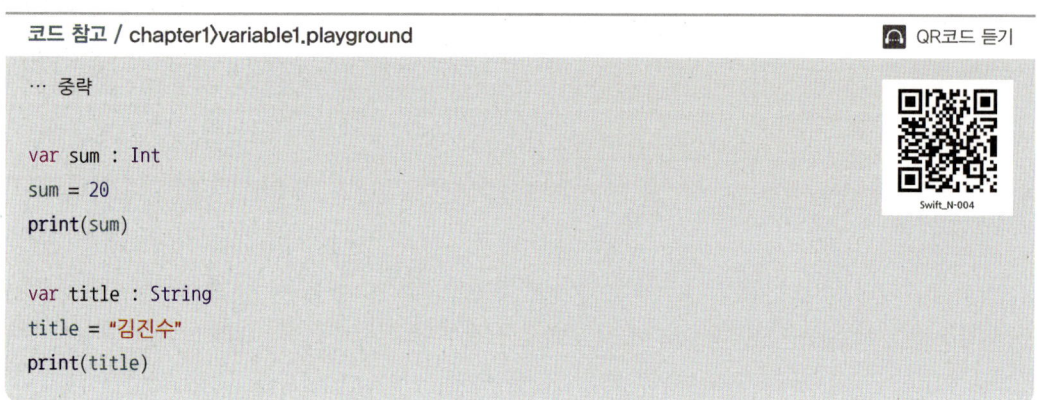

아래쪽의 [실행] 버튼(▶)을 클릭하면 다음과 같은 결과를 볼 수 있습니다.

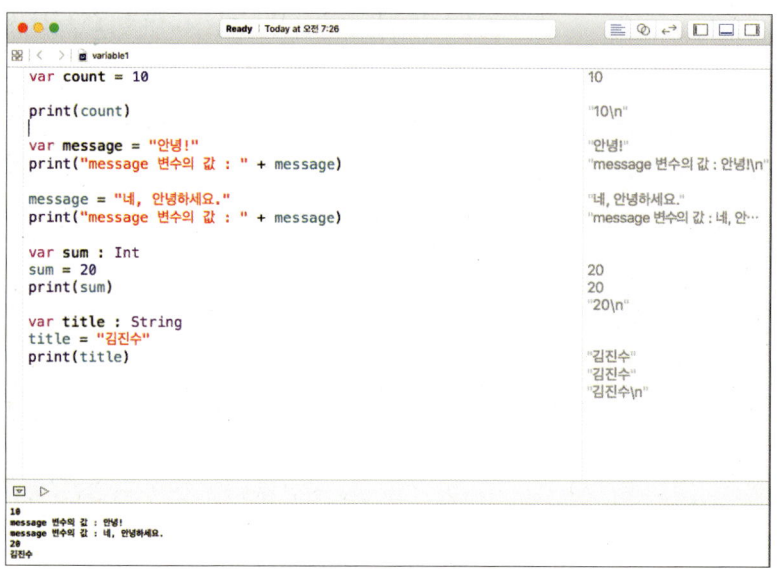

▲ 변수를 선언한 다음 할당하기

변수를 선언한 다음에 값을 할당해도 화면에 출력되는 결과는 같습니다. 대신 변수를 선언하면서 변수의 자료형을 함께 명시해야 한다는 점을 기억해야 합니다. 많이 사용하는 자료형으로는 정수 자료형과 문자열 자료형이 있으며 정수 자료형을 만들 때는 Int, 문자열 자료형을 만들 때는 String을 사용한다는 것도 꼭 기억해 두세요.

첫 줄에 입력했던 코드를 다시 살펴보겠습니다. 변수를 선언하는 것과 동시에 변수 안에 처음 넣어둘 값을 지정하고 있습니다. 이것을 '초기화(Initialization)'라고 부릅니다.

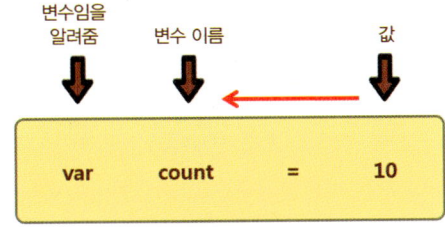

▲ 변수를 선언하면서 값을 넣어주기

이렇게 변수를 선언하면서 곧바로 값을 할당할 때도 변수의 자료형을 지정할 수 있습니다. 예를 들면, 다음 코드처럼 입력할 수 있습니다.

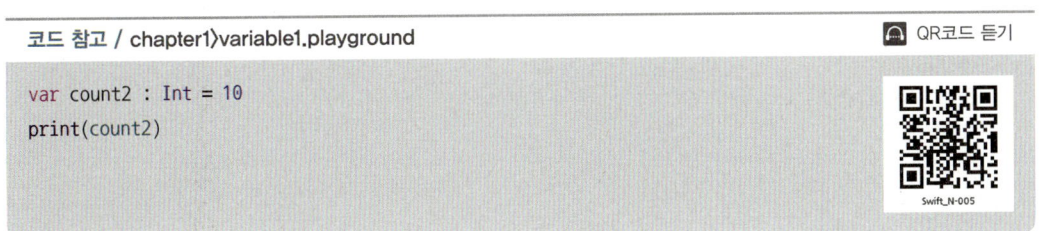

이제 변수를 선언하고 나서 값을 할당하는 경우와 변수를 선언하면서 동시에 값을 넣는 코드가 다르다는 것을 알게 되었습니다. 지금까지 설명한 내용을 충분히 이해했다면 Int나 String과 같은 자료형에 대해 좀 더 자세히 알아볼 때가 되었습니다.

퀴 즈 풀 자

 **Quiz 01** 학교 이름을 school이라는 변수에 넣어 보세요. 먼저 변수를 선언한 후에 학교 이름을 할당하고 print를 사용해 변수에 들어 있는 값을 디버그 영역에 출력하세요.

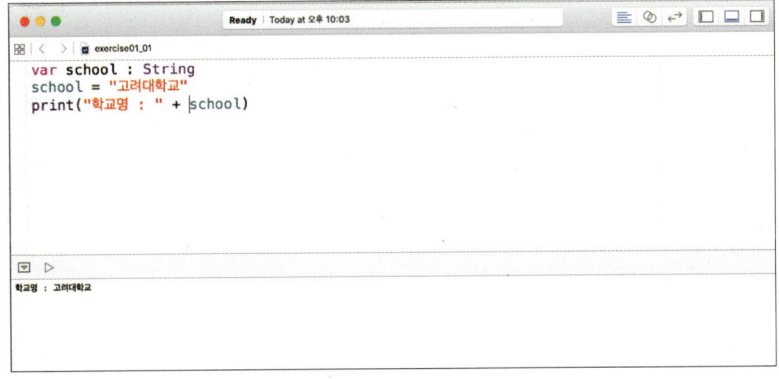

해답 | exercise01_01.playground

3 _ 기본 자료형 사용하기

변수의 자료형 즉, 타입을 알아보면서 숫자나 글자를 그 안에 넣어 보았습니다. 그리고 var을 사용해서 변수도 만들어 보았습니다. 이때 변수를 만드는 var이라는 단어는 오직 변수를 만들 때만 사용하므로 다른 용도로 사용할 수는 없습니다. 이런 단어를 예약어 또는 키워드(Keyword)라고 합니다.

> **정박사님 궁금해요** 키워드란 구체적으로 어떤 것들을 말하는 건가요?
>
> 다른 언어도 마찬가지지만 스위프트는 미리 정의된 단어를 새로운 변수나 함수를 만들 때 사용할 수 없도록 합니다. 이것을 키워드 또는 예약어라고 합니다. 스위프트의 예약어는 다음과 같습니다.
>
> [표] 스위프트의 예약어 – 선언 부분
>
> | class | deinit | enum | extension | func | import | init |
> |---|---|---|---|---|---|---|
> | let | protocol | static | struct | subscript | typealias | var |
>
> [표] 스위프트의 예약어 – 문장 부분
>
> | break | case | continue | default | do | else | fallthrough |
> |---|---|---|---|---|---|---|
> | if | in | for | return | switch | where | while |
>
> [표] 스위프트의 예약어 – 표현식과 타입
>
> | as | dynamicType | is | new | super | self |
> |---|---|---|---|---|---|
> | __FILE__ | __FUNCTION__ | __LINE__ | __COLUMN__ | | |
>
> [표] 스위프트의 예약어 – 특정 상황
>
> | precedence | associativity | didSet | willSet | infix | inout | mutating |
> |---|---|---|---|---|---|---|
> | nonmutating | none | operator | left | right | override | postfix |
> | prefix | unowned | unowned(safe) | unowned(unsafe) | set | get | |
>
> 이렇게 많은 예약어를 모두 외울 필요는 없습니다. 중요한 예약어는 코드를 반복해서 입력하다 보면 자연스럽게 외워집니다. 따라서 나중에 코드를 입력하다가 사용할 수 없는 단어라는 오류가 표시되면 예약어인지 찾아보는 정도로 충분합니다.

그렇다면 변수 상자에는 정수나 문자열 말고 다른 것도 담을 수 있을까요? 네, 그렇습니다. 변수 상자의 크기를 나타내는 자료형에는 여러 가지가 있는데 먼저 '기본 자료형'과 '객체 자료형'으로 구분할 수 있습니다.

> - **기본 자료형(Primitive Type) 또는 기본 타입**
>   스위프트 언어에서 미리 정의해 둔 자료형입니다. 데이터를 담아둘 수 있는 가장 기본적인 크기들을 정의한 것으로 숫자, 글자 등 하나의 단위 데이터를 담을 수 있는 공간을 만들어줍니다.
> - **객체 자료형(Object Type) 또는 객체 타입**
>   여러 개의 데이터를 한꺼번에 가지고 있는 것을 객체(Object)라고 합니다. 이 객체라는 것을 가리킬 수 있도록 하는 것이 바로 객체 자료형입니다.

기본 자료형의 종류

기본 자료형은 숫자를 담아둘 수 있는 Int, UInt, Float, Double과 글자를 담아둘 수 있는 String과 Character, 그리고 참/거짓과 같이 두 가지 중 하나를 선택할 수 있는 Boolean이 있습니다. 간단한 표로 정리하면 다음과 같습니다.

[표] 기본 자료형

자료형	설명
정수(Int 또는 UInt)	Int는 정수, UInt는 음수가 아닌 정수입니다. 32비트를 저장 공간으로 사용하고 싶다면 Int32, UInt32를 쓸 수 있고, 64비트를 저장 공간으로 사용하고 싶다면 Int64, UInt64를 쓸 수 있습니다.
부동소수 (Float 또는 Double)	Float는 32비트 부동소수입니다. Double은 64비트 부동소수입니다.
문자열(String)	문자가 순서대로 들어있는 글자입니다. 큰따옴표(" ")로 둘러싸서 표현합니다.
문자(Character)	하나의 문자입니다. 큰따옴표(" ")로 둘러싸서 표현합니다.
이진(Boolean)	참 또는 거짓을 표현하며, 참은 true로 거짓은 false로 표현합니다.
옵셔널(Optional)	값이 있을 수도 있고 없을 수도 있는 변수입니다.

기본 자료형 중에서 특이한 것은 옵셔널(Optional)입니다. 옵셔널은 스위프트에서 아주 중요한 자료형으로 나중에 자세히 다루겠습니다.

지금까지 숫자나 글자는 입력해서 확인해 보았으니 이번에는 참인지 거짓인지를 담아둘 때 사용하는 이진 자료형과 문자 그리고 부동소수를 알아보겠습니다. 새로운 코드를 입력해 보기 위해 새로운 플레이그라운드 파일을 만듭니다. 엑스코드의 시작 화면에서 새로 만들 수도 있지만 기존 파일을 복사하여 만들 수도 있습니다. 이번에는 기존 파일을 복사하여 만듭니다. 파인더 창을 열고 variable1.playground 파일을 복사해서 붙여 넣은 후 variable2.playground 파일로 이름을 변경해서 새로 만듭니다.

> **정박사님 궁금해요** 엑스코드의 시작 화면에서 새로 만들고 싶다면 어떻게 하나요?
>
> 열어 놓은 플레이그라운드 창이 있다면 왼쪽 상단의 ⓧ 표시 아이콘을 눌러 창을 닫아줍니다. 창이 선택된 상태에서 데스크톱 화면 위쪽의 [File] → [Close Window] 메뉴를 눌러서 창을 닫을 수도 있습니다. 그리고 Xcode 아이콘을 클릭하여 엑스코드를 다시 실행하면 시작 화면을 볼 수 있습니다. 이 화면에서 [Get started with a playground] 메뉴를 눌러 새로운 플레이그라운드 파일을 만드세요.

그리고 새로 만든 파일을 더블클릭하면 엑스코드에서 열립니다. 입력되어 있던 코드를 모두 선택해서 삭제한 후 다음 코드를 새로 입력합니다.

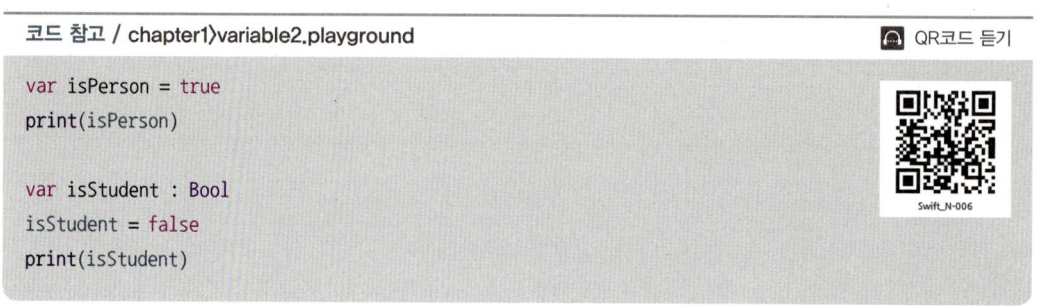

코드 참고 / chapter1〉variable2.playground

```
var isPerson = true
print(isPerson)

var isStudent : Bool
isStudent = false
print(isStudent)
```

isPerson 변수를 하나 만들고 그 변수에 true 값을 할당합니다. 그리고 print를 사용해 그 변수의 값을 한 번 출력합니다. isPerson 변수는 변수를 선언하면서 동시에 할당했기 때문에 Bool이라는 자료형을 명시하지 않았습니다. 그 아래에 isStudent 변수를 하나 더 선언합니다. 변수를 만들면서 값을 할당하지 않았기 때문에 변수 이름 뒤에 콜론(:)을 붙이고 Bool이라는 자료형을 명시합니다. isStudent 변수에는 false라는 값을 넣고 그다음 줄에서 화면에 출력합니다. 아래쪽에 디버그 영역이 보이면 그대로 두고 보이지 않는다면 플레이그라운드 화면의 오른쪽 위에 있는 아이콘 중에서 아래쪽 탭을 보여주는 모양의 아이콘(오른쪽에서 두 번째 아이콘)을 클릭해서 디버그 영역이 나타나도록 합니다. 그리고 [실행] 버튼(▶)을 클릭하여 실행합니다.

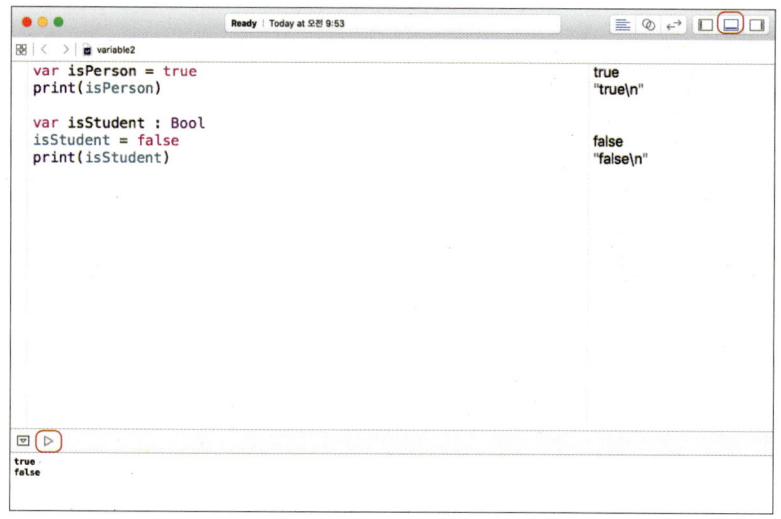

▲ Bool 자료형으로 만든 변수에 들어 있는 값을 보여준 결과물

Bool 자료형에는 1비트의 값이 저장될 수 있는데 1비트(Bit)는 0 또는 1이라는 값을 가집니다. 전원 스위치를 예로 생각했을 때 불이 켜져 있으면 1, 꺼져 있으면 0이라고 비유할 수 있습니다. 여기에서 1

은 true를 나타내고 0은 false를 나타냅니다. 이렇게 Bool 자료형은 여러 가지 자료형 중에서도 가장 기본적인 자료형입니다. isPerson 변수에 저장된 값은 메모리에서 1비트 크기만을 차지하지만 화면에 보여줄 때는 좀 더 쉽게 이해할 수 있도록 true 또는 false라는 글자로 표시됩니다.

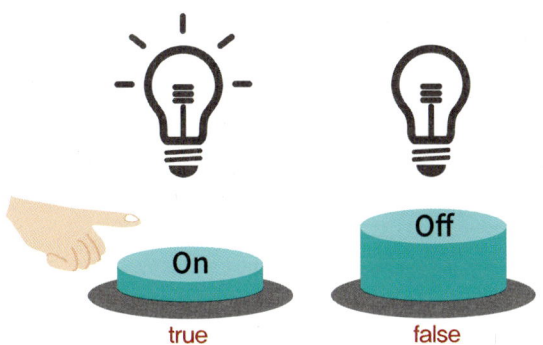

▲ Bool 자료형에 들어가는 값

이번에는 부동소수 값을 저장하는 변수를 만들어 보겠습니다. 앞에서 입력한 코드 아래에 다음 코드를 추가합니다.

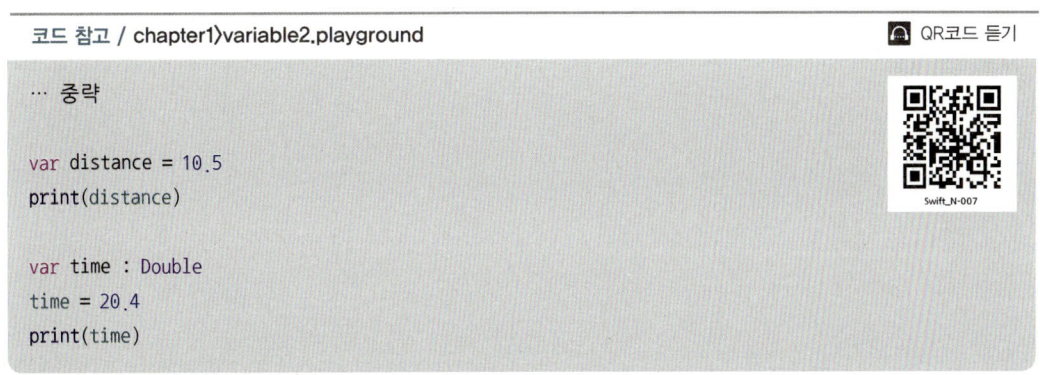

코드 참고 / chapter1〉variable2.playground   QR코드 듣기

```
… 중략

var distance = 10.5
print(distance)

var time : Double
time = 20.4
print(time)
```

Swift_N-007

distance 변수를 만들고 10.5라는 값을 할당합니다. 그리고 그 아래에는 time 변수를 Double 자료형으로 선언한 후 20.4라는 값을 할당합니다. 프로그램을 실행하면 변수에 할당했던 값이 디버그 영역에 그대로 표시됩니다.

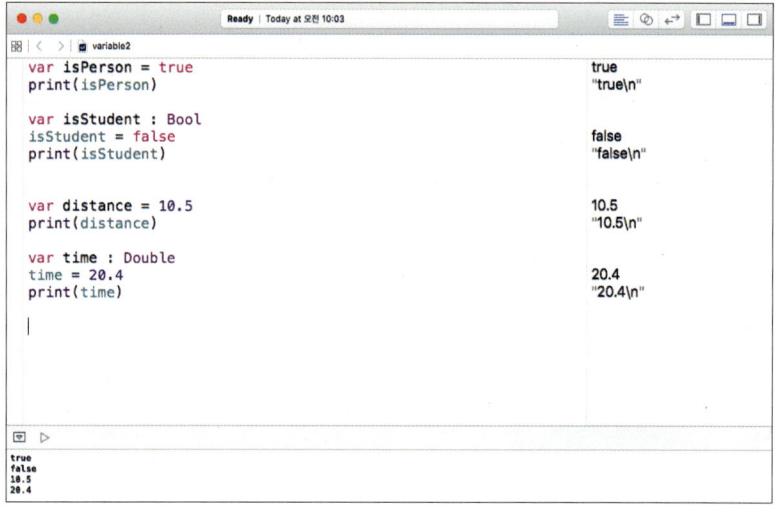

▲ 부동소수 값을 넣을 수 있는 변수를 만든 경우

이번에는 문자 하나를 표현하는 Character를 입력해 보겠습니다. 마찬가지로 앞에서 입력한 코드 아래에 다음 코드를 추가합니다.

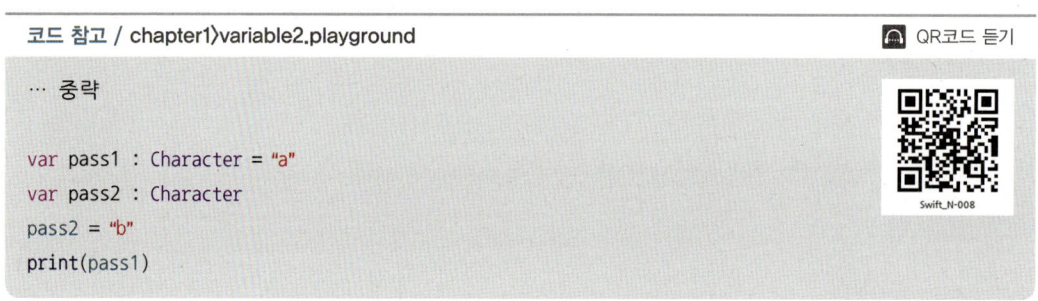

코드 참고 / chapter1〉variable2.playground   QR코드 듣기

```
… 중략

var pass1 : Character = "a"
var pass2 : Character
pass2 = "b"
print(pass1)
```

pass1 변수를 만들고 자료형은 Character로 지정했으며 "a"라는 문자를 할당했습니다. 앞에서 설명할 때 변수를 선언하면서 동시에 할당할 때는 그 값의 자료형을 알아내어 변수의 자료형을 결정한다고 했습니다. 그런데 문자열과 문자는 모두 큰따옴표 안에 넣어 표현하므로 "a"가 문자인지 문자열인지 구분할 수 없습니다. 따라서 이런 경우에는 변수 뒤에 Character라는 자료형을 반드시 명시해야 합니다. 만약 Character라는 자료형을 명시하지 않으면 "a"라는 글자를 할당했을 때 pass1 변수의 자료형은 String이 됩니다. 이렇게 해서 pass1 변수에는 "a" 문자를 넣고 pass2 변수에는 "b" 문자를 넣었습니다.

프로그램을 실행하면 다음과 같이 변수에 넣은 값들이 그대로 디버그 영역에 출력됩니다.

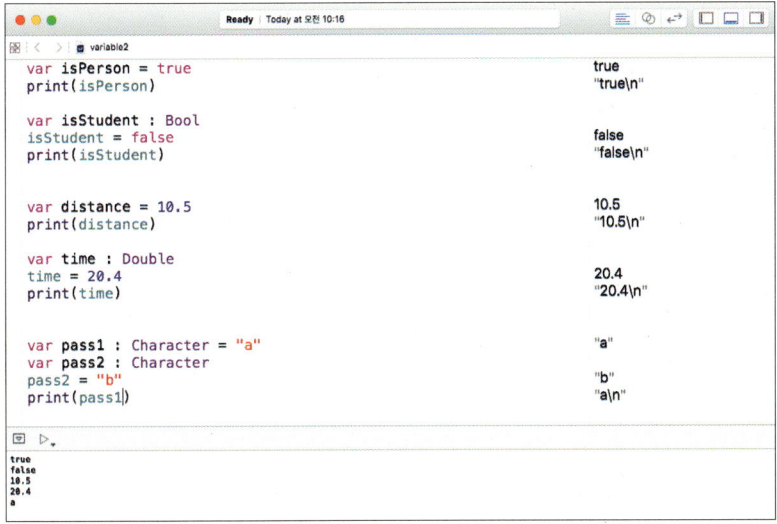

▲ 문자를 넣을 수 있는 변수를 만든 경우

이진 값이나 정수 값 또는 부동소수 값을 변수 안에 넣어 보았는데 이렇게 넣는 값에는 그 범위가 있습니다. 어떤 값이든 다 들어가는 것은 아니라는 의미죠. 각 자료형으로 만든 변수에 넣을 수 있는 값의 범위는 다음과 같습니다.

[표] 기본 자료형에 넣을 수 있는 값의 범위

자료형	크기	값의 범위
Int8	1바이트	−127 to 127
UInt8	1바이트	0 to 255
Int32	4바이트	−2147483648 to 2147483647
UInt32	4바이트	0 to 4294967295
Int64	8바이트	−9223372036854775808 to 9223372036854775807
UInt64	8바이트	0 to 18446744073709551615
Float	4바이트	1.2E−38 to 3.4E+38(∼6 digits)
Double	8바이트	2.3E−308 to 1.7E+308(∼15 digits)

만약 Int32 자료형으로 된 변수 상자에 들어갈 수 있는 최댓값이나 최솟값을 넣고 싶다면 미리 정의된 값을 넣을 수 있습니다. 앞에서 입력한 코드 아래에 다음 코드를 추가합니다.

코드 참고 / chapter1〉variable2.playground　　　　　　　　　　QR코드 듣기

```
… 중략

var maxValue : Int32 = Int32.max
var minValue : Int64 = Int64.min
print(maxValue)
```

Int32 자료형으로 만든 변수 안에는 Int32.max를 입력하여 최댓값을 할당했습니다. 그리고 Int64 자료형으로 만든 변수 안에는 Int64.min을 입력하여 최솟값을 할당했습니다.
프로그램을 실행하면 다음과 같이 변수에 넣은 값들을 확인할 수 있습니다.

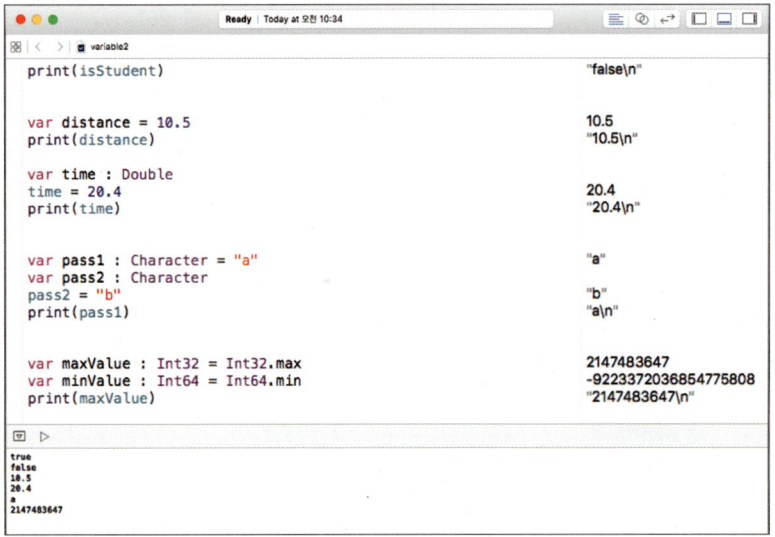

▲ 변수에 들어갈 수 있는 최댓값과 최솟값을 확인한 경우

그런데 문자열과 문자는 왜 자료형이 구분되어 있는 걸까요? 문자 하나하나를 각각의 변수에 넣는 것보다 여러 개의 문자를 모아 하나의 변수에 넣는 것이 좋기 때문입니다. 문자열은 그 안에 여러 개의 문자가 붙어 있다고 생각할 수 있습니다. 그리고 이 문자열 변수는 크기가 변할 수 있어서 글자 수가 늘어나면 메모리의 저장 공간도 늘어납니다.

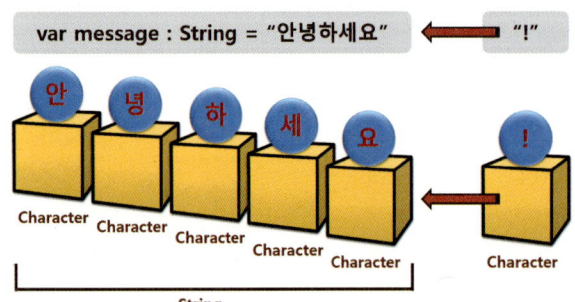

▲ 여러 개의 문자가 연속으로 붙어 만들어진 문자열

Character 자료형으로 된 다섯 개의 변수에 들어 있는 글자는 String 자료형으로 된 하나의 변수에 한꺼번에 넣을 수 있습니다. 따라서 변수 상자의 개수가 다섯 개에서 하나로 줄어듭니다. 만약 문자열을 넣을 수 있는 변수를 만든 후 비어 있는 값으로 초기화하고 싶다면 큰따옴표("")만 붙여주면 됩니다. 간단하게 문자열을 만들어 보기 위해 다음 코드를 추가로 입력합니다.

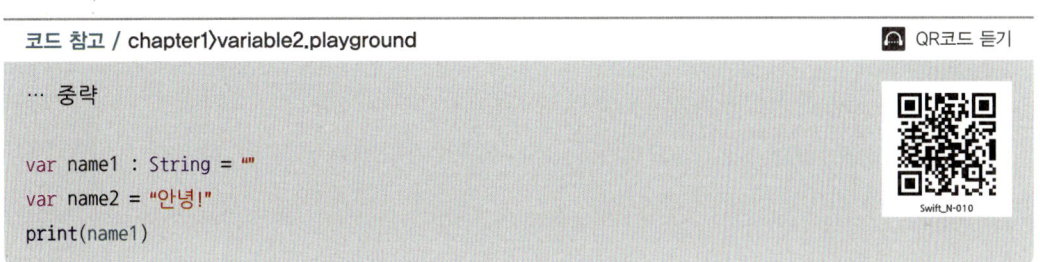

코드 참고 / chapter1>variable2.playground　　　　QR코드 듣기

```
… 중략

var name1 : String = ""
var name2 = "안녕!"
print(name1)
```

name1 변수는 String 자료형으로 선언되었으며 큰따옴표 두 개를 연속으로 붙여 빈 문자열을 변수에 할당했습니다. name2 변수에는 "안녕!"이라는 글자가 할당되었습니다. 프로그램을 실행하면 다음 그림처럼 변수에 넣은 값들을 확인할 수 있습니다.

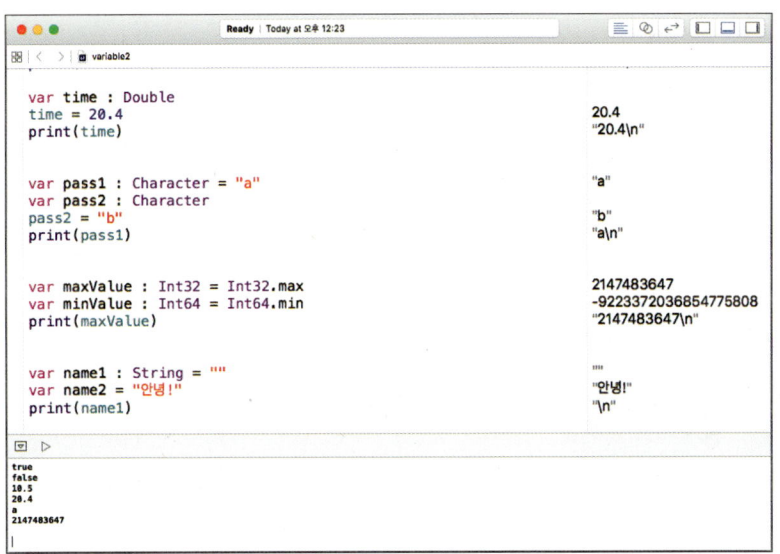

▲ String 자료형의 변수를 만들고 문자열을 넣은 경우

지금까지 기본 자료형의 변수를 만들고 그 안에 값을 넣어 보았습니다. 이 내용으로 각각의 자료형으로 만든 변수가 어떤 값을 갖는지 알게 되었습니다.

퀴즈풀자

Quiz 02 소수점이 있는 값으로 키와 몸무게를 두 개의 변수에 할당한 후 몸무게로 키를 나눈 결과를 출력해 보세요. 먼저 두 개의 변수를 선언한 후 각각 값을 할당하고 새로운 변수를 하나 더 만들어 두 개의 값을 나눈 결과를 할당합니다. 그리고 print를 사용해 세 번째 변수에 들어 있는 값을 출력합니다.

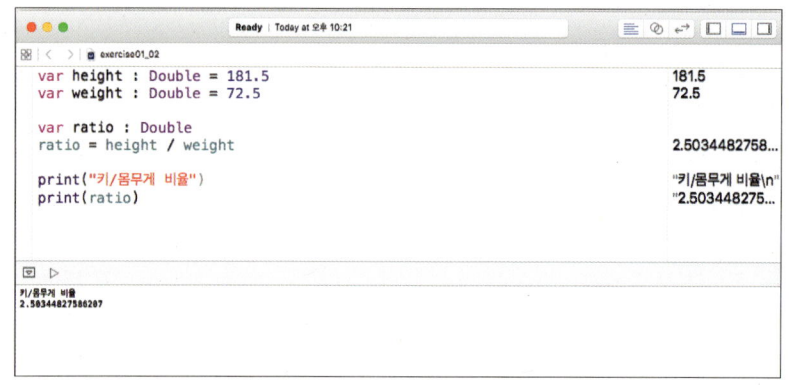

해답 | exercise01_02.playground

등호(=) 기호를 사용한 할당

지금까지 기본 자료형의 변수에 어떤 값들을 저장할 수 있는지 살펴보았습니다. 그 과정에서 = 기호를 여러 번 사용했는데 이 기호의 의미가 무엇인지 좀 더 알아보겠습니다. = 기호는 할당 연산자(Assignment Operator)라고 하는데 다른 연산자들에 대해서는 나중에 좀 더 자세히 설명하고 여기에서는 할당 연산자만 먼저 살펴봅니다. '할당'이라는 말은 '상자처럼 만든 변수에 값을 넣는다.'는 의미입니다.

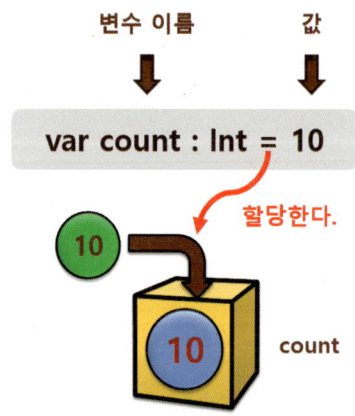

▲ = 기호로 할당한다는 의미

한 줄로 입력한 첫 번째 줄의 코드는 변수를 선언합니다. 그리고 다음 줄에서 값을 할당하도록 분리할 수 있는데 이 각각을 하나의 '문장(Statement)'이라고 합니다.

우리가 "안녕하세요."라고 말하면 한 문장이 끝나듯이 소스 코드도 한 문장이 끝날 때마다 세미콜론(;)을 붙여 한 문장씩 표시합니다. 다시 한 번 말하지만 스위프트는 명확하게 구분되는 문장은 세미콜론을 붙이지 않아도 각각의 문장을 알아서 구별하기 때문에 일반적인 경우에는 세미콜론을 붙이지 않습니다.

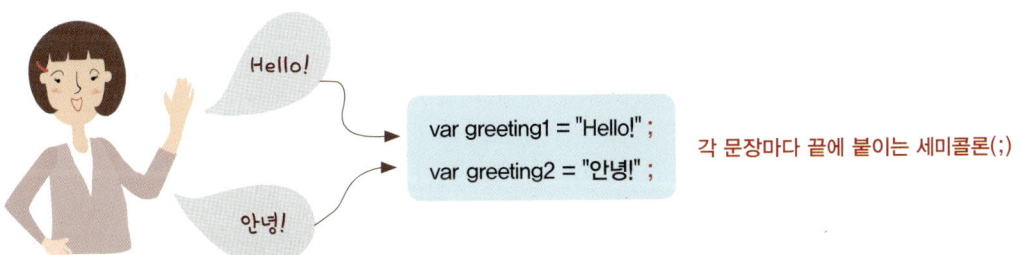

▲ 사람이 말할 때의 문장과 소스 코드에서의 문장

= 기호의 왼쪽은 저장될 변수, 오른쪽은 그 변수에 저장될 값을 써 주는데 오른쪽에는 숫자나 문자 외에 다른 변수를 쓸 수도 있습니다.

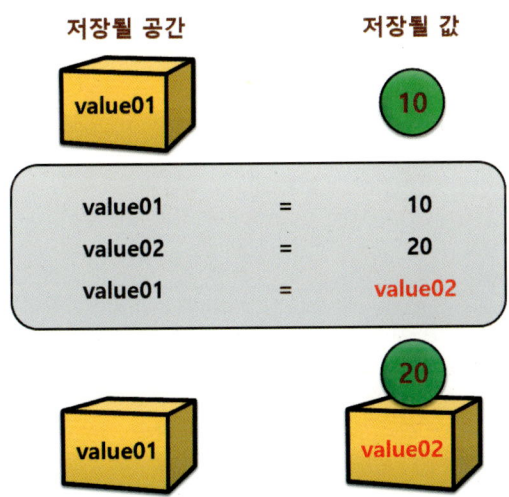

▲ = 기호의 오른쪽에 또 다른 변수가 지정되는 경우

만약 앞의 그림처럼 = 기호의 오른쪽에 숫자 값이 아닌 변수 이름(여기서는 value02)을 입력하면 오른쪽에 입력한 변수의 값(여기서는 value02 = 20)을 왼쪽의 변수에 넣어줍니다. 그리고 나중에 자세히 설명하겠지만 객체 자료형으로 된 변수를 오른쪽에 입력한 경우에는 왼쪽에 있는 변수가 단순히 오른쪽에 있는 변수를 가리키는 것이 될 수도 있습니다. 일단 숫자나 문자와 같은 기본 자료형을 사용한다면 오른쪽에 있는 변수의 값이 왼쪽의 변수에 들어간다고 이해하면 됩니다.

하나의 변수에 다른 변수의 값을 넣어주는 코드를 만들어 보겠습니다. 다음 코드를 추가로 입력합니다.

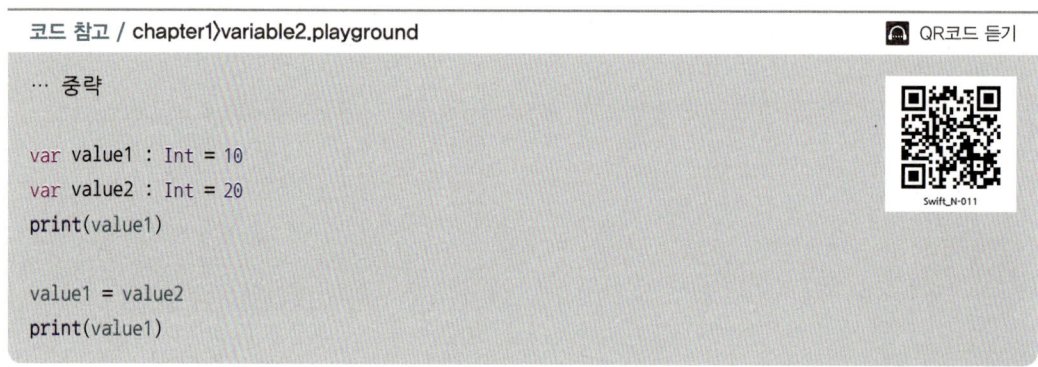

코드 참고 / chapter1》variable2.playground   QR코드 듣기

··· 중략

```swift
var value1 : Int = 10
var value2 : Int = 20
print(value1)

value1 = value2
print(value1)
```

Int 자료형으로 두 개의 변수를 만들었는데 value1 변수에는 10, value2 변수에는 20을 할당했습니다. 그다음 value2 변수에 들어 있는 값을 value1 변수에 할당했습니다. 파일을 실행하여 디버그 영역에 출력되는 결과를 보면 value2 변수에 들어 있던 값이 그대로 value1 변수로 들어간 것을 알 수 있습니다.

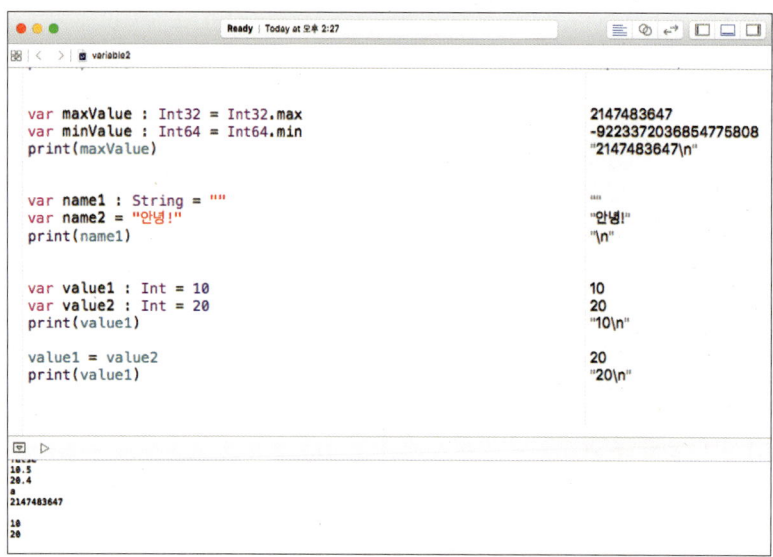

▲ 하나의 변수에 들어 있던 값을 다른 변수에 넣어준 결과물

퀴즈풀자

Quiz 03

person1과 person2라는 변수 이름으로 두 개의 변수를 만든 후 person2 변수에 저장된 사람 이름을 person1 변수에 할당해 보세요. person1에는 '소녀시대'라는 글자를 할당하고 person2에는 '걸스데이'라는 글자를 할당합니다. 그리고 person2에 들어 있는 글자를 person1에 할당한 후 print를 사용해 person1 변수에 들어 있는 값을 출력합니다.

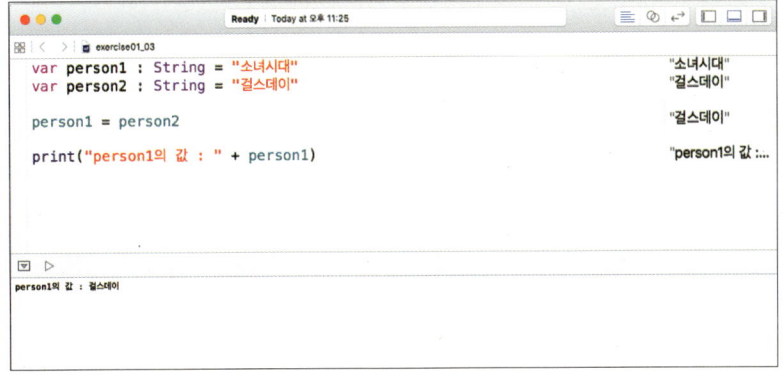

해답 | exercise01_03.playground

4 _ 숫자를 문자열의 형태로 바꾸는 형 변환하기

더하기 연산자(+)의 양쪽에 문자열이 오면 두 개의 문자열을 이어서 붙여준다고 했습니다. 그런데 더하기 연산자(+) 왼쪽에 문자열을 입력하고 오른쪽에 숫자를 입력하면 오류가 발생합니다. 이것은 + 기호의 앞과 뒤에 입력한 내용이 모두 문자열이어야만 동작하기 때문입니다. 하지만 만약 오른쪽에 입력한 숫자를 문자열로 형태를 바꿀 수 있다면 이 오류는 발생하지 않습니다. 오른쪽에 있는 숫자를 문자열로 바꾸는 작업을 '형 변환(Type Conversion)'이라고 합니다.

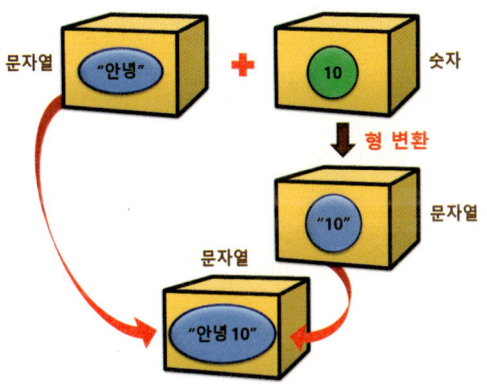

▲ 문자와 숫자를 + 연산자로 붙여주기 위한 형 변환

10이라는 숫자가 아니라 "10"이라는 문자열이 들어가게 만들려면 변수 상자 자체를 바꿔야 합니다. 형 변환을 통해 문자열이 들어갈 수 있는 변수 상자로 바꾸고, "10"이라는 문자열을 넣은 후 + 기호의 양쪽에 써 주면 "안녕"이라는 글자와 "10"이라는 글자가 붙어 "안녕10"이라는 글자가 만들어집니다.

숫자를 문자열로 변환하기

두 개의 글자를 붙이거나 또는 두 개의 숫자를 더하기 위해 형 변환이 필요한 경우는 주로 숫자를 문자열로 변환할 때와 문자열에서 숫자로 변환할 때입니다. 그러면 어떻게 해야 숫자를 문자열로 바꿀 수 있을까요?

숫자를 문자열로 변환해 보겠습니다. 우선 파인더 창을 열고 variable2.playground 파일을 찾아 복사합니다. 그런 다음 복사한 파일을 붙여 넣은 후 파일 이름을 variable3.playground로 수정합니다. variable3.playground 파일을 더블클릭해서 연 다음 입력되어 있는 모든 코드를 삭제하고 다음 코드를 입력합니다.

코드 참고 / chapter1〉variable3.playground   QR코드 듣기

```
var value1 : Int = 10
var message : String = "안녕"

var value2 : String = String(value1)
print(message + value2)
```

Int 자료형으로 만든 value1 변수에는 숫자 10이 들어 있습니다. String 자료형으로 만든 message 변수에는 '안녕'이라는 글자가 들어 있습니다. 이 숫자와 문자열을 더하기 연산자(+)로 붙이려면 먼저 value1 변수에 들어 있는 숫자 값을 형 변환하여 value2 변수에 할당합니다.

숫자를 문자열로 형을 변환할 때는 다음과 같은 코드를 사용합니다.

대문자 S로 시작하는 String 글자 뒤에 소괄호를 붙인 후 그 안에 숫자 또는 숫자를 담고 있는 변수를 넣습니다. 그러면 소괄호 안에 들어간 숫자가 문자열로 변환되어 = 기호 왼쪽으로 할당됩니다. = 기호의 왼쪽에 value2 변수를 선언하면 변환된 값은 value2 변수에 문자열로 들어갑니다.

아래쪽 [실행] 버튼(▶)을 클릭하면 '안녕'이라는 글자와 '10'이라는 글자가 붙은 후 디버그 영역에 출력됩니다.

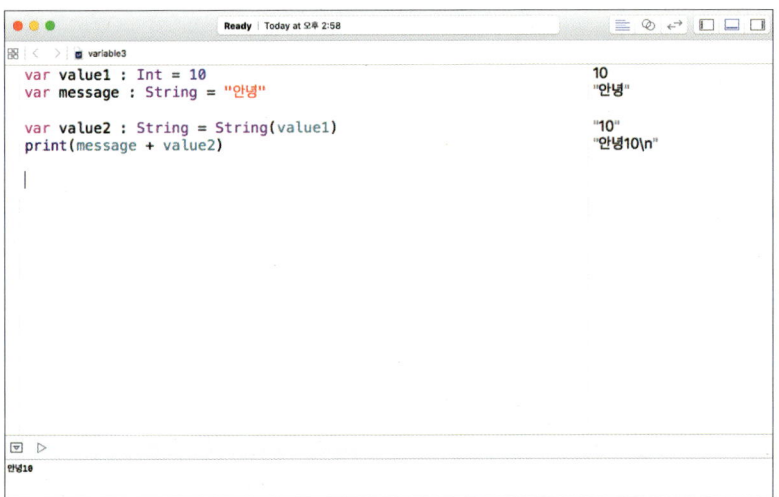

▲ 숫자를 문자열로 변환한 후 문자열과 붙인 결과

문자열을 숫자로 변환할 때 필요한 옵셔널

그럼 반대로 문자열을 숫자로 바꾸고 싶다면 어떻게 해야 할까요? 변환하는 방법은 숫자를 문자열로 바꿀 때와 거의 비슷합니다. 다음과 같이 Int 뒤에 소괄호를 붙이고 그 안에 문자열을 넣어주면 됩니다.

Int(문자열)

그런데 다음과 같이 코드를 추가로 입력하면 왼쪽에 빨간색 원이 표시됩니다.

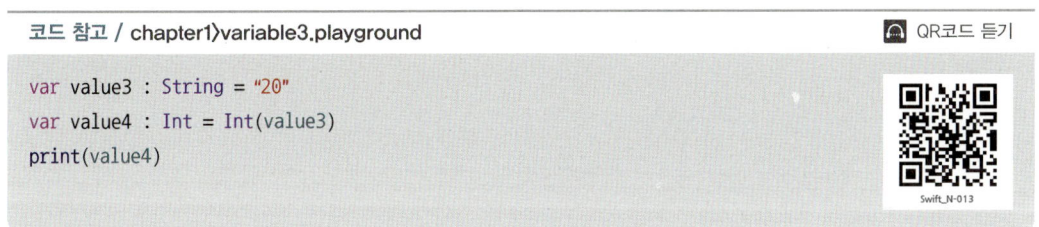

왼쪽에 표시된 빨간색 원은 입력한 코드에 오류가 있다는 것을 알려줍니다. 이 빨간색 원을 클릭하면 오류 메시지가 나타납니다.

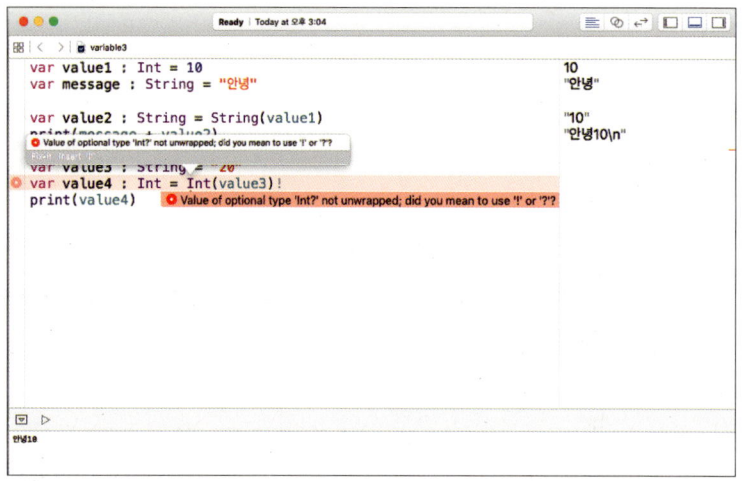

▲ 문자열을 숫자로 변환하는 코드를 입력했을 때 나타나는 오류 메시지

이 오류는 모든 문자열이 숫자로 변환될 수 없기 때문에 발생합니다. 예를 들어, 다음처럼 문자열에 들어 있는 값이 숫자로 변환될 수 없는 값이라면 어떻게 될까요?

- **숫자로 변환될 수 없는 문자열의 값**
  - 예 "10가"

문자열의 값이 "10"이라면 숫자 10으로 변환되지만 "10가"라면 숫자로 변환될 수 없습니다. 이때 Int("10가")와 같은 코드가 실행된 결과물은 nil이 됩니다. nil은 값이 없다는 것인데 스위프트는 이렇게 nil과 같은 값을 변수에 할당하는 것을 좋아하지 않습니다. 왜냐하면 응용 프로그램이나 앱이 실행될 때 오류가 발생할 확률이 높기 때문입니다. 그래서 스위프트는 이런 경우에도 안전하게 실행될 수 있도록 코드를 입력할 때부터 옵셔널(Optional)이라는 것을 사용합니다. 옵셔널은 워낙 중요한 개념이고 스위프트에서 자주 사용되기 때문에 뒤에서 다시 자세하게 설명하겠습니다. 우선 간단히 알아보자면 옵셔널은 자료형 뒤에 물음표(?) 기호를 붙여 만듭니다. 그러면 이 변수에는 지정한 자료형의 값이 할당될 수도 있고 nil이 할당될 수도 있습니다.

다음과 같이 Int 뒤에 ? 기호를 붙여 코드를 변경해 봅니다.

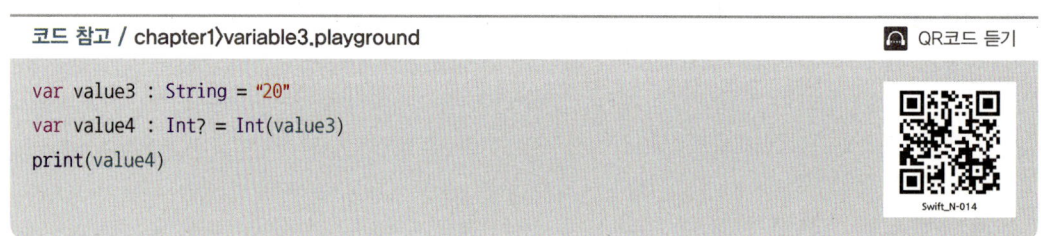

Int 자료형 뒤에 물음표를 붙이면 오류 표시는 없어집니다. 물음표 대신에 느낌표(!)를 사용할 수도 있는데 느낌표는 옵셔널을 사용하지 않으면서도 nil과 같은 값을 허용할 때 사용합니다. 하지만 느낌표를 붙여 선언한 변수는 nil 값일 수 있으므로 실행 단계에서 오류가 발생할 수 있습니다.

그런데 print를 사용해 변수에 들어 있는 값을 출력하면 'Optional(20)'이라는 글자가 출력됩니다. 이것은 옵셔널이라는 것이 일반적인 숫자나 문자와 다르다는 것을 보여줍니다. nil과 같이 값이 없을 때 오류가 발생하는 것을 대비해서 만든 옵셔널은 변수의 값에 일종의 옷을 입혀 놓은 것과 같습니다. 따라서 20이라는 값을 확인하고 싶다면 그 옷을 다시 벗겨내야 합니다. value4 변수 뒤에 느낌표(!)를 붙이면 옵셔널 변수에 들어 있는 값을 나타냅니다.

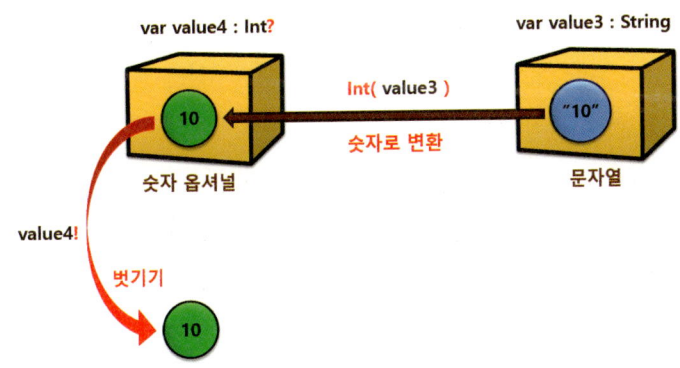

▲ 문자열을 숫자로 변환하고 옵셔널을 벗겨내어 출력하는 과정

코드를 실행하면 다음과 같은 결과가 출력됩니다.

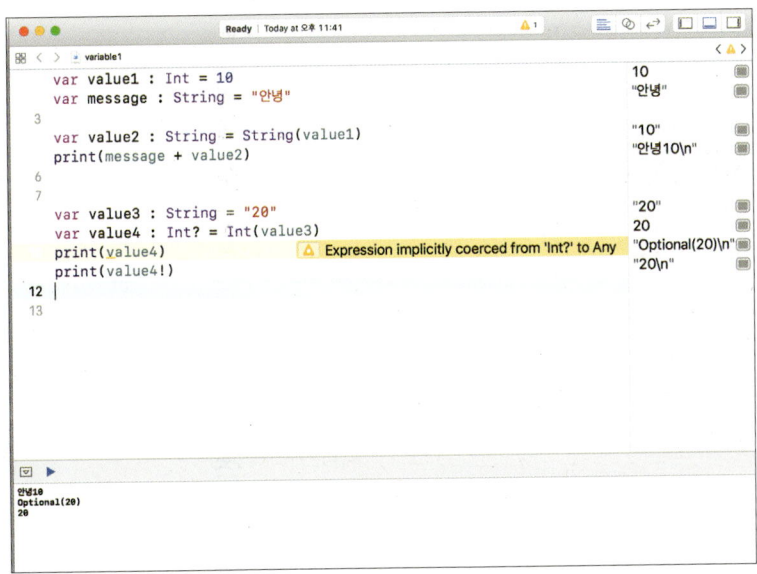

▲ 문자열을 숫자로 변환한 결과

> **정박사님 궁금해요** 노란색 경고 메시지는 어떤 의미인가요?
>
> 노란색 경고 메시지는 주의가 필요한 곳에 표시됩니다. value4 변수의 값을 콘솔에 출력하기 위해 print 함수의 파라미터로 전달하면 옵셔널이 그대로 출력되는데 이때 내부에서는 옵셔널이 변환되어 출력됩니다. 이러한 과정을 이해할 수 있도록 경고 메시지를 표시한 것입니다.

어떤 값을 옵셔널로 감싸는 것을 '래핑(Wrapping)'이라고 하고 옵셔널 안에 들어 있는 값을 꺼내는 것을 '언래핑(Unwrapping)'이라고 합니다. 옵셔널 자료형으로 만든 변수에 느낌표를 붙이면 옵셔널 안에 들어 있는 값을 강제로 꺼낼 수 있는 것이죠. 앞에서 알아보았던 어떤 형태의 기본 자료형이든 그 뒤에 ? 기호를 붙이면 옵셔널 자료형으로 선언할 수 있습니다.

그러면 어떤 변수를 만들 때 사용할 수 있는 자료형의 수가 옵셔널이라는 것 때문에 훨씬 많아진다는 것을 짐작할 수 있겠네요. 예를 들어, String이라는 자료형만 있는 것이 아니라 String? 자료형도 있는 겁니다. 그런데 이렇게 다양한 자료형을 사용할 수 있다면 어떤 변수가 어떤 자료형인지를 알아보고 싶지는 않을까요? in 연산자를 사용해서 앞에 변수를 두고 뒤에 자료형을 넣어주면 그 변수가 그 자료형인지 여부를 알 수 있습니다. 이 내용은 연산자 부분에서 다시 설명합니다.

이제 형 변환이 어떤 것인지 이해했나요? 그리고 옵셔널이라는 것이 필요하다는 것도 이해했겠죠? 코드를 입력할 때 형 변환으로 자료형을 바꾸는 경우가 종종 생깁니다. 이때 코드만 확인해서는 쉽게 구별할 수 없을 때도 있으니 변수 안에 실제로 어떤 값이 들어 있을지 머릿속에 그려보면서 해석하는 것이 좋습니다.

퀴즈풀자

Quiz 04 몸무게가 들어 있는 변수를 Double 자료형으로 만든 후 문자열로 형 변환했다가 다시 숫자로 형 변환해 보세요. weight 변수에 몸무게 값을 할당한 후 새로운 변수를 만들고 이 weight 변수를 형 변환했을 때의 값을 할당합니다. 그리고 print를 사용해 변수에 들어 있는 값을 출력합니다.

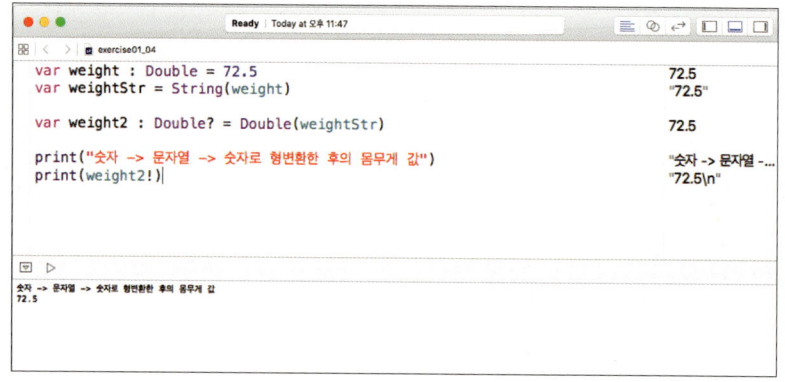

해답 | exercise01_04.playground

5 _ 상수와 타입앨리어스 알아보기

변수는 필요할 때마다 값을 바꿔 넣을 수 있습니다. 그런데 변수 값을 잘못 바꾸면 큰 문제가 생길 수도 있습니다. 이런 문제가 생기지 않도록 특정 저장 공간에 한 번 값이 들어가면 절대로 바뀌지 않도록 '상수'라는 것을 만드는 것이 좋을 때도 많습니다. '상수(Constant)'는 값이 변하지 않기 때문에 처음 선언할 때 넣은 값은 계속 유지됩니다.

값이 변하지 않는 상수 만들기

스위프트에서 상수를 만들려면 let 키워드를 사용합니다. 만약 변하지 않는 값인데 상수가 아닌 변수로 선언하면 경고 메시지가 표시됩니다. 이것은 상수로 선언해도 되는 것을 변수로 선언했을 때 성능이 떨어질 수 있어서 엑스코드가 자동으로 알려주는 메시지입니다.

limit1과 limit2라는 이름으로 상수를 만들어 보기 위해 다음 코드를 추가로 입력합니다.

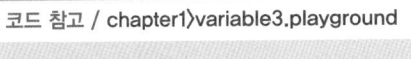

```
let limit1 = 100
let limit2 : Int
limit2 = 200
print(limit1)
print(limit2)
```

limit1이라는 이름의 상수는 앞에 let 키워드를 붙여서 만듭니다. 그리고 이 상수에는 숫자 100을 할당했습니다. 다음 줄에는 limit2라는 이름의 상수를 선언한 후 나중에 숫자 200을 할당했습니다. 선언한 두 상수에는 한 번 값을 넣으면 더 이상 바꿀 수 없습니다. 만약 limit1 = 300처럼 limit1 상수에 다른 값을 할당한 코드를 추가하면 오류가 표시됩니다. 앞에서 입력했던 코드를 실행하면 다음과 같은 결과가 출력됩니다.

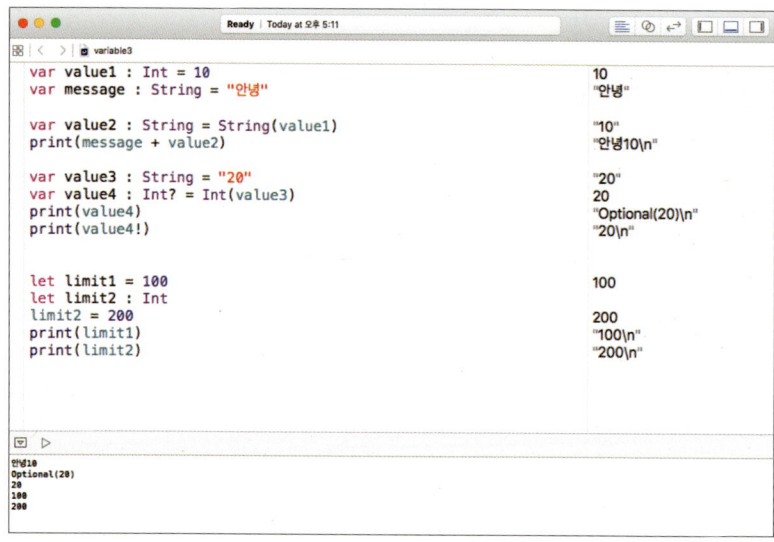

▲ 상수를 만들어 값을 할당한 경우

상수는 보통 한 가지 값을 정해 놓고 코드의 여기저기에서 참조하고 싶을 때 자주 사용됩니다. 그리고 어떤 변수에 들어 있는 값을 확인한 후 그다음 코드를 동작시키는 조건문에서 사용하는 경우도 있습니다. 이 내용은 나중에 살펴보겠습니다.

상수의 역할은 다음 그림처럼 공동 우물로 연상하면 머릿속에 새기기 쉽습니다. 어떤 마을에 공동 우물이 있다고 가정했을 때 이 우물의 물은 어떤 집에서도 길어다 먹을 수 있습니다.

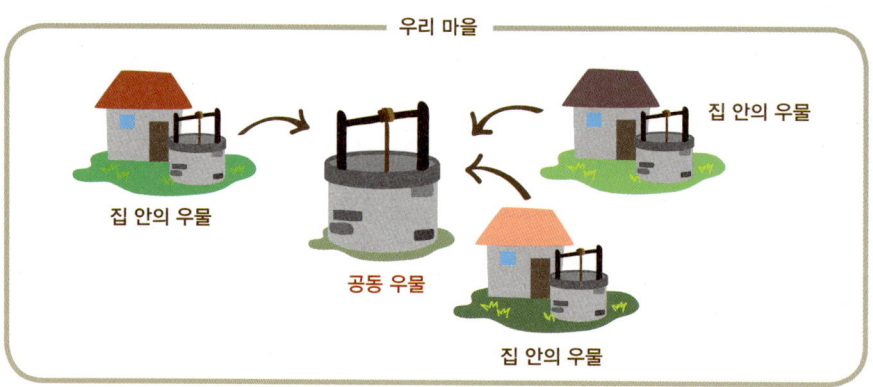

▲ 여러 집에서 사용하는 우물물(상수)

변수와 상수가 구별되는 내용은 다음과 같습니다. 상수는 코드를 만들면서 많이 보게 될 것이므로 여기서는 이 정도만 알아도 충분합니다.

- 변수 : var 키워드로 선언하며 언제라도 값을 바꿀 수 있습니다.
  var count : Int = 10

- 상수 : let 키워드로 선언하며 한 번 할당된 값은 바꿀 수 없습니다.
  let limit : Int = 100

하나의 자료형을 다른 이름으로 정의하는 타입앨리어스 사용하기

이번에는 타입앨리어스(Type Alias)에 대해 살펴보겠습니다. 타입앨리어스는 하나의 자료형을 다른 이름으로 정의하는 것을 말하며 일종의 별칭이라고 할 수 있습니다. 다음 코드처럼 숫자 자료형으로 된 Feet라는 이름의 자료형 앞에 typealias를 붙여서 새로 정의할 수 있습니다. 다음 코드를 입력하고 실행하면 문제없이 정상적으로 동작합니다.

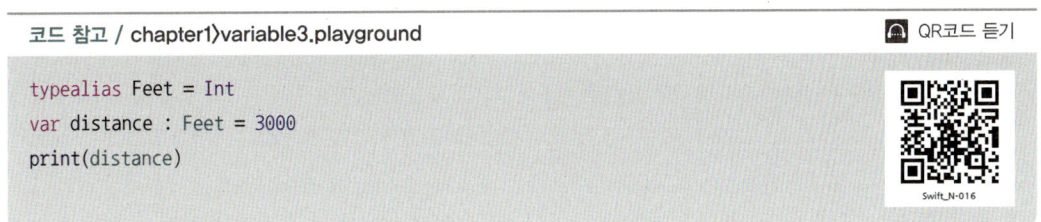

코드 참고 / chapter1〉variable3.playground

```swift
typealias Feet = Int
var distance : Feet = 3000
print(distance)
```

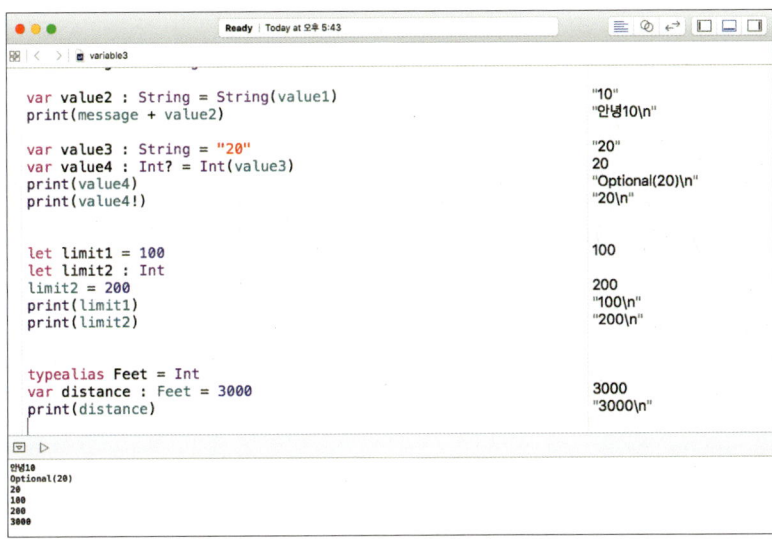

▲ 타입앨리어스로 새로운 자료형을 정의한 경우

좀 복잡해 보이죠? 새로운 자료형을 만든 것이기 때문에 자료형의 이름은 만든 사람의 마음대로 정해집니다. 이 때문에 다른 사람이 만든 코드를 해석할 때 typealias로 새로 만든 자료형이 있다면 좀더 복잡하게 느낄 수 있어 꼭 필요한 경우에만 정의하도록 합니다.

typealias 키워드로 새로운 자료형을 정의하는 형식은 다음과 같습니다.

- **typealias로 새로운 자료형을 정의하는 형식**
  예 typealias 새로운 자료형 = 기존 자료형

보통 Feet, Yard처럼 이름으로 구분하면 좋은 것들을 새로운 자료형으로 정의합니다. 이 자료형은 숫자를 저장할 수 있는 Int 자료형과 다르지 않습니다.

퀴즈풀자

 Double 자료형의 변수에 몸무게 값을 넣고 Double 자료형의 상수에 10.0이라는 숫자를 넣은 후 변수 값(몸무게)을 상수 값(10.0)으로 나눠 보세요. weight 변수에 몸무게를 할당한 후 10.0 값이 들어 있는 상수로 나눕니다. 그런 다음 print를 사용해 결과 값을 출력합니다.

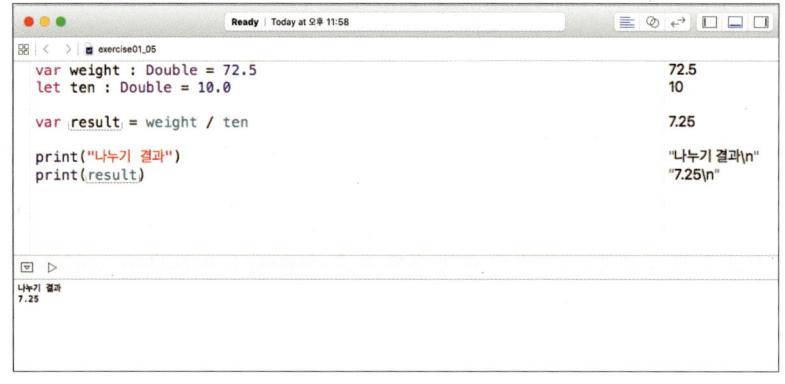

해답 | exercise01_05.playground

6 _ print와 문자열 템플릿

지금까지 플레이그라운드 화면에서 코드를 실행하면 아래쪽 디버그 영역에 결과가 출력되도록 print를 사용했습니다. 그런데 결과를 출력할 때 설명 글을 함께 붙여주는 경우도 많습니다. 예를 들어, name 변수에 '서울'이라는 도시 이름이 들어 있다면 그 변수에 들어 있는 값을 출력할 때 "도시 : 서울"처럼 변수 값 앞에 "도시 : "라는 글자를 추가로 붙이기도 합니다. 그러나 print 뒤에 붙는 소괄호 안에 변수만 넣으면 결과를 출력할 때 설명을 같이 붙여줄 수 없습니다. 그러면 어떻게 해야 할까요? 앞으로 결과를 출력할 때 print를 자주 사용할 것이므로 여기서는 print를 사용해서 설명글을 붙여 결과물을 출력하는 방법에 대해 좀 더 살펴보겠습니다.

print는 기본적으로 디버깅 영역이나 콘솔에 문자열을 출력하는 역할을 합니다. 지금까지 print 뒤에 붙는 소괄호 안에 숫자나 문자열을 넣어봤으니 이 내용은 잘 알고 있습니다. 그러면 다음 코드처럼 print 뒤에 붙은 소괄호 안에 콤마(,)을 입력해서 여러 개의 문자열을 넣는 방식으로 바꿔 보겠습니다.

코드 참고 / chapter1〉variable3.playground

```
print("사람", "동물", "집")
```

코드를 실행하면 공백으로 구분된 하나의 문자열이 출력됩니다. 이 코드를 통해 print 뒤에 오는 괄호 안에는 여러 개의 문자열을 넣을 수 있으며, 나열된 문자열은 콤마로 구분된다는 것을 알 수 있습니다. 그런데 여러 개의 문자열을 공백이 아닌 콤마로 구분하고 싶을 때도 있을 것입니다. 다음 코드처럼 입력하면 공백 대신 콤마로 구분할 수 있습니다.

코드 참고 / chapter1〉variable3.playground

```
print("사람", "동물", "집", separator:",", terminator:"\n")
```

소괄호 안에 있는 문자열 중에서 separator라는 이름과 콜론(:), 그리고 콤마(,) 문자열이 들어간 것을 볼 수 있습니다. 이것은 각 문자열을 분리하는 기호를 콤마(,)로 하라는 의미입니다. 그 다음에는 terminator라는 이름과 콜론, 그리고 다음 줄로 넘기기 위한 기호(\n)를 볼 수 있습니다. 이것은 print로 출력되는 문자열의 마지막에 \n 기호를 넣으라는 의미입니다. print는 기본적으로 마지막에 \n 기호를 넣게 되는데 다음 코드처럼 terminator와 콜론 뒤에 ""을 넣어주면 \n 기호를 붙이지 않도록 바꿀 수 있습니다.

코드 참고 / chapter1〉variable3.playground

```
print("사람", "동물", "집", terminator:"")
```

이번에는 변수의 값을 출력하면서 설명 문자열이 함께 출력되도록 만들어 보겠습니다. 다음 코드를 추가로 입력합니다.

코드 참고 / chapter1〉variable3.playground    QR코드 듣기

```
var title = "즐거운 어린이날"
print("제목 : \(title)")
```

코드를 실행하면 다음 화면처럼 "제목 : 즐거운 어린이날"이라는 글자가 출력됩니다.

▲ 문자열과 변수의 값을 같이 출력한 경우

print 뒤에 붙는 소괄호 안에 변수를 넣을 때는 \ 기호와 소괄호를 함께 사용합니다. 이것을 '문자열 템플릿'이라고 하는데 변수나 상수의 값을 문자열 안에 넣을 때 사용합니다. 이렇게 하면 설명글로 넣은 문자열을 변수나 상수에 들어 있는 값에 붙인 후 하나의 문자열로 출력합니다. 이것을 '인터폴레이션(Interpolation)'이라고 부르기도 합니다. 이때 사용되는 문자열 템플릿의 형식은 다음과 같습니다.

- print 뒤의 소괄호 안에 변수를 넣는 문자열 템플릿 형식
  \ (변수)
  \ (상수)

이제부터 print를 사용할 때는 이 방법으로 변수와 함께 설명글을 함께 출력하도록 합니다. 그런데 자동으로 만들어진 코드나 다른 사람이 만든 코드를 살펴보면 // 기호로 시작하는 코드를 볼 수 있습니다. 그리고 이 안에 들어 있는 코드는 초록색으로 표시되는데 프로그램을 실행해도 동작하지는 않습니다. // 기호 뒤에 작성된 글은 '주석(Comment)'이라 부르는 설명글인데 실제 소스 코드로 동작하지 않는 부분입니다. 이렇게 주석 설명글을 넣으면 코드를 입력한 사람이 나중에라도 이 코드 부

분이 어떤 부분인지 쉽게 이해할 수 있습니다. 주석 설명글을 코드에 넣는 가장 대표적인 방법은 /* 기호와 */ 기호를 주석 설명글 앞과 뒤에 붙이는 것입니다. 그리고 주석 설명글이 한 줄일 때는 설명글 앞에 // 기호만 붙이는 방법이 있습니다.

- **설명글(Comment)을 넣는 주석의 형식과 종류**
  여러 줄의 주석 설명글   /*   설명글   */
  한 줄의 주석 설명글   //   설명글

// 기호를 사용했는데 만약 설명글이 한 줄 이상이 되면 다음 줄에는 효력이 발생하지 않으므로 여러 줄의 설명글을 넣을 때는 /*와 */ 기호를 사용합니다. 코드를 수정한 후에 이전에 사용했던 코드를 그대로 남겨 두고 참고하려면 사용하지 않는 코드 부분에 /*와 */ 기호를 붙여 설명글로 만들면 유용하게 사용할 수 있습니다.

퀴 즈 풀 자

 이름과 키, 그리고 몸무게가 들어 있는 변수의 값을 print로 출력할 때 설명글과 함께 출력되도록 코드를 작성해 보세요.

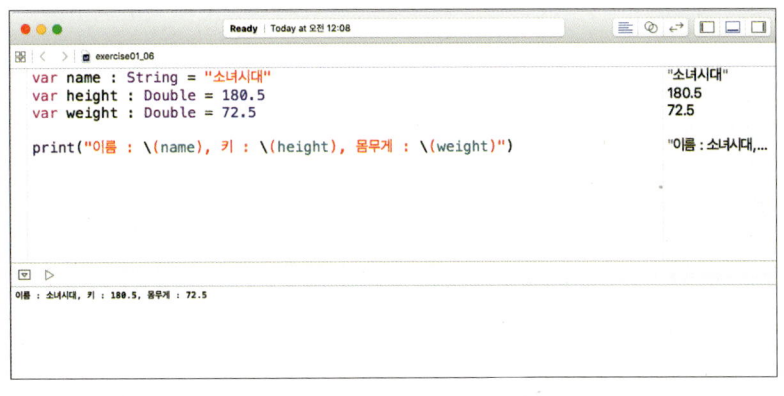

해답 | exercise01_06.playground

지금까지 변수와 자료형이 무엇인지 하나씩 알아보았습니다. 변수나 자료형이라는 단어가 조금 더 친숙해졌다면 이 장을 충실하게 읽고 실습했다고 할 수 있습니다. 내용이 조금 많다고 느낄지 모르지만 변수나 상수는 코드에 많이 사용되는 기초적인 내용이므로 반복해서 연습하여 익숙해지길 바랍니다.

지금 단계에서 중요한 것은 스위프트에서 사용하는 생소한 코드를 조금씩 이해해가고 있다는 점입니다. 어렵게 느껴지는 단어들을 억지로 기억하기보다는 코드를 입력하고 실행해 보면서 각각의 코드가 갖고 있는 의미를 이해하려고 노력하기 바랍니다.

변수에 값을 저장한 후
화면에 출력하기

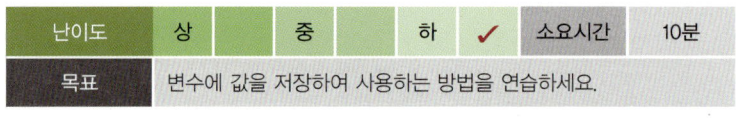

난이도	상	중	하 ✓	소요시간	10분
목표	변수에 값을 저장하여 사용하는 방법을 연습하세요.				

✓ 다섯 명의 사람 이름을 다섯 개의 변수에 넣은 후 화면에 출력합니다.

✓ 각 사람들의 나이도 다섯 개의 변수에 넣은 후 화면에 출력합니다. 처음에는 String 자료형 상수에 나이 값을 넣었다가 숫자로 형 변환하여 새로운 변수에 넣은 후 화면에 출력합니다.

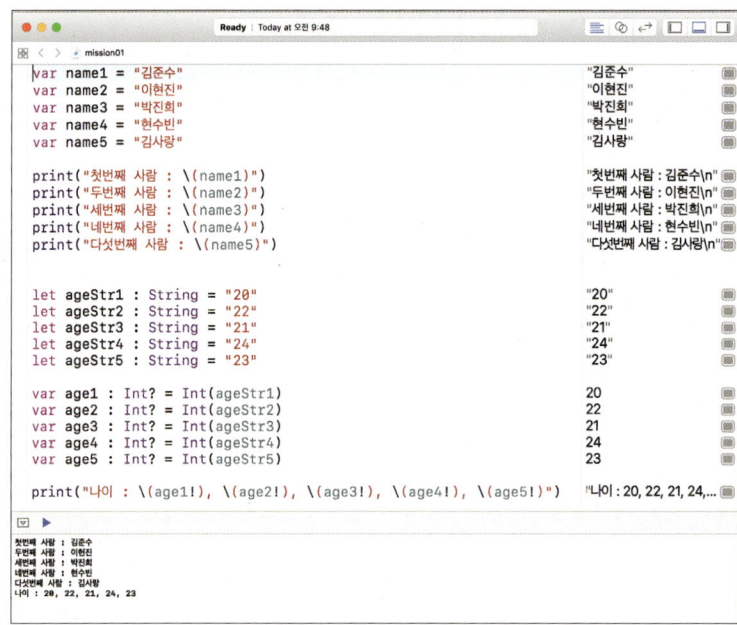

해답 | study1.playground

> **Swift 총정리**

데이터를 담아 두는 스위프트 변수와 자료형

1 변수 이름과 변수의 값

변수는 이름을 지어 주면 그 이름으로 무언가를 가리킬 수 있습니다. 이것을 '변수 이름(Variable Name)'이라고 하며, 중복되지 않도록 고유한 이름을 붙입니다.

등호(=) 기호를 사용해서 왼쪽에 변수 이름을 넣고 오른쪽에 값을 넣으면 그 값이 변수의 값(Value)이 됩니다. = 기호는 '할당 연산자'라고 하며, 값을 넣는 과정을 '할당한다.(Assignment)'라고 합니다.

변수에 값을 할당하는 경우
변수명 = 값;
사용 예) count = 10;

2 변수 선언과 초기화

변수를 메모리에 만드는 것을 '선언한다.(Declaration)'라고 합니다.
변수를 선언하면서 값을 바로 넣어줄 수 있습니다. 이것을 '초기화(Initialization)'라고 합니다.

변수를 선언하면서 초기화하는 경우
var 변수명 = 값;
사용 예) var name = "학교"

3 자료형

스위프트는 타입 기반 언어(Type based language)입니다. 따라서 변수를 만들 때 그 크기를 일일이 코드에 명시해야 합니다. 변수 상자의 크기를 '자료형(Type)'이라고 하며 변수를 선언할 때는 자료형을 명시합니다.

정수가 들어갈 수 있는 변수를 선언하는 경우(Int)
var 변수명 : Int
사용 예) var count : Int

문자열이 들어갈 수 있는 변수를 선언하는 경우(String)
var 변수명 : String
사용 예) var name : String

4 기본 자료형

스위프트의 기본 자료형으로는 다음과 같은 것들이 있습니다.

- 정수 : Int 또는 UInt
- 부동소수 : Float 또는 Double
- 문자열 : String
- 문자 : Character
- 이진 : Boolean
- 옵셔널 : 자료형의 뒤에 ?를 붙여서 만드는 자료형

5 상수

변수에 들어간 값은 언제든 바꿀 수 있지만 상수에 들어간 값은 바꿀 수 없습니다. 변수에는 var, 상수에는 let 키워드를 붙입니다.

상수를 선언하면서 초기화하는 경우
let 상수 이름 : 자료형 = 값
사용 예) let value4 : Int = 100

6 세미콜론(;)과 더하기(+) 연산자

스위프트는 한 문장이 끝날 때 세미콜론(;)을 붙여도 되고 붙이지 않아도 됩니다. 스위프트는 한 문장이 끝나면 자동으로 구분하기 때문에 일반적으로 세미콜론(;)을 붙이지 않습니다.
스위프트에서 + 연산자를 사용할 때는 + 연산자의 앞과 뒤에 붙는 자료형이 같아야 합니다. 만약 + 연산자로 문자열과 숫자를 붙이고 싶다면 먼저 숫자를 문자열로 형 변환해야 합니다.

숫자 + 숫자 : 숫자를 더해 줌
문자열 + 문자열 : 문자열을 붙여 줌
문자열 + 숫자 : 사용할 수 없음(숫자를 문자열로 형 변환해야 가능함)

7 옵셔널

변수에 값이 없을 때 변수에 nil을 할당할 수 있습니다. 변수에 nil이 할당될 가능성이 있다면 자료형 뒤에 물음표(?)를 붙여 옵셔널(Optional)로 만듭니다. 옵셔널(Optional)은 변수를 감싸고 있는 자료형인데 이것을 래핑(Wrapping)이라고 합니다. 변수에 느낌표(!)를 붙이면 변수를 감싸고 있는 옵셔널을 벗겨낼 수 있습니다. 이것을 언래핑(Unwrapping)이라고 합니다.

숫자 옵셔널 자료형으로 된 변수를 선언하는 경우
var 변수 이름 : Int?

숫자 옵셔널 자료형으로 된 변수의 값을 숫자 자료형으로 된 변수에 할당하는 경우
var value1 : Int? = 10
var value2 : Int = value1!

8 형 변환

숫자를 문자열로 변환하거나 문자열을 숫자로 변환하는 경우가 많습니다. 이것을 '형 변환(Type Casting)'이라고 합니다. 자료형 뒤에 소괄호를 붙이고 그 안에 값을 넣으면 명시한 자료형으로 변환할 수 있습니다.

숫자를 문자열로 변환하는 경우
var value1 : String = String(10)

문자열을 숫자로 변환하는 경우
var value2 : Int = Int("20")

9 화면 출력

print를 사용하면 화면에 값을 출력할 수 있습니다. 변수를 넣어줄 때는 \( ) 안에 변수 이름을 넣어줍니다.

변수의 값을 화면에 출력하는 경우
var title = "가격표"
　print"제목 : \(title)"

Swift 총정리

다른 언어 경험이 있다면 Summary!

1 변수를 선언하면서 초기화하는 예

  ⇒ var name = "학교"

2 스위프트는 타입 기반 언어(Type based language)

  ⇒ 변수를 선언할 때 자료형(타입)을 명시함

3 정수가 들어갈 수 있는 변수를 선언하는 예

  ⇒ var count : Int

4 문자열이 들어갈 수 있는 변수를 선언하는 예

  ⇒ var name : String

5 변수에는 var, 상수에는 let 키워드를 붙임. 상수를 선언하면서 초기화하는 예

  ⇒ let value4 : Int = 100

6 한 문장이 끝날 때의 세미콜론(;)

  ⇒ 붙일 수도 있고 붙이지 않을 수도 있지만 보통은 붙이지 않음

7 변수에 값이 없을 때

  ⇒ 변수에 값이 없을 때 nil을 할당할 수 있음
  변수에 nil이 할당될 수 있는 경우, 자료형 뒤에 물음표(?)를 붙여 옵셔널(Optional)로 만듦
  옵셔널(Optional)은 변수를 감싸고 있는 자료형이라고 할 수 있음
  변수에 느낌표(!)를 붙이면 변수를 감싸고 있는 옵셔널을 벗겨낼 수 있음

8 숫자를 문자열로 변환하는 예

  ⇒ var value1 : String = String(10)

9 문자열을 숫자로 변환하는 예

  ⇒ var value2 : Int = Int("20")

10 변수의 값을 화면에 출력하는 예

  ⇒ var title = "가격표"
    print("제목 : \(title)")

02-2
필요한 기능을 함수로 만들어 사용하기 중요도 ★★★☆☆

변수를 만들어서 숫자나 문자열로 된 값을 넣은 후 디버그 영역에 결과를 보여주는 과정은 앞 장에서 여러 번 실습해 보았습니다. 따라서 변수를 어떻게 만들고 값을 어떻게 넣어 두는지 잘 알고 있습니다. 그런데 만약 필요한 기능을 따로 모아서 한 묶음처럼 만들어 놓고 필요할 때 사용하려면 어떻게 해야 할까요? 그리고 코드를 만들 때 단순히 변수에 값을 넣어 두었다가 가져오는 방법 이외의 다른 기능은 어떻게 만들까요? 함수를 사용하면 원하는 기능을 별도의 코드 묶음으로 만들어 두었다가 사용할 수 있습니다. 이 장에서는 원하는 기능을 하나의 함수로 만들어서 사용하는 방법을 살펴보겠습니다

키워드로 알아보는 스위프트 언어

함수	함수란 어떤 기능을 동작시키는 함수 상자와 같아서 이 상자에 기능을 넣어둔 후 사용합니다.
파라미터	함수 상자의 위쪽 구멍으로 특정 값을 넣어 전달하는 것이 파라미터입니다. 파라미터를 넣는 방법은 다양합니다.
옵셔널	옵셔널은 오류를 줄이기 위해 만든 특별한 자료형입니다.
투플	투플은 여러 개의 값을 하나로 묶어 전달할 때 사용합니다.

1 _ 함수란 무엇일까?

함수란 특정한 기능을 따로 만들어 둔 함수 상자와 같습니다. 함수를 처음 접할 때는 단순히 특정 기능을 만들어 넣은 상자에 이름을 붙인 것이라고 생각하면 쉽습니다.

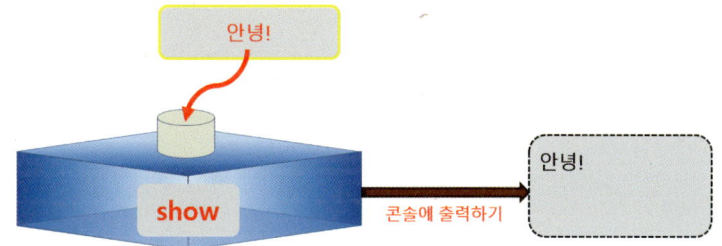

▲ show라는 이름을 갖고 있는 함수 상자

show라는 이름의 함수 상자가 하나 있다고 가정했을 때 이 함수 상자에는 값을 전달할 수 있습니다. 상자로 값을 전달하려면 값이 전달되는 통로가 있어야 합니다. 따라서 함수 상자 위쪽에 값이 전달되는 구멍을 만들고 이 구멍으로 값을 전달하게 됩니다. 상자의 위쪽 구멍으로 글자가 전달되면 함수 상자에서는 전달 받은 글자를 콘솔(엑스코드의 디버깅 영역)에 출력되도록 만들 수 있습니다. 이런 형태의 함수 상자를 만들려면 먼저 함수에 이름을 붙입니다. 그런 다음 함수의 위쪽 구멍으로 전달한 값을 받을 수 있는 상수를 함수 뒤의 소괄호 안에 넣어줍니다. 그리고 함수 상자의 이름 앞에는 func 키워드를 붙여줍니다. 함수는 값을 전달 받아 어떤 기능이 동작하도록 만들어야 하므로 동작을 지시하는 소스 코드를 작성해야 합니다. 함수 상자 안에서 동작하는 소스 코드들은 소괄호 뒤에 중괄호를 붙이고 중괄호 안에 입력해 줍니다. 함수의 가장 단순한 형태는 다음과 같습니다.

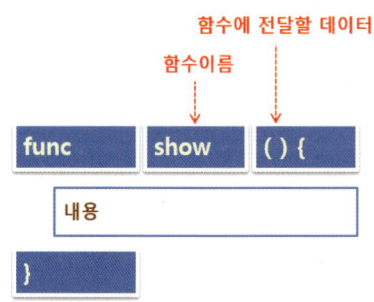

▲ 함수를 만드는 가장 단순한 형태

func 뒤에 붙는 함수 이름은 변수의 이름처럼 고유한 이름이어야 하므로 식별자가 사용됩니다. 식별자는 앞에서도 설명했지만, 다른 것들과 구분되도록 하는 고유한 이름입니다. 함수 이름 뒤의 소괄호 안에는 함수 상자의 위쪽 구멍으로 전달되는 값을 받기 위한 상수를 정해주는데 전달할 값이 없을 때는 소괄호만 붙여줍니다. 중괄호 안에는 함수 상자가 어떻게 동작하는지 그 내용을 소스 코드로 만들어 넣어줍니다. 함수 상자 안에서 동작하는 기능은 그 양이 적을 수도 있고 많을 수도 있으므로 입력되는 소스 코드의 양은 모두 다릅니다.

함수를 하나 만들어 보기 위해 파인더 창(아래쪽 독의 왼쪽 끝에 있는 마주보는 얼굴 모양의 아이콘)을 열고 [projects] 폴더 안에 [chapter2] 폴더를 새로 만듭니다. 그리고 새로 만든 폴더 안에 여러분이 첫째 마당에서 만들었던 MyPlayground.playground 파일을 복사하여 function1.playground 파일로 이름을 변경합니다. 파일을 더블클릭하여 플레이그라운드 화면을 띄운 후 입력되어 있던 코드를 모두 지우고 다음 코드를 입력합니다.

코드 참고 / chapter2〉function1.playground　　　　　　　　　　　　　　　QR코드 듣기

```
func show() {
    print("안녕!")
}
show()
```

func 키워드와 show라는 함수 이름을 조합해서 새로운 함수를 만들었습니다. 이것을 '함수를 선언한다.(Function Declaration)'라고 합니다. 변수를 만드는 것을 '변수를 선언한다.'고 말하는 것처럼 함수를 만드는 것도 '함수를 선언한다.'고 말합니다. 또는 '함수를 정의한다.'라고도 합니다. 이렇게 한 번 만든 함수는 필요할 때마다 실행할 수 있는데 함수를 실행하는 것을 '호출한다.(Function Call)'라고 합니다. 함수를 호출할 때는 함수의 이름을 쓰고 그 뒤에 소괄호 두 개를 붙입니다. 결국 함수를 만들 때와 함수를 호출할 때 모두 함수의 이름 뒤에 소괄호가 붙습니다. 그리고 소괄호 뒤에 중괄호가 있으면 함수를 선언하는 것이고, 중괄호가 없으면 함수를 호출하는 것입니다. 함수를 호출할 때 붙이는 소괄호 뒤에는 한 가지 기능 수행이 끝났다는 의미로 세미콜론(;)을 붙이거나 또는 생략할 수 있습니다.

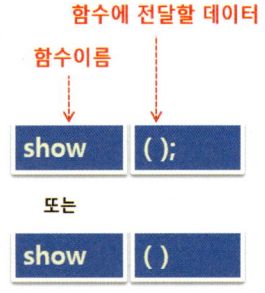

▲ 함수를 실행하는 형식

코드가 한 번 실행되는 단위를 문장(Statement)이라고 하며, 보통 문장은 한 줄 또는 여러 줄로 구성됩니다. 일반적인 언어들은 각각의 문장을 구분하기 위해 세미콜론(;)을 마지막에 붙이지만 스위프트는 붙여도 되고 붙이지 않아도 됩니다. 그래서 대부분은 세미콜론을 붙이지 않습니다. 세미콜론이 없어도 스위프트가 문장을 충분히 구분할 수 있기 때문에 빌드했을 때 문제가 생기지 않습니다. 단, 명시적으로 문장이 끝났음을 알려주려고 붙이는 경우가 있습니다.

이제 입력한 코드를 실행해 보겠습니다. 우선 플레이그라운드 화면의 왼쪽 밑에 있는 디버깅 영역에서 [실행] 버튼(▶)을 클릭하여 코드를 실행합니다. 그럼 다음과 같이 '안녕!'이라는 글자가 출력된 것을 볼 수 있습니다. 물론 자동 실행(Automatically Run)으로 설정되어 있다면 [실행] 버튼을 누르지 않아도 자동으로 실행됩니다.

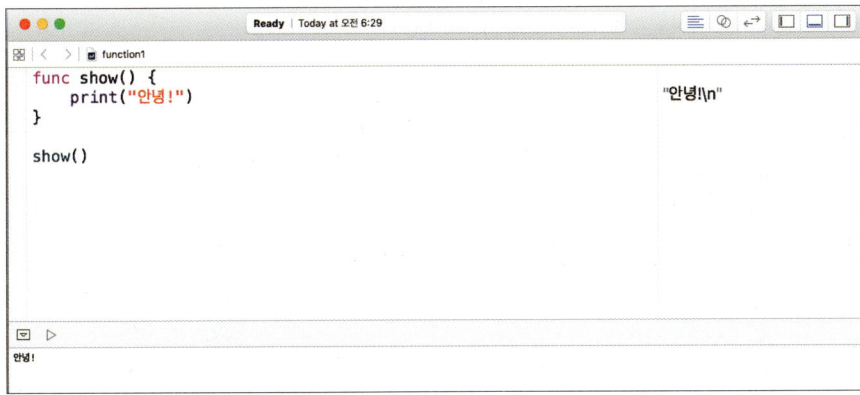

▲ show 함수를 실행하여 '안녕!'이라는 글자가 출력된 화면

이 코드를 실행했을 때 어떤 일이 벌어지는지 이해할 수 있겠죠? show라는 이름의 함수를 만들고 그 함수를 실행하는 과정은 다음과 같이 정리할 수 있습니다.

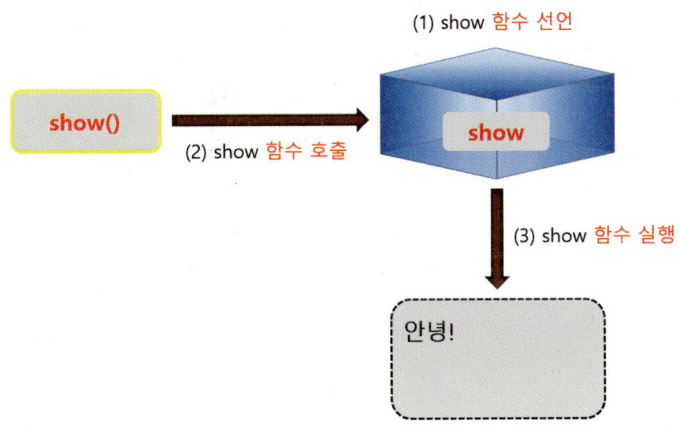

▲ '안녕!'이라는 글자를 출력하는 과정

show 함수 안에 기능을 만들고 필요할 때 호출하는 과정은 세 단계로 나눌 수 있습니다.

> (1) **함수 선언**: 함수를 만듭니다.
> (2) **함수 호출**: 함수를 실행해 달라고 요청합니다.
> (3) **함수 실행**: 함수가 실행되고 결과가 출력됩니다.

show() 코드를 넣으면 show라는 이름의 함수를 찾아 실행합니다. func 키워드 뒤에 있는 함수의 이름이 show이므로 이 함수가 실행됩니다. 만약 show라는 이름의 함수를 찾을 수 없을 때는 오류가 발생합니다. show 함수 안에는 print를 사용해서 콘솔에 글자를 출력하도록 했으니 코드가 실행되면 디버그 영역에 '안녕!'이라는 글자가 출력됩니다.

함수를 만드는 것도 그렇게 어려워 보이지 않죠? 물론 이것이 스위프트에서 만들 수 있는 함수의 모든 것은 아닙니다. 그러나 함수의 가장 기본적인 형태를 기억한다면 점점 더 복잡한 내용이 나오더라도 당황하지 않을 수 있습니다. 가장 간단한 형태의 함수를 알아보았으니 이제 함수의 특징을 하나씩 살펴보면서 코드를 바꿔 보겠습니다.

 **퀴즈풀자**

Quiz 07 showName이라는 이름의 함수를 만들고 함수를 실행했을 때 여러분의 이름이 출력되도록 코드를 만들어 보세요. 먼저 showName이라는 이름으로 함수를 정의합니다. 그리고 함수 안에서 print를 사용해 여러분의 이름이 출력되도록 합니다. 이름을 출력하기 위해 name 상수에 값을 넣어 두었다가 출력하도록 합니다.

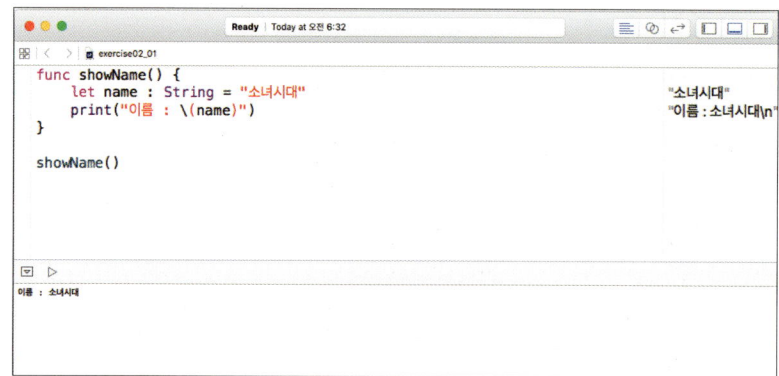

해답 | **exercise02_01.playground**

2 _ 스위프트 프로그램의 형태 살펴보기

대부분의 프로그램은 함수를 중심으로 동작합니다. 즉, 함수를 만들고 함수를 호출하는 것이 프로그램에서 가장 중요한 부분입니다. 앞 단락에서 입력해 보았던 코드는 짧지만 이 코드를 보면 스위프트 프로그램의 대표적인 형태를 충분히 짐작할 수 있습니다.

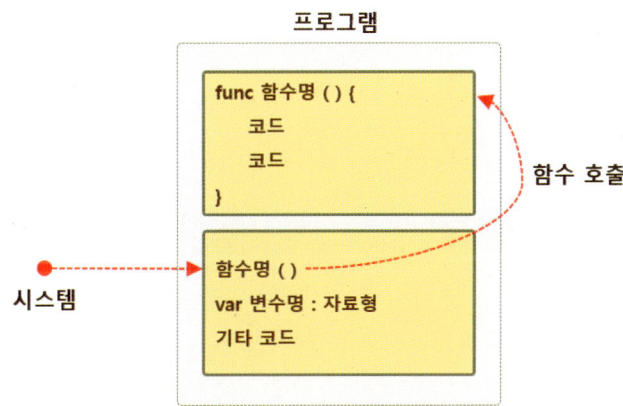

▲ 대표적인 스위프트 프로그램의 형태

스위프트로 만든 프로그램에서는 func 키워드로 시작하는 함수 정의 부분을 자주 볼 수 있습니다. 그러니 func 키워드 뒤에는 함수 이름이 붙고 소괄호 뒤에는 중괄호가 붙으며, 중괄호 안에는 함수가 어떻게 동작할지를 알려주는 코드가 여러 줄 입력된다는 것을 꼭 기억하세요. 함수를 정의할 때와 달리 함수를 호출할 때는 func 키워드와 중괄호를 사용하지 않고 곧바로 함수 이름과 소괄호를 붙여줍니다. 이렇게 함수를 정의할 때와 함수를 호출할 때 어떤 차이가 있는지 구별할 수 있어야 합니다.

플레이그라운드는 여러분이 입력한 코드를 바로바로 실행합니다. 즉, 코드를 입력하기 시작한 부분부터 실행하게 되는데 함수를 정의한 부분이나 몇몇 부분은 컴파일이나 실행 시에 미리 확인해서 메모리에 올려둔 다음 필요할 때 호출됩니다. 함수를 정의할 때는 중괄호로 코드를 감싸게 됩니다. 이렇게 중괄호로 코드를 분리한 것을 '코드 블록(Code Block)'이라고 합니다. 코드 블록은 한 부분을 다른 부분과 분리시키는 역할을 합니다.

앞에서 여러분이 직접 입력했던 짧은 코드를 정리해 보면 다음과 같습니다.

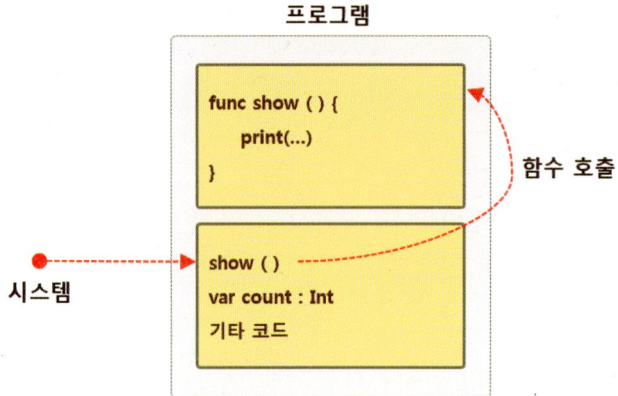

▲ 직접 입력했던 코드의 형태

이렇듯 함수는 프로그램의 형태를 결정하는 중요한 역할을 합니다. 나중에 객체라는 것을 다룰 때는 함수를 '메소드(Method)'라고 부르기도 합니다. 이 부분은 나중에 설명할 것입니다. 앞에서 만들었던 함수를 함수 상자라고 생각했을 때 함수 상자의 위쪽 구멍은 만들지 않았습니다. 하지만 필요할 때 함수 상자의 위쪽에 구멍을 만들고 그 곳으로 값을 전달하도록 만들 수 있습니다. 결국 함수 상자는 위쪽 구멍으로 어떤 값이 들어가면 함수 상자의 내부가 동작하게 되고 계산한 결과 값은 아래쪽 구멍으로 내보내는 블랙박스라고 생각할 수 있습니다. 더하기 함수를 예로 들면 다음과 같은 모양을 머릿속으로 그려볼 수 있습니다.

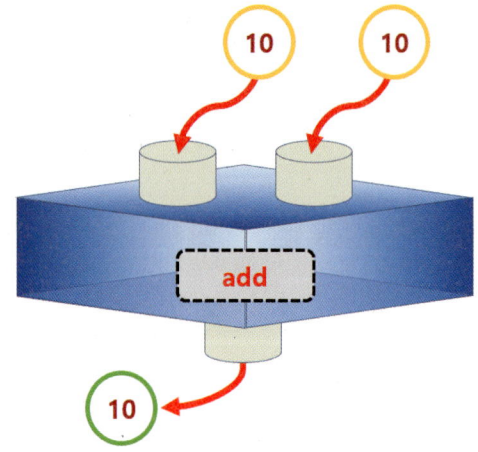

▲ 함수 또는 메소드라 불리는 형태

정박사님 궁금해요   함수와 메소드는 같은 건가요?

나중에 다루게 될 객체를 알고 나면 메소드가 무엇을 의미하는지 알게 됩니다. 메소드는 함수와 같은 것이지만 객체지향이라는 개념 때문에 다른 말로 부릅니다. 따라서 우선 함수와 메소드는 같은 것이라고 생각해도 됩니다.

앞에서 설명한 그림을 보면 함수 상자의 위쪽으로는 두 개의 숫자가 들어가고 함수 상자의 아래쪽으로 하나의 숫자가 나옵니다. 이 그림을 머릿속으로 그릴 수 있도록 여러 번 연습해 보세요. 다음 단락에서는 더하기 함수를 직접 만든 후 실행해 볼 것입니다.

여러분이 입력한 코드(function1.playground)를 다시 살펴보면 함수를 선언할 때 show라는 이름을 사용했습니다. 이때 show 앞에 붙는 func이라는 단어는 매우 중요합니다. 왜냐하면 func 뒤에 나오는 것이 함수를 정의하는 코드임을 알려주기 때문입니다. 이에 반해 func 없이 함수의 이름과 소괄호만 사용하면 함수에 들어 있는 코드를 호출합니다.

> **호출(Call)이란?**
> 호출이란 함수를 실행하는 것을 말하며, 하나의 함수 안에 들어 있는 코드들을 불러서 실행한다는 의미입니다.

예를 들어, 학급에서 장기자랑을 할 때 한 명씩 이름을 부르면 그 사람이 나와서 자신의 장기를 보여 주는 상황을 생각해 볼 수 있습니다. 한 명 한 명이 각각의 함수라고 했을 때 특정한 한 명을 부르는 상황이 호출 과정이 되며, 호출된 사람이 나와서 장기자랑을 하는 상황이 함수 안에 들어 있는 코드가 실행되는 과정이 됩니다.

▲ 장기자랑에서의 호출하기

스위프트로 만든 프로그램을 실행할 때는 시스템에서 미리 만들어 놓은 여러 가지 기본 함수를 사용할 수 있습니다. 이렇게 미리 만들어져 있는 것을 'SDK(Software Development Kit)'라고 합니다. 보통 'API(Application Programming Interface)'라고도 부르는데 이 안에는 여러분이 스위프트 소스 코드를 만들 때 사용할 수 있는 기능들이 들어 있습니다. SDK 또는 API는 일종의 라이브러리인데 라이브러리란 말 그대로 필요한 기능의 함수를 참조하여 사용할 수 있게 미리 만들어 놓은 것입니다. 이처럼 다른 개발자들이 미리 개발해 놓은 함수를 사용한다는 것은 마치 도서관에서 필요한 책이 있을 때 꺼내볼 수 있는 것과 같습니다.

▲ 스위프트의 SDK와 라이브러리

스위프트는 미리 만들어 놓은 기능이 다양하기 때문에 API도 그 종류가 방대합니다. 따라서 스위프트의 기본적인 내용을 익히고 나면 만들려는 기능에 따라 필요한 API를 선택해서 사용합니다. 도서관에 있는 많은 소설책의 내용을 모두 기억할 수는 없기 때문에 필요한 책이 있을 때마다 몇 권씩 빌려서 읽어보는 것과 비슷합니다.

3 _ 함수와 파라미터

지금까지 함수가 어떤 것인지 알아보았습니다. 그런데 왜 굳이 함수를 만들어서 사용하는 것일까요? 지금부터는 그 답을 한 번 찾아보겠습니다.

1부터 10까지 더하는 코드 만들기

먼저 1부터 10까지 더하는 프로그램을 하나 만들어 보겠습니다. 지금까지 직접 작성해 보았던 코드들을 사용해서 이 기능을 만들려면 먼저 정수를 넣어둘 변수를 하나 선언합니다. 그리고 변수 값으로 1을 넣어둔 다음 + 기호를 붙이면서 1부터 10까지 차례대로 더하면 됩니다. 플레이그라운드 화면에서 입력했던 코드 아래에 다음 코드를 추가합니다.

코드 참고 / chapter2〉function1.playground

```
…중략

func show2() {
    var count = 0
    
    count = count + 1
    count = count + 2
    count = count + 3
    count = count + 4
    count = count + 5
    count = count + 6
    count = count + 7
    count = count + 8
    count = count + 9
    count = count + 10
    
    print("1부터 10까지 더한 결과 : \(count)")
}

show2()
```

코드의 양이 갑자기 많아지긴 했지만 중괄호 안에 들어간 각 줄의 코드는 모두 똑같은 모양으로 반복되므로 쉽게 이해할 수 있습니다. 이 코드에서는 func 키워드를 show2 앞에 붙여서 함수를 하나 만들었고 그 아래에서 이 함수를 실행하고 있습니다. 이 코드를 실행하면 55라는 결과가 표시됩니다.

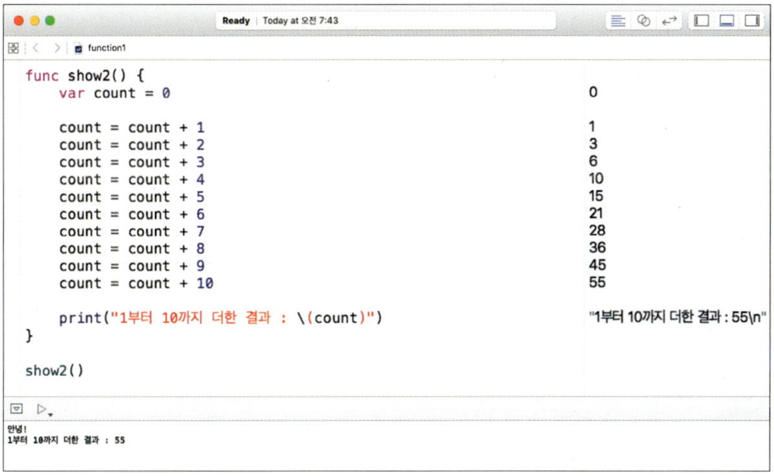

▲ 코드를 실행했을 때 출력되는 결과

반복되는 코드를 for 문으로 단순화하기

앞에서 입력한 코드는 변수를 하나 선언하고 1씩 커지는 수를 여러 번 더하기 때문에 문제없이 동작합니다. 그런데 만약 1부터 10까지 더하는 것이 아니라 1부터 1000까지 더한다면 코드의 양은 훨씬 더 많아지겠죠? 코드를 입력하는 사람 입장에서는 똑같은 코드를 반복해서 넣어야 하니 할 일이 많아지고 코드의 양도 많아지는 문제가 생깁니다. 이렇게 똑같은 코드를 반복해서 입력할 때 생기는 번거로움이나 문제점은 for 문을 사용하면 쉽게 해결됩니다. 다음 코드를 추가로 입력합니다.

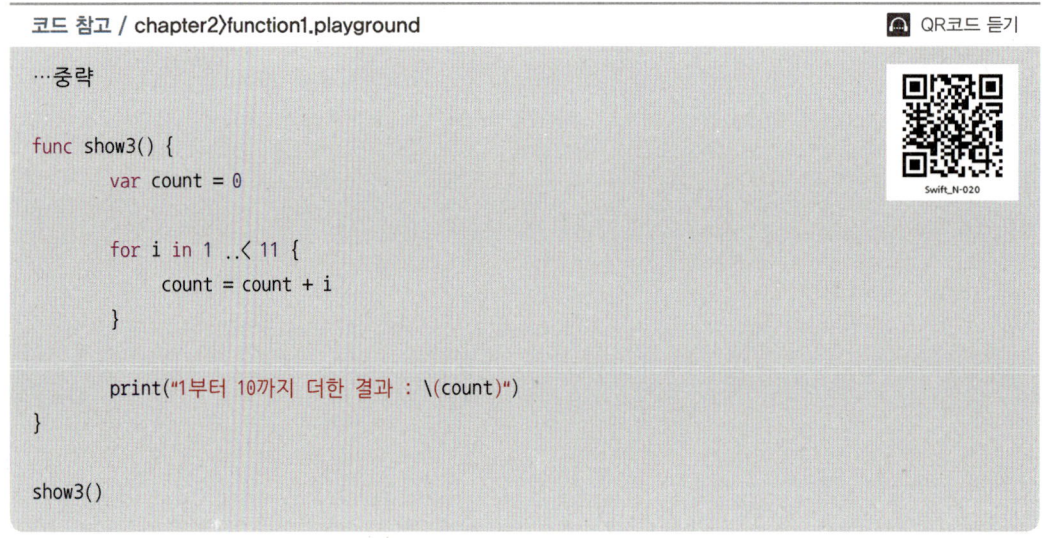

코드를 실행하면 55라는 결과가 똑같이 출력됩니다. 이렇게 for 문을 사용하면 똑같이 반복되는 코드를 줄일 수 있습니다. for 문은 조건을 넣은 후 그 뒤에 오는 중괄호 안에 반복할 코드를 넣는 형식을 가집니다. 중괄호 안에 들어 있는 코드가 여러 번 반복되므로 '반복문(Loop)'이라고 부릅니다. 여기서는 1부터 10까지 더하기 위해 열 번 반복하도록 하는데 이때 for 키워드 뒤에 in이라는 연산자를 사용합니다.

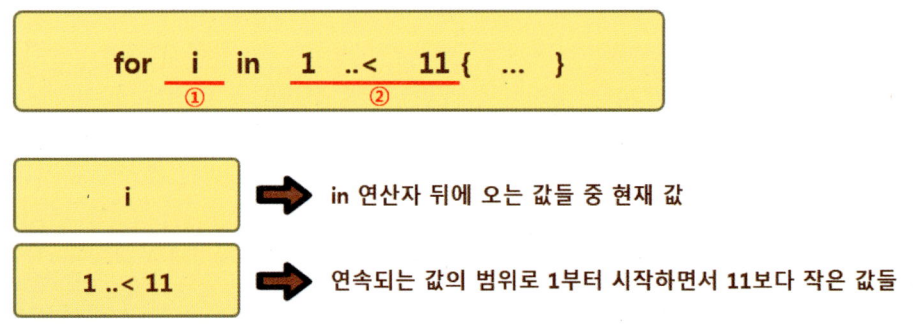

▲ for 문의 형식

이런 형식을 for ~ in 문이라고 말하기도 합니다. in 연산자는 나중에 다시 살펴보겠지만, in 뒤에 넣는 조건 값은 in 앞에 있는 변수에 순서대로 하나씩 할당됩니다. 그리고 하나씩 할당될 때마다 중괄호 안에 있는 코드가 실행됩니다. 결국 변수에 값이 할당되는 횟수만큼 중괄호 안에 있는 코드가 반복해서 실행된다고 이해할 수 있습니다.

여기서는 in 연산자 앞에 있는 i가 변수인데 i 변수 앞에는 var 키워드를 생략합니다. in 연산자 뒤에 있는 값은 1 ..< 11이라는 조건을 갖고 있는데 이 조건은 1부터 10까지의 범위를 나타냅니다.

> **정박사님 궁금해요** 범위를 어떻게 표시하는 건가요?
>
> 범위를 나타내는 방법은 나중에 자세히 알아보도록 하고 우선 여기서는 ... 또는 ..<과 같은 기호로 범위를 표현한다고 생각하면 됩니다. ...은 앞에 있는 숫자부터 뒤에 있는 숫자까지 연속된 값을 나타내고, ..<은 앞에 있는 숫자부터 뒤에 있는 숫자 바로 전까지 연속된 값을 나타낸다고 해석하면 됩니다.

여기까지 이해했다면 여러분이 입력했던 코드는 i 변수에 1을 넣은 후 i의 값이 11보다 작을 때까지 중괄호 안의 문장을 반복 실행한다는 것을 알 수 있습니다. 그리고 중괄호 안의 문장이 한 번씩 실행될 때마다 i 변수에 들어 있는 숫자 값에 1씩 더해 준다고 생각할 수 있습니다. count 변수에는 반복해서 실행될 때마다 i 변수에 들어 있는 값이 더해지므로 1, 2, 3 등의 값이 차례대로 더해집니다.

for 문을 사용하지 않고 입력했던 코드는 1부터 10까지의 값을 count 변수에 들어 있는 값에 차례로 더해주어 55라는 결과 값을 만들었습니다. 하지만 for 문을 사용하면 적은 양의 코드로 같은 기능을 수행할 수 있습니다. 그런데 만약 1부터 10까지 더하는 기능을 필요할 때마다 사용하려고 한다면 for 문으로 만든 코드도 매번 복사해서 사용하게 되니 for 문도 여러 번 반복되어 번거롭긴 마찬가지입니다. 더군다나 복사해서 사용할 때마다 1부터 10까지 더하는 것인지 1부터 100까지 더하는 것인지 조건이 달라진다면 코드를 복사한 후 for 문의 소괄호 안에 들어가는 숫자까지 일일이 다시 바꿔야 합니다.

그렇다면 이번에는 1부터 10까지 더하는 기능과 1부터 100까지 더하는 기능을 함께 만들어 보겠습니다. 코드 아래쪽에 func 키워드를 앞에 붙여 show4라는 함수를 선언하고 그 안에서 for 문으로 1부터 10까지 더한 후 다시 1부터 100까지 더하는 코드를 입력합니다. 먼저 show3 함수 안에 있던 코드를 show4 함수에 그대로 복사하여 넣겠습니다. 그런 다음 count 변수를 선언하는 var 키워드의 바로 뒷부분부터 화면에 결과를 보여주는 print 코드 부분까지 모두 선택한 후 `command` + `C` 키를 눌러 복사합니다. 그리고 아래쪽에 커서를 두고 `command` + `V` 키를 눌러서 붙여 넣습니다.

코드 참고 / chapter2〉function1.playground　　QR코드 듣기

```
…중략

func show4() {
    var count = 0
    
    for i in 1 ..< 11 {
        count = count + i
    }
    
    print("1부터 10까지 더한 결과 : \(count)")
    
    count = 0
    for i in 1 ..< 101 {
        count = count + i
    }
    
    print("1부터 100까지 더한 결과 : \(count)")
}

show4()
```

count 변수는 한 번 선언하면 계속 메모리에 만들어져 있으므로 그 변수에 새로운 값을 할당하면서 사용할 수 있습니다. 따라서 count의 값을 다시 0으로 만들 때는 var 키워드를 사용하지 않아도 됩니다. 코드를 실행하면 55와 5050이라는 결과 값이 차례대로 출력됩니다.

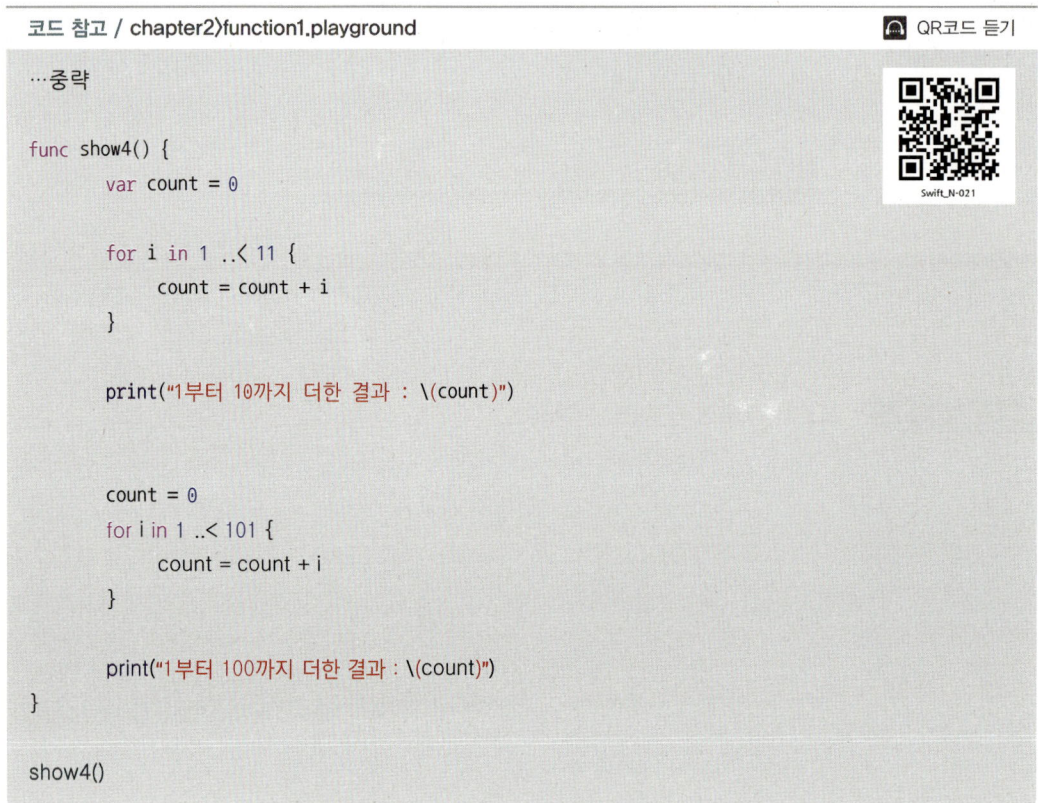

▲ 1부터 10까지 더한 결과와 1부터 100까지 더한 결과를 보여주는 화면

1부터 10까지 더한 결과와 1부터 100까지 더한 결과이지만 코드는 똑같이 for 문을 사용합니다. 단지 in 뒤에 있는 숫자만 1 ..< 11에서 1 ..< 101로 바뀐 것을 알 수 있습니다.

1부터 10까지 더하기

```
for  i  in  1 ..<  11 {  ...  }
     ①         ②
```

1부터 100까지 더하기

```
for  i  in  1 ..<  101 {  ...  }
     ①         ②
```

▲ for 문을 복사하여 조건을 바꾸고 1부터 100까지 더하도록 한 경우

반복되는 코드를 함수로 만들기

앞의 코딩 과정을 보면 똑같은 코드 몇 줄을 그대로 복사했으니 코드 양도 두 배로 늘어났습니다. 그런데 이 기능을 프로그램의 여기저기에서 사용하려면 복사하여 붙여 넣고 수정하는 것만으로도 상당히 번거로울 것입니다. 이때 만들어 사용할 수 있는 것이 바로 함수입니다. 예를 들어, 더하기 함수를 코드로 만들고 싶다면 다음과 같은 코드 형식으로 만들면 됩니다.

- [코드 형식] add라는 이름의 더하기 함수를 만드는 코드

```swift
func add(a:Int, b:Int) -> Int {
    return a + b;
}
```

함수를 정의하는 부분이 앞에서 보았던 것보다 더 복잡합니다. func 키워드 뒤에 함수의 이름이 붙고 소괄호와 중괄호가 붙는 것은 같습니다. 하지만 소괄호 안에 더 많은 내용이 들어 있고 -> 기호도 사용하고 있습니다. 더하기 함수의 이름은 add이며, add 함수의 가장 기본적인 형태는 다음과 같습니다.

```swift
func add( ) { ... }
```

그런데 이 형태는 함수 상자에 값을 넣고 빼는 위쪽과 아래쪽 구멍이 없는 경우입니다. 함수에는 위쪽에 값을 넣는 구멍과 아래쪽에 결과 값이 나오는 구멍이 있다고 생각할 수 있는데 위쪽 구멍에 넣을 수 있는 값들은 상수로 표시합니다. 즉, 숫자 10을 넣을 수 있는 구멍이 있다면 함수 상자 내부에서는 그 값을 받아 처리할 수 있어야 하며, 이때 전달 받은 값은 상수에 넣어 전달합니다. 여기서는 전달된 값을 받아 처리하기 위해 a라는 상수를 a:Int라고 정의합니다. 두 번째 구멍으로 전달된 값을

받기 위해 b라는 상수도 정의합니다. 이렇게 두 개의 위쪽 구멍으로 값을 전달 받도록 만든 후 숫자 10이나 20을 넣으면 함수 상자에서 그 값을 a와 b라는 상수로 받아 사용할 수 있습니다.

소괄호 안에 상수 a와 b를 넣어 나열할 때는 콤마(,)를 사용해서 구별합니다. 이렇게 소괄호 안에 콤마로 구분하면서 이름 붙여준 상수들을 '파라미터(Parameter)'라고 합니다.

> **파라미터란?**
> 함수로 전달되는 값들을 받을 수 있도록 함수 이름 뒤에 붙는 소괄호 안에 넣어주는 상수입니다.

> **정박사님 궁금해요** 파라미터(Parameter)와 인수(Argument)는 같은 것인가요?
>
> 파라미터가 아니라 인수라고 표현하는 경우도 있습니다. 이것은 함수로 전달되는 값을 어디에서 바라보는지에 따라 구별됩니다. 함수를 호출할 때는 함수 밖에서 함수 상자로 값을 넣어주는데 이때 파라미터라고 부릅니다. 이에 반해 함수를 정의할 때는 함수 안에서 함수 상자로 전달된 값을 받아 처리하는 입장이 되는데 이때 인수라고 부릅니다. 함수 밖에서 바라보는지 아니면 함수 안에서 바라보는지에 따라 이름을 다르게 한 것이지요. 하지만 동일한 상수나 값을 구별하기 위해서 다르게 표현하는 것이므로 이 책에서는 파라미터로 통일해서 표현합니다.

파라미터는 함수 상자로 전달된 값을 받기 위해 만든 것이며, 콤마로 구분된 여러 개의 상수를 받을 수 있습니다. 함수의 이름을 개발자가 마음대로 지정할 수 있는 것처럼 파라미터의 이름도 a 또는 inputA처럼 마음대로 지정할 수 있습니다. 단, 소괄호 안에 있는 파라미터의 이름은 다른 파라미터의 이름과 구별할 수 있어야 합니다.

그러면 함수 상자 아래쪽에 있는 구멍으로 나오는 값은 어떻게 표시할까요? 아래 구멍으로 나오는 결과 값을 받기 위해 상수를 정의할 필요는 없습니다. 하지만 그 값의 자료형은 명시해야 합니다. 좀 더 구체적으로 설명하면 함수를 호출했을 때 함수를 실행한 결과 값이 반환되는데 이 결과 값을 받을 변수나 상수는 함수를 호출한 쪽에서 만들어 사용합니다. 따라서 함수를 정의할 때는 결과 값을 받을 상수를 표시할 필요가 없으며 결과 값의 자료형만 명시합니다. 함수 아래쪽에 있는 구멍의 크기만 정의한다고 생각하면 쉽습니다. 함수에서 반환하는 결과 값의 자료형은 소괄호 뒤에 -> 기호를 붙인 후 넣어줍니다.

함수라는 상자로 전달되는 값을 어떻게 표시하는지 알아보았으니 함수를 만들 때 무엇이 필요한지 이해할 수 있습니다. 함수를 실행하면 중괄호 안에 있는 코드들이 동작합니다. 더하기 함수는 상자로 전달된 두 개의 값을 + 연산자로 더하기만 하면 되니 a + b 형태의 코드가 들어갑니다. 그리고 앞에 return을 붙였기 때문에 return a + b 형태의 코드가 되었는데, 여기에서 사용된 return 키워드는 결과 값을 함수 상자 아래쪽으로 보내게 됩니다. 따라서 return 키워드 뒤에 있는 값은 이 함수를 실행한 쪽으로 전달됩니다.

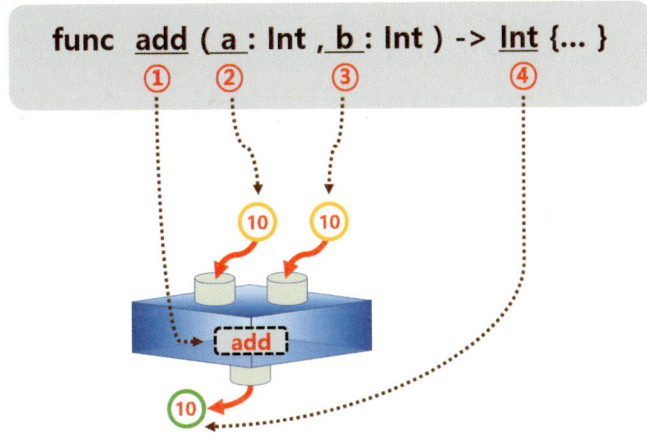

▲ 더하기 함수를 코드로 만들기

더하기 함수를 어떻게 만드는지 알았으니 for 문으로 1부터 10까지 더했던 코드도 함수로 만들어 보겠습니다. function1.playground 파일을 복사해서 function2.playground 파일로 새로 만든 후 다음 코드를 입력합니다.

코드 참고 / chapter2〉function2.playground   QR코드 듣기

```swift
func sum(start:Int, end:Int) -> Int {
    var count = 0
    for i in start ..< end {
        count = count + i
    }
    
    return count
}

var result = sum(start:1, end:11)
print("sum(1, 11) -> \(result)")

result = sum(start:1, end:101)
print("sum(1, 101) -> \(result)")
```

1부터 10까지 더하는 함수의 이름은 sum이라고 지었습니다. 앞 단락에서 함수의 기본 형태를 배웠으니 잘 알겠죠? sum이라는 글자 뒤에 소괄호가 붙었으니 이것은 함수라고 해석할 수 있을 것입니다. 그리고 소괄호 안에 두 개의 변수가 콤마로 구분되어 있으니 함수 상자의 위쪽에 값을 넣는 구멍이 두 개 있다고 머릿속으로 그려볼 수 있습니다.

sum 함수 안에 들어 있는 코드를 보면 for 문을 사용해서 start로 전달된 값부터 end로 끝나는 값 이전까지 계속 더해준 후 return 키워드를 사용하여 함수 밖으로 결과 값을 던져줍니다. 이렇게 만든 sum 함수를 호출할 때는 sum이라는 함수 이름 뒤에 소괄호를 붙이고 그 안에 두 개의 숫자를 넣어줍니다. 그런데 소괄호 안에 값을 넣어줄 때는 파라미터의 이름과 콜론(:)을 같이 붙여주어야 합니다. 이것은 파라미터를 이름으로 구별할 수 있도록 해 줍니다. 코드를 실행하면 1부터 10까지 더한 결과와 1부터 100까지 더한 결과를 볼 수 있습니다.

```
func sum(start:Int, end:Int) -> Int {
    var count = 0                                        (2 times)
    
    for i in start ..< end {
        count = count + i                                (110 times)
    }
    
    return count                                         (2 times)
}

var result = sum(start:1, end:11)                        55
print("sum(1, 11) -> \(result)")                         "sum(1, 11) -> 55\n"

result = sum(start:1, end:101)                           5050
print("sum(1, 101) -> \(result)")                        "sum(1, 101) -> 50..."
```

```
sum(1, 11) -> 55
sum(1, 101) -> 5050
```

▲ 함수를 만들어 1부터 10까지 더한 결과와 1부터 100까지 더한 결과를 출력한 경우

이제 정말 간단한 코드만 입력해도 1부터 10까지 더할 수 있게 되었습니다. 만약 이런 형태의 sum 함수를 다른 사람이 미리 만들어 놓았다면 복잡한 코드 대신 간단한 한 줄의 코드만으로 1부터 10까지 더할 수 있게 됩니다. 이제 1부터 100 또는 1부터 1000까지 더해서 화면에 보여주고 싶을 때 한 줄의 함수만 추가하면 됩니다. 지금까지 프로그램을 만들 때 왜 함수를 만드는지, 그리고 어떻게 만드는지 알아보았습니다. 이제 코드의 어느 부분이 변수이고 어느 부분이 함수인지 구분되죠?

파라미터 전달의 원칙

앞에서 만들었던 add 함수를 보면 두 개의 파라미터를 전달하도록 되어 있습니다. 그리고 파라미터 이름과 콜론 기호 그리고 자료형을 명시해 줍니다. 함수를 정의하는 형식은 다음과 같습니다.

| func | 함수 이름 | (파라미터1, 파라미터2, 파라미터n) | → | 반환 자료형 { ... } |

소괄호 안에는 여러 개의 파라미터를 넣을 수 있는데 각각의 파라미터를 넣을 때 사용하는 형식은 다음과 같습니다.

| 파라미터 이름 | : | 자료형 |

그런데 여기에서 파라미터 이름은 내부 파라미터(Local Parameter) 이름과 외부 파라미터(External Parameter) 이름으로 구별됩니다. 내부 파라미터는 함수 내부에서 사용하는 이름이고 외부 파라미터는 함수를 호출할 때 사용하는 이름입니다.

- 파라미터의 이름을 하나만 쓰면 내부 파라미터의 이름이면서 동시에 외부 파라미터의 이름이 됩니다.
- 파라미터 이름을 두 개 사용하면 첫 번째는 외부 파라미터 이름, 두 번째는 내부 파라미터 이름이 됩니다.

파라미터를 넣을 때 사용하는 형식을 내부 파라미터 이름과 외부 파라미터 이름으로 구별하는 방법은 다음과 같습니다.

| 외부 파라미터 이름 | 내부 파라미터 이름 | : | 자료형 |

외부 파라미터 이름과 내부 파라미터 이름은 공백으로 구분하며 첫 번째는 외부 파라미터 이름, 두 번째는 내부 파라미터 이름이 됩니다. 함수를 정의할 때 어떻게 파라미터를 정의할 수 있는지 알아보기 위해 새로운 파일인 parameter1.playground를 만듭니다. 그리고 다음 코드처럼 파라미터가 한 개인 함수를 정의합니다.

코드 참고 / chapter2〉parameter1.playground   QR코드 듣기

```swift
func add1(a:Int) {
    print("add1 호출됨 : \(a)")
}

add1(a:10)
```

add1 함수는 파라미터를 한 개만 갖고 있습니다. 파라미터 이름이 a라는 이름 하나이므로 이 이름은 내부 파라미터의 이름이면서 동시에 외부 파라미터의 이름이 됩니다.

이번에는 파라미터가 두 개인 함수를 정의합니다.

코드 참고 / chapter2〉parameter1.playground   QR코드 듣기

```swift
…중략

func add2(a:Int, b:Int) {
    print("add2 호출됨 : \(a), \(b)")
}

add2(a:10, b:20)
```

함수를 정의할 때 두 개의 파라미터가 정의되었습니다. 따라서 함수를 호출할 때도 두 개의 파라미터 이름과 함께 값을 넣어주어야 합니다.

그런데 함수를 호출할 때 어떤 장점이 있기에 파라미터의 이름을 명시하는 것일까요? 파라미터의 이름을 명시하지 않는다면 함수를 호출할 때 파라미터의 순서만 갖고 구별하게 됩니다. 따라서 중간에 들어가는 파라미터 하나를 생략할 수 없습니다. 그러나 파라미터의 이름을 명시하면 중간에 있는 파라미터를 생략하거나 파라미터의 순서를 바꿔도 문제가 생기지 않게 만들 수 있습니다. 단, 앞에서 살펴 본 예제에서는 두 개의 파라미터를 순서대로 모두 넣어야 오류가 발생하지 않습니다. 함수를 호출할 때 파라미터를 생략하는 방법은 조금 후에 설명합니다.

이번에는 함수를 호출할 때 첫 번째 파라미터에도 외부 파라미터 이름을 명시하도록 만들어 보겠습니다. 다음 코드를 추가로 입력합니다.

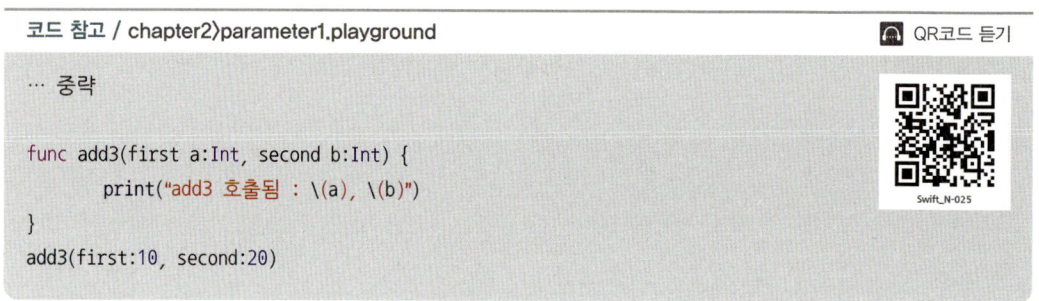

add3 함수의 파라미터는 모두 이름이 두 개씩 붙어있습니다. 첫 번째 파라미터는 함수 내부에서 a라는 이름으로 값을 참조하지만 함수 밖에서 그 함수를 호출할 때는 first라는 이름으로 구별됩니다. 그리고 첫 번째 파라미터의 외부 파라미터 이름을 명시했기 때문에 함수를 호출할 때 first라는 이름을 넣어야 합니다. 정리하면 다음과 같습니다.

- 함수를 정의할 때 파라미터에 내부 파라미터 이름과 외부 파라미터 이름을 명시했다면
- 함수를 호출할 때 외부 파라미터 이름을 명시해야 합니다.
- 함수 내부에서는 내부 파라미터 이름을 사용해야 합니다.

그런데 함수를 호출할 때 외부에서 호출할 이름을 명시하고 싶지 않다면 어떻게 할까요? 함수를 정의할 때 다음 코드처럼 외부 파라미터 이름에 _ 기호를 붙이면 함수를 호출할 때 파라미터 이름을 명시하지 않아도 됩니다.

코드 참고 / chapter2>parameter1.playground   QR코드 듣기

```
… 중략

func add4(_ a:Int, _ b:Int) {
    print("add4 호출됨 : \(a), \(b)")
}

add4(10, 20)
```

add4 함수를 호출할 때 첫 번째와 두 번째 파라미터 모두 값만 전달했습니다. 이것은 add4 함수를 정의할 때 파라미터에 외부 파라미터 이름을 지정하면서 _ 기호를 사용했기 때문입니다. 정리하면 다음과 같이 말할 수 있습니다.

- 외부 파라미터 이름에 _ 기호를 사용하면,
- 함수를 호출할 때 파라미터 이름을 생략합니다.

이렇게 _ 기호를 사용하면 다른 언어처럼 파라미터의 순서만으로 파라미터를 구별하게 됩니다.

조금 복잡한가요? 앞에서 입력했던 코드를 여러 번 입력하면서 파라미터가 어떤 형태로 바뀌는지 확인해 보기 바랍니다.

퀴즈풀자

Quiz 08

곱하기 함수를 하나 만들고 이 함수를 호출할 때 파라미터 이름을 명시하지 않도록 만들어 보세요. 함수의 이름은 multiply로 하고 두 개의 파라미터를 전달 받도록 정의합니다. 각 파라미터의 외부 파라미터 이름으로 _ 기호를 사용합니다.

```
func multiply(_ a:Int, _ b:Int) -> Int {
    return a * b
}

let result = multiply(10, 10)
print("곱하기 결과 : \(result)")
```

해답 | exercise02_02.playground

4 _ 함수를 좀 더 자세히 알아보기

이제 함수로 값을 전달할 때 어떤 형식으로 파라미터를 넣는지 알게 되었지만 파라미터를 사용하는 방식은 좀 더 다양합니다. 이 단락에서는 약간씩 다른 방법으로 파라미터를 사용하는 방법을 살펴보겠습니다.

파라미터 기본 값 지정하기

앞에서 만들었던 show 함수를 호출할 때 콘솔에 출력할 글자를 전달하도록 바꿔보겠습니다. 그리고 그 함수 안에서 print를 사용해서 글자를 출력할 때 마지막에 \n 코드를 붙일 것인지 여부도 전달합니다. function3.playground 파일을 새로 만들고 그 안에 다음 코드를 입력합니다.

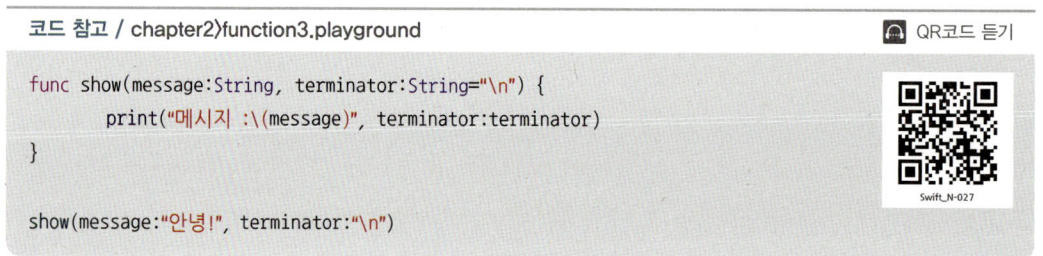

코드 참고 / chapter2)function3.playground   QR코드 듣기

```
func show(message:String, terminator:String="\n") {
    print("메시지 :\(message)", terminator:terminator)
}

show(message:"안녕!", terminator:"\n")
```

show 함수에는 두 개의 파라미터가 전달됩니다. 첫 번째는 message라는 이름의 파라미터로 화면에 출력할 문자열을 전달합니다. 두 번째는 terminator라는 이름의 파라미터이며, print를 사용할 때 terminator 파라미터로 전달할 문자열입니다. 여러분은 이미 print를 사용할 때 소괄호 안에 terminator라는 파라미터를 전달하면 그 문자열을 출력하는 글자의 마지막에 붙여준다는 것을 알고 있습니다.

그런데 show 함수를 정의할 때 두 번째 파라미터인 terminator에 = 기호와 함께 "\n" 문자열을 넣었습니다. 이렇게 하면 show 함수를 호출할 때 terminator 파라미터를 생략할 수 있으며, 파라미터가 생략되었을 때의 기본 값이 "\n" 문자열이 됩니다. 만약 이 기본 값이 지정되어 있지 않다면 이 함수를 호출할 때 항상 두 개의 파라미터 값을 전달해야 합니다. 하지만 기본 값이 있기 때문에 파라미터를 하나만 입력해도 됩니다. 다음과 같은 코드 한 줄을 더 추가해서 하나의 파라미터만 전달하면서 show 함수를 호출해 봅니다.

코드 참고 / chapter2〉function3.playground   QR코드 듣기

… 중략

show(message:"안녕하세요!")

플레이그라운드 화면 아래쪽의 [실행] 버튼(▶)을 클릭하면 다음과 같은 결과가 나타납니다.

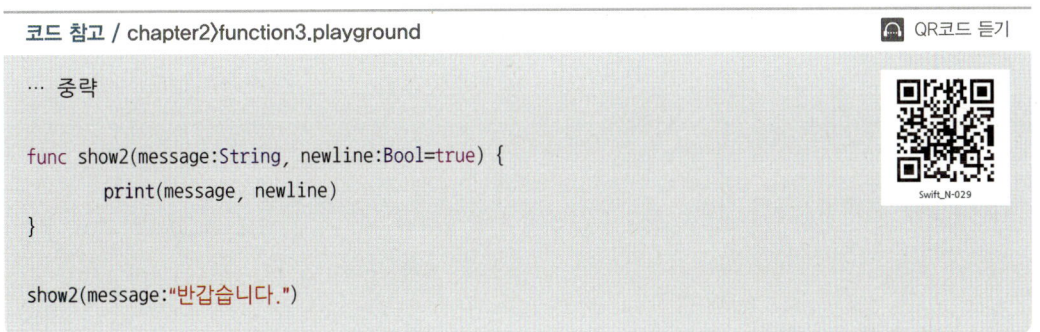

▲ 파라미터 기본 값을 지정하여 파라미터를 생략하면서 호출한 경우

print를 사용할 때 마지막 파라미터에 불(Bool) 자료형으로 값을 넣으면 콘솔 창에 출력되는 문자열의 마지막에 \n을 넣을 것인지 말 것인지를 알려줄 수 있습니다. 따라서 다음처럼 코드를 수정할 수도 있습니다.

코드 참고 / chapter2〉function3.playground   QR코드 듣기

… 중략

```
func show2(message:String, newline:Bool=true) {
    print(message, newline)
}

show2(message:"반갑습니다.")
```

show2 함수는 불(Bool) 자료형으로 된 두 번째 파라미터의 값을 전달 받고 있으며, 파라미터의 이름은 newline으로 지정했습니다. 이 값은 그 함수 안에서 print를 사용할 때 마지막 파라미터로 전달됩니다. show2 함수를 호출하는 코드를 실행하면 "반갑습니다."라는 코드가 출력되는 것을 확인할 수 있습니다.

> **불(Bool) 자료형이란?**
> 불 자료형은 0 또는 1, 참 또는 거짓과 같이 두 개의 값 중 하나만 가질 수 있는 자료형입니다. 불 자료형으로 만들어진 변수 안에 들어가는 값은 구별하기 쉽도록 true 또는 false로 표시합니다.

내부 파라미터와 외부 파라미터

앞 단락에서 파라미터를 설명할 때 스위프트의 함수는 내부 파라미터 이름과 외부 파라미터 이름을 다르게 만들 수 있다고 했습니다. 여기서는 일반적인 더하기 함수를 정의할 때 외부 파라미터 이름을 지정하는 경우와 그렇지 않은 경우를 비교해 보겠습니다. function4.playground 파일을 새로 만들고 다음 코드를 입력합니다.

코드 참고 / chapter2〉function4.playground   QR코드 듣기

```
… 중략

func add(a:Int, b:Int) -> Int {
    return a + b
}
```

add 함수를 정의할 때 소괄호 안에 a와 b라는 이름의 파라미터를 추가했습니다. 이렇게 하면 파라미터의 이름은 외부 파라미터이면서 내부 파라미터로도 사용할 수 있습니다. 따라서 이 함수를 호출할 때는 다음 코드처럼 만들어서 호출합니다.

코드 참고 / chapter2〉function4.playground   QR코드 듣기

```
… 중략

var result = add(a:10, b:10)
print("add 함수 호출 결과 -> \(result)")
```

파일을 실행하면 더하기 함수를 호출한 결과가 20으로 표시됩니다.

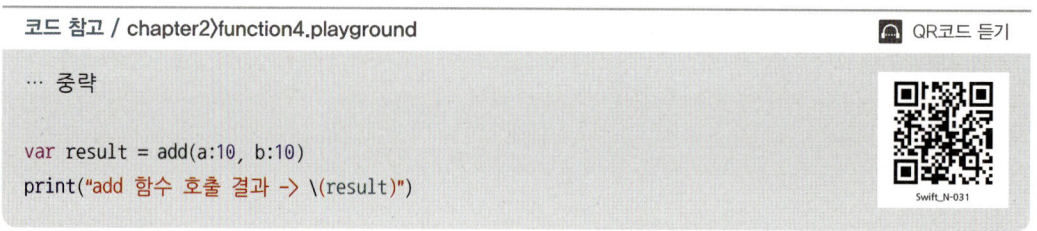

▲ 더하기 함수를 만들어 호출한 결과

이제 add2라는 이름의 새로운 더하기 함수를 만들어서 약간 바꾸어 보겠습니다. 다음 코드를 추가합니다.

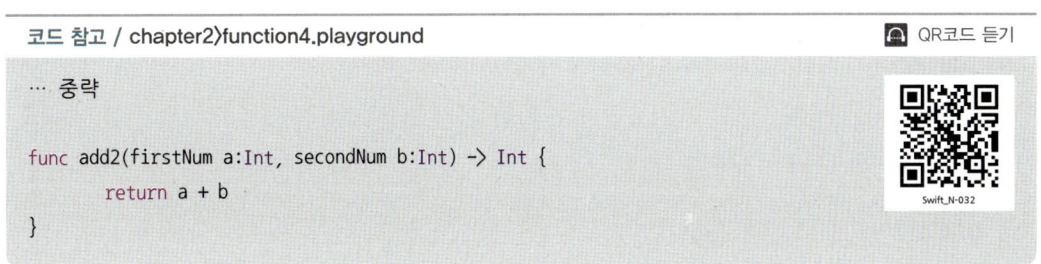

add2 함수의 파라미터를 보면 a라는 이름 앞에 firstNum라는 이름을 하나 더 입력했습니다. 그리고 b라는 이름 앞에는 secondNum라는 이름을 추가했습니다. 이렇게 하면 함수를 호출할 때 두 개의 파라미터 모두 외부 파라미터의 이름을 지정하면서 값을 넣어주어야 합니다. 따라서 이 add2 함수를 호출할 때는 다음 코드처럼 입력합니다.

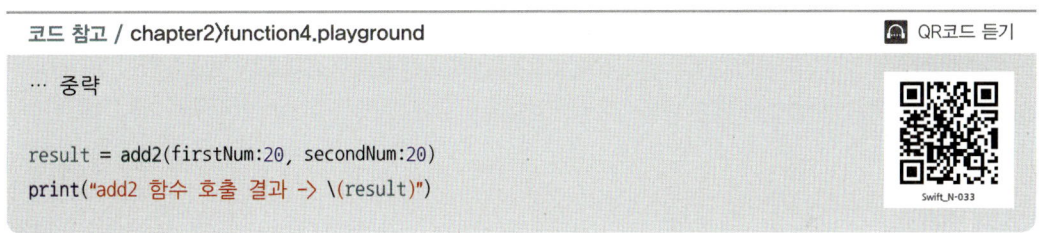

외부 파라미터 이름을 지정한 경우에는 함수를 호출할 때 외부 파라미터 이름으로 넣어주어야 한다는 사실을 잊지 마세요. 코드를 실행하면 더하기 기능이 정상적으로 실행되었는지 확인할 수 있습니다.

▲ 더하기 함수의 외부 파라미터를 지정한 후 호출한 결과

가변 파라미터

일반적으로 함수의 파라미터 개수는 함수를 정의할 때 미리 정합니다. 하지만 경우에 따라 함수를 정의할 때가 아니라 함수를 호출할 때 파라미터의 개수를 바꾸고 싶을 수도 있습니다. 특히 연속된 값을 여러 개 받아 처리하도록 만들고 싶은데 몇 개의 값이 전달될지 예측할 수 없는 경우에 '가변 파라미터(Variadic Parameter)'를 사용합니다. 가변 파라미터로 만들려면 파라미터 이름 뒤에 ... 연산자를 추가하면 됩니다. 가변 파라미터를 지정하는 형식은 다음과 같습니다.

`func`　`함수 이름`　`(파라미터 이름 : 자료형 ...)`　→　`반환 자료형 { ... }`

이렇게 전달된 값을 함수 안에서 사용할 때는 for ~ in 문을 사용할 수 있습니다. 즉, 전달된 가변 파라미터 안에 들어 있는 여러 개의 값을 in 뒤에 써 주면 그 안에 들어 있는 값을 하나씩 꺼내어 처리할 수 있습니다.

function5.playground 파일을 새로 만들고 다음 코드를 입력합니다.

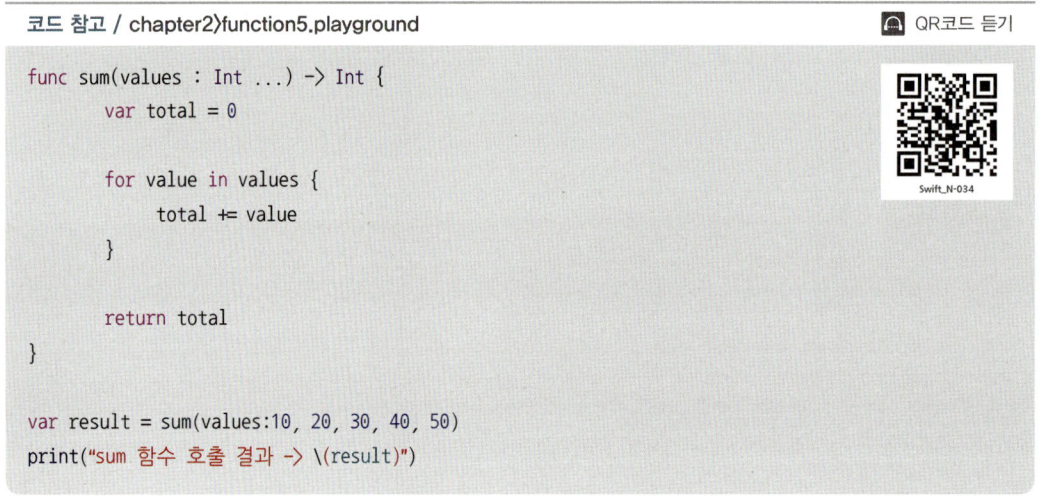

코드 참고 / chapter2>function5.playground　　QR코드 듣기

```
func sum(values : Int ...) -> Int {
    var total = 0
    
    for value in values {
        total += value
    }
    
    return total
}

var result = sum(values:10, 20, 30, 40, 50)
print("sum 함수 호출 결과 -> \(result)")
```

sum 함수는 values라는 파라미터를 갖고 있는데 Int 자료형을 입력한 후 ... 연산자 기호를 함께 붙여서 가변 파라미터로 지정했습니다. 이렇게 하면 여러 개의 정수 값을 values 파라미터로 전달 받을 수 있습니다. sum 함수 안에서는 for 문을 사용하고 있는데 values 파라미터 안에 있는 값을 in 연산자로 하나하나 확인하면서 중괄호 안의 코드를 반복 실행합니다. 중괄호 안에서는 value 값을 total 변수의 값과 더하여 다시 total 변수에 넣어줍니다. 마지막으로 return 키워드를 사용해 함수 상자 밖으로 값을 던져줍니다. 이렇게 만든 sum 함수를 호출할 때는 소괄호 안에 values라는 파라미터 이름을 지정한 후 원하는 개수만큼 숫자를 넣어줄 수 있습니다.

코드를 실행하면 전달한 값들을 모두 더한 결과가 출력됩니다.

```
func sum(values:Int ...) -> Int {
    var total = 0

    for value in values {
        total += value
    }

    return total
}

var result = sum(values:10, 20, 30, 40, 50)
print("sum 함수 호출 결과 -> \(result)")
```

▲ 가변 파라미터로 값을 전달하여 계산한 결과

상수로 정의된 파라미터와 inout 파라미터

함수를 호출할 때 전달되는 파라미터에는 숫자 10이나 문자열인 "안녕!"과 같은 값을 직접 넣어줄 수도 있고 값이 들어 있는 변수를 지정하여 전달할 수도 있습니다. 그런데 이렇게 전달한 파라미터의 값은 함수 내부에서 참조할 때 복사하여 참조합니다. 다시 말해, 함수를 호출할 때 전달했던 값이 복사되어 함수 내부에서 사용됩니다.

이렇게 전달된 값은 함수 내부에서 참조할 때 상수로 참조합니다. 함수에서 파라미터의 값을 어떻게 사용하는지 알아보기 위해 function6.playground 파일을 새로 만든 후 다음 코드를 입력합니다.

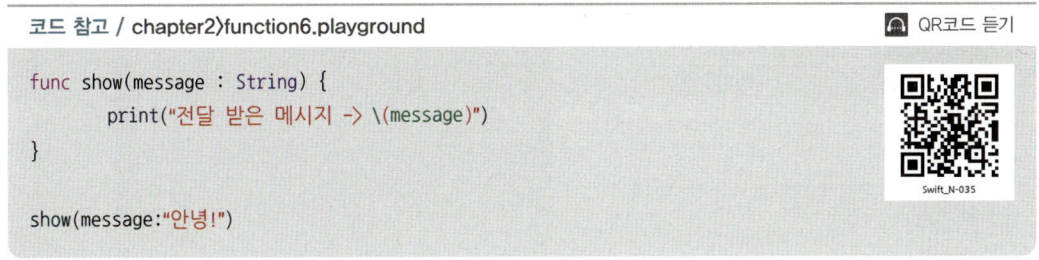

코드 참고 / chapter2〉function6.playground

```
func show(message : String) {
    print("전달 받은 메시지 -> \(message)")
}

show(message:"안녕!")
```

코드를 살펴보면 show 함수는 message 파라미터를 전달 받도록 되어 있습니다. 그런데 show 함수에는 지금까지 했던 방식과 다르게 변수 앞에 var이나 let을 붙이지 않았습니다. 그러면 message 파라미터는 함수 내부에서 변수로 정의된 것일까요? 아니면 상수로 정의된 것일까요?

앞 페이지의 코드처럼 message라는 파라미터의 이름만 적어 놓았다면 그 앞에 let이 생략된 것입니다. 따라서 상수 파라미터라고 할 수 있으며 실제로는 let을 붙인 것이라고 생각하면 됩니다. 상수는 그 안에 들어 있는 값을 변경할 수 없으므로 다음과 같이 값을 할당하려고 하면 오류가 표시됩니다.

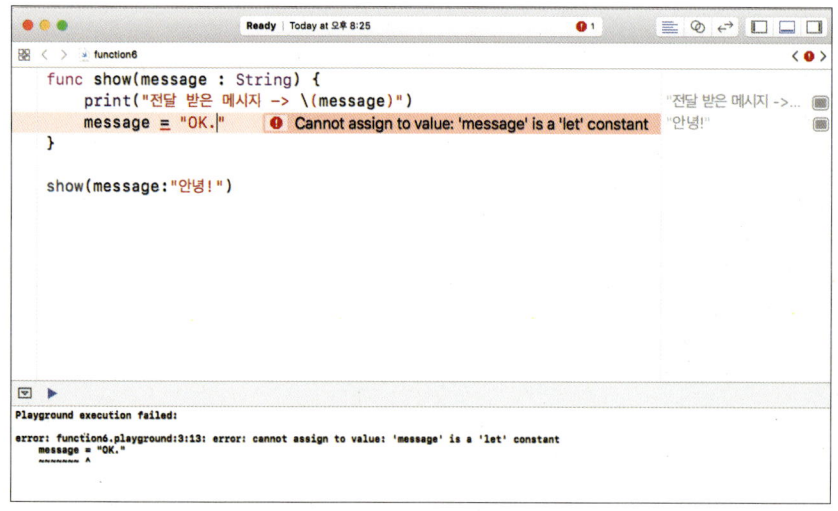

▲ 함수 안에서 파라미터의 값을 변경하려고 할 때 오류가 표시된 경우

정박사님 궁금해요 파라미터의 이름 앞에 var은 붙일 수 없나요?

스위프트 초기에는 파라미터의 이름 앞에 var을 붙여 함수 안에서 변수로 사용할 수 있게 했습니다. 그러나 지금은 var이나 let을 붙일 수 없습니다. 만약 값을 변수에 넣어 사용하고 싶다면 함수 안에 변수를 하나 새로 선언하고 그 변수에 파라미터로 전달된 값을 넣은 후 사용해야 합니다. 따라서 다음과 같은 모양의 코드를 사용할 수 있습니다.

코드

```
func show(message:String) {
    var title = message
    title = "타이틀 : " + title
    print("title -> (title)")
}
```

그러면 함수로 전달한 파라미터의 값을 함수 안에서 변경했을 때 변경된 값을 함수 밖에서 다시 참조하는 방법은 없을까요? 스위프트는 inout 키워드를 사용해서 함수에 변수를 전달하고 다시 그 변수를 참조할 수 있도록 합니다. inout 파라미터를 사용하는 함수를 만들기 위해 다음 코드를 추가로 입력합니다.

```
… 중략

func show2(message : inout String) {
    print("전달 받은 메시지 -> \(message)")
    message = "OK."
}

var greeting = "안녕하세요!"
show2(message:&greeting)

print(greeting)
```

show2 함수의 message 파라미터의 자료형 앞에 inout 키워드가 붙어 있습니다. 그리고 show2 함수를 호출할 때는 미리 만들어둔 변수를 전달합니다. 그런데 함수를 호출할 때 전달하는 파라미터 앞에 & 기호를 붙이면 이 변수의 포인터, 즉 메모리에서의 위치를 전달합니다. 이렇게 하면 함수 내부에서 파라미터를 참조할 때 그 변수를 가리키게 됩니다. inout 파라미터의 사용법을 정리하면 다음과 같습니다.

- 함수를 정의했을 때 파라미터의 자료형 앞에 inout을 붙입니다.
- 함수를 호출했을 때 전달하는 변수 앞에 &를 붙입니다.

이렇게 하면 함수 내부에서는 파라미터로 전달된 변수를 가리키게 되므로 그 변수의 값을 다른 것으로 바꿔도 함수 밖에서 참조할 수 있습니다. 코드를 실행하면 다음과 같은 결과가 출력됩니다.

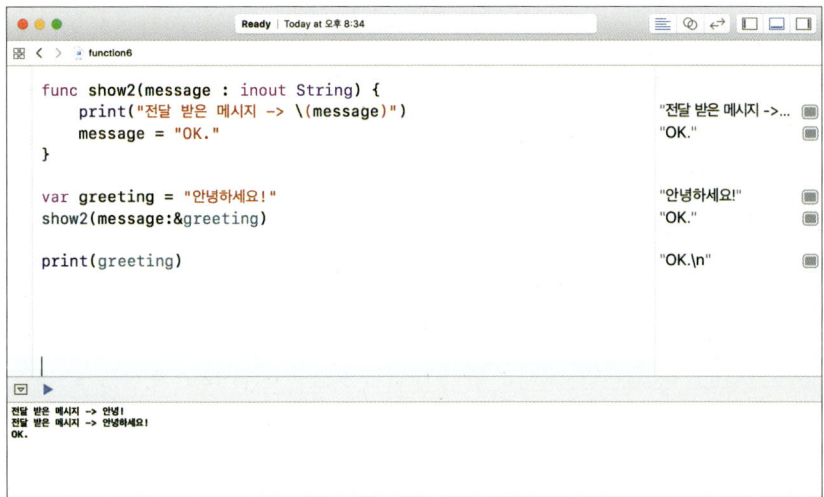

▲ 함수 안에서 파라미터의 값을 바꾸고 함수 밖에서 참조하는 경우

inout 파라미터는 함수를 호출하기 전에 미리 변수를 만들어 두었다가 함수 실행이 끝난 후 변경된 값을 참조하기 위해 사용된다는 것을 기억하기 바랍니다.

퀴즈풀자

 **Quiz 09** 더하기 함수를 하나 만들고 세 개의 파라미터가 전달되도록 해 보세요. 함수의 이름은 add로 하고 첫 번째와 두 번째 파라미터로 전달된 값을 더한 후 세 번째 파라미터로 결과 값을 다시 전달 받도록 정의합니다. 함수에서 반환되는 값이 없도록 return 키워드는 사용하지 않습니다.

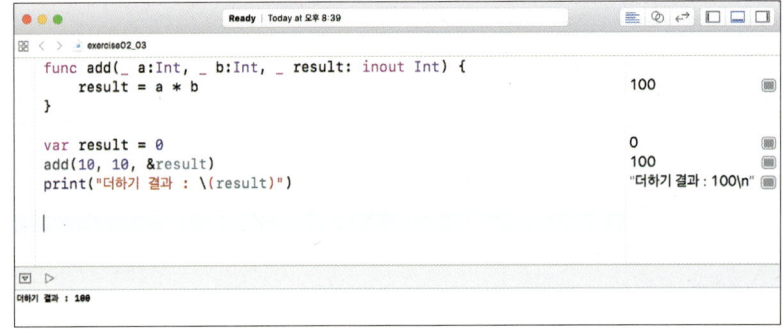

해답 | exercise02_03.playground

5 _ 옵셔널과 투플 사용하기

함수 상자에서 아래쪽 구멍으로 내보내는 값, 즉 반환 값은 항상 한 개여야 합니다. 그리고 함수를 정의할 때는 -> 기호 뒤에 반환 값의 자료형만 명시합니다. 함수 내에서 값을 반환하고 싶다면 return 키워드를 사용합니다. 그런데 만약 한 개가 아닌 여러 개의 값을 반환하고 싶을 때는 어떻게 해야 할까요?

아직까지 다루지 않았지만 나중에 다루게 될 구조체나 객체를 사용하면 함수 안에서 밖으로 값을 던져줄 때 여러 개의 값들을 하나로 묶은 후 반환할 수 있습니다. 하지만 구조체나 객체를 사용하지 않고도 간단하게 여러 데이터를 반환하는 방법이 있는데 바로 '투플(Tuple)'을 사용하는 것입니다. 결국 함수에서 값을 반환할 때 형식적으로는 하나의 값만 반환할 수 있다고 하지만 실제로는 여러 개의 값을 반환할 수 있는 다양한 방법을 제공합니다. 그러면 만약 반환하는 값이 없을 때는 어떻게 될까요? 값이 없다는 것을 표현하는 nil이라는 단어가 출력됩니다. 만약 반환 값이 nil일 가능성이 있다면 옵셔널 형태로 반환하는 것이 필요합니다.

옵셔널

앞 장에서 옵셔널이 무엇인지 간단하게 살펴보았지만 워낙 중요하고 자주 사용되는 개념이니 이번에는 좀 더 자세하게 살펴보겠습니다. 옵셔널은 변수에 값이 없는 경우가 있기 때문에 만들어졌습니다. 예를 들어, 문자열을 정수로 변환할 경우 문자열이 숫자로 변경되지 못하면 nil 값이 반환됩니다. C나 자바와 같은 언어는 값이 없을 때 null로 표현합니다. 그리고 이 null 값을 그대로 변수에 할당한 후 사용합니다. 그런데 변수에 들어 있는 값이 null이면 이 변수를 사용할 때 프로그램에 오류가 발생할 수 있고 비정상적으로 종료될 수도 있습니다. 따라서 보통 변수에 들어 있는 값이 null인지 일일이 확인하는 과정을 거칩니다. 그러나 값이 null인지 확인하는 코드를 넣지 않았다고 해도 코드 작성 단계에서는 오류로 표시되지 않고 필수로 해야 하는 것도 아니기 때문에 프로그램을 실행했을 때 오류를 발생시키는 주요 원인이 됩니다. 스위프트는 이런 문제를 줄이기 위해 변수에 nil을 직접 할당하는 방식이 아니라 옵셔널을 만들어 nil을 할당하도록 합니다. 왜 이렇게 했을까요? 옵셔널은 값이 없는 것이 아니라 다른 값을 감싸도록 만들어져서 값이 없는 상황에서도 오류를 발생시키지 않기 때문입니다.

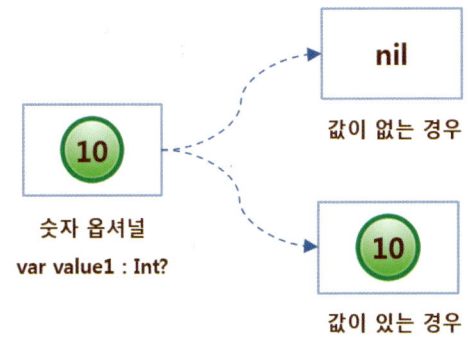

▲ 숫자 옵셔널로 만든 변수에 값이 들어 있는 경우와 없는 경우

변수를 정의할 때 옵셔널로 만들고 싶다면 물음표(?) 기호를 자료형 뒤에 붙여줍니다.

| var | 변수 이름 | : | 자료형? |

옵셔널은 일종의 옷을 입혀 놓은 것처럼 값을 감싸고 있는 것일 뿐 값 자체는 아닙니다. 이것을 '래핑(Wrapping)'이라고 합니다. 따라서 값을 감싸고 있는 옷을 벗겨야 원래의 값을 사용할 수 있습니다. 옵셔널 자료형에서 값을 감싸고 있는 옷을 벗겨내는 과정을 '언래핑(Unwrapping)'이라고 하고 느낌표(!) 기호를 사용합니다.

| 변수 이름 !

그런데 옵셔널로 감쌌다가 다시 벗겨내는 과정이 번거로울 수 있습니다. 이 때문에 처음부터 옵셔널로 값을 감싼 것처럼 만들되 그 안에 들어 있는 값을 즉시 참조하여 사용할 수 있는 방법을 제공합니다. 다음과 같이 자료형 뒤에 느낌표(!)를 붙이면 '암시적 언래핑(Implicit Unwrapping)'이 됩니다. 다시 말하면 옵셔널처럼 변수에 nil을 할당할 수 있지만 옷을 벗겨낼 필요 없이 그대로 값을 참조할 수 있습니다.

`var` `변수 이름` `:` `자료형!`

이것은 함수의 파라미터로 전달할 때도 마찬가지입니다. 자료형 뒤에 ? 기호를 붙이면 옵셔널이 되고 ! 기호를 붙이면 암시적 언래핑 상태가 됩니다. 따라서 다음과 같이 두 가지 형태를 사용할 수 있습니다.

`외부 파라미터 이름` `내부 파라미터 이름` `:` `자료형?`

`외부 파라미터 이름` `내부 파라미터 이름` `:` `자료형!`

function7.playground 파일을 새로 만들고 다음과 같이 문자열을 숫자로 변환하는 코드를 입력합니다.

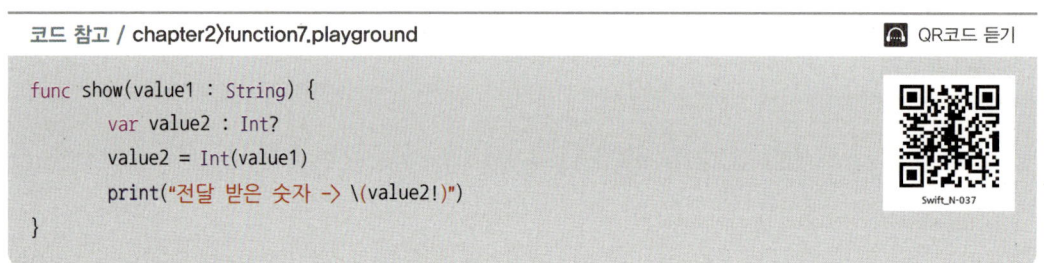

코드 참고 / chapter2〉function7.playground   QR코드 듣기

```
func show(value1 : String) {
    var value2 : Int?
    value2 = Int(value1)
    print("전달 받은 숫자 -> \(value2!)")
}
```

show 함수에는 value1 파라미터가 정의되어 있으며, 이 파라미터를 사용해서 문자열을 전달할 수 있습니다. 이 함수 안에서는 value2 변수를 새로 만들었는데 자료형이 Int이고 그 뒤에 ? 기호를 붙여 Int 옵셔널로 만들었습니다. value2 변수에는 value1 파라미터에 들어 있는 값을 정수로 형 변환하여 할당합니다. 그리고 value2 변수가 옵셔널이므로 print를 사용해서 value2 변수의 값을 확인할 때는 변수 뒤에 ! 기호를 붙여 옵셔널을 해제했습니다.

옵셔널을 해제한다는 것은 원래의 Int 자료형으로 변경한다는 의미입니다. 그런데 만약 옵셔널 안에 nil 값이 들어 있는 경우에는 옵셔널을 해제할 때 오류가 발생합니다. show 함수를 호출할 때 "10"을 파라미터로 전달하는 경우와 "안녕!"을 파라미터로 전달하는 경우를 각각 확인하기 위해 다음 두 줄을 추가로 입력합니다.

코드 참고 / chapter2>function7.playground   QR코드 듣기

```
show(value1:"10")
show(value1:"안녕!")
```

코드를 실행하면 "10"을 전달할 때는 문제가 없고 "안녕!"을 전달할 때는 실행 단계에서 오류가 발생하는 것을 알 수 있습니다.

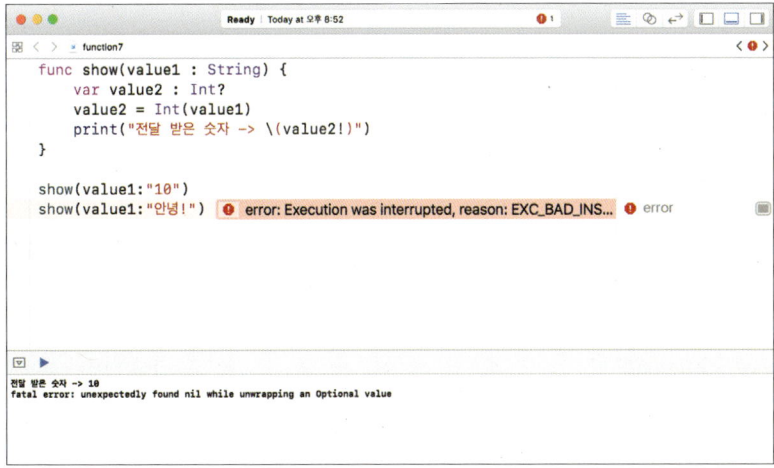

▲ 숫자 옵셔널을 해제할 때 발생한 오류

변수와 자료형을 살펴볼 때 알아본 내용이지만 숫자 값이 문자열로 되어 있을 때 숫자로 변환하는 과정을 다시 한 번 정리하면 다음과 같습니다.

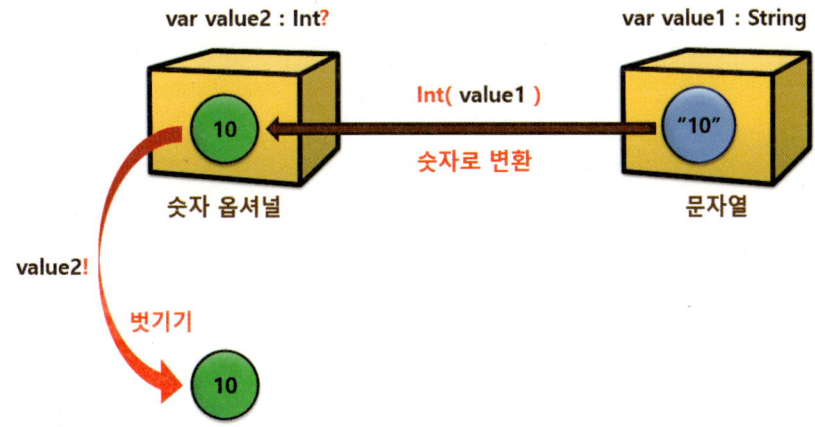

▲ 문자열로 되어 있는 숫자 값을 숫자로 변환하는 과정

이 옵셔널 자료형은 별도로 존재하는 것이 아니라 기본 자료형을 감쌀 수 있도록 만들어진 것입니다. 따라서 문자열 옵셔널, 불(Bool) 옵셔널 등 기본 자료형에 nil 값이 들어갈 수 있는 경우에는 필요에 따라 만들어 사용할 수 있습니다. 또한 나중에 살펴볼 객체 자료형도 감쌀 수 있습니다. 기본 자료형을 사용해 옵셔널을 만드는 대표적인 경우는 다음과 같습니다.

그런데 옵셔널 안에 들어 있는 값이 nil일 때 무조건 옵셔널을 해제하면 실행 시에 오류가 발생하므로 nil인지 여부를 확인한 후 해제하는 것이 필요합니다. 옵셔널에 들어 있는 값이 nil인지 아닌지 확인할 때는 if 문을 사용할 수 있습니다. 다음 코드를 입력하여 확인해 보겠습니다.

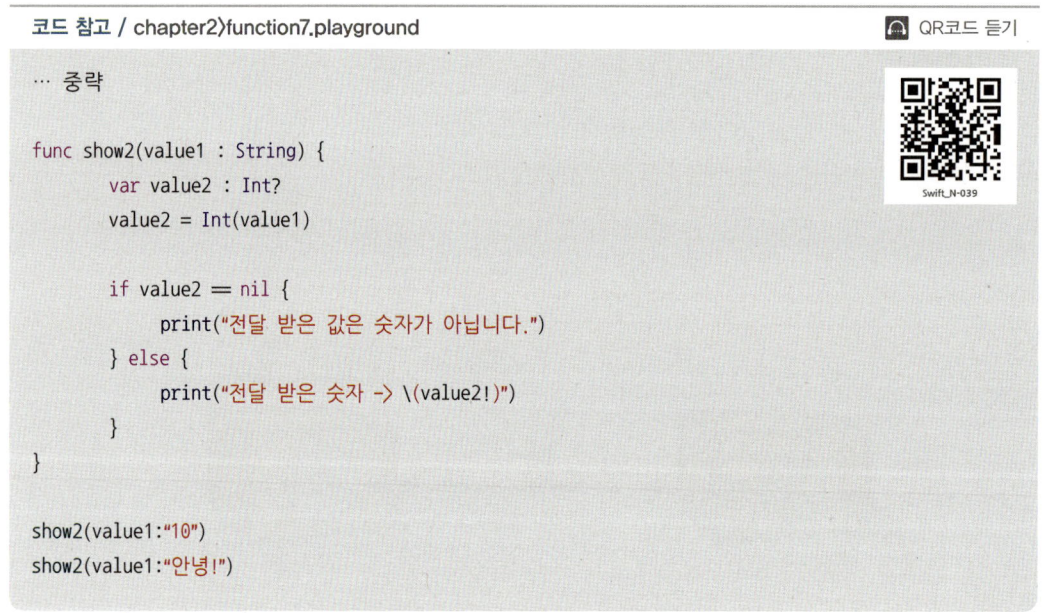

if 문은 그 뒤에 조건이 오고 조건 값이 true이면 중괄호 안의 코드가 실행됩니다. 만약 조건이 true가 아니라면 else 뒤에 있는 중괄호 안의 코드가 실행됩니다.

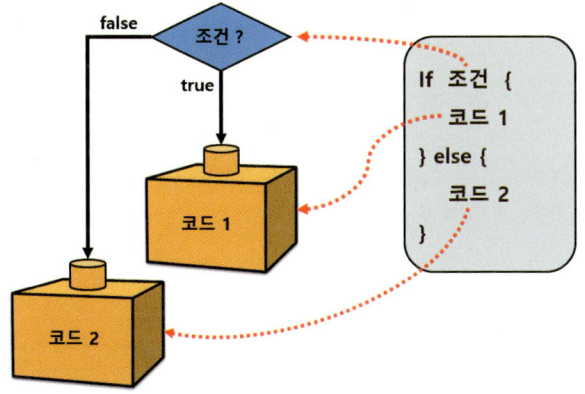

▲ if 문이 실행되는 과정

value2가 Int 자료형의 옵셔널이므로 value2의 값이 nil인지 확인하는 코드를 if 다음에 입력합니다. 값이 같은지를 확인할 때는 == 기호를 사용합니다. 만약 nil 값이면 "전달 받은 값은 숫자가 아닙니다."라는 메시지를 출력하고 nil 이 아니면 ! 기호를 사용해 옵셔널을 해제한 후 출력합니다.

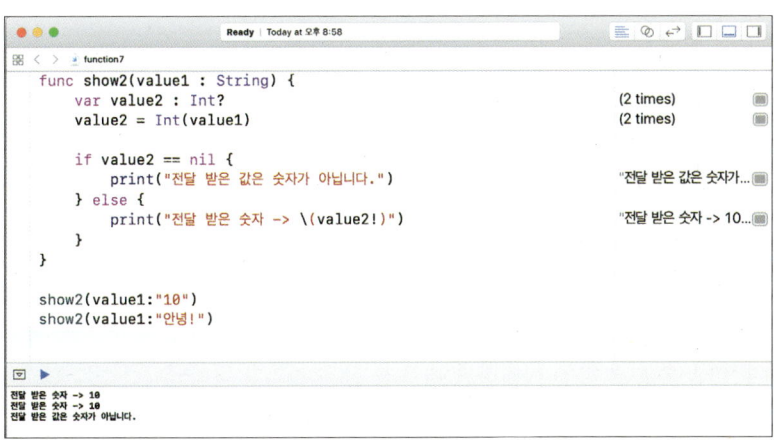

▲ if 문으로 옵셔널의 값이 nil인지 확인하여 출력한 결과

이렇게 하면 show 함수로 전달되는 문자열에 숫자 값이 없어도 오류가 발생하지 않습니다.

함수에서 옵셔널로 반환하기

옵셔널이 어떤 것인지 어느 정도 알았으니 이제 함수에서 반환하는 값이 옵셔널인 경우를 알아보겠습니다. 함수에서 값을 반환할 때도 옵셔널 자료형으로 반환할 수 있습니다. 반환되는 값을 옵셔널로 만들려면 반환 자료형 뒤에 ? 기호를 붙여줍니다.

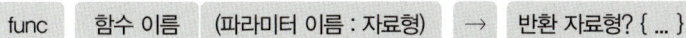

show3이라는 이름의 함수를 선언하고 호출하는 코드를 다음과 같이 입력합니다.

코드 참고 / chapter2>function7.playground   QR코드 듣기

```swift
… 중략

func show3(value1 : String) -> Int? {
    var value2 : Int?
    value2 = Int(value1)
    
    if value2 == nil {
        print("전달 받은 값은 숫자가 아닙니다.")
    } else {
        print("전달 받은 숫자 -> \(value2!)")
    }
    
    return value2
}

var result = show3(value1:"10")
print("show3 함수 호출 결과 -> \(result)")

result = show3(value1:"안녕!")
print("show3 함수 호출 결과 -> \(result)")
```

show3 함수에서 반환하는 값의 자료형은 Int?입니다. 즉, 정수 옵셔널로 값을 반환한다는 의미입니다. 따라서 이 함수를 호출하여 반환되는 값을 변수로 할당하면 그 변수의 자료형은 '정수 옵셔널'이 됩니다. show3 함수는 문자열에서 숫자로 변환한 후 그대로 반환했기 때문에 반환된 값은 정상적인 숫자일 수도 있고 nil일 수도 있습니다. 코드를 실행하면 다음과 같은 결과가 나타납니다.

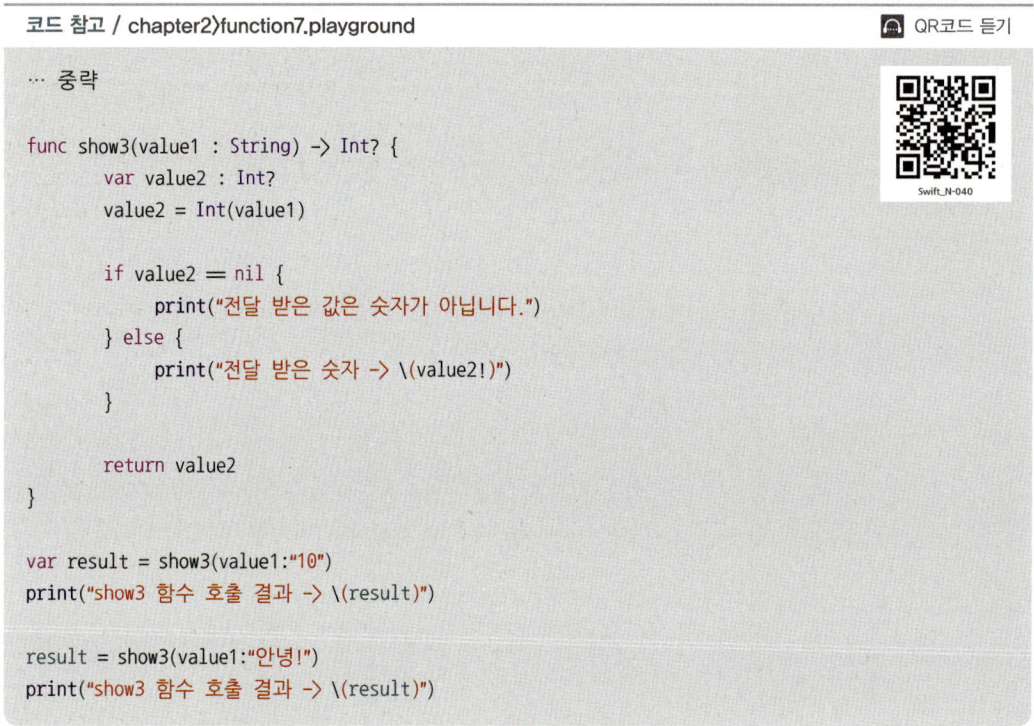

▲ 함수에서 반환하는 값이 정수 옵셔널 자료형일 경우 출력된 결과

지금까지 입력한 코드의 형태를 보면 함수의 파라미터로 옵셔널 자료형이 전달되거나 또는 반환되는 값이 옵셔널 자료형일 때 코드가 훨씬 복잡하게 보인다는 것을 알 수 있습니다. 따라서 옵셔널이 무엇이고 내부적으로 어떻게 처리되는지 머릿속으로 잘 그려가면서 코드를 연습하는 것이 좋습니다.

퀴즈풀자

Quiz 10 나누기 함수를 하나 만들고 반환되는 값의 자료형은 정수 옵셔널이 되도록 만드세요. 함수의 이름은 divide로 하고 두 번째 파라미터로 전달된 값이 0일 때는 nil이 반환되게 하고, 0이 아닐 때는 나누기한 결과를 반환하도록 만듭니다.

```
func divide(_ a:Int, _ b:Int) -> Int? {
    if b == 0 {
        return nil
    }
    return a / b
}

let result1 = divide(20, 10)
let result2 = divide(20, 0)
print("나누기 결과 : \(result1), \(result2)")
```

해답 | exercise02_04.playground

함수에서 투플로 반환하기

이번에는 투플을 알아보겠습니다. 투플은 여러 개의 값을 하나로 묶어주는 자료형입니다. 투플에 들어가는 값은 서로 다른 자료형일 수도 있으며, 자료형만 명시하면 아무 값이나 순서대로 넣을 수 있는 특별한 자료형입니다. 투플에 들어가는 데이터의 형태를 보면 변수 이름과 변수 값이 순서대로 들어가도록 되어 있는데 인덱스라는 숫자로 순서를 알 수 있습니다. 인덱스는 0부터 시작하는 숫자이며 투플에 데이터를 넣을 때 내부에서 자동으로 붙습니다.

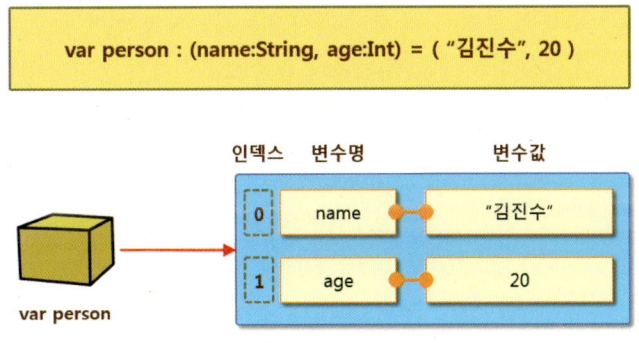

▲ 투플에 들어가는 데이터의 형태

여러 개의 데이터를 묶어 투플로 만들고 싶을 때는 소괄호를 사용합니다. 예를 들어, 문자열 하나와 숫자 하나를 묶고 싶다면 소괄호 안에 콤마로 구별해서 넣으면 됩니다.

("김진수", 20)

이렇게 만들어진 투플 데이터를 할당하는 변수는 자료형을 선언할 때처럼 선언하면 됩니다. 단지 소괄호 안에 콤마로 구별되는 여러 개의 자료형이 들어간다는 것만 다릅니다.

var person : (name:String, age:Int)

투플 자료형으로 변수를 선언할 때 그 안에 들어가는 각각의 자료형은 이름이 있어도 되고 없어도 됩니다. 만약 이름이 없다면 내부에서 자동으로 만드는 인덱스로 구별할 수 있습니다.

var person : (String, Int)

그런데 투플 자료형을 선언할 때 소괄호가 사용되므로 함수를 정의할 때나 함수를 호출할 때 사용하는 소괄호와 혼동될 수 있습니다. 따라서 어떤 모양으로 사용되는지 눈여겨 봐둬야 합니다.

투플 자료형을 만들기 위해 function8.playground 파일을 새로 만들고 다음 코드를 입력합니다.

코드 참고 / chapter2\function8.playground   QR코드 듣기

```
let value1 = (10, "안녕!", Float(2.4), true)
print("value1 투플의 값 -> \(value1)")
```

Swift_N-041

---

value1은 let 키워드를 사용해서 상수로 선언되었으며 선언과 동시에 투플 데이터가 할당되었습니다. 투플 데이터에는 네 개의 값이 들어 있는데 소괄호 안에 정수, 문자열, 부동소수, 불 데이터가 순서대로 들어 있습니다. print를 사용해 콘솔에 출력하면 소괄호 안에 들어 있는 투플의 값이 나타납니다.

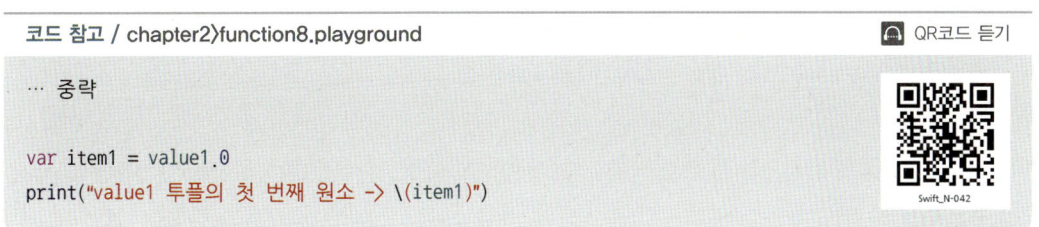

▲ 투플 데이터를 만들어 상수에 할당한 경우

투플 자료형으로 된 value1 상수에 값을 할당할 때 각각의 값은 이름 없이 할당되었습니다. 따라서 다음과 같이 인덱스 값을 사용해 첫 번째 원소(Element)를 참조할 수 있습니다.

코드 참고 / chapter2⟩function8.playground   QR코드 듣기

··· 중략

```
var item1 = value1.0
print("value1 투플의 첫 번째 원소 -> \(item1)")
```

value1 상수 뒤에 점(.)을 붙인 후 인덱스 값인 0을 붙이면 투플 안에 들어 있는 첫 번째 원소를 참조하여 item1 변수에 할당합니다. 여기서 인덱스 값은 0부터 시작한다는 점에 주의하세요. 코드를 실행하면 첫 번째 원소의 값인 10이 출력됩니다.

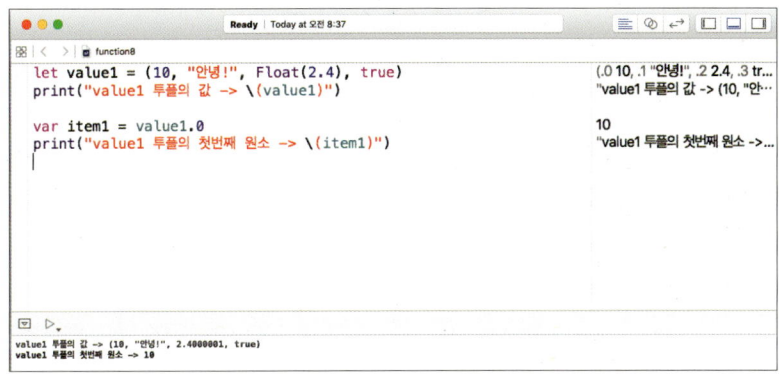

▲ 투플 안에 있는 데이터를 인덱스로 참조한 경우

이번에는 투플 안에 들어가는 각각의 값에 이름을 붙여 보겠습니다. value2 상수와 value3 변수를 다음과 같이 만든 후 그 안에 들어 있는 값을 확인합니다.

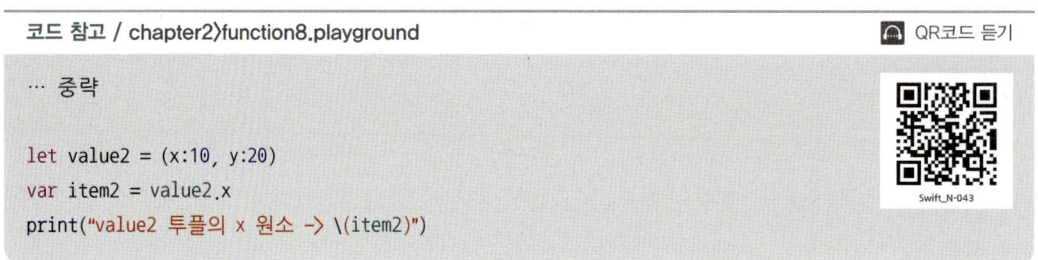

value2 상수에 할당한 투플 데이터에는 이름으로 구별되는 값 두 개가 들어 있습니다. 따라서 그 이름으로 값에 접근할 수 있습니다. 이번에는 먼저 value3이라는 이름의 변수를 투플 자료형으로 선언하고 동시에 값을 초기화하도록 만들어봅니다.

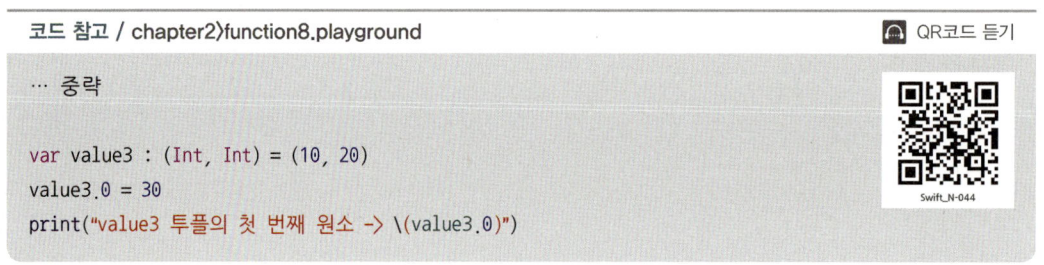

코드를 실행하면 첫 번째 투플과 두 번째 투플 안에 들어 있는 값이 출력됩니다.

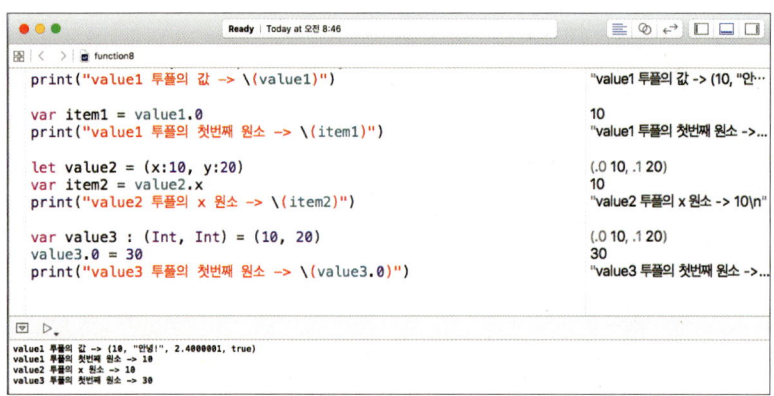

▲ 이름으로 투플 안에 있는 데이터를 참조한 경우

두 개의 정수 값으로 구성된 투플을 x와 y라는 이름을 가진 투플 상수나 변수로 할당할 때 변수나 상수의 이름은 부여하지 않고 원소의 이름만 선언하는 것도 가능합니다. 예를 들어, 앞에서 만든 코드는 다음과 같은 코드로 변경할 수 있습니다.

```
코드 참고 / chapter2>function8.playground                    QR코드 듣기
… 중략

let value4 : (Int, Int) = (10, 10)
let (x, y) = value4
print("투플 안의 x 값 -> \(x)")
```

투플은 여러 개의 값을 하나로 묶어주는 역할을 하므로 배열(Array)이나 딕셔너리(Dictionary)와 비슷합니다. 배열이나 딕셔너리는 나중에 자세하게 살펴볼 텐데 투플을 먼저 익히는 이유는 투플이 배열이나 딕셔너리보다는 보조적인 역할을 담당하기 때문입니다. 즉, 투플은 배열이나 딕셔너리 안에 들어 있는 원소 중 하나를 꺼냈을 때 각각의 원소에 들어 있는 값이 여러 개이거나 어떤 함수를 실행한 결과에 여러 개의 값이 있을 때 그것들을 보관하기 위한 자료형으로 주로 사용됩니다.

투플이 어떤 것인지 알아보았으니 함수를 실행한 결과를 투플로 반환하는 것도 어렵지 않게 할 수 있습니다. 다음 코드를 입력하여 두 개의 함수를 만듭니다.

```
코드 참고 / chapter2>function8.playground                    QR코드 듣기
func getLocation() -> (x:Int, y:Int) {
        return (10, 10)
}

var location = getLocation()
print("내 위치 -> \(location.x), \(location.y)")

func getLocation2() -> (Int, Int) {
        return (20, 20)
}

print("내 위치 -> \(location)")
```

getLocation 함수는 두 개의 정수 값이 들어간 투플 데이터를 반환하도록 선언되었습니다. 그리고 함수 안에서 두 개의 정수를 소괄호로 감싸 투플로 만든 후 반환했습니다. 이렇게 보면 코드가 조금은 복잡해 보입니다. 왜냐하면 함수를 선언할 때 함수 이름 뒤에 소괄호를 붙이고 파라미터를 넣었는데 그 뒤에 다시 소괄호가 붙은 형태라서 소괄호가 여러 번 사용되기 때문입니다. 따라서 코드에 사용된 소괄호의 의미를 하나하나 생각하면서 보는 것이 필요합니다.

```
func getLocation() -> (x:Int, y:Int) {
    return (10, 10)
}
var location = getLocation()
print("내 위치 -> \(location.x), \(location.y)")

func getLocation2() -> (Int, Int) {
    return (20, 20)
}

print("내 위치 -> \(location)")
```

▲ 함수에서 투플을 반환한 경우

getLocation2 함수는 똑같이 투플 형식으로 결과 값을 반환하지만 투플 안에 들어 있는 값을 이름 없이 넣었다는 것만 다릅니다. 따라서 함수에서 반환한 투플 안의 값에 접근할 때 인덱스를 사용합니다.

이제 조금 더 복잡해 보이는 코드를 만들어 보겠습니다. 바로 투플에 ? 기호를 붙여 옵셔널 자료형으로 만들어 반환하는 경우입니다. 투플도 옵셔널로 만들 수 있으며 투플 자료형 뒤에 ? 기호를 붙이면 됩니다.

> (자료형1, 자료형2)?
> 또는
> (변수 이름1 : 자료형1, 변수 이름2 : 자료형2)?

다음 코드를 입력합니다.

코드 참고 / chapter2>function8.playground

```
func getPerson(value1:String) -> (name:String, age:Int?)? {
    var value2 : Int?
    value2 = Int(value1)
    if value2 == nil {
        print("전달 받은 값은 숫자가 아닙니다.")
        return nil
    } else {
        print("전달 받은 숫자 -> \(value2!)")
        return (name:"김진수", age:value2)
    }
}

var result = getPerson(value1:"20")
print("getPerson 함수 호출 결과 -> \(result)")
```

getPerson 함수에서 반환하는 투플에는 ? 기호가 붙어 있습니다. 그리고 투플 안에는 name과 age라는 이름으로 두 개의 값이 들어가는데 age를 위해 추가한 Int 자료형의 뒤에도 ? 기호를 붙였습니다. 이렇게 하면 함수에서 반환하는 자료형에 두 개의 ? 기호가 붙는데 아주 복잡하죠?

getPerson 함수를 호출하면 투플 자료형으로 반환하므로 그 값은 nil일 수 있습니다. getPerson 함수에서 nil을 반환한다면 파라미터로 전달한 문자열에 숫자가 들어 있지 않는 경우입니다. 이전에 만들었던 코드와 거의 같으므로 코드를 해석하는 것은 어렵지 않을 것입니다. 코드를 실행하면 다음과 같은 결과를 볼 수 있습니다.

![함수에서 옵셔널 자료형으로 된 투플을 반환한 경우]

▲ 함수에서 옵셔널 자료형으로 된 투플을 반환한 경우

함수를 호출할 때 전달하는 파라미터로 투플을 사용할 수도 있습니다. 다음 코드는 getCount 함수를 호출할 때 투플을 파라미터로 전달하는데 여러 개를 한꺼번에 전달할 수 있도록 가변 파라미터로 정의했습니다.

코드 참고 / chapter2〉function8.playground

```
func getCount(persons:(name:String, age:Int)...) -> Int {
    var count = 0
    for (_, _) in persons {
        count += 1
    }
    return count
}

var result2 = getCount(persons:("김진수", 20), ("김진희", 22))
print("getCount 함수 호출 결과 -> \(result2)")
```

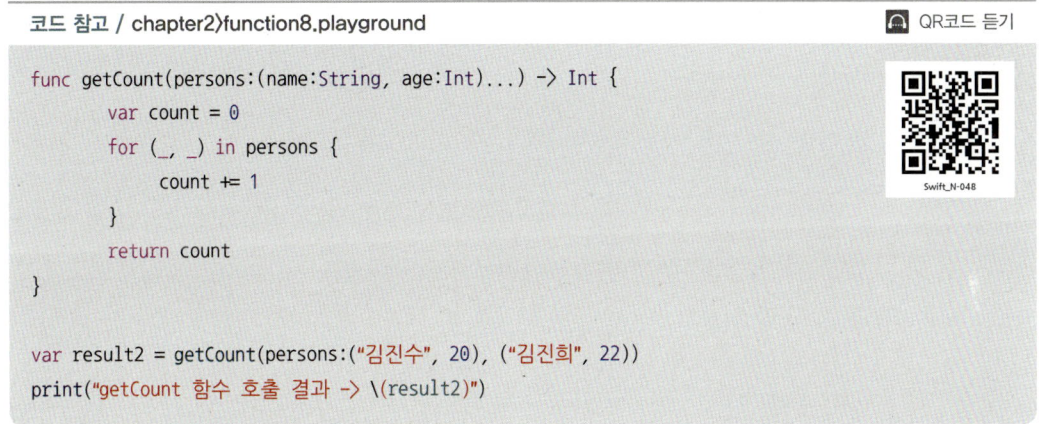

함수를 정의한 부분이 아주 복잡해 보이니 하나씩 차근차근 살펴보길 바랍니다.

getCount 함수로 전달되는 파라미터를 보면 이름이 persons이고 그 자료형은 가변 파라미터로 정의되었습니다. 가변 파라미터는 ... 기호를 붙여서 설정했으며 그 앞에는 투플 자료형임을 알 수 있는 (name:String, age:Int) 형식의 코드가 들어 있습니다. 이렇게 정의한 함수를 호출할 때는 여러 개의 투플 데이터를 파라미터로 넣어줄 수 있습니다.

함수 안에서 가변 길이의 상수에 접근할 때는 for ~ in 문을 사용할 수 있습니다. persons라는 가변 길이 상수 안에 들어 있는 값을 하나씩 가져오면서 소괄호 안의 코드를 실행하는데 persons 안에 들어 있는 각각의 값이 투플이므로 소괄호와 함께 그 안에 들어 있는 각 원소의 이름을 입력합니다. 그런데 for 문의 중괄호 안에서 각 원소를 참조하지는 않고 투플의 개수만 확인하므로 for 와 in 사이에 들어가는 소괄호 안에는 _ 기호만 넣어줍니다. _ 기호는 변수나 원소의 이름을 사용하지 않고 그 값의 위치만 지정할 때 사용합니다.

_ 기호 : 변수나 원소의 이름을 사용하지 않고 그 값의 위치만 지정합니다.

코드를 실행하면 다음과 같은 결과를 볼 수 있습니다.

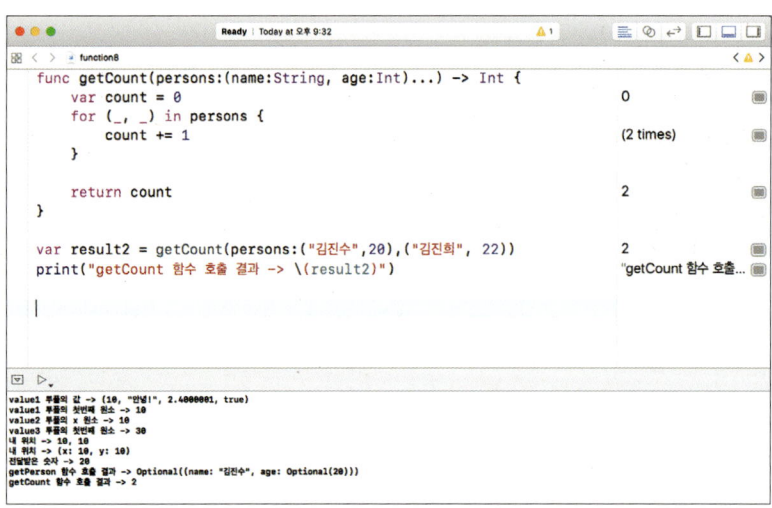

▲ 함수의 파라미터를 투플 자료형으로 된 가변 파라미터로 정의한 경우

함수를 정의할 때 파라미터를 투플 자료형으로 된 가변 파라미터로 하고 반환되는 값을 투플 자료형으로 하면 더 복잡한 형태로 보일 수 있습니다. 따라서 투플 자료형은 꼭 필요한 곳에 잘 이해할 수 있는 형태로 만드는 것이 좋습니다.

퀴즈풀자

Quiz 11 함수가 투플 자료형으로 된 가변 길이 파라미터를 갖게 만들고 반환되는 값도 투플 자료형이 되도록 정의해 보세요. 함수의 이름은 getCount로 만들고 파라미터로 전달되는 투플 안에는 name과 mobile 이라는 이름의 값이 들어가도록 합니다. 그리고 그 값들은 nil 값이 될 수 있도록 옵셔널로 만듭니다. 함수 안에서는 name과 mobile의 값이 nil이 아니면 숫자를 세고 nil이면 세지 않으며, 결과 값은 두 개 만들고 하나의 투플 자료형으로 반환하도록 합니다.

```swift
func getCount(persons:(name:String?, mobile:String?)...) -> (Int,Int) {
    var nameCount = 0
    var mobileCount = 0
    for (value1, value2) in persons {
        if value1 != nil {
            nameCount += 1
        }
        
        if value2 != nil {
            mobileCount += 1
        }
    }
    return (nameCount, mobileCount)
}

var result = getCount(persons:("소녀시대","010-1000-1000"),("걸스데이",nil),(nil,nil))
print("getCount 결과 : \(result)")
```

해답 | exercise02_05.playground

기초적인 함수 설명을 마치며

지금까지 함수가 무엇인지 알아보았습니다. 함수는 단순히 여러 줄의 실행 코드를 모아 놓은 하나의 상자라고 볼 수도 있지만 프로그램을 동작시키는 가장 기본적인 단위라는 점에서 아주 중요합니다. 또한 함수를 잘 만들면 코드를 더 간결하고 명확하게 만들 수 있으므로 잘 익혀 두어야 합니다.

이 장에서는 함수의 기초적인 내용만 알아보았습니다. 하지만 이 정도만 알아도 일단 함수를 중심으로 동작하는 코드를 만들어 실행할 수 있습니다. 스위프트의 함수는 다른 여러 가지 특징들이 있지만 지금 당장 설명하면 너무 복잡하게 느낄 수 있어 나중에 좀 더 자세히 살펴보도록 하겠습니다.

Swift study 02

사람의 나이를 계산한 후 알려주는 함수 만들기

난이도	상	중	✓ 하	소요시간	10분
목표	함수를 정의하고 호출하는 방법을 연습하세요.				

✓ 이름이 calcAge인 함수를 만드세요.

✓ calcAge 함수를 정의할 때는 세 개의 파라미터를 전달 받게 합니다.

✓ 첫 번째 파라미터는 사람의 이름이고 두 번째 파라미터는 사람의 전화번호이며, 세 번째 파라미터는 그 사람이 태어난 연도로 지정합니다. 각 파라미터의 자료형은 String, String, Int를 사용합니다.

✓ calcAge 함수 안에서는 세 번째 파라미터로 전달되는 사람이 태어난 연도를 사용해 나이를 계산합니다(나이를 계산하려면 생년월일이 있어야 하지만 여기서는 코드 연습을 위해 연도로만 계산).

✓ 함수에서 계산한 결과 값은 투플로 만들어 반환합니다. 투플의 첫 번째 원소는 사람의 이름, 두 번째 원소는 사람의 전화번호, 세 번째 원소는 그 사람의 나이로 합니다.

✓ 세 번째 파라미터로 전달되는 나이는 nil이 될 수 있도록 옵셔널로 정의하고, 함수에서 반환하는 투플도 nil이 될 수 있도록 옵셔널로 정의합니다.

✓ 마지막으로 함수를 호출하여 반환 받은 투플에서 나이를 가져와 화면에 출력합니다.

해답 | study 02playground

Swift 총정리

기능을 담고 있는 스위프트 함수의 정의와 호출

1 함수란 무엇일까?

함수란 특정 기능이 들어 있는 상자로 생각할 수 있습니다.

함수를 만드는 가장 단순한 형식
```
func 함수 이름 () {
        내용
}
```

함수를 호출하는 가장 단순한 형식
```
함수 이름 ( )
```

함수를 만든 후 호출하는 과정
1. 함수 선언: 함수를 만듭니다.
2. 함수 호출: 함수를 실행해 달라고 요청합니다.
3. 함수 실행: 함수가 실행되고 결과가 출력됩니다.

2 함수와 파라미터

반복되는 코드를 함수로 만들어 놓으면 재사용할 수 있습니다.

더하기 함수의 가장 기본적인 형식
```
func add(a:Int, b:Int) -> Int {
        return a + b;
}
```

파라미터란 함수로 전달되는 값들을 받을 수 있도록 함수 이름 뒤에 붙는 소괄호 안에 넣는 상수들을 말합니다.

파라미터를 전달하는 형식

| func | 함수 이름 | (파라미터1, 파라미터2, 파라미터n) | → | 반환 자료형 { ... } |

각각의 파라미터를 가장 간단하게 명시하는 경우

| 파라미터 이름 | : | 자료형 |

파라미터를 넣어주는 방법
1. 파라미터의 이름을 하나만 명시한 경우 내부 파라미터의 이름이면서 동시에 외부 파라미터의 이름이 됩니다.
2. 파라미터 이름을 두 개 사용하면 첫 번째는 외부 파라미터 이름, 두 번째는 내부 파라미터 이름이 됩니다.

각 파라미터를 명시할 때 내부 파라미터 이름과 외부 파라미터 이름을 구분하는 경우

| 외부 파라미터 이름 | 내부 파라미터 이름 | : | 자료형 |

함수를 정의할 때 파라미터 당 이름을 두 개 명시한 경우
- 함수를 호출할 때 외부 파라미터 이름을 명시해야 합니다.

```
func add2(first a:Int, second b:Int) {
    print("add2 호출됨 : \(a), \(b)")
}

add2(first:10, second:20)
```

함수를 정의할 때 두 번째 파라미터 이후에 파라미터 당 이름을 두 개 명시하면서 외부 파라미터 이름에 _ 기호를 사용하면
- 함수를 호출할 때 두 번째 파라미터 이후에 파라미터 이름을 생략합니다.

```
func add3(a:Int, _ b:Int) {
    print("add3 호출됨 : \(a), \(b)")
}

add3(10, 20)
```

3 함수 좀 더 알아보기

파라미터를 넣어주면서 = 기호와 함께 기본 값을 지정할 수 있습니다. 그리고 함수를 호출할 때 기본 값이 지정된 파라미터는 생략할 수 있습니다.

가변 파라미터
함수를 정의하는 시점에 몇 개의 파라미터가 전달될지 알 수 없을 때 가변 파라미터를 사용합니다.

`func`   `함수 이름`   `(파라미터 이름 : 자료형 ...)`   →   `반환 자료형 { ... }`

함수로 전달된 파라미터는 함수 안에서 상수로 참조합니다.

inout 파라미터
함수 안에서 변수의 값을 바꾸고 그 값을 함수 밖에서 다시 참조하고 싶을 때 사용합니다.
❶ 함수를 정의했을 때 파라미터의 자료형 앞에 inout을 붙입니다.
❷ 함수를 호출했을 때 전달하는 변수 앞에 &를 붙입니다.

4 옵셔널과 튜플 사용하기

옵셔널은 변수에 nil 값이 할당될 수 있는 경우 사용합니다.

변수의 자료형 뒤에 ? 기호를 붙이면 해당 자료형의 옵셔널이 됩니다.

`var`   `변수 이름`   `:`   `자료형?`

옵셔널은 값을 옷으로 감싸고 있는 것과 같아 '래핑(Wrapping)하고 있다'고 합니다.
옵셔널 안에 들어 있는 값을 사용하고 싶다면 감싸고 있는 옷을 벗겨야 하는데 이것을 '언래핑(Unwrapping)'이라고 합니다.

변수 뒤에 ! 기호를 붙이면 원래의 값을 참조할 수 있습니다.

> 변수 이름!

처음부터 옵셔널처럼 값을 감싼 형태로 만들되 해당 값을 즉시 참조하여 사용할 경우
변수를 선언할 때 자료형의 뒤에 ! 기호를 붙입니다.

> var 변수 이름 : 자료형!

함수로 전달하는 파라미터에도 옵셔널을 사용할 수 있습니다.

> 외부 파라미터 이름 내부 파라미터 이름 : 자료형?
>
> 외부 파라미터 이름 내부 파라미터 이름 : 자료형!

옵셔널에 들어 있는 값을 참조하려고 ! 기호로 옷을 벗길 때는 그 안에 들어 있는 값이 nil인지 여부를 확인해야 합니다.

함수에서 반환하는 값도 옵셔널 자료형이 될 수 있습니다.

> func 함수 이름 파라미터 이름 : 자료형 ...) → 반환 자료형? { ... }

튜플은 여러 개의 값을 하나로 묶어주는 자료형입니다. 튜플에 들어가는 값은 서로 다른 자료형일 수도 있으며, 자료형만 명시하면 아무 값이나 순서대로 넣을 수 있는 특별한 자료형입니다. 튜플에 들어가는 데이터의 형태를 보면 변수 이름과 변수 값이 순서대로 들어가는데 인덱스라는 숫자로 순서를 알 수 있습니다.

변수의 자료형을 튜플로 만드는 예
var person : (name:String, age:Int)
var person : (String, Int)

튜플 안에 들어 있는 값은 인덱스로 참조하거나 이름으로 참조할 수 있습니다.
person.0
person.name

함수를 실행한 결과를 튜플로 반환할 수 있습니다.

함수를 실행한 결과를 튜플로 반환하는 예
func getLocation2() -> (Int, Int) {
    return (20, 20)
}

튜플도 옵셔널로 만들 수 있습니다.

> (자료형1, 자료형2)?
> 변수 이름1 : 자료형1, 변수 이름2 : 자료형2)?

_ 기호는 변수나 원소의 이름을 사용하지 않으면서 그 값의 위치만 지정하고 싶을 때 사용합니다.

Swift 총정리

다른 언어 경험이 있다면 Summary!

1 함수를 정의할 때 파라미터를 전달하고 값을 반환 받는 형식

⇒ func 함수 이름(파라미터1, 파라미터2, 파라미터n) -> 반환 자료형 { ... }

2 파라미터의 이름

⇒ 내부 파라미터 이름과 외부 파라미터 이름이 있음

3 파라미터를 넣는 방법

❶ 파라미터 이름이 하나일 때는 내부 파라미터의 이름이면서 외부 파라미터의 이름임
❷ 파라미터 이름이 두 개인 경우, 앞은 외부 파라미터 이름, 뒤는 내부 파라미터 이름임

4 파라미터 당 이름을 두 개 명시한 경우

⇒ 함수를 호출할 때 외부 파라미터 이름을 명시함

5 파라미터 당 이름을 두 개 명시하면서 외부 파라미터 이름에 _ 기호를 사용하면

⇒ 함수를 호출할 때 파라미터 이름을 생략함

6 가변 파라미터

⇒ 함수를 정의하는 시점에 몇 개의 파라미터가 전달될지 알 수 없을 때 사용함
자료형 뒤에 ... 기호를 붙여줌
func 함수 이름 (파라미터 이름 : 자료형 ...) -> 반환 자료형 { ... }

7 inout 파라미터

⇒ 함수 안에서 변수의 값을 바꾸고 그 값을 함수 밖에서 다시 참조하고 싶을 때 사용함
함수 정의 시 파라미터의 자료형 앞에 inout을 붙임
함수 호출 시 전달하는 변수 앞에 &를 붙임

8 옵셔널

⇒ 변수에 nil 값이 할당될 수 있는 경우 사용함
변수의 자료형 뒤에 ? 기호를 붙이면 해당 자료형의 옵셔널이 됨
var 변수 이름 : 자료형?

9 래핑과 언래핑

⇒ 옵셔널은 값을 옷으로 감싸고 있는 것과 같아 래핑(Wrapping)하고 있다고 함
옵셔널 안에 들어 있는 값을 사용하고 싶다면 옷을 벗기는 언래핑이 필요함
변수 뒤에 ! 기호를 붙이면 원래의 값을 참조할 수 있음
변수 이름!

10 옵셔널처럼 값을 감싼 형태로 만들되 그 안에 들어 있는 값을 즉시 참조하여 사용하는 경우

⇒ var 변수 이름 : 자료형!

11 투플

⇒ 여러 개의 값을 하나로 묶어주는 자료형으로 소괄호 안에 여러 값을 넣을 수 있음
변수의 자료형을 투플로 만들 수 있음
var person : (name:String, age:Int)
var person : (String, Int)

투플에 들어간 값은 인덱스를 사용해 참조하거나 이름으로 참조함
person.0
person.name

12 함수를 실행한 결과를 투플로 반환할 수 있음

```
func getLocation2() -> (Int, Int) {
        return (20, 20)
}
```

13 투플도 옵셔널로 만들 수 있음

(자료형1, 자료형2)?
또는
(변수 이름1 : 자료형1, 변수 이름2 : 자료형2)?

14 투플에 _ 기호의 사용

⇒ 원소의 이름을 사용하지 않으면서 그 값의 위치만 지정하고 싶을 때 사용함

02-3
연산자와 조건문 이해하기

중요도 ★★★☆☆

로그인 화면에서 사용자가 아이디와 비밀번호를 입력하면 그 값을 받아 로그인이 성공했는지 확인할 수 있습니다. 그리고 로그인 화면에 필요한 기능은 함수로 만들 수 있습니다. 이때 사용자가 입력한 아이디와 비밀번호가 로그인 하려는 사람의 정보와 일치하는지 비교할 수 있어야 로그인 성공 여부를 알려줄 수 있습니다. 이렇게 두 개의 변수에 들어 있는 값을 비교할 때 사용하는 것이 '연산자(Operator)'입니다. 좀 더 구체적으로 말하면, 두 개의 값을 비교할 때 비교 연산자를 사용합니다. 그 외에 '+' 연산자는 변수에 들어 있는 숫자에 또 다른 숫자를 더하는 일을 해 줍니다. 이렇듯 연산자는 종류가 많아서 두 개의 변수에 들어 있는 값을 비교하는 일 외에도 다양한 용도로 사용됩니다.

이 장에서는 어떤 종류의 연산자가 있고 또 어떻게 사용하는지 알아봅니다. 그리고 if 문처럼 어떤 조건을 주고 그 조건에 맞으면 코드를 실행하는 방법도 알아봅니다.

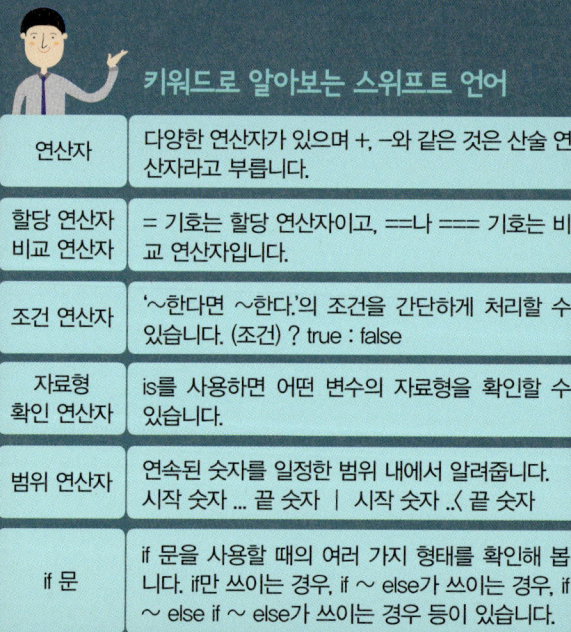

키워드로 알아보는 스위프트 언어

연산자	다양한 연산자가 있으며 +, −와 같은 것은 산술 연산자라고 부릅니다.
할당 연산자 비교 연산자	= 기호는 할당 연산자이고, ==나 === 기호는 비교 연산자입니다.
조건 연산자	'~한다면 ~한다.'의 조건을 간단하게 처리할 수 있습니다. (조건) ? true : false
자료형 확인 연산자	is를 사용하면 어떤 변수의 자료형을 확인할 수 있습니다.
범위 연산자	연속된 숫자를 일정한 범위 내에서 알려줍니다. 시작 숫자 ... 끝 숫자 ┃ 시작 숫자 ..< 끝 숫자
if 문	if 문을 사용할 때의 여러 가지 형태를 확인해 봅니다. if만 쓰이는 경우, if ~ else가 쓰이는 경우, if ~ else if ~ else가 쓰이는 경우 등이 있습니다.

1 _ 비교 연산자와 산술 연산자 알아보기

아직 입력상자나 버튼이 들어 있는 화면을 만들지 않았기 때문에 로그인 화면을 만들 수는 없습니다. 따라서 지금은 사용자가 화면에 입력한 아이디와 비밀번호를 변수에 담아 두었다고 가정하고 로그인 기능을 담당하는 함수를 만들어 보겠습니다.

우선 파인더 창(아래쪽 독의 왼쪽 끝에 있는 마주보는 얼굴 모양의 아이콘)을 연 다음 [projects] 폴더 안에 [chapter3] 폴더를 만들고 operator1.playground 파일을 새로 만듭니다. 플레이그라운드에서 새로 만든 파일을 열고 화면에 다음 코드를 우선 입력합니다.

코드 참고 / chapter3〉operator1.playground

```swift
let userId = "test1"
let userPassword = "123456"

func login(id:String, password:String) -> Bool {
    if id == userId {
        return true
    }
    return false
}
```

userId와 userPassword 상수는 미리 정해둔 아이디와 비밀번호를 담아 두는 용도로 만듭니다. 그리고 login 함수를 만듭니다. login 함수 안에서는 사용자가 화면에 입력한 아이디와 비밀번호를 미리 입력해 놓은 상수 값과 비교합니다. login 함수는 사용자가 직접 입력한 아이디와 비밀번호를 전달 받아야 하므로 String 자료형으로 된 두 개의 값을 id와 password 파라미터로 전달 받도록 선언합니다. 그리고 아이디와 비밀번호가 미리 정해둔 것과 일치하면 true, 일치하지 않으면 false를 반환하도록 합니다.

login 함수 안의 코드를 보면 if 문이 사용됩니다. 가장 단순한 형태의 if 문을 만들기 위해 일단 사용자 아이디만 비교하고 있습니다. if 뒤에 id 파라미터의 값과 userId 상수의 값이 같은지를 확인하는 코드를 넣고 만약 같다면 중괄호 안에서 true 값을 반환하게 합니다.

if 문은 if 키워드 다음에 나오는 조건을 확인해서 조건이 맞으면 중괄호 안의 코드를 실행시킵니다. if라는 단어가 '만약 ~하면'이라는 의미를 가지고 있으니 다음과 같이 생각해 볼 수 있습니다.

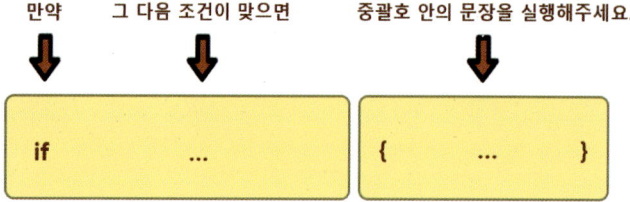

▲ if 문의 형식

스위프트와 다른 언어는 if 문에 들어가는 조건 부분을 소괄호로 감싸는 경우가 많지만 스위프트는 소괄호를 생략할 수도 있습니다. 소스코드를 해석해 보면, if 문 뒤에 오는 조건에는 'id 파라미터의 값이 userId 상수의 값과 같을 때(id == userId)'라고 넣었습니다. 이렇게 만든 함수를 호출하도록 다음 코드를 추가합니다.

코드 참고 / chapter3)operator1.playground　　　　　　　　　　　　　　QR코드 듣기

```
… 중략

var inputId = "test1"
var inputPassword = "123456"
var result = login(id:inputId, password:inputPassword)
print("아이디 확인 결과 -> \(result)")
```

사용자가 아이디와 비밀번호를 입력했다고 가정하고 inputId와 inputPassword 변수에 문자열을 넣어둡니다. 그리고 login 함수를 호출할 때 파라미터로 전달합니다. 함수를 호출할 때 파라미터의 이름을 명시하라고 했으니 첫 번째 파라미터에는 id, 두 번째 파라미터에는 password라는 파라미터 이름을 같이 넣어줍니다.

이제 operator1.playground 파일을 실행하면 true라는 결과 값을 볼 수 있습니다.

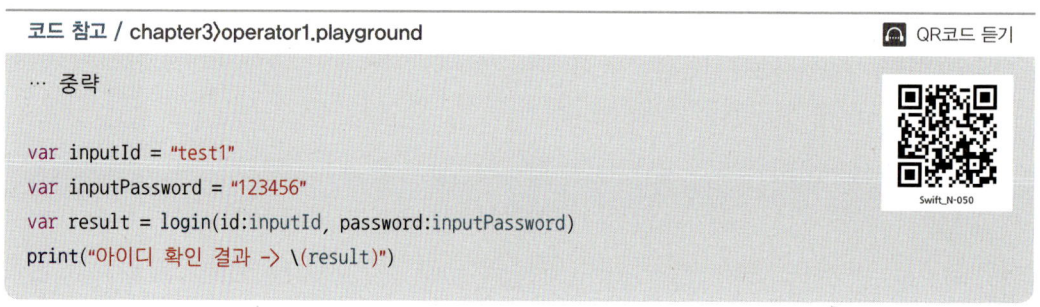

▲ 사용자가 입력한 아이디를 비교하는 login 함수를 호출한 결과

여기에서 사용한 if 문의 조건을 보면 == 기호가 사용되었습니다. 이 기호는 = 기호와 달라서 앞쪽과 뒤쪽에 오는 값이 같은지 비교할 때 사용됩니다.

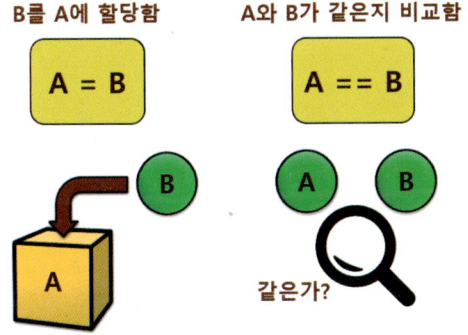

▲ = 기호와 == 기호의 구별 방법

이처럼 두 개의 값을 비교하는 기호를 가리켜 '비교 연산자(Comparative Operator)'라고 합니다. 연산자는 계산을 한다는 의미이므로 비교 연산자는 말 그대로 '비교하는 기능을 수행한다.'는 뜻입니다. 그 외의 비교 연산자에는 크다와 작다를 비교하는 〈 와 〉 등이 있으며, == 연산자의 경우에는 두 개의 값이 같은지를 비교하는 것이므로 '동일 연산자'라고도 합니다.

동일 연산자

이제 == 기호를 사용하는 연산자에 대해 어느 정도 이해가 되었을 것입니다. == 기호의 앞과 뒤에 피연산자가 오고 두 개의 피연산자가 같으면 true, 다르면 false를 출력합니다. 이 연산자와는 다르게 두 개의 값이 다른지 확인하고 싶다면 != 기호를 사용합니다. != 연산자는 !와 =이 붙은 형태로 '같지 않다.'라는 의미입니다. 연산자의 앞뒤에 있는 피연산자가 다르면 true, 같으면 false를 출력합니다.

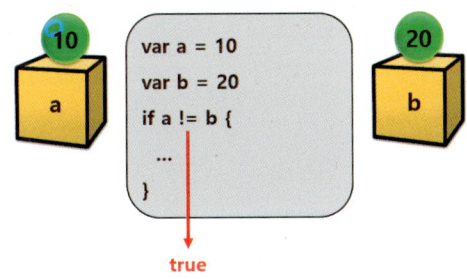

▲ != 연산자 사용하기

if 문은 그 다음에 붙은 조건의 연산 결과가 true일 때 중괄호 안에 넣어 둔 코드를 실행하므로 == 연산자나 != 연산자가 자주 사용됩니다. 앞에서 입력한 코드에서 == 연산자를 != 연산자로 수정해 보세요.

```
코드 참고 / chapter3>operator1.playground              QR코드 듣기

    … 중략

        if id != userId {
            return true
        }

    … 중략
```

login 함수 안에서 아이디를 비교하는 연산자인 == 기호를 != 기호로 변경한 후 코드를 실행하면 다음 그림처럼 반대 결과가 출력됩니다.

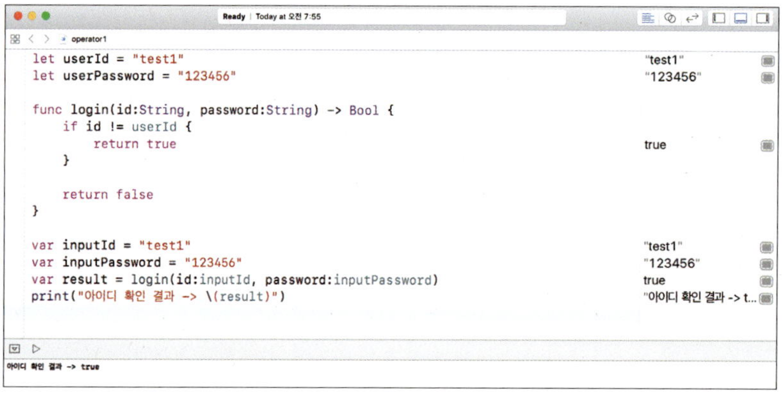

```
let userId = "test1"                                        "test1"
let userPassword = "123456"                                 "123456"
func login(id:String, password:String) -> Bool {
    if id != userId {
        return true                                         true
    }
    return false
}

var inputId = "test1"                                       "test1"
var inputPassword = "123456"                                "123456"
var result = login(id:inputId, password:inputPassword)      true
print("아이디 확인 결과 -> \(result)")                        "아이디 확인 결과 -> t…

아이디 확인 결과 -> true
```

▲ != 연산자로 아이디를 비교했을 때의 결과

앞에 있는 값과 뒤에 있는 값이 같은지 같지 않은지 비교하는 연산자는 많이 사용되니 이 두 연산자에 익숙해지길 바랍니다.

비교 연산자

if 문 안에 자주 사용되는 연산자에는 또 어떤 것들이 있을까요? 값의 크기를 비교하는 연산자에는 >과 <이 있습니다. 부등호로 된 기호 중에서 > 연산자를 썼을 때 왼쪽에 있는 값이 크다면 true 값을 출력합니다. 그리고 값을 비교할 때 >= 연산자를 쓸 수도 있는데 이것은 > 기호와 == 연산자가 붙은 형태입니다. 마찬가지로 <= 연산자는 < 기호와 == 연산자가 붙은 형태입니다.

앞에서 알아본 동일 연산자 즉, == 기호나 != 기호를 포함한 비교 연산자를 정리하면 다음과 같습니다. 다음과 같은 비교 연산자를 사용했을 때 어떤 결과가 나오는지 직접 코드를 짜서 확인해 보세요.

[표] 비교 연산자

연산자	설 명	사용 예(a = 10일때)	결 과
==	두 개의 피연산자가 같으면 true가 됩니다.	a == 9 a == 10	false true
!=	두 개의 피연산자가 같지 않으면 true가 됩니다.	a != 9	true
>	왼쪽이 오른쪽보다 크면 true가 됩니다.	a > 9	true
<	왼쪽이 오른쪽보다 작으면 true가 됩니다.	a < 9	false
>=	왼쪽이 오른쪽보다 크거나 같으면 true가 됩니다.	a >= 9	true
<=	왼쪽이 오른쪽보다 작거나 같으면 true가 됩니다.	a <= 9	false
===	두 개의 피연산자가 완벽히 같으면 true가 됩니다.	a === 9 a === 10	false true
!==	두 개의 피연산자가 완벽히 같지 않으면 true가 됩니다.	a !== 9	true

산술 연산자

자주 사용하는 대표 연산자는 여러분이 이미 여러 번 사용해 보았던 + 기호를 포함한 +, -, ×, /가 있습니다. 이런 연산자들을 '산술 연산자(Arithmetic Operator)'라고 부르는데 이 연산자들을 자세히 살펴보면 연산자의 앞과 뒤에 두 개의 숫자가 오는 것을 볼 수 있습니다. 이 숫자들을 '피연산자(Operand)'라고 합니다.

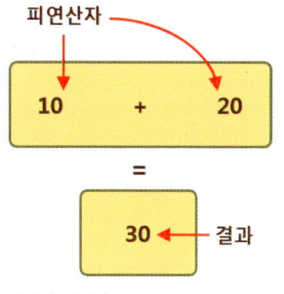

▲ 더하기 연산자의 구성

피연산자로 사용되는 값이나 연산한 결과 값은 숫자나 글자가 될 수도 있고 변수일 수도 있습니다. 피연산자의 값이나 결과 값이 변수인 경우에는 변수 상자에 들어 있는 값을 빼낸 후 그 값을 계산하는 것과 같습니다. 연산자 앞뒤에 오는 피연산자 중에서 하나만 변수에 넣어 계산할 때는 다음과 같습니다.

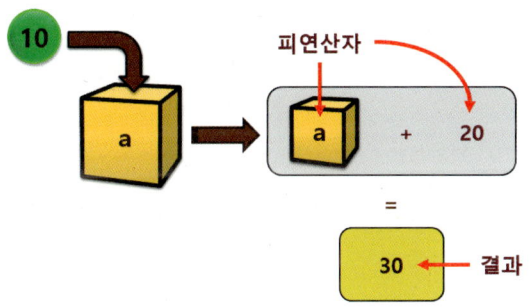

▲ 더하기 연산자에서 피연산자 값 하나만 변수에 넣기

피연산자 값을 모두 변수에 넣어 전달할 수도 있고, 연산한 결과를 받아 변수에 넣을 수도 있습니다. 피연산자도 변수에 넣고 연산 결과도 변수에 넣을 때는 다음과 같습니다.

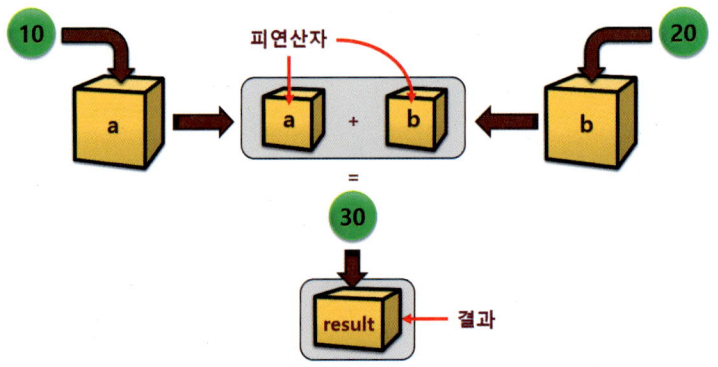

▲ 더하기 연산자에서 피연산자 값을 모두 변수에 넣기

이렇게 두 개의 값을 피연산자로 받아 계산하는 연산자 중에서 '% 연산자'도 자주 사용합니다. % 연산자는 뒤에 나오는 값으로 앞에 있는 값을 나눈 나머지가 어떤 값인지 알려줍니다. 예를 들어, % 연산자를 사용해서 11을 10으로 나눈 후 남는 나머지 값인 1이 결과 값이 됩니다.

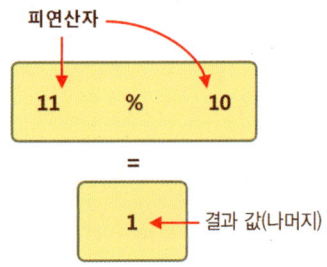

▲ 11을 10으로 '%' 연산하기

산술 연산자를 표로 정리하면 다음과 같습니다. 이와 같은 산술 연산자를 사용했을 때 어떤 결과가 나오는지 직접 코드로 만들어 확인해 보세요.

[표] 산술 연산자

연산자	설 명	사용 예(b = 10일 때)	결 과
+	두 개의 피연산자를 더합니다.	a = b + 7	a = 17 ｜ b = 10
−	두 개의 피연산자를 뺍니다.	a = b − 7	a = 3 ｜ b = 10
×	두 개의 피연산자를 곱합니다.	a = b × 7	a = 70 ｜ b = 10
/	두 개의 피연산자를 나눕니다.	a = b / 5	a = 2 ｜ b = 10
%	왼쪽 값을 오른쪽 값으로 나눈 나머지입니다.	a = b % 7	a = 3 ｜ b = 10

그런데 C나 자바와 같은 언어에서는 '++ 연산자'를 자주 보게 됩니다. 이 연산자는 어떻게 계산하는 것일까요? ++ 연산자는 변수 앞이나 뒤에 와서 그 변수 안에 들어 있는 숫자를 하나 증가시킵니다. 이와 반대로 -- 연산자는 숫자를 하나 감소시킵니다. 그런데 스위프트는 이런 형식의 연산자 사용을 권장하지 않습니다. 따라서 다음과 같은 형태로 바꿔서 사용하는 것이 좋습니다.

```
var count = 1
count++
→
var count = 1
count += 1
```

'+= 연산자'는 = 연산자와 + 연산자가 합쳐진 것입니다. 결국 왼쪽에 있는 변수에 오른쪽에 있는 숫자를 더한 후 그 결과 값을 다시 왼쪽의 변수에 값을 할당합니다. 이렇게 해서 숫자를 하나씩 증가시킵니다.

퀴즈풀자

 두 개의 상수에 들어 있는 숫자를 더한 후 그 값이 다른 변수에 들어 있는 값과 같은지를 비교해 보세요. 두 개의 상수를 선언하고 각각 숫자 값을 할당합니다. 그리고 다른 변수 하나를 선언하고 그 안에도 숫자 값을 할당합니다. 두 개의 상수에 들어 있는 값을 더한 값이 변수에 들어 있는 값과 같으면 '값이 같습니다.'라는 글자를 출력하고 다르면 '값이 다릅니다.'라는 글자를 출력합니다.

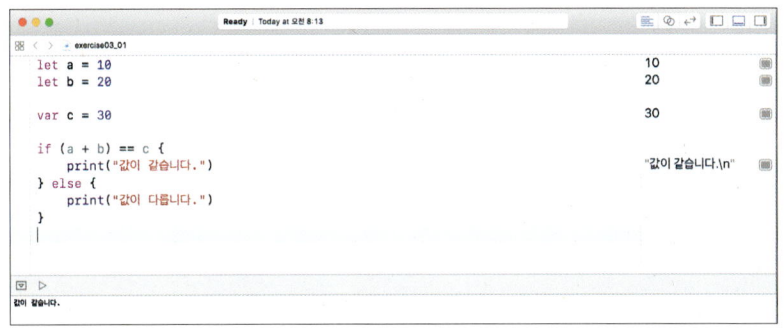

해답 | exercise03_01.playground

2 _ 할당 연산자와 논리 연산자 알아보기

익숙히 봐왔던 = 연산자는 오른쪽에 있는 값을 왼쪽에 할당하는 연산자입니다. 이 연산자를 '할당 연산자(Assignment Operator)'라고 합니다. '논리 연산자(Logical Operator)'는 '~이고' 또는 '~이거나'와 같이 논리적인 흐름이 필요할 때 사용합니다.

할당 연산자

앞 단락에서 설명한 것처럼 + 기호와 = 기호를 붙이면 += 모양이 됩니다. 이런 모양의 연산자는 변수에 값을 더한 후 다시 변수에 할당하라는 의미입니다.

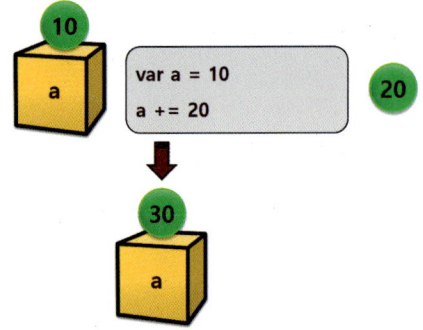

▲ += 연산자 사용하기

+= 연산자가 실행된 결과를 보면 a = a + 20과 같은 코드를 실행했을 때와 똑같은 결과가 나옵니다. 결국 더하기를 한 결과를 동일한 변수에 다시 할당하는 것을 += 기호로 줄여서 표현한 것입니다. 할당 연산자를 정리하면 다음 표와 같습니다. 이런 할당 연산자를 사용했을 때 어떤 결과가 나오는지 직접 코드로 만들어 확인해 보세요.

[표] 할당 연산자

연산자	설 명	사용 예(a=4, b=2일 때)	결 과
=	오른쪽의 값을 왼쪽에 할당합니다.	a = b	a = 2
+=	왼쪽의 값과 오른쪽의 값을 더한 후 왼쪽에 할당합니다.	a += b	a = 6
-=	왼쪽의 값에서 오른쪽의 값을 뺀 후 왼쪽에 할당합니다.	a -= b	a = 2
×=	왼쪽의 값과 오른쪽의 값을 곱한 후 왼쪽에 할당합니다.	a ×= b	a = 8
/=	왼쪽의 값을 오른쪽의 값으로 나눈 후 왼쪽에 할당합니다.	a /= b	a = 2
%=	왼쪽의 값을 오른쪽의 값으로 나눈 나머지 값을 왼쪽에 할당합니다.	a %= b	a = 0

논리 연산자

if 문에서 자주 사용되는 또 다른 연산자에는 &&와 ||가 있습니다. 이 두 개의 연산자 중에서 &&는 앞뒤에 있는 두 개의 조건이 모두 맞을 경우에 true를 출력하고, ||는 앞뒤에 있는 조건 중에 하나라도 맞을 경우에 true를 출력합니다. 다시 말해, 일반적인 논리 연산에서 '~이고'라고 표현하는 AND 조건이 &&이며, '~이거나'라고 표현하는 OR 조건이 ||입니다. 먼저 && 연산자를 사용해서 양쪽에 있는 두 개의 조건을 연산하는 방식은 다음과 같습니다.

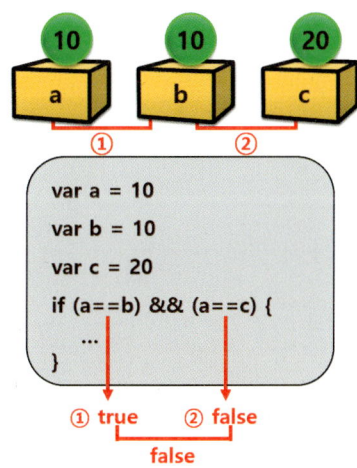

▲ && 연산자 사용하기

if 문의 조건에 들어가는 코드를 보면 두 개의 == 연산자가 사용된 후 && 연산자가 사용되었습니다. 이때 == 연산자가 사용된 부분에 소괄호를 붙이면 그 부분이 먼저 계산됩니다. 이것과 달리 || 연산자를 사용하면 다른 결과가 출력됩니다.

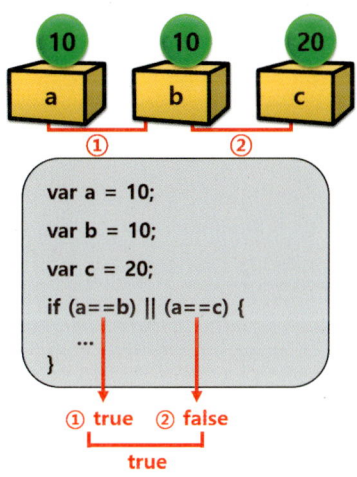

▲ || 연산자 사용하기

if 문의 소괄호 사이에 || 연산자를 사용하니 true 결과 값이 출력되고 중괄호 안의 코드가 실행됩니다. 논리 연산자를 정리하면 다음 표와 같습니다.

[표] 논리 연산자

연산자	설 명	사용 예(a=10, b=7일 때)	결 과
&&	두 개의 피연산자 모두 true이면 true가 됩니다.	(a < 11 && b > 6)	true
||	두 개의 피연산자 중 하나라도 true이면 true가 됩니다.	(a == 11 || b == b)	false
!	오른쪽 피연산자가 true이면 false가 되고 false이면 true가 됩니다.	!(a == b)	true

논리 연산자까지 알아보았으니 이제 앞에서 만들었던 로그인 함수를 완성할 수 있습니다. login 함수 안에 들어가는 코드를 다음과 같이 수정합니다.

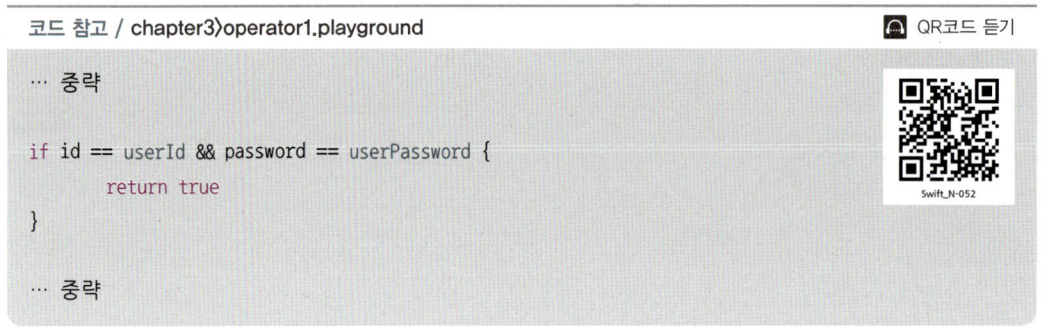

아이디와 비밀번호가 모두 맞는 경우에만 login 함수에서 true를 반환하도록 하려면 if 문 안의 조건에 == 연산자와 && 연산자를 함께 사용합니다. 수정된 코드를 실행하면 true라는 결과 값이 디버그 영역에 출력되는 것을 볼 수 있습니다. 이런 형태의 논리 연산자를 사용했을 때 어떤 결과가 나오는지 직접 코드로 만들어 확인해 보세요.

▲ 사용자가 입력한 아이디와 비밀번호를 비교하는 login 함수를 호출한 결과

두 개의 상수에 할당된 값 중에서 하나라도 nil이면 오류 메시지가 출력되도록 만들어 보세요. 하나의 상수에는 글자를 할당하고 다른 상수에는 nil을 할당합니다. 그리고 두 개의 상수 중에 하나라도 nil이면 'nil이 있습니다.'라는 글자를 출력하도록 만듭니다. nil을 할당하거나 nil인지 비교하기 위해서는 변수나 상수를 옵셔널 자료형으로 만들어야 합니다.

```
let name:String? = "김현수"
let age:Int? = nil

if name == nil || age == nil {
    print("nil이 있습니다.")
} else {
    print("nil이 없습니다.")
}
```

해답 | exercise03_02.playground

3 _ 조건 연산자와 자료형 확인 연산자 알아보기

조건 연산자(Conditional Operator)는 조건에 따라 값을 할당할 수 있게 하는 연산자입니다. 이 연산자를 사용하면 if ~ else 구문을 사용하는 것보다 훨씬 간단하게 변수에 값을 할당할 수 있습니다. 먼저 다음 코드와 같은 if 문의 형태를 생각해 봅시다.

[코드]
```
var result : Bool
if 조건 {
    result = true
} else {
    result = false
}
```

이 코드는 조건이 true라면 result 변수에 true 값을 할당하고, 그 외에는 result 변수에 false 값을 할당하도록 합니다. 조건 연산자를 사용하면 앞에서 작성한 코드를 다음과 같이 바꿀 수 있습니다.

[코드]
```
var result = (조건) ? true : false
```

훨씬 간단해지지 않았나요? 변수에 값을 할당할 때 어떤 조건을 확인해야 한다면 조건 연산자를 사용하는 것도 나쁘지 않습니다. 조건 연산자는 조건을 주고 그 다음에 ? 기호를 붙입니다. 만약 조건이 맞으면 ? 기호 뒤에 있는 값을 변수에 할당합니다. 반대로 조건에 맞지 않으면 : 기호 뒤에 있는 값을 변수에 할당합니다.

조건 연산자를 사용하는 코드를 만들기 위해 operator2.playground 파일을 새로 만들고 다음 코드를 입력합니다.

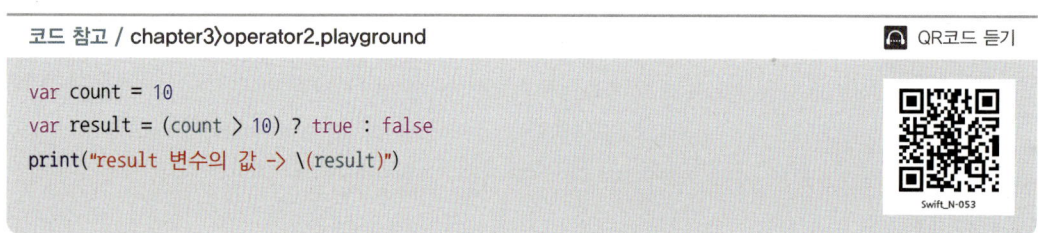

count 변수에는 10이 들어 있습니다. 만약 count 변수에 들어 있는 값이 10보다 크면 result 변수에 true 값을 할당하고 그렇지 않으면 false 값을 할당하도록 합니다. 여기서 result 변수는 true 또는 false 값이 할당될 수 있도록 Bool 자료형으로 선언합니다. 파일을 실행하면 result 변수에 false 값이 들어간 것을 확인할 수 있습니다.

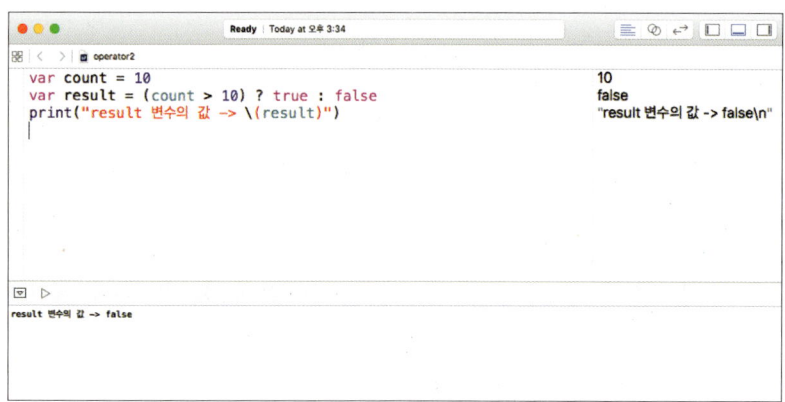

▲ 조건 연산자를 사용해 변수에 값을 할당한 경우

이번에는 조건 연산자를 사용해 옵셔널 자료형으로 된 변수에 값을 할당하는 코드를 만들어 보겠습니다. 다음 코드를 추가로 입력합니다.

코드 참고 / chapter3〉operator2.playground   QR코드 듣기

```
… 중략

var count2 = 20
var result2 : String? = (count2 > 20) ? "success" : nil

if result2 == nil {
    print("result2 변수의 값이 nil입니다.")
} else {
    print("result2 변수의 값 -> \(result2!)")
}
```

count2 변수에는 숫자 20이 들어 있습니다. 그리고 그 아래에는 count2 변수의 값이 20보다 큰지 아닌지를 조건 연산자로 확인합니다. 만약 count2 변수의 값이 20보다 크면 result2 변수에 "success" 문자열이 할당되고 그렇지 않으면 nil이 할당됩니다. 여기에서 result2 변수에는 nil이 들어갈 수도 있으므로 자료형을 문자열 옵셔널로 선언해야 합니다. result2 변수에 들어 있는 값은 nil일 수도 있고 그렇지 않을 수도 있으므로 if 문을 사용해 result2 변수의 값이 nil인지 확인합니다. 만약 nil이면 nil이라는 메시지를 출력하도록 하고 그렇지 않으면 result2 변수의 값을 출력하도록 합니다.

코드를 실행하면 다음과 같이 result2 변수의 값이 nil이라는 메시지가 출력됩니다.

▲ 조건 연산자를 사용해 문자열 옵셔널 자료형으로 만든 변수에 값을 할당한 경우

어떤 변수에 값을 할당하면 그 변수의 자료형은 자동으로 결정되는데 이것은 값을 이용해 자료형을 유추할 수 있기 때문입니다. 큰따옴표 안에 글자를 넣었다면 문자열일 테니 문자열 자료형으로 변수가 만들어지고, 숫자가 값이면 Int와 같은 숫자 자료형으로 변수가 만들어집니다. 그런데 여러분이 명확하게 자료형을 선언한 경우가 아니라 다른 사람이 만든 코드에서 전달 받은 변수일 때 그 자료형이

어떤 것인지 어떻게 알 수 있을까요? 전달 받은 어떤 변수의 자료형을 모를 때 자료형을 확인할 수 있도록 제공되는 연산자가 'is 연산자'입니다. is 연산자는 다음과 같은 형식을 갖고 있습니다.

> 변수   is   자료형

is 연산자 앞에는 변수나 상수가 올 수 있으며 뒤에는 자료형을 명시합니다. 그러면 앞에 있는 변수의 자료형이 뒤에 있는 자료형과 일치하는지 검사합니다. is 연산자를 사용하는 코드를 다음과 같이 추가합니다.

코드 참고 / chapter3〉operator2.playground   QR코드 듣기

```
… 중략

if count is Int {
    print("count 변수의 자료형은 Int입니다.")
} else {
    print("count 변수의 자료형은 Int가 아닙니다.")
}
```

count 변수는 Int 자료형으로 되어 있다는 것을 잘 알고 있습니다. 그러나 count 변수의 자료형을 잘 모르거나 명확하지 않을 때는 if 문을 사용해서 확인할 수 있습니다. if 키워드 뒤에 count is Int라는 코드를 입력하면 count 변수의 자료형이 Int일 경우에 중괄호 안의 코드가 실행됩니다. 코드를 실행하면 다음과 같은 결과가 나타납니다.

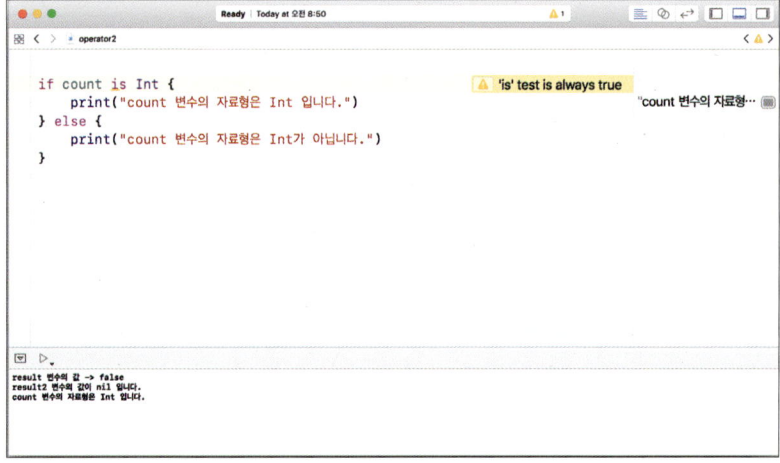

▲ is 연산자로 변수의 자료형을 확인한 경우

코드는 정상적으로 실행되지만 노란색 느낌표와 함께 경고 메시지가 표시됩니다. 이 경고 메시지는 count 변수가 Int 자료형인지 확인해 볼 필요 없이 항상 true라는 결과가 나올 것임을 친절하게 알려줍니다. is 연산자는 나중에 더 자세히 알아보겠습니다. is 연산자는 간단하지만 코드 중간에 사용될 경우 그 의미가 혼동될 수 있으니 의미를 잘 기억해 두기 바랍니다.

퀴즈풀자

두 개의 상수를 만들고 그중에서 하나라도 문자열 자료형이 아닌 경우 오류 메시지를 출력하도록 코드를 작성해 보세요. 하나의 상수에는 글자를 할당하고 다른 상수에는 숫자를 할당합니다. 그리고 두 개의 상수 중에서 하나라도 문자열 자료형이 아니면 '문자열 자료형이 아닌 것이 있습니다.'라는 메시지가 출력되도록 합니다.

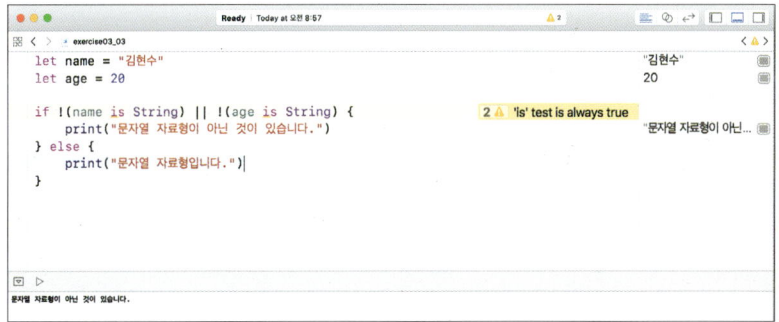

해답 | exercise03_03.playground

4 _ 범위 연산자 알아보기

범위 연산자는 연속된 숫자 값을 일정한 범위로 알려주는 기능을 합니다. 특히 1, 2, 3, 4, 5와 같이 순서대로 값을 입력할 때 유용하게 사용될 수 있습니다. 범위 연산자는 보통 for ~ in 구문과 함께 사용됩니다. 이런 범위 연산자는 두 종류가 있는데 하나는 '닫힌 범위 연산자(Closed Range Operator)'이고 또 다른 하나는 '반 닫힌 범위 연산자(Half-closed Range Operator)'입니다.

닫힌 범위 연산자의 형식은 다음과 같습니다. 1, 2, 3, 4, 5라는 연속된 숫자 값이 있다고 가정했을 때 범위 연산자로 표현하면 1...5가 됩니다. 이 ... 기호는 그 앞과 뒤에 있는 값을 모두 포함하는 연속된 숫자를 나타냅니다.

시작 숫자 ... 끝 숫자

반 닫힌 범위 연산자의 형식은 다음과 같습니다. 예를 들어 1, 2, 3, 4, 5라는 연속된 숫자 값을 반 닫힌 범위 연산자로 표현하면 1..<6이 됩니다. 이 ..< 기호는 뒤에 있는 값을 포함하지 않고 이전 값까지 연속된 숫자를 나타냅니다.

> 시작 숫자 ..< 끝 숫자

범위 연산자는 보통 for ~ in 구문과 함께 사용된다고 했는데 가장 대표적인 것이 sum 함수입니다. operator3.playground 파일을 새로 만들고 다음 코드를 입력합니다.

코드 참고 / chapter3)operator3.playground   QR코드 듣기

```
func sum(start:Int, end:Int) -> Int {
    var total = 0
    for i in start ..< end {
        total += i
    }
    
    return total
}

var result = sum(start:1, end:11)
print("sum(start:1, end:11)의 결과 -> \(result)")
```

sum 함수는 두 개의 정수형 파라미터를 전달 받는데 이 두 개의 값은 시작과 끝을 나타냅니다. 따라서 for ~ in 구문에서 in 다음에 start ..< end라고 넣으면 start 파라미터의 값부터 시작하여 1씩 증가하는 연속된 값을 end 파라미터의 값 이전까지 하나씩 꺼내게 됩니다. 꺼낸 값은 in 앞에 있는 i 변수에 할당되고 for 문의 중괄호 안에 있는 코드가 반복 실행되면서 total 변수에 더해집니다. 여기서 i 변수는 여러분이 직접 선언하지 않고 변수 이름만 넣어도 된다는 점에 주의하세요. start ..< end 대신에 start ... end라는 코드를 넣을 수도 있는데 이렇게 수정하면 end 값까지 모두 포함한 값을 더합니다. sum 함수를 호출하여 1부터 10까지 더해주고 싶다면 파라미터의 값을 1과 11로 만들어 전달합니다. 입력한 코드를 실행하면 다음과 같은 결과를 볼 수 있습니다. 범위 연산자는 C나 자바와 같은 언어에서는 보기 힘든 연산자이므로 잘 기억해야 합니다.

▲ 범위 연산자를 사용하는 sum 함수를 실행한 결과

지금까지 알아본 다양한 연산자들 이외에도 as 연산자, 또는 점(.) 연산자 등이 있습니다. 하지만 여기서 모두 설명하면 너무 복잡하기 때문에 다른 내용을 다룰 때 설명하겠습니다. 연산자를 하나씩 알아보다 보니 앞 장에서 아무 생각 없이 입력했던 기호들이 각각의 의미를 가지고 있었다는 것을 이해하게 되었습니다. 특히 if 문이나 for 문을 사용할 때 연산자가 같이 사용된다는 것도 알게 되었습니다. if 문이나 for 문은 다음 단락에서 좀 더 구체적으로 알아봅니다.

퀴즈풀자

Quiz 15

for 문을 사용해 200부터 500까지 숫자를 더한 후 그 결과를 출력해 보세요. for ~ in 구문을 사용할 때 범위 연산자를 함께 사용하고 for 문이 끝난 후 결과 값을 출력하도록 합니다.

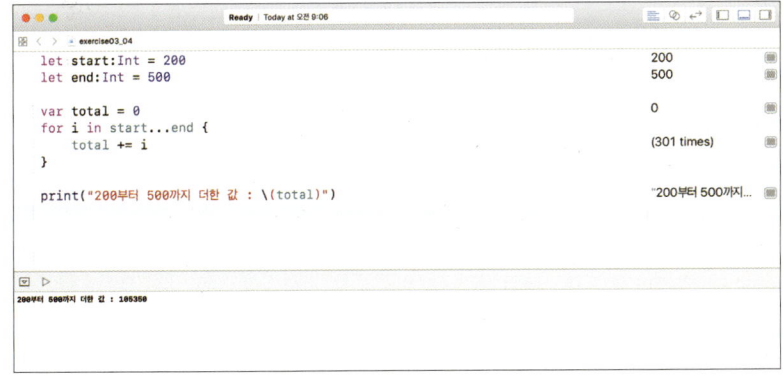

해답 | exercise03_04.playground

5 _ if 문 이해하기

조건문 중에 가장 대표적인 것이 if 문입니다. if 문의 가장 간단한 형태는 다음과 같습니다.

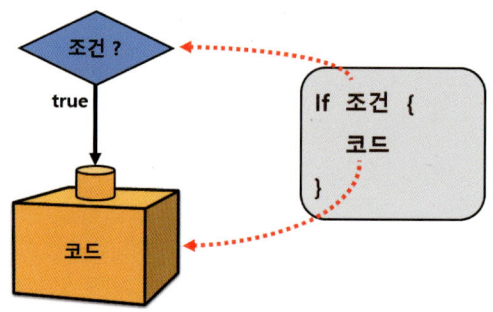

▲ if 문의 가장 간단한 형태

이미 입력해 보았던 코드처럼 조건문 안에 == 연산자를 두고 변수에 들어 있는 값이 지정한 값과 같은지를 비교한 후 같으면 코드가 실행되도록 만드는 것이 가장 흔한 형태입니다.

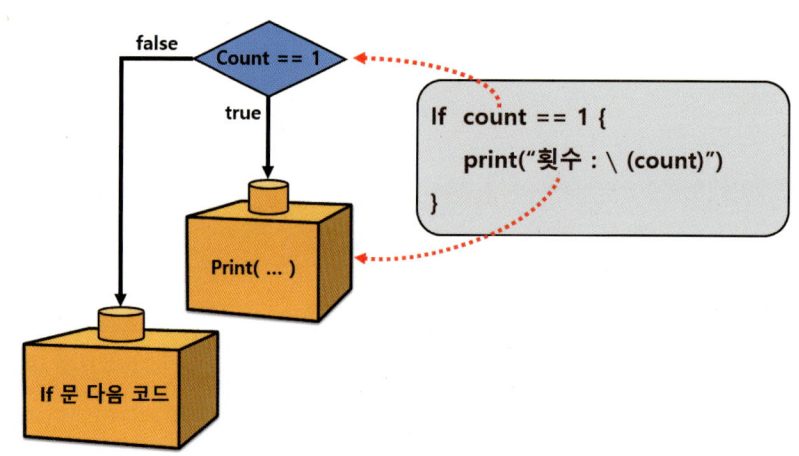

▲ if 문의 실행 예

if 문 뒤에 오는 조건이 true이면 그 안에 있는 코드가 실행되고, false이면 if 문 바깥으로 그냥 나와 if 문 다음 코드가 실행됩니다. 따라서 if 문의 중괄호 안에 들어 있는 코드들은 조건이 true일 때만 실행됩니다. 다시 말해, 다음 그림처럼 조건이 true일 때는 코드 1을 실행하고 false일 때는 코드 2가 실행됩니다.

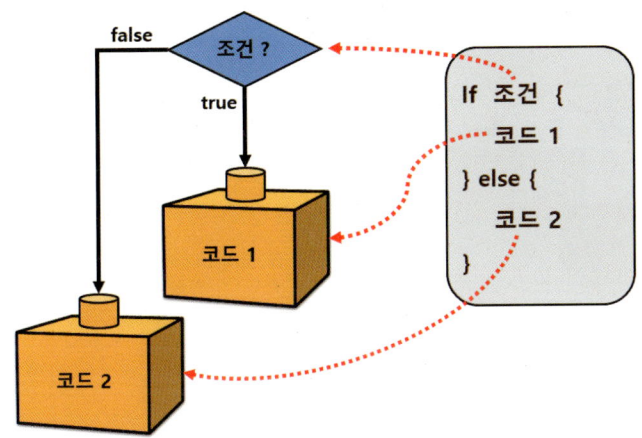

▲ if 문에서 조건이 true일 때와 false일 때 실행할 코드가 각각 있는 경우

if 다음에 오는 조건이 아닌 경우를 처리할 때는 else를 사용합니다. 이렇게 하면 어떤 경우라도 if 키워드 뒤의 중괄호 또는 else 키워드 뒤의 중괄호 안에 있는 코드 중 하나가 실행됩니다. 예를 들어, if 문의 조건에서 == 연산자를 사용할 경우 변수에 들어 있는 값이 같을 때 실행될 코드를 넣으면서 동시에 같지 않을 때 실행될 코드도 함께 넣으려면 다음과 같이 만들 수 있습니다.

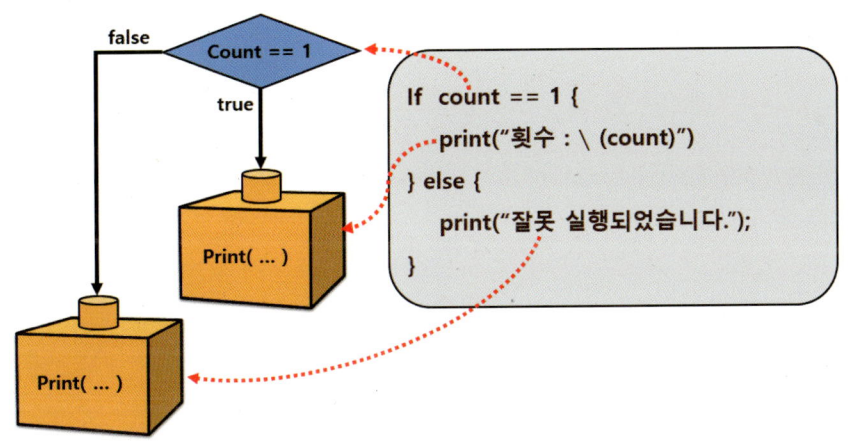

▲ if ~ else 구문의 예

만약 비교해야 할 조건이 하나가 아니라 여러 개라면 if로 비교하는 조건과 else 사이에 else if를 추가할 수 있습니다. 이 else if는 원하는 만큼 추가할 수 있지만 항상 if와 else 사이에 있어야 합니다.

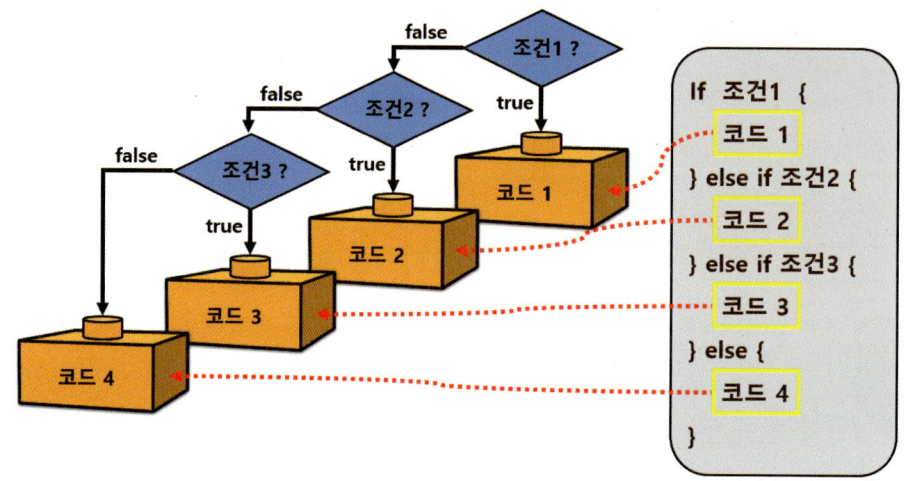

▲ if 문에 비교할 조건이 여러 개인 경우

if 문 다음에 else if가 두 번 사용되었다면 이 if 문에서 사용된 조건은 세 가지입니다. 각 조건에 맞는 코드는 해당 조건 다음에 나오는 중괄호 안에서 실행되며 마지막에 else가 있을 경우에는 앞에 나왔던 모든 조건들이 모두 false일 때 실행됩니다.

여러 개의 조건을 검사하는 if 문을 만들기 위해 operator4.playground 파일을 새로 만들고 다음 코드를 입력합니다.

코드 참고 / chapter3〉operator4.playground QR코드 듣기

```swift
func compare(value:Int) -> Int {
    if value < 0 {
        return -1
    } else if value == 0 {
        return 0
    } else {
        return 1
    }
}

var result = compare(value:10)
print("compare(value:10)의 결과 -> \(result)")
```

compare 함수는 정수 값 하나를 파라미터로 전달 받아 0보다 작은지, 0과 같은지 또는 0보다 큰지를 검사합니다. 검사 결과는 각각 -1, 0, 1이 되는데 이런 값을 반환하기 위해 if 문이 사용됩니다. 코드를 실행하면 다음과 같은 결과를 볼 수 있습니다.

```
func compare(value:Int) -> Int {
    if value < 0 {
        return -1
    } else if value == 0 {
        return 0
    } else {
        return 1
    }
}

var result = compare(value:10)
print("compare(value:10) 의 결과 -> \(result)")
```

▲ if ~ else if ~ else가 사용된 경우

이번에는 if 문의 조건에서 0보다 작거나 0인 경우를 한꺼번에 비교하도록 바꿔 보겠습니다. 앞에서 입력했던 compare 함수와 비슷하게 compare2 함수를 추가합니다. if 문 안에 들어가는 코드는 다음과 같습니다.

코드 참고 / chapter3〉operator4.playground　　　　　QR코드 듣기

```
… 중략

func compare2(value:Int) -> Int {
    if value < 0 || value == 0 {
        return -1
    } else {
        return 1
    }
}

result = compare2(value:10)
print("compare2(value:10)의 결과 -> \(result)")
```

|| 연산자가 사용되었으니 두 개의 조건을 한꺼번에 검사하고 둘 중의 하나라도 true이면 true가 되도록 한다는 의미입니다. 코드를 실행하면 다음과 같은 결과를 볼 수 있습니다.

```
func compare2(value:Int) -> Int {
    if value < 0 || value == 0 {
        return -1
    } else {
        return 1
    }
}

result = compare2(value:10)
print("compare2(value:10) 의 결과 -> \(result)")
```

▲ if 문의 조건에서 두 가지를 한꺼번에 비교하는 경우

이제 마지막으로 ! 연산자를 사용하여 if 조건의 값을 '~가 아닌 것'으로 변경해 보겠습니다. 이렇게 수정하면 조건을 검사할 때 앞에서 작성한 코드와 반대로 해석합니다.

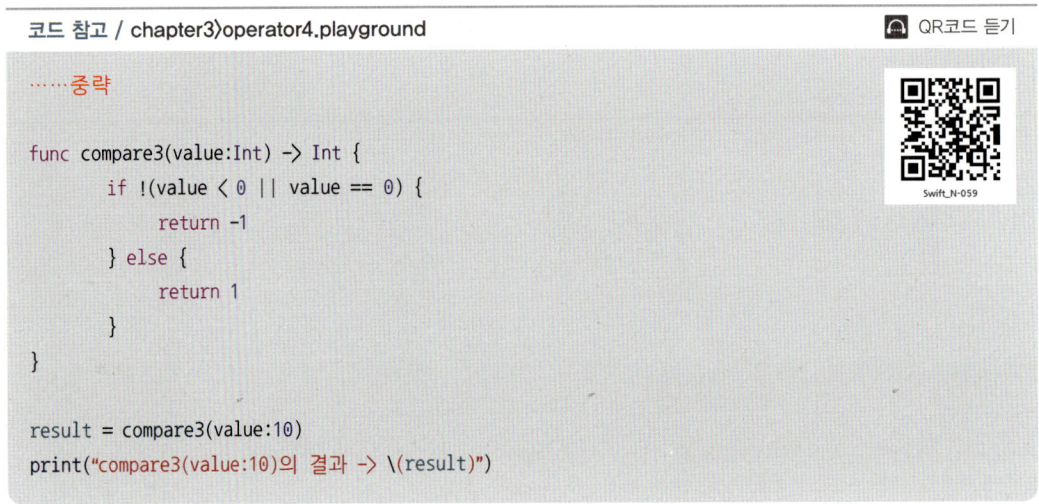

코드를 실행하면 다음과 같은 결과를 볼 수 있습니다.

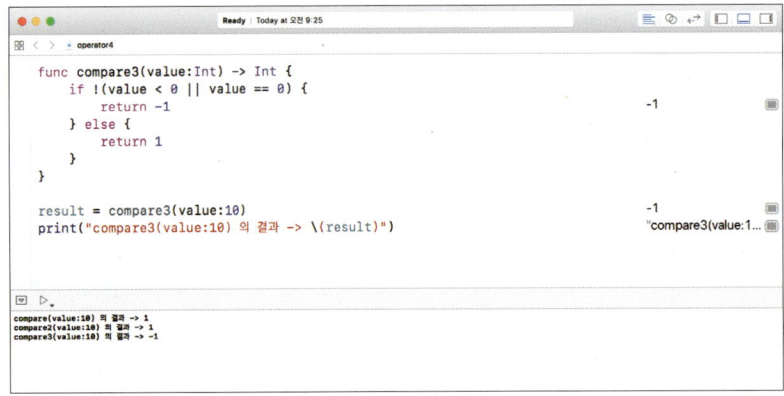

▲ if 문의 조건에서 ! 연산자를 사용한 경우

몇 가지 유형의 if 문을 만들어 보았는데 이제 if 문에 대해 익숙해 졌겠죠?

Quiz 16

상수에 들어 있는 값이 10보다 작거나 같은지 또는 큰지를 확인하는 코드를 만들어 보세요. 상수에 숫자 하나를 할당한 후 if ~ else 구문을 사용합니다. if 문의 조건에서는 10보다 작거나 같은지 확인하고 10보다 작거나 같다면 '숫자 값이 10보다 작습니다.'라는 글자를 출력하도록 합니다. 그리고 그렇지 않을 경우에는 다른 결과를 출력하도록 만듭니다.

```swift
let value:Int = 12

if value <= 10 {
    print("숫자 값이 10보다 작습니다.")
} else {
    print("숫자 값이 10보다 큽니다.");
}
```

해답 | exercise03_05.playground

사람이 미성년자인지 확인하는 함수 만들기

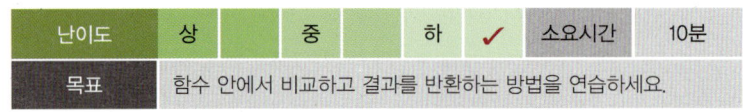

난이도	상	중	하 ✓	소요시간	10분
목표	함수 안에서 비교하고 결과를 반환하는 방법을 연습하세요.				

✓ **페이지 참고하세요!**

비교 연산자 ✓
p.164

논리 연산자 ✓
p.169

if 문 이해하기 ✓
p.178

✓ 성인과 미성년자를 구별하는 나이를 19세로 합니다.

✓ isMinor라는 이름의 함수를 만들고 한 개의 파라미터를 전달 받도록 합니다.

✓ 첫 번째 파라미터는 사람의 나이가 되도록 Int 자료형으로 만듭니다.

✓ isMinor 함수 안에서는 첫 번째 파라미터로 전달되는 나이를 사용해 미성년자인지를 확인합니다(미성년자인지 계산하려면 생년월일이 있어야 하지만 여기서는 코드 연습을 위해 나이로만 계산함).

✓ 미성년자인 경우 true, 미성년자가 아닌 경우 false를 반환하도록 합니다.

```swift
func isMinor(age:Int) -> Bool {
    if age < 19 {
        return true
    } else {
        return false
    }
}

let age:Int = 20
let minor = isMinor(age:age)

print("미성년자 여부 : \(minor)")
```

해답 | study 03playground

Swift 총정리

다양한 연산자의 기능과 사용 방법

1 산술 연산자와 비교 연산자 알아보기

더하기나 빼기는 산술 연산자입니다. + 기호가 더하기 기능을 하려면 왼쪽과 오른쪽에 모두 숫자가 있어야 합니다. 만약 글자가 온다면 글자를 붙여주는 역할만 합니다.
% 연산자는 왼쪽 숫자를 오른쪽 숫자로 나눈 나머지를 알려줍니다.
변수에 들어 있는 숫자를 1씩 증가시킬 때 count += 1과 같은 코드를 사용합니다.
if 문은 '~한다면 ~한다.'처럼 조건을 다룰 때 사용합니다.
if 다음에 조건이 오고 그 뒤에 중괄호가 오는 형식을 취합니다.
= 기호는 오른쪽의 것을 왼쪽으로 할당하는 할당 연산자이고,
== 기호는 왼쪽과 오른쪽이 같은지 비교하는 비교 연산자입니다. 이때 == 기호는 같은지 비교하기 때문에 '동일 연산자'라고도 부릅니다.
!= 는 양쪽에 있는 값이 다른지를 비교합니다.

2 할당 연산자와 논리 연산자 알아보기

= 기호는 오른쪽의 것을 왼쪽에 할당하는 할당 연산자입니다.
+= 기호는 왼쪽에 있는 변수의 값에 오른쪽 값을 더한 후 다시 왼쪽 변수에 할당하도록 합니다.

    a += 20

&& 연산자는 앞과 뒤에 있는 조건이 모두 맞을 때 true를 반환합니다.
|| 연산자는 앞이나 뒤 둘 중 한 조건이 맞으면 true를 반환합니다.
! 연산자는 반대 결과를 반환합니다.

3 조건 연산자와 자료형 확인 연산자 알아보기

조건 연산자는 if ~ else if ~ else 구문보다 간단하게 조건을 다룰 수 있도록 합니다.

    var result = (조건) ? true : false

is는 자료형을 확인할 수 있는 연산자입니다.

    변수 is 자료형

4 범위 연산자 알아보기

범위 연산자는 연속된 숫자 값을 범위로 알려줍니다.

```
닫힌 범위 연산자        시작 숫자 ... 끝 숫자
반 닫힌 범위 연산자      시작 숫자 ..< 끝 숫자
```

5 if 문 이해하기

if 문의 가장 간단한 형태

```
if 조건 {
        코드
}
```

if 문의 조건이 true일 때와 false일 때 각각 실행하는 코드를 넣은 경우

```
if 조건 {
        코드1
} else {
        코드2
}
```

if 문에 비교할 조건이 여러 개인 경우

```
if 조건1 {
        코드1
} else if 조건2 {
        코드2
} else if 조건3 {
        코드3
} else {
        코드4
}
```

if 문의 조건에서 두 가지를 한꺼번에 비교하는 경우

```
if value < 0 || value == 0 {
        ...
}
```

Swift 총정리

다른 언어 경험이 있다면 Summary!

1 if 문의 사용 방식

⇒ C나 자바와 크게 다르지 않음
  if 뒤의 조건에 소괄호가 붙지 않는다는 점에 주의함

2 == 연산자를 사용한 비교

⇒ == 기호는 왼쪽과 오른쪽의 값이 같은지를 비교하는 연산자임

3 숫자 값을 1씩 증가시키는 코드

⇒ count++과 같은 코드는 권장하지 않으며, count += 1 코드를 사용함

4 할당 연산자와 논리 연산자

⇒ = 기호, += 기호, &&, ||, ! 기호 등을 사용하는 방법은 다른 언어와 크게 다르지 않음

5 조건 연산자의 사용 방식

⇒ 조건 연산자의 사용 방법은 다른 언어와 크게 다르지 않음

  (조건) ? true : false

6 범위 연산자를 사용한 숫자 범위 지정

⇒ 범위 연산자는 연속된 숫자 값을 일정한 범위로 알려줌

  닫힌 범위 연산자   시작 숫자 ... 끝 숫자
  반 닫힌 범위 연산자   시작 숫자 ..< 끝 숫자

02-4
클래스와 구조체 사용하기
중요도 ★★★☆☆

변수를 만들어서 사람의 이름이나 나이와 같은 값을 그 안에 넣을 수 있습니다. 또한 사람이 움직이는 것과 같이 어떤 기능이 실행되도록 하려면 함수를 선언하고 그 함수를 호출하면 됩니다. 그런데 사람이라는 것을 만들고 그 안에 사람의 이름을 저장한 변수와 사람의 움직임을 표현하는 함수를 모두 넣어 두면 좀 더 쉽고 편리하게 사용할 수 있습니다.

사람은 이름과 같은 속성과 '걷는다.'와 같은 움직임을 모두 가질 수 있으며, 이와 비유되는 것이 '객체(Object)'입니다. 이렇게 세상에 있는 모든 것을 객체라고 보고 프로그램에도 객체를 만들어 줄 수 있도록 한 것이 '객체 지향(Object-Oriented)'이라는 개념입니다. 스위프트도 객체 지향이라는 개념을 사용하기 때문에 클래스나 객체를 만들 수 있는데 클래스와 함께 구조체도 사용할 수 있도록 합니다. 구조체도 변수와 함수를 가질 수 있기 때문에 클래스와 구조체는 상당히 유사합니다. 이 장에서는 스위프트 프로그램의 형태를 만드는 데 중요한 역할을 하는 클래스와 구조체에 대해 알아보겠습니다. 클래스와 구조체를 알고 나면 소스 코드의 구조를 이해하는 것이 좀 더 쉬워질 것입니다.

키워드로 알아보는 스위프트 언어

클래스	클래스는 붕어빵 틀과 같아서 한 번 만들면 계속 붕어빵을 찍어낼 수 있습니다.
인스턴스	클래스 이름은 자료형이 될 수 있고 클래스로부터 인스턴스를 만들면 점(.) 연산자를 사용해 그 안에 있는 것들에 접근할 수 있습니다.
속성	속성에는 저장 속성과 계산 속성이 있습니다.
구조체	구조체는 값을 모아 두는 목적으로 만들고 변수, 상수, 함수를 가질 수 있습니다.
열거형	열거형은 선택할 수 있는 범위의 값을 이름으로 정의한 것입니다.

1 _ 함수를 다시 한 번 꼼꼼히 생각해 보기

여러분은 이미 더하기 함수를 만들어 보았습니다. 이미 만들어져 있는 더하기 함수를 사용하고 싶다면 함수 안에 무엇이 들어 있는지 잘 모르더라도 함수 상자의 위쪽에 있는 두 개의 구멍에 숫자를 넣어주면 아래쪽에 있는 하나의 구멍으로 결과 값이 나온다는 것만 알면 됩니다.

더하기 외에 빼기나 곱하기도 함수로 만들면 프로그램에는 함수가 더 많아집니다. 그리고 더하기 함수뿐만 아니라 빼기나 곱하기 함수에서도 공통으로 사용할 수 있는 변수를 만들려면 변수를 함수 바깥에 선언해야 합니다. 다시 말해, 함수 안에서 선언한 변수는 그 함수의 중괄호 안에서만 사용할 수 있기 때문에 여러 함수에서 함께 사용할 변수는 함수 바깥으로 빼두게 됩니다.

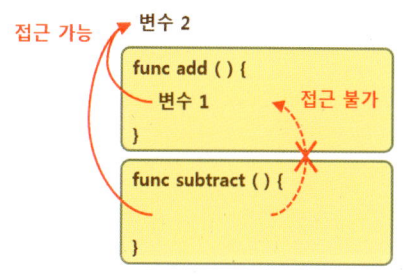

▲ 다른 함수에서 접근할 수 있도록 변수를 함수 밖으로 빼기

그러면 함수 밖에 변수를 빼 놓은 후 다른 함수에서 사용하는 코드를 만들어 보겠습니다. 우선 파인더 창을 연 다음 [projects] 폴더 안에 [chapter4] 폴더를 만듭니다. 그리고 그 안에서 classes1.playground 파일을 새로 만듭니다. 플레이그라운드에서 새로 만든 파일을 열고 화면에 다음 코드를 입력합니다.

코드 참고 / chapter4>classes1.playground

```swift
var count = 0

func add(a:Int, b:Int) -> Int {
    count += 1
    let output = a + b
    return output
}

func subtract(a:Int, b:Int) -> Int {
    count += 1
    return a - b
}

var result = add(a:20, b:10)
print("add 함수 호출 후 -> \(result), \(count)")

result = subtract(a:20, b:10)
print("subtract 함수 호출 후 -> \(result), \(count)")
```

더하기 함수는 add라는 이름으로, 빼기 함수는 subtract라는 이름으로 만들었습니다. 함수 밖에 있는 count 변수에는 0을 할당했습니다. 이 변수는 add와 subtract 함수에서 접근할 수 있으며 더하기나 빼기 연산을 몇 번이나 수행했는지 저장해 두기 위해 만든 것입니다. 따라서 add 함수 안에서는 count 변수의 값을 1씩 증가시키고 a와 b 파라미터의 값을 더하여 반환합니다. 두 개의 값을 더한 결과를 반환할 때는 output이라는 이름의 상수를 만들어 그 상수에 할당한 후 반환합니다. 여기에서 output 상수는 add 함수 안에 만들어져 있기 때문에 subtract 함수에서는 접근할 수 없습니다. subtract 함수 안에서도 count 변수의 값을 1씩 증가시킵니다.

add와 subtract 함수를 호출한 후 반환된 결과와 함께 count 변수의 값을 출력해 보면 두 개의 함수에서 count 변수에 접근할 수 있다는 것을 확인할 수 있습니다. 파일을 실행하면 다음과 같은 결과를 나타냅니다.

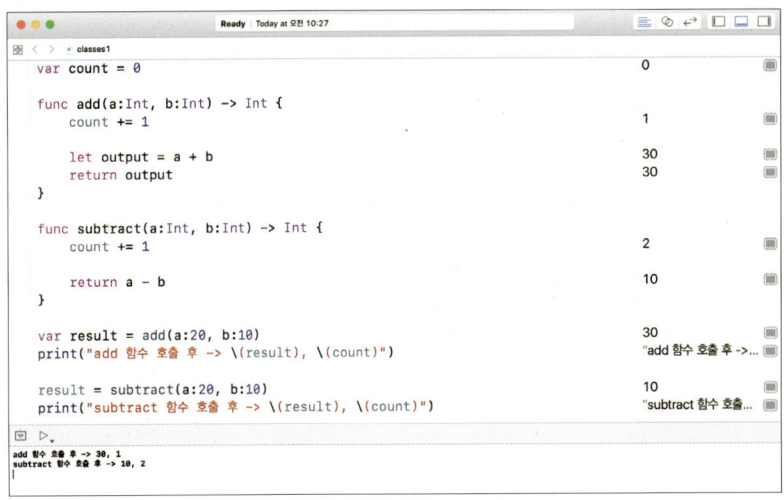

▲ 함수 바깥에 선언한 변수를 두 개의 함수에서 접근한 경우

count 변수는 어떤 함수에도 속하지 않게 함수 바깥에 만들어 두었기 때문에 어디서나 접근할 수 있는 '전역 변수(Global Variable)'가 되었습니다. 이렇게 만들면 여러 함수에서 사용할 수 있다는 장점도 있지만 원하지 않는 값으로 바뀔 수 있는 위험성도 높아집니다. 또한 전역 변수가 많아지면 함수 내부에서 만든 변수의 이름과 똑같아질 수도 있습니다. 이 때문에 서로 관련성이 있는 변수와 함수를 하나의 자루 안에 넣어 다른 것과 분리시키는 것이 좀 더 안전합니다. 이렇게 변수와 함수를 하나의 자루 안에 넣을 방법을 생각하다 보니 좀 더 체계적인 이론을 만들 필요가 생겼습니다. 그것이 바로 '객체 지향 프로그래밍(Object oriented programming)'이라는 것입니다.

객체 지향이란 세상에 있는 모든 것을 객체로 보는 것인데 객체를 만들 수 있는 일종의 틀, 즉 클래스를 만들어서 객체를 찍어낼 수 있도록 합니다. 클래스가 무엇인지 자세히 알아보기 전에 앞에서 입력한 코드를 어떻게 클래스로 바꿀 수 있는지 먼저 알아보겠습니다.

class 키워드를 입력하고 그 뒤에 Calculator라는 이름을 입력합니다. 그 뒤에는 중괄호를 붙입니다. 입력한 코드 아래에 앞에서 만든 코드를 그대로 복사해서 넣습니다. 이렇게 입력한 코드는 다음과 같습니다.

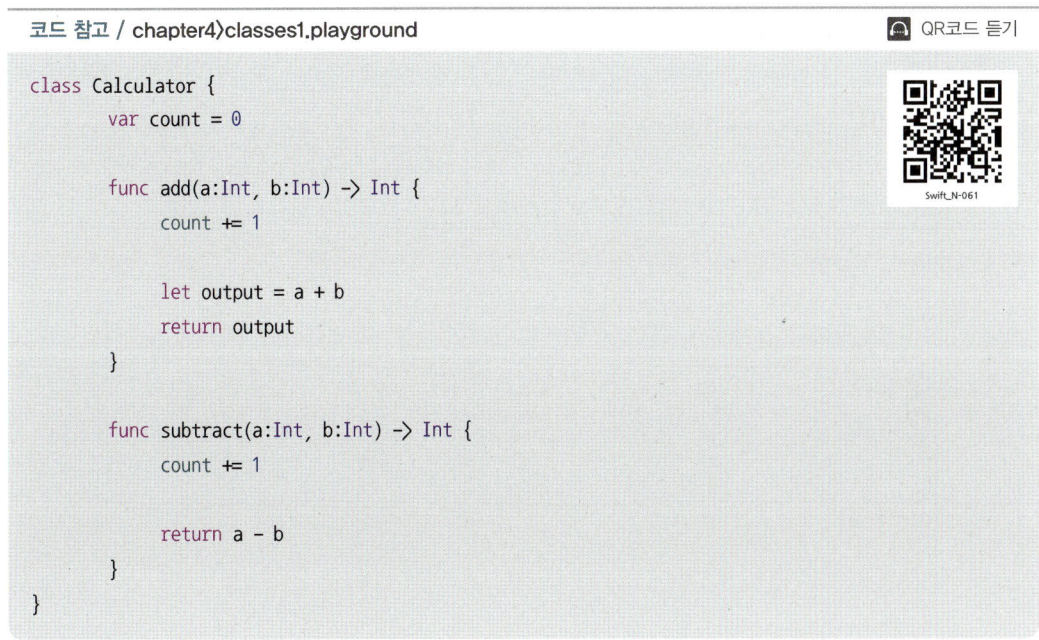

코드 참고 / chapter4>classes1.playground   QR코드 듣기

```swift
class Calculator {
    var count = 0
    
    func add(a:Int, b:Int) -> Int {
        count += 1
        
        let output = a + b
        return output
    }
    
    func subtract(a:Int, b:Int) -> Int {
        count += 1
        
        return a - b
    }
}
```

class 키워드 뒤에는 클래스의 이름이 있고 그 뒤에 중괄호가 붙습니다. 이것은 클래스의 이름이 Calculator라는 것을 알려줍니다. 중괄호 안에는 count 변수와 add, subtract 함수를 그대로 넣었습니다. 앞에서 살펴보았던 변수와 함수가 수정된 부분 없이 그대로 class 안으로 옮겨진 것이죠.

이렇게 클래스를 만들면 클래스로부터 실제 객체를 만들어 낼 수 있습니다. 예를 들어, 객체를 붕어빵이라고 했을 때 클래스는 붕어빵을 찍어 내는 붕어빵 틀로 비유하면 쉽습니다. 이 내용은 뒤에서 다시 자세하게 설명하므로 지금은 클래스에서 객체를 만들어 낼 수 있다고만 생각해도 됩니다. 다음 코드를 추가합니다.

코드 참고 / chapter4>classes1.playground   QR코드 듣기

```swift
var calculator1 = Calculator();
result = calculator1.add(a:20, b:10)
print("calculator1의 add 함수 호출 후 -> \(result), \(calculator1.count)")
```

클래스에서 객체를 만들 때는 다음과 같이 클래스 이름 뒤에 소괄호를 붙입니다.

> 클래스 이름 ( )

이 형식은 함수를 호출할 때와 똑같지만 함수 이름 대신에 클래스 이름이 온다는 것이 다릅니다. Calculator() 코드가 실행되면 객체가 만들어지고 왼쪽에 있는 calculator1 변수에 할당됩니다. 이렇게 생성된 객체 안에 add와 subtract가 들어 있다고 생각하면 되는데 객체 안에 들어 있는 변수나 함수에 접근할 때는 점(.) 연산자를 사용합니다. 즉, 객체 뒤에 점을 붙인 후 그 뒤에 변수나 함수 이름을 붙입니다. 이 코드를 실행하면 이전에 만들었던 코드와 똑같은 결과가 출력되며 count 변수에 들어 있는 값은 1이 됩니다.

```
class Calculator {
    var count = 0

    func add(a:Int, b:Int) -> Int {
        count += 1

        let output = a + b
        return output
    }

    func subtract(a:Int, b:Int) -> Int {
        count += 1

        return a - b
    }
}

var calculator1 = Calculator()
result = calculator1.add(a:20, b:10)
print("calculator1의 subtract 함수 호출 후 -> \(result), \
    (calculator1.count)")
```

```
add 함수 호출 후 -> 30, 1
subtract 함수 호출 후 -> 10, 2
calculator1의 subtract 함수 호출 후 -> 30, 1
```

▲ 클래스 안으로 변수와 함수를 넣은 후 함수를 실행한 결과

코드가 어떻게 달라졌는지 유심히 살펴보기 바랍니다. 함수가 클래스 안에 들어갔으니 클래스로부터 만들어진 객체도 그 함수를 가지고 있다고 생각하면 쉽습니다. 따라서 객체 안에 들어 있는 함수를 호출할 수 있습니다. 이전에 만든 코드와 비교해 보면 함수를 호출하는 부분이 어떻게 달라졌는지 알 수 있을 것입니다. 사실 클래스를 사용하면 다음과 같은 코드 형태가 만들어집니다.

```
class Calculator {
    var count = 0
    func add ( ) {
    }
    func subtract ( ) {
    }
}
```

▲ 클래스와 그 안에 있는 것의 이름만으로 본 소스 코드

클래스는 변수나 함수를 하나로 묶어주는 일종의 자루와 같은 역할을 합니다. 그리고 그 클래스 안에 들어 있는 변수나 함수는 다른 곳에서 함부로 접근할 수 없습니다. 코드를 바꿔보다 보면 차차 알게 되겠지만 클래스는 변수와 함수를 하나로 묶어주는 것이 가장 기본적인 기능입니다. 그런데 단순히 이런 역할만 할까요? 다른 기능이 더 있으니 다음 단락에서 클래스의 역할을 좀 더 알아보겠습니다.

퀴 즈 풀 자

Dog 클래스를 만들고 그 안에 속성을 넣어 보세요. Dog 클래스를 정의한 후 name 속성을 추가합니다. 클래스를 만들었다면 이 클래스로부터 실제 강아지 객체를 만들고 그 강아지의 이름을 출력해 봅니다.

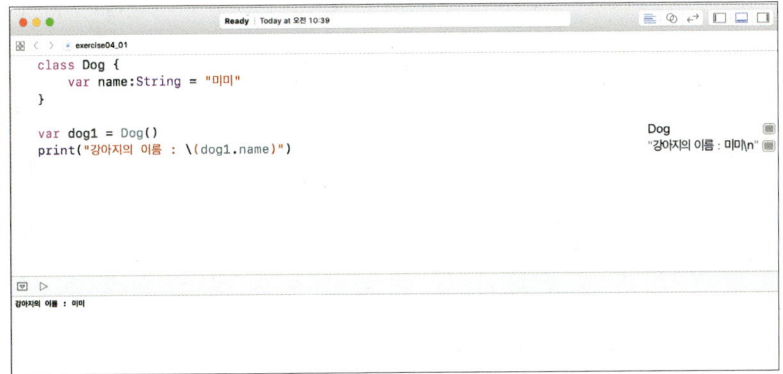

해답 | exercise04_01.playground

2 _ 클래스의 역할은 무엇일까?

함수를 만들어서 사용하다 보면 '프로그램은 여러 개의 함수로 만드는 거구나.'라고 느끼는 경우가 많습니다. 실제로 대부분의 프로그래밍 언어, 다시 말해서 프로그램을 만들 수 있게 하는 언어에서 함수는 매우 중요한 역할을 합니다. 그런데 왜 굳이 클래스 안에 함수를 넣어야 하는 걸까요?

클래스는 앞에서 언급한 객체 지향 프로그래밍의 개념에서 출발합니다. 객체 지향이란 말을 그대로 해석하면 '객체로 프로그램을 만든다.'는 의미입니다. 이 객체라는 단어는 이전에도 몇 번씩 사용했는데 도대체 무엇일까요? '객체(Object)'란 우리가 사는 세계에 있는 것들을 말한다고 할 수 있습니다. 우리가 사는 집, 타고 다니는 차, 그리고 걸어 다니는 사람까지도 모두 객체라고 할 수 있습니다.

▲ 객체라고 생각할 수 있는 것들

우리가 보고 느낄 수 있는 모든 것들을 객체라고 할 수 있다면 세상은 객체라는 것으로 이루어져 있다고 할 수 있습니다. 그러면 이 객체로 프로그램을 만든다는 것은 무엇을 어떻게 한다는 말일까요? 프로그램 안에도 객체라는 것들이 있다고 생각해 봅니다. 예를 들어, 사람을 객체라고 한다면 사람이 걷거나 뛰는 동작은 객체 안에서 동작하는 함수에 비유할 수 있습니다. 그렇다면 앞에서 보았던 함수를 사용해서 다음과 같은 형태의 코드를 만들면 사람은 객체가 되고 움직이는 동작은 함수가 됩니다.

▲ 사람이 움직이는 동작을 함수로 만든다면?

함수를 만들 때 func 키워드 뒤에 함수 이름이 붙고 그 뒤에 소괄호와 중괄호가 차례대로 붙는다는 것은 이미 알고 있습니다. 그런데 혹시 동물이 걷거나 뛰는 동작을 똑같이 만들었다면 그 동작과 어떻게 구분할 수 있을까요? 사람과 동물이 모두 walk 함수와 run 함수를 갖고 있을 때 사람의 동작만 별도로 구별하려면 어떻게 할까요? 가장 쉬운 방법은 함수 이름으로 구별하는 것입니다.

▲ 사람의 동작과 동물의 동작을 함수 이름으로 구별하기

앞에서 살펴본 그림을 보면 네 가지 상황에 함수 이름을 각각 다르게 붙여 보았습니다. 함수 이름을 만들 때는 보통 첫 글자는 소문자로 쓰고 그 뒤에 단어가 연속적으로 이어지면 구별해야 할 단어의 첫 글자는 대문자로 씁니다. 이 때문에 사람이 걷는다는 의미의 함수 이름은 PersonWalk나 Personwalk가 아니라 소문자와 대문자가 조합된 personWalk처럼 만들어야 합니다.

사람과 동물의 동작에 따라 함수 이름을 만들어 보니 잘 구별됩니다. 그런데 함수의 개수가 점점 많아질수록 사람과 동물의 동작을 함수 이름만으로 구별하는 것이 번거롭고 어렵게 느껴질 수 있습니다.

▲ 똑같은 동작을 하는 함수가 너무 많을 때

그렇다면 사람의 동작을 모두 하나로 묶고 동물의 동작을 모두 하나로 묶어서 구별하는 방법은 없을까요? 그렇습니다. 이때 사용하는 것이 클래스라는 것인데 클래스를 사용하면 각각을 하나로 묶을 수 있습니다.

▲ 클래스를 사용해서 사람과 동물의 동작을 구별하기

이제 클래스가 어떤 과정으로 생겨났는지 조금은 이해할 수 있을 것입니다. 그렇다면 클래스를 사용했을 때 같은 동작을 하는 사람과 동물을 구별할 수 있다는 것을 알 수 있습니다. 그런데 실제 사람을 보면 철수, 영희 등 한 두 사람이 아닙니다. 다시 말해, 여러 명의 사람이 있는데 그 사람들이 걷거나 뛰는 동작은 모두 공통의 동작입니다. 따라서 공통의 동작을 하는 사람들을 그룹으로 묶을 수 있습니다.

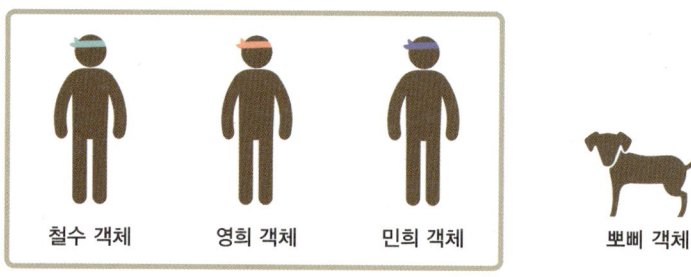

▲ 철수, 영희, 민희를 그룹으로 묶어 모두 사람이라고 부르기

이렇게 하면 철수, 영희, 민희라는 실제 사람들을 모아서 사람이라는 클래스로 부르고 각각의 실제 사람은 객체라고 부를 수 있습니다. 즉, 클래스는 공통의 속성을 가진 그룹이고 객체는 실제 눈에 보이는 하나의 객체가 됩니다. '클래스(Class)'라는 단어가 가진 원래의 의미도 공통의 특징을 가진 것들을 하나로 묶어서 본다는 말입니다.

이 클래스는 단순히 공통된 것들을 묶어주는 역할도 하지만 스위프트와 같은 객체 지향 언어에서는 객체의 '원형(Prototype)'을 만드는 역할도 합니다. 여기서 원형이란 쉽게 말해서 객체를 찍어 내는 틀이라고 볼 수 있습니다.

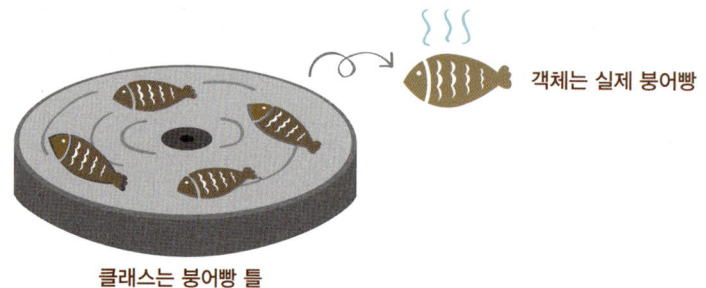

▲ 붕어빵의 틀처럼 객체를 찍어 내는 역할을 하는 클래스

철수, 영희, 민희라는 각각의 객체를 만들려면 공통으로 들어 있는 이름 변수나 걷기, 뛰기 함수를 매번 넣어주어야 합니다. 이 과정에서 코드가 중복 입력되므로 우선 사람 객체를 만들 수 있는 클래스라는 틀을 만들고 그 틀에서 각각의 사람을 찍어 내듯이 만드는 것이 훨씬 효율적입니다. 이제 이것을 코드로는 어떻게 만드는지 알아보겠습니다.

3 _ 클래스와 인스턴스 만들어 보기

직접 프로그램을 만들면서 클래스가 무엇인지 알아보겠습니다. 우선 classes2.playground 파일을 새로 만듭니다. 여기에는 Person이라는 이름의 클래스를 하나 만들 것입니다. 다음 코드처럼 Person 안에는 '걷기'와 '뛰기'라는 두 가지 동작을 할 수 있도록 walk와 run 함수를 추가합니다.

코드 참고 / chapter4〉classes2.playground   QR코드 듣기

```
class Person {
    func walk() {
    }
    
    func run() {
    }
}
```

walk라는 이름의 함수 상자는 값을 전달 받을 수 있는 위쪽의 구멍이 없도록 이름 뒤의 소괄호 안을 비워 두었습니다. 소괄호 뒤에 -> 기호가 없으니 반환되는 결과물도 없습니다. run 함수 상자도 똑같은 방식으로 입력합니다. 이렇게 하면 사람 객체를 만들어 내는 틀인 Person 클래스가 가장 간단한 형태로 생성됩니다.

그런데 걷거나 뛸 때 얼마나 빨리 걷거나 뛸 것인지를 알려주어서 그 속도로 움직이게 하고 싶다면 이 함수 상자로 '속도(Speed)'라는 값을 전달해 줄 수 있을 것입니다. 속도 데이터를 전달 받으면 디버깅 영역에 간단한 메시지를 보여주는 코드로 수정해 보겠습니다.

walk와 run 함수의 파라미터로 speed라는 이름의 정수 값을 전달 받도록 소괄호 안에 speed 파라미터를 추가합니다. 다음은 speed 파라미터로 전달되는 값으로 메시지를 출력하는 코드입니다.

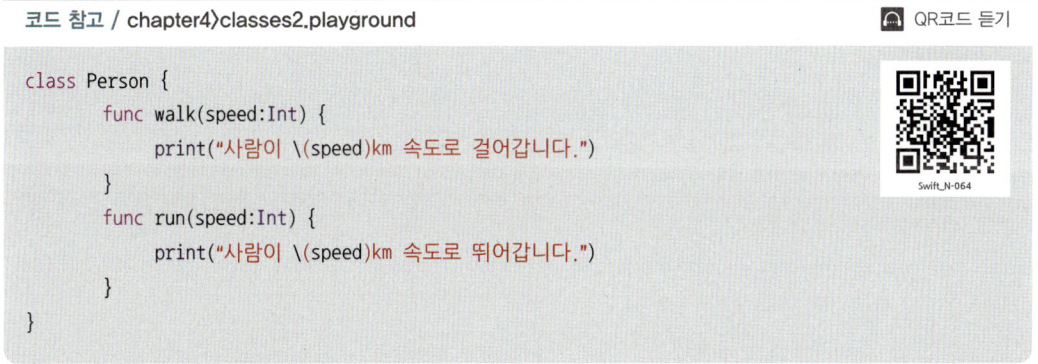

이렇게 입력한 코드가 실제로 잘 동작하는지 보려면 Person 클래스에 들어 있는 walk 함수를 호출하는 코드를 추가해야 합니다. 다음 코드를 추가로 입력합니다.

코드 참고 / chapter4〉classes2.playground　　　QR코드 듣기

```
… 중략

var jack = Person()
jack.walk(speed:10)
```

Person이라는 클래스 이름과 함께 소괄호를 함께 붙이면 새로운 객체가 메모리에 만들어집니다. 앞에서 설명했던 것처럼 Person이라는 틀에서 실제 사람 객체를 만들 수 있는 것이지요. 이렇게 만든 객체가 왼쪽에 있는 jack이라는 이름의 변수에 할당되면 이 변수의 자료형은 '객체 자료형'이 됩니다. 객체 자료형은 클래스를 어떻게 정의했는지에 따라 크기가 결정되므로 구체적으로는 jack 변수의 자료형을 Person 자료형이라고 말할 수 있습니다.

객체가 만들어지면 객체 뒤에 점(.)을 붙이고 그 안에 들어 있는 walk 함수를 호출합니다. 코드를 실행하면 다음과 같은 결과를 볼 수 있습니다.

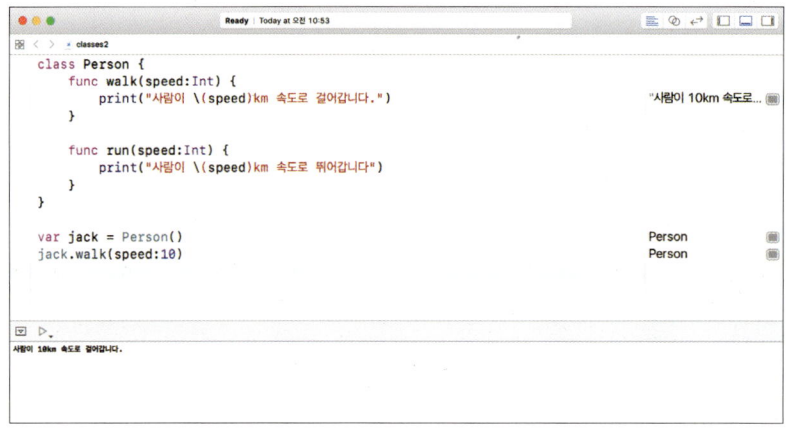

▲ Person 클래스에서 객체를 만들고 walk 함수를 호출한 결과

우리가 새로 만든 클래스는 Int나 String과 같은 기본 자료형처럼 새로운 자료형으로 사용할 수 있습니다. 따라서 변수를 만들 때의 자료형도 Person이라는 모양을 가진 변수 상자로 만들어야 합니다. 즉, Person이라는 모양을 가진 변수 상자를 하나 만들어야 그 안에 실제 사람 객체를 넣을 수 있는 것이죠. 이렇게 보면 Person이라는 변수 상자는 사람이 들어갈 수 있는 사람 모양의 상자라고 생각할 수 있습니다.

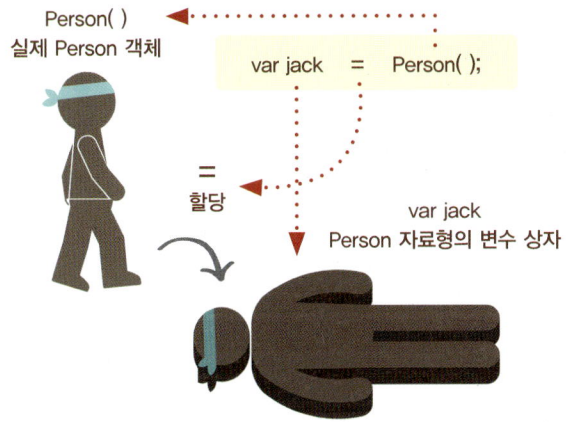

▲ 사람이라는 변수 상자를 만들어 그 안에 실제 사람을 넣기

코드의 형태는 Person 함수를 호출하는 것과 같습니다. 그런데 Person이라는 이름이 함수 이름이 아니라 클래스 이름이므로 단순히 함수를 호출하는 과정이 아니라 객체를 만드는 과정이 됩니다. 그리고 이렇게 만든 것을 '객체'라고 부릅니다. 이제 첫 번째 줄의 코드가 '클래스를 사용해서 객체를 만드는 코드'라고 이해했을 것입니다. 두 번째 줄의 코드는 사람의 걷는 동작을 출력하는 walk 함수를 호출합니다. 실제 사람으로 만들어 jack 변수에 넣은 사람 객체는 점(.) 연산자를 붙여서 그 안에 들어 있는 함수를 호출할 수 있습니다. 변수 이름을 실제 사람 이름과 똑같이 만들어 구별할 수 있도록 jack이라고 썼으니 jack이라는 사람의 walk 동작을 실행하고 싶다면 jack이라는 변수의 walk 함수를 호출하면 됩니다.

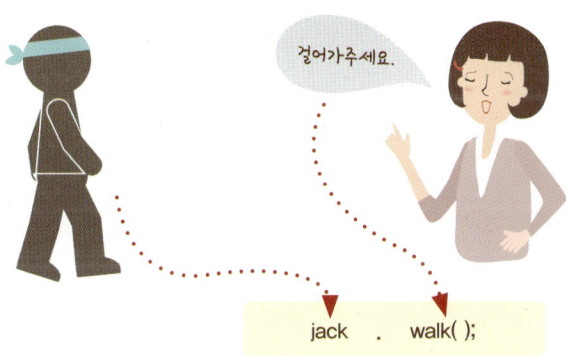

▲ 사람을 걷도록 만드는 코드

실제 사람을 만들기 위해 Person이라는 틀을 만드는 과정을 '클래스를 정의한다.'라고 합니다. 그리고 클래스 안에 넣은 변수를 '속성(Attribute)'이라고 하며, 함수를 '메소드(Method)'라고 부릅니다. 결국 속성이나 메소드는 변수와 함수가 클래스 안에 속해 있을 때 부르는 이름이라고 생각하면 됩니다.

이쯤에서 클래스가 왜 필요한지 다시 한 번 생각해 볼까요? 한 두 개가 아니라 수십 개 또는 수백 개의 사람 객체를 만들어야 한다면 일일이 그 속성과 동작을 정의하는 작업을 반복해야 합니다. 따라서 틀을 만들고 한 번에 객체를 찍어 내는 것이 효율적이겠죠? 이런 이유 때문에 틀이 있어야 합니다. 객체 지향에서 객체를 찍어 내는 틀에 해당하는 클래스가 필요한 이유가 바로 여기에 있습니다. 코드를 만들어 보니 조금 더 이해하기 쉬워졌죠?

클래스를 먼저 만든 다음 이 클래스로 객체를 만들 때 사용하는 것이 Person이라는 클래스 이름입니다. Person 클래스 안에는 객체를 만들 때 필요한 함수가 들어 있습니다. 이 내용은 다음 단락에서 더 자세히 설명하겠습니다. 여기서는 우선 여러 명의 사람 객체를 만들어 보겠습니다. 클래스 이름과 소괄호를 사용해서 여러 객체를 만들어 낼 수 있습니다. 다음 코드를 추가로 입력합니다.

코드 참고 / chapter4〉classes2.playground   QR코드 듣기

```
… 중략

var jack = Person()
jack.walk(speed:10)

var mike = Person()
mike.walk(speed:10)

var sean = Person()
sean.walk(speed:10)
```

추가로 작성한 코드를 실행하면 세 줄의 메시지가 출력됩니다.

▲ 세 개의 객체를 만들고 walk 함수를 호출한 결과

새로 만든 세 개의 사람 객체는 각각 walk 함수를 호출했으므로 세 줄의 메시지가 출력되었습니다.

이렇게 원하는 대로 출력되어 좋지만 사람의 실명이 없어서 약간은 아쉬움이 남습니다. Person이라는 것이 사람을 위해 만든 거라면 실제 사람처럼 이름 변수도 각각의 Person 객체 안에 들어 있어야 좀 더 실제와 가까울 것 같습니다. 그렇다면 Person 클래스 안에 사람 이름을 넣을 수 있을까요? 네. 당연히 넣을 수 있습니다. Person 클래스 안에는 객체를 동작하게 하는 함수뿐 아니라 변수도 넣을 수 있기 때문이죠. 그리고 이렇게 변수와 함수를 넣어둘 수 있다는 것이 객체 지향에서 사용하는 클래스의 가장 중요한 특징이라고 할 수 있습니다.

1. 클래스는 변수와 함수를 같이 가질 수 있다.

2. 클래스는 객체를 만들어낼 수 있다.

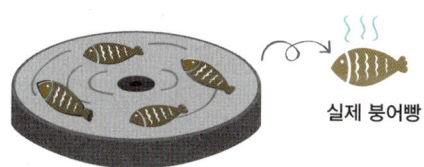

▲ 객체 지향에서 클래스의 주요 특징

클래스가 함수와 변수를 같이 가질 수 있다는 것은 사람의 동작을 나타내는 '걷다.', '뛰다.'와 같은 기능을 클래스 안에 넣을 수 있는 것은 물론이고, 사람의 모양이나 속성을 나타내는 사람 이름, 사람 전화번호와 같은 데이터도 넣을 수 있다는 것을 의미합니다. 결과적으로 클래스는 실제 사람을 그대로 코드로 표현할 수 있다는 장점을 가지게 됩니다. 즉, 동작과 값이 클래스 안에 같이 들어 있기 때문에 사람 객체에게 '걸어!'라는 명령을 내리면 그 사람이 알아서 자신의 다리로 걷게 됩니다. 이렇게 클래스 안에 동작과 값을 같이 넣어 두는 것을 '캡슐화(Encapsulation)'라고 합니다. 캡슐화란 한 객체를 독립적으로 만들어 주는 것을 의미합니다. 따라서 사람 객체에게 특정한 동작 명령을 내리면 사람 객체 스스로가 알아서 값을 찾아보거나 명령에 합당한 일을 수행합니다.

그러면 앞에서 만든 Person 클래스에 사람 이름을 추가해 보겠습니다. 다음 코드처럼 사람의 이름은 name 변수로 만들어 클래스 안에 선언합니다.

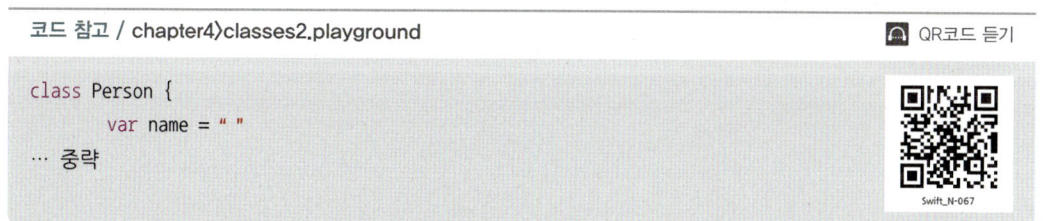

```
class Person {
        var name = " "
... 중략
```

이 name 변수는 클래스 안에 들어 있지만 함수 안이 아닌 바깥에 있으므로 이 변수는 Person 클래스의 속성이 됩니다. 실제 사람의 이름은 사람 객체마다 다르므로 이 변수 상자에 어떤 이름을 넣느냐에 따라 사람 이름이 달라지도록 만들었습니다. 사람 이름을 변수로 추가했다면 이 변수는 점(.) 연산자를 사용해 접근할 수 있습니다. 다음 코드처럼 Person 객체를 만드는 부분을 바꿔 보겠습니다.

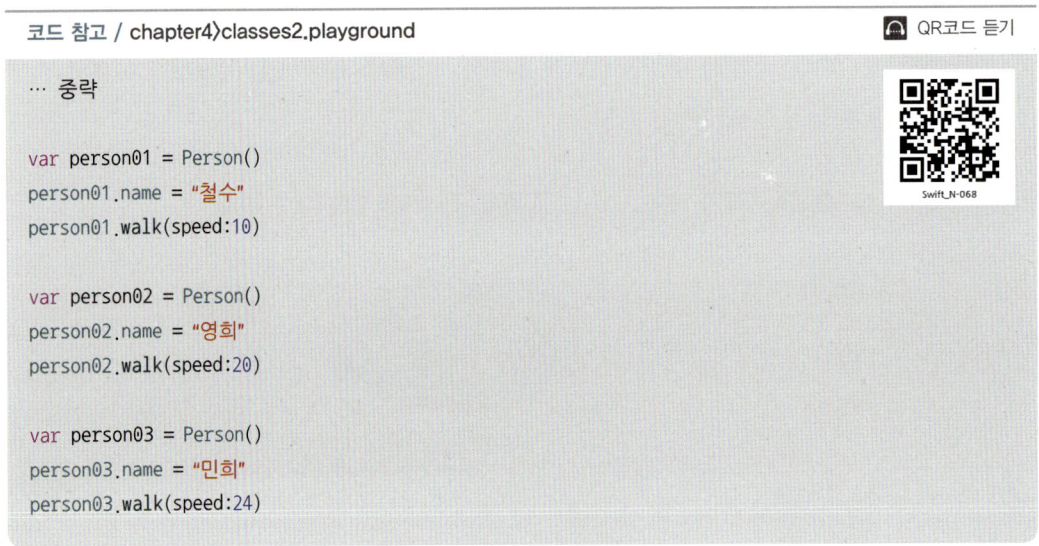

사람 이름처럼 jack이나 mike라고 붙였던 변수 이름을 person01, person02처럼 단순한 변수 이름으로 바꿔줍니다. 그리고 변수 뒤에 점(.)을 붙인 후 name이라는 변수에 실제 사람의 이름을 할당합니다. 변수에 값을 넣으려면 = 기호를 사용하므로 다음과 같은 형태로 수정해서 클래스 안에 만들어 둔 변수에 접근합니다.

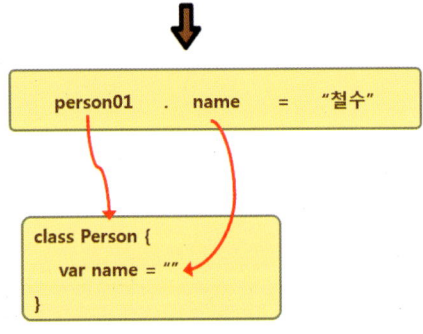

▲ 클래스 안에 정의한 변수에 접근하기

클래스라는 틀을 사용해서 실제 사람 객체가 만들어지면 그 안에 넣어둔 변수는 일반적인 변수 상자처럼 상자 안에 값을 넣거나 가져올 수 있습니다. 따라서 Person()을 사용해서 만든 사람 객체 안에 들어 있는 name 변수에 접근하여 각각의 사람 객체마다 실제 이름을 넣어줄 수 있습니다. 이렇게 사람 객체마다 이름을 넣어 주었으니 글자가 디버깅 영역에 출력될 때도 '사람이 10km 속도로 걸어갑니다.'가 아니라 '철수가 10km 속도로 걸어갑니다.'처럼 실제 사람 이름이 함께 출력되게 수정하면 좋을 것 같습니다.

Person 클래스 안에 있는 walk와 run 함수 안에서 print를 사용해 메시지를 보여줄 때 나타나는 문자열을 다음 코드처럼 수정합니다.

코드 참고 / chapter4〉classes2.playground   QR코드 듣기

```
… 중략
    func walk(speed:Int) {
        print("\(name)이(가) \(speed)km 속도로 걸어갑니다.")
    }

    func run(speed:Int) {
        print("\(name)이(가) \(speed)km 속도로 뛰어갑니다.")
    }
```

walk나 run 함수 안에서는 클래스 안의 name 변수에 바로 접근할 수 있습니다. 따라서 변수 이름만 참조하면 그 안에 들어 있는 사람 이름을 확인할 수 있습니다. 코드의 색상을 잘 보면 클래스 안에 넣어 놓은 name 변수의 색상은 초록색으로 표시됩니다. 이 초록색 변수 이름은 함수 안에서 만들어진 speed라는 변수의 색상과 다르기 때문에 쉽게 구분할 수 있습니다.

코드를 실행하면 다음과 같은 결과가 나타납니다.

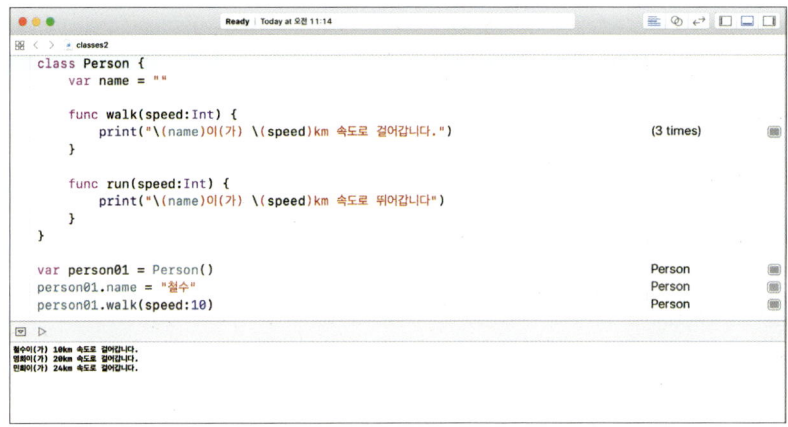

▲ 객체에 이름을 할당하고 walk 함수 안에서 name 변수의 값을 참조한 경우

지금까지 객체 지향이라는 방식으로 코드를 만들어 보았습니다. 객체 지향이 어떤 뜻인지 머릿속으로 이해하는 것은 어려울 수 있습니다. 하지만 지금까지 만든 코드를 하나씩 바꿔 가면서 익히면 더욱 쉽게 이해됩니다. 실제 사람을 객체로 만들고 그 사람의 특징이나 행동을 프로그램의 코드로 비슷하게 만들다보면 더 빨리 익숙해 질 수 있는 것이죠.

> 퀴즈풀자

Dog 클래스를 만들고 그 안에 속성과 메소드를 넣어 보세요. Dog 클래스를 정의한 후 name 속성과 walk 메소드를 추가합니다. 클래스를 만들었다면 이 클래스에서 실제 강아지 객체를 만들고 walk 메소드를 호출해 보세요.

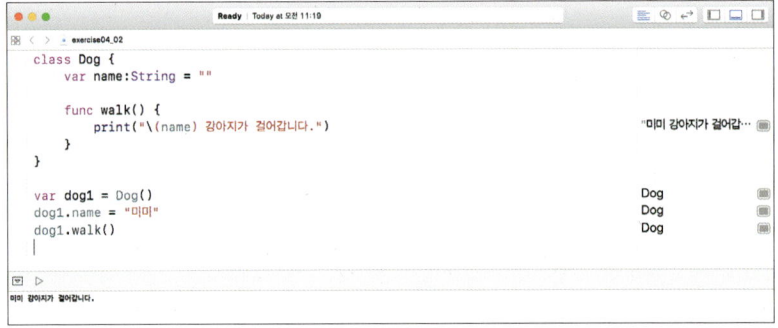

해답 | exercise04_02.playground

4 _ 인스턴스가 만들어질 때 기능 수행하기

객체가 실제 세계의 모든 것을 나타내는 것이라면 실제 사람뿐만 아니라 사람을 만드는 틀인 클래스도 객체처럼 생각할 수 있습니다. 따라서 클래스와 클래스로 만든 객체를 구별하기 위해 클래스로부터 만들어진 객체를 '인스턴스(Instance)'라고 부르기도 합니다. 인스턴스 또는 인스턴스 객체란 클래스에서 찍어낸 실제 객체를 의미합니다. 다시 말해, 인스턴스는 클래스로 미리 모양을 정의한 후 '실제 객체를 만들어 주는 함수'를 호출해서 만든 객체입니다.

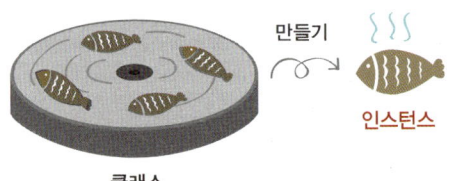

▲ 인스턴스란?

'실제 객체를 만들어 주는 함수'란 클래스가 객체를 만들 때 호출되는 함수라고 생각할 수 있습니다. 그러면 이 함수의 역할을 한 번 살펴보겠습니다. 클래스로 사람 객체를 만든다는 것은 이미 잘 알고 있습니다. 그런데 사람 객체를 만들 때 사람 이름을 같이 넣을 수 있을까요? Person()이라는 코드가 함수를 호출하는 방식과 같으니 소괄호 안에 사람의 이름을 넣어 파라미터로 전달하는 방법은 어떨까요? 클래스에는 새로운 객체를 만들 때 초기 데이터를 같이 넣을 수 있게 init라는 이름의 함수를 추가할 수 있습니다. 이 init 함수는 객체가 생성될 때 자동으로 호출됩니다. 다음 코드를 Person 클래스 안에 입력합니다.

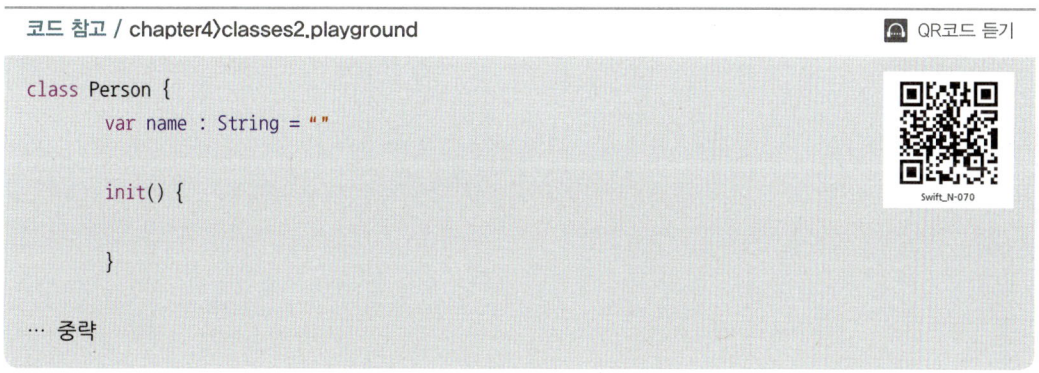

여기서 name 변수에 값을 할당하지 않고 선언만 하면 어떻게 될까요? 그러면 오류가 표시됩니다.

스위프트는 클래스 안에 변수를 만들면 항상 초기 값을 갖도록 합니다. 즉, 변수를 만들면 단순히 선언만 할 수는 없고 항상 값이 들어 있어야 합니다. 클래스 내부가 아닌 바깥에 변수를 선언할 때와 다르게 항상 초기 값을 가져야 한다는 점에 주의하세요.

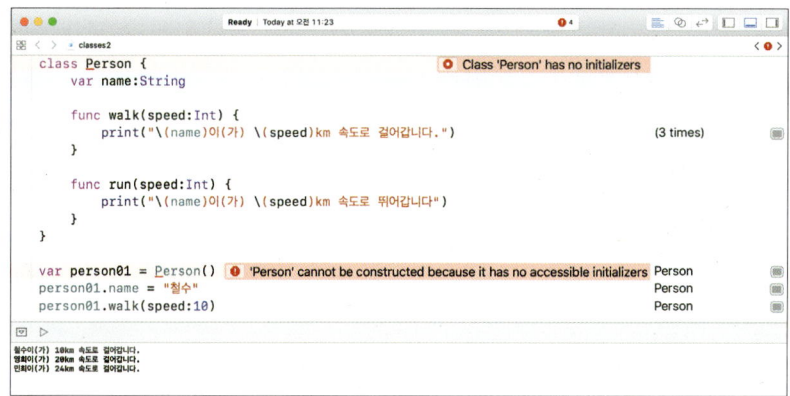

▲ 클래스 안에 선언한 변수에 값이 없을 때 발생하는 오류

이 오류 메시지는 Person 클래스에 초기화를 담당하는 함수가 없다고 알려줍니다. 즉, 초기화 함수인 init 함수를 만들고 그 안에서 변수에 초기 값을 할당하라는 의미입니다.

다음 코드처럼 init 함수를 추가합니다.

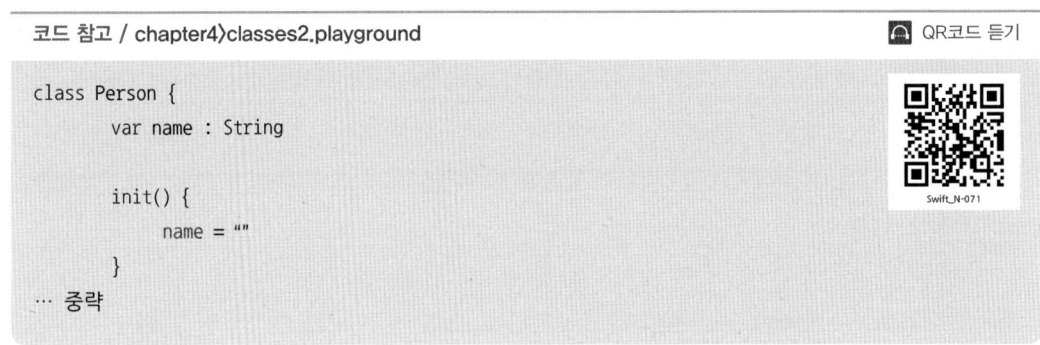

코드를 수정하면 오류 표시가 없어집니다. 그런데 init 안에 들어 있는 코드가 그리 필요한 것 같지 않습니다. name 변수에 초기 값을 할당하지 않아도 나중에 person01.name = "철수" 코드에서 값을 할당하기 때문입니다. 따라서 name 변수를 nil이 들어갈 수 있는 옵셔널 자료형으로 바꿔줍니다.

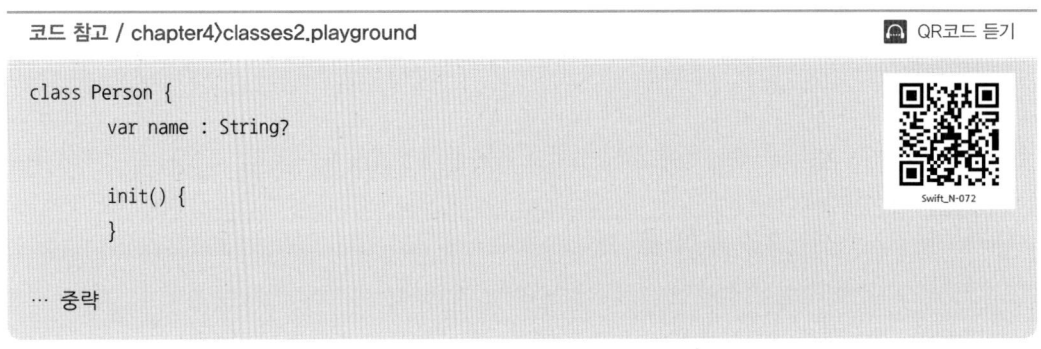

클래스 안에 선언한 변수에는 항상 초기 값이 들어 있어야 한다고 했습니다. 그런데 옵셔널로 선언하는 경우에는 nil 값이 들어가도 상관없으므로 선언만 하는 것을 허용합니다.

결국 클래스 안에 변수를 선언하는 방법은 다음처럼 두 가지 형태로 구분할 수 있습니다.

> ❶ 변수를 선언하고 init 함수 안에서 변수에 초기 값을 할당합니다.
> ❷ 변수를 선언할 때 옵셔널로 선언합니다.

이제 init 함수의 소괄호 안에 파라미터를 추가하여 사람 이름을 전달 받도록 바꿔 보겠습니다. init 함수 아래에 똑같은 이름을 가진 init 함수를 추가하고 소괄호 안에 inName이라는 이름의 변수를 추가합니다. 그리고 함수 안에서는 inName이라는 이름의 파라미터를 전달 받은 후 그 변수의 값을 그대로 클래스 안에 있는 name 변수에 넣어주도록 합니다.

코드 참고 / chapter4〉classes2.playground   QR코드 듣기

```
… 중략

    init(inName:String) {
        name = inName
    }

… 중략
```

새로 추가한 이 두 개의 함수처럼 객체의 초기화를 담당하는 함수를 '초기화 함수(Initializer)'라고 부릅니다. 즉, 클래스로부터 객체를 만들 때 호출되는 함수입니다. 이 초기화 함수를 사용해서 객체를 만들 때는 클래스 이름 뒤에 소괄호를 붙이고 그 안에 파라미터로 전달할 값을 입력합니다. 그러면 그 값이 초기화 함수 안으로 전달됩니다.

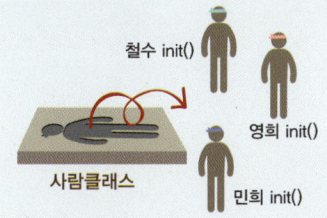

정박사님 궁금해요   초기화 함수의 개념을 어떻게 정리할 수 있나요?

❶ 객체를 만들 때 호출하는 함수로 init이라는 이름을 가지며, func 키워드가 없고 반환 자료형도 없습니다.
❷ 객체를 만들면서 객체에 데이터를 넣어 주고 싶을 때 사용됩니다.
❸ 파라미터가 하나도 없는 초기화 함수는 내부에 이미 만들어져 있어 명시적으로 추가하지 않아도 됩니다.
❹ init 함수는 객체를 만들 때를 제외하곤 따로 호출하지 않습니다.

그런데 init 함수의 파라미터 이름을 inName에서 name으로 바꾸려고 한다면 이 파라미터 이름은 클래스 안에 있는 name 변수의 이름과 같아집니다. 이때는 클래스 안의 name 변수를 구별할 수 있도록 self 키워드를 사용할 수 있습니다. 따라서 다음 코드처럼 입력해도 동일한 기능의 Person 클래스를 만들 수 있습니다.

코드 참고 / chapter4〉classes2.playground   QR코드 듣기

```
class Person {
    var name : String

    init() {
    }

    init(name:String) {
        self.name = name
    }
… 중략
```

self 키워드는 자기 자신을 의미합니다. 따라서 Person 클래스 안에 들어 있는 name 변수는 self.name으로 참조할 수 있습니다. 첫 번째로 추가한 init 함수는 소괄호 안에 아무런 데이터도 넣지 않은 형태인데 새로운 객체를 만들 때는 이 함수가 기본으로 호출됩니다. 이 초기화 함수는 클래스를 만들 때 내부에 자동으로 생성되므로 직접 선언하지 않아도 문제가 되지 않습니다. 따라서 객체를 만들 때 추가적으로 전달해야 하는 데이터가 있거나 추가 기능이 필요할 때만 클래스에 초기화 함수를 추가합니다.

초기화 함수도 함수 중의 하나인데 init라는 특정 이름으로 정의한 이유는 초기화 작업 외에는 직접 호출할 일이 없기 때문입니다. 사람 이름을 파라미터로 전달 받는 init 함수를 클래스 안에 하나 더 추가했으므로 새로운 Person 객체를 만드는 코드 부분은 다음 코드처럼 바꿀 수 있습니다.

코드 참고 / chapter4〉classes2.playground　　　　　　　　　　　QR코드 듣기

```
… 중략

var person01 = Person(name:"철수")
person01.walk(speed:10)

var person02 = Person(name:"영희")
person02.walk(speed:20)

var person03 = Person(name:"민희")
person03.walk(speed:24)
```

객체를 만들고 이름을 넣었던 두 줄의 코드가 한 줄로 바뀌면서 코드의 양이 더 줄어들어 이해하기 쉬워졌습니다. 코드를 이렇게 수정하고 실행하면 다음 그림처럼 이전과 비슷한 결과가 나타납니다.

▲ 객체를 만들면서 이름을 전달한 경우

name 변수가 옵셔널 자료형으로 만들어졌기 때문에 print 함수로 출력할 때 Optional이라는 글자와 함께 출력됩니다. 여러분이 입력했던 코드를 다시 보면, 파라미터가 하나도 전달되지 않는 init 함수도 넣어주고, 이름을 전달하기 위한 파라미터가 하나 들어 있는 init 함수도 함께 넣었으니 같은 이름을 가진 함수가 두 개입니다. init 함수뿐만 아니라 함수라는 것 자체가 같은 이름을 가졌더라도 여러 개 만들어질 수 있습니다. 다만 각각의 함수는 파라미터의 자료형과 개수가 서로 달라야 합니다. 이것을 함수의 '다중 정의(Overloading)'라고 합니다.

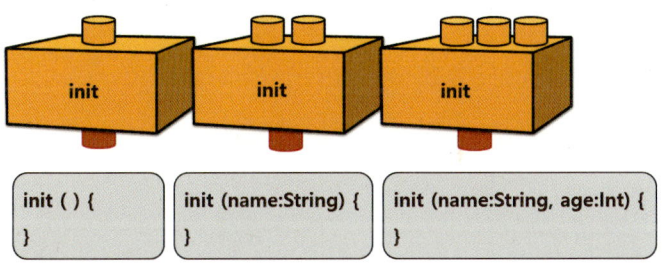

▲ 함수의 다중 정의란 무엇일까요?

이렇게 그림으로 정리해 보면 '함수의 이름이 같더라도 함수에 전달되는 파라미터가 몇 개인지, 그리고 각 자료형이 무엇인지 구분해야 되겠구나!'라고 생각할 수 있습니다.

함수로 전달되는 파라미터가 무엇인지에 따라서 함수가 처리하는 기능이 달라질 수도 있으니 파라미터는 중요할 수밖에 없습니다. 그럼 이번에는 변수에 할당된 객체 자료형을 사용할 때 눈여겨봐야 할 특징에 대해 알아보겠습니다. 먼저 person04라는 이름의 변수를 만들고 person03 객체를 할당합니다. 그리고 person03 객체의 name 변수에 다른 사람의 이름을 할당합니다. 코드는 다음과 같이 입력합니다.

코드 참고 / chapter4〉classes2.playground · QR코드 듣기

```
… 중략

var person04 = person03
person04.walk(speed:30)

person03.name = "수진"
person04.walk(speed:30)
```

이 코드를 실행하면 다음과 같은 결과를 볼 수 있습니다.

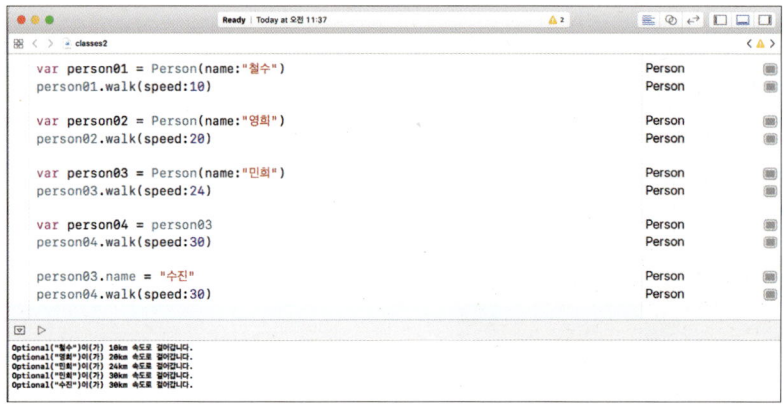

▲ 객체를 레퍼런스로 참조하면서 변수의 값을 바꾼 경우

이 코드를 실행했을 때 메모리에서 어떤 변화가 일어나는지 살펴보겠습니다. person04 변수 상자에는 실제 사람 객체가 들어 있지 않고 단순히 person03 변수 상자에 들어 있는 사람 객체를 가리키는 역할만 합니다. 이것을 '레퍼런스(Reference)'라고 합니다.

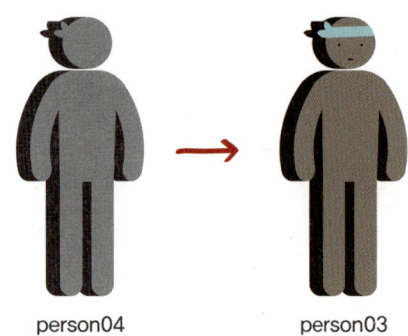

▲ 객체를 레퍼런스로 가리키는 방식

레퍼런스는 실제 객체를 담고 있는 것이 아니라 실제 객체가 만들어진 메모리의 위치만 가리킵니다.

그런데 Int 자료형으로 변수 상자를 만들 때는 메모리에서 처리되는 방식이 약간 다릅니다. 예를 들어, Int 자료형으로 a라는 이름의 변수 상자를 만들고 그 값을 10으로 한 다음 Int 자료형으로 b라는 또 다른 변수 상자를 만듭니다. 그러면 지금까지 알고 있던 것처럼 메모리에서 b라는 변수 상자에도 10이라는 값이 직접 들어가므로 레퍼런스가 만들어지지 않습니다. 그 이유는 기본 자료형일 때는 레퍼런스를 만들지 않고 원래의 변수 상자에 있던 값을 복사해서 새로운 변수 상자에 넣기 때문입니다. 이런 방식을 '값(Value)으로 복사한다.'고 합니다.

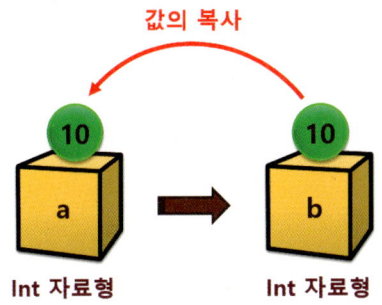

▲ 기본 자료형을 값으로 복사하는 방식

함수 상자로 전달되는 파라미터도 마찬가지여서 기본 자료형은 복사해서 전달하고 객체 자료형은 레퍼런스로 전달합니다. 복사해서 전달하는 것을 '값으로 전달한다(Pass By Value).'라고 하고 객체를 가리키는 방식으로 전달하는 것을 '레퍼런스로 전달한다(Pass By Reference).'라고 합니다.

다음 코드를 입력하고 실행하면 값을 복사해서 전달하는지, 아니면 레퍼런스로 전달하는지 확인할 수 있습니다.

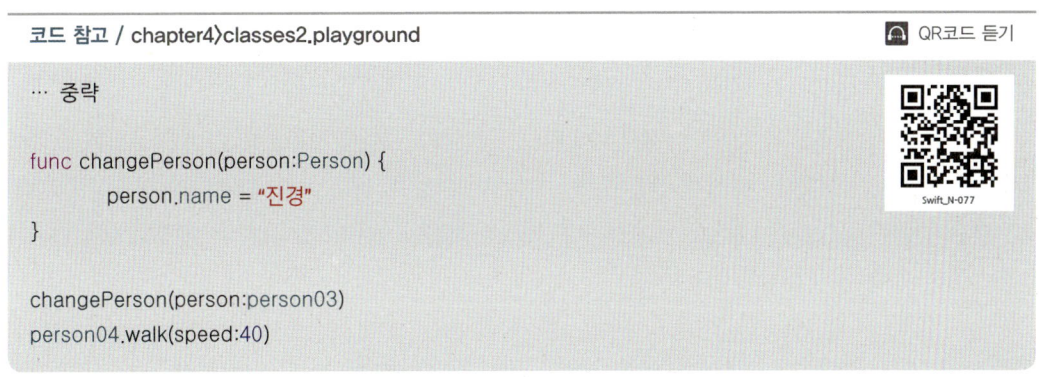

changePerson 함수는 전달 받은 Person 객체의 name 변수 값을 "진경"으로 바꿉니다. 함수에서 반환하는 객체는 없으므로 changePerson 함수로 Person 객체를 전달하고 나면 반환 받을 수 없습니다. 그러나 person03 변수에 할당된 Person 객체를 changePerson 함수를 호출하면서 전달한 후 person04 객체의 walk 함수를 호출하면 name 변수 값이 "진경"으로 변경된 것을 알 수 있습니다.

코드를 실행하면 다음과 같은 결과를 볼 수 있습니다.

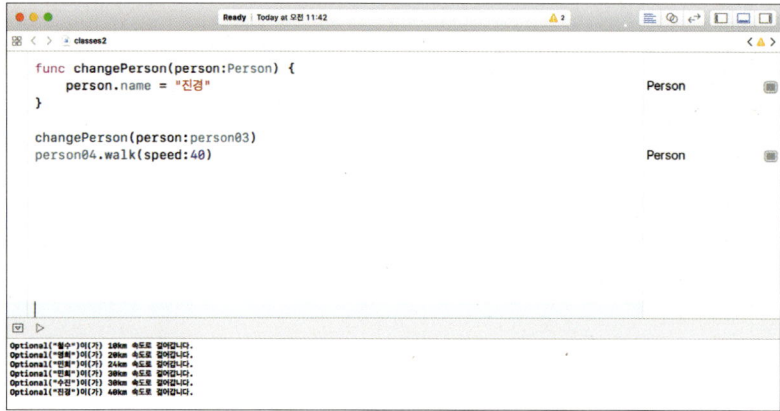

▲ 함수로 전달된 Person 객체를 참조한 경우

지금까지 해 본 것처럼, 객체를 전달했을 때 복사되는 것이 아니라 그 객체가 있는 곳을 가리킨다는 것을 알아야 코드가 어떻게 동작하는지 이해할 수 있습니다.

객체 자료형의 비교

두 개의 객체가 같거나 다른지는 어떻게 비교할 수 있을까요? 객체 자료형은 기본 자료형과 달라서 두 개의 변수에 들어 있는 객체가 같은지 또는 다른지를 알기 위해서 두 단계의 과정을 거칩니다. 첫 번째 단계에서는 먼저 자료형을 비교합니다. 그리고 자료형이 서로 같다면 두 번째 단계로 넘어가서 그 안에 들어 있는 속성을 비교합니다.

- **객체가 같은지 다른지를 비교하는 과정**
  ❶ 두 객체의 자료형을 비교합니다.
  ❷ 두 객체의 자료형이 같다면 그 안에 들어 있는 속성을 비교합니다.

이때 사용되는 연산자가 ===와 !==입니다. person01과 person02가 같은지, 그리고 person03과 person04가 같은지 === 연산자를 사용해서 확인해 보겠습니다. 다음 코드를 추가합니다.

> 코드 참고 / chapter4>classes2.playground　　QR코드 듣기
> ```
> if person01 === person02 {
>     print("person01과 person02는 같습니다.")
> } else {
>     print("person01과 person02는 다릅니다.")
> }
> 
> if person03 === person04 {
>     print("person03과 person04는 같습니다.")
> } else {
>     print("person03과 person04는 다릅니다.")
> }
> ```

이미 알고 있는 것처럼 person01과 person02는 다른 객체입니다. 그리고 person03과 person04는 같은 객체를 가리키고 있습니다. person04 변수가 person03 객체를 가리키고 있기 때문이죠. 이 코드를 실행하면 다음과 같은 결과를 볼 수 있습니다.

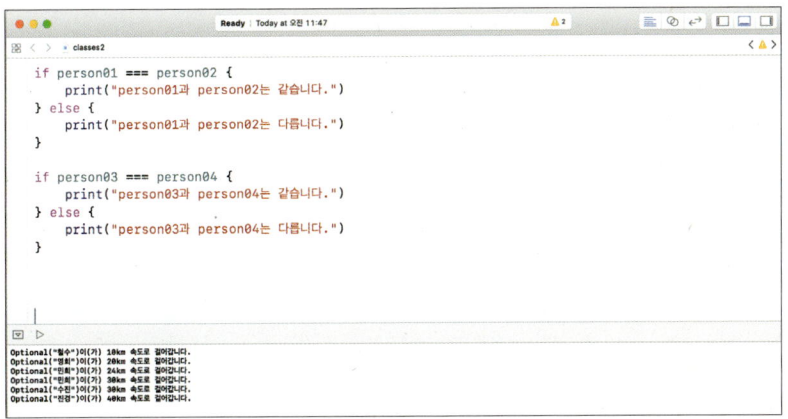

▲ === 연산자를 사용해 객체를 비교한 경우

!== 연산자는 두 개의 객체가 다른 경우에 true 값을 반환합니다. 두 연산자를 정리하면 다음과 같습니다.

> • 두 객체가 같으면 true를 반환합니다.
>   ❶ === 연산자 ➡ 두 개의 객체가 같으면 true를 반환합니다.
>   ❷ !== 연산자 ➡ 두 개의 객체가 다르면 true를 반환합니다.

두 개의 변수가 기본 자료형으로 만들어진 경우에는 == 연산자나 != 연산자를 사용합니다. 따라서 기본 자료형을 비교할 때와 객체 자료형을 비교할 때 사용하는 연산자가 서로 다르다는 점에 주의해야 합니다. 숫자나 문자열이 들어 있는 두 개의 변수를 비교할 때는 ==, 객체 자료형으로 된 두 개의 변수를 비교할 때는 === 연산자를 사용한다고 생각하면 좀 더 쉽게 기억할 수 있습니다.

Quiz 19

Dog 클래스를 만들고 그 안에 속성을 넣은 후 초기화 함수를 추가해 보세요. Dog 클래스를 정의한 후 name 속성을 추가합니다. 그리고 초기화 함수를 추가하여 그 안에서 name 속성의 값을 초기화하도록 합니다. 클래스를 만들었다면 이 클래스로부터 두 개의 실제 강아지 객체를 만들고 두 개의 강아지 객체가 같은지를 비교합니다.

```
class Dog {
    var name:String?

    init(name:String) {
        self.name = name
    }

    func walk() {
        print("\(name) 강아지가 걸어갑니다.")
    }
}

var dog1 = Dog(name:"미미")
var dog2 = Dog(name:"캔디")

if dog1 === dog2 {
    print("dog1과 dog2는 같습니다.")
} else {
    print("dog1과 dog2는 다릅니다.")
}
```

해답 | exercise04_03.playground

5 _ 객체의 속성

클래스를 정의할 때 그 안에는 속성과 메소드가 들어갈 수 있습니다. 속성은 '애트리뷰트(Attributes)' 또는 '프로퍼티(Properties)'라고 부르며, 스위프트에서는 속성을 크게 저장 속성과 계산 속성으로 구분합니다. '저장 속성(Stored Properties)'은 지금까지 만들어 본 일반적인 변수나 상수와 같습니다. 즉, 클래스 안에 var 키워드를 사용해 변수를 추가하거나 let 키워드를 사용해 상수를 추가하면 그것이 저장 속성이 됩니다. '계산 속성(Computed Properties)'은 속성의 값을 넣거나 뺄 때 특정 코드가 함께 실행되도록 만듭니다. 이런 계산 속성은 값을 가져올 때는 get, 값을 넣을 때 set이라는 단어를 사용합니다. set 속성은 필요하면 추가해서 사용할 수도 있고 생략할 수도 있으므로 get 속성만 사용하는 경우도 많습니다. 계산 속성은 단순히 변수의 값만을 가져오거나 넣는 경우보다는 여러 변수의 값을 사용해서 새로운 값을 만든 다음 그 값을 가져올 때 많이 사용됩니다.

저장 속성

저장 속성은 이미 클래스 안에 넣어 보았던 변수를 말합니다. 이미 여러 번 사용해 보았으니 저장 속성 중에서 조금 다른 특징을 갖고 있는 '지연 속성(Lazy Properties)'에 대해서만 알아보겠습니다. 클래스 안에 선언된 모든 변수나 상수는 초기 값을 할당해야 하며, 만약 초기 값이 할당되어 있지 않다면 init 함수 안에서 초기 값을 할당해야 한다고 했습니다. 그런데 변수 앞에 lazy 키워드를 붙이면 처음에는 값이 할당되지 않고 남아 있다가 다른 곳에서 값을 참조하는 시점에 초기화됩니다. lazy 키워드를 사용했을 때 어떻게 되는지 확인하기 위해 classes3.playground 파일을 새로 만들고 다음 코드를 입력합니다.

코드 참고 / chapter4>classes3.playground

```swift
class Friend {
    var name : String?
    init() {
        print("Friend:init 호출됨.")
        name = "Friend"
    }
}

class Person {
    var name : String?
    lazy var group = Friend()
    init(name:String) {
        self.name = name
    }
    func walk(speed:Int) {
        print("\(name)이(가) \(speed)km 속도로 걸어갑니다.")
    }
    func run(speed:Int) {
        print("\(name)이(가) \(speed)km 속도로 뛰어갑니다.")
    }
}

var person01 = Person(name:"철수")
person01.walk(speed:10)

print("Group 속성 -> \(person01.group)")
```

Person 클래스 안에는 name 속성을 추가했으며 init 함수는 하나의 파라미터를 전달 받도록 정의되었습니다. init 함수 안에서는 전달 받은 파라미터 값을 자기 자신의 name 변수 즉, self.name에 할당합니다. name 변수 외에 group이라는 이름의 변수가 하나 더 추가되었는데 이 변수의 초기 값은 Friend 클래스의 인스턴스가 되도록 만듭니다. Friend 클래스는 단순히 name 속성만을 가지고 있는데 init 함수가 호출되면 콘솔 화면에 호출되었다는 메시지가 출력되도록 만들었습니다.

여기서 중요한 점은 group 변수 앞에 lazy 키워드가 붙었다는 것입니다. 이 키워드가 붙으면 인스턴스 객체가 만들어져도 이 변수는 초기화되지 않습니다. 코드를 실행하면 다음과 같은 결과를 볼 수 있습니다.

▲ 클래스 안의 변수 앞에 lazy 키워드를 붙인 경우

Person 객체의 인스턴스를 만들어 person01 변수에 할당한 후 walk 함수를 호출했지만 group 변수에 할당될 Friend 객체는 만들어지지 않았습니다. 이것은 'Friend:init 호출됨.'이라는 메시지가 출력되지 않은 것을 보면 알 수 있습니다. 이 객체는 person01.group 변수를 참조할 때 초기화되어 만들어집니다. 이렇게 값이 늦게 만들어지기 때문에 lazy라는 단어를 붙인다고 기억하면 좋습니다.

계산 속성

이번에는 일반적인 저장 속성이 아닌 계산 속성을 만들어 보겠습니다. 계산 속성은 속성 이름 뒤에 중괄호로 된 블록을 만든 후 그 안에 get 구문과 set 구문을 추가하는 형식으로 만듭니다. 계산 속성은 여러 변수에 들어 있는 값을 사용해 새로운 값을 만들어서 가져오고 싶을 때 사용할 수 있습니다. 여기서는 키와 몸무게를 사용해 BMI(체질량 지수)를 계산하는 속성으로 만들어 보겠습니다. BMI를 계산하는 공식은 다음과 같습니다.

체질량 지수(BMI) = 체중(kg) / 키(m)^2

BMI 값을 사용해 체중을 평가하는 기준은 18.5 미만이면 체중 부족, 18.5~22.9이면 정상, 23.0 ~ 24.9이면 과체중, 25.0이상이면 비만입니다. classes4.playground 파일을 새로 만들고 다음 코드를 입력합니다.

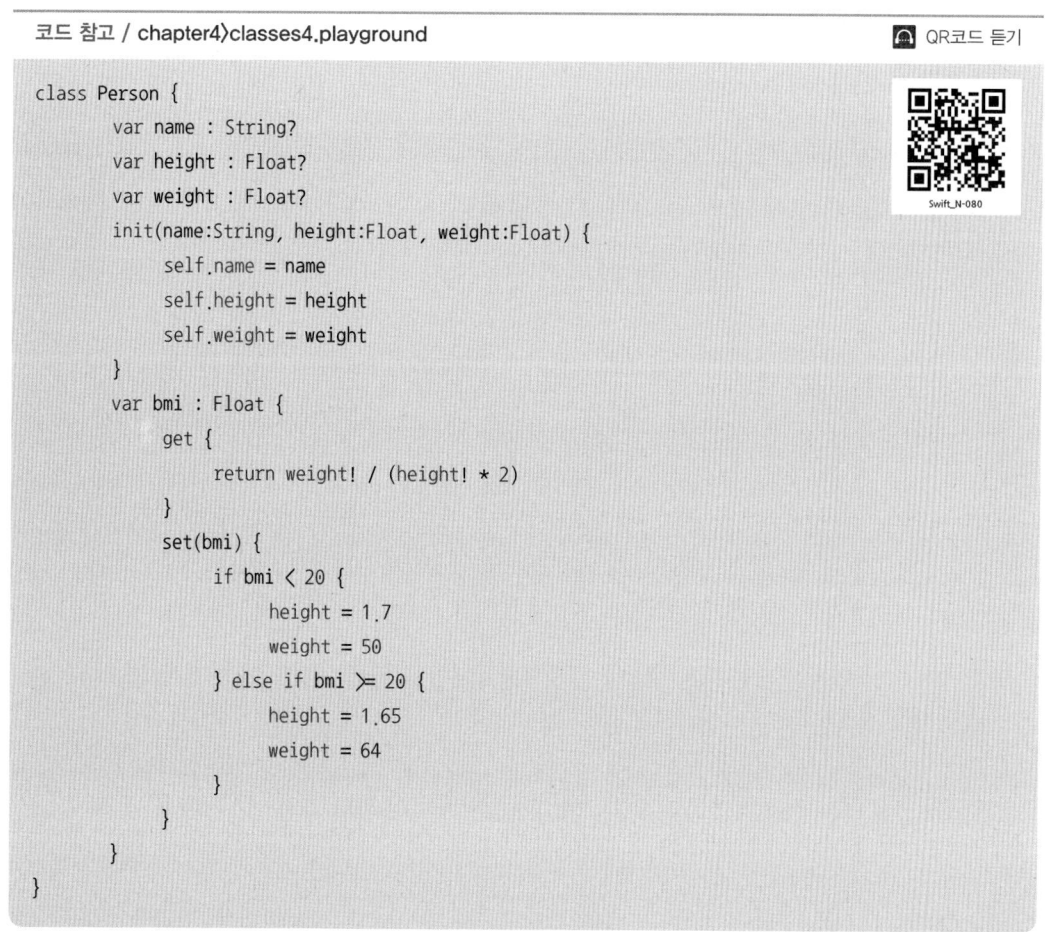

코드 참고 / chapter4>classes4.playground   QR코드 듣기

```
class Person {
    var name : String?
    var height : Float?
    var weight : Float?
    init(name:String, height:Float, weight:Float) {
        self.name = name
        self.height = height
        self.weight = weight
    }
    var bmi : Float {
        get {
            return weight! / (height! * 2)
        }
        set(bmi) {
            if bmi < 20 {
                height = 1.7
                weight = 50
            } else if bmi >= 20 {
                height = 1.65
                weight = 64
            }
        }
    }
}
```

Person 클래스를 만들면서 name, height, weight 변수를 추가했습니다. 이 변수들은 값이 없어도 문제가 생기지 않도록 옵셔널 자료형으로 선언했습니다. 초기화 함수인 init에는 이름, 키, 몸무게가 파라미터로 전달되고 이 파라미터 값들은 self 키워드를 사용해서 클래스 안에 선언한 변수들에 할당됩니다.

그 아래에는 bmi라는 이름의 계산 속성이 들어 있습니다. var 뒤에 속성의 이름이 있고 콜론(:) 뒤에 자료형이 있으니 여기까지는 일반적인 변수 선언과 다를 바 없습니다. 그러나 그 뒤에 중괄호가 오고 중괄호 안에 코드가 들어 있다는 점이 다릅니다. 보통 중괄호를 사용하는 것은 함수인데, 함수가 아닌 변수를 선언할 때 중괄호와 코드가 사용된 것입니다. 이 중괄호 안에 들어 있는 코드를 보면 함수 안에 들어가는 코드와 다릅니다. 중괄호 안에는 get과 set이 들어있고 get의 뒤에는 중괄호로 감싼 코드가 들어 있습니다. 중괄호로 감싸져 있는 코드를 '코드 블록(Code Block)'이라고도 하는데,

이 블록 안에 있는 코드에서는 BMI 값을 계산한 후 그 값을 반환합니다. set 뒤에는 소괄호와 함께 bmi라는 이름이 들어 있습니다. 이것은 bmi 계산 속성으로 값이 들어온다는 것을 의미하며, 그 뒤에 있는 중괄호로 된 블록 안에서는 전달 받은 값이 20보다 작은지 또는 크거나 같은지를 비교한 후 height와 weight 변수에 값을 할당합니다. 이렇게 Person 클래스 안에 선언한 계산 속성을 사용하는 코드는 다음과 같습니다.

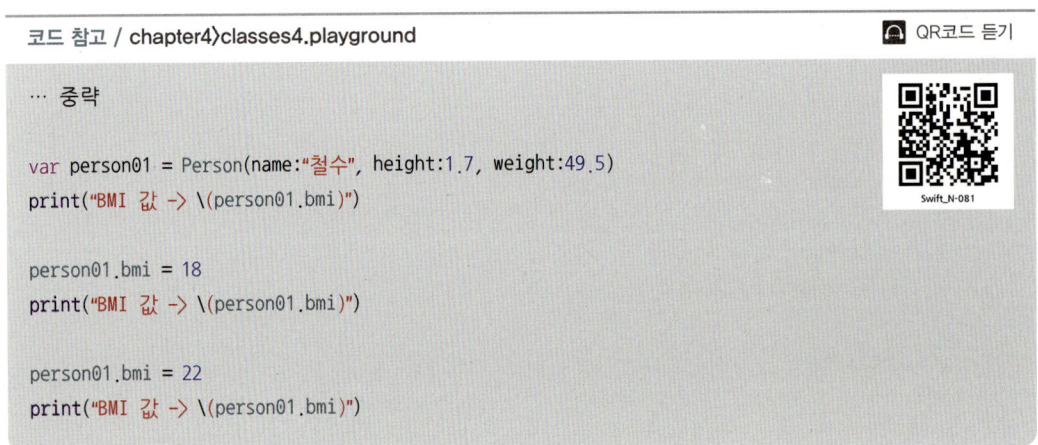

Person 클래스를 사용해 인스턴스 객체를 만들 때는 세 개의 파라미터를 전달합니다. 그리고 새로 만든 객체의 bmi 속성을 확인하면 계산 속성의 get 안에 들어 있는 코드가 실행되면서 계산된 BMI 값이 반환됩니다. 만약 BMI 값을 계산 속성에 할당하면 set 안에 들어 있는 코드가 실행되면서 height와 weight 변수에 새로운 값이 할당됩니다.

코드를 실행하면 다음과 같은 화면을 볼 수 있습니다.

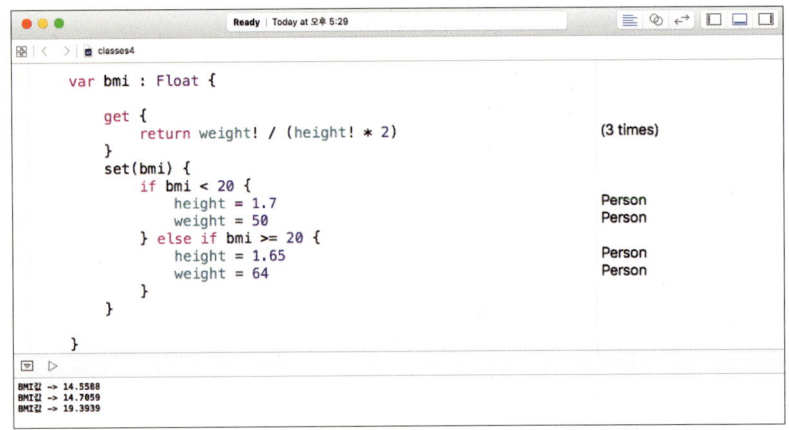

▲ 계산 속성으로 BMI 값을 넣거나 가져오는 경우

만약 계산 속성을 사용하지 않는다면 BMI를 계산하는 함수를 별도로 만들어야 합니다. 따라서 계산 속성을 사용하면 별도의 함수를 만들 때보다 더 단순한 코드를 만들 수 있습니다.

속성 옵저버

이번에는 속성 옵저버를 사용해 보겠습니다. '속성 옵저버(Property Observer)'는 속성의 값이 바뀔 때 반응하는 객체를 말합니다. 즉, 새로운 값이 속성에 할당되면 자동으로 호출됩니다. 속성 옵저버에는 다음처럼 두 가지 종류가 있습니다.

- willSet ➡ 속성에 값이 할당되기 바로 전에 호출됩니다.
- didSet ➡ 속성에 값이 할당된 직후에 호출됩니다.

willSet은 속성에 값이 할당되기 전에 호출되고 didSet은 속성에 값이 할당된 후에 호출됩니다. willSet 옵저버 내부에서는 새로 할당된 값이 파라미터로 전달되므로 어떤 값이 속성에 할당될 것인지 미리 알 수 있습니다. 만약 willSet 뒤에 소괄호를 붙이고 파라미터 이름을 정의하면 파라미터로 전달된 값을 받아 처리할 수 있습니다. 그리고 별도의 파라미터로 정의하지 않고 파라미터로 전달된 값을 받아 처리하고 싶다면 newValue라는 이름으로 참조할 수 있습니다. didSet 옵저버의 경우에는 속성에 할당된 값을 oldValue라는 이름으로 참조할 수 있습니다.

코드 참고 / chapter4)classes4.playground　　　　　QR코드 듣기

```swift
… 중략
class Person {
    var name : String?
    var height : Float?
    var weight : Float?
    
    init(name:String, height:Float, weight:Float) {
        self.name = name
        self.height = height
        self.weight = weight
    }
    
    var bmi : Float = 0.0 {
        willSet(bmi) {
            print("bmi willSet 호출됨 -> \(bmi)")
        }
        didSet {
            print("bmi didSet 호출됨 -> \(bmi),\(oldValue)")
        }
    }
}
… 중략
```

bmi 변수는 Float 자료형으로 선언되었으며 그 뒤에 = 기호를 붙인 후 0.0이라는 값으로 초기 값을 할당했습니다. 그리고 그 뒤에 중괄호를 붙인 후 중괄호 안에 willSet과 didSet이라는 속성 옵저버를 포함시켰습니다. willSet은 전달되는 파라미터를 bmi라는 이름으로 정의했습니다. 따라서 새로 할당될 bmi 값은 bmi라는 이름으로 참조할 수 있습니다. didSet은 파라미터를 정의하지 않았으므로 그 안에서 기존 값을 참조할 때 oldValue라는 이름을 사용합니다.

코드를 실행하면 다음과 같은 화면을 볼 수 있습니다.

▲ 속성 옵저버를 사용해 BMI 값을 넣거나 확인한 경우

속성 옵저버는 어떤 용도로 사용할 수 있을까요? 속성 옵저버는 어떤 속성에 값을 넣기 전이나 후에 필요한 작업을 할 수 있으므로 예상하지 못했던 값이 속성에 할당되는지 감시하다가 잘못된 값이 들어오면 오류가 발생하지 않도록 만들 수 있습니다.

타입 속성

클래스는 붕어빵 틀과 같아서 이 붕어빵 틀을 먼저 만들고 이 틀을 사용해 실제 붕어빵을 만들면 그것이 인스턴스 객체가 된다는 것을 이미 알고 있습니다. 그리고 붕어빵 틀 안에 정의했던 저장 속성이나 계산 속성은 붕어빵 틀 안에 들어 있는 것처럼 보이지만 실제로는 붕어빵 인스턴스가 만들어지면서 붕어빵에 들어가게 됩니다. 즉, 클래스는 틀을 만들어 둔 것이라서 그 안에 넣어둔 속성은 실제로는 인스턴스 객체가 만들어질 때 인스턴스 객체 안에서 만들어지고 동작합니다. 그래서 '인스턴스 속성(Instance Property)'이라고도 부릅니다. 하지만 경우에 따라 클래스 안에 속성을 넣어 두어야 할 때도 있습니다. 예를 들어, 붕어빵 틀에서 만들어 낸 붕어빵의 개수를 저장해 두고 싶다면 붕어빵 틀에 해당하는 클래스에 변수를 넣어 두는 것이 좋을 것입니다. 왜냐하면 인스턴스 속

성으로 만들었을 경우에는 모든 실제 붕어빵마다 붕어빵 개수를 가지고 있으므로 변수가 중복되어 만들어지는 문제가 발생하기 때문입니다. 이렇게 클래스 자체에서 사용되는 속성을 '타입 속성 (Type Property)'이라고 하며, 이 타입 속성은 인스턴스들이 공용으로 사용할 수 있습니다. 타입 속성을 만들려면 변수 앞에 static 키워드를 붙여줍니다.

이번에는 타입 속성을 만들어 보겠습니다. classes5.playground 파일을 새로 만들고 다음 코드를 입력합니다.

코드 참고 / chapter4〉classes5.playground QR코드 듣기

```
… 중략
class Person {
    static var total : Int = 0
    
    class var halfTotal : Int {
        get {
            return total / 2
        }
        set(newValue) {
            total = newValue * 2
        }
    }
}
```

total이라는 변수는 Int 자료형으로 만들어졌으며 그 앞에 static 키워드가 붙어 있습니다. 그리고 이 변수를 만들면서 그 안에 0이라는 값을 넣었습니다. 이렇게 static 키워드를 붙이면 이 변수는 타입 속성이 됩니다. 앞에서 설명한 것처럼 타입 속성이란 실제 객체들이 가지는 변수나 상수가 아니라 클래스라는 틀에 들어 있는 변수나 상수를 말합니다.

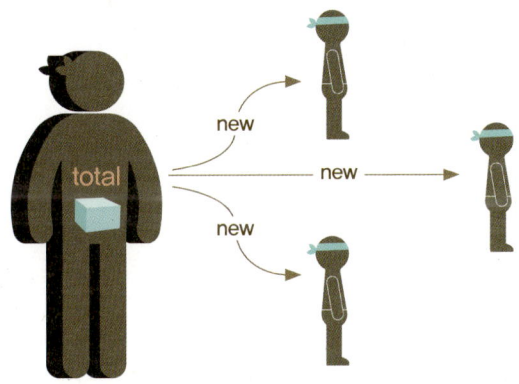

▲ 인스턴스가 아닌 클래스에 들어 있는 타입 속성

클래스 안에 만들어 둔 변수는 인스턴스 속성이므로 이 클래스에서 실제 객체가 만들어지면 각각의 실제 객체 안에 이 속성이 들어가게 되고 실제 객체 안에서 사용됩니다. 따라서 하나의 인스턴스 객체에 1이라는 숫자를 넣어 두었다고 해서 다른 인스턴스 객체가 그 숫자를 가져다 쓰지는 못합니다. 그러나 타입 속성은 클래스 자체에 만들어지므로 실제 인스턴스 객체들이 여러 개 만들어졌다고 해도 타입 속성은 한 개가 그대로 유지됩니다. 타입 속성은 클래스 안에 들어있기 때문에 클래스 이름 뒤에 점(.) 연산자를 붙인 후 속성 이름을 붙이면 어디서든 그 속성을 참조하여 사용할 수 있습니다.

> **정박사님 궁금해요** 타입 속성이 갖고 있는 특징은 뭔가요?
>
> 모든 인스턴스 객체에서 접근하여 그 값을 사용하거나 바꿀 수 있는 게 바로 타입 속성입니다. 다음과 같은 형태로 어디서든 접근할 수 있습니다.
>
> 클래스 이름 . 변수 이름
>   예) Person.total = 2;

계산 속성을 타입 속성으로 만들 때는 static 키워드 외에 class 키워드를 사용할 수도 있습니다. 계산 속성의 앞에 class 키워드를 붙이면 이 계산 속성은 타입 속성이 됩니다. 앞에서 작성한 코드에서 halfTotal은 계산 속성으로 만들어졌으며 앞에 class 키워드가 붙어 있어 Person 클래스에 들어 있는 타입 속성이 됩니다. 이 계산 속성을 사용해 total 변수의 값을 가져올 때는 2로 나눈 값을 가져옵니다. Person 클래스를 사용해 실제 객체를 만들 때 호출되는 초기화 함수 안에서는 total 변수의 값을 하나씩 크게 만듭니다. 이렇게 하면 total 변수에 들어 있는 값을 사용해 실제 사람 객체가 몇 개인지를 알 수 있습니다.

코드 참고 / chapter4〉classes5.playground　　　　　　　　　QR코드 듣기

```
... 중략

var person01 = Person(name:"철수")
print("만들어진 사람 객체 수 -> \(Person.total)")

Person.halfTotal = 10
print("만들어진 사람 객체 수 -> \(Person.total)")
```

Person 클래스로부터 인스턴스 객체를 하나 만들었고 그 객체의 name 속성에는 '철수'라는 값이 들어갔습니다. 그리고 인스턴스 객체가 만들어지면서 Person 클래스 안에 들어 있는 total 변수의 값이 1 증가합니다. 그 아래에는 halfTotal 계산 속성에 10이라는 값을 넣었는데 이렇게 하면 total 변수에는 2로 나눈 값인 5가 할당됩니다.

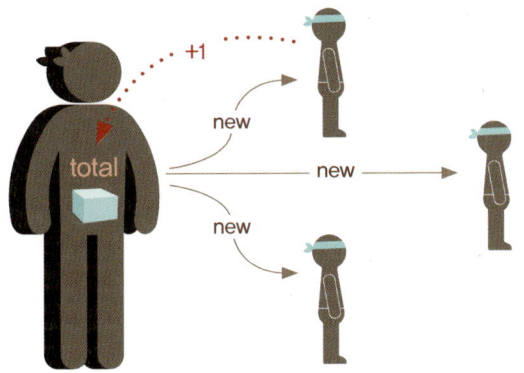

▲ 인스턴스 객체가 만들어질 때 타입 속성에 1 더하기

코드를 실행하면 다음과 같은 화면을 볼 수 있습니다.

```
// type property & type method
class Person {
    static var total : Int = 0
    
    class var halfTotal : Int {
        get {
            return total / 2
        }
        set(newValue) {
            total = newValue * 2
        }
    }
}
```

▲ 타입 속성을 사용해 값을 넣거나 확인한 경우

변수나 상수는 모두 타입 속성으로 만들어 사용할 수 있지만 저장 속성을 타입 속성으로 선언할 때는 초기 값을 반드시 할당해야 합니다. 왜냐하면 타입 속성은 인스턴스 객체를 만들 때 호출되는 초기화 함수를 사용할 수 없어서 초기 값을 할당할 수 없기 때문입니다.

타입 메소드

지금까지 static이나 class 키워드를 붙여 만드는 타입 속성에 대해 알아보았습니다. 이번에는 타입 메소드가 무엇인지 알아보겠습니다. 함수가 클래스 안에 들어 있으면 이것을 '메소드(Method)'라고 부를 수 있습니다. 즉, 메소드는 객체 안에 들어 있는 함수라고 할 수 있습니다. 메소드는 '인스턴스 메소드(Instance Method)'와 '타입 메소드(Type Method)'로 구별됩니다. 인스턴스 메소드는 인스턴스 속성과 마찬가지로 클래스 안에 선언되어 있지만 실제로는 이 클래스에서 만든 인스턴스 객체 안에 들어가 사용됩니다. 이에 반해 타입 메소드는 클래스 자체에 선언된 함수로 인스턴스 객체가 아닌 클래스 안에 들어 있습니다.

인스턴스 메소드는 다음과 같은 특성을 가집니다.

> ❶ 클래스 안에 선언됩니다.
> ❷ 클래스 안에 선언된 속성을 모두 참조하여 사용할 수 있습니다.
> ❸ self 키워드를 사용해 자기 자신 즉, 인스턴스 객체를 참조할 수 있습니다.

self 키워드는 클래스 안에 정의된 인스턴스 메소드에서 사용할 수 있습니다. 이 키워드는 객체 자신을 가리키므로 self 뒤에 점(.)을 붙인 다음 속성 이름을 붙이면 속성 값을 참조할 수 있습니다.

> self.name ➡ 객체 안에 정의된 name 속성을 참조하기

클래스 안에서 인스턴스 메소드를 사용할 때는 그 이름을 그대로 사용합니다.

> getName() ➡ 객체 안에 정의된 getName() 메소드를 호출하기

클래스로부터 인스턴스 객체를 만들었다면 인스턴스 객체 이름 뒤에 점(.)을 붙이고 속성 이름이나 인스턴스 메소드 이름을 붙여줍니다.

> - person1.name ➡ person1 객체의 name 속성 참조하기
> - person1.getName() ➡ person1 객체의 getName() 메소드 호출하기

이와 다르게 타입 메소드는 클래스 안에 들어 있는 메소드로 static이나 class 키워드를 그 앞에 붙입니다. 이렇게 static이나 class 키워드를 붙인 타입 메소드는 클래스 이름 뒤에 점(.) 연산자를 붙인 후 메소드 이름을 붙이면 어느 객체에서든 접근할 수 있습니다.

> **정박사님 궁금해요**   타입 메소드와 인스턴스 메소드의 개념은 어떻게 정리할 수 있나요?
>
> **· 타입 메소드**
> ❶ static이나 class 키워드를 붙입니다.
> ❷ 클래스라는 틀 안에 들어 있는 메소드입니다.
> ❸ '클래스 이름' + '.' + '메소드 이름'으로 접근합니다.
>
> **· 인스턴스 메소드**
> ❶ static 키워드 없습니다.
> ❷ 실제 객체 안에 들어 있는 메소드입니다.
> ❸ '실제객체' + '.' + '메소드 이름'으로 접근합니다.

다음 코드처럼 Person 클래스 안에 getTotal이라는 이름의 타입 메소드를 추가합니다.

코드 참고 / chapter4〉classes5.playground   QR코드 듣기

```
… 중략

class Person {

… 중략
    class func getTotal() -> Int {
        return total
    }

… 중략
```

getTotal 함수 앞에는 class 키워드를 붙여 타입 메소드로 만들었습니다. 여기에서 주의할 점은 static이나 class로 선언된 타입 메소드는 인스턴스 객체를 위해 만들어 둔 인스턴스 속성들에 접근 할 수 없다는 사실입니다.

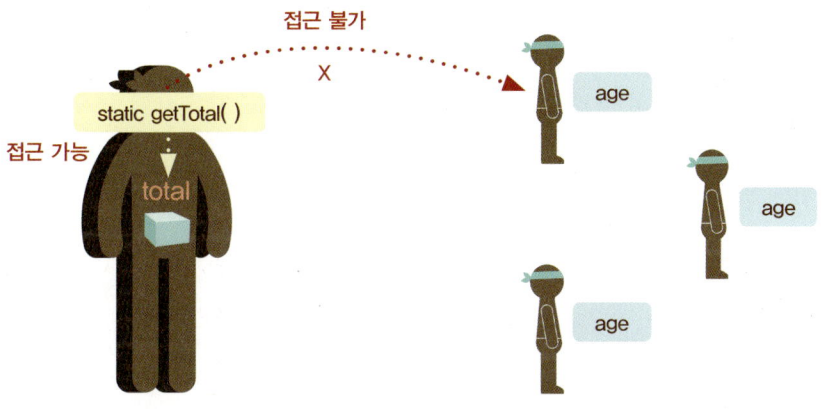

▲ 타입 메소드에서 인스턴스 속성 접근 불가

각각의 인스턴스 객체 안에 들어 있는 속성은 인스턴스마다 다른 값을 갖게 만든 것입니다. 그런데 이 인스턴스 변수의 값을 클래스라는 틀 안에 정의된 메소드에서 접근하여 변경할 수 있게 만든다면 모든 실제 객체들의 변수를 한꺼번에 변경하게 되는 문제가 생깁니다. 예를 들어, 사람마다 이름이 다른데 모든 이름을 똑같이 바꾸는 경우가 생기게 되는 거죠. 따라서 타입 메소드에서는 인스턴스 객체의 속성을 바꾸지 못하도록 합니다.

타입 메소드를 만들어서 호출할 때는 클래스 이름 뒤에 점(.)을 붙인 후 메소드 이름을 붙입니다. 다음 코드를 입력합니다.

코드 참고 / chapter4〉classes5.playground　　QR코드 듣기

```
… 중략

var total = Person.getTotal()
print("만들어진 사람 객체 수 -> \(total)")

… 중략
```

코드를 실행하면 다음과 같은 화면을 볼 수 있습니다.

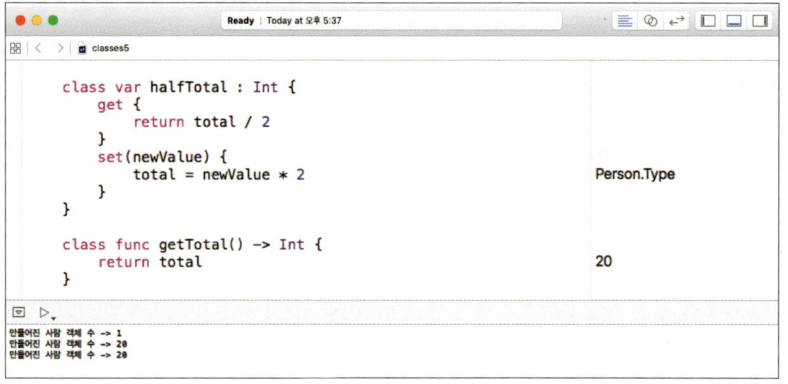

▲ 타입 메소드를 사용해서 total 변수의 값을 확인한 경우

이제 클래스라는 틀 안에 있으면서 실제 객체들이 접근할 수 있는 타입 속성과 타입 메소드에 대해 이해했을 것입니다. 그런데 static이나 class 키워드를 사용하여 타입 속성이나 타입 메소드를 선언하는 코드를 만들면 혼동되는 경우가 많습니다. 왜냐하면 인스턴스 속성이나 타입 속성 모두 하나의 클래스 안에 들어 있는데 그 앞에 static이나 class 키워드 하나가 붙어 있는지 붙어 있지 않은지 만으로 구별해야 하기 때문입니다. 즉, 어떤 속성이 타입 속성인지 아닌지를 코드 자체만 보아서는 헷갈릴 수 있습니다. 따라서 실제 프로그램을 만들 때는 인스턴스 속성과 타입 속성, 그리고 인스턴스 메소드와 타입 메소드를 머릿속으로 잘 구별하면서 코드를 만드는 것이 필요합니다.

퀴즈풀자

Quiz 20

Dog 클래스를 만들고 이름이 age와 birth인 계산 속성을 추가해 보세요. Dog 클래스를 정의한 후 name 속성은 일반적인 저장 속성으로 만듭니다. ageData 속성은 나이 값을 담아 두는 저장 속성으로 만듭니다. age 속성은 계산 속성으로 만들고 ageData 변수의 값을 가져오도록 합니다. birth 속성도 계산 속성으로 만들고 태어난 연도를 파라미터로 전달하면 ageData 변수에 나이를 계산하여 할당하도록 합니다.

```
class Dog {
    var name:String?
    var ageData:Int = 0

    init(name:String) {
        self.name = name
    }

    var age:Int {
        get {
            return ageData
        }
    }

    var birth:Int {
        get {
            return 2018 - ageData
        }
        set(birth) {
            ageData = 2018 - birth
        }
    }
}
```

Optional("미미") 강아지의 나이 : 28

해답 | exercise04_04.playground

6 _ 구조체 사용하기

클래스처럼 틀을 만들어 사용할 수 있는 또 다른 방법으로 '구조체(Structure)'가 있습니다. 구조체는 C 언어와 같은 다른 언어에서 여러 개의 값을 하나로 묶어서 갖고 있을 수 있도록 했던 것입니다. 하지만 스위프트는 클래스처럼 인스턴스 객체를 만들어내기 위한 틀로 사용할 수 있습니다. 따라서 클래스와 구조체는 거의 같다고 할 수 있습니다.

구조체를 정의할 때는 struct 키워드를 사용합니다. 구조체를 만드는 형식은 다음과 같습니다.

```
struct 구조체 이름 {
    구조체 정의 코드
}
```

그리고 구조체는 클래스와 마찬가지로 내부에 변수와 상수, 그리고 함수를 가질 수 있습니다. 그러면 사각형을 표현하는 구조체 하나를 만들어 보겠습니다. classes6.playground 파일을 새로 만들고 플레이그라운드 화면에 다음과 같은 코드를 입력합니다.

코드 참고 / chapter4〉classes6.playground　　　QR코드 듣기

```
struct Rectangle {
    var width = 0
    var height = 0

    func toString() -> String {
        return "사각형 width : \(width), height : \(height)"
    }
}
```

width와 height 속성에는 크기를 나타내는 숫자 값이 들어가게 했고 toString 함수는 사각형의 가로와 세로 크기 정보를 문자열로 반환하도록 했습니다. 이 코드를 보면 구조체를 정의하는 것이 클래스와 다르지 않음을 알 수 있습니다.

그러면 이렇게 정의한 구조체로 새로운 인스턴스 객체를 만드는 방법을 살펴보겠습니다. 다음 코드를 추가합니다.

코드 참고 / chapter4〉classes6.playground　　　QR코드 듣기

```
var rect = Rectangle()
var rect2 : Rectangle = Rectangle(width: 200, height: 200)
var desc = rect2.toString()
print("rect2 정보 -> \(desc)")
```

구조체로부터 새로운 인스턴스 객체를 만들 때는 구조체 이름과 함께 소괄호를 붙입니다. 이것은 클래스로부터 인스턴스 객체를 만드는 방법과 같습니다. 인스턴스 객체는 두 개 만들어졌는데 하나는 rect라는 변수, 또 다른 하나는 rect2라는 변수에 할당되었습니다.

그런데 rect2 변수에 할당한 인스턴스 객체를 보면 Rectangle이라는 구조체 이름 뒤의 소괄호 안에 파라미터가 두 개 들어갑니다. 클래스로부터 인스턴스 객체를 만들 때를 생각해 보세요. 이런 코드가 문제없이 동작하려면 Rectangle 클래스 안에 init 초기화 함수가 들어 있어야 하지만 구조체 안에는 init 함수가 들어 있지 않습니다. 그런데 이 코드를 실행하면 다음과 같이 아무런 문제가 발생하지 않습니다.

```
struct Rectangle {
    var width = 0
    var height = 0

    func toString() -> String {
        return "사각형 width : \(width), height : \(height)"
    }
}

var rect = Rectangle()
var rect2 : Rectangle = Rectangle(width: 200, height: 200)
var desc = rect2.toString()
print("rect2 정보 -> \(desc)")
```

▲ 구조체를 정의하고 인스턴스 객체를 만든 경우

이것은 구조체가 '멤버와이즈(Memberwise) 초기화 구문'을 제공하기 때문입니다. 멤버와이즈 초기화 구문이란 구조체 안에 초기화 함수를 만들지 않아도 구조체 안에 정의한 속성들의 초기 값을 설정할 수 있는 구문을 말합니다. 즉, 초기화 함수가 없어도 인스턴스 객체를 만들 때 소괄호 안에 파라미터를 넣어 할당할 수 있습니다.

클래스는 이런 멤버와이즈 초기화 구문을 제공하지 않으며 구조체에서만 가능합니다. 다시 말해, 클래스는 파라미터가 하나도 없는 초기화 함수만 기본으로 제공하므로 나머지는 여러분이 직접 init 함수를 추가해야 합니다. 하지만 구조체는 파라미터가 하나도 없는 초기화 함수와 함께 모든 속성들의 초기 값을 넣을 수 있는 초기화 함수를 함께 제공합니다.

구조체는 값을 전달하는 방식도 클래스와 다릅니다. 구조체를 사용해서 인스턴스 객체를 만든 후 변수나 상수에 할당할 때는 복사하여 할당합니다. 또한 함수의 파라미터로 전달할 때도 마찬가지입니다. 앞에서도 설명한 것처럼, 이것을 값(Value)에 의한 전달이라고 합니다. 이에 반해 클래스로부터 만들어진 인스턴스 객체는 복사되지 않고 메모리에 하나만 존재합니다. 이 때문에 구조체를 '밸류 타입(Value Type)', 클래스를 '레퍼런스 타입(Reference Type)'이라고 부르기도 합니다. 우리말로 하면 구조체는 값을 전달하는 자료형, 클래스는 참조를 전달하는 자료형이라고 할 수 있습니다.

- **구조체** ➜ 값을 전달하는 자료형
- **클래스** ➜ 참조를 전달하는 자료형

이렇게 클래스와 구조체는 비슷하면서도 약간 다른 점이 있는데 차이점을 정리하면 다음과 같습니다.

❶ 클래스의 인스턴스 객체를 변수에 할당하면 그 변수가 인스턴스 객체를 참조(Reference)합니다.
하지만 구조체의 인스턴스 객체를 변수에 할당하면 그 변수는 인스턴스 객체를 복사(Copy)합니다.
❷ 구조체의 인스턴스 객체를 만들 때 멤버와이즈 초기화 구문을 사용할 수 있습니다.
❸ 클래스는 상속할 수 있지만 구조체는 상속할 수 없습니다.
❹ 클래스의 인스턴스 객체는 타입 변환(Type Casting)이 가능합니다.
❺ 클래스의 인스턴스 객체는 메모리에서 없어질 때 직접 값을 해제할 수 있도록 소멸화 구문을 제공합니다.

상속에 대해서는 다음 장에서 자세하게 살펴봅니다. 여기서는 간단하게 '재산을 상속한다.'는 말처럼 이미 만들어 둔 클래스의 속성들을 사용해 새로운 클래스를 정의하는 것으로 생각하면 됩니다. 그리고 클래스는 상속이 가능하지만 구조체는 가능하지 않다고만 알아둡니다.

가장 중요한 차이점인 복사와 참조의 차이는 잘 구분해야 합니다. 다시 말해, 구조체를 정의하고 그 구조체로부터 만들어진 인스턴스 객체를 새로운 변수에 할당하면 복사해서 만들어지므로 완전히 다른 인스턴스 객체가 만들어진 것과 같습니다. 이와 달리 클래스에서 만들어진 인스턴스 객체는 새로운 변수에 할당하더라도 이미 만들어진 인스턴스 객체를 가리키기만 하므로 메모리에 하나만 존재합니다.

다음 코드처럼 구조체로부터 만들어진 인스턴스 객체를 변수에 할당한 후 처음 만들었던 인스턴스 객체 안에 있는 속성 값을 바꿔봅니다.

코드 참고 / chapter4〉classes6.playground QR코드 듣기

Swift_N-089

```
var rect3 = rect2
rect2.width = 300
desc = rect2.toString()
print("rect2 정보 -> \(desc)")
desc = rect3.toString()
print("rect3 정보 -> \(desc)")
```

rect2 변수에 할당되어 있던 Rectangle 구조체의 인스턴스 객체는 rect3이라는 이름의 변수에 다시 할당되었습니다. 그리고 rect2 안에 있는 width 속성의 값은 200에서 300으로 변경되었습니다. 코드를 실행하면 다음과 같은 결과를 볼 수 있습니다.

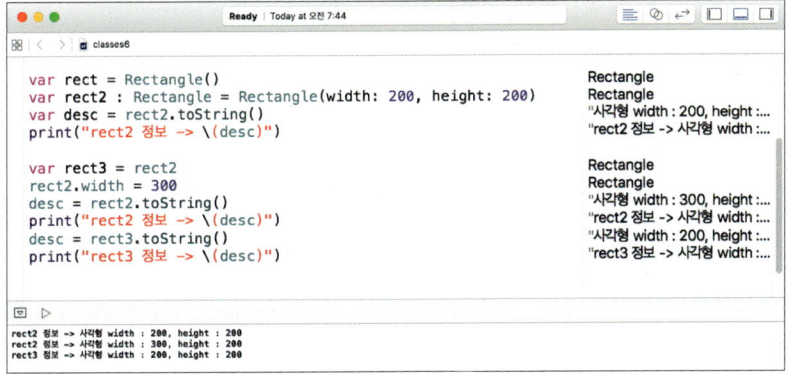

▲ 구조체의 인스턴스 객체를 새로운 변수에 할당한 후 이전 변수의 속성을 바꾼 경우

rect2 변수에 할당된 인스턴스 객체의 정보를 확인해 보면 width 속성의 값이 300으로 바뀌었지만 rect3 변수에 할당된 인스턴스 객체의 정보를 확인해 보면 width 속성의 값이 그대로입니다.

언뜻 생각했을 때 rect2 변수와 rect3 변수가 서로 다른 것을 나타낸다면 rect2 객체의 속성을 바꿨을 때 rect3 객체의 속성이 바뀌지 않는 게 옳다고 할 수도 있습니다. 하지만 클래스로부터 만들어진 인스턴스 객체의 경우에는 다른 결과를 만들어 냅니다.

앞에서 만든 코드와 비슷한 형태로 만들되 구조체가 아닌 클래스로 인스턴스 객체를 만들어 보기 위해서 다음 코드를 입력합니다.

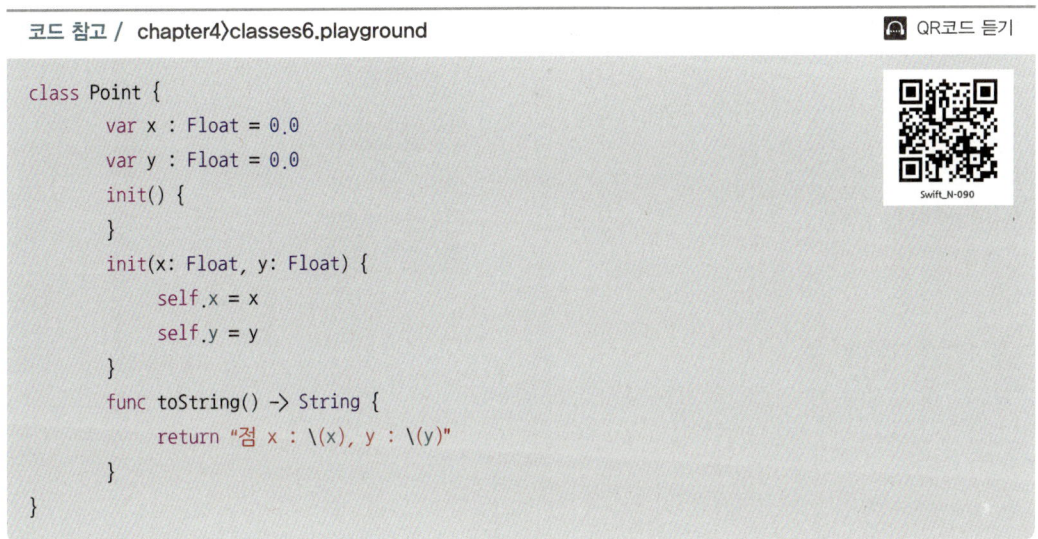

class 키워드를 사용해 Point 클래스를 정의했으며 그 안에는 x와 y 속성이 들어 있습니다. 두 개의 속성과 toString 함수가 들어 있는 것은 앞에서 만들었던 Rectangle 구조체와 비슷합니다. 그

러나 이 클래스로부터 새로운 인스턴스 객체를 만들려면 구조체의 형식과는 달리 init 함수가 추가되어야 합니다. 이 때문에 파라미터가 하나도 없는 init 함수와 x와 y 값을 파라미터로 받는 init 함수가 추가되었습니다.

Point 클래스를 정의했으므로 이 클래스로부터 두 개의 인스턴스 객체를 만들고 각각 pnt와 pnt2 변수에 할당합니다. 그리고 pnt2 변수에 할당되었던 인스턴스 객체는 다시 pnt3 변수에 할당합니다. 이때 앞에서와 같이 pnt2 변수의 x 속성 값을 300.0으로 변경했을 때 pnt3 변수의 x 속성 값은 그대로일까요? 다음 코드를 모두 입력한 후 실행해 보면 pnt3 변수의 인스턴스 객체도 바뀐 것을 확인할 수 있습니다.

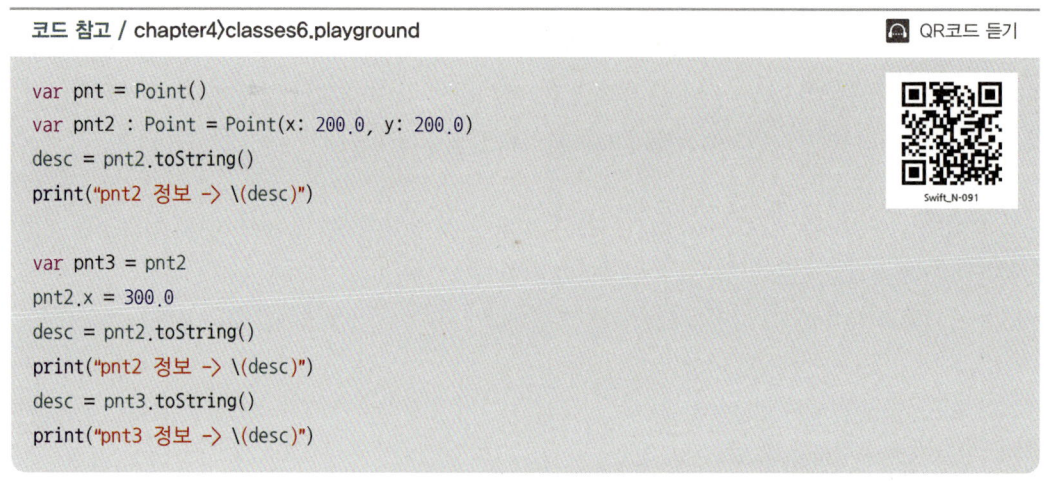

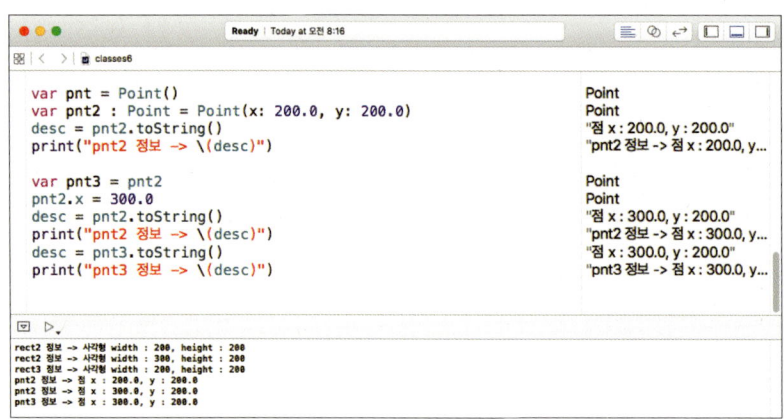

▲ 클래스의 인스턴스 객체를 새로운 변수에 할당한 후 이전 변수의 속성을 바꾼 경우

이것은 pnt3 변수가 pnt2 변수를 가리키고 있고 pnt2 변수는 메모리에 만들어진 Point 인스턴스 객체를 가리키고 있기 때문입니다. 이렇게 메모리에 있는 같은 인스턴스 객체를 가리키고 있으므로 pnt2 변수를 사용해 그 객체의 속성을 변경하면 pnt3 변수를 사용해 그 객체의 속성을 확인해도 같은 값이 나오게 됩니다.

이렇게 클래스로부터 만들어진 인스턴스 객체는 참조 방식으로 변수가 객체를 가리키게 됩니다. 따라서 두 개의 인스턴스 객체를 비교할 때는 == 기호가 아닌 === 기호를 사용해야 합니다. 클래스의 인스턴스 객체는 단순히 그 인스턴스 객체 안에 들어 있는 값이 같은지를 비교하는 것이 아니라 두 대상이 같은 인스턴스 객체인지도 함께 확인해야 합니다. 따라서 === 기호를 사용해야 두 개의 객체가 같은 인스턴스 객체인지 알 수 있습니다.

다음 코드를 추가하여 새로운 인스턴스 객체를 하나 더 만든 다음 이 객체가 pnt2 변수에 할당된 객체와 같은지 확인해 보겠습니다.

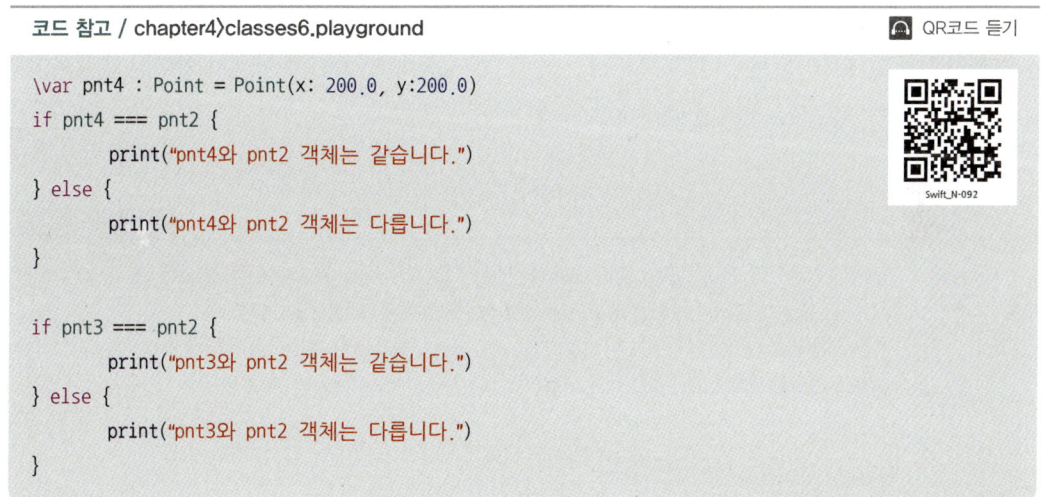

if 키워드 뒤에 pnt4 변수와 pnt2 변수가 가리키는 인스턴스 객체가 같은지 확인하는 === 연산자가 들어 있습니다. 만약 == 연산자를 사용하려 하면 오류가 표시됩니다. if 문에서 비교한 두 개의 객체가 같을 때는 같다는 메시지를 출력하고 다를 때는 다르다는 메시지를 출력하도록 합니다. 코드를 실행하면 다음과 같이 pnt4와 pnt2 변수가 가리키는 객체는 다르지만 pnt3와 pnt2 변수가 가리키는 객체는 같다는 메시지를 볼 수 있습니다.

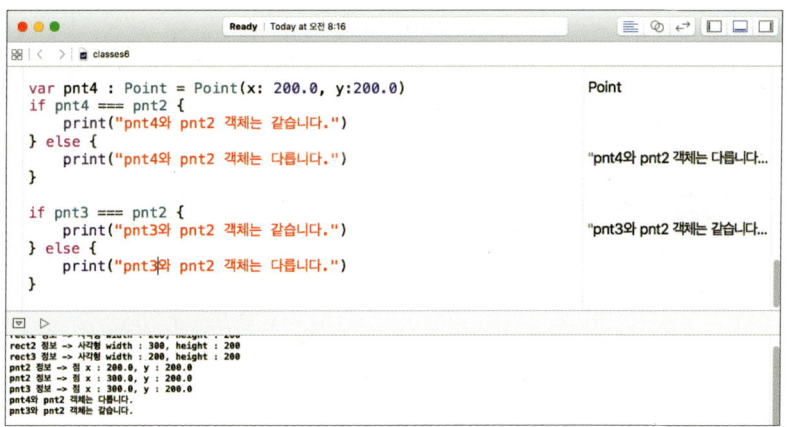

▲ 두 개의 인스턴스 객체가 같은지 다른지를 === 연산자로 비교한 경우

지금까지 알아본 것처럼 클래스와 구조체는 상당히 비슷하지만 다른 특징들도 가지고 있습니다. 그렇다면 어떤 경우에 클래스를 사용하고 어떤 경우에 구조체를 사용하는 것이 좋을까요? 다음과 같은 경우에는 구조체를 사용하는 것이 좋습니다.

> ❶ 여러 개의 값을 하나로 묶어두고 싶을 때
> ❷ 새로운 틀을 정의하는 데 기존 틀을 상속해서 만들 필요가 없을 때
> ❸ 하나로 묶어 둔 데이터를 복사해서 만드는 것이 좋을 때

클래스는 새로운 인스턴스 객체를 만든 후 여러 변수에 여러 번 할당해도 인스턴스 객체를 복사해서 만들지 않으므로 메모리를 좀 더 효율적으로 사용할 수 있습니다. 따라서 앞에서 알아본 경우가 아니라면 클래스를 사용하는 것이 좋습니다.

퀴즈풀자

앞에서 만들었던 Dog 클래스를 구조체로 만들어 봅니다. Dog 구조체에는 name, age 속성과 함께 toString 함수가 들어가도록 합니다. name 변수의 자료형은 옵셔널 문자열로 하고 age 변수의 자료형은 숫자로 합니다. toString이라는 이름의 함수를 만들고 '강아지 미미의 나이는 2입니다.'처럼 강아지의 이름과 나이를 출력하게 합니다. 구조체를 정의한 후에는 Dog 객체를 하나 만들고 toString 함수를 호출합니다.

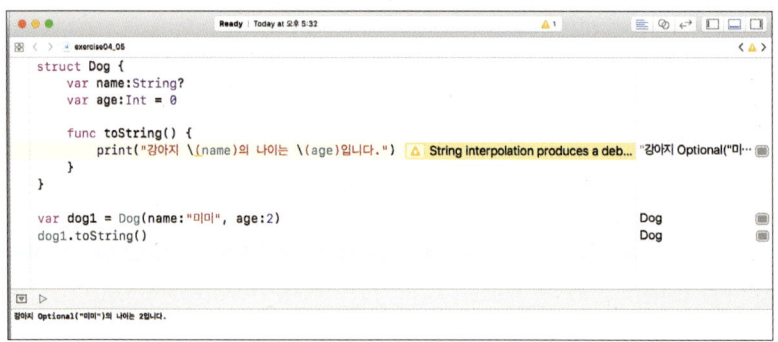

해답 | exercise04_05.playground

7 _ enum으로 열거형 만들기

열거형(Enumeration)은 선택할 수 있는 범위의 값을 이름으로 정의한 자료형입니다. 예를 들어, 사람 객체를 만들 때 여자는 1, 남자는 2로 구분할 수도 있지만 여자를 Female, 남자는 Male로 구분

하면 훨씬 직관적으로 이해할 수 있고 읽기도 좋은 코드가 됩니다. 이때 Female과 Male이라는 값을 한꺼번에 담고 있는 것이 열거형입니다.

스위프트에서 열거형은 enum과 case 키워드를 사용해서 선언합니다.

```
enum Gender {
    case Female
    case Male
}
```

enum으로 선언한 열거형은 변수를 만들 때 자료형으로 사용할 수 있으며, enum 안에 선언된 각각의 값은 점(.)을 사용해 접근할 수 있습니다. 여기서는 사람 객체를 만들고 그 안에 성별을 구별할 수 있는 변수를 추가해 보겠습니다. classes7.playground 파일을 새로 만들고 다음 코드를 입력합니다.

코드 참고 / chapter4)classes7.playground

```
enum Gender {
    case Female
    case Male
}
```

enum 키워드를 사용해서 남자와 여자를 구별할 수 있는 Gender 열거형을 만들었습니다. 이렇게 만든 열거형은 그다음 코드에서 성별을 구별하는 데 사용됩니다. 다음과 같이 Person 클래스를 만들고 그 안에 name과 gender라는 이름의 변수를 선언합니다.

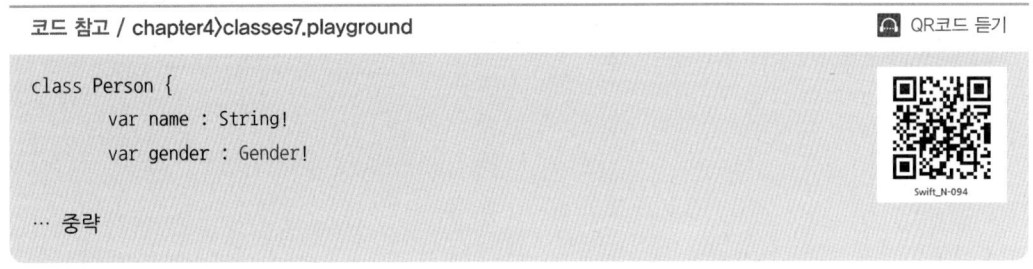

코드 참고 / chapter4)classes7.playground

```
class Person {
    var name : String!
    var gender : Gender!
```

… 중략

name 변수는 문자열 자료형으로 선언되었으며 nil 값을 가질 수 있도록 느낌표(!) 기호를 붙였습니다. gender 변수는 열거형으로 선언되었으며 마찬가지로 nil 값을 가질 수 있도록 느낌표(!) 기호를 붙였습니다. 이 두 개의 변수가 가지는 값을 초기화하는 초기화 함수와 메소드를 다음 코드처럼 추가합니다.

코드 참고 / chapter4>classes7.playground   QR코드 듣기

```
… 중략

    init() {
    }

    init(name: String, gender: Gender) {
        self.name = name
        self.gender = gender
    }

    func getGender() -> Gender {
        return self.gender
    }
}
```

하나는 아무런 파라미터도 받지 않는 초기화 함수이고 나머지 하나는 이름과 성별 값을 전달 받은 후 self 키워드를 사용해 클래스 안에 정의한 name과 gender 변수에 값을 할당하는 초기화 함수입니다. 그리고 그 아래에는 성별을 확인할 수 있는 getGender 메소드를 추가합니다.

이제 이 Person 클래스를 사용해 인스턴스 객체를 만들고 성별이 무엇인지 확인하는 코드를 추가합니다.

코드 참고 / chapter4>classes7.playground   QR코드 듣기

```
… 중략

var person1:Person = Person(name:"소녀시대", gender:Gender.Female)
```

person1 변수는 Person 자료형으로 선언한 후 Person과 소괄호를 사용해 Person 인스턴스 객체를 만들어 할당했습니다. name이라는 파라미터에는 사람 이름을 값으로 넣었고, gender라는 이름의 파라미터에는 Gender.Female이라는 값을 넣었습니다. 이처럼 열거형 안에 정의한 값은 점(.) 연산자를 사용해 접근할 수 있습니다.

이렇게 속성으로 할당된 열거형 변수의 값을 확인하고 싶다면 if 문이나 switch 문을 사용할 수 있습니다. switch 문은 나중에 다시 살펴볼 것이므로 여기에서는 if 문으로 확인합니다.

코드 참고 / chapter4>classes7.playground  QR코드 듣기

```
… 중략

if person1.gender == .Female {
       print("여자입니다.")
} else if person1.gender == .Male {
       print("남자입니다.")
}
```

if 문의 첫 번째 조건으로 person1 객체의 gender 속성 값이 Female인지 확인합니다. 그런데 비교 연산자인 == 기호로 비교하는 부분을 보면 오른쪽에 있어야 할 Gender.Female 코드가 .Female로 되어있습니다. 열거형 안에 정의된 값은 if 문이나 switch 문처럼 연속된 코드 블록을 사용할 때 열거형의 이름을 생략하고 바로 점(.)만 붙여서 시작할 수 있습니다. 따라서 다음 두 코드는 같습니다.

```
if person1.gender == Gender.Female { … }
if person1.gender == .Female { … }
```

실제 코드를 작성할 때는 두 번째 줄에 있는 것처럼 열거형 이름을 생략하는 경우가 많습니다. if 뒤에 오는 조건에서는 Female인지 비교한 다음 맞으면 '여자입니다.'라는 글자를 출력하고 else if 뒤에 오는 조건에서는 Male인지 비교해서 맞으면 '남자입니다.'라는 글자를 출력합니다. 이것은 if 문이 여러 가지 조건을 비교할 수 있으며 if ~ else if ~ else if와 같은 형태로 사용할 수 있기 때문에 가능합니다. 따라서 열거형 안에 정의한 값이 여러 개일 경우 각각의 값을 연속해서 비교할 수 있습니다.

코드를 실행하면 다음과 같은 결과를 볼 수 있습니다.

▲ 열거형 변수의 값을 비교하여 출력한 경우

열거형을 조금 다르게 만들어 사용하기

앞에서 익혔던 것처럼 열거형을 정의할 때 enum과 case 키워드를 사용하고 case 뒤에 각각의 값을 위한 이름을 붙입니다. 그런데 조금 다르게 만들 수도 있습니다. 열거형을 만들 때 각각의 값이 가지는 자료형을 명시할 수도 있고 각각의 값에 숫자를 할당할 수도 있기 때문입니다. 다른 언어에서는 열거형을 만들 때 각각의 값으로 정수 값을 할당하는 경우가 많습니다. 하지만 스위프트는 열거형 안에 들어 있는 각각의 원소에 정수뿐만 아니라 문자열 등을 할당할 수 있습니다.

classes8.playground 파일을 새로 만든 후 다음 코드처럼 Car와 CarSize라는 이름의 열거형을 정의합니다.

코드 참고 / chapter4>classes8.playground

```swift
enum Car : Int {
    case Benz = 0
    case BMW
    case Other
}

enum CarSize : String {
    case Small = "소형"
    case Medium = "중형"
    case Big = "대형"
}
```

Car 열거형은 이름 뒤에 콜론(:)과 함께 Int 자료형을 붙여 중괄호 안에서 선언하는 각각의 값들이 정수 값을 가질 수 있게 했습니다. 이런 경우, 첫 번째 case 뒤에 오는 값에만 0을 할당하면 나머지 case는 자동으로 1씩 증가된 정수 값을 갖게 됩니다. CarSize 열거형을 정의할 때는 String 자료형을 붙였습니다. 이렇게 하면 case 뒤에 오는 각각의 값들이 문자열 값을 가질 수 있습니다.

이렇게 정의한 열거형으로 값을 만들어 변수에 할당할 때는 다음 코드처럼 작성할 수 있습니다.

코드 참고 / chapter4>classes8.playground

```swift
… 중략

var car1 = Car(rawValue: 0)!
var size1 = CarSize(rawValue: "소형")!

print("자동차 구분 값 : \(car1.rawValue)")
print("자동차 크기 구분 값 : \(size1.rawValue)")
```

Car 열거형으로 된 값은 이름 뒤에 소괄호를 붙이고 소괄호 안에 파라미터 값을 넣어 만듭니다. 즉, 클래스로부터 인스턴스 객체를 만드는 것과 똑같은 형태로 값을 만들 수 있습니다. 여기서는 Car 열거형의 값을 만들면서 rawValue라는 파라미터를 넣었는데 rawValue는 열거형 안에 들어 있는 각각의 값을 사용한다는 의미입니다. 값을 넣어 열거형을 만들 때 사용하는 코드 형태는 다음과 같습니다.

열거형 이름(rawValue: 열거형 값)

그런데 열거형으로 값을 만들 때 열거형 안에 정의해 놓지 않은 값을 전달할 때는 nil이 반환될 수 있습니다. 따라서 변수는 nil을 가질 수 있어야 합니다. 이 때문에 car1 변수는 옵셔널 자료형으로 선언하거나 또는 뒤에 느낌표(!)를 붙여 강제로 옵셔널을 해제해야 합니다. 여기서는 뒤에 느낌표를 붙여 옵셔널을 해제했습니다.

CarSize 열거형에 들어가는 값들은 문자열을 값으로 가지도록 정의했으며 case 뒤에 오는 각각의 값에 문자열을 할당했습니다. 열거형으로 만든 값은 다음과 같이 각각의 rawValue 값을 확인할 수 있습니다.

열거형 변수 이름 . rawValue

코드를 실행하면 다음 화면처럼 두 개의 열거형 값이 갖는 rawValue 값을 확인할 수 있습니다.

▲ 열거형 변수 rawValue 값을 출력한 경우

열거형은 case 문 뒤에 각각의 원소가 갖는 값을 넣어주는 형태를 띠고 있지만 그 안에 속성이나 메소드를 추가할 수도 있습니다. classes9.playground 파일을 새로 만들고 다음 코드처럼 Car 열거형 안에 계산 속성과 메소드를 추가해 보겠습니다.

코드 참고 / chapter4)classes9.playground　　　　　　　　　QR코드 듣기

```swift
enum Car : Int {
        case Benz = 0
        case BMW
        case Other
        
        var name : String {
            if self == .Benz {
                return "벤츠"
            } else if self == .BMW {
                return "비.엠.더블유"
            } else {
                return "기타"
            }
        }
        
        func getName() -> String {
            return self.name
        }
}

var car1 = Car.BMW
print("차 이름 : \(car1.name)")

var carName = car1.getName()
print("차 이름 : \(carName)")
```

만약 C 언어에서 열거형을 사용해 본 경험이 있다면 스위프트에서 허용하는 이런 형태의 코드가 생소하게 느껴질 것입니다. 왜냐하면 단순히 여러 개의 값을 묶어 놓은 형태의 열거형이 아니라 클래스나 구조체와 비슷하게 만들어질 수 있기 때문입니다. '왜 이렇게까지 할 수 있도록 만든 걸까?'라는 의문이 들 수도 있습니다. 하지만 스위프트는 개발자가 선택할 수 있는 코드의 형태를 최대한 많이 허용하도록 만들어졌다는 것을 생각하면 어느 정도 이해가 될 것입니다.

앞에서 입력한 코드에서 name 속성은 열거형 안에서 선택할 수 있는 값 중 하나가 아니라 그 값들을 사용해 새로운 값을 만들어내는 계산 속성입니다. 열거형에는 저장 속성을 추가할 수는 없으며 계산 속성만 추가할 수 있습니다. 메소드는 클래스에 추가하던 것과 똑같이 추가할 수 있으며, 메소드 안에서는 self 키워드를 사용해 열거형 안에 추가한 계산 속성을 참조할 수 있습니다. 열거형 안에 속성과 메소드를 추가했으므로 car1이라는 변수에 Car.BMW를 할당한 후 car1.name 속성의 값을 확인해 보면 name이라는 계산 속성에서 반환한 값이 출력됩니다.

코드를 실행하면 다음과 같은 결과를 볼 수 있습니다.

▲ 열거형 안에 속성과 메소드를 추가한 경우

name 속성의 값은 열거형의 값 중 하나를 할당할 때 자동으로 같이 할당된다는 것을 이해해야 합니다. 열거형 안에 속성을 추가할 수는 있지만 계산 속성만 가능하다고 했습니다. 그런데 만약 어떤 변수가 열거형 자료로 되어있는데 다른 곳에서 가져온 값과 비교하려고 할 경우에는 열거형 안에 정의한 값을 다르게 만들고 싶을 때도 있습니다. 스위프트는 이런 경우에 열거형 값을 연결(Association) 하는 방식을 사용할 수 있습니다. 우선 다음 코드를 추가합니다.

코드 참고 / chapter4〉classes9.playground　　　QR코드 듣기

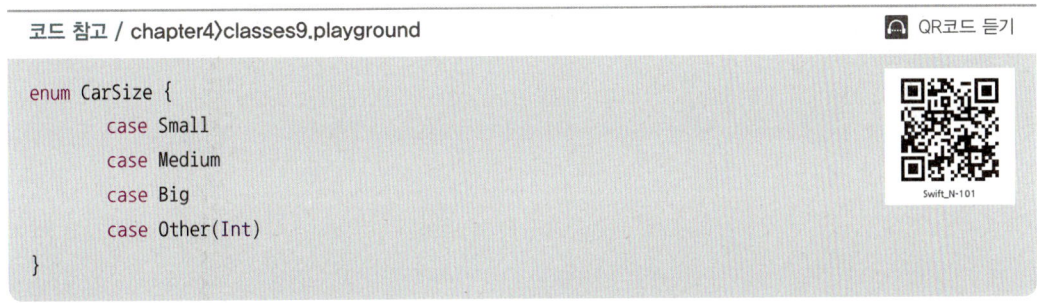

```
enum CarSize {
    case Small
    case Medium
    case Big
    case Other(Int)
}
```

CarSize 열거형 안에는 Small, Medium, Big이라는 이름의 세 가지 값이 들어 있습니다. 그런데 만약 이 세 가지 이외에 다른 크기(예를 들면 준중형을 의미하는 이름)가 들어가야 하고 그 값이 당장 정해져 있지 않다면 Other라는 이름의 값을 넣어둘 수 있습니다. 그리고 이 값은 변할 수 있어야 합니다. 이 경우에 Other라는 이름 뒤에 소괄호를 붙인 후 자료형을 넣어줍니다. 입력한 코드는 Other라는 값이 정수로 만들어질 수 있도록 한 것입니다. 이 열거형으로부터 값을 만들고 값을 비교하는 코드를 다음과 같이 추가합니다.

코드 참고 / chapter4>classes9.playground   QR코드 듣기

```
… 중략

var size1 = CarSize.Other(10)

let sizeValue = 10

switch size1 {
    case .Small:
        print("소형차 크기입니다.")
    case .Other(sizeValue):
        print("지정되지 않은 크기 중 \(sizeValue) 입니다.")
    default:
        print("알 수 없는 크기입니다.")
}
```

CarSize 열거형 안에 있는 이름 중에서 Other를 사용해 값을 만들고 싶다면 CarSize.Other와 함께 소괄호를 붙여줍니다. 소괄호 안에는 10이라는 정수 값을 넣었습니다. 이렇게 하면 그 아래에서 switch 문으로 비교할 수 있습니다. 10이라는 값은 열거형 안에 정의되어 있던 값이 아니라 열거형으로 하나의 값을 만들 때 사용된 것으로, 이 값이 다른 값과 일치하는지 여부를 비교할 수 있습니다. 코드를 실행하면 다음과 같은 결과를 볼 수 있습니다.

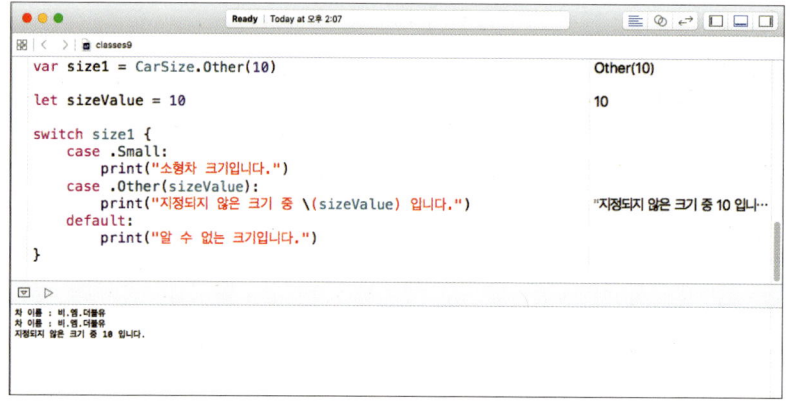

▲ 열거형 값을 연결 방식으로 만들고 switch 문으로 비교한 경우

지금까지 열거형이 무엇인지 알아보았습니다. 열거형은 각 항목을 구별하기 위해 사용되므로 코드를 만들 때 자주 사용됩니다. 특히 열거형으로 만든 값을 if 문이나 switch 문으로 비교할 때 열거형의 이름을 생략한 채 점(.)과 열거형 안에 정의된 이름만으로 비교한다는 점을 잘 기억하기 바랍니다.

퀴즈풀자

Quiz 22

가족 구성원을 열거형으로 만들고 하나의 변수에 그 열거형의 값 중 하나를 할당합니다. 그런 다음 if 문 안에서 그 변수의 값이 어떤 것인지 비교하도록 해 보세요. Family라는 이름의 열거형을 하나 정의합니다. 그리고 하나의 변수를 만든 후 그 열거형의 값 중 하나를 할당합니다. 그리고 if ~ else if ~ else 구문을 사용해 변수의 값을 열거형의 값들과 비교합니다.

```
struct Dog {
    var name:String?
    var age:Int = 0

    func toString() {
        print("강아지 \(name)의 나이는 \(age)입니다.")
    }
}

var dog1 = Dog(name:"미미", age:2)
dog1.toString()
```

해답 | exercise04_06.playground

사람 클래스를 정의하고 사람 객체 만들기

- Person이라는 이름의 클래스를 정의하고 이 클래스로부터 세 명의 사람 객체를 만들어 봅니다.

- Person 클래스에는 이름, 나이, 전화번호를 담아둘 수 있도록 name, age, mobile 이라는 세 개의 속성을 넣어줍니다. name 속성의 자료형은 String의 옵셔널로 하고 age의 자료형은 Int의 옵셔널, mobile의 자료형은 String 옵셔널로 합니다.

- Person 클래스의 초기화 함수에서는 이름, 나이, 전화번호를 전달 받아 속성에 할당하도록 합니다.

- friend 속성은 계산 속성으로 추가하고 그 안에는 get 키워드만 추가합니다. get 키워드의 중괄호 안에서는 name 속성의 값에 따라 친구인지의 여부를 true 또는 false 값으로 반환하도록 합니다.

- 함수는 walk와 run이라는 이름으로 두 개 추가합니다. 이 함수에서는 'OOO이 걸어갑니다.'와 'OOO이 뛰어갑니다.'라는 메시지가 출력되도록 합니다.

- 클래스를 정의한 후에는 이 클래스로부터 세 명의 사람 객체를 만듭니다. 그리고 friend 속성의 값을 확인하거나 walk, run 함수를 호출해 봅니다.

해답 | study 04playground

Swift 총정리

붕어빵 틀에 해당하는 클래스 그리고 구조체

1 함수가 무엇인지 다시 생각해 보기

함수 안에서 만든 변수나 상수는 그 안에서만 사용할 수 있습니다.
함수 바깥으로 뺀 변수나 상수는 어떤 함수든지 사용할 수 있습니다.
객체 지향이란 세상에 있는 모든 것을 객체라는 것으로 보는 것입니다.
객체라는 것을 만들려면 일종의 틀인 클래스를 먼저 만든 후 객체를 찍어낼 수 있도록 합니다.

클래스로부터 객체를 만들어 낼 때의 형식

클래스 이름 ( )

2 클래스가 하는 역할은 무엇일까?

클래스는 붕어빵 틀과 같아서 한 번 만들어 놓으면 계속해서 객체를 찍어낼 수 있습니다.
클래스를 정의할 때는 변수나 상수를 넣을 수 있으며, 함수를 넣을 수도 있습니다.
클래스 안에 정의한 변수나 상수를 속성이라고 부르며, 함수는 메소드라고 부릅니다.

3 클래스와 인스턴스 만들어 보기

클래스에서 객체를 만들면 점(.) 연산자를 사용해서 클래스 안에 들어 있는 속성이나 함수에 접근할 수 있습니다.
클래스 이름은 자료형이 될 수 있어서 클래스로부터 객체를 만들어 변수에 할당할 때 그 변수의 자료형은 클래스 이름과 같습니다.

4 인스턴스가 만들어질 때 기능 수행하기

클래스 안에 선언하는 변수는 모두 초기 값이 있어야 합니다.
변수를 선언만 한 경우에는 초기화 함수에서 초기 값을 모두 할당해야 합니다.
클래스의 초기화 함수는 init라는 이름을 가집니다.
클래스 안에 선언하는 변수에 초기 값을 할당하지 않으려면 옵셔널로 선언해야 합니다.
init 초기화 함수가 선언되었다면 클래스로부터 객체를 만들 때 초기화 함수로 파라미터를 전달할 수 있습니다.
함수의 다중 정의(Overloading)는 동일한 이름의 메소드를 여러 개 정의하는 방법입니다.
기본 자료형은 값을 복사하고, 객체 자료형은 객체를 레퍼런스로 가리킵니다.

객체가 같은지 다른지를 === 연산자로 비교하는 과정

❶ 두 객체의 자료형을 비교합니다.
❷ 두 객체의 자료형이 같다면 그 안에 들어 있는 속성들을 비교합니다.

5 객체의 속성

클래스 안에 선언하는 일반적인 속성은 '저장 속성'이라고 부릅니다.
변수 앞에 lazy 키워드를 붙이면 객체가 만들어질 때 초기화되지 않고 변수를 참조하는 시점에 값이 할당됩니다.

계산 속성은 값을 할당하거나 가져올 때 코드를 실행하도록 만들 수 있습니다.

계산 속성 안에는 get, set 키워드가 들어갈 수 있습니다.

속성 옵저버는 속성의 값이 바뀔 때 반응하는 객체이며 두 가지 종류가 있습니다.

> willSet → 속성에 값이 할당되기 바로 전에 호출됩니다.
> didSet → 속성에 값이 할당된 직후에 호출됩니다.

타입 속성은 붕어빵 틀(클래스)에 정의한 속성을 말합니다.

타입 속성의 특징

> 모든 인스턴스 객체에서 접근하여 그 값을 사용하거나 바꿀 수 있습니다.

다음과 같은 형태로 어디서든 접근할 수 있습니다.

> 클래스 이름 . 속성 이름
> 예) Person.count = 2

타입 메소드는 붕어빵 틀(클래스)에 정의한 메소드를 말합니다.

인스턴스 메소드에서는 self 키워드를 사용해 자기 자신 즉, 인스턴스 객체를 참조할 수 있습니다.

> person1.name → person1 객체의 name 속성 참조하기
> person1.getName() → person1 객체의 getName() 메소드 호출하기

6 구조체 사용하기

구조체는 struct 키워드로 만듭니다.

> struct 구조체 이름 {
>   구조체 정의 코드
> }

스위프트의 구조체는 클래스처럼 변수, 상수, 함수를 가질 수 있습니다.

구조체는 값을 전달하는 자료형이지만 클래스는 참조를 전달하는 자료형입니다.

> ❶ 클래스의 인스턴스 객체를 변수에 할당하면 그 변수가 인스턴스 객체를 참조(Reference)합니다.
> ❷ 하지만 구조체의 인스턴스 객체를 변수에 할당하면 그 변수는 인스턴스 객체를 복사(Copy)합니다.
> ❸ 클래스는 상속할 수 있지만 구조체는 상속할 수 없습니다.

7 enum으로 열거형 만들기

열거형은 선택할 수 있는 범위의 값을 이름으로 정의한 자료형입니다.
스위프트에서 열거형은 enum과 case 키워드를 사용해서 선언합니다.

```
enum Gender {
    case Female
    case Male
}
```

if 문이나 switch 문처럼 연속된 코드 블록을 사용할 때는 열거형의 이름을 생략하고 점(.)만 붙여서 시작할 수 있습니다.

```
if person1.gender == Gender.Female { ... }
if person1.gender == .Female { ... }
```

Swift 총정리

다른 언어 경험이 있다면 Summary!

1 클래스에서 객체를 만들 때의 형식

⇒ 클래스 이름 ( )

2 클래스에서 인스턴스 객체를 만들었을 때 클래스 안의 속성이나 함수 접근 방법

⇒ 객체 . 속성 이름
  객체 . 함수 이름 ( )

3 클래스에서 객체를 만들 때 실행되는 초기화 함수

⇒ 초기화 함수는 init이라는 이름을 가짐

4 객체를 비교할 때의 연산자

⇒ === 연산자를 사용하여 두 객체가 같은지 비교할 수 있음
  두 객체의 자료형을 비교한 후 자료형이 같다면 그 안의 속성들을 비교함

5 저장 속성과 계산 속성

⇒ 일반적인 변수나 상수를 '저장 속성'이라고 함
  속성에 값을 할당하거나 가져올 때 코드를 실행해 주는 것이 계산 속성임
  계산 속성 안에는 get, set 키워드가 들어갈 수 있음

6 속성 옵저버를 사용한 속성의 변경 확인

⇒ willSet: 속성에 값이 할당되기 바로 전에 호출됨
  didSet: 속성에 값이 할당된 직후에 호출됨

7 붕어빵 틀에 정의하는 타입 속성과 타입 메소드

⇒ 타입 속성으로 정의하면 어디서든 접근할 수 있음

```
클래스 이름 . 속성 이름
예) Person.count = 2
```

8 self를 사용한 자기 자신 참조

⇒ 인스턴스 메소드에서는 self 키워드를 사용해 자기 자신 즉, 인스턴스 객체 참조 가능

9 값을 모아 두는 구조체

⇒
```
struct 구조체 이름 {
    구조체 정의 코드
}
```

10 값을 복사하는 구조체의 인스턴스 객체

⇒ 클래스의 인스턴스 객체를 변수에 할당하면 그 변수가 객체를 참조(Reference)함
구조체의 인스턴스 객체를 변수에 할당하면 그 변수에 객체가 복사(Copy)됨

11 선택할 수 있는 값들을 이름으로 정의한 열거형

⇒
```
enum 열거형 이름 {
    case 값1
    case 값2
    ...
}
```

12 if 문이나 switch 문에서 열거형의 이름 생략

⇒ if 문이나 switch 문처럼 연속된 코드 블록을 사용할 때는 열거형의 이름을 생략하고 바로 뒤에 점(.)을 붙여서 사용 가능

```
if person1.gender == .Female { ... }
```

02-5
여러 데이터를 논리에 맞게 처리하기

중요도 ★★★☆☆

Person 클래스를 만들고 그 클래스에서 실제 사람 객체를 만든 후 변수에 할당하는 과정은 이제 익숙합니다. 그런데 이 클래스로 실제 사람 객체를 만들다보면 한 명이 아닌 여러 명을 만들게 됩니다. 이때 각각의 사람 객체는 각각의 변수에 할당하는데 사람의 수가 점점 많아지면 변수의 개수도 같이 증가합니다. 이럴 때 여러 명의 사람 객체를 하나의 변수에 한꺼번에 담아두는 방법은 없을까요?

여러 개의 값이나 객체들을 담아둘 수 있는 객체 자료형으로 배열이 있습니다. 배열은 여러 개의 데이터를 한꺼번에 넣어둔 후 필요할 때 가져다 쓸 수 있어서 자주 사용됩니다. 그리고 배열 이외에도 튜플이나 딕셔너리라는 것에 넣어 데이터를 관리할 수도 있습니다. 이 장에서는 여러 개의 데이터를 다룰 때 어떻게 해야 하는지 그리고 데이터를 논리에 맞게 처리할 때 어떤 구문들이 사용되는지 알아봅니다.

키워드로 알아보는 스위프트 언어

배열	배열 안에 넣어둔 값은 필요할 때 확인할 수 있고 중간에 값을 추가하거나 삭제할 수도 있습니다.
딕셔너리	딕셔너리는 키-값으로 구성된 형태의 데이터를 여러 개 넣을 수 있도록 합니다.
셋	셋은 값을 순서 없이 넣어두는 자루와 같습니다.
조건문과 반복문	if 문과 같은 조건문이나 for ~ in, while과 같은 반복문 그리고 switch 문, guard 문 등에 대해 알아봅니다.

1 _ 여러 데이터를 한꺼번에 넣어두기

코드를 입력하다 보면 하나의 문자열이 아니라 여러 개의 문자열을 한꺼번에 담아두어야 할 때가 많습니다. 예를 들어, 사람을 나타내는 Person 클래스를 만들고 그 안에 name 변수를 선언했다면 클래스를 만들 때마다 각 사람 객체의 이름을 지정해야 합니다. 그리고 이름을 변수에 미리 넣어 두었다면 객체의 숫자만큼 변수를 만들었다가 할당해야 합니다. 그런데 Person 객체를 만들 때 필요한 이름이 열 명 이상인 경우, 이 사람들 이름을 미리 변수에 보관해 두고 싶다면 어떻게 하는 것이 좋을까요? 간단히 생각할 수 있는 방법은 여러 개의 변수를 만들고 그 안에 이름을 넣어두는 것입니다. 여러분은 변수를 만들고 그 안에 문자열을 넣을 수 있다는 것을 이미 알고 있으니 어렵지 않을 것입니다. 그러면 지금까지 익힌 내용대로 코드를 만들어 보겠습니다.

여러 데이터를 각각의 변수에 넣기

우선 파인더 창을 연 다음 [projects] 폴더 안에 [chapter5] 폴더를 만듭니다. 그리고 그 안에 array1.playground라는 이름의 새로운 플레이그라운드 파일을 만듭니다. 새로 만든 파일에 다음 코드를 입력합니다.

코드 참고 / chapter5〉array1.playground   QR코드 듣기

```swift
class Person {
        var name : String?
        
        init(name:String) {
                self.name = name
        }
}
```

Person 클래스에는 이름을 넣어둘 수 있는 name 변수가 하나 선언되어 있습니다. name 변수는 nil이 들어갈 수 있도록 물음표(?)를 붙여 옵셔널 자료형으로 만듭니다. 그리고 그 밑에는 초기화 함수인 init 함수를 만들어 사람 객체를 만들 때 그 사람의 이름을 파라미터로 전달 받아 name 변수에 할당할 수 있도록 했습니다. 이 Person 클래스는 이전 장에서 다루었던 클래스의 가장 기본적인 형태이므로 어렵지 않게 만들 수 있습니다.

입력한 코드 아래에는 사람 객체를 몇이나 만들었는지 알 수 있도록 count 변수를 하나 선언하고 사람 객체를 만드는 createPerson 함수도 추가합니다. 그리고 name 변수 대신에 name1부터 name5까지 다섯 개의 상수를 선언하여 다섯 명의 사람 이름을 넣을 수 있도록 수정합니다.

코드 참고 / chapter5>array1.playground   QR코드 듣기

```
var count = 0
let name1 = "소녀시대"
let name2 = "걸스데이"
let name3 = "여자친구"
let name4 = "티아라"
let name5 = "애프터스쿨"

func createPerson() -> Person {
    var person : Person!
    if count == 0 {
        person = Person(name:name1);
    } else if count == 1 {
        person = Person(name:name2);
    } else if count == 2 {
        person = Person(name:name3);
    } else if count == 3 {
        person = Person(name:name4);
    } else if count == 4 {
        person = Person(name:name5);
    }
    count += 1
    return person
}
```

다섯 명의 이름을 알고 있다고 전제하고 다섯 개의 상수를 만든 후 사람 이름을 각각의 상수에 넣어 둡니다. 그리고 createPerson 함수를 호출할 때마다 반복하여 사람 객체를 만들게 합니다. 사람 객체를 만들 때마다 count 변수의 값을 1씩 증가시킬 것이므로 count 변수는 createPerson 함수 밖에 선언해서 사용합니다.

createPerson 함수 안에서는 if 문을 사용해 함수가 몇 번 호출되었는지 확인한 후 사람 객체를 만들도록 합니다. 따라서 함수가 호출될 때마다 count 변수의 값을 하나씩 더해주면 매번 함수가 호출될 때마다 count 변수의 값이 달라지기 때문에 그다음 이름으로 사람 객체를 만들게 됩니다.

코드의 양이 많아 보이지만 잘 보면 똑같은 내용으로 만들어진 두 줄의 코드가 계속 반복되고 있습니다. 처음 버튼이 눌려질 때는 count 변수의 값이 0이므로 if count == 0이라는 조건에 맞게 됩니다. 즉, count 변수에 들어 있는 값이 0일 때라는 조건이 들어가고 그 안에서 name1 변수에 들어 있는 사람 이름을 사용해서 person1 객체를 만듭니다.

이렇게 만든 함수를 호출하여 실제 사람 객체를 만들도록 다음 코드를 추가합니다.

코드 참고 / chapter5>array1.playground   QR코드 듣기

```
var person1 : Person
person1 = createPerson()
print("만들어진 사람 객체 : \(person1.name!)")

person1 = createPerson()
print("만들어진 사람 객체 : \(person1.name!)")

person1 = createPerson()
print("만들어진 사람 객체 : \(person1.name!)")
```

person1 변수는 Person 자료형으로 선언되었으며 createPerson 함수를 호출하여 반환된 객체를 할당했습니다. 이렇게 여러 번 createPerson 함수를 호출하면서 Person 객체 안에 들어 있는 name 속성의 값을 확인해 봅니다. 코드를 실행하면 다음과 같은 결과를 볼 수 있습니다.

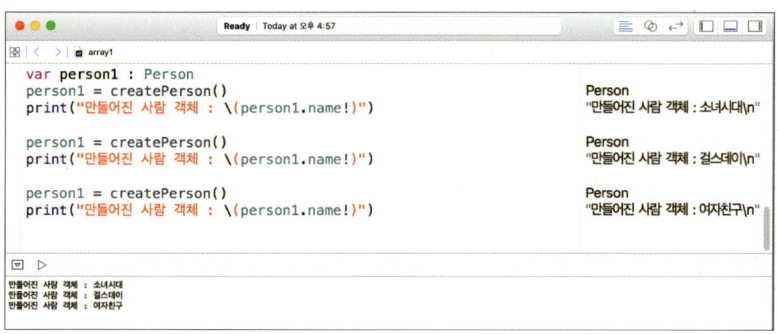

▲ 여러 사람 이름을 여러 개의 상수에 넣어 두고 사람 객체를 만드는 경우

여러 사람의 이름을 여러 개의 상수에 넣어 두었다가 함수를 호출할 때마다 사람 객체를 만드는 코드를 만들어 보았습니다. 어떤가요? 이전 장까지 잘 따라서 익혔다면 코드에서 어려운 부분은 별로 없을 것입니다. 그런데 코드를 잘 보면 if 문 안에서 비교하는 과정이 여러 번 중복됩니다. 만약 사람 객체를 100명 정도 만들고 싶다면 100개의 상수를 선언하고 if 문 안에서 100번씩이나 비교해야 할까요?

여러 데이터를 하나의 배열에 넣기

여러 이름을 각각의 상수에 넣지 않고 하나의 변수에 넣으면 코드의 양은 훨씬 줄어들 것입니다. array1.playground 파일을 복사한 다음 array2.playground 파일로 다시 만들고 Person 클래스의 코드를 다음 코드처럼 수정합니다.

코드 참고 / chapter5〉array2.playground    QR코드 듣기

```
class Person {
    var name : String?
    var age : Int = 0
    init(name:String, age:Int) {
        self.name = name
        self.age = age
    }
}
```

Person 클래스 안에는 name 속성과 age 속성이 있습니다. name 변수는 nil 값이 들어갈 수 있도록 물음표(?) 기호를 붙여 옵셔널로 만들었습니다. age 변수는 Int 자료형으로 선언하면서 0으로 초기화하였습니다. 초기화 함수인 init 함수는 사람 이름과 나이 값을 전달 받아 name과 age 속성에 할당하도록 수정했습니다.

Person 클래스를 정의했으니 실제 사람 객체를 만들 수 있습니다. 그러면 사람 객체를 만들기 위해 필요한 사람 이름과 나이를 모두 알고 있다고 가정하고 다음 코드를 입력해서 이 데이터들을 한꺼번에 담아둘 상수를 만듭니다.

코드 참고 / chapter5〉array2.playground    QR코드 듣기

```
var count = 0
let names = ["소녀시대", "걸스데이", "여자친구", "티아라", "애프터스쿨"]
let ages = Array<Int>([20,23,22,20,21])
```

사람의 이름은 names 상수를 만든 후 그 안에 모두 넣어둡니다. 여러 개의 문자열을 하나의 변수나 상수에 담으려면 대괄호([ ])를 사용해서 배열을 만들어야 합니다. 배열(Array)은 객체 자료형 중의 하나이며 여러 개의 값을 콤마(,)로 구분해서 넣어주면 그 안에 보관됩니다. 즉, 대괄호는 하나의 문자열이 아니라 여러 개의 문자열이 있다는 것을 알려주는 역할을 합니다.

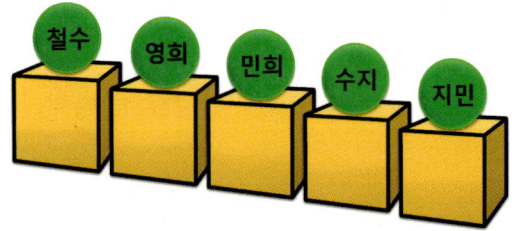

▲ 여러 개의 문자열을 배열이라는 하나의 변수 상자에 담기

대괄호를 사용해 배열을 만들면 그 안에 여러 개의 값을 저장할 수 있도록 연속된 상자가 만들어진다고 생각할 수 있습니다. 이렇게 배열이란? 여러 개의 값을 각각의 변수나 상수로 나누어 담지 않고 하나의 변수나 상수에 담아두는 객체라고 할 수 있습니다. 즉, 배열이라는 것은 여러 개의 변수 상자를 일렬로 늘어놓은 것과 같습니다. 이는 각각의 변수 상자를 하나씩 만드는 것과 다르지 않지만 여러 개의 변수 상자를 각각의 변수 이름으로 가리키지 않고 한꺼번에 하나의 변수로 가리킬 수 있다는 장점이 있습니다.

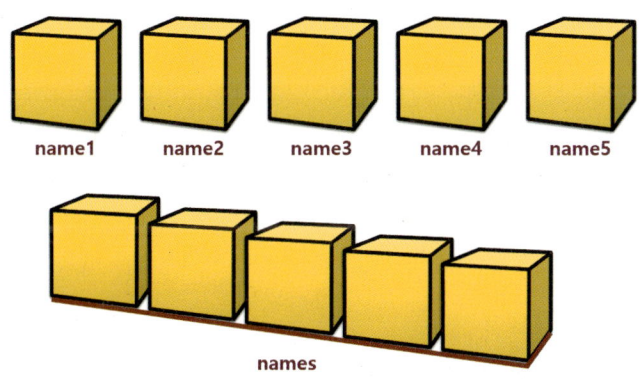

▲ 여러 개의 변수를 만드는 것과 하나의 배열을 만드는 것의 차이

배열을 처음 선언할 때는 대괄호 안에 데이터를 직접 넣을 수 있습니다. 따라서 여기서는 let 키워드를 사용해 names라는 이름의 상수를 만들어 다섯 개의 이름이 들어가도록 초기화했습니다. names 변수 아래에는 ages라는 이름의 상수를 만들어 다섯 개의 나이 값이 들어가게 했는데 배열 객체를 만드는 방식이 약간 다릅니다. 배열을 만드는 대표적인 방법은 다음과 같습니다.

- 대괄호 안에 콤마로 구분된 값을 넣기
  예) let ages = [20, 21, 23, 22, 25]
- 배열 객체를 만들기
  형식) Array<원소의 자료형>(배열의 초기 값)
  예) let ages = Array<Int>([20, 21, 23, 22, 25])

Array라는 단어를 사용해서 배열 객체를 만드는 방법은 클래스를 정의한 후 그 클래스로부터 인스턴스 객체를 만드는 방법과 같습니다. 다만 Array라는 단어 뒤에 꺾쇠(< >) 표시를 하고 그 안에 원소의 자료형을 넣는 것이 다릅니다. 원소(Element)는 배열에 들어 있는 각각의 값을 말합니다. 그리고 꺾쇠(< >) 표시 안에 있는 자료형은 각각의 원소가 어떤 자료형을 가져야 하는지를 알려줍니다. 꺾쇠 뒤에 오는 소괄호 안에는 값을 넣지 않을 수도 있고 대괄호로 만든 배열 객체를 초기 값으로 넣어줄 수도 있습니다. 배열의 초기 값은 배열을 만들 때부터 들어 있는 여러 개의 값을 말합니다.

만약 아무 원소도 포함하지 않는 빈 배열 객체를 만들고 싶다면 다음과 같은 형식을 사용할 수 있습니다.

- var ages = [Int]()
- var ages = Array<Int>()
- var ages : [Int] = []

첫 번째 방법을 보면 빈 배열 객체를 선언할 때는 대괄호 안에 각 원소에 공통으로 적용될 자료형을 넣었습니다. 그리고 그 뒤에 소괄호를 붙여서 빈 배열 객체를 만들었습니다. 그리고 = 기호를 사용하면 왼쪽의 ages 변수에 할당할 수 있습니다. 두 번째 방법은 이전 방법과 같습니다. 마지막으로 세 번째 방법은 대괄호 안에 자료형을 넣은 경우입니다. 이것은 ages 변수의 자료형이 [Int]라는 것을 알려주며 각 원소의 자료형이 Int인 배열 자료형이라는 것을 의미합니다. 그리고 이렇게 선언한 변수에 빈 대괄호를 할당함으로써 빈 배열 객체라는 것을 알려줍니다.

사람의 이름과 나이를 배열 객체로 만들었습니다. 이제 createPerson 함수 안에서 Person 클래스로부터 인스턴스 객체를 만드는 코드도 다음처럼 수정합니다.

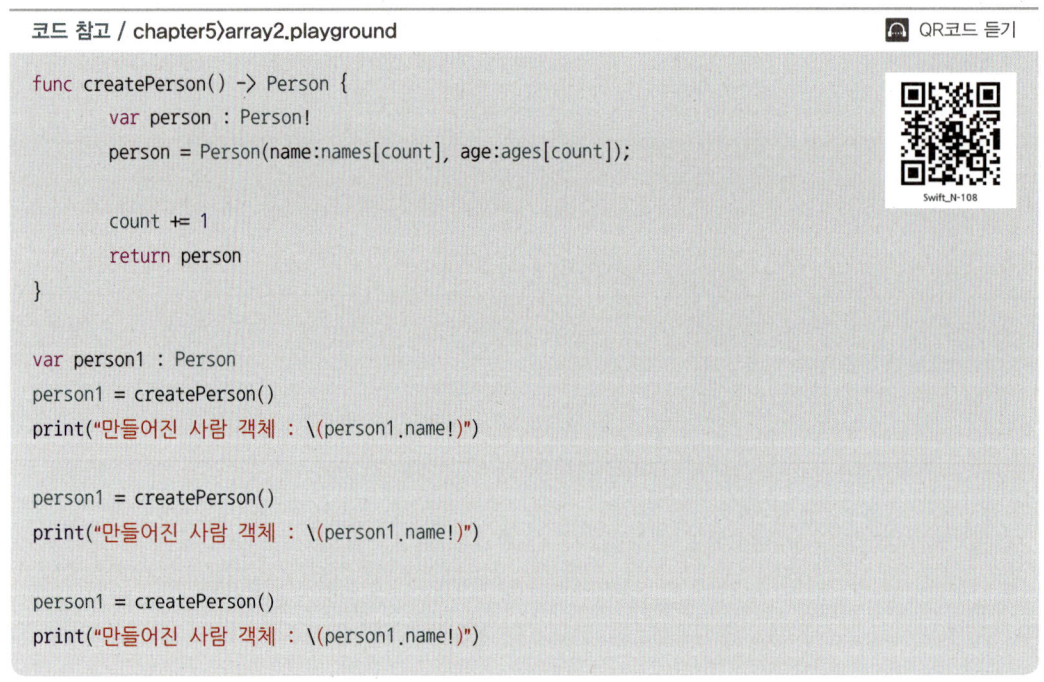

코드 참고 / chapter5)array2.playground   QR코드 듣기

```swift
func createPerson() -> Person {
    var person : Person!
    person = Person(name:names[count], age:ages[count]);
    
    count += 1
    return person
}

var person1 : Person
person1 = createPerson()
print("만들어진 사람 객체 : \(person1.name!)")

person1 = createPerson()
print("만들어진 사람 객체 : \(person1.name!)")

person1 = createPerson()
print("만들어진 사람 객체 : \(person1.name!)")
```

배열에 넣어둔 값은 필요할 때 하나씩 꺼내어 확인할 수 있습니다. 배열에 들어있는 값을 꺼낼 때는 대괄호 안에 숫자를 넣어주는데 이 숫자를 '인덱스(Index)'라고 합니다. 인덱스는 숫자 0부터 시작하며 배열의 크기보다 작아야 합니다. 예를 들어, 다섯 개의 원소가 배열 안에 들어 있다면 인덱스는 0부터 4까지의 숫자 값이 됩니다. 만약 배열 변수 안에 원소가 들어갈 수 있는 공간이 다섯 개밖에 없는데 여섯 번째 공간에 데이터를 담으려고 하면 넣을 곳이 없어 오류가 발생합니다.

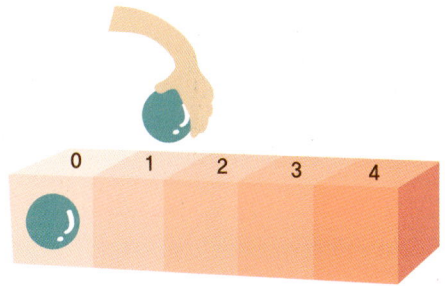

▲ 배열의 인덱스

앞에서 선언했던 count 변수의 값이 0부터 시작하므로 이 변수에 들어 있는 값을 0부터 하나씩 증가시키면 인덱스 값과 같아집니다. 따라서 names[count]와 같은 코드를 사용하면 names 배열 안에 들어 있는 원소를 인덱스로 참조할 수 있습니다. 다시 말해, count 변수의 값을 인덱스로 사용하여 배열 안에 있는 원소 값을 꺼낼 수 있습니다.

이제 createPerson 함수 안에 있던 코드의 양이 확 줄었습니다. 어떻게 코드가 수정되었는지 살펴보겠습니다. if 문을 사용해 count 변수의 값을 일일이 비교하던 코드 형태를 names[count] 코드로 수정하여 names 배열 안에 있는 값 중에서 현재 값을 곧바로 참조하도록 한 것을 알 수 있습니다.

코드를 실행하면 이전에 array1.playground 파일을 실행했던 결과와 같은 결과를 볼 수 있습니다.

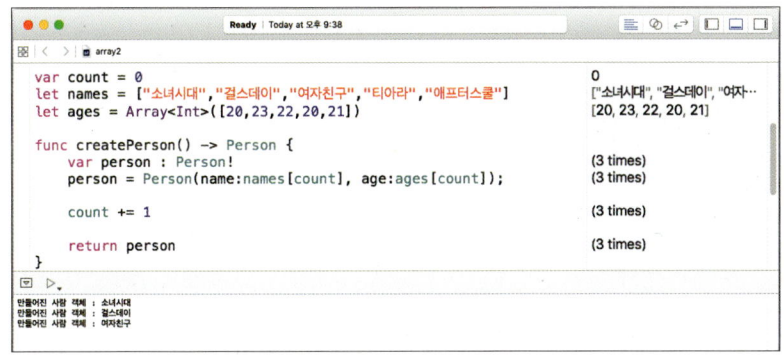

▲ 배열을 사용하도록 코드를 바꾼 후 실행했을 때의 결과 화면

코드를 하나씩 해석하면서 봐야 한다는 어려움은 있지만 코드의 양이 획기적으로 줄어든다는 것이 놀랍지 않나요?

퀴즈 풀자

배열을 만들고 그 안에 가족 구성원의 이름을 넣은 후 이름 중 하나를 출력해 보세요. 배열을 만들 때 초기 값으로 가족 구성원의 이름을 넣습니다. 이렇게 만든 배열을 변수에 할당한 후 그 배열의 이름과 대괄호, 인덱스를 사용해 이름 중 하나를 출력하도록 합니다.

```
var members = ["엄마", "아빠", "동생", "형", "나"]

let index = 1
print("두 번째 가족은? : \(members[index])")
```

해답 | exercise05_01.playgroun

2 _ 배열 다루기

배열을 한 번 만들고 그 안에 여러 개의 값을 넣어 두었다면 그 배열 안에 있는 원소들을 하나씩 꺼내어 사용하거나 그 배열에 원소를 추가하는 경우가 자주 생기게 됩니다. 스위프트는 배열을 다룰 수 있는 다양한 속성과 메소드를 제공하므로 배열에 원소를 추가하거나 삭제하는 것이 가능합니다.

배열의 크기 확인하기

사람의 이름을 여러 개의 변수에 나누어 넣었던 것을 하나의 배열에 넣어 두는 방식으로 바꿔도 같은 결과가 출력된다는 것을 확인했습니다. 그런데 count 변수의 값을 1씩 증가시키면서 createPerson 함수를 계속 호출하다보면 count 변수의 값이 5보다 커지게 되는데 그 순간에 오류가 발생합니다.

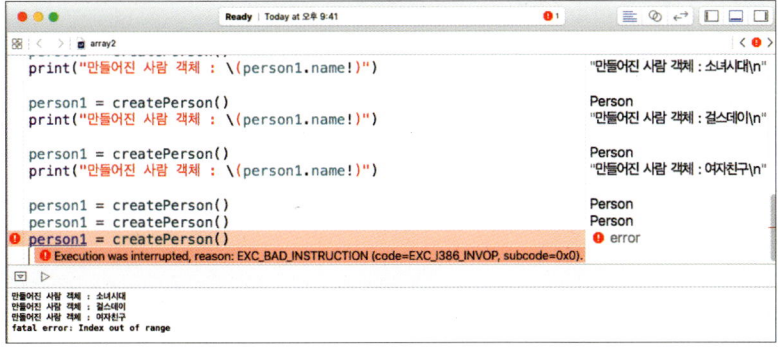

▲ 배열의 크기를 넘어가는 인덱스를 사용하여 오류가 발생한 경우

배열은 크기가 정해져 있고 정해진 크기 이상의 데이터 공간을 갖고 있지 않으므로 배열 내에 원소가 들어갈 수 있는 공간의 개수 이상으로 인덱스의 값을 크게 만들면 오류가 발생합니다. 이 때문에 배열을 만들어 사용할 때는 항상 인덱스의 값이 배열의 크기보다 커지지 않게 확인하는 것이 필요합니다.

배열의 크기는 배열 객체의 속성 중에서 count 속성을 사용하면 확인할 수 있습니다. array2.playground 파일을 복사하여 array3.playground 파일로 새로 만든 후 createPerson 함수 안의 코드를 다음과 같이 수정합니다.

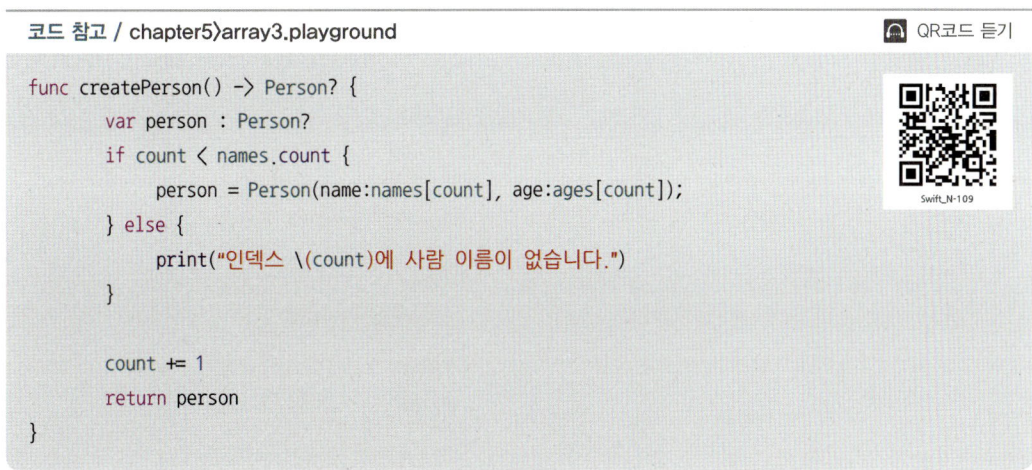

createPerson 함수에서 반환하는 객체의 자료형을 Person?으로 수정했습니다. 이것은 createPerson 함수에서 nil을 반환할 수도 있기 때문입니다. 그 안에 선언한 person 변수의 자료형도 Person?으로 수정합니다. 사람 객체를 만들 때는 if 문을 사용해 count 변수의 값이 names 배열의 크기보다 작은지 비교하도록 했습니다. 그리고 배열 안에 사람 이름이 있으면 사람 객체를 만들고 이름이 없으면 사람 이름이 없다는 메시지만 화면에 출력합니다.

createPerson 함수를 호출하는 코드 부분도 다음 코드처럼 수정합니다.

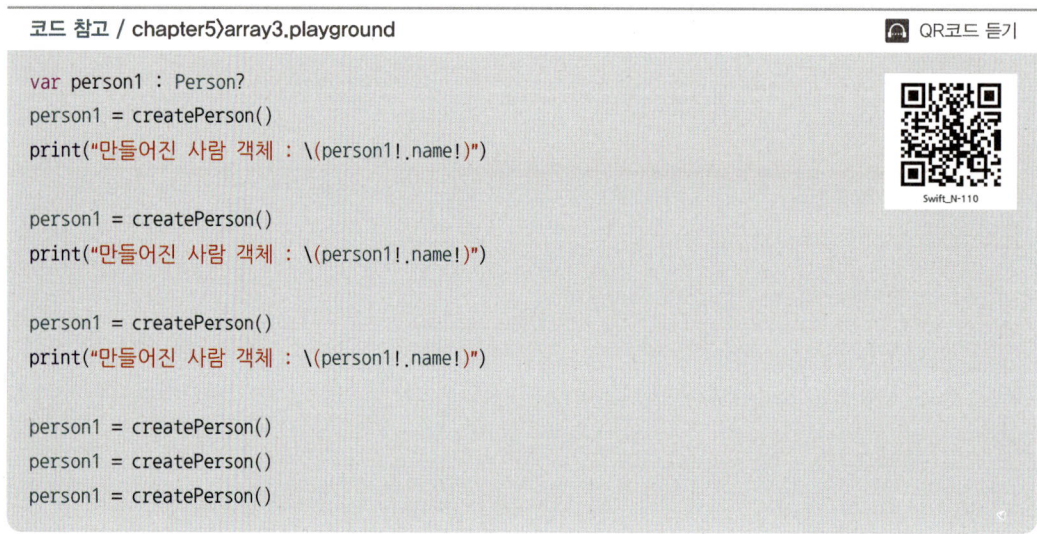

createPerson 함수에서 반환하는 객체가 nil이 될 수 있으므로 person1 변수의 자료형도 Person? 으로 수정합니다. 그리고 person1 변수에서 가리키는 객체 안에 들어 있는 name 속성을 참조할 때는 느낌표(!) 기호를 사용해 옵셔널을 해제합니다.

코드를 실행하면 다음 결과 화면처럼 배열 원소가 없을 때도 오류를 발생시키지 않는 것을 확인할 수 있습니다.

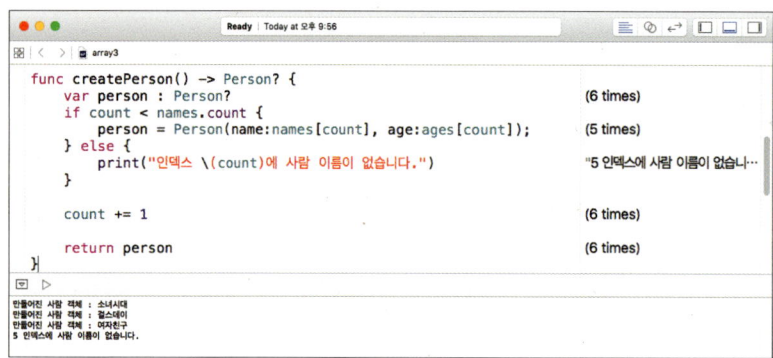

▲ 배열의 크기를 넘어가는지 체크하는 코드가 들어간 경우

배열에 들어 있는 원소가 하나도 없는 경우도 있습니다. 만약 배열이 비었는지 확인하고 싶다면 isEmpty 속성을 사용하면 됩니다. 배열이 비어 있다면 isEmpty 속성에 true 값이 들어갑니다.

```
if names.isEmpty { ... }
```

여러 데이터를 배열에 저장하니 코드가 많이 줄어들어 효율적이라는 생각이 들 것입니다. 하지만 코드가 줄어든 만큼 인덱스 값을 계산하거나 변수에 들어 있는 값이 몇 번째 값인지 머릿속으로 잘 기억하고 있어야 오류가 없는 코드를 만들 수 있습니다. 따라서 배열을 사용하는 코드를 잘 해석해 보고 반복적으로 연습해서 익숙해지는 것이 좋습니다.

배열의 원소를 확인하거나 추가하기

배열에 들어 있는 원소를 확인하려면 대괄호 안에 인덱스 값을 숫자로 넣으면 됩니다. 그런데 이 값들을 하나씩 확인하지 않고 차례대로 넘어가면서 모두 확인하고 싶다면 for 문을 사용하면 됩니다.

이번에는 배열의 원소들을 차례대로 확인하는 코드를 만들어 보겠습니다. 우선 array3.playground 파일을 복사하여 array4.playground 파일로 새로 만듭니다. 그리고 createPerson 함수를 호출하여 사람 객체를 만드는 부분을 다음 코드처럼 수정합니다.

코드 참고 / chapter5〉array4.playground　　　　　　　　　QR코드 듣기

```swift
var persons : Array<Person> = Array<Person>()

for i in 0..<5 {
    print("인덱스 \(i)의 사람이름 : \(names[i])")
    let person = createPerson()!
    persons.append(person)
    print("만들어진 사람 객체 : \(person.name!)")
}
```

사람 이름을 사용해 만든 사람 객체들은 배열 객체에 넣을 것입니다. Person 객체를 담을 수 있는 배열의 자료형은 Array〈Person〉으로 하고 빈 배열 객체를 만들어 persons 변수에 할당합니다. 앞에서도 설명했지만 빈 배열 객체를 만들 때는 Array〈Person〉() 코드를 사용한다는 것을 기억해야 합니다.

그 아래에는 for 문이 있으며 0부터 시작해서 5보다 작은 숫자일 때 중괄호 안의 코드가 반복 실행되도록 합니다. 중괄호 안에는 i 변수의 값을 사용해 names 배열에 들어 있는 각각의 원소를 출력하고 이 이름으로 Person 객체를 만들어 배열에 추가합니다. 배열에 원소를 추가할 때는 다음 메소드를 사용할 수 있습니다.

`append(newElement: Element)`

만약 배열 중간에 값을 추가하고 싶다면 insert 메소드를 사용하면 됩니다.

`insert(newElement: Element, at: Int)`

코드를 실행하면 다음과 같이 이름과 만들어진 객체의 정보를 확인할 수 있습니다.

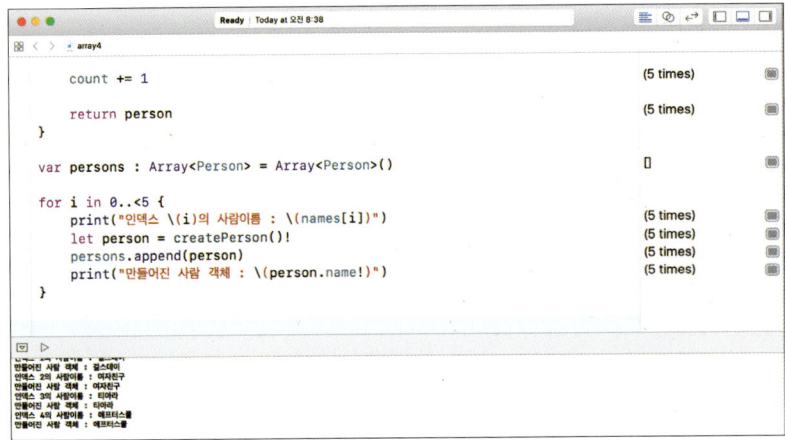

▲ 배열에 들어 있는 이름을 사용해 사람 객체를 만들고 배열에 추가한 경우

어떤 일을 반복적으로 수행할 때 사용하는 것이 for 문인데 for 문은 그 안에 들어 있는 조건이 맞을 때까지 반복하여 기능을 실행하게 합니다.

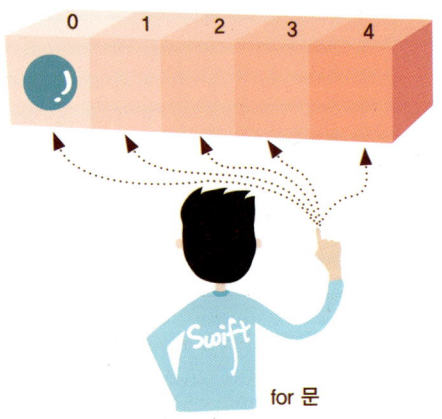

▲ for 문으로 배열 원소들을 모두 확인하기

이번에는 배열에 여러 개의 원소를 한꺼번에 추가한 후 그 중 하나의 원소를 삭제하는 방법을 알아보 겠습니다. 배열에 배열을 추가할 때는 + 연산자를 사용할 수 있습니다. 예를 들어, ages라는 배열에 두 개의 숫자를 더하고 싶다면 다음과 같은 코드를 사용합니다.

```
ages += [32, 33]
```

만약 특정 위치에 있는 원소를 제거하고 싶다면 remove 함수를 호출하면 됩니다.

```
remove(at: Int) -> T
```

> **정박사님 궁금해요** remove 함수의 API 문서에서 T는 무엇을 의미하는 건가요?
>
> remove 함수를 표시할 때 반환하는 결과 값의 자료형으로 T가 표시되어 있습니다. 이것은 어떤 자료형도 될 수 있다는 표시입니다. 예를 들어, Person 자료형의 값을 반환할 수도 있고 String 자료형의 값을 반환할 수도 있다는 의미입니다.

보통 append 함수를 호출하여 배열의 마지막 부분에 원소를 추가하고 나면 그 원소를 다시 제거해야 할 때도 많습니다. 이때는 removeLast 함수를 호출하여 제거합니다.

```
removeLast() -> T
```

다음 코드를 추가하여 names 배열에 두 개의 이름을 더 추가하고 맨 앞에 있는 원소를 하나 삭제합니다. 그리고 for 문을 사용해 배열 안의 모든 원소를 사람 객체로 만듭니다.

코드 참고 / chapter5〉array4.playground QR코드 듣기

Swift_N-112

```swift
var names2 = ["소녀시대","걸스데이","여자친구","티아라","애프터스쿨"]
let ages2 = Array<Int>([20,23,22,20,21])

names2.append("에이핑크")
names2.remove(at:0)
names2.removeLast()
print("names2의 크기 : \(names2.count)")

for i in 0..<names2.count {
    print("인덱스 \(i)의 사람이름 : \(names2[i])")
    let person = Person(name:names2[i], age:ages2[i])
    persons.append(person)
    print("만들어진 사람 객체 : \(person.name!)")
}
```

다섯 명의 사람 이름이 names2 배열에 들어 있습니다. 이 배열의 append 함수를 호출하여 하나의 사람 이름을 추가한 후 remove 메소드를 호출하여 첫 번째 사람 이름을 삭제합니다. remove 메소드에는 인덱스 값이 파라미터로 전달되어야 하므로 소괄호 안에 파라미터 이름인 at과 콜론(:) 그리고 숫자 0을 넣습니다. removeLast 메소드를 한 번 더 호출하면 새로 추가했던 이름이 삭제됩니다.

for 문에서는 in 연산자 뒤에 0부터 names2 배열 크기보다 작을 때까지의 범위를 지정합니다. 그리고 중괄호 안에서는 Person 객체를 만들 때 names2와 ages2 배열에서 가져온 원소를 파라미터로 전달합니다.

코드를 실행하면 다음과 같이 네 명의 사람 객체가 만들어집니다.

▲ 배열에 사람 이름을 추가하고 삭제한 후 사람 객체를 만든 경우

만약 배열 안에 원하는 원소가 들어 있는지 확인하고 싶다면 contains 함수를 사용합니다.

contains(Element)

contains 함수는 전달된 파라미터 값과 배열 안의 특정 원소가 일치할 경우 true를 반환합니다. 배열 안에 원하는 원소 값이 있을 때 코드를 실행하도록 하는 경우가 많으므로 다음 코드처럼 contains 함수와 if 문이 함께 사용될 때가 많습니다.

```
var animals: [String] = ["bird", "tiger"]

if animals.contains("bird") {
    print(true)
}
```

index 함수는 특정 원소의 인덱스 값을 알고 싶을 때 사용합니다.

index(of: Element)

contains 함수와 index 함수를 사용해 보기 위해 다음 코드를 추가합니다.

코드 참고 / chapter5〉array4.playground　　　　　　　　　　　　　　QR코드 듣기
```
let target = "티아라"
if names2.contains(target) {
    var index = names2.index(of:target)
    print("\(target)의 인덱스 값 : \(index!)")
}
```

찾으려는 사람의 이름은 target 상수에 넣어 두었습니다. if 문을 사용해 names2 배열 안에 target 상수에 들어 있는 이름과 같은 이름이 있는지 확인하기 위해 contains 함수가 호출되었습니다. 만약 들어 있다면 중괄호 안의 코드가 실행됩니다. 이때 그 안에서는 names2 배열에서 target 상수의 값이 몇 번째 인덱스에 있는지 확인합니다. 코드를 실행하면 다음과 같은 결과를 볼 수 있습니다.

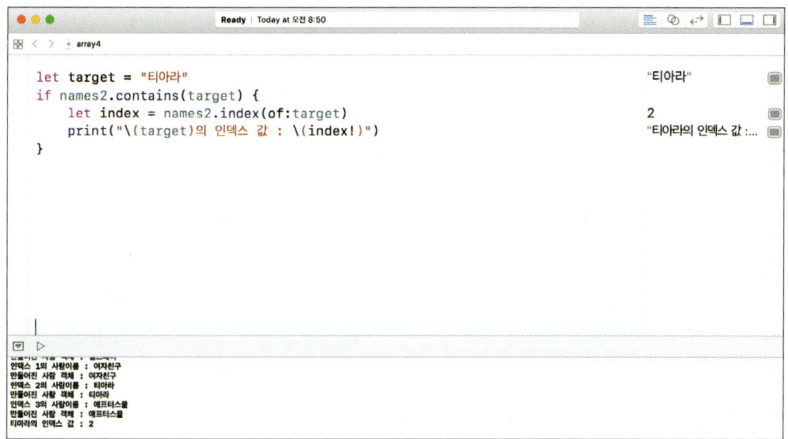

▲ 배열 안에 사람의 이름이 있는지 확인하고 그 이름의 인덱스 값을 확인한 경우

원소를 추가하거나 삭제할 때 배열의 끝부분에 추가한 후 필요할 때마다 끝부분에 있는 값을 꺼내어 확인하는 경우가 많습니다. 이것을 '스택(Stack)'이라고 합니다. 배열에는 append 함수와 함께 popLast 함수가 있어 스택처럼 사용할 수 있도록 합니다.

```
append( Element )
popLast( ) -> Element
```

배열 이름 뒤에 대괄호를 붙이고 그 안에 인덱스를 넣으면 값을 수정할 수도 있습니다. 예를 들어, 다음처럼 ages라는 이름의 배열 안에 들어 있는 정수 값을 바꿀 수 있습니다.

```
ages[2] = 28
```

범위를 사용해 배열의 원소를 수정할 수도 있습니다. 다음은 ages라는 이름의 배열 안에 들어 있는 여러 개의 정수 값을 바꿀 때 사용하는 코드입니다.

```
ages[1..<3] = [29, 31]
```

배열 객체에 값을 넣거나 빼는 경우가 많으므로 지금까지 살펴보았던 append나 insert 함수들에 익숙해져야 합니다. 따라서 코드와 친해질 때까지 여러 번 입력해 보기 바랍니다.

함수의 파라미터로 변수에 할당한 배열 전달하기

배열을 만들어 변수에 할당한 후 함수를 호출할 때 파라미터로 전달할 수도 있습니다. 함수를 호출하면서 배열을 전달하는 예제를 만들기 위해 array5.playground 파일을 새로 만들고 다음 코드를 입력합니다.

코드 참고 / chapter5>array5.playground

```
func checkName(names:[String]) {
    if names.first == "소녀시대" {
        print("Error.")
    } else {
        print("OK.")
    }
}

let names = ["소녀시대","걸스데이","티아라"]
checkName(names:names)
```

checkName 함수에는 names라는 이름의 파라미터가 전달됩니다. names 파라미터는 문자열 원소들을 갖는 배열이며, 함수 안에서는 배열의 첫 번째 요소가 '소녀시대'인지 확인합니다. 배열의 첫 번째 요소와 마지막 요소는 다음과 같이 first와 last 속성으로 접근할 수 있습니다.

> 배열.first ➡ 첫 번째 요소
> 배열.last ➡ 마지막 요소

코드를 실행하면 다음과 같이 'Error.'라는 메시지가 출력되는 것을 볼 수 있습니다. 함수로 전달된 배열의 첫 번째 원소가 '소녀시대'라는 값을 가지고 있었으니 'Error'라는 메시지가 출력되는 것이 정상입니다.

```
func checkName(names:[String]) {
    if names.first == "소녀시대" {
        print("Error.")
    } else {
        print("OK.")
    }
}

let names = ["소녀시대","걸스데이","티아라"]
checkName(names:names)
```

▲ 함수를 호출할 때 파라미터로 배열을 전달한 경우

값 전달 방식으로 동작하는 배열

그런데 함수로 전달하는 파라미터는 함수 안에서 상수로 인식됩니다. 따라서 함수 안에서는 배열 객체를 변경할 수 없다는 것을 기억하세요. 만약 함수 안에서 파라미터로 전달된 배열에 새로운 원소를 추가하려고 하면 오류 메시지가 표시됩니다. 즉, 스위프트의 배열은 '참조 전달 방식'이 아닌 '값 전달 방식'을 사용합니다. 예를 들어, Person 클래스로부터 만들어진 인스턴스 객체를 변수에 할당하면 이 변수는 인스턴스 객체를 가리키지만 배열 객체를 만들어 할당하면 이 변수에는 배열 객체가 복사되어 들어갑니다. 이것은 자바 등 다른 언어에서 배열을 사용할 때와 다르므로 주의해야 합니다.

배열을 다른 변수에 할당하는 코드를 만들기 위해 다음 코드를 추가합니다.

코드 참고 / chapter5>array5.playground　　　　　　　　　　QR코드 듣기

```
var names2:[String] = ["소녀시대","걸스데이","티아라"]
var names3 = names2

names2.append("에이핑크")
print(names2)
print(names3)

if names2 != names3 {
    print("두 개의 배열이 다릅니다.")
}
```

배열을 다른 변수에 할당하면 새로운 배열 객체가 복사되어 만들어진 후 할당됩니다. 따라서 이름이 세 개 들어 있는 names2 변수를 names3 변수에 할당하면 새로운 배열 객체가 만들어진 다음 할당됩니다. names2 배열에 새로운 이름을 하나 더 추가한 후 names2 배열의 원소들을 출력해 보면 새로운 이름이 보이지만 names3 배열의 원소들을 출력해 보면 새로운 이름이 보이지 않습니다. 그리고 배열은 값 전달 방식을 사용하므로 배열끼리 비교할 때는 == 연산자나 != 연산자를 사용합니다. 코드를 실행하면 다음과 같은 결과를 볼 수 있습니다.

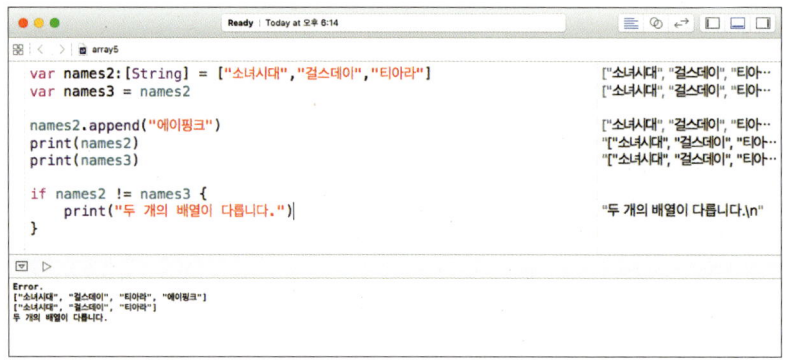

▲ 배열을 다른 변수에 할당했을 때 복사된 결과

여러 개의 값을 한꺼번에 넣고 그 안에 들어 있는 원소들을 다루다 보니 코드가 조금 더 복잡해 졌다고 느껴지나요? 그래도 실제 코드를 만들 때는 여러 개의 값을 함께 다루는 경우가 많으므로 빨리 익숙해지는 것이 좋습니다.

 가족 구성원의 이름을 넣은 배열을 만든 후 그 끝에 새로운 이름을 넣었다가 빼도록 해 보세요. 배열을 만들 때 초기 값으로 가족 구성원의 이름을 넣어줍니다. 이렇게 만든 배열의 끝에 새로운 이름을 하나 추가한 후 몇 개의 이름이 들어 있는지 출력합니다. 그리고 끝부분에 추가했던 이름을 꺼낸 후 그 이름을 출력하고 몇 개의 이름이 남아 있는지 출력합니다.

해답 | exercise05_02.playground

3 _ 배열 안에 배열 넣기

지금까지 여러 개의 값을 담아둘 수 있는 배열을 배우면서 그 안에 어떤 데이터나 객체가 들어 있는지 그리고 어떻게 다루면 되는지 알아보았습니다. 그러면 배열 안에 들어가는 값들을 분류해서 넣어두고 싶을 때는 어떻게 할 수 있을까요?

예를 들어, 전화번호부를 만들고 싶다면 가족이나 친구와 같은 그룹을 만들고 그 안에 가족들과 친구들을 분류해서 넣을 수 있을 것입니다. 이렇게 배열 안에 들어가는 값들을 분류하고 싶을 때는 그 값들을 나누어 배열로 만든 후 다시 배열 안에 넣을 수 있습니다. 이렇게 속성의 값을 배열로 만들 때는 바둑판을 생각하면 쉽습니다. 즉, 바둑판처럼 만들고 그 안에 데이터를 저장하는 것과 비슷합니다.

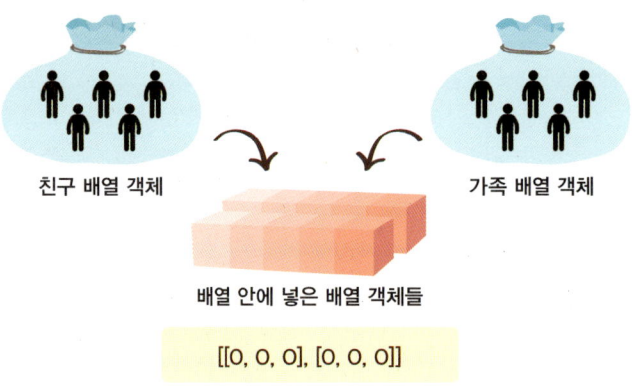

▲ 배열 안에 배열 객체를 넣어 데이터를 그룹화하기

다섯 명의 친구가 있고 다섯 명의 가족이 있다면 먼저 친구 다섯 명을 넣은 배열을 만듭니다. 그다음 가족 다섯 명을 가로로 쭉 넣은 배열을 만듭니다. 이렇게 하면 가로 길이가 다섯 개, 세로 길이가 두 개인 격자 모양의 배열이 만들어집니다. 그러면 이 격자의 가로는 그룹을 나타내고 세로는 각각의 데이터를 나타냅니다.

하나의 배열을 만들고 friends와 family라는 이름을 가진 두 개의 배열을 만들어 그 안에 넣으면 이런 모양이 됩니다. 이제 배열 안에 배열을 넣은 후 그 정보를 보여주는 코드를 작성해 보겠습니다. array6.playground 파일을 새로 만들고 다음 코드를 입력합니다.

코드 참고 / chapter5〉array6.playground　　　QR코드 듣기

```swift
var phonebook : [[String]] = []

var friends : [String] = ["소녀시대","걸스데이","티아라"]
phonebook.append(friends)

var family : [String] = ["엄마","아빠","오빠"]
phonebook.append(family)

print("전화번호부의 그룹 개수 : \(phonebook.count)")
for i in 0..<phonebook.count {
    print("\(i)번째 배열의 원소 개수 : \(phonebook[i].count)")
}
```

전화번호부를 의미하는 phonebook이라는 이름으로 새로운 변수를 선언했습니다. 그리고 대괄호 안에 대괄호를 넣어 배열 안에 배열이 들어 있는 모양으로 만든 후 변수에 할당합니다. 여기서 대괄호 안에 대괄호가 들어 있는 모양을 잘 기억해야 합니다. 대괄호 안에 대괄호가 들어가면 앞에서 설명

한 것처럼 하나의 배열 안에 여러 개의 배열이 들어갈 수 있는 모양이 되기 때문입니다. friends와 family 변수에는 여러 개의 문자열 값들이 들어간 배열을 만들어 할당합니다. 그리고 append를 사용해 phonebook 배열에 추가합니다. 코드를 실행하면 다음과 같은 결과를 볼 수 있습니다.

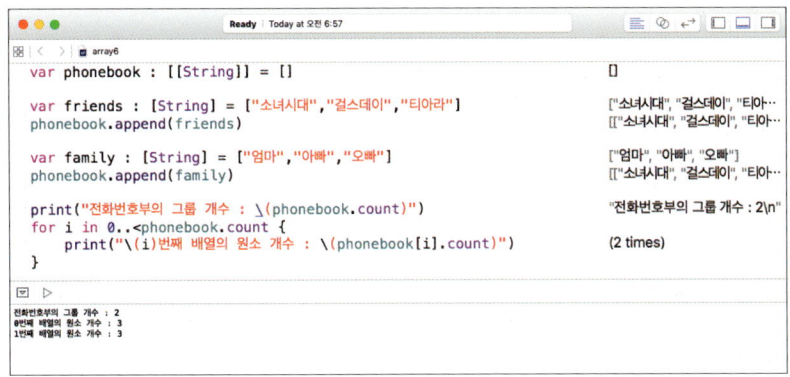

▲ 배열 안에 배열을 넣은 경우

지금까지 만들었던 배열과 비슷하지만 배열 안에 배열이 여러 개 들어 있어 원소의 값을 확인하는 코드가 조금 더 복잡합니다. 이렇게 배열 안에 배열이 들어 있는 모양을 보통 '2차원 배열'이라고 부릅니다. 여러 개의 변수 상자로 만들어진 1차원 배열 객체는 2차원 배열 객체의 한 인덱스 값으로 들어갈 수 있습니다. 이 방식은 서가의 한 칸을 차지하는 책들을 생각해 보면 쉽게 이해됩니다. 2차원 배열에서 첫 번째 줄의 배열 객체에 한꺼번에 접근할 때는 대괄호를 하나만 붙이면 됩니다. 그리고 첫 번째 줄의 배열 안에 들어 있는 각각의 원소에 접근할 때는 대괄호를 두 개 붙입니다.

따라서 friends 변수를 phonebook 변수에 할당할 때는 대괄호를 하나만 붙이고 인덱스 값을 0으로 설정합니다. family 변수도 1차원 배열 객체로 만들고 phonebook 변수에 할당하는데 인덱스 값을 1로 설정합니다. 이렇게 하면 바둑판처럼 격자 안에 사람들의 이름이 차례로 들어 있는 모양이 됩니다.

1차원 배열에 들어 있는 모든 데이터에 한 번씩 접근할 때는 for 문을 한 번만 사용했지만 격자 모양으로 되어 있는 2차원 배열의 데이터에 한 번씩 접근할 때는 각 행(Row)의 인덱스 값을 사용해 첫 번째와 두 번째 배열에 접근합니다. 이것이 첫 번째 for 문이 사용되는 이유입니다. 그 안에서 각 열(Column)의 인덱스로 접근하기 위한 두 번째 for 문이 함께 사용됩니다. 이 형태는 약간 복잡해 보이지만 2차원 배열에 들어 있는 데이터를 모두 확인하고 싶을 때 자주 사용합니다.

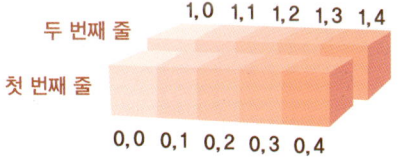

▲ 2차원 배열 안에 들어 있는 데이터에 접근할 때의 인덱스 값

2차원 배열을 만든 다음 이 배열에 들어 있는 모든 데이터를 한 번씩 모두 접근하고 싶다면 for 문 안에 for 문을 다시 사용할 수 있습니다. 다음 코드를 추가합니다.

코드 참고 / chapter5〉array6.playground　　QR코드 듣기

```swift
for i in 0..<phonebook.count {
    for j in 0..<phonebook[i].count {
        print("\(i,j)번째 값 : \(phonebook[i][j])")
    }
}
```

이렇게 입력한 코드를 살펴보면 i의 값이 세로 줄의 인덱스 값이 되고 j의 값은 가로 줄의 인덱스 값이 된다는 것이 더 확실하게 보일 것입니다. 코드를 실행하면 전화번호부 배열 안에 있는 모든 값이 출력됩니다.

▲ 2차원 배열의 값을 하나씩 표시한 화면

하나의 배열을 다룰 때도 그랬지만 특히나 2차원 배열은 머릿속에서 어떤 모양으로 배열이 만들어지며, 그 안에 있는 원소들을 어떻게 가져오거나 넣을 수 있는지 잘 생각해야 합니다. 처음에는 조금 복잡하게 느껴지겠지만 몇 번 입력해 보면 점점 익숙해질 것입니다.

4 _ 딕셔너리에 들어 있는 값 빨리 찾기

딕셔너리(Dictionary)는 키-값(Key-Value) 방식으로 여러 개의 데이터를 넣어둘 수 있습니다. 딕셔너리 안에 들어가는 키는 그 안에 들어 있는 다른 키들과 구별되는 유일한 값이어야 합니다. 이 딕셔너리는 자바와 같은 다른 언어에서 사용하는 '해시테이블(Hashtable)'과 비슷합니다.

> **정박사님 궁금해요** 키-값(Key-Value) 방식과 해시테이블(Hashtable)이란?
>
> 키-값 방식은 어떤 값에 라벨을 붙여둔 것이라고 생각하면 쉽습니다. 책상 위에 물건을 여러 개 놔두었을 때 비슷한 모양이면 빨리 찾기 어렵습니다. 이때 포스트잇을 붙여두면 그 포스트잇에 쓰인 이름만으로도 쉽게 구별할 수 있습니다. 키-값 방식은 여러 개의 값이 들어 있을 때 각각의 값에 이름을 붙이는 방식입니다. 이것은 다른 언어에서 보통 '해시테이블'이라고 부릅니다.

딕셔너리는 키(Key)와 값(Value)을 가져야 하므로 선언할 때도 키와 값의 자료형을 명시해야 합니다. 아무런 원소도 들어 있지 않은 빈 딕셔너리 객체를 만들 때는 다음과 같은 코드를 사용합니다.

```
var emptyDic = [Int:Int]( )
```

딕셔너리를 만들 때는 배열을 만들 때처럼 대괄호를 사용하며, 그 안에 들어가는 원소는 키 다음에 콜론(:)을 붙이고 그 뒤에 값을 넣어주는 형식을 사용합니다. 따라서 선언할 때도 키의 자료형 다음에 콜론(:)을 붙이고 그 다음에 다시 값의 자료형을 붙여줍니다.

만약 값을 숫자로 구분하고 싶다면 다음과 같은 방식으로 만들 수 있습니다.

```
var dic = [1:"소녀시대", 2:"걸스데이", 3:"티아라"]
var dic2 : [Int:String] = [1:"소녀시대", 2:"걸스데이", 3:"티아라"]
var dic3 : Dictionary<Int,String> = [1:"소녀시대", 2:"걸스데이", 3:"티아라"]
var dic4 : Dictionary<Int,String> = Dictionary<Int,String>([1:"소녀시대", 2:"걸스데이", 3:"티아라"])
```

앞에서 살펴본 코드들은 모두 똑같은 원소를 갖고 있지만 사용 방법이 약간씩 다릅니다. 여러분은 이미 배열을 알아보았는데 딕셔너리 안에 들어 있는 원소에 접근하는 방법은 배열에 접근하는 방법과 비슷하므로 쉽게 이해할 수 있을 것입니다. 예를 들어, 딕셔너리 안에 들어 있는 원소의 개수를 알고 싶다면 다음과 같이 count 속성을 사용합니다.

```
딕셔너리객체.count
```

그리고 그 안에 들어 있는 원소에 접근하거나 수정하고 싶다면 딕셔너리 이름 뒤에 대괄호를 붙이고 대괄호 안에 키 값을 넣어줍니다. 여기서 대괄호 안에 들어가는 값은 해당 원소의 이름에 해당하는 키(Key)라는 것에 주의하세요. 이것은 배열에서 인덱스 값을 넣어주었던 것과 다릅니다.

```
딕셔너리객체[키]
```

딕셔너리 만들기

먼저 딕셔너리 객체를 하나 만들고 그 안에 들어 있는 원소를 확인하는 코드를 만들어 보겠습니다. dictionary1.playground 파일을 새로 만들고 다음 코드를 입력합니다.

코드 참고 / chapter5>dictionary1.playground   QR코드 듣기

```swift
var girls : [Int:String] = [1:"소녀시대",2:"걸스데이",3:"티아라"]
print("girls 딕셔너리의 원소 개수 : \(girls.count)")

if (girls[1] != nil) {
    print("girls 딕셔너리의 키 1의 값 : \(girls[1]!)")
}
```

girls라는 이름의 변수는 딕셔너리 자료형으로 만들어졌는데 키(Key)는 정수, 값(Value)은 문자열을 넣을 수 있도록 선언되었습니다. 이렇게 변수를 선언하면서 할당하도록 한 딕셔너리 객체는 대괄호를 사용해서 만들고 그 안에 콜론(:)과 콤마(,)로 구분된 원소들이 들어갑니다. 즉, 하나의 원소를 쓸 때는 키와 값이 콜론으로 구별되고 각각의 원소는 콤마로 구별됩니다.

딕셔너리 안에 들어 있는 원소의 개수는 배열과 마찬가지로 count 속성으로 확인할 수 있습니다. 그리고 각각의 원소를 확인하고 싶다면 딕셔너리로 선언된 변수 이름 뒤에 대괄호를 붙이고 대괄호 안에 키 값을 넣으면 됩니다. 대괄호 안에 넣은 키가 딕셔너리 안에 없을 때는 nil이 반환될 수 있습니다. 따라서 girls[1]과 같은 코드를 사용해 반환되는 값을 확인해 보면 옵셔널 자료형으로 반환되는 것을 확인할 수 있습니다. 여기서는 키가 1인 원소를 확인할 때 if 문의 조건 안에서 nil 값이 아닌지를 먼저 확인한 후 중괄호 안에서 girls[1]의 값을 출력할 때 느낌표(!)를 붙여 옵셔널을 강제로 해제합니다.

코드를 실행하면 딕셔너리에 들어 있는 원소의 개수와 키가 1인 원소의 값을 보여줍니다.

▲ 딕셔너리 객체를 만들고 그 안에 들어 있는 원소를 확인한 경우

앞에서 살펴보았던 배열과 다른 점은 원소가 하나의 값이 아니라 두 개의 값, 즉 키(Key)와 값(Value)으로 구성된다는 것입니다. 따라서 코드를 입력하거나 코드를 해석할 때는 항상 키와 값이 쌍으로 다루어진다는 것을 이해해야 하며, 배열의 경우에는 키가 없으므로 인덱스로 원소에 접근한다는 것도 기억해야 합니다.

딕셔너리 객체를 만들었으니 그 안에 들어 있는 원소를 바꾸거나 새로운 원소를 추가하는 방법, 그리고 모든 원소를 출력해 보는 방법도 알아보겠습니다. 다음 코드를 추가합니다.

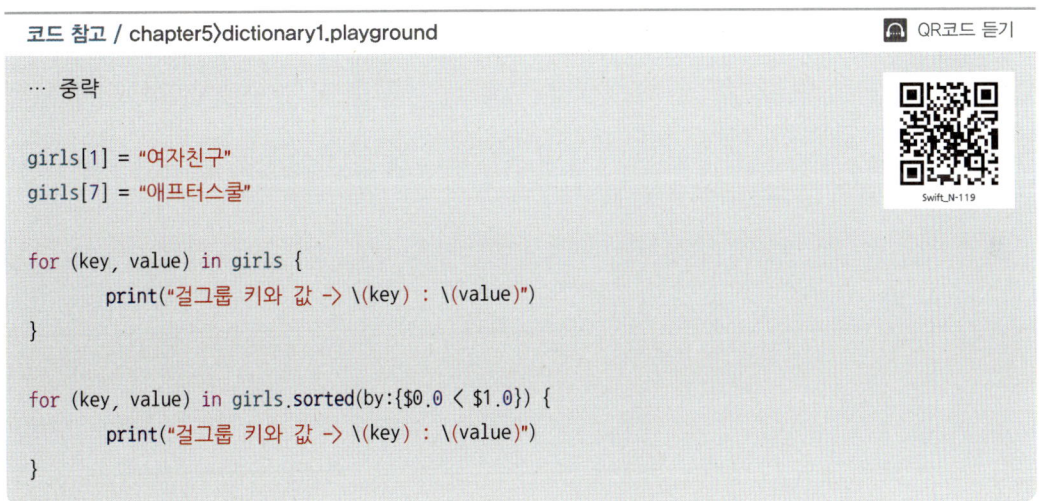

새로 추가한 코드의 첫 번째 줄에서는 키가 1인 원소의 값을 '여자친구'로 바꿉니다. 그리고 두 번째 줄에서는 키가 7인 새로운 원소를 추가합니다. 배열에서 새로운 원소를 추가할 때 append라는 메소드를 사용했다는 걸 기억하시나요? 그런데 딕셔너리에는 이 메소드를 사용할 수 없습니다. 왜냐하면 딕셔너리에서는 모든 원소가 고유한 키로 구분되기 때문입니다. 즉, 새로운 원소를 추가할 때도 대괄호 안에 키를 넣어주면서 값을 할당해야 합니다.

딕셔너리 안에 있는 모든 원소를 확인할 때 자주 사용하는 구문은 for ~ in입니다. for 뒤의 있는 소괄호 안에는 각 원소의 키와 값이 쌍으로 넘어옵니다. 여기에서 키와 값은 소괄호로 감싼 하나의 튜플이 됩니다. 그리고 딕셔너리에 들어 있는 각각의 원소가 확인될 때마다 중괄호 안의 코드가 반복 실행됩니다. 그런데 출력된 결과를 보면 키가 숫자로 되어 있는데도 7, 2, 3, 1과 같이 순서가 제멋대로입니다. 딕셔너리는 해시테이블의 성격을 갖고 있기 때문에 키로만 구분될 뿐 정렬되지는 않습니다. 만약 정렬된 결과를 출력하고 싶다면 sort 메소드를 호출하면 됩니다. sort 메소드로 넘겨주는 파라미터에는 클로저를 전달하며 그 안에 $ 표시가 들어간 코드를 입력합니다. 클로저는 다음 장에서 자세히 살펴보겠습니다. 우선 코드를 실행하면 다음과 같은 결과를 볼 수 있습니다.

```
girls[1] = "여자친구"                                    "여자친구"
girls[7] = "애프터스쿨"                                  "애프터스쿨"

for (key, value) in girls {
    print("걸그룹 키와 값 -> \(key) : \(value)")         (4 times)
}

for (key, value) in girls.sorted(by:{$0.0 < $1.0}) {    (6 times)
    print("걸그룹 키와 값 -> \(key) : \(value)")         (4 times)
}
```

▲ 딕셔너리 안의 원소를 바꾸고 for ~ in 구문으로 출력한 경우

딕셔너리에 들어 있는 원소의 값을 바꿀 때는 updateValue 메소드를 사용할 수도 있습니다.

`mutating func updateValue(value: Value, forKey: Key) -> Value?`

딕셔너리 안에 들어 있는 원소를 삭제할 때는 removeValue 메소드를 사용할 수 있습니다.

`mutating func removeValue(forKey: Key) -> Value?`

딕셔너리 안에는 Int나 String과 같은 기본 자료형뿐만 아니라 객체가 들어갈 수도 있습니다. 예를 들어, Person 클래스를 정의한 후 Person 클래스에서 인스턴스 객체를 만들어 딕셔너리에 추가할 수 있습니다. 물론 각각의 인스턴스 객체를 넣을 때는 키를 함께 지정해야 합니다.

그러면 먼저 Person 클래스를 정의합니다. Person 클래스 안에는 name, age, mobile이라는 이름을 가진 속성을 추가하고 각각 이름, 나이, 전화번호를 저장할 수 있도록 합니다. Person 클래스를 정의한 후에 이 클래스로부터 인스턴스 객체를 만들 때 사용할 데이터는 names, ages, mobiles 변수에 넣어두되 딕셔너리 자료형으로 선언합니다. dictionary2.playground 파일을 새로 만들고 다음 코드를 입력합니다.

```
코드 참고 / chapter5>dictionary2.playground                              QR코드 듣기

var names : [Int:String] = [1:"소녀시대",2:"걸스데이",3:"티아라"]
var ages : [Int:Int] = [1:20,2:22,3:24]
var mobiles : [Int:String] = [1:"010-1000-1000",2:"010-2000-2000",3:"010-3000-3000"]

class Person {
    var name : String?
    var age : Int?
    var mobile : String?
    init(name:String?, age:Int?, mobile:String?) {
        self.name = name
        self.age = age
        self.mobile = mobile
    }
}
```

names, ages, mobiles 변수에 할당된 딕셔너리에 들어가는 원소의 키는 1, 2, 3처럼 1부터 시작하는 숫자를 넣었습니다. Person 클래스 안에는 name, age, mobile 속성이 옵셔널로 선언되어 있습니다. 그리고 초기화 함수인 init 안에서는 전달 받은 파라미터를 속성에 할당합니다.

이렇게 정의한 Person 클래스로부터 새로운 인스턴스 객체를 만든 후 객체들을 담아둘 변수도 딕셔너리로 선언해 보겠습니다. 다음 코드를 추가합니다.

```
코드 참고 / chapter5>dictionary2.playground                              QR코드 듣기

… 중략
var persons : [String:Person] = [:]
var person1 = Person(name:names[1], age:ages[1], mobile:mobiles[1])
persons[names[1]!] = person1
var person2 = Person(name:names[2], age:ages[2], mobile:mobiles[2])
persons[names[2]!] = person2
var person3 = Person(name:names[3], age:ages[3], mobile:mobiles[3])
persons[names[3]!] = person3
print("persons 딕셔너리의 원소 개수 : \(persons.count)")
```

새로운 Person 객체는 Person 클래스 이름 뒤에 소괄호를 붙인 후 그 안에 names, ages, mobiles 변수에 들어 있는 값을 하나씩 전달하여 만들어 냅니다. persons 변수는 키가 문자열이고 값이 Person 자료형인 딕셔너리로 선언했으며 세 개의 인스턴스 객체를 만들어 persons 딕셔너리에 추가

했습니다. 코드를 실행하면 다음과 같이 딕셔너리 안에 세 개의 인스턴스 객체가 들어간 것을 확인할 수 있습니다.

```
var persons : [String:Person] = [:]
var person1 = Person(name:names[1], age:ages[1], mobile:mobiles[1])
persons[names[1]!] = person1
var person2 = Person(name:names[2], age:ages[2], mobile:mobiles[2])
persons[names[2]!] = person2
var person3 = Person(name:names[3], age:ages[3], mobile:mobiles[3])
persons[names[3]!] = person3
print("persons 딕셔너리의 원소 개수 : \(persons.count)")
```

▲ Person 클래스로부터 인스턴스 객체를 만들어 딕셔너리에 추가한 경우

딕셔너리에 전화번호부 데이터 넣기

앞에서 전화번호부에 친구 그룹과 가족 그룹을 배열로 만들어 넣었지만 각각의 그룹이 어떤 이름으로 되어 있는지는 넣지 않았습니다. 딕셔너리를 사용하면 그룹의 이름까지 같이 넣을 수 있으니 전화번호 데이터를 넣어 두는 형태가 좀 더 명확하게 보입니다. dictionary3.playground 파일을 새로 만들고 다음 코드를 입력합니다.

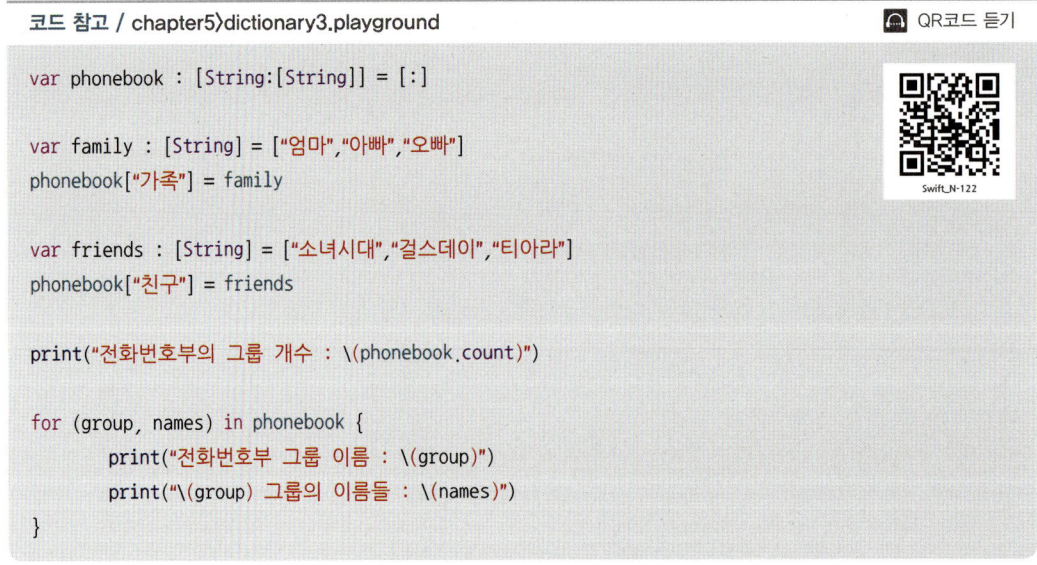

코드 참고 / chapter5〉dictionary3.playground

```
var phonebook : [String:[String]] = [:]

var family : [String] = ["엄마","아빠","오빠"]
phonebook["가족"] = family

var friends : [String] = ["소녀시대","걸스데이","티아라"]
phonebook["친구"] = friends

print("전화번호부의 그룹 개수 : \(phonebook.count)")

for (group, names) in phonebook {
    print("전화번호부 그룹 이름 : \(group)")
    print("\(group) 그룹의 이름들 : \(names)")
}
```

phonebook 변수는 딕셔너리 자료형인데 키는 String 자료형, 값은 String의 배열로 선언되었습니다. 이 딕셔너리에 원소를 추가하기 위해 먼저 family라는 이름의 배열 객체를 만듭니다. 그리고 '가족'이

라는 키와 함께 phonebook 딕셔너리에 추가합니다. friends 변수에는 친구들의 이름을 넣어 배열을 만든 후 할당합니다. 그리고 '친구'라는 키와 함께 phonebook 딕셔너리에 추가합니다.

그 아래에서는 딕셔너리 안에 들어 있는 원소들을 모두 출력해 보기 위해 for ~ in 구문을 사용했습니다. 이 구문은 phonebook 안에 있는 원소들을 하나씩 꺼내어 튜플로 만든 후 for 문의 중괄호 안에 있는 코드를 실행합니다. for 키워드 뒤에 있는 소괄호 안에는 group과 names라는 이름의 상수가 들어 있으며, group에는 '가족', '친구'와 같은 키가 할당되고 names에는 배열 객체가 할당됩니다. 코드를 실행하면 다음과 같은 결과를 볼 수 있습니다.

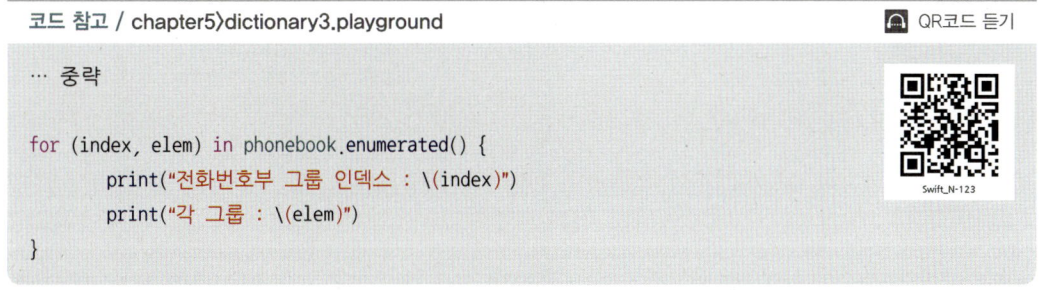

▲ 배열을 만들어 딕셔너리 안에 넣은 경우

딕셔너리 안에 있는 원소들을 모두 확인할 때는 enumerated 메소드를 사용할 수도 있습니다. for ~ in 구문의 in 뒤에 딕셔너리 객체만 넣는 것이 아니라 enumerated 메소드를 호출하여 반환된 객체를 넣어주면 in 앞에 있는 두 변수에는 인덱스와 원소가 들어갑니다. enumerated 메소드를 사용해 보기 위해 다음 코드를 추가합니다.

코드 참고 / chapter5〉dictionary3.playground   QR코드 듣기

```
… 중략

for (index, elem) in phonebook.enumerated() {
    print("전화번호부 그룹 인덱스 : \(index)")
    print("각 그룹 : \(elem)")
}
```

코드를 실행하면 phonebook 딕셔너리 안에 들어 있는 각각의 원소를 인덱스 값과 함께 확인할 수 있어 출력한 순서를 구별하기 좋게 결과가 출력됩니다.

딕셔너리 객체 안에 들어 있는 원소들의 키들만 배열로 뽑아내거나 값들만 배열로 뽑아내고 싶을 때는 keys와 values 속성을 사용합니다. 다음 코드를 추가합니다.

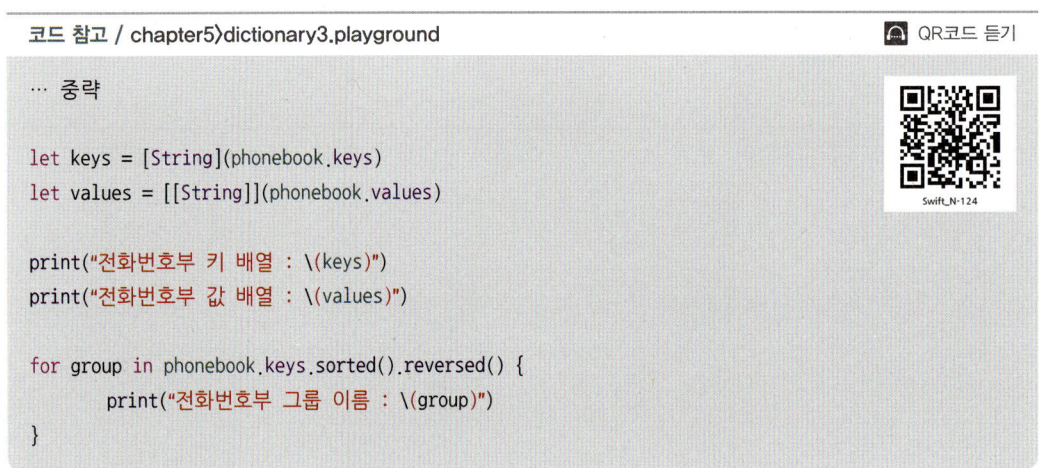

원소들의 키는 배열로 만들어져 keys 상수에 할당되었으며 값은 배열로 만들어져 values 상수에 할당되었습니다. 각 원소의 값이 배열이므로 대괄호 안에 대괄호가 들어간 형태로 선언되어야 합니다. 배열의 경우에도 sorted 메소드를 호출할 수 있으며 내림차순으로 정렬하고 싶다면 reversed 메소드를 다시 호출합니다. 코드를 실행하면 다음과 같은 결과를 볼 수 있습니다.

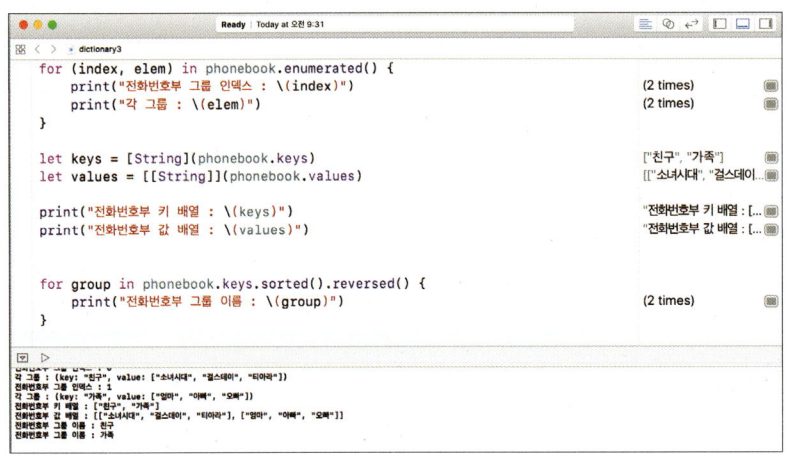

▲ 딕셔너리 안의 원소들이 갖는 키와 값을 배열로 만든 경우

지금까지 전화번호부의 그룹 이름과 각각의 그룹 안에 들어 있는 사람 이름들을 딕셔너리에 넣어 관리하는 방법을 알아보았습니다. 어떤가요? 딕셔너리를 사용하니 편리한 점이 느껴지나요? 이름으로 무언가를 찾을 수 있고 빨리 찾아볼 수 있다는 점은 딕셔너리의 가장 큰 장점입니다.

퀴즈풀자

가족 구성원의 이름을 넣은 딕셔너리를 만든 후 가족 구성원의 이름을 모두 출력해 보세요. 딕셔너리를 만들 때 아빠의 이름은 OOO처럼 '아빠'라는 글자를 키로 하고 실제 이름이 값이 되도록 만듭니다. 그리고 이렇게 만든 딕셔너리의 원소를 모두 출력합니다.

```
var members:[String:String] = [:]                               [:]
members["아빠"] = "김진수"                                       "김진수"
members["엄마"] = "한수희"                                       "한수희"
members["오빠"] = "김현수"                                       "김현수"
members["누나"] = "김선희"                                       "김선희"
members["나"] = "김현민"                                         "김현민"

print("가족 구성원의 수 : \(members.count)")                    "가족 구성원의 수 : 5\n"

for (key, value) in members {
    print("구성원 " + key + " -> " + value)                     (5 times)
}
```

```
가족 구성원의 수 : 5
구성원 아빠 -> 김진수
구성원 오빠 -> 김현수
구성원 누나 -> 김선희
구성원 엄마 -> 한수희
구성원 나 -> 김현민
```

해답 | exercise05_03.playground

5 _ 셋에 데이터 넣어두기

셋(Set)은 배열이나 딕셔너리처럼 여러 개의 데이터를 넣어둘 수 있는 자료형입니다. 배열은 인덱스를 사용해 원소들을 순서대로 넣어두고 딕셔너리는 키:값 방식으로 원소들을 넣어두는데 셋은 값만을 넣어두는 일종의 자루와 같아서 순서가 없습니다.

셋 객체는 대괄호를 사용해 만들 수 있으며 원소의 개수는 count 속성으로 확인합니다.

```
var food : Set<String> = ["Cheese", "Milk", "Bread"]
food.count
food.isEmpty
```

셋 안에 원소가 하나도 없는지는 isEmpty 속성으로 확인합니다. 셋 안에 특정 원소가 들어 있는지는 contains 메소드를 사용해 확인할 수 있습니다. 셋 안에 사람 이름을 넣어두는 코드를 만들기 위해 set1.playground 파일을 새로 만들고 다음 코드를 입력합니다.

```
코드 참고 / chapter5>set1.playground                    QR코드 듣기
var names : Set<String> = ["소녀시대","걸스데이","티아라"]
print("셋 안의 이름 개수 : \(names.count)")
```

names 변수는 Set<String> 자료형으로 선언되었으며 세 개의 원소가 할당되었습니다. 초기 값을 할당할 때는 배열처럼 대괄호 안의 원소들을 콤마(,)로 구분해서 넣어주지만 자료형을 Set으로 선언하는 변수는 배열이 아니라 셋이 됩니다. 셋 안에 들어 있는 원소들의 개수를 확인하기 위해 count 속성이 사용되었습니다. 코드를 실행하면 셋 안의 이름 개수가 3으로 출력됩니다.

셋 안에 어떤 원소가 들어 있는지 확인하고 싶거나 들어 있는 원소를 삭제하고 싶다면 다음과 같이 코드를 입력합니다.

```
코드 참고 / chapter5>set1.playground                    QR코드 듣기
… 중략

if names.contains("걸스데이") {
    print("걸스데이 원소가 있음.")
    names.remove("걸스데이")
    print("삭제 후 이름 개수 : \(names.count)")
}
```

if 문의 조건에 contains 메소드가 사용되었습니다. 만약 '걸스데이'라는 원소 이름이 셋 안에 들어 있다면 중괄호 안의 코드가 실행되면서 그 이름을 remove 메소드를 호출하여 삭제합니다. 코드를 실행하면 다음과 같이 원소가 삭제된 후 원소 개수가 줄어든 것을 확인할 수 있습니다.

▲ 셋을 만들고 그 안에 있는 원소 하나를 삭제한 경우

셋에 원소를 추가하고 싶다면 insert 메소드를 사용합니다. 그리고 셋 안의 원소들을 모두 확인할 때는 배열이나 딕셔너리처럼 for ~ in 구문을 사용할 수 있습니다. 다음 코드를 추가합니다.

코드 참고 / chapter5)set1.playground   QR코드 듣기

```
… 중략

names.insert("애프터스쿨")
var index = 0
for name in names {
    print("원소 #\(index) -> \(name)")
    index += 1
}
```

names 셋에 정의되어 있는 insert 메소드를 호출하여 원소를 하나 추가했습니다. 그리고 for ~ in 구문을 사용해 모든 원소의 값을 출력했습니다. 이때 for 문 밖에 index라는 이름의 변수를 하나 선언하고 for 문 안에서 그 값을 1씩 증가시킴으로써 현재 출력하는 원소가 몇 번째 원소인지 확인할 수 있도록 했습니다. 코드를 실행하면 다음과 같은 결과를 볼 수 있습니다.

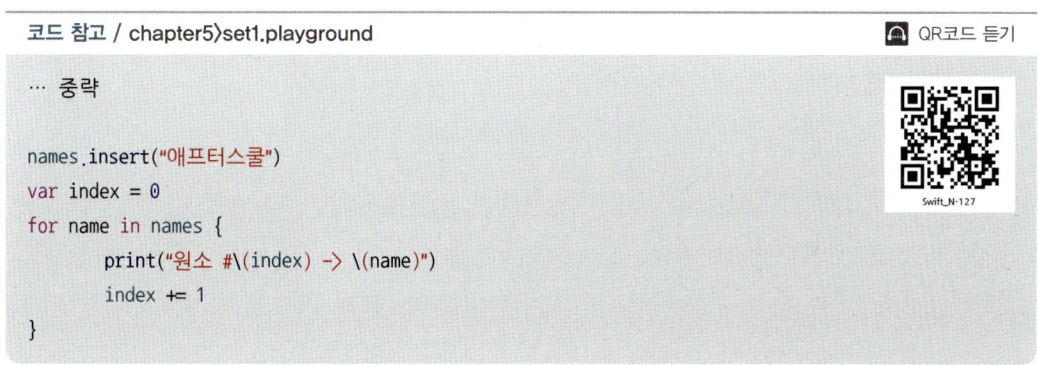

▲ 셋에 원소를 추가하고 셋 안의 모든 원소를 출력한 경우

셋에 들어 있는 모든 데이터는 모두 다른 값을 가지고 있어야 합니다. 따라서 같은 값을 insert 메소드로 자루 속에 넣게 되면 두 개의 값이 존재하는 것이 아니라 새로운 값이 기존 값을 덮어쓰게 됩니다. 또한 셋은 집합 연산을 할 수 있도록 도와줍니다. 집합 연산으로는 다음과 같은 것들이 있습니다.

```
intersection        → 교집합
union               → 합집합
symmetricDifference → 여집합
subtracting         → 차집합
```

집합 연산을 해보기 위해 set2.playground 파일을 새로 만들고 다음 코드를 입력합니다.

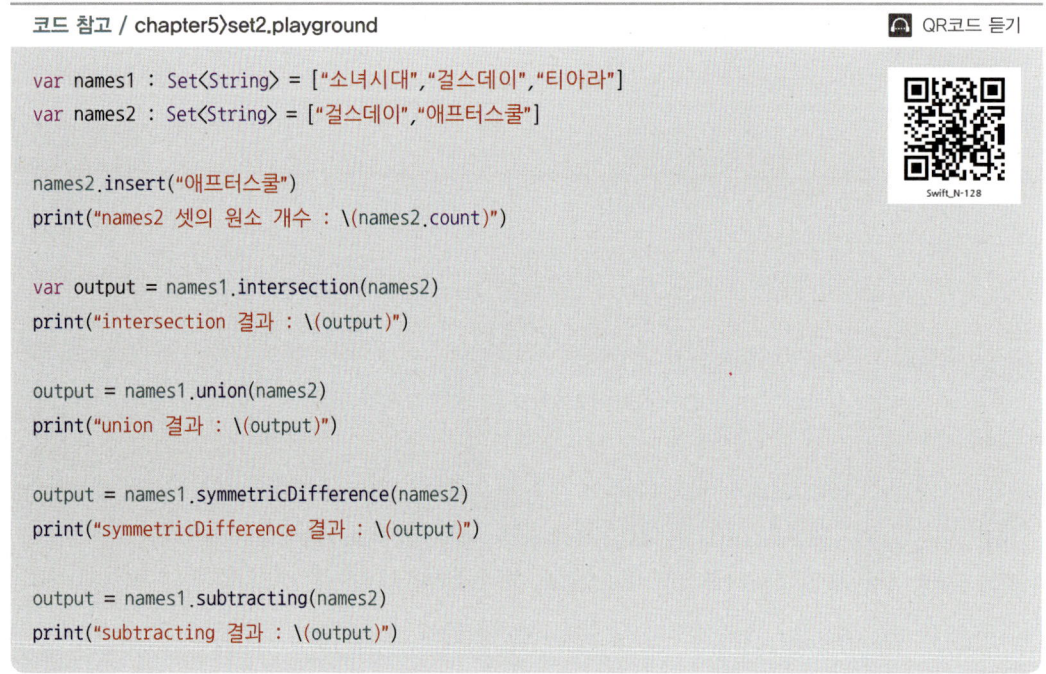

names1 변수에는 세 개의 이름이 셋(Set)에 담겨서 할당되었으며 names2 변수에는 두 개의 이름이 셋(Set)에 담겨 할당되었습니다. 두 개의 셋(Set)에 들어 있는 이름 중에서 하나는 중복됩니다.

먼저 insert 메소드를 호출하여 names2 셋에 새로운 이름을 추가합니다. 그런데 이 이름은 이미 그 셋에 들어 있습니다. 이렇게 동일한 이름을 추가해도 names2 셋의 원소 개수는 변하지 않습니다. 그 아래에는 intersection, union, symmetricDifference, subtracting 메소드를 호출하여 집합 연산을 수행한 결과를 output 변수에 넣어 출력하도록 합니다.

코드를 실행하면 다음과 같은 결과를 볼 수 있습니다.

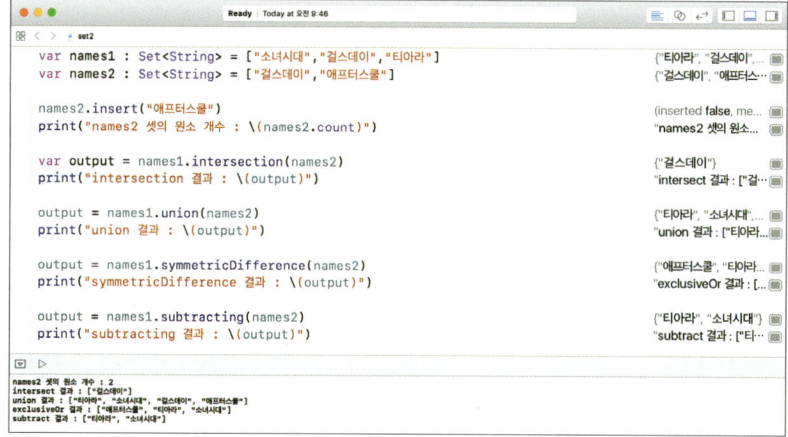

▲ 셋(Set)에 집합 연산을 했을 때의 결과

지금까지 여러 개의 데이터를 담아둘 수 있는 배열과 딕셔너리 그리고 셋에 대해 알아보았습니다. 세 가지 자료형 모두 여러 개의 데이터를 한꺼번에 담고 있어 코드가 복잡하게 만들어지는 것처럼 보입니다. 하지만 객체에 들어 있는 속성이나 메소드의 이름이 비슷하고 객체를 다루는 방법도 비슷하기 때문에 하나의 자료형에만 익숙해지면 나머지는 쉽게 이해될 것입니다.

퀴 즈 풀 자

 Quiz 26

가족 구성원의 이름을 넣은 셋(Set)을 만든 후 가족 구성원의 이름을 모두 출력해 보세요. 셋을 만들 때는 가족 구성원의 이름을 사용해 만듭니다. 그리고 이렇게 만든 셋의 원소를 모두 출력합니다.

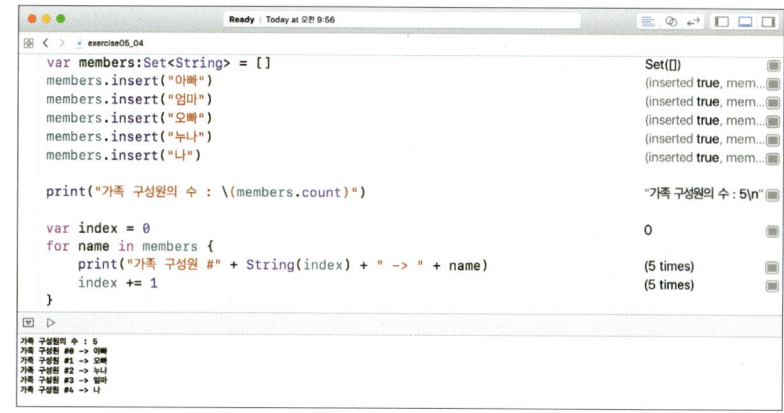

해답 | exercise05_04.playground

6 _ 조건문과 반복문 정리하기

우리가 일상생활에서 대화를 할 때는 '나'나 '우리'와 같은 주어 뒤에 '간다', '온다'와 같은 동사를 붙여서 말하기 때문에 좀 더 자연스럽게 대화할 수 있습니다. 이렇게 일상의 대화처럼 프로그래밍 언어도 여러 가지 키워드들이 모여 하나의 흐름을 만듭니다. 그중에서 대표적인 것이 바로 if 문이나 for 문입니다. 이번 단락에서는 프로그램의 흐름을 자연스럽게 만들어 주는 조건문이나 반복문에 대해 살펴보겠습니다.

앞에서 if 문과 for 문은 이미 여러 번 사용해 보았습니다. if 문은 '~라면'이라는 조건을 주고 그 조건이 맞으면 중괄호 안의 코드가 실행되도록 만드는 문장인데 이런 문장을 '조건문(Conditional Statement)'이라고 합니다.

if 문

조건문 중에서 가장 대표적인 것이 if 문입니다. if 문의 가장 간단한 형태는 다음과 같습니다.

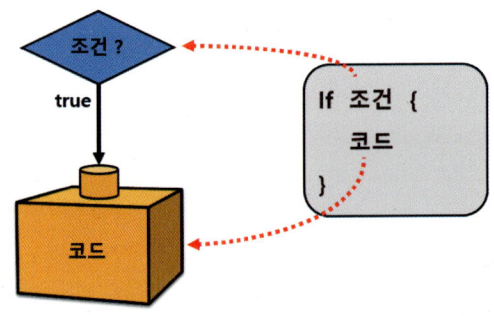

▲ if 문의 가장 간단한 형태

이미 사용해 보았던 것처럼 if 키워드 뒤에 == 또는 !=과 같은 조건 연산자가 올 수 있습니다. 그밖에도 true 또는 false 결과가 나올 수 있는 것은 모두 조건으로 들어갈 수 있습니다. 두 개의 값을 비교하는 가장 간단한 코드는 다음과 같습니다. 우선 if1.playground 파일을 새로 만들고 다음 코드를 입력합니다.

코드 참고 / chapter5>if1.playground   QR코드 듣기

```
var i = 2
var j = 3

if i < j {
    print("if 문의 조건 : true")
}
```

변수 i와 j에 들어 있는 숫자를 if 문에서 비교하고 있습니다. j의 값이 더 크므로 if 문의 중괄호 안에 있는 코드가 실행됩니다. 조건으로 들어가는 것 중의 하나로 열거형을 들 수 있는데 if ~ else if ~ else if ~ else와 같은 형태를 사용해 열거형 값을 순서대로 비교할 수 있습니다. 다음 코드를 추가합니다.

코드 참고 / chapter5>if1.playground   QR코드 듣기

```
… 중략

enum Blood {
    case A
    case B
    case O
    case AB
}

var myblood = Blood.B
if myblood == Blood.A {
    print("혈액형은 A형입니다.")
} else if myblood == Blood.B {
    print("혈액형은 B형입니다.")
} else if myblood == Blood.O {
    print("혈액형은 O형입니다.")
} else if myblood == Blood.AB {
    print("혈액형은 AB형입니다.")
} else {
    print("알 수 없는 혈액형입니다.")
}
```

Blood라는 이름의 열거형은 혈액형 정보를 순서대로 가지고 있습니다. 그리고 나의 혈액형이 B형이라면 Blood.B라는 값을 변수에 할당한 후 if 문에서 비교할 수 있습니다. if 문에서는 myblood라는

변수에 들어 있는 값이 열거형의 값 중에서 어떤 값과 동일한지 비교합니다. else는 앞에 나오는 어떤 조건에도 해당하지 않는 경우 그다음에 나오는 중괄호 안의 코드를 실행합니다.

코드를 실행하면 다음과 같은 결과를 볼 수 있습니다.

```
var myblood = Blood.B
if myblood == Blood.A {
    print("혈액형은 A형입니다.")
} else if myblood == Blood.B {
    print("혈액형은 B형입니다.")
} else if myblood == Blood.O {
    print("혈액형은 O형입니다.")
} else if myblood == Blood.AB {
    print("혈액형은 AB형입니다.")
} else {
    print("알 수 없는 혈액형입니다.")
}
```

```
B
"혈액형은 B형…
```

```
if 문의 조건 : true
혈액형은 B형입니다.
```

▲ 열거형의 값을 if ~ else if ~ else 구문으로 비교한 경우

비교해야 할 조건이 하나가 아니라 여러 개라면 if로 비교하는 조건 다음에 else if를 추가할 수 있습니다. 이 else if는 원하는 만큼 개수를 추가할 수 있지만 항상 if와 else 사이에 있어야 합니다.

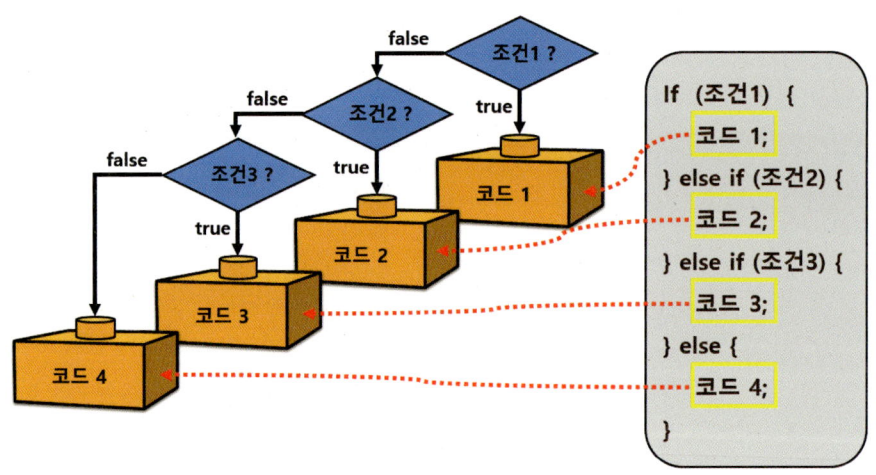

▲ if 문에 비교할 조건이 여러 개인 경우

열거형이 사용된 경우에는 myblood 변수의 자료형이 Blood임을 유추할 수 있으므로 Blood.B와 비교할 때 .B처럼 열거형의 이름을 생략할 수 있습니다. 다음은 열거형 이름인 Blood를 생략한 코드입니다.

```
… 중략
var myblood = Blood.B
if myblood == .A {
    print("혈액형은 A형입니다.")
} else if myblood == .B {
    print("혈액형은 B형입니다.")
} else if myblood == .O {
    print("혈액형은 O형입니다.")
} else if myblood == .AB {
    print("혈액형은 AB형입니다.")
} else {
    print("알 수 없는 혈액형입니다.")
}
```

변수나 상수의 값과 열거형의 값을 비교할 때 열거형의 이름이 생략되면 좀 더 단순하게 보이는 효과가 있습니다.

if 문에서 바인딩 사용하기

if 문에는 어떤 함수를 실행한 결과 값을 상수로 받아 사용할 수도 있습니다. 이렇게 if 문에서 상수에 값이 할당되는 방식을 '바인딩(Binding)'이라고 합니다. 이 상수는 if 문의 조건 부분에 들어가는데 상수에 값이 할당되면 중괄호 안의 코드가 실행됩니다. 다음 코드를 추가합니다.

```
… 중략
func checkBlood(type : String) -> String? {
    if type == "A" || type == "O" {
        return "OK"
    }
    return nil
}

if let result = checkBlood(type:"O") {
    print("혈액 검사 결과 : \(result)")
} else {
    print("혈액 검사 결과는 nil입니다.")
}
```

checkBlood 함수는 혈액형 정보를 파라미터로 받은 후 그 결과를 알려주는 기능을 간단하게 만든 것입니다. 만약 A형이거나 O형이면 'OK'라는 글자를 반환하도록 하고 그렇지 않은 경우에는 nil을 반환하도록 합니다. 함수에서 반환하는 값이 nil일 수 있으므로 함수에서 반환하는 값의 자료형은 옵셔널로 만들었습니다. 함수 안에 들어 있는 조건을 보면 두 가지를 비교하고 있습니다. 이것을 '다중비교(Multiple Comparison)'라고 합니다.

함수의 아래에는 이 함수를 호출하여 사용하는 if 문이 사용되었는데 if 키워드 뒤에서 함수를 호출하고 있습니다. 이렇게 함수를 호출한 결과는 result라는 상수에 할당되었고 이 상수에 nil이 아닌 값이 들어갔을 때 중괄호 안의 코드가 실행됩니다. else 문이 같이 있으므로 혈액형이 A형이나 O형인 경우에는 if 문 안에 있는 코드가 실행되고 그렇지 않은 경우에는 else 문 안에 있는 코드가 실행됩니다.

코드를 실행하면 다음과 같이 'OK'라는 결과가 출력되는 것을 확인할 수 있습니다.

▲ if 키워드 뒤에서 함수를 실행하고 그 결과 값을 받아 조건문을 실행한 경우

if 키워드 뒤에서 바인딩 방식을 사용하는 경우 두 개의 상수를 사용할 수도 있습니다. 이때는 함수가 두 번 실행된 결과가 모두 nil이 아닌 경우에 if 뒤에 있는 중괄호 안의 코드가 실행됩니다. 다음 코드를 입력합니다.

코드 참고 / chapter5〉if1.playground   QR코드 듣기

```
중략……
var sources = ["A", "B"]
if let result1 = checkBlood(type:sources[0]), let result2 = checkBlood(type:sources[1]) {
    print("혈액 검사 결과 : \(result1), \(result2)")
} else {
    print("혈액 검사 결과는 nil입니다.")
}
```

sources 변수는 배열이며 비교할 혈액형 정보를 담고 있습니다. 이 배열 안에 들어 있는 두 개의 혈액형 정보를 if 문 안에서 한꺼번에 확인하고 싶은 경우에는 checkBlood를 두 번 호출하는데 이때 콤마(,)로 구분합니다. result1과 result2 상수에 할당된 함수 호출 결과가 모두 nil이 아닐 때 if 키워드 뒤의 중괄호 부분이 실행됩니다. 코드를 실행하면 다음과 같이 else 뒤의 중괄호 안에 있는 코드가 실행된 것을 볼 수 있습니다.

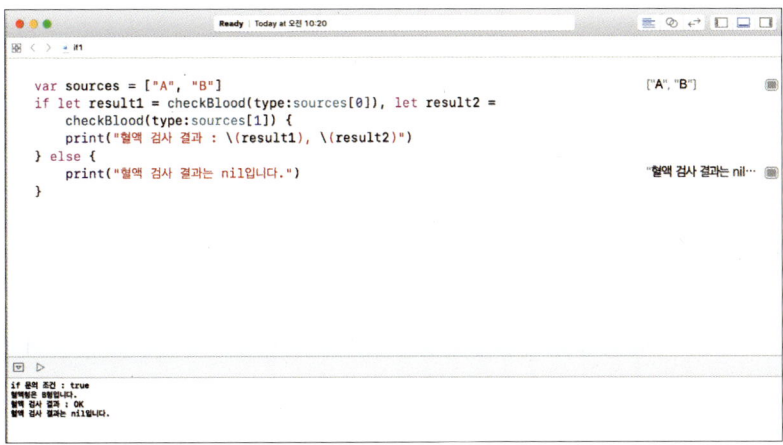

▲ if 키워드 뒤에서 여러 번 함수를 실행한 경우

if 문에서 함수를 실행한 결과를 확인한 후 nil이 아닐 경우 코드가 실행되도록 하면 if 문 이전에 실행해야 할 함수가 if 문 안에 들어갈 수 있어 코드의 양을 줄일 수 있습니다.

for 문

지금까지 알아본 if 문은 어떤 조건을 비교할 때 주로 사용합니다. 그렇다면 for 문은 어떨까요? for 문은 코드를 여러 번 반복하여 실행할 수 있는 문장이라서 '반복문'이라고 합니다. 반복문에는 for 문이나 while 문이 있는데, 반복문은 중괄호로 된 코드 블록을 여러 번 반복할 수 있습니다. 결국 똑같은 코드가 반복되지만 그 안에서 변수와 조건문을 사용하면 값만 바꿔가면서 여러 번 실행할 수 있습니다.

for 문에는 항상 조건이 붙습니다. 왜냐하면 조건 없이 무한정 반복하면 프로그램이 정상적으로 동작할 수 없기 때문입니다. for 문은 for 키워드 뒤에 조건을 넣고 그 조건이 맞으면 중괄호 안의 코드가 동작하도록 만듭니다.

스위프트는 C와 같은 다른 언어에서 사용하는 형식을 권장하지 않습니다. 예를 들어, C 언어 스타일의 for 문은 전형적으로 다음과 같은 형식을 가지고 있는데 스위프트에서는 더 이상 사용하지 않습니다.

코드 참고 / chapter5〉for1.playground　　　　　QR코드 듣기

```
for var i = 0; i < 5; i += 1 {
    print("C스타일 반복문 #\(i)")
}
```

C 스타일의 for 문 안에는 세미콜론(';')으로 구분된 세 가지 수식이 들어갈 수 있습니다. 그중에 조건식은 두 번째 있으며 이 조건을 비교한 후 true 값이 나오면 반복합니다. for 문에 들어가는 첫 번째 수식은 초기화식이며 for 문 안에서 사용할 새로운 변수를 만들고 그 변수에 초기 값을 넣어 두는 수식을 넣을 수 있습니다. 이 초기화식은 for 문이 실행되기 전에 한 번 실행됩니다.

앞에서 확인한 코드의 for 문에서는 i 에 0을 할당한 후 4까지 증가시키면서 중괄호 안의 코드를 실행시킵니다. 그런데 이러한 형태의 코드는 더 이상 사용하지 않는다고 했습니다. 따라서 다음과 같이 for ~ in 구문을 사용해야 합니다. for1.playground 파일을 새로 만들고 다음 코드를 입력합니다.

코드 참고 / chapter5〉for1.playground　　　　　QR코드 듣기

```
for i in 0...5 {
    print("for ~ in 반복문 #\(i)")
}
```

for ~ in 구문이 사용되었는데 in 뒤에는 ... 연산자를 사용해 0부터 5까지의 범위 값이 사용되었습니다. 이렇게 만들어보면 for 문은 좀 더 단순하고 명확해집니다. in 뒤에는 범위 또는 컬렉션(Collection)이 올 수 있고 그 안에 있는 하나하나의 값이 in 앞에 있는 변수에 할당됩니다. 컬렉션이란 여러 개의 데이터를 넣어둘 수 있는 배열과 같은 것들을 말합니다. 여기에서 in 앞에 있는 변수에는 var 키워드를 붙일 필요가 없습니다.

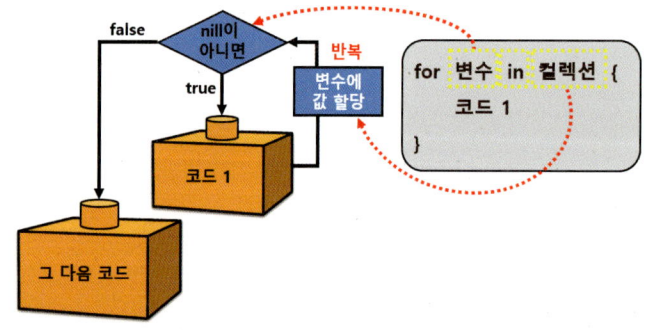

▲ for ~ in 구문이 동작하는 방식

in 뒤에 컬렉션이 올 수 있으므로 이번에는 배열을 만들어 in 뒤에 넣어봅니다. 1부터 5까지 들어 있는 배열을 만든 후 for 문을 사용해 각각의 원소들을 출력하는 코드를 다음과 같이 추가합니다.

코드 참고 / chapter5〉for1.playground   QR코드 듣기

```
… 중략

var numbers = [1,2,3,4,5]
for value in numbers {
    print("for ~ in 배열 원소 : \(value)")
}
```

in 뒤의 배열에 들어 있는 각각의 원소들이 in 앞에 있는 value라는 이름의 변수에 할당되면서 중괄호 안의 코드가 실행됩니다. 코드를 실행하면 다섯 번 반복 실행된 것을 알 수 있습니다.

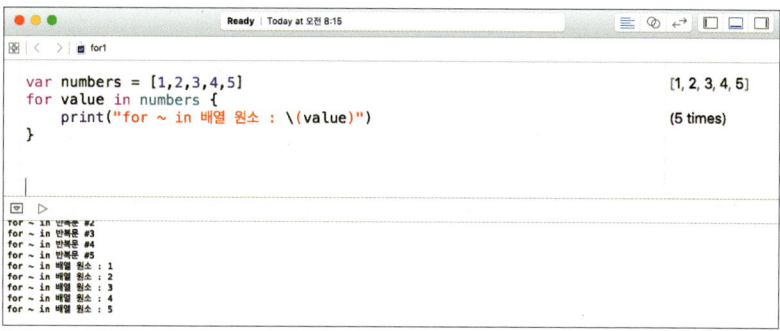

▲ for ~ in 구문에서 in 뒤에 배열을 넣은 경우

in 뒤에 딕셔너리를 넣으면 어떻게 될까요? 딕셔너리에 들어 있는 각각의 원소를 in 앞에 있는 변수에 하나씩 할당하면서 중괄호 안의 코드를 반복하게 됩니다. 이때 in 앞에는 각 원소의 키(Key)와 값(Value)이 함께 들어 있어야 합니다. 따라서 튜플 형식으로 받아 사용합니다. 다음 코드를 입력하면서 어떤 형태로 코드를 만드는지 확인해 보세요.

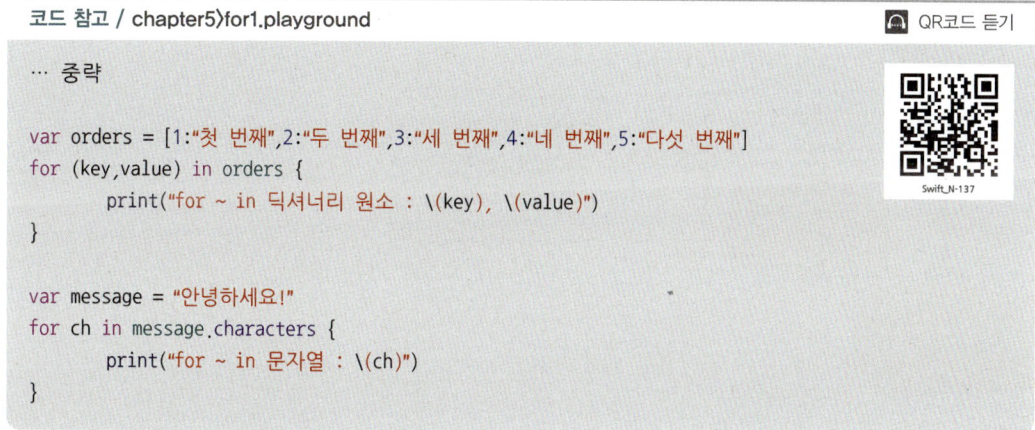

코드 참고 / chapter5〉for1.playground   QR코드 듣기

```
… 중략

var orders = [1:"첫 번째",2:"두 번째",3:"세 번째",4:"네 번째",5:"다섯 번째"]
for (key,value) in orders {
    print("for ~ in 딕셔너리 원소 : \(key), \(value)")
}

var message = "안녕하세요!"
for ch in message.characters {
    print("for ~ in 문자열 : \(ch)")
}
```

orders 변수에는 딕셔너리를 만들어 할당했습니다. 키는 1부터 5까지 입력되었고 값으로는 글자가 입력되었습니다. for ~ in 구문에 딕셔너리 객체를 넣었으므로 in 앞에는 소괄호를 사용해 투플 자료형의 변수를 만든 후 할당합니다. 이렇게 하면 각 원소의 키와 값을 key와 value 변수로 접근할 수 있습니다.

for ~ in 구문의 in 뒤에는 문자열 안에 들어 있는 문자들을 넣을 수도 있습니다. 문자열에는 characters라는 속성이 있는데 이 속성으로 문자열 안에 있는 각각의 문자에 접근할 수 있습니다. 이 방식은 많이 사용된다기보다는 문자열 안에 들어 있는 각각의 문자를 확인할 때 편리하게 사용할 수 있는 코드라고 할 수 있습니다. 코드를 실행하면 다음과 같은 결과를 확인할 수 있습니다. for ~ in 구문은 스위프트에서 자주 사용되므로 형식을 잘 기억하는 것이 좋습니다.

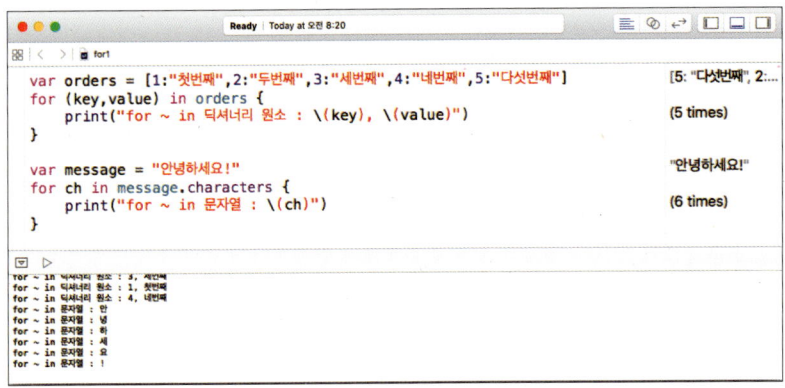

▲ for ~ in 구문에서 in 뒤에 딕셔너리를 넣은 경우

while 문

지금까지 살펴본 for 문과 달리 while 문은 코드를 무작정 반복합니다. 즉, 조건을 주고 그 조건이 맞으면 반복하고 아니면 중괄호 밖으로 나가는 방식입니다. 따라서 잘못하면 무한 반복되어 빠져나올 수 없는 경우가 발생합니다. 이런 문제 때문에 while 문을 사용할 때는 while 문을 빠져나올 수 있는 조건을 꼭 넣어주어야 합니다.

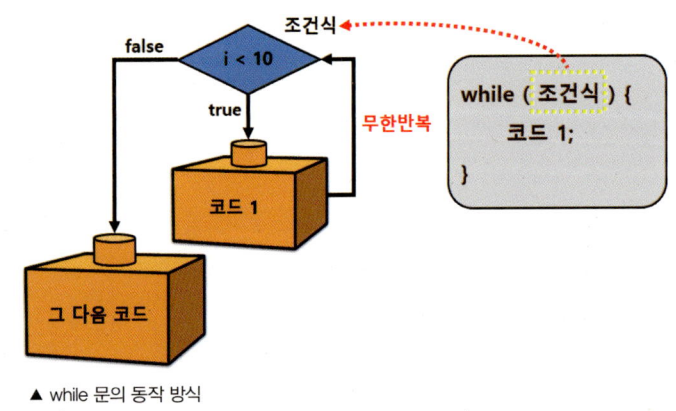

▲ while 문의 동작 방식

while1.playground 파일을 새로 만들고 다음 코드처럼 가장 많이 사용되는 기초적인 while 문을 입력합니다.

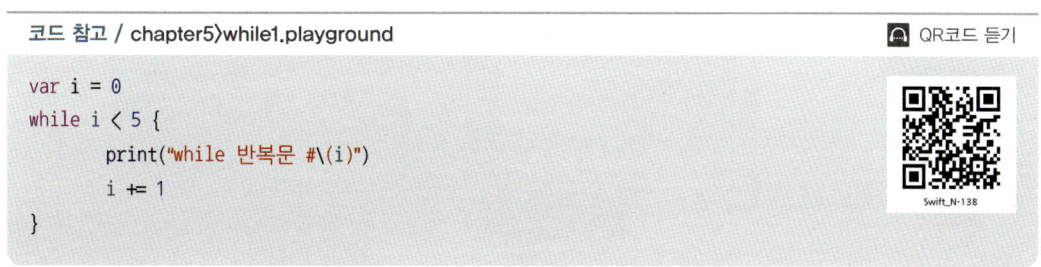

코드를 실행하면 중괄호 안의 코드가 다섯 번 반복되는 것을 알 수 있습니다. 만약 중괄호 안에서 밖으로 빠져나오고 싶을 때는 break 키워드를 사용합니다. 그리고 continue 키워드를 사용하면 그다음 코드들을 실행하지 않고 다시 중괄호 안의 코드 처음부터 실행합니다.

while 문의 조건을 나중에 확인하고 싶을 때는 repeat ~ while 구문을 사용할 수 있습니다. 이것은 C나 자바와 같은 다른 언어에서 사용하는 do ~ while 구문과 같습니다. 다만 스위프트는 do ~ while 구문을 사용할 수 없고 repeat ~ while 구문만 사용할 수 있습니다. 다음 코드를 추가로 입력합니다.

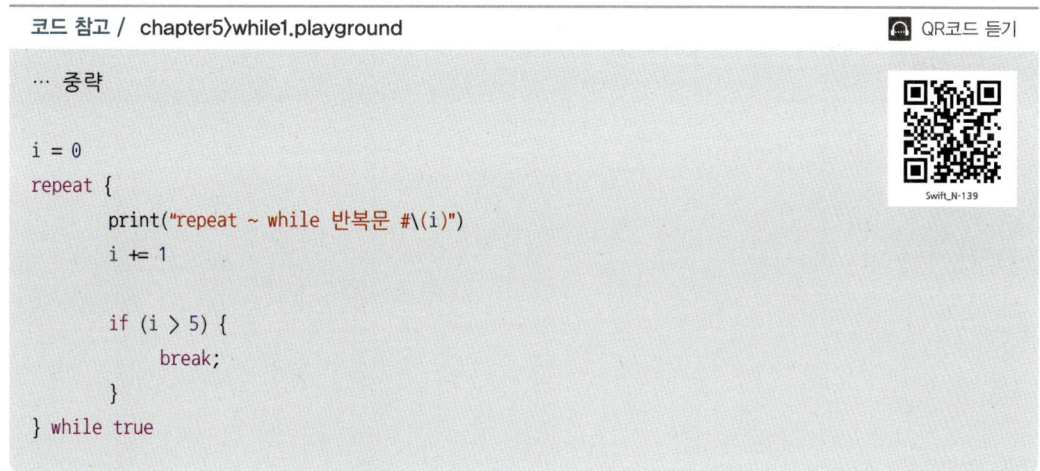

while 뒤에는 true가 있어 중괄호 안의 코드는 무한 반복됩니다. 하지만 repeat ~ while 구문이 시작되기 전에 i 변수의 값을 0으로 초기화시키고 중괄호 안에서 i 변수의 값을 1씩 증가시키다가 i 변수의 값이 5보다 커지면 break 키워드를 사용해 중괄호를 빠져나가게 설정했으므로 여섯 번만 반복됩니다. 코드를 실행하면 다음과 같은 결과를 볼 수 있습니다.

```
i = 0
repeat {
    print("repeat ~ while 반복문 #\(i)")
    i += 1

    if (i > 5) {
        break;
    }
} while true
```

▲ repeat ~ while 구문을 사용한 경우

switch 문

switch 문은 앞에서 사용했던 if ~ else if ~ else 구문을 대체할 수 있습니다. 앞에서 혈액형을 비교했던 코드를 switch 문으로 변경한 코드는 다음과 같습니다. switch1.playground 파일을 새로 만들고 다음 코드를 입력합니다.

코드 참고 / chapter5〉switch1.playground

```
enum Blood {
    case A
    case B
    case O
    case AB
}

var myblood = Blood.B
switch myblood {
    case .A:
        print("혈액형은 A형입니다.")
    case .B:
        print("혈액형은 B형입니다.")
    case .O:
        print("혈액형은 O형입니다.")
    case .AB:
        print("혈액형은 AB형입니다.")
}
```

switch 뒤에는 비교할 혈액형 정보가 들어 있는 변수를 넣어줍니다. 그리고 중괄호 안에는 여러 개의 case 키워드가 있는데 모두 각각의 값들을 비교하기 위한 비교 대상이 들어갑니다. case와 비교 대상을 넣은 후 그 뒤에 콜론(:)을 붙여줍니다. 이렇게 하면 각 case 다음에 나오는 코드들이 실행됩니다. Blood 열거형의 값들을 비교 대상으로 사용하였으며 Blood라는 열거형 이름은 생략하고 .A나 .B와 같은 값을 case 뒤에 넣어주었습니다. 코드를 실행하면 if ~ else if ~ else 구문을 사용했을 때와 똑같은 결과가 출력됩니다.

```
var myblood = Blood.B
switch myblood {
case .A:
    print("혈액형은 A형입니다.")
case .B:
    print("혈액형은 B형입니다.")
case .O:
    print("혈액형은 O형입니다.")
case .AB:
    print("혈액형은 AB형입니다.")
}
```

혈액형은 B형입니다.

▲ switch 문을 사용한 경우

switch 문을 만들 때 어떤 모양으로 만드는지 잘 기억해 두세요. 왜냐하면 이제부터 비교 대상이 약간씩 바뀌면서 조금 복잡한 코드처럼 보일 수 있기 때문입니다. switch 문의 비교 대상에는 여러 개의 값이 들어갈 수 있고, 범위 값이 들어갈 수도 있습니다. 이것은 C나 자바와 같은 다른 언어에서는 허용되지 않던 것입니다. 즉, 다른 언어를 사용해 본 개발자라면 case 뒤에 한 가지 값만 온다고 생각할 수 있지만 스위프트는 여러 개의 값이 올 수 있도록 허용합니다. 다음 코드를 추가합니다.

코드 참고 / chapter5〉switch1.playground   QR코드 듣기

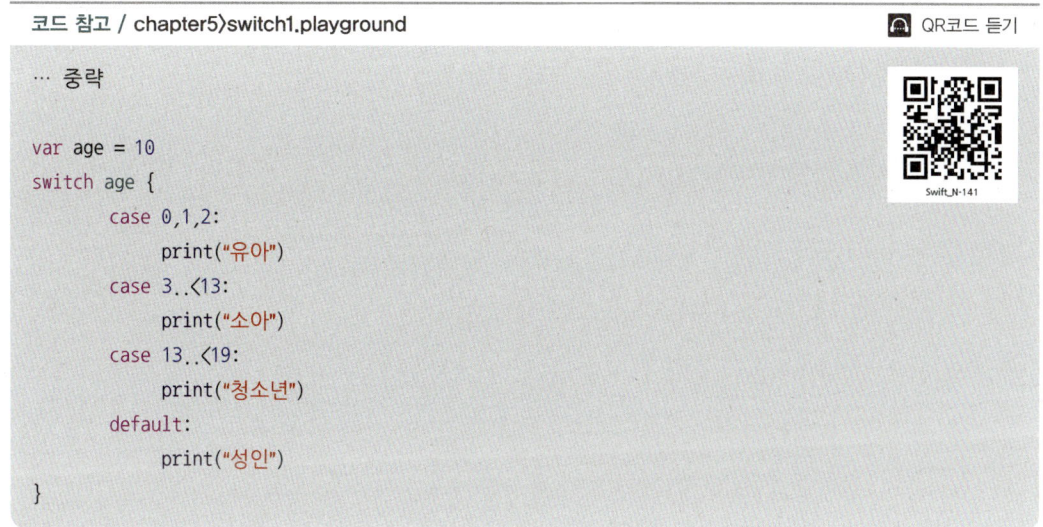

> **정박사님 궁금해요** — 스위프트는 case 문의 코드 블록 마지막에 break를 넣지 않나요?
>
> C나 자바와 같은 다른 언어에서는 case 문이 여러 개 있을 때도 모두 하나의 코드 블록으로 실행되므로 각각의 case 문이 독립적으로 실행되도록 하려면 case 문이 끝날 때마다 break 키워드를 사용해서 switch 문을 빠져나가도록 해야 합니다. 그러나 스위프트는 여러 개의 case 문 중 하나가 실행되면 그 즉시 switch 문을 빠져나가므로 break 키워드를 사용할 필요가 없습니다.

age 변수에는 10이 들어 있고 이 변수의 값을 switch 문에서 비교합니다. case로 지정한 비교 대상을 살펴보면 첫 번째는 0,1,2처럼 콤마(,)로 구분된 여러 개의 값이 들어 있습니다. 그리고 그다음에는 3..<13과 같은 범위 값이 들어 있습니다. 만약 age 변수에 들어갈 수 있는 값이 case 키워드 뒤에서 모두 비교되지 못한다면 default 키워드를 사용해 나머지 경우를 어떻게 처리할지 알려줍니다. 코드를 실행하면 다음과 같이 '소아'라는 결과가 출력됩니다.

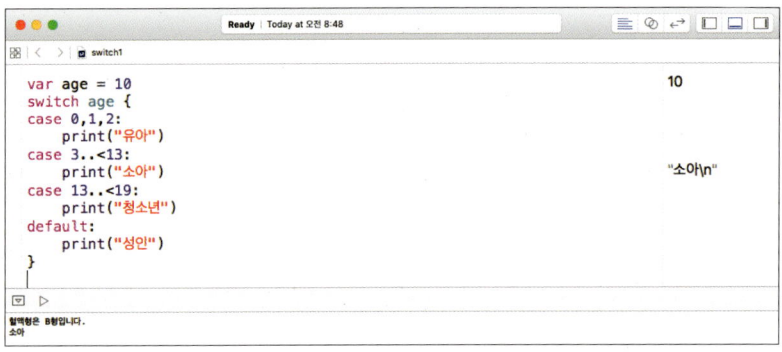

▲ switch 문의 비교 대상에 여러 개의 값이 사용된 경우

이번에는 튜플로 만들어진 값을 비교해 보겠습니다. 다음 코드를 입력합니다.

코드 참고 / chapter5›switch1.playground   QR코드 듣기

```swift
… 중략
var score = (2, 2)
switch score {
    case (1, 1):
        print("점수가 1, 1입니다.")
    case (1, 2):
        print("점수가 1, 2입니다.")
    case (2, _):
        print("점수가 2, _입니다.")
    default:
        print("알 수 없는 점수입니다.")
}
```

score 변수는 튜플로 만들어졌으며 (2, 2)라는 값을 가지고 있습니다. switch 문에서는 이 score 변수에 들어 있는 값을 비교하는데 case 뒤에 온 값을 보면 (1, 1), (2, 2)와 같은 튜플 값이 들어 있습니다. 이렇게 입력하면 case (1, 1): 은 score 변수에 들어 있는 값이 (1, 1)인지를 비교합니다. (2, _) 의 경우에는 앞에 있는 값만 비교합니다. 코드를 실행하면 다음과 같은 결과를 확인할 수 있습니다.

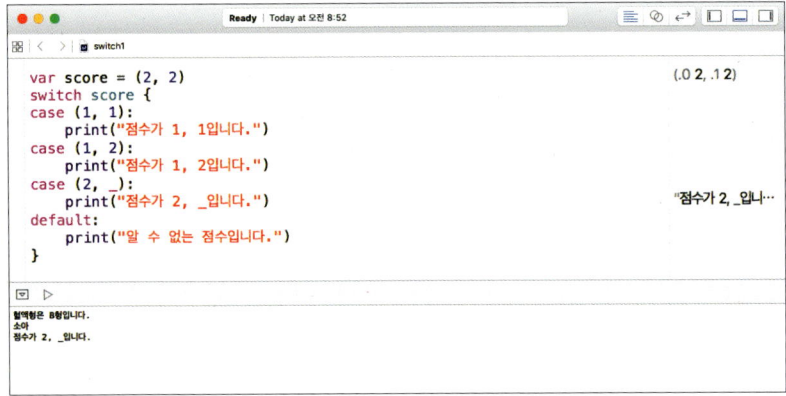

▲ switch 문의 비교 대상에 튜플이 사용된 경우

만약 case 키워드 뒤에서 비교하는 대상의 값을 상수로 바인딩하여 사용하고 싶다면 다음과 같은 코드를 사용할 수 있습니다.

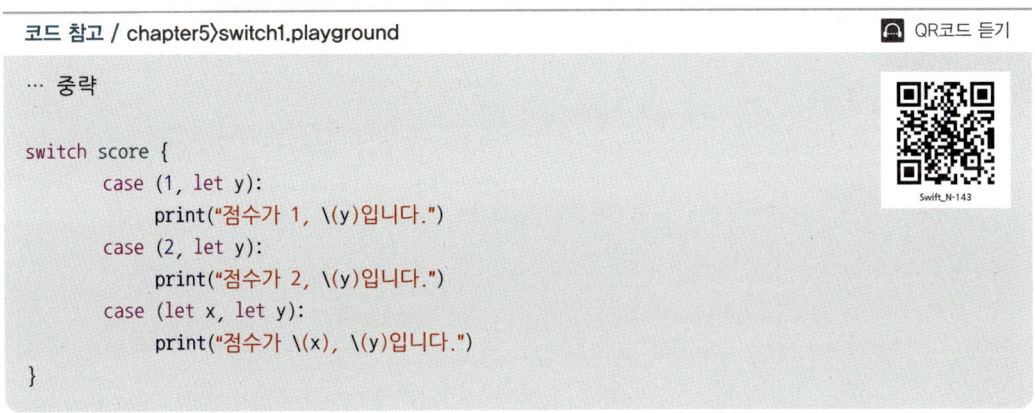

case (1, let y): 코드를 사용하면 튜플의 첫 번째 값이 1인 경우에 두 번째 값을 상수 y에 넣은 후 그 아래에 있는 코드를 실행합니다. 만약 이것보다 더 나아가 튜플의 두 개 값을 모두 상수로 바인딩하여 사용하고 싶다면 다음과 같이 where 조건을 함께 사용할 수 있습니다.

코드 참고 / chapter5〉switch1.playground　　　　　　　　　　QR코드 듣기

```
… 중략

switch score {
    case let (x, y) where x > 0:
        print("x가 0보다 크고 \(x), \(y)입니다.")
    case let (x, y) where x <= 0:
        print("x가 0보다 작거나 같고 \(x), \(y)입니다.")
    default:
        print("x, y 판단할 수 없습니다.")
}
```

case 뒤에 들어 있는 비교 대상을 보면, score 변수에 있는 투플의 값을 비교하여 첫 번째 값이 0보다 크면 (x, y)로 바인딩하도록 하였습니다. 코드를 실행하면 다음과 같은 결과를 볼 수 있습니다.

▲ switch 문의 비교 대상에 투플을 사용하면서 상수로 바인딩한 경우

guard 문

함수는 그 안에 들어 있는 코드의 실행이 완료되면 종료되고 반복문의 경우에는 반복 횟수가 끝나면 종료됩니다. 이때 모든 과정이 끝나기 전에 중간 종료되는 것을 '조기 종료(Early Exit)'라고 합니다. 조기 종료는 함수 내에서 return 문이 중간에 사용되거나 반복문에서 break 키워드가 사용될 때 일어납니다.

guard 문은 이러한 조기 종료를 좀 더 쉽게 처리하도록 만들어졌습니다. guard 문은 guard 뒤에 조건이 오고 그 뒤에 else가 오는 형식을 취합니다.

```
guard 조건 else {
}
```

이 guard 문은 if 문과 비슷하지만 사용법이 약간 다릅니다. guard 문은 어떤 조건이 아닐 때 실행하는 것이 목적이라서 guard 키워드 뒤에 조건을 두고 다시 그 뒤에 else를 두어 '어떤 조건에 해당하지 않을 때' 실행되도록 합니다. guard1.playground 파일을 새로 만들고 다음 코드를 입력합니다.

코드 참고 / chapter5〉guard1.playground   QR코드 듣기

```
var ages = [20, 23, 21, 17, 25]

for item in ages {
    guard item > 19 else {
        break
    }
    print("성인 나이 : \(item)")
}
```

ages는 배열로 만들어져 있고 그 안에 다섯 개의 정수 값이 들어 있습니다. 각각의 정수 값은 나이를 의미하는데 그중에 19보다 큰 숫자만 for 문에서 출력하고 싶다면 for 문 안에서 guard 문을 사용할 수 있습니다. guard 문을 보면 각 원소의 값이 19보다 크지 않을 때 for 문을 빠져나오도록 break 키워드를 사용했습니다. 코드를 실행하면 다음과 같은 결과를 볼 수 있습니다.

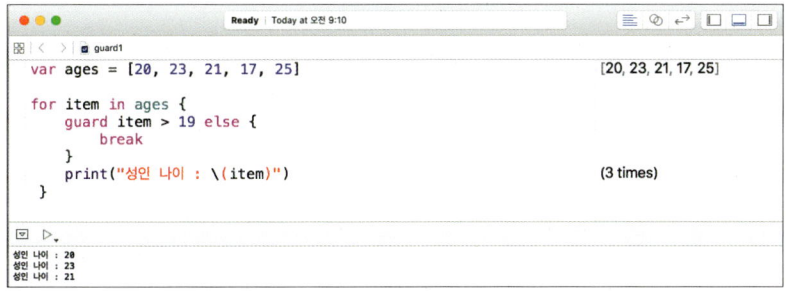

▲ guard 문을 사용해서 for 문을 빠져나온 경우

그러면 if 문을 사용할 때보다 guard 문을 사용하면 어떤 장점이 있을까요? guard 문은 예외적인 경우를 먼저 걸러낼 때 사용하면 좋습니다. 예를 들어, 사용자가 입력한 나이가 숫자가 아닌 경우를 확인해야 할 때 guard 문을 사용하면 숫자가 아닌 경우에 어떻게 할 것인지를 미리 처리할 수 있습니다. 이렇게 하면 예외적인 경우를 guard 문으로 확인할 수 있는 장점이 생깁니다.

guard 문의 비교 조건에서도 함수를 호출하여 반환된 결과를 상수로 바인딩하여 사용할 수 있습니다. 다음 코드를 추가합니다.

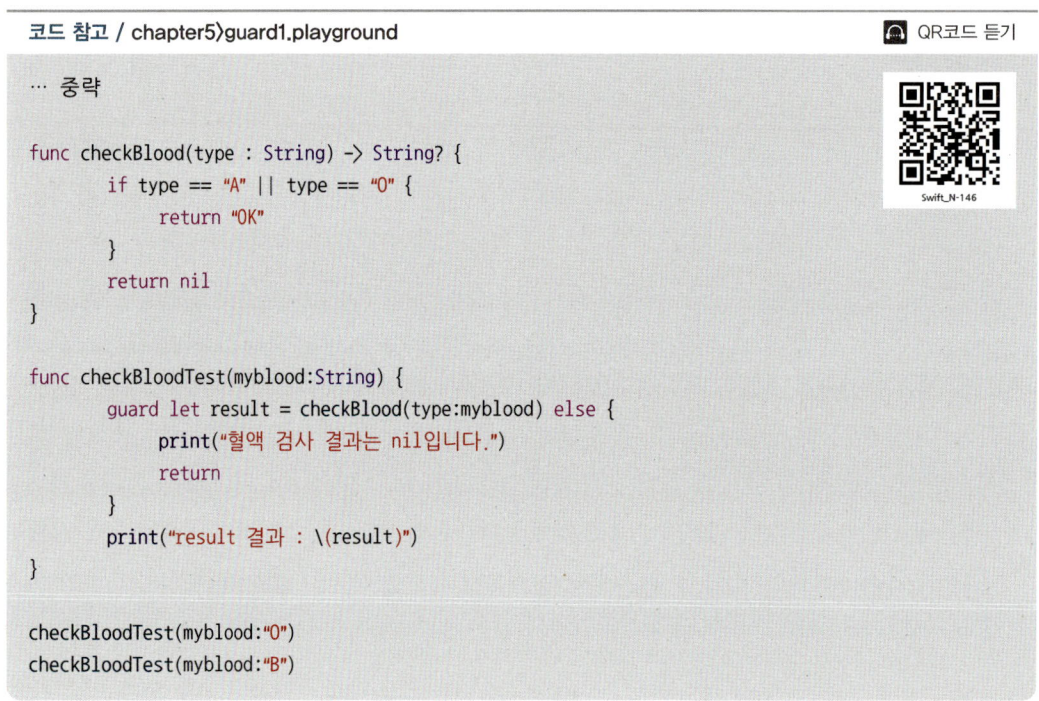

코드 참고 / chapter5>guard1.playground   QR코드 듣기

```
… 중략

func checkBlood(type : String) -> String? {
    if type == "A" || type == "O" {
        return "OK"
    }
    return nil
}

func checkBloodTest(myblood:String) {
    guard let result = checkBlood(type:myblood) else {
        print("혈액 검사 결과는 nil입니다.")
        return
    }
    print("result 결과 : \(result)")
}

checkBloodTest(myblood:"O")
checkBloodTest(myblood:"B")
```

checkBlood 함수는 if 문을 살펴볼 때 만들었던 함수와 똑같습니다. 그 아래에는 이 함수를 호출하는 기능을 가진 checkBloodTest 함수를 만들었습니다. 이 함수는 두 번 호출되는데 한번은 혈액형 O, 또 한 번은 혈액형 B를 확인합니다. checkBloodTest 함수 안에서는 전달 받은 혈액형 정보를 guard 문에서 비교합니다. checkBlood 함수를 호출한 결과가 nil일 경우에 else 뒤에 있는 코드가 실행되므로 nil일 때는 return 키워드 때문에 함수를 빠져나옵니다. 그런데 guard 문 아래에 있는 print 문을 보면 guard의 조건 부분에서 바인딩한 result 상수가 사용되고 있습니다. 이것은 guard 문의 특성인데, guard 문 안에서 바인딩된 상수의 값이 nil이 아닌 경우 guard 문이 끝나고 실행되는 그다음 코드에서도 참조할 수 있습니다. 코드를 실행하면 다음과 같은 결과가 출력됩니다.

```
func checkBloodTest(myblood:String) {
    guard let result = checkBlood(type:myblood) else {
        print("혈액 검사 결과는 nil입니다.")
        return
    }
    
    print("result 결과 : \(result)")
}

checkBloodTest(myblood:"O")
checkBloodTest(myblood:"B")
```

▲ guard 문에서 바인딩한 상수를 그다음 코드에서 참조한 경우

지금까지 if, switch, guard를 사용하는 조건문과 for나 while을 사용하는 반복문에 대해 알아보았습니다. 이 문장들은 앞으로도 필요할 때마다 사용될 것입니다. 이번 단락에서는 각 구문들을 형태 위주로 정리해 본 것이므로 어떤 모양으로 사용되는지를 잘 보고 익숙하게 만드세요. 그래야 실제 코드를 만들 때 코드의 흐름을 잘 이해할 수 있습니다.

퀴 즈 풀 자

Quiz 27 if 문을 사용할 때 조건문에서 바인딩 상수를 사용하도록 만들어 보세요. Dog 클래스를 만들고 이 클래스를 사용해 실제 강아지 객체를 만드는 createDog 메소드를 정의합니다. 그리고 if 문의 조건에서 createDog 메소드를 호출하여 상수에 할당합니다. createDog 메소드의 결과가 nil이 아니면 if 문의 중괄호 안에 있는 코드가 실행되도록 합니다

```
class Dog {
    var name:String?
    var age:Int?
    
    init(name:String, age:Int) {
        self.name = name
        self.age = age
    }
}

func createDog(name:String, age:Int) -> Dog? {
    return Dog(name:name, age:age)
}

if let dog1 = createDog(name:"미미", age:1) {
    print("만들어진 강아지 객체 : \(dog1.name!)")
}
```

해답 | exercise05_05.playground

여러 강아지 객체를 만들어 딕셔너리에 보관하기

난이도	상	중 ✓	하	소요시간	10분
목표	여러 객체를 만들어 보관해 두는 방법을 연습하세요.				

✓ 페이지 참고하세요!

배열 다루기 ✓
p.258

딕셔너리 만들기 ✓
p.274

바인딩 사용하기 ✓
p.289

✓ 여러 강아지 객체를 만들어 딕셔너리에 보관하도록 해 봅니다.

✓ 강아지 클래스는 Dog라는 이름으로 만들고 name과 age 속성을 갖도록 합니다. Dog 클래스에는 초기화 함수도 추가합니다.

✓ createDog라는 이름의 함수를 만듭니다. 이 함수는 Dog 클래스로부터 인스턴스 객체를 만들어 반환하도록 합니다.

✓ animals라는 이름의 변수는 딕셔너리로 선언하되 문자열 자료형으로 된 키와 Dog 자료형으로 된 값을 갖도록 합니다.

✓ if 문의 조건이 들어가는 곳에서 createDog 함수를 호출하도록 하고 반환된 결과 값은 상수에 할당합니다. 그리고 상수에 할당된 강아지 객체는 if 문의 중괄호 안에서 딕셔너리에 추가합니다. 딕셔너리에 추가할 때 키는 강아지의 이름이 되도록 하고 값은 강아지 객체가 되도록 합니다. if 문 안에서는 새로 만들어진 강아지 객체의 이름과 만들어진 강아지 전체 수를 출력하도록 합니다.

✓ if 문은 두 번 입력하고 두 마리의 강아지 객체를 만들 때는 각각 다른 이름으로 만들도록 합니다.

해답 | study 05playground

> Swift 총정리

여러 데이터의 보관과 조건문, 반복문 사용

1 여러 데이터를 한꺼번에 넣어 두기

배열은 여러 개의 변수에 나누어 넣었던 값을 하나의 변수에 차례대로 넣은 것입니다.

배열 객체는 대괄호 안에 콤마로 구분된 값을 넣어 만들거나 Array 클래스를 사용해 만들 수 있습니다. 빈 배열 객체를 만드는 방법도 여러 가지가 있습니다.

대괄호 안에 콤마로 구분된 값을 넣기

> 예) let ages = [20, 21, 23, 22, 25]

Array〈원소의 자료형〉(배열의 초기 값)

> 예) let ages = Array〈Int〉([20, 21, 23, 22, 25])

빈 배열 객체를 만들 때는 여러 가지 방법

> ❶ var ages = [Int]()
> ❷ var ages = Array〈Int〉()
> ❸ var ages : [Int] = []

배열의 각 원소는 대괄호 안에 인덱스를 넣어 접근합니다. 인덱스는 0부터 시작하는 정수입니다.

배열명 [인덱스]

> 예) names[0]

2 배열 다루기

배열의 크기는 count 속성으로 확인합니다.

> 예) names.count

배열이 비어 있는지 비어 있지 않은지는 isEmpty 속성으로 확인합니다.

> 예) if names.isEmpty { ... }

배열에 원소를 추가할 때는 append, 배열 중간에 값을 추가할 때는 insert 메소드를 사용합니다.
기존 배열에 다른 배열을 추가할 때 + 연산자를 사용할 수 있습니다.

> 예) ages += [32, 33]

특정 위치의 원소를 삭제하고 싶다면 remove 메소드를 사용합니다.

> remove(at: Int) -> T

배열 안에 원하는 원소가 들어 있는지 확인하고 싶다면 contains 함수를 사용합니다.

> contains(Element)

특정 원소의 인덱스 값을 알고 싶다면 index 메소드를 사용합니다.

> index(of: Element)

스택처럼 사용하고 싶다면 append 메소드로 추가하고 popLast 메소드로 꺼냅니다.

> append(Element)
> popLast( ) -> Element

대괄호와 인덱스를 사용하면 값을 바꿀 수 있습니다.

> 예) ages[2] = 30

대괄호 안에 범위 값을 넣으면 범위를 사용해 원소를 수정할 수 있습니다.

> 예) ages[1..<3] = [29, 31]

함수의 파라미터로 배열을 전달할 수 있습니다.

> 예) func checkNames(names:[String]) { ... }

배열을 변수에 할당하면 새로운 배열 객체가 복사되어 만들어진 후 할당됩니다.

3 배열 안에 배열 넣기

배열 안에 배열을 넣으면 2차원 배열을 만들 수 있습니다.
이차원 배열은 전화번호부 안에 그룹들이 있고 각각의 그룹 안에 전화번호가 들어 있는 형태를 생각하면 쉽습니다.
이차원 배열의 값을 for 문으로 확인할 때는 for 문 안에 for 문을 넣습니다.

```
예)   for i in 0..<phonebook.count {
         for j in 0..<phonebook[i].count {
            print("\(i,j)번째 값 : \(phonebook[i][j])")
         }
      }
```

4 딕셔너리로 그 안에 들어 있는 값 빨리 찾기

딕셔너리에는 키-값(Key-Value) 방식으로 여러 개의 값을 넣어둘 수 있습니다.
딕셔너리를 만들 때는 배열과 유사하게 만들되 키-값의 쌍으로 넣어줍니다.

```
var emptyDic = [Int:Int]()
var dic = [1:"소녀시대", 2:"걸스데이", 3:"티아라"]
var dic2 : [Int:String] = [1:"소녀시대", 2:"걸스데이", 3:"티아라"]
var dic3 : Dictionary<Int,String> = [1:"소녀시대", 2:"걸스데이", 3:"티아라"]
var dic4 : Dictionary<Int,String> = Dictionary<Int,String>([1:"소녀시대", 2:"걸스데이", 3:"티아라"])
```

딕셔너리의 원소 개수를 알고 싶다면 count 속성을 사용합니다.
딕셔너리의 원소에 접근하거나 수정하고 싶다면 대괄호와 키를 사용합니다.

> 딕셔너리 객체[키]

딕셔너리 안의 값들을 하나씩 꺼내볼 때는 for ~ in 구문을 사용할 수 있습니다.

5 셋(Set)에 데이터 넣어 두기

셋(Set)은 순서 없이 값을 넣어 두는 자루와 같습니다.
셋(Set) 객체는 대괄호를 사용해 만들 수 있으며 count와 isEmpty 속성이 있습니다.

> 예) var food : Set<String> = ["Cheese", "Milk", "Bread"]

특정 원소가 들어 있는지는 contains 메소드로 확인하고 remove 메소드를 사용해 원소를 삭제합니다.

6 흐름 제어 문장 정리하기

if 문의 조건에서 상수에 값이 할당되는 방식을 '바인딩'이라고 합니다.
바인딩된 상수의 값이 nil이 아닐 때 중괄호 안의 코드가 실행됩니다.

```
if let result = checkBlood(type:"O") {
    print("혈액 검사 결과 : \(result)")
}
```

C 스타일 for 문은 더 이상 사용되지 않으며, for ~ in 구문을 사용합니다.
for ~ in 구문에서 in 뒤에는 범위 또는 컬렉션이 올 수 있습니다.
for ~ in 구문에서 in 뒤에 딕셔너리를 넣은 경우 각각의 원소가 in 앞의 튜플로 반환되면서 반복 실행됩니다.
while 문의 중괄호 안에서 break나 continue가 사용될 수 있습니다.
while 문의 조건을 나중에 확인하고 싶을 때는 repeat ~ while 구문을 사용합니다.
switch 문의 조건에 열거형 변수가 사용되면 그 안의 case에서 열거형 변수 안의 값이 사용됩니다.
switch 문의 case에서 사용된 열거형 값들은 열거형의 이름을 생략하고 점(.)부터 넣을 수 있습니다.
switch 문의 case 마지막에 break를 넣지 않습니다.
switch 문의 비교 대상에 튜플이 들어갈 수 있으며, 튜플 안에 상수를 바인딩할 수도 있습니다.
guard 문은 함수나 반복문 안에서 조기 종료가 쉽도록 만듭니다.
guard 문은 조건에 해당하지 않는 경우에 else 뒤의 코드가 실행됩니다.

> guard 조건 else { ... }

guard 문의 조건에서 상수를 바인딩할 수 있으며, 이 상수는 guard 문이 끝난 뒤에도 참조할 수 있습니다

Swift 총정리

다른 언어 경험이 있다면 Summary!

---

1 배열을 만드는 방법

⇒ let ages = [20, 21, 23, 22, 25]
　 let ages = Array<Int>([20, 21, 23, 22, 25])

2 빈 배열 객체를 만드는 방법

⇒ var ages = [Int]()
　 var ages = Array<Int>()
　 var ages : [Int] = []

3 배열 원소의 접근

⇒ 배열명 [인덱스]
　 예) names[0]

4 배열의 크기와 비어있는지의 여부

⇒ names.count
　 if names.isEmpty { ... }

5 기존 배열에 다른 배열을 추가할 때 사용하는 + 연산자

⇒ ages += [32, 33]

6 원소가 들어 있는지 여부와 인덱스의 위치 확인

⇒ contains(Element)
　 index(of: Element)

7 스택처럼 사용하는 경우에 원소 넣기와 꺼내기

⇒ append(Element)
　 popLast( ) -> Element

8 배열은 값을 복사하여 전달됨

⇒ 배열을 변수에 할당하면 새로운 배열 객체가 복사되어 만들어진 후 할당됨

9 딕셔너리의 키-값

⇒ 딕셔너리에는 키-값(Key-Value) 방식으로 여러 개의 데이터를 넣어둘 수 있음
　 var emptyDic = [Int:Int]()
　 var dic = [1:"소녀시대", 2:"걸스데이", 3:"티아라"]
　 var dic2 : [Int:String] = [1:"소녀시대", 2:"걸스데이", 3:"티아라"]

10 셋(Set)은 순서 없이 넣어 두는 자루

⇒ count, isEmpty 등의 속성이 있으며 대괄호를 사용해 셋 객체를 만들 수 있음
  var food : Set<String> = ["Cheese", "Milk", "Bread"]

11 if 문에서의 상수 바인딩

⇒ if 문의 조건에서 상수에 값이 할당되는 방식을 바인딩이라고 함
  바인딩된 상수의 값이 nil이 아닐 때 중괄호 안의 코드가 실행됨

```
if let result = checkBlood(type:"O") {
    print("혈액 검사 결과 : \(result)")
}
```

02-6
일급 객체로서의 함수와 클로저 다루기 중요도 ★★★☆☆

여러분은 이미 함수를 왜 만드는지, 그리고 어떻게 만드는지 코드를 만들어 보면서 알아보았습니다. 이번 장에서 다시 한 번 함수를 다룹니다. 왜냐고요? 함수는 그만큼 프로그램을 만드는 데 중요하기 때문입니다. 또한 스위프트에서는 함수를 다양한 방식으로 사용할 수 있기 때문입니다. 하지만 이 때문에 함수가 좀 더 어렵고 복잡하게 느껴질 수도 있습니다. 이 장에서는 함수의 주요 특징을 알아볼 것입니다. 특히 스위프트의 함수는 일급 객체로 다루어지는데 일급 객체가 무엇인지, 그리고 클로저란 또 무엇인지 알아보겠습니다. 클로저는 코드를 좀 더 간단하게 만들 수 있는 방법을 제공하지만 처음 접할 때는 너무 다양한 형식의 코드가 만들어질 수 있어 어렵게 보일 수 있습니다. 따라서 하나씩 이해하면서 살펴보는 것이 중요합니다. 만약 이 장에서 다루는 내용이 너무 어렵게 느껴진다면 건너뛰었다가 나중에 다시 돌아와서 익혀도 됩니다. 다만 이 장에서 다루는 내용이 아이폰 앱을 만들거나 실제 프로그램을 만들 때 자주 사용되므로 나중에라도 꼭 이해할 수 있도록 익히기 바랍니다.

키워드로 알아보는 스위프트 언어

일급 객체	함수를 일급 객체로 다루기 때문에 함수를 변수에 할당할 수 있는 특징이 있습니다.
클로저	스위프트에서는 전통적인 클로저를 사용할 수 있으며 동시에 클로저 표현식도 사용할 수 있습니다.
클로저 표현식	클로저 표현식은 함수를 호출하면서 파라미터로 전달할 수도 있고 변수에 할당할 수도 있습니다.

1 _ 함수는 변수에 할당할 수 있어요

지금까지 함수를 여러 번 만들어 보았습니다. 그런데 스위프트 함수는 더욱 다양한 방식으로 사용되기 때문에 좀 더 자세히 알아보는 것이 필요합니다. 먼저 스위프트의 함수는 '일급 객체(First-class Object)'인데, 이런 일급 객체는 다음과 같은 주요 특징을 가집니다.

[표] 함수가 일급 객체로서 갖는 주요 특징

제목	설명
변수 할당	변수에 할당할 수 있습니다.
함수에 파라미터로 전달	함수를 호출할 때 파라미터로 전달할 수 있습니다.
함수에서 반환	함수에서 반환될 수 있습니다.

아직 일급 객체라는 말이 잘 이해되지 않을 것입니다. 일급 객체는 프로그래밍 언어의 특징 중의 하나입니다. 좀 더 쉽게 이해하려면 다른 것보다 우선으로 여기는 중요한 객체라고 생각하면 됩니다. 한마디로 '중요한 것'이라는 말인데 바로 '함수를 변수에 할당할 수 있다'는 결과로 나타납니다.

> **정박사님 궁금해요** 다른 언어는 함수를 변수에 할당할 수 없나요?
>
> 프로그래밍 언어마다 조금씩 달라서 C나 자바와 같은 언어는 함수를 변수에 할당할 수 없습니다. 하지만 스위프트에서는 함수를 변수에 할당할 수 있습니다. C나 자바와 같은 언어는 함수를 정의하고 호출하는 것 이외에 함수를 다룰 수 있는 방법이 많지 않습니다. 그 이유는 C나 자바는 함수를 일급 객체로 다루지 않기 때문입니다. 그런데 스위프트와 같은 언어에서는 함수를 변수에 할당할 수 있습니다. 함수를 일급 객체로 다루면 함수를 자유자재로 다룰 수 있게 됩니다. 스위프트는 이렇게 함수를 일급 객체로 다루는 특징을 그대로 가지고 온 것입니다.

함수를 변수에 할당하기

함수를 일급 객체로 다룰 때 가장 중요한 특징은 한마디로 '함수를 변수에 할당할 수 있다!'입니다. 앞 장에서 새로운 변수를 만들고 그 변수에 값을 넣는 과정을 할당이라고 하고, = 기호를 사용하면 오른쪽에 있는 값을 왼쪽의 변수에 넣을 수 있다고 하였습니다. 그런데 이 변수에는 단순히 숫자나 문자열뿐만 아니라 함수도 할당할 수 있습니다. 즉, = 기호의 오른쪽에 함수가 올 수 있습니다.

그러면 함수를 변수에 할당하여 사용하는 방법을 알아보겠습니다. 우선 파인더 창을 연 다음 [chapter6] 폴더를 만들고 그 안에 advanced1.playground 파일을 만듭니다. 플레이그라운드 화면에서 새로 만든 파일을 열고 다음 코드를 입력합니다.

코드 참고 / chapter6)advanced1.playground

```
func add(first a:Int, second b:Int) -> Int {
    return a + b
}

let result = add(first:10, second:10)
print("add 함수를 실행한 결과 : \(result)")

var add2 = add;
let result2 = add2(10, 10)
print("add2 변수에 할당된 함수를 실행한 결과 : \(result2)")
```

add 함수는 더하기 기능을 수행하는 함수로 두 개의 파라미터를 전달 받고 하나의 정수 값을 반환하도록 정의되었습니다. 이것은 지금까지 여러분이 만들었던 더하기 함수와 다르지 않습니다. 이렇게 정의한 함수를 호출할 때는 함수 이름 뒤에 소괄호를 붙이고 그 안에 파라미터를 넣어줍니다. 그런데 add2라는 변수를 선언하면서 함수의 이름인 add를 = 기호 오른쪽에 넣었습니다. 이렇게 하면 add2 변수에는 add 함수가 할당됩니다. 그러면 이 함수를 호출할 때는 add라는 이름 이외에도 add2라는 이름을 사용할 수 있습니다. 함수를 호출할 때 사용할 수 있는 이름이 두 개가 된 것입니다. add2는 변수이지만 실제로는 함수를 가리키고 있기 때문에 add2라는 이름 뒤에 소괄호를 붙이면 함수로 실행됩니다.

코드를 실행하면 다음 화면처럼 문제없이 실행되는 것을 볼 수 있습니다.

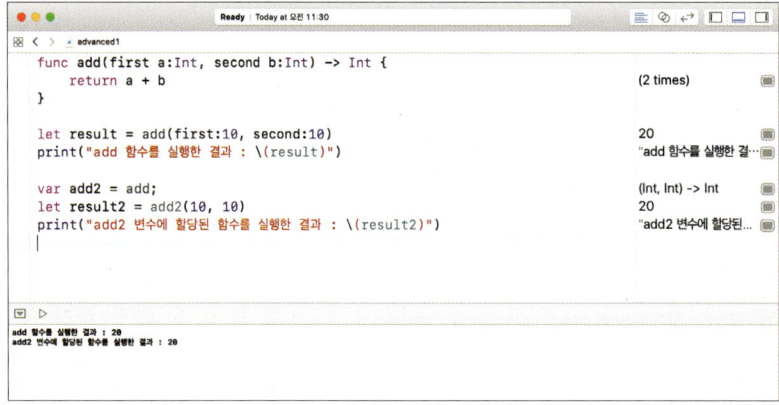

▲ 함수를 변수에 할당하고 변수 이름과 소괄호를 사용해 실행한 결과

add2 변수를 만들고 add라는 이름의 함수를 할당하면 다음 그림처럼 add2 변수가 add 함수를 가리키게 됩니다.

따라서 함수 이름이 아닌 변수 이름으로 함수를 호출할 수 있게 됩니다. 바로 이런 점을 주목해야 합니다.

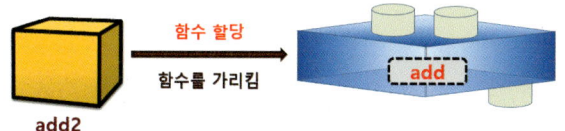

▲ add라는 이름의 함수를 add2 변수에 할당한 경우

변수에 함수가 할당되면 그 변수 상자 안에 함수가 들어 있는 형태가 아니라 변수 상자가 함수를 가리키는 형태가 됩니다.

> **정박사님 궁금해요** 변수 상자 안에 무언가 들어 있는 경우와 변수 상자가 무언가를 가리키는 경우, 뭐가 다른 거죠?
>
> 변수를 사용하는 일반적인 경우에는 변수 상자 안에 함수가 들어 있다고 생각해도 큰 문제가 생기지 않습니다. 그런데 변수 상자가 가리키는 함수를 다른 함수로 변경하려고 할 때는 내부적으로 변수 상자가 함수를 가리킨다는 것을 이해해야 합니다. 예를 들어, 다음과 같이 add2 변수에 빼기 함수(subtract)를 할당하면 add2 변수는 빼기 함수를 가리키는 것이 되고 이전에 가리키던 더하기 함수(add)는 메모리에 남아있긴 하지만 더 이상 add2 변수가 가리키지 않는 상태가 됩니다.
>
> ```
> add2 = add;
> add2 = subtract;
> ```

함수를 변수에 할당했으니 함수의 원래 이름으로 호출할 수도 있고, 변수 이름으로 호출할 수도 있습니다. 이 점을 잘 기억하기 바랍니다. 왜냐하면 함수를 새로운 변수에 할당하면 함수의 원래 이름이 변수 이름으로 바뀐 것처럼 생각할 수 있기 때문입니다. 따라서 함수를 새로운 변수에 할당하는 과정을 몇 번 반복하다 보면 어떤 이름으로 함수를 호출해야 할지 혼동되는 경우가 생기기도 합니다.

그러면 함수를 할당할 변수의 자료형은 어떻게 선언해야 할까요? 만약 더하기 함수라면 다음과 같은 형태로 함수를 선언하게 됩니다.

```
function add(a:Int, b:Int) -> Int { ... }
```

이때 함수 상자의 바깥에서 바라본다면 함수 상자에는 위쪽에 두 개의 구멍, 아래쪽에 하나의 구멍이 있는 형태가 되고 이 구멍의 자료형만 기록하면 다음과 같이 됩니다.

```
(Int, Int) -> Int
```

이것이 함수의 자료형입니다. 함수를 변수에 할당하기 전에 변수를 먼저 선언하는 코드를 다음과 같이 추가합니다.

```
코드 참고 / chapter6〉advanced1.playground                    QR코드 듣기

… 중략

func show(data:Int) -> Int {
        return data
}

let show2 : (Int) -> Int = show

let add3 : (Int, Int) -> Int = add

func appendFormFeed(a:Int, b:String) -> (Int, String) {
        return (a+1, b+"\n")
}

let append2 : (Int, String) -> (Int, String) = appendFormFeed
print("append2 호출 결과 : \(append2(10, " 김준수 " ))")
```

show 함수에는 Int 자료형의 파라미터가 하나 전달됩니다. 그리고 Int 자료형으로 값을 반환합니다. 따라서 show 함수를 할당할 show2 변수의 자료형은 (Int) -> Int로 지정할 수 있습니다. 그리고 더하기 함수를 할당할 add3 변수의 자료형은 (Int, Int) -> Int가 됩니다. 만약 함수가 튜플을 반환하는 경우에는 -> 기호 뒤에 반환되는 값의 자료형도 (Int, String)과 같은 형태로 명시됩니다. 코드를 실행해 보면 오류가 발생하지 않습니다. 따라서 변수들을 선언하면서 명시한 자료형이 문제가 없고 함수도 정상적으로 할당되었다는 것을 알 수 있습니다.

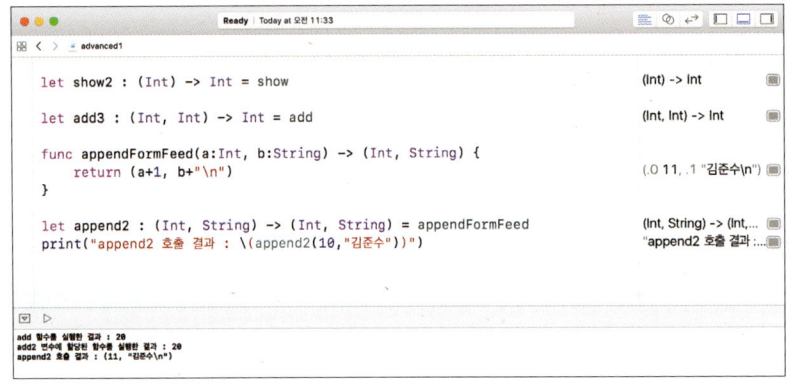

▲ 변수를 선언할 때 함수의 자료형을 명시한 경우

그렇다면 함수에 파라미터가 없는 경우와 함수에 반환 값이 없는 경우, 그리고 파라미터와 반환 값이 모두 없는 경우에는 자료형을 어떻게 명시해야 할까요? 다음 표는 함수의 유형에 따라 자료형을 어떻게 명시해야 하는지 알려줍니다.

[표] 함수의 유형에 따른 자료형의 형태

유형	자료형의 형태
파라미터가 없는 경우	func show( ) -> String { ... } ↓ ( ) -> String
반환 값이 없는 경우	func show(a:Int) { ... } ↓ (Int) -> ( )
파라미터와 반환 값이 모두 없는 경우	func show( ) { ... } ↓ ( ) -> ( )

무언가 굉장히 많이 생략된 느낌입니다. 스위프트는 코드 실행에 문제가 없다면 조금이라도 코드를 줄일 수 있는 부분은 과감하게 생략합니다. 표에서 확인한 세 가지 유형 중에서 파라미터와 반환 값이 모두 없는 경우에는 소괄호가 두 개나 사용되었으니 무슨 수수께끼 같은 기호를 사용한 것 같지만 여기에 사용된 소괄호는 값이 없는 것을 의미하며, 반환 자료형은 Void로 바꿀 수도 있습니다. Void는 스위프트 내부에서 ( ) 기호와 같은 의미를 갖도록 정의되었습니다. 즉, 다음과 같이 정의할 수 있습니다.

```
typealias Void = ( )
```

타입앨리어스(typealias)는 이미 알고 있으니 이 코드를 통해 Void와 ( )가 동일한 자료형이 되었다는 것을 이해할 수 있을 것입니다. 함수의 유형에 따른 자료형 세 가지 경우에서 반환 자료형을 ( ) 대신 Void 키워드로 적용하면 다음과 같은 형태가 됩니다.

[표] 반환 자료형의 ( ) 기호를 Void로 바꾼 경우

유형	자료형의 형태
파라미터가 없는 경우	func show( ) -> String { ... } ↓ ( ) -> String
반환 값이 없는 경우	func show(a:Int) { ... } ↓ (Int) -> Void
파라미터와 반환 값이 모두 없는 경우	func show( ) { ... } ↓ ( ) -> Void

사실 함수 이름 뒤에 붙이는 소괄호는 함수를 구별하는 중요한 기호입니다. 함수를 정의할 때는 함수 이름과 소괄호, 그리고 중괄호가 있어야 합니다. 그리고 함수를 호출할 때는 함수 이름과 소괄호가 있어야 합니다. 따라서 함수를 구별할 목적 이외에 소괄호가 다른 용도로 자주 사용되면 코드를 해석할 때 혼동될 수 있습니다. 따라서 ( )보다는 Void 키워드를 사용하는 것이 더 좋을 때가 많습니다.

함수를 파라미터로 전달하기

앞에서 함수가 일급 객체이기 때문에 변수에 할당할 수 있다고 했는데, 일급 객체라는 단어를 굳이 외울 필요는 없습니다. 다만 함수를 변수에 할당할 수 있게 되면서부터 다양한 특징이 생긴 것이므로 '함수를 변수에 할당할 수 있다.'라는 것만은 잘 알아두어야 합니다. 이렇게 함수를 변수에 할당할 수 있으면 변수 이름으로 함수를 호출할 수 있다는 것이라고 앞에서 알아보았습니다. 따라서 변수에 함수를 할당할 수 있기 때문에 함수에 파라미터로 전달하거나 함수에서 반환할 때 사용하는 변수에도 함수가 들어갈 수 있습니다. 즉, 함수를 파라미터로 전달하거나 함수에서 반환할 수 있게 됩니다.

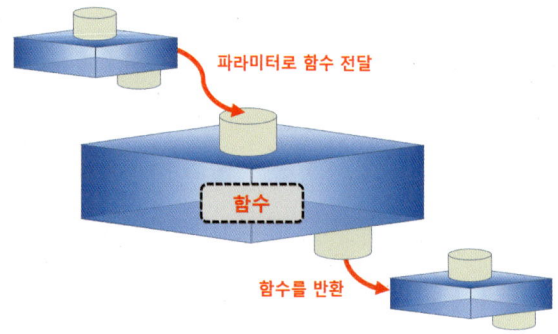

▲ 파라미터로 함수를 전달하거나 반환하는 경우

이 특징이 코드를 아주 복잡하게 만듭니다. 그림을 보면 함수로 전달되는 파라미터로 변수가 아닌 함수를 전달하고 있고 함수에서 반환하는 값도 변수가 아닌 함수입니다. 즉, 변수 대신 함수가 사용되었다고 볼 수 있습니다. 그러면 함수를 파라미터로 전달하는 방법을 살펴보겠습니다. 우선 advanced2. playground 파일을 새로 만들고 다음 코드를 입력합니다.

코드 참고 / chapter6⟩advanced2.playground   QR코드 듣기

```swift
func add(first a:Int, second b:Int, callback:((Int) -> Void)) {
    let result = a + b
    callback(result)
}
```

새로 입력한 코드가 이해되나요? 함수를 정의할 때 사용하는 소괄호 안에 다시 소괄호가 사용되었습니다. add 함수로 전달되는 파라미터의 개수를 하나 더 늘린 후 callback이라는 이름의 파라미터를 전달했습니다. 그런데 이 파라미터는 함수 자료형으로 되어 있습니다. 즉, Int 자료형으로 된 파라미터 하나를 전달 받고 반환 값은 없는 함수가 전달될 것이라고 선언되었습니다. 그리고 add 함수 안에서 return 키워드를 사용해 반환하던 결과 값은 반환하지 않도록 선언되었습니다.

add 함수에서는 결과 값을 반환하는 방식이 변경된 것입니다. 즉, return 키워드가 사라졌으니 이 함수를 호출했을 때 변수에 할당할 결과 값은 반환되지 않습니다. 그리고 더하기를 한 결과는 callback이라는 함수를 호출하면서 세 번째 파라미터로 전달됩니다. callback은 파라미터로 전달 받은 함수입니다. 앞에서 함수가 변수에 할당될 수 있고 이렇게 변수에 할당된 함수가 다른 함수의 파라미터로 전달될 수 있다고 했습니다. 따라서 파라미터로 전달 받은 callback 함수는 add 함수 안에서 호출할 수 있으며, callback 함수 이름 뒤에 소괄호를 붙여 호출할 수 있습니다.

그러면 이제 이 함수를 호출해 보겠습니다. add 함수를 호출할 때 함수도 파라미터로 전달해야 하므로 그 함수는 다음 코드처럼 show라는 이름으로 정의합니다.

코드 참고 / chapter6〉advanced2.playground　　　　　　　　　　　QR코드 듣기

```
… 중략
func show(result:Int) {
    print("add 함수를 실행한 결과 : \(result)")
}
```

add 함수를 정의할 때 세 번째 파라미터로 전달될 함수는 ((Int) -> Void)로 정의되어야 한다고 했으므로 show 함수를 정의할 때 파라미터로 정수 값 하나를 전달하도록 하고 반환되는 값은 없도록 만듭니다. show 함수 안에서는 add 함수를 실행한 결과를 콘솔에 출력하도록 print 함수를 호출합니다. 마지막으로 다음 코드처럼 add 함수를 호출합니다.

코드 참고 / chapter6〉advanced2.playground　　　　　　　　　　　QR코드 듣기

```
… 중략
add(first:10, second:10, callback:show)
```

add 함수를 호출할 때 필요한 세 번째 파라미터가 함수이므로 세 번째 파라미터의 이름인 callback 뒤에 콜론(:)을 붙인 후 show라는 함수 이름을 입력합니다.

코드를 실행하면 다음과 같은 결과를 볼 수 있습니다.

```
func add(first a:Int, second b:Int, callback:((Int) -> Void)) {
    let result = a + b
    callback(result)
}

func show(result:Int) {
    print("add 함수를 실행한 결과 : \(result)")
}

add(first:10, second:10, callback:show)
```

20

"add 함수를 실행한 결…

add 함수를 실행한 결과 : 20

▲ 다른 함수의 파라미터로 전달된 함수에서 출력한 결과

add 함수가 실행되고 나면 add 함수 안에서 show 함수를 호출해 줍니다. 이런 함수를 흔히 '콜백 함수(Callback function)'라고 부릅니다. 콜백 함수는 함수를 실행하면서 파라미터로 전달하는 함수를 가리키며, 함수가 실행된 결과는 콜백 함수로 전달 받아 처리합니다.

이번에는 파라미터로 전달되는 함수가 두 개인 경우를 만들어 보겠습니다. 파라미터로 전달되는 함수가 두 개면 훨씬 복잡한 형태가 됩니다.

코드 참고 / chapter6)advanced2.playground　　　　　　　　　QR코드 듣기

```
… 중략
func successPrint() {
    print("성공")
}

func failPrint() {
    print("실패")
}

var names = [1:"소녀시대",2:"여자친구",3:"티아라"]
func getData(index:Int, success sCallback : () -> Void, fail fCallback : () -> Void) -> String? {
    if let name = names[index] {
        sCallback()
        return name
    }
    defer {
        fCallback()
    }
    return nil
}

var result = getData(index:1, success:successPrint, fail:failPrint)
var result2 = getData(index:5, success:successPrint, fail:failPrint)
```

getData 함수로 전달되는 파라미터는 총 세 개이며 그중에서 두 개는 함수입니다. 두 개의 함수 모두 파라미터로 전달되는 값과 함수에서 반환하는 값이 없으므로 () -> Void 자료형으로 명시합니다. 이 함수는 첫 번째 파라미터로 숫자를 받은 후 이 숫자를 사용해 names 딕셔너리에 들어 있는 이름을 확인하여 반환하는 기능을 구현한 것입니다. 딕셔너리에 원하는 이름이 없을 수 있으니 함수의 반환 자료형은 옵셔널로 선언되었습니다.

getData 함수 안에는 성공과 실패했을 때 필요한 각각의 기능이 들어 있습니다. names 딕셔너리 안에 원하는 값이 있으면 sCallback 함수를 실행한 후 찾아낸 이름을 반환하도록 합니다. 즉, sCallback 함수는 성공했을 때 실행되는 콜백 함수입니다. if 문에서는 name 상수에 값을 바인딩하여 처리합니다. if 문에서 찾지 못한 경우에는 if 문 다음에 있는 코드가 실행됩니다. 따라서 실패했을 때 실행하는 fCallback 함수가 실행되고 nil이 반환됩니다.

defer 키워드는 콜백 함수를 실행할 때와 return 키워드로 결과 값을 반환하면서 함수가 종료될 때의 동시성 문제를 해결하기 위해 사용됩니다. 즉, 콜백 함수를 실행하기 전에 return 키워드가 실행되어 함수가 먼저 종료되는 문제를 막기 위해서 약간의 시간차를 만들어 주는 것입니다. 이 getData 함수는 두 번 실행하는데 한 번은 1, 또 다른 한 번은 5라는 값을 첫 번째 파라미터로 전달합니다.

코드를 실행하면 다음과 같이 '성공'과 '실패'라는 메시지를 표시됩니다.

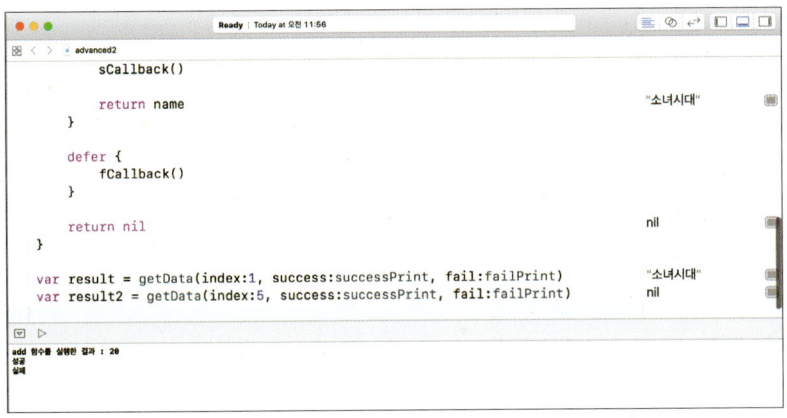

▲ 함수로 전달한 콜백 함수를 통해 출력한 결과

여기에서 중요한 것은 콘솔에 메시지를 출력하는 것은 콜백 함수이며, 이 콜백 함수는 getData 함수를 호출하면서 파라미터로 전달된다는 점입니다.

그런데 successPrint 함수와 failPrint 함수처럼 함수를 미리 정의한 후 다른 함수를 호출하는 방식은 매번 함수를 미리 만들어 놓아야 한다는 점이 번거롭습니다. 만약 successPrint 함수가 getData

함수를 호출할 때 한 번만 사용될 함수라면 successPrint 함수를 만들면서 동시에 getData 함수를 호출하면 훨씬 효율적입니다. 따라서 스위프트는 함수의 파라미터로 전달되는 함수를 호출할 때 정의할 수 있도록 지원합니다. 다음 코드를 추가합니다.

코드 참고 / chapter6)advanced2.playground   QR코드 듣기

```
… 중략

var result3 = getData(3,
                success: {
                    () -> Void in
                    print("성공했습니다.")
                },
                fail: {
                    () -> Void in
                    print("실패했습니다.")
                })
```

새로 추가한 코드는 앞에서 입력한 코드처럼 getData 함수를 호출하지만 성공했을 때와 실패했을 때 호출될 함수들을 정의하면서 동시에 파라미터로 전달합니다. 그런데 잘 보면 코드의 모양이 아주 이상합니다. 이런 모양의 코드가 만들어진 것은 다음과 같은 형식으로 정의할 수 있기 때문입니다.

```
{
    함수의 자료형 in
    함수 코드
}
```

중괄호 안에 함수의 자료형과 in 그리고 함수를 구현하는 코드가 입력됩니다. 그런데 함수 코드가 많아지면 이런 형태로 만든 코드는 아주 복잡하게 보일 수 있습니다. 따라서 이런 방식으로 함수를 전달하는 코드는 파라미터로 전달되는 함수 내의 코드가 간단한 경우에 주로 사용합니다. 만약 함수의 코드가 복잡하고 그 양이 많다면 함수를 미리 정의해 두는 것이 좋습니다.

어쨌든 이런 형식이 가능한 것은 스위프트가 '클로저(Closure)'라는 것을 지원하기 때문입니다. 클로저는 이름이 생략된 간단한 함수의 형태를 가지고 있습니다. 이 클로저에 대해서는 다음 단락에서 자세하게 살펴볼 것입니다. 일단 여기서는 이런 형식으로 함수를 전달할 수 있다고 알아두면 됩니다.

success라는 이름으로 전달되는 함수는 중괄호 안에 () -> Void 자료형으로 선언되었습니다. 그리고 in 다음에 나오는 코드를 보면 콘솔에 '성공했습니다.'라는 글자를 출력합니다. fail이라는 이름의 함수도 마찬가지입니다.

코드를 실행하면 다음과 같은 결과를 볼 수 있습니다.

```
var result3 = getData(index:3,
                success: {
                    () -> Void in
                    print("성공했습니다.")
                },
                fail: {
                    () -> Void in
                    print("실패했습니다.")
                })
```

```
add 함수를 실행한 결과 : 20
성공
실패
성공했습니다.
```

▲ 파라미터로 함수를 전달할 때 함수를 정의하면서 바로 전달한 경우

함수 실행 결과를 함수로 반환 받기

일급 객체로서의 함수가 갖는 세 번째 특징은 함수를 실행한 결과를 함수 객체로 만들어 반환할 수 있다는 것입니다. 우선 advanced3.playground 파일을 새로 만들고 다음 코드를 입력합니다.

코드 참고 / chapter6〉advanced3.playground   QR코드 듣기

```swift
func add(first a:Int, second b:Int) -> Int {
    return a + b
}

func subtract(first a:Int, second b:Int) -> Int {
    return a - b
}

func selectCalc(index:Int) -> ((Int, Int) -> Int)? {
    if index == 1 {
        print("add 계산기를 선택했습니다.")
        return add
    } else if index == 2 {
        print("subtract 계산기를 선택했습니다.")
        return subtract
    } else {
        print("알 수 없는 계산기입니다.")
        return nil
    }
}
```

이 코드는 함수를 호출하면서 숫자를 전달하면 그 숫자의 값에 따라 서로 다른 계산 기능을 반환하도록 만든 것입니다. 먼저 더하기 함수는 add로, 빼기 함수는 subtract라는 이름으로 정의했습니다. 그리고 selectCalc 함수는 이 두 가지 함수 중에서 하나를 선택하는 함수입니다. selectCalc 함수를 호출하면서 1을 파라미터로 전달하면 더하기 함수가 반환되고 2를 전달하면 빼기 함수가 반환됩니다.

여기에서 selectCalc 함수를 정의한 부분을 보면 -> 기호 다음에 함수의 자료형이 사용되었습니다. 즉 selectCalc 함수에서 반환하는 함수는 (Int, Int) -> Int로 되어 있어 두 개의 정수 값을 받고 하나의 정수 값을 반환하는 것으로 정의되었습니다. 그리고 그 뒤에 물음표(?)를 붙여 반환하는 함수가 nil이 될 수도 있다는 것을 알려주고 있습니다.

selectCalc 함수 안에서는 if ~ else if ~ else 구문을 사용해서 파라미터로 전달된 정수 값을 비교합니다.

이렇게 만든 selectCalc 함수를 호출하기 위해 다음 코드를 추가로 입력합니다.

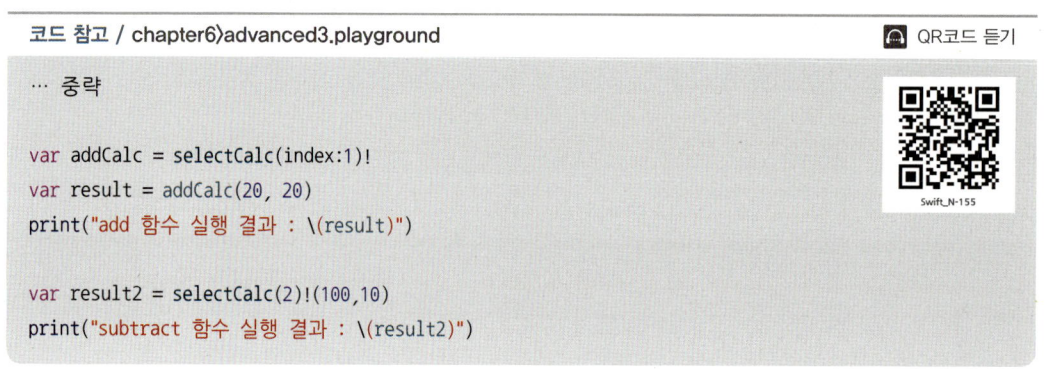

selectCalc 함수를 호출했을 때 반환되는 함수는 옵셔널입니다. 따라서 함수를 호출했을 때 반환되는 함수를 addCalc 변수에 할당할 때 느낌표(!)를 붙여 옵셔널을 해제합니다. 그러면 addCalc 변수가 더하기 함수를 가리키므로 뒤에 소괄호를 붙여 호출할 수 있습니다.

두 번째로 selectCalc 함수를 호출할 때는 파라미터로 2를 전달하여 빼기 함수를 반환 받습니다. 그런데 이번에는 반환 받은 함수를 옵셔널에서 해제하면서 바로 소괄호를 붙여 실행합니다. 이렇게 하면 함수 이름 뒤에 소괄호, 느낌표, 소괄호가 순서대로 나오게 됩니다. 아주 복잡해 보이죠? 가끔 소괄호를 하나가 아니라 여러 개 붙이는 경우를 볼 수 있는데 이것은 첫 번째 호출한 함수에서 함수를 반환할 때 그 반환된 함수를 바로 호출하기 때문입니다.

코드를 실행하면 다음과 같은 결과를 볼 수 있습니다.

```
        } else {
            print("알 수 없는 계산기입니다.")
            return nil
        }
    }

    var addCalc = selectCalc(index:1)!                    (Int, Int) -> Int
    var result = addCalc(20, 20)                          40
    print("add 함수 실행 결과 : \(result)")                "add 함수 실행 결과 :...

    var result2 = selectCalc(index:2)!(100,10)            90
    print("subtract 함수 실행 결과 : \(result2)")          "subtract 함수 실행...

add 계산기를 선택했습니다.
add 함수 실행 결과 : 40
subtract 계산기를 선택했습니다.
subtract 함수 실행 결과 : 90
```

▲ 함수를 호출했을 때 반환된 함수를 실행한 결과

퀴즈풀자

Quiz 28 1부터 10까지의 숫자를 더하는 함수를 하나 만든 후 그 결과를 콜백 함수로 전달하도록 만들어 보세요. sum이라는 이름으로 함수를 만들고 세 개의 파라미터를 전달하도록 합니다. 첫 번째는 시작 숫자, 두 번째는 끝 숫자로 하고 세 번째는 콜백 함수로 만들어 결과를 받아 출력하도록 합니다.

```
func sum(start:Int, end:Int, callback:((Int)->Void)) {
    var total = 0                                         0
    for i in start...end {
        total += i                                        (10 times)
    }

    callback(total)
}

var start = 1                                             1
var end = 10                                              10

func callback(result:Int) -> Void {
    print("결과 : \(result)")                            "결과 : 55\n"
}

sum(start:start, end:end, callback:callback)
```
결과 : 55

해답 | exercise06_01.playground

2 _ 클로저 이해하기

이미 잘 알고 있는 것처럼 함수 안에서는 return 키워드를 사용해 함수를 반환할 수 있습니다. 그런데 함수 안에서 반환하는 함수를 미리 정의해 두지 않고 함수 안에서 새로 만든 후 반환하는 것도 가능할까요? 만약 가능하다면 어떻게 함수를 정의할 수 있을까요?

중첩 함수와 실행 컨텍스트

함수 안에 상수나 변수를 정의하면 함수 안에서만 접근할 수 있습니다. 그런데 함수 안에서 상수와 변수를 만드는 것뿐만 아니라 함수까지 새로 정의했다면 어떻게 될까요? 함수 안에 함수를 만든 것을 '중첩 함수(Nested Function)'라고 합니다. 그리고 중첩 함수를 만들었을 때 안쪽에 만든 함수를 '내부 함수(Inner Function)', 바깥쪽에 만든 함수를 '외부 함수(Outer Function)'라고 합니다.

함수 안에 함수를 만들었을 때는 상수나 변수를 어디에서 접근할 수 있는지가 문제입니다. 이것을 명확하게 이해하려면 '실행 컨텍스트(Execution Context)'가 무엇인지 알아둘 필요가 있습니다. 함수는 호출할 때마다 해당 함수의 호출 정보가 스택에 차곡차곡 쌓이게 됩니다. 이것을 보통 '콜 스택(Call Stack)'이라고 부르는데 함수를 호출할 때마다 실행 컨텍스트가 만들어져서 쌓입니다. 실행 컨텍스트는 스위프트 코드 블록이 실행되는 환경이라고 할 수 있으며, 코드가 실행될 수 있는 여러 가지 정보를 담고 있습니다. 여기에서 코드 블록은 대부분 함수가 됩니다. 다시 말해 함수가 실행되면 실행 컨텍스트가 만들어지고 이 실행 컨텍스트는 스택 안에 차곡차곡 쌓이게 되며, 스택의 제일 위에 있는 실행 컨텍스트가 현재 실행되고 있는 컨텍스트가 됩니다.

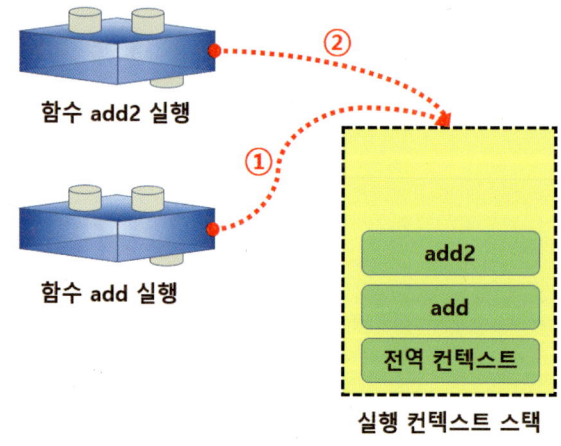

▲ 함수를 실행할 때마다 스택에 쌓이는 실행 컨텍스트

add 함수를 실행하는 경우, 이 함수는 전역 컨텍스트라는 것 위에 새로운 add 실행 컨텍스트를 쌓게 됩니다. 그리고 add 함수의 실행이 끝나면 스택에서 꺼내어 버려집니다. 만약 add 함수 안에서 add2 함수를 실행한다면 add 실행 컨텍스트 위에 add2 실행 컨텍스트가 쌓이게 됩니다. 다음 그림은 add 함수 안에서 add2 함수를 호출할 때 각 함수의 실행 컨텍스트가 스택에 쌓였다가 없어지는 과정을 알려줍니다.

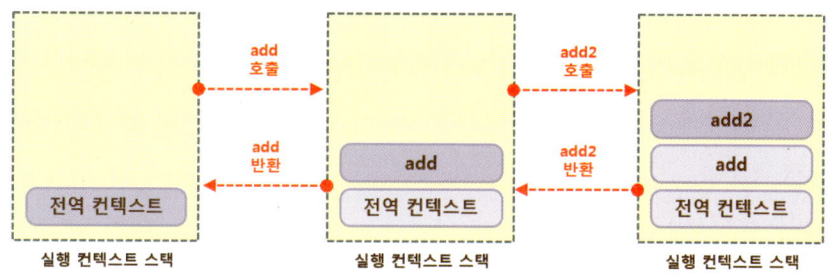

▲ add 함수 안에서 add2 함수를 실행할 때 실행 컨텍스트가 스택에 쌓였다 없어지는 과정

그러면 이렇게 스택에 쌓아 두는 이유가 뭘까요? 스택의 가장 위에 있는 실행 컨텍스트는 현재 실행되고 있는 함수를 위한 것이지만 함수 실행에 필요한 정보는 이전에 실행되었던 함수에서도 참조합니다. 그리고 참조할 때는 가장 위쪽에 있는 것부터 순서대로 참조합니다. 즉, 가장 위에 있는 실행 컨텍스트의 정보를 참조하지만 그 안에 필요한 정보가 없다면 그 아래쪽에 있는 실행 컨텍스트를 순서대로 찾아보게 됩니다.

실행 컨텍스트가 만들어지면 그 안에 함수를 실행할 수 있는 정보를 담고 있는 객체가 생성되는데 이것을 '변수 객체'라고 합니다. 변수 객체에는 함수로 전달되는 파라미터나 사용자가 정의한 변수 및 객체들을 저장할 수 있습니다.

더하기 함수인 add 함수가 실행되면 실행 컨텍스트가 만들어지고 그 안에 변수 객체가 만들어지는데 변수 객체 안에는 다음과 같은 속성들이 추가됩니다.

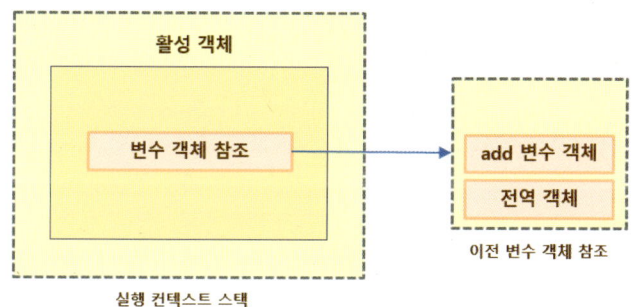

▲ 변수 객체 안에 추가되는 속성들

변수 객체 안에는 지금 만든 변수 객체와 이전에 만든 변수 객체들을 순서대로 연결한 정보가 만들어집니다. 이 정보를 사용해서 함수가 실행되기 전에 만들어진 실행 컨텍스트의 변수 객체들을 참조할 수 있습니다.

a나 b와 같은 파라미터 그리고 함수 안에서 선언한 변수들은 변수 객체 안에 만들어진 후 값이 할당되게 됩니다.

지금까지 설명한 내용을 이해했다면 advanced4.playground 파일을 새로 만들고 다음과 같이 중첩 함수를 만드는 코드를 입력합니다.

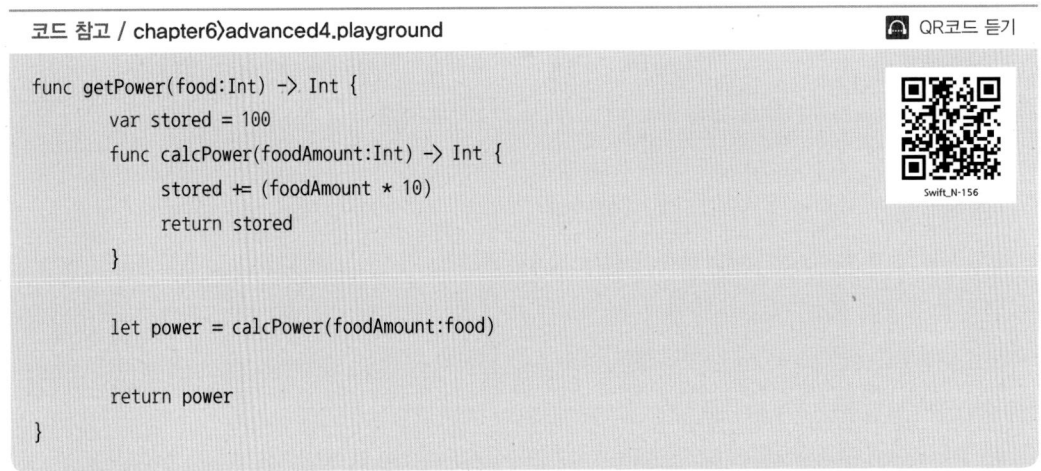

코드 참고 / chapter6〉advanced4.playground　　　　　　　　　QR코드 듣기

```
func getPower(food:Int) -> Int {
    var stored = 100
    func calcPower(foodAmount:Int) -> Int {
        stored += (foodAmount * 10)
        return stored
    }
    
    let power = calcPower(foodAmount:food)
    
    return power
}
```

getPower 함수는 음식을 넣으면 지금까지 저장한 에너지를 알려주는 기능을 간단하게 만든 것입니다. 음식의 양은 숫자로 전달되고 저장한 에너지의 양도 숫자로 반환됩니다. 일반적인 함수로 만들었다면 getPower 함수 안에 수식 계산에 필요한 코드만 넣어도 충분했겠지만 여기서는 getPower 함수 안에 다시 calcPower 함수를 만들었습니다. 실제로 에너지의 양을 계산하는 기능은 calcPower 함수가 가지고 있고 그 정보를 stored라는 변수에 저장합니다.

구조를 살펴보면 getPower 함수 안에 calcPower 함수가 선언되었으므로 calcPower 함수는 내부 함수가 됩니다. 그리고 내부 함수를 선언한 후 그 함수를 호출하여 stored 변수에 값을 할당한 후 반환합니다. 이 코드가 실행되었을 때 각 함수의 실행 컨텍스트와 변수 객체 안의 속성들이 어떻게 생성되는지 정리하면 다음과 같습니다.

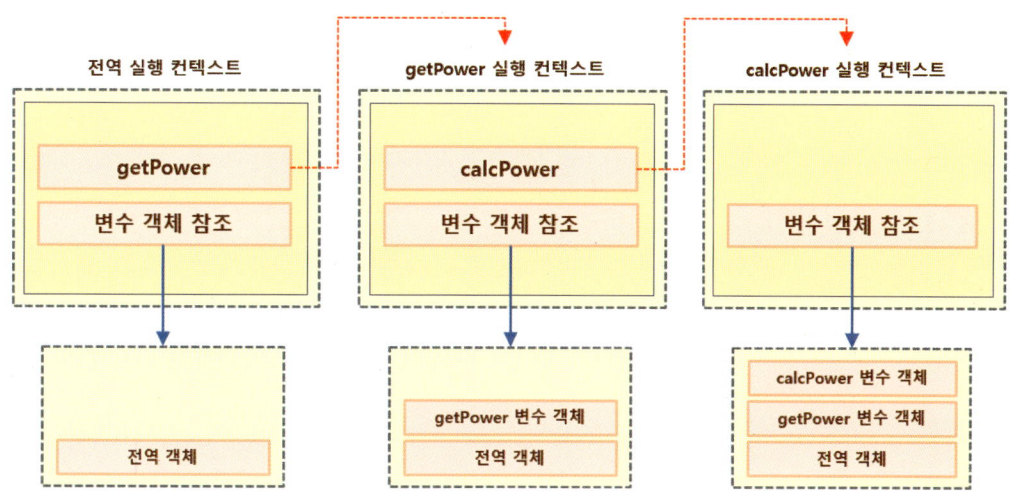

▲ 코드가 실행되었을 때 변수 객체 안에 들어 있는 속성들의 변화

조금 복잡해 보이지만 왼쪽부터 하나하나 살펴보면 이해될 것입니다. getPower 함수가 실행되기 전에는 전역 객체가 있고 getPower 함수를 실행하면 getPower 함수를 위한 실행 컨텍스트가 만들어집니다. getPower 함수가 실행되었을 때의 변수 객체들을 보면 전역 객체와 getPower 변수 객체가 같이 들어 있습니다. 그다음 calcPower 함수를 실행하면 calcPower 함수를 위한 변수 객체에는 세 개의 변수 객체가 같이 들어 있게 됩니다.

이 함수를 실행하기 위해 다음 코드를 입력합니다.

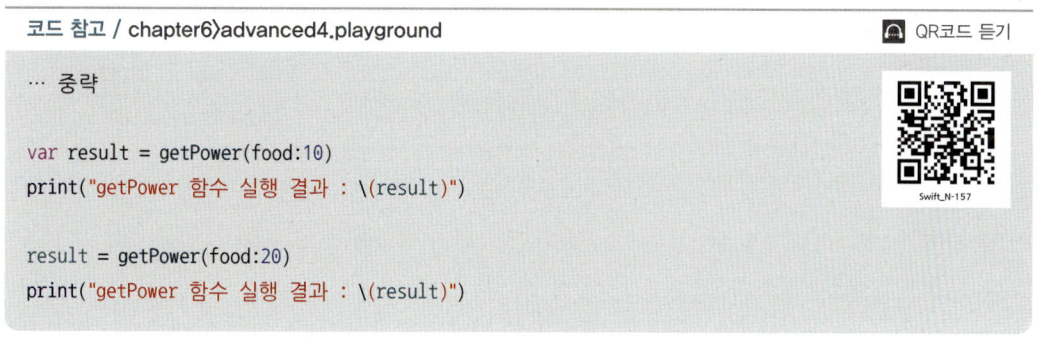

코드 참고 / chapter6)advanced4.playground   QR코드 듣기

```
… 중략

var result = getPower(food:10)
print("getPower 함수 실행 결과 : \(result)")

result = getPower(food:20)
print("getPower 함수 실행 결과 : \(result)")
```

이 코드에서는 getPower 함수를 두 번 실행하면서 어떤 결과가 나오는지 확인합니다. 코드를 실행하면 다음과 같은 값을 확인할 수 있습니다.

```
func getPower(food:Int) -> Int {
    var stored = 100
    func calcPower(foodAmount:Int) -> Int {
        stored += (foodAmount * 10)
        return stored
    }
    
    let power = calcPower(foodAmount:food)
    
    return power
}
var result = getPower(food:10)
print("getPower 함수 실행 결과 : \(result)")

result = getPower(food:20)
print("getPower 함수 실행 결과 : \(result)")
```

▲ 중첩 함수를 실행한 결과

이제 함수 안에 함수를 만들어 사용할 수 있다는 것을 이해할 수 있을 것입니다.

일반적인 의미의 클로저

그런데 함수를 호출할 때 함수 안에서 만든 함수를 반환하는 경우가 있습니다. 이것은 함수가 일급 객체로 다루어지고, 일급 객체라면 함수가 값을 반환할 때 그 값이 함수일 수도 있기 때문에 가능합니다. 그러면 이번에는 앞에서 만든 내부 함수를 반환해 봅니다. 다음과 같은 코드를 추가합니다.

코드 참고 / chapter6)advanced4.playground QR코드 듣기

```
… 중략

func getPowerFunc() -> ((Int) -> Int) {
    var stored = 100
    func calcPower(foodAmount:Int) -> Int {
        stored += (foodAmount * 10)
        return stored
    }
    return calcPower
}

var powerFunc = getPowerFunc()
var result2 = powerFunc(10)
print("반환받은 powerFunc 함수 실행 결과 : \(result2)")

result2 = powerFunc(20)
print("반환받은 powerFunc 함수 실행 결과 : \(result2)")
```

getPowerFunc 함수는 에너지의 양을 계산한 후 결과 값을 반환하는 것이 아니라 에너지의 양을 계산할 수 있는 calcPower 함수를 만든 후 함수를 반환합니다. 따라서 에너지의 양을 계산하려면 getPowerFunc 함수를 먼저 호출하여 calcPower 함수를 반환 받은 후 calcPower 함수를 한 번 더 호출해야 합니다.

이 과정을 그림으로 나타내면 다음과 같습니다.

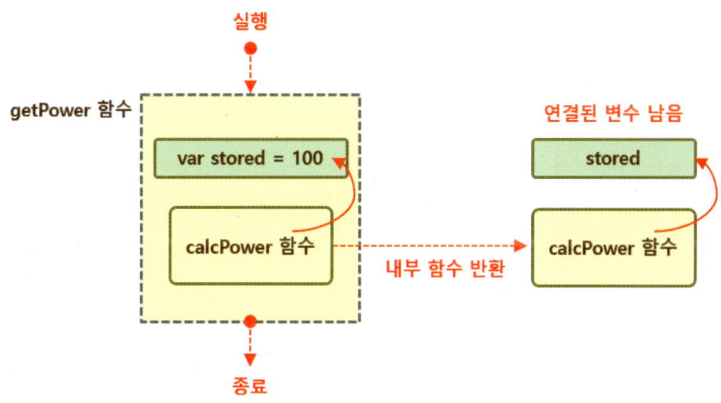

▲ 내부 함수를 반환하고 반환된 함수를 호출하는 과정

그런데 코드를 실행하면 다음과 같은 결과를 볼 수 있습니다.

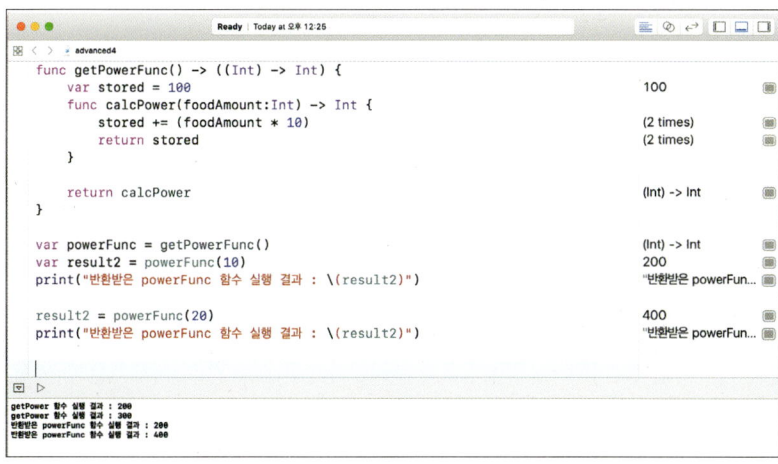

▲ 내부 함수를 반환 받은 후 여러 번 호출한 경우

이전에 만든 getPower 함수를 두 번 호출했을 때의 결과 값은 200과 300이었는데 새로 만든 getPowerFunc 함수를 사용해 calcPower 함수를 반환 받은 후 호출한 결과 값은 200과 400이 되었습니다. 왜 이런 결과가 나왔을까요?

여러분은 함수가 한 번 실행될 때마다 실행 컨텍스트가 생기고 그 실행 컨텍스트는 함수 실행이 끝나면 사라진다는 것을 알고 있습니다. 그렇다면 getPowerFunc 함수가 실행되고 나면 getPowerFunc 함수를 위한 실행 컨텍스트는 사라지고 그 함수에서 반환한 calcPower 함수만 남게 됩니다. stored 변수가 getPowerFunc 함수 안에 들어있으니 stored 변수도 없어졌을 것으로 보이는데 어떻게 이런 결과가 나왔을까요?

문제는 이미 getPowerFunc 함수를 위한 실행 컨텍스트가 사라졌으므로 그 안에 들어 있는 stored 변수도 사라져야 하지만 실제로는 사라지지 않는다는 데 있습니다.

이것은 실행 컨텍스트가 사라지더라도 그 안에 만들어지는 변수 객체는 남아있을 수 있으며 이렇게 남아있는 변수 객체를 참조할 수 있기 때문에 벌어진 일입니다. 이 과정을 그림으로 표현하면 다음과 같습니다.

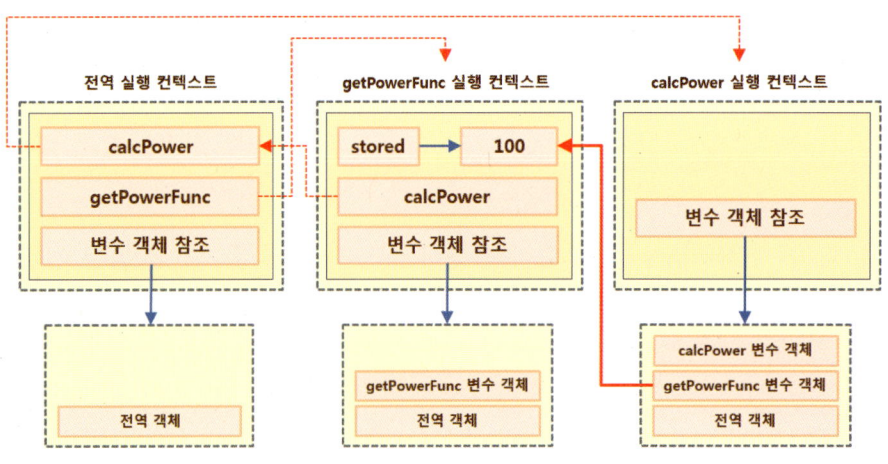

▲ 반환된 내부 함수를 호출했을 때 이전 변수 객체 참조 방식

getPowerFunc 실행 컨텍스트는 이 함수가 실행되고 나면 사라집니다. 그러나 반환된 calcPower 함수를 호출하면 이 함수가 만들어진 시점의 변수 객체들을 참조합니다. 이 때문에 calcPower 함수가 실행될 때의 변수 객체들을 보면 calcPower 변수 객체, getPowerFunc 변수 객체, 전역 객체가 모두 들어 있습니다.

따라서 calcPower 함수가 실행되었을 때 getPowerFunc 변수 객체에 들어 있는 stored 변수를 참조할 수 있습니다. calcPower 함수가 실행될 때마다 이 stored 변수의 값이 증가되므로 코드를 실행했을 때 콘솔 창에 보이는 것처럼 증가된 stored 변수의 값이 출력됩니다.

이것이 함수를 일급 객체로 다루면서 생기는 중요한 특징인 '클로저(Closure)'라는 개념입니다. 클로저는 이미 실행되었다 사라진 외부 함수의 변수를 참조하는 함수라고 할 수 있습니다. 따라서 여러분이 만들어 본 코드에서는 calcPower 함수가 클로저가 됩니다. 클로저에서 참조하는 외부 함수의 변수를 '자유 변수(Free Variable)'라고 부르는데 클로저라는 이름은 '이 함수가 자유 변수에 대해 닫혀 있다.'라는 의미로 이해할 수 있습니다. 즉, 자유 변수를 만들었을 때의 실행 컨텍스트가 이미 사라졌는데도 자유 변수는 남아있고 내부 함수만 이 자유 변수에 접근할 수 있으므로 내부 함수가 자유 변수를 가둬 놓았다는 의미입니다.

이런 클로저가 왜 중요한 것일까요? 어떤 변수를 만들고 그 변수를 클로저에 가둬 놓으면 그 변수는 계속 메모리에 남아 있지만 다른 어떤 곳에서도 접근할 수 없습니다. 이 때문에 특정 함수가 특정 변수를 독점적으로 사용할 수 있습니다. 뿐만 아니라 클로저 함수가 메모리에서 사라지지만 않는다면 특정 변수를 메모리에 계속 유지시키면서 반복적으로 사용할 수 있습니다. 이런 장점들을 활용해 볼 수 있는 기회가 나중에 생길 것입니다.

스위프트의 클로저

클로저가 무엇인지 잘 이해했다면 이제 스위프트에서 클로저를 어떻게 다루는지 알아봅니다. 스위프트는 앞 단락에서 설명한 일반적인 개념의 클로저보다 좀 더 넓은 의미로 클로저를 사용합니다. 다음은 대표적인 두 가지 클로저입니다.

- **중첩 함수에서의 클로저**
  → 내부 함수이면서 외부 함수의 값을 캡처할 수 있는 클로저

- **클로저 표현식**
  → 함수의 이름이 없고 주변 환경으로부터 값을 캡처할 수 있는 클로저

여기에서 캡처(Capture)란 외부 함수 안에 있는 변수를 저장하여 사용하는 것을 말합니다. 원래는 다른 함수 안에 있어 그 함수에서만 접근할 수 있지만 클로저에서 사용하기 위해 다른 함수의 컨텍스트가 사라져도 계속 저장하여 사용할 수 있게 된 것을 의미합니다. 앞 단락의 내용에서 설명한 내용과 같기 때문에 잘 이해가 되지 않는다면 앞 단락의 내용을 다시 확인해보기 바랍니다.

두 번째 클로저는 이름이 없는 '익명 함수(Anonymous Function)'이면서 하나의 코드 블록이 객체처럼 다루어지는 것을 의미합니다. 클로저 표현식은 일회용 함수와 비슷하며 다음과 같은 형식을 가집니다.

```
{ ( 파라미터 ) -> 반환 자료형 in
    코드
}
```

이런 형식을 처음 보면 굉장히 생소할 수 있습니다. 그러나 잘 살펴보면 함수의 이름이 생략되면서 만들어진 형태라는 것을 알 수 있습니다. 더하기 함수를 예로 들면 더하기 함수의 원래 형태는 다음과 같습니다.

```
<코드 1>
func add(a:Int, b:Int) -> Int {
    return a + b
}
```

여기에서 add라는 함수의 이름을 빼면 다음과 같은 형태가 됩니다.

```
<코드 2>
func (a:Int, b:Int) -> Int {
    return a + b
}
```

그런데 함수의 이름이 없어졌으니 함수 전체를 중괄호로 감싸서 이 부분이 함수라는 것을 알려주는 것이 더 좋을 수 있습니다. func 키워드를 없애고 중괄호로 감싸면 다음과 같은 형태가 됩니다.

```
<코드 3>
{ (a:Int, b:Int) -> Int {
    return a + b
}}
```

원래 있던 중괄호가 함수의 기능을 구현하는 코드 부분인데 이 부분이 새로 만든 중괄호 안에 있어 중괄호가 중첩됩니다. 이렇게 되면 가독성이 떨어지므로 원래 있던 중괄호를 없애고 in 키워드로 변경합니다.

```
<코드 4>
{ (a:Int, b:Int) -> Int in
    return a + b
}
```

어떤가요? 이렇게 변형되는 과정을 보니 가장 처음에 보았던 add 함수의 원래 모양이 이렇게도 바뀔 수 있다는 것이 이해되지 않나요? 결국 함수의 이름을 없앤 클로저 표현식이라는 것은 중괄호로 코드 블록을 만들어 하나의 객체로 다루는 것을 말합니다. 그리고 이 클로저는 다른 함수의 파라미터로 전달할 수 있습니다. 그리고 in 키워드를 사용하면서 앞에는 파라미터와 반환 자료형을 명시하고 뒤에는 구현 코드를 넣어줍니다. 그러면 더하기 함수를 파라미터로 전달 받아 더하기 연산을 한 후 그 결과를 반환하는 함수를 만들어 보겠습니다. advanced5.playground 파일을 새로 만들고 다음 코드를 입력합니다.

코드 참고 / chapter6>advanced5.playground

```
func doCalc(first a:Int, second b:Int, _ calc: (Int, Int) -> Int) -> Int {
    let output = calc(a, b)
    return output
}
```

doCalc 함수는 두 개의 정수 값을 파라미터로 받을 뿐만 아니라 세 번째 파라미터로 더하기 함수를 함께 전달 받도록 합니다. 더하기 함수뿐만 아니라 빼기나 곱하기, 나누기를 구현한 함수도 이런 방식으로 만들어서 함께 파라미터로 받으면 doCalc 함수를 수정하지 않고도 다른 연산을 할 수 있다는 장점이 생깁니다. 더하기 함수의 자료형은 (Int, Int) -> Int가 되었으며 세 번째 파라미터는 _ calc라는 이름을 붙여주었으므로 외부 파라미터 이름이 없고 내부 파라미터 이름이 calc인 더하기 함수를 의미합니다.

doCalc 함수의 내부에서는 전달 받은 calc 함수를 실행한 후 그 결과를 반환합니다. 이제 add 함수를 하나 만들고 doCalc 함수를 호출하면서 add 함수를 파라미터로 전달합니다.

코드 참고 / chapter6>advanced5.playground

```
… 중략

func add(a:Int, b:Int) -> Int {
    return a + b
}

var result = doCalc(first:10, second:10, add)
print("add 함수를 파라미터로 전달하여 실행한 결과 : \(result)")
```

doCalc 함수를 호출하면서 first 파라미터의 값은 10, second 파라미터의 값은 10, 그리고 마지막 세 번째 파라미터에는 add 함수의 이름을 넣어줍니다. 이 코드를 실행하면 20이라는 결과 값을 콘솔에서 확인할 수 있습니다.

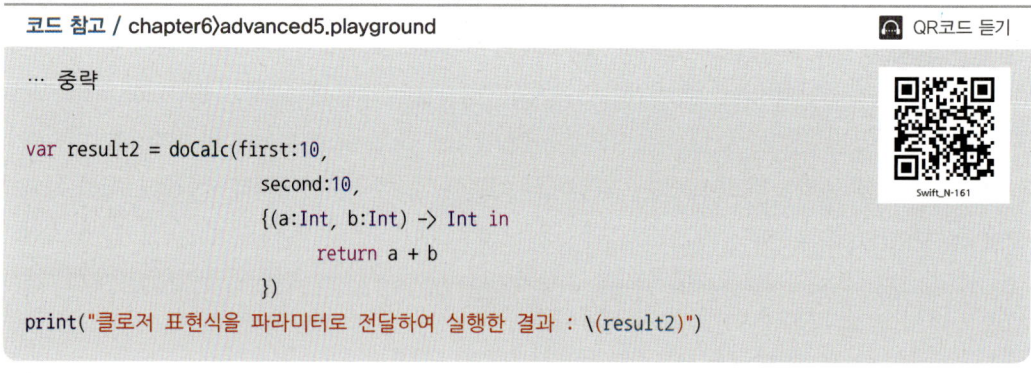

▲ add 함수를 파라미터로 전달하여 실행한 결과

이 코드는 앞에서 이미 만들어 본 것과 크게 다르지 않습니다. 그러면 이제 함수를 호출할 때 전달하는 add 함수를 미리 정의하지 않고 클로저 표현식으로 만들어 전달하도록 수정해 보겠습니다. 다음 코드를 추가합니다.

코드 참고 / chapter6〉advanced5.playground   QR코드 듣기

```
… 중략

var result2 = doCalc(first:10,
                    second:10,
                    {(a:Int, b:Int) -> Int in
                        return a + b
                    })
print("클로저 표현식을 파라미터로 전달하여 실행한 결과 : \(result2)")
```

세 번째 파라미터는 더하기 함수를 클로저 표현식으로 만든 것입니다. 클로저 표현식은 중괄호로 감싼 형태라고 했으므로 중괄호 블록 안에 파라미터와 반환 자료형 그리고 구현 코드를 넣었습니다. 이렇게 함수를 호출할 때 사용하는 클로저 표현식의 형태는 잘 기억해야 합니다. 입력한 코드 아래에 다음 코드를 추가합니다.

코드 참고 / chapter6〉advanced5.playground   QR코드 듣기

```
… 중략

var result3 = doCalc(first:10,
                    second:10,
                    {(a, b) -> Int in
                        return a + b
                    })
print("클로저 표현식의 파라미터 자료형을 생략한 경우 : \(result3)")
```

클로저 표현식에서 파라미터의 자료형이 생략되었습니다. 어떻게 이런 형태가 가능할까요? 이미 doCalc 함수를 정의할 때 어떤 함수가 전달될지 자료형을 명시했기 때문에 파라미터의 자료형은 생략할 수 있습니다. 이번에는 다음 코드를 추가합니다.

코드 참고 / chapter6〉advanced5.playground

```
… 중략

var result4 = doCalc(first:10,
                    second:10,
                    {(a, b) -> Int in a + b}
                    )
print("클로저 표현식의 구현 코드가 반환용 한 줄 코드인 경우 : \(result4)")
```

클로저 표현식에서 in 다음에 오는 구현 코드가 return 키워드를 사용하는 한 줄짜리 코드라면 return 키워드를 생략할 수 있습니다. 이렇게 하니 여러 줄로 만들어지던 클로저 표현식이 한 줄로 크게 줄어든 것을 볼 수 있습니다. 이번에는 다음 코드를 추가합니다.

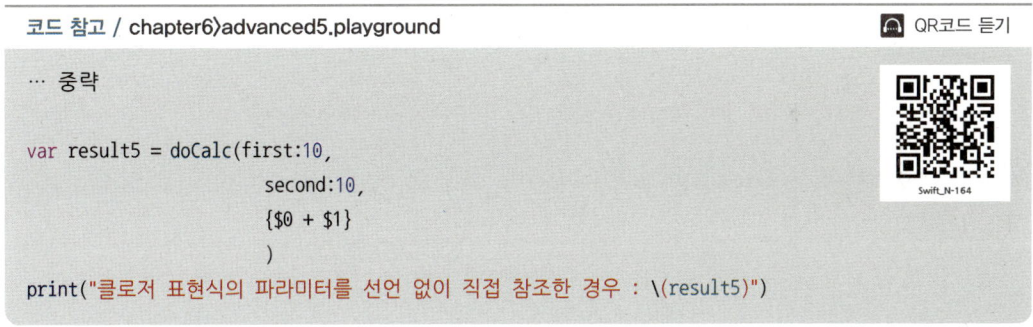

클로저 표현식에 사용된 파라미터는 $0, $1, $2와 같은 기호를 사용해 순서대로 참조할 수 있습니다. 따라서 파라미터 선언 부분이 생략될 수 있습니다. 이렇게 하면 클로저 표현식의 중괄호 부분은 더 많이 축약됩니다. 마지막으로 다음 코드를 추가합니다.

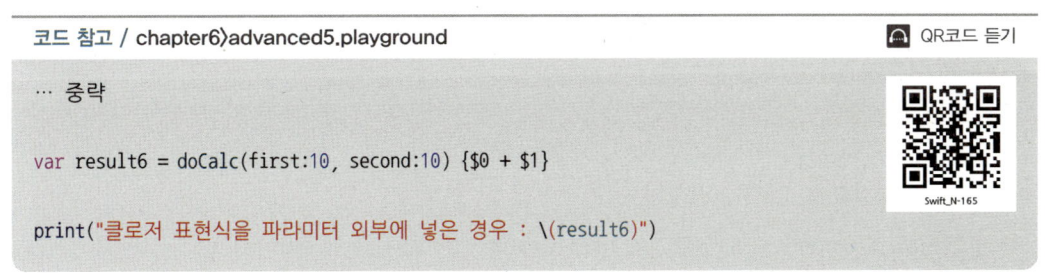

doCalc 함수의 파라미터 중에서 마지막 파라미터가 클로저 표현식인데 이런 경우에는 doCalc 함수를 호출하기 위해 함수 이름 뒤에 사용한 소괄호가 끝난 후 클로저 표현식을 명시할 수 있습니다. 이것을 '클로저 트레일링(Closure Trailing)'이라고 합니다. 말 그대로 클로저가 함수 뒤에 있다는 의미죠. 코드를 이렇게 수정하면 클로저 표현식에 해당하는 코드가 분리되므로 코드의 가독성이 훨씬 좋아집니다. 이런 방식으로 클로저 표현식을 사용할 때 클로저의 파라미터가 하나라면 괄호를 없앨 수도 있습니다.

와우! 대단하죠? 똑같은 기능을 실행하는 코드를 여러 가지 형태로 만들 수 있습니다. 이것은 스위프트가 개발자에게 가장 좋은 형태의 코드를 선택하여 사용할 수 있도록 배려한 것입니다. 다만 이렇게 다양한 코드 형태가 만들어질 수 있기 때문에 오히려 더 복잡하게 보일 수 있습니다. 따라서 코드를 만들 때는 이중에서 한 가지 유형을 선택하여 일관성 있게 사용해야 만든 코드를 해석할 때 혼동되지 않습니다. 지금까지 입력한 코드를 실행하면 다음처럼 모두 문제없이 실행되면서 동일한 결과를 출력하는 것을 확인할 수 있습니다.

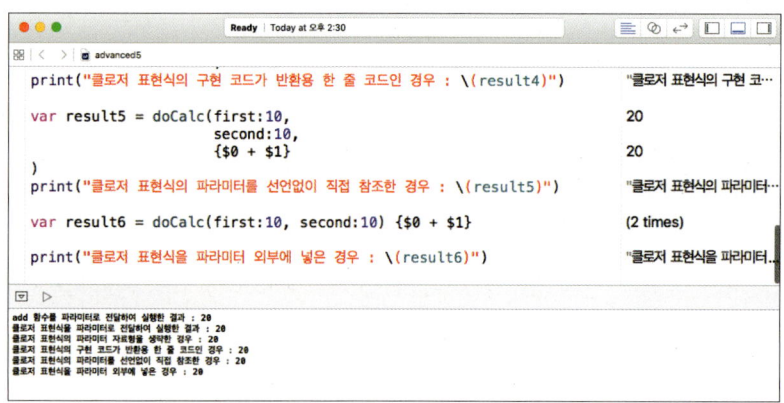

▲ 다양한 형식으로 클로저 표현식을 사용한 경우

지금까지 클로저를 아주 다양한 형식으로 바꾸어 사용하는 것을 보았습니다. 이런 코드 형식은 클로저를 최대한 축약하여 코드를 단순화하려고 만든 것이므로 실제로 사용해 보면 편리함을 느낄 수 있지만 처음 볼 때는 오히려 더 복잡하게 느껴질 수 있습니다. 따라서 코드의 형태를 유심히 살펴보고 여러 번 입력하면서 익숙해지세요.

클로저를 변수에 할당하거나 함수에서 반환하기

이번에는 변수에 할당된 클로저의 모양을 살펴보도록 하겠습니다. advanced6.playground 파일을 새로 만들고 다음 코드를 입력합니다.

코드 참고 / chapter6⟩advanced6.playground   QR코드 듣기

```swift
let show = { () -> () in
       print("show 함수 호출됨.")
}

show()
```

show라는 상수에 할당된 것은 클로저 표현식으로 만들어진 함수이며 클로저 표현식에는 함수 이름이 없으므로 사실상 show라는 상수 이름이 함수 이름으로 동작합니다. 이렇게 클로저 표현식을 사용해 만든 함수는 show라는 상수 이름 뒤에 소괄호를 붙여 실행한다는 것을 여러분은 이미 잘 알고 있습니다.

이 코드에서 반환 자료형으로 쓰인 소괄호는 Void로 바꿀 수 있습니다. 대소문자를 잘 구분하면서 다음 코드를 입력합니다.

코드 참고 / chapter6⟩advanced6.playground   QR코드 듣기

```swift
… 중략

let show2 = { () -> Void in
       print("show2 함수 호출됨.")
}

show2()
```

같은 함수를 만든 것이지만 in 앞에 있는 반환 자료형이 Void로 바뀐 것에 주목해야 합니다. 왜냐하면 실제 코드에서는 이렇게 Void를 사용하는 경우가 많기 때문입니다. 아무래도 ( ) 기호보다는 Void 키워드를 사용했을 때 더 쉽게 코드를 읽고 해석할 수 있습니다. 이번에는 같은 코드를 상수에 할당하지 않고 바로 실행하도록 합니다.

코드 참고 / chapter6⟩advanced6.playground   QR코드 듣기

```swift
… 중략

({ () -> Void in
       print("즉시 실행 함수 호출됨.")
})()
```

클로저를 위한 중괄호를 소괄호로 감싼 후 그 뒤에 소괄호를 붙였습니다. 이렇게 하면 클로저가 만들어지면서 바로 실행됩니다. 클로저를 만들자마자 실행하면 이 함수는 한 번 실행된 후 사라집니다. 이런 함수를 '즉시 실행 함수'라고 부릅니다. 만약 즉시 실행 함수에서 반환하는 값이 있다면 그 값을 상수나 변수에 할당할 수도 있습니다. Void를 반환하는 함수이긴 하지만 show3라는 상수를 만들어 그 상수에 할당하도록 다음과 같이 입력합니다.

코드 참고 / chapter6)advanced6.playground   QR코드 듣기

```
... 중략

let show3 : Void = ({ () -> Void in
        print("즉시 실행 함수 호출됨.")
})()

print("show3의 값 : \(show3)")
```

지금까지 입력한 코드들을 실행해보면 모두 문제없이 실행될 것입니다. 이번에는 함수 안에서 새로운 함수를 만들 때 클로저 표현식으로 만든 후 반환해 보겠습니다. 다음 코드를 입력합니다.

코드 참고 / chapter6)advanced6.playground   QR코드 듣기

```
... 중략
func getCalc(index:Int) -> ((Int, Int) -> Int)? {
    if index == 1 {
        return { (a:Int, b:Int) -> Int in
            return a + b
        }
    } else {
        return nil
    }
}

let add = getCalc(index:1)!
var result = add(20, 20)
print("반환 받은 더하기 함수 실행 결과 : \(result)")
```

getCalc 함수는 숫자 값을 하나 전달 받은 후 그 값이 1이면 더하기 함수를 반환합니다. 이때 return 키워드 뒤에서 만들어지는 함수는 클로저 표현식으로 만들어진 더하기 함수입니다. 앞에서 여러 가지 형태로 클로저 표현식을 만드는 방법을 알아보았으니 이 코드를 다른 형태로 바꿀 수 있다는 것을 잘 알고 있을 것입니다. getCalc에서 반환하는 함수가 nil일 수 있으므로 반환 자료형은 옵셔널로 선

언합니다. 이렇게 만든 getCalc 함수를 호출하여 더하기 함수를 반환 받은 후 더하기 함수를 실행하면 다음과 같은 결과가 출력됩니다.

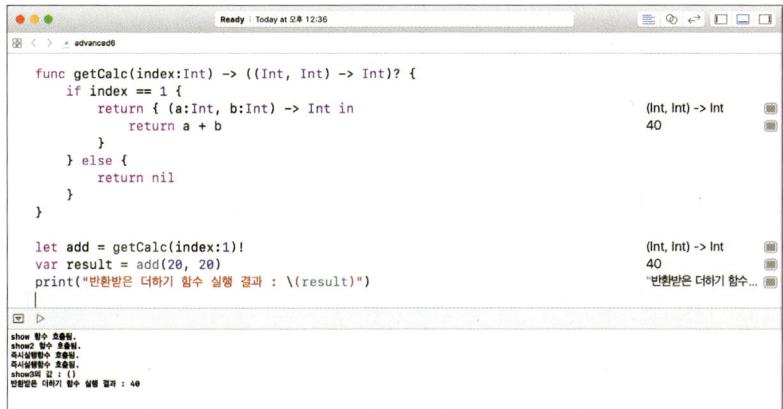

▲ 함수 안에서 클로저 표현식으로 함수를 만들어 반환한 경우

그 외에도 클로저는 클래스의 속성으로 사용될 수도 있습니다.

```
class MyClass {
    var property : (()->Int)!
}
```

지금까지 입력해 본 코드의 형태처럼 클로저를 사용하는 형태가 다양하다는 것을 잘 기억하기 바랍니다.

퀴즈풀자

Quiz 29 함수를 파라미터로 전달 받아 필요한 계산을 한 후 새로운 함수를 만들어 반환하는 함수를 만들어 보세요. 계산 기능을 담당하는 doCalc라는 이름의 함수를 만들고 이 함수를 호출할 때 곱하기 연산을 하는 함수를 파라미터로 전달하게 합니다. doCalc 함수 안에서 곱하기한 결과를 화면에 출력하는 기능의 함수를 내부 함수로 만든 후 결과 값으로 반환합니다.

해답 | exercise06_02.playground

강아지 객체의 함수에 콜백 함수 전달하기

| 목표 | 클래스에 정의하는 함수에 콜백 함수를 전달하는 방법을 연습하세요. |

✓ 페이지 참고하세요!

함수를 변수에
할당하기
p.311

함수를 파라미터로
전달하기
p.316

스위프트의 클로저
p.331

✓ 클래스 안에 메소드를 정의할 때 콜백 함수를 파라미터로 전달 받도록 만들어 보세요.

✓ 강아지 클래스는 Dog라는 이름으로 만들고 name과 age 속성을 갖도록 합니다. Dog 클래스에는 초기화 함수도 추가합니다.

✓ Dog 클래스 안에 walk라는 이름의 함수를 추가합니다. walk 함수는 두 개의 파라미터를 전달 받습니다. 첫 번째 파라미터는 food라는 이름과 Int 자료형으로 정의하고, 두 번째 파라미터는 distance라는 이름과 (Int)->Void 자료형으로 정의합니다. 즉, 두 번째 파라미터는 함수로 정의합니다.

✓ walk 함수 안에서는 food 파라미터에 10을 곱한 후 그 결과 값을 distance 함수를 호출하면서 전달하도록 합니다.

✓ Dog 클래스를 정의했다면 이 클래스로부터 강아지 객체를 만들고 dog1이라는 이름의 변수에 할당합니다. 그리고 walk 함수를 호출합니다. walk 함수를 호출할 때 첫 번째 파라미터의 값으로 10을 전달하고 두 번째 파라미터의 값으로 함수를 전달합니다. 두 번째 파라미터로 전달하는 함수에서는 '걸어간 거리 : 100'과 같은 결과 메시지를 화면에 출력되도록 합니다.

```swift
class Dog {
    var name:String?
    var age:Int?
    
    init(name:String, age:Int) {
        self.name = name
        self.age = age
    }
    
    func walk(food:Int, distance:(Int)->Void) {
        distance(food * 10)
    }
}

var dog1 = Dog(name:"미미", age:1)
let food = 10
dog1.walk(food:food, distance:{
    (result:Int) -> Void in
    print("걸어간 거리 : \(result)")
})
```

해답 | study 06playground

Swift 총정리

일급 객체로 다뤄지는 함수와 클로저

1 함수는 변수에 할당할 수 있어요

스위프트에서 함수는 일급 객체로 다뤄집니다.

> 함수를 변수에 할당할 수 있습니다.
> 함수를 호출할 때 함수를 파라미터로 전달할 수 있습니다.
> 함수에서 함수를 반환할 수 있습니다.

함수를 만들고 변수에 할당하면 변수 이름 뒤에 소괄호를 붙여 함수를 호출할 수 있습니다.

```
var add2 = add
add2(10, 10)
```

함수를 변수에 할당할 수 있으므로 함수를 할당할 변수를 선언할 때는 함수 자료형으로 선언해야 합니다.

```
let add2 : (Int, Int) -> Int
```

함수 유형의 따라 자료형의 형태가 달라집니다.

파라미터가 없는 경우

```
func show( ) -> String { ... }
          ↓
( ) -> String
```

반환 값이 없는 경우

```
func show(a:Int) { ... }
          ↓
Int -> ( )
```

파라미터와 반환 값이 모두 없는 경우

```
func show( ) { ... }
          ↓
( ) -> ( )
```

반환 자료형은 ( ) 기호 대신에 Void를 사용할 수 있습니다.
함수를 파라미터로 전달하여 콜백 함수로 사용할 수 있습니다.
파라미터로 전달할 함수는 미리 선언하지 않고 선언하면서 동시에 파라미터로 전달할 수 있습니다.
클로저는 중괄호 안에 다음과 같은 형식으로 선언할 수 있습니다.

```
{
    함수의 자료형 in
    함수 코드
}
```

```
예) getData(1,
    success: {
        () -> Void in
        print("성공했습니다.")
    })
```

함수에서 반환한 함수는 소괄호를 붙여 실행할 수 있습니다.

2 클로저 이해하기

함수 안에서 함수를 정의할 수 있는데 이때 안쪽에 만들어진 함수를 '내부 함수', 바깥쪽의 함수를 '외부 함수'라고 부릅니다. 내부 함수를 반환 받아 실행할 때 외부 함수가 종료된 이후에도 그 안에서 참조하던 변수가 남아 있을 수 있습니다. 이런 경우 반환된 내부 함수만 해당 변수에 접근할 수 있습니다. 이것을 '클로저'라고 합니다.

스위프트에서는 클로저를 넓은 의미로 사용하므로 두 가지 의미를 가집니다.

중첩 함수에서의 클로저
내부 함수이면서 외부 함수의 값을 캡처할 수 있는 클로저

클로저 표현식
함수의 이름이 없고 주변 환경으로부터 값을 캡처할 수 있는 클로저

클로저 표현식은 중괄호 안에 정의

```
{ ( 파라미터 ) -> 반환 자료형 in
    코드
}
```

클로저 표현식을 파라미터로 전달한 경우

```
doCalc(first:10,
       second:10,
       {(a:Int, b:Int) -> Int in
           return a + b
       }
)
```

클로저 표현식의 파라미터 자료형을 생략한 경우

```
doCalc(first:10,
       second:10,
       {(a, b) -> Int in
           return a + b
       }
)
```

클로저 표현식의 구현 코드가 반환용 한 줄 코드인 경우

```
doCalc(first:10,
       second:10,
       {(a, b) -> Int in a + b}
)
```

클로저 표현식의 파라미터를 선언 없이 직접 참조한 경우

```
doCalc(first:10,
       second:10,
       {$0 + $1}
)
```

클로저 표현식을 파라미터 외부에 넣은 경우

```
doCalc(first:10, second:10) {$0 + $1
```

클로저를 변수에 할당할 수 있습니다.

```
예) let show = { () -> () in
       print("show 함수 호출됨.")
   }
```

클로저를 선언하면서 즉시 실행할 수 있습니다.

```
예) ({ () -> Void in
       print("즉시 실행 함수 호출됨.")
   })()
```

클로저로 선언하고 즉시 실행한 결과를 변수나 상수에 할당할 수 있습니다.

```
let show3 : Void = ({ () -> Void in
    print("즉시 실행 함수 호출됨.")
})()
```

클로저는 클래스 안에 속성으로 정의할 수 있습니다.

```
class MyClass {
    var property : (()->)Int)!

}
```

Swift 총정리

다른 언어 경험이 있다면 Summary!

1 일급 객체로서의 함수

⇒ 함수는 중요하게 다루어지며 변수에 할당할 수 있음

2 함수를 변수에 할당할 수 있게 되면서 벌어지는 일들

⇒ 함수를 호출할 때 파라미터로 전달할 수 있음
함수에서 반환될 수 있음

3 함수를 변수에 할당하기 위한 변수의 자료형

⇒ 함수를 할당할 수 있는 자료형으로 선언함
let add2 : (Int, Int) -> Int

4 함수 유형의 따라 자료형의 형태가 달라짐

⇒ 1. 파라미터가 없는 경우
func show( ) -> String { ... }
⬇
( ) -> String
2. 반환 값이 없는 경우
func show(a:Int) { ... }
⬇
Int -> ( )
3. 파라미터와 반환 값이 모두 없는 경우
func show( ) { ... }
⬇
( ) -> ( )

5 반환 자료형은 ( ) 기호 대신에 Void를 사용할 수 있음

⇒ ( ) -> Void

6 파라미터로 전달할 함수는 미리 선언하지 않고 선언하면서 동시에 파라미터로 전달 가능

⇒ {
  함수의 자료형 in
  함수 코드
}

7 스위프트에서 클로저는 넓은 의미로 사용함

⇒ 1) 중첩 함수에서의 클로저
내부 함수이면서 외부 함수의 값을 캡처할 수 있는 클로저
2) 클로저 표현식
함수의 이름이 없고 주변 환경으로부터 값을 캡처할 수 있는 클로저

8 클로저 표현식은 중괄호 안에 정의함

```
( 파라미터 ) -> 반환 자료형 in
    코드
}
```

9 클로저 표현식을 파라미터로 전달한 경우

```
doCalc(first:10,
       second:10,
       {(a:Int, b:Int) -> Int in
           return a + b
       }
)
```

10 클로저 표현식의 파라미터 자료형을 생략한 경우

```
doCalc(first:10,
       second:10,
       {(a, b) -> Int in
           return a + b
       }
)
```

11 클로저 표현식의 구현 코드가 반환용 한 줄 코드인 경우

```
doCalc(first:10,
       second:10,
       {(a, b) -> Int in a + b}
)
```

12 클로저 표현식의 파라미터를 선언 없이 직접 참조한 경우

```
doCalc(first:10,
       second:10,
       {$0 + $1}
)
```

13 클로저 표현식을 파라미터 외부에 넣은 경우

```
doCalc(first:10, second:10) {$0 + $1}
```

14 클로저를 변수에 할당할 수 있음

```
예)   let show = { () -> () in
          print("show 함수 호출됨.")
      }
```

02-7
상속과 프로토콜이 무엇인지 알아보기

중요도 ★★★☆☆

붕어빵의 틀에 해당하는 클래스를 정의하고 이 틀에서 실제 붕어빵을 만들 수 있다고 배웠습니다. 클래스로부터 인스턴스 객체를 만드는 법을 알고 있으니 이 장에서는 클래스를 좀 더 잘 다루는 방법을 알아보겠습니다. 처음부터 클래스를 새로 정의하는 것이 아니라 이미 만든 클래스를 새로운 클래스로 만드는 방법을 다룰 텐데 이 과정을 익히면 상속이라는 개념도 자연스럽게 알게 됩니다. 또한 상속을 사용할 때 생기는 여러 가지 장점을 어떻게 사용하는지 살펴볼 것입니다. 또한 프로토콜이 무엇인지, 그리고 프로토콜을 어떻게 만들어 사용하는지도 살펴봅니다.

이 장에서 다루는 내용은 약간 어렵게 느껴질 수도 있습니다. 만약 클래스의 기본적인 내용이 이해되지 않는다면 이 책의 앞부분에서 설명했던 클래스를 다시 살펴본 후 다시 진행하기 바랍니다.

키워드로 알아보는 스위프트 언어

메소드 재정의	상속한 부모 클래스의 메소드는 다시 정의할 수 있으며 override 키워드를 붙입니다.
자료형 다루기	is 연산자는 객체 자료형을 확인할 때 사용하고 as 연산자는 형 변환에 사용됩니다.
상속	이미 만들어 둔 클래스를 사용해서 새로운 클래스를 만들 때 상속을 사용합니다.
프로토콜	객체가 어떤 기능을 가지고 있는지 알 수 있도록 정의한 것이 프로토콜입니다.

1 _ 상속이란 무엇일까?

스위프트가 어떤 언어인지를 한 마디로 정리하면 '함수를 일급 객체로 취급하는 객체 지향 언어'라고 말할 수 있습니다. 물론 다른 특징들이 많으므로 다른 말로 정리할 수도 있지만 그만큼 일급 객체라는 말이 중요하다는 뜻입니다. 함수를 일급 객체로 다루면 함수를 변수에 할당할 수 있습니다. 그리고 객체 지향 언어이기 때문에 클래스를 먼저 정의하고 그 클래스로부터 인스턴스 객체를 만들 수 있다는 것도 알고 있습니다. 일반적인 객체 지향 언어에서 볼 수 있는 가장 중요한 특징들을 다시 정리하면 다음과 같습니다.

- 객체를 만드는 틀인 클래스나 템플릿을 정의할 수 있다.
- 클래스라는 틀을 한 번 만들면 그 클래스로부터 새로운 객체를 여러 개 만들 수 있다.
- 클래스는 다른 클래스가 가지는 속성이나 함수를 그대로 상속할 수 있다.

첫 번째 특징은 이미 클래스를 만들어 보았기 때문에 잘 알고 있습니다. 그리고 두 번째 특징 역시 클래스로부터 인스턴스 객체를 만들어 보았기 때문에 어떻게 코드를 만드는지도 알고 있습니다. 그렇다면 이번에는 세 번째 특징인 상속을 살펴볼 차례입니다.

상속의 의미

'상속(Inheritance)'이란 말은 많이 들어보았을 것입니다. 재산 상속이라는 말을 특히 많이 들어보았을 텐데, 이때 사용하는 상속이라는 용어는 한 마디로 '재산을 물려준다.'는 뜻입니다. 객체 지향에서 말하는 상속이라는 것도 이 말의 의미와 다르지 않습니다.

▲ 실제 세상에서 재산을 상속하는 경우

그런데 프로그램을 만드는 과정에서 '상속'이라는 기능을 사용한다는 것은 도대체 누가 누구한테 무엇을 물려준다는 말일까요? 붕어빵 틀의 역할을 하는 것이 클래스인데 이미 만들어 둔 클래스에서 다른 클래스로 속성을 물려주는 것을 상속이라고 합니다. 예를 들어, 사람을 묶어주는 Person 클래스를 미리 만들어 놓았을 때 학생을 표현하는 Student를 만들고 싶다면 학생도 사람이므로 처음부터 클래스의 모든 코드를 새로 정의하는 것은 비효율적입니다. 따라서 Person이 가지고 있는 속성이나 함수들을 물려받아 Student 클래스를 만드는 것이 더 좋은 방법이라고 할 수 있습니다.

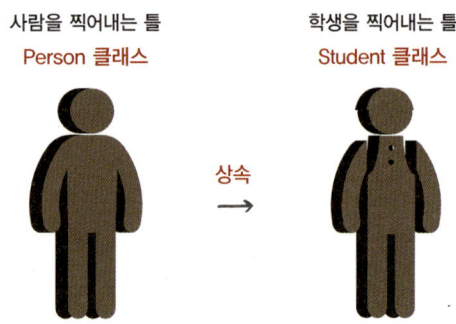

▲ Person 클래스를 상속하여 Student 클래스 만들기

상속 기능을 사용할 때 Person처럼 물려주는 쪽을 '부모 클래스' 또는 '상위 클래스'라고 합니다. 그리고 Student처럼 물려받는 쪽을 '자식 클래스' 또는 '하위 클래스'라고 합니다. 스위프트는 '단일 상속'을 지원합니다. 즉, 부모 클래스가 여러 개일 수 없고 하나만 상속할 수 있습니다. 물론 상속 받은 부모 클래스가 또 다른 클래스를 상속했다면 수직으로 계속 상속 받는 구조를 만들 수 있습니다. 예를 들어, 일반적인 사람을 아기, 유아, 어린이, 청소년, 성인 등으로 분류할 때 이들은 모두 사람이라고 할 수 있으므로 사람으로부터 상속하여 아기나 유아 또는 어린이 등을 나타내는 클래스를 만들 수 있습니다.

상속이 무엇인지 알게 되었으니 Person을 상속하여 Baby라는 클래스를 만들어 보겠습니다. 우선 파인더 창을 연 다음 [chapter7] 폴더를 만들고 그 안에 inheritance1.playground 파일을 만듭니다. 그런 다음 플레이그라운드 화면에 다음 코드를 입력합니다.

코드 참고 / chapter7⟩inheritance1.playground   QR코드 듣기

```swift
class Person {
    var name : String!
    var age : Int!
    
    init(name:String, age:Int) {
        self.name = name
        self.age = age
    }
    func toString() -> String {
        return "Person {\(name), \(age)}"
    }
}
```

Person 클래스에는 name과 age 변수가 속성으로 추가되었습니다. 클래스 안에 추가되는 속성은 일반 저장 속성인 경우 항상 초기 값을 가지고 있어야 하므로 nil 값을 가질 수 있도록 변수 뒤에 느낌표(!)를 추가했습니다. 그리고 이 클래스로부터 인스턴스 객체를 만들 때 호출되는 초기화 함수를 init이라는 이름으로 추가했습니다. 초기화 함수는 반환 자료형을 명시하지 않는다는 것을 기억할 것입니다. 초기화 함수에서는 name과 age라는 이름의 파라미터를 전달 받았으며 self 키워드를 사용해 name 변수와 age 변수의 값으로 할당했습니다. 또한 toString이라는 이름의 함수도 추가되었는데 이 함수는 필요할 때 호출하면 name과 age 속성의 값을 확인할 수 있도록 도와줍니다.

이제 이 Person 클래스를 상속하여 Baby 클래스를 만들려고 합니다. 스위프트에서 클래스를 상속할 때는 다음과 같은 형식을 사용합니다.

```
class 클래스 이름 : 부모 클래스 이름 {
    ...
}
```

class 키워드 뒤에 클래스 이름이 있으면 그 뒤에 콜론(:)을 붙인 후 부모클래스 이름을 명시합니다. 다음과 같이 Baby 클래스를 정의합니다.

코드 참고 / chapter7〉inheritance1.playground　　　　　QR코드 듣기

```
… 중략

class Baby : Person {
}
```

Baby 클래스에는 아무런 코드도 들어 있지 않지만 실제로는 Person 클래스가 가지고 있는 속성과 초기화 함수 그리고 함수들을 그대로 상속 받아 가지고 있게 됩니다. Baby 클래스를 정의했으니 이 클래스로부터 인스턴스 객체를 만들 수 있습니다. 다음 코드처럼 Person 클래스로부터 인스턴스 객체를 만드는 코드와 Baby 클래스로부터 인스턴스 객체를 만드는 코드를 추가합니다.

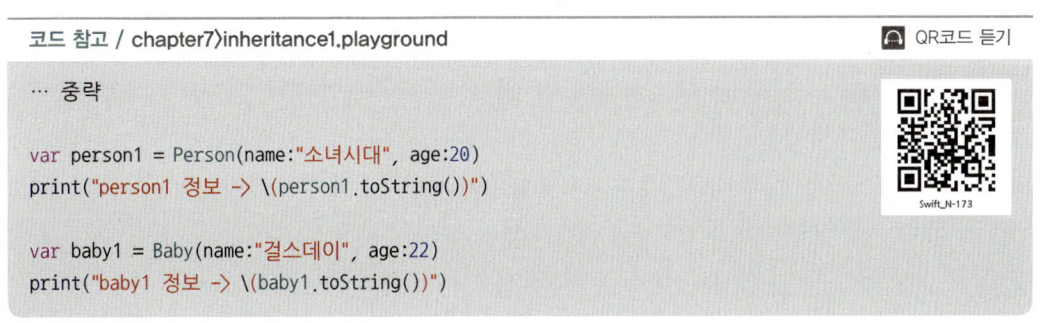

코드를 실행하면 person1 변수와 baby1 변수에 할당된 객체들의 정보를 확인할 수 있습니다.

▲ Person 클래스를 상속 받아 Baby 클래스를 만든 경우

이렇게 Person 클래스의 속성을 상속한 Baby 클래스는 Person 클래스의 모든 속성을 갖게 됩니다.

클래스의 초기화 함수 정리하기

그런데 여기서 초기화 함수를 좀 더 자세히 살펴볼 필요가 있습니다. 왜냐하면 Baby 클래스에서 초기화 함수를 다시 만들거나 새로운 초기화 함수를 추가하고 싶을 수도 있기 때문입니다.

스위프트는 클래스 안에 들어 있는 속성들의 초기 값을 모두 초기화하도록 강제하고 있습니다. 따라서 클래스 안에 변수를 선언하고 초기 값을 지정하지 않았다면 초기화 함수인 init 안에서 그 변수들에 초기 값을 할당해야 합니다.

이미 알고 있듯이 초기화 함수는 init이라는 이름을 가지는데 func 키워드를 붙이지 않고 반환 값도 없습니다.

```
init( ) {
    코드
}
```

클래스에는 다양한 상황에서 인스턴스 객체를 편하게 만들 수 있도록 파라미터를 전달 받는 초기화 함수를 여러 개 작성하기도 합니다. 그중에서 초기화가 필요한 모든 속성의 초기 값을 설정하는 초기화 함수를 '전체 초기화 함수(Designated Initializer)'라고 합니다. 그리고 일부 속성만 초기화하는 초기화 함수를 '부분 초기화 함수(Convenience Initializer)'라고 합니다. 초기화가 필요한 클래스는 반드시 한 개 이상의 전체 초기화 함수를 갖고 있어야 합니다.

전체 초기화 함수는 초기화가 필요한 속성에 초기 값을 할당하는 코드가 먼저 실행되도록 해야 합니다. 그다음 다른 작업을 수행하는 코드가 들어갈 수 있습니다.

다음 코드처럼 직사각형을 나타내는 Rectangle 클래스를 만들어 보겠습니다.

코드 참고 / chapter7〉inheritance1.playground　　　　　　　　　　QR코드 듣기

```
… 중략
class Rectangle {
    var width : Int
    var height : Int

    init(width:Int, height:Int) {
        self.width = width
        self.height = height
        show()
    }

    func show() {
        print("Rectangle {\(width), \(height)}")
    }
}
```

Rectangle 클래스 안에 들어 있는 width와 height 변수는 저장 속성으로 추가되었으며 초기 값이 없습니다. 따라서 이 두 속성은 초기화 함수인 init 안에서 초기화되어야 합니다. 여기에서는 init 함수에서 두 개의 파라미터를 전달 받은 후 width와 height 속성의 초기 값을 설정하도록 했습니다. 그런데 클래스 안에 추가한 show 메소드를 호출하는 코드를 변수의 값을 초기화하는 코드 이전에 넣으면 오류가 표시됩니다. 예를 들어, show 메소드의 이름을 toString으로 바꾼 후 init 초기화 함수 안의 가장 첫 줄에 넣으면 다음과 같이 오류 메시지가 나타납니다.

```
class Rectangle {
    var width : Int
    var height : Int

    init(width:Int, height:Int) {
        toString()   ⓘ Use of 'self' in method call 'toString' before all stored properties are i…
        self.width = width
        self.height = height
    }

    func toString() -> String {
        return "Rectangle {\(width), \(height)}"
    }
}

person1 정보 -> Person {소녀시대, 20}
baby1 정보 -> Person {굿스데이, 22}
```

▲ 속성을 초기화하기 전에 다른 함수를 호출할 때 표시되는 오류

결국 Rectangle 클래스로부터 새로운 인스턴스 객체를 만들 때 show 메소드가 함께 호출되게 하려면 초기화 함수의 가장 마지막 부분에서 show 메소드를 호출해야 합니다.

전체 초기화 함수와 달리 부분 초기화 함수는 초기화가 필요한 모든 속성의 초기 값을 설정하지 않습니다. 그런데 앞에서도 언급한 것처럼 스위프트의 클래스는 반드시 모든 속성이 초기화가 되어야 한다는 규칙이 있습니다. 따라서 부분 초기화 함수가 호출되었을 때는 나머지 초기화를 다른 메소드가 진행하도록 해야 합니다. 이것을 '초기화 메소드 위임(Initializer Delegation)'이라고 합니다. 일반적으로는 부분 초기화 함수를 호출했을 때 그 함수 안에서 다시 전체 초기화 함수나 다른 부분 초기화 함수를 호출하는 경우가 많습니다.

부분 초기화 함수는 앞에 convenience 지시자를 붙입니다. 형식은 다음과 같습니다.

```
convenience init( 파라미터 ) {
    // 같은 클래스에 들어 있는 전체 초기화 함수 또는 부분 초기화 함수 호출
    // 초기화를 위한 코드
}
```

Rectangle 클래스 안에 init() 함수와 convenience init(height:Int) 함수를 추가합니다.

코드 참고 / chapter7〉inheritance1.playground   QR코드 듣기

```
… 중략

class Rectangle {
… 중략
    init() {
        self.width = 0
        self.height = 0
    }
    convenience init(height:Int) {
        self.init()
        self.height = height
    }
… 중략
```

첫 번째 init 함수는 전체 초기화 함수이며 파라미터는 전달 받지 않고 width와 height 속성의 값을 0으로 초기화합니다. convenience 지시자가 붙은 init 함수는 height 값만 파라미터로 전달 받는 부분 초기화 함수입니다. 그 안의 코드를 보면 init 초기화 함수를 호출하여 width와 height 속

성의 값을 먼저 0으로 초기화한 후 전달 받은 height 값을 설정합니다.

코드를 실행하면 다음과 같이 초기화 함수에 따라 인스턴스 객체가 다른 값을 가지는 것을 알 수 있습니다.

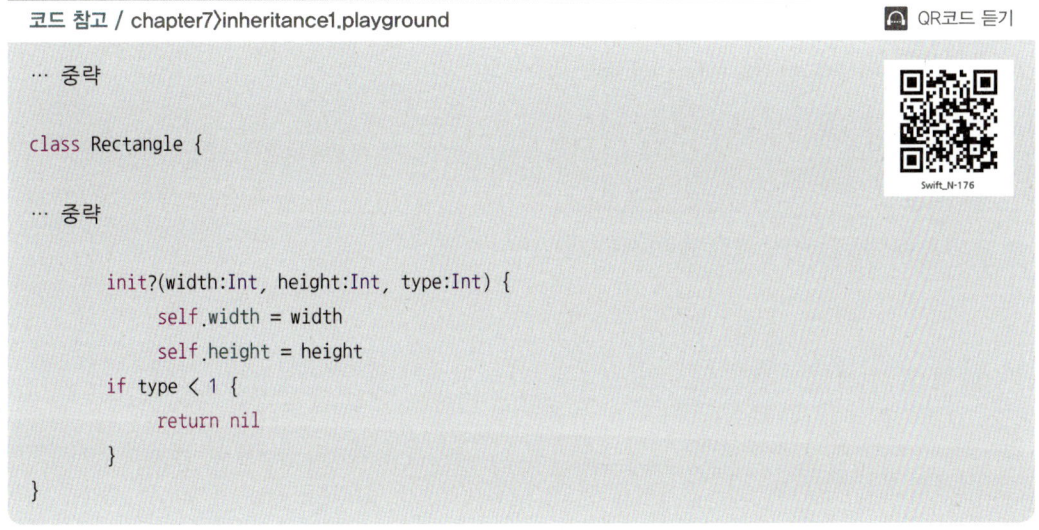

▲ 인스턴스 객체를 만들 때 전체 초기화 함수가 호출된 경우와 부분 초기화 함수가 호출된 경우

클래스 안에 들어 있는 모든 속성이 초기화되어야 하는 규칙 때문에 초기화 함수를 추가했더라도 그 안에서 초기화를 실패할 수도 있습니다. 예를 들어, 초기화 함수로 전달된 파라미터의 값이 원하는 값이 아닐 때는 초기화에 실패할 수 있는데 이때 nil을 반환할 수 있는 함수가 '실패 가능 초기화 함수(Failable Initializer)'입니다. 다른 초기화 함수들은 반환 값이 없지만 실패 가능 초기화 함수는 nil을 반환 값으로 가질 수 있으므로 옵셔널로 반환된다고 명시합니다. 다음 코드를 추가합니다.

코드 참고 / chapter7>inheritance1.playground   QR코드 듣기

```
… 중략

class Rectangle {

… 중략

    init?(width:Int, height:Int, type:Int) {
        self.width = width
        self.height = height
        if type < 1 {
            return nil
        }
    }
}
```

새로 추가한 초기화 함수는 실패 가능 초기화 함수이며 init 함수 이름 뒤에 물음표(?)를 붙였습니다. 이것은 초기화 함수에서 nil을 반환할 수 있기 때문이며 물음표(?) 대신 느낌표(!)를 붙일 수도 있

습니다. init 함수로는 세 개의 파라미터가 전달되는데 두 개의 파라미터를 사용해 초기화한 다음 세 번째 파라미터가 0보다 작은 값일 경우 nil을 반환하도록 합니다.

이 초기화 함수를 사용해 인스턴스 객체를 만들도록 다음 코드를 추가합니다.

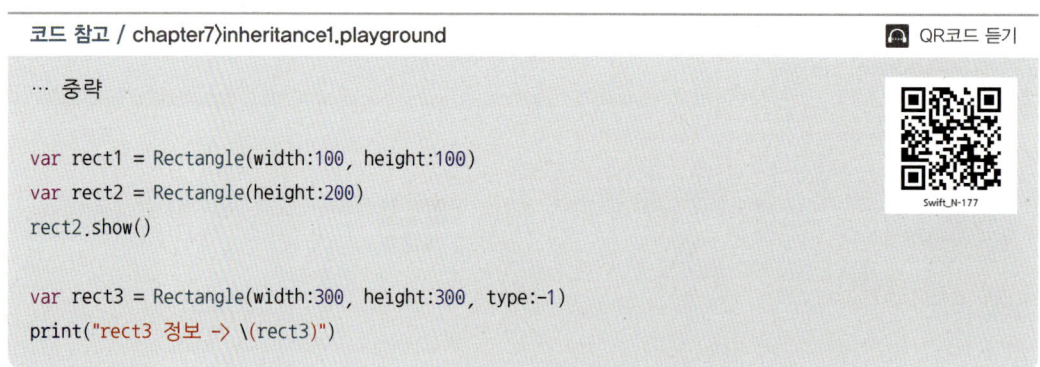

코드를 실행하면 실패 가능 초기화 함수가 호출되면서 rect3 변수에 nil이 할당된 것을 알 수 있습니다.

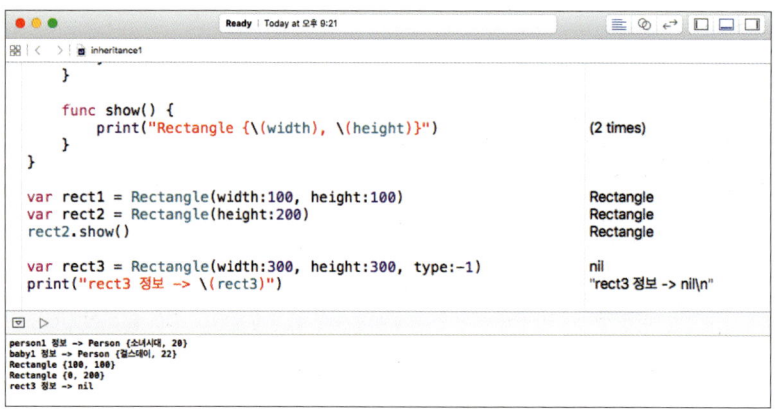

▲ 인스턴스 객체를 만들 때 실패 가능 초기화 함수가 호출된 경우

상속한 클래스의 초기화 함수

부모 클래스를 상속한 자식 클래스에서 초기화를 할 때는 부모 클래스에 선언한 속성의 초기화까지 고려해야 합니다. 기본적으로 부모 클래스에도 초기화 함수가 있으므로 부모 클래스에 선언한 속성은 부모 클래스의 초기화 함수를 사용해 초기화합니다. 이것은 자식 클래스에서 부모 클래스의 초기화 함수에게 초기화를 위임하는 것과 같습니다.

그런데 초기화 함수는 무작정 상속되는 것이 아니라 다음과 같은 경우에만 상속됩니다.

❶ 자식 클래스에 전체 초기화 함수를 만들지 않은 경우
❷ 자식 클래스에서 모든 전체 초기화 함수를 재정의한 경우, 부모 클래스의 부분 초기화 함수를 상속 받음

자식 클래스에 새로운 속성이 추가되면 초기화 함수는 추가된 속성을 먼저 초기화한 후 부모 클래스의 초기화 함수를 호출합니다.

```
init( ) {
    // 자식 클래스의 속성 초기화
    // 부모 클래스의 초기화 함수 호출
    // 자식 클래스의 나머지 초기화 코드
}
```

iinheritance2.playground 파일을 새로 만들고 다음 코드를 입력합니다.

코드 참고 / chapter7〉inheritance2.playground

```swift
… 중략
class Person {
    var name : String!
    var age : Int!
    
    init(name:String, age:Int) {
        self.name = name
        self.age = age
    }
    func toString() -> String {
        return "{\(name), \(age)}"
    }
}

class Baby : Person {
    var mobile : String
    
    init(name:String, age:Int, mobile:String) {
        self.mobile = mobile
        super.init(name:name, age:age)
        print(toString())
    }
}

var baby1 = Baby(name:"걸스데이", age:22, mobile:"010-1000-1000")
print("baby1 정보 -> \(baby1.toString())")
```

Baby 클래스는 Person 클래스를 상속한 후 mobile이라는 이름의 변수를 속성으로 추가했습니다. 그리고 init 초기화 함수를 추가했는데 name, age, mobile 파라미터를 전달 받은 후 속성의 초기 값으로 할당합니다. init 초기화 함수를 새로 정의했으므로 Person 클래스의 초기화 함수들은 상속되지 않습니다. init 초기화 함수의 코드를 살펴보면 가장 먼저 들어가 있는 것이 Baby 클래스의 속성에 초기 값을 할당하는 것입니다. mobile 변수에 초기 값이 할당되고 나면 부모 클래스인 Person 클래스의 초기화 함수를 호출하여 Person 클래스의 속성 값들을 초기화합니다. 부모 클래스를 가리킬 때는 super 키워드를 사용합니다.

```
self : 나 자신
super : 부모
```

코드를 실행하면 Baby 객체가 잘 만들어진 것을 확인할 수 있습니다.

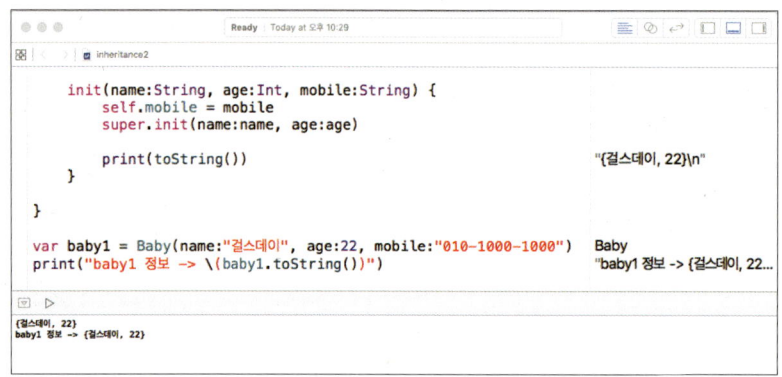

▲ Baby 클래스에 새로운 속성과 새로운 초기화 함수를 추가한 경우

자식 클래스에서 부분 초기화 함수를 추가할 때는 자식 클래스의 다른 초기화 함수를 호출하여 초기화하도록 만들 수 있습니다. Baby 클래스에 다음 코드를 추가합니다.

```
코드 참고 / chapter7〉inheritance2.playground          QR코드 듣기

… 중략

class Baby : Person {
    var mobile : String
… 중략

    convenience init(name:String) {
        self.init(name:name, age:0, mobile:"")
    }
}

… 중략

var baby2 = Baby(name:"티아라")
```

새로 추가한 init 함수 안에서는 self 키워드로 Baby 클래스 안에 정의한 다른 전체 초기화 함수를 호출합니다.

퀴즈풀자

 Person 클래스를 상속한 Student 클래스를 만든 후 새로운 속성과 함수를 추가해 보세요. Person 클래스에는 사람 이름과 전화번호를 속성으로 넣어둡니다. Student 클래스는 Person 클래스를 상속하도록 한 후 학교 속성을 추가합니다. 그리고 초기화 함수와 sleep이라는 이름의 함수도 추가합니다.

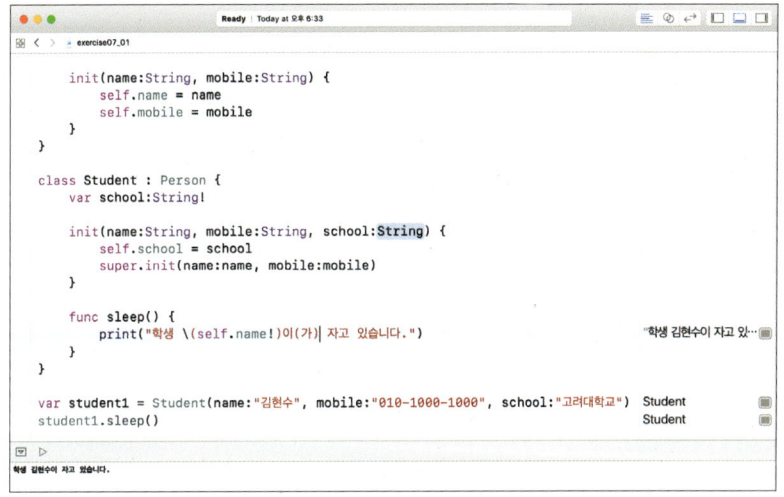

해답 | exercise07_01.playground

2 _ 메소드 재정의와 메소드 추가하기

Person 클래스를 상속하여 만든 Baby 클래스에는 필요할 때 속성이나 함수를 추가할 수 있습니다. 또한 부모 클래스인 Person 클래스에 만들어 둔 함수를 다시 새로운 기능으로 만들 수 있습니다. 이 것을 '메소드 재정의(Overriding)'라고 합니다. 메소드를 재정의할 때는 함수 앞에 override 키워드 를 붙입니다.

> override func 함수 이름 (파라미터) -> 반환 자료형 { ... }

inheritance3.playground 파일을 새로 만들고 다음 코드처럼 Baby 클래스에서 Person 클래스의 메소드를 재정의합니다.

코드 참고 / chapter7〉inheritance3.playground

```swift
class Person {
    var name : String
    var age : Int
    
    init(name:String, age:Int) {
        self.name = name
        self.age = age
    }
    func walk(duration:Int) -> Int {
        return duration * 10
    }
}

class Baby : Person {
    override func walk(duration:Int) -> Int {
        return duration * 5
    }
}

var person1 = Person(name:"소녀시대", age:20)
print("person1 걸어간 거리 -> \(person1.walk(duration:10))")

var baby1 = Baby(name:"걸스데이", age:22)
print("baby1 걸어간 거리 -> \(baby1.walk(duration:10))")
```

Person 클래스 안에 정의한 walk 메소드는 사람이 걸어간 시간을 파라미터로 전달 받은 후 걸어간 거리를 반환합니다. Baby 클래스에서는 이 메소드를 재정의하였으며 walk 메소드 안에서 시간에 10을 곱하는 것이 아니라 5를 곱하도록 수정하였습니다. Person 클래스와 Baby 클래스로부터 사람 객체와 아기 객체를 만든 후 파라미터 값으로 10을 전달하면서 walk 메소드를 호출하면 서로 다른 결과가 출력되는 것을 확인할 수 있습니다.

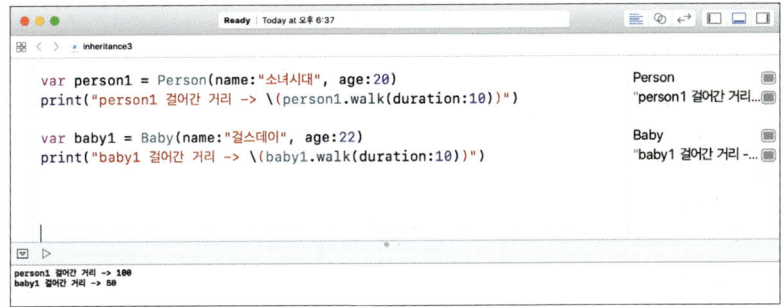

▲ Baby 클래스에서 메소드를 재정의한 결과

이번에는 Baby 클래스에 cry 메소드를 추가해 보겠습니다.

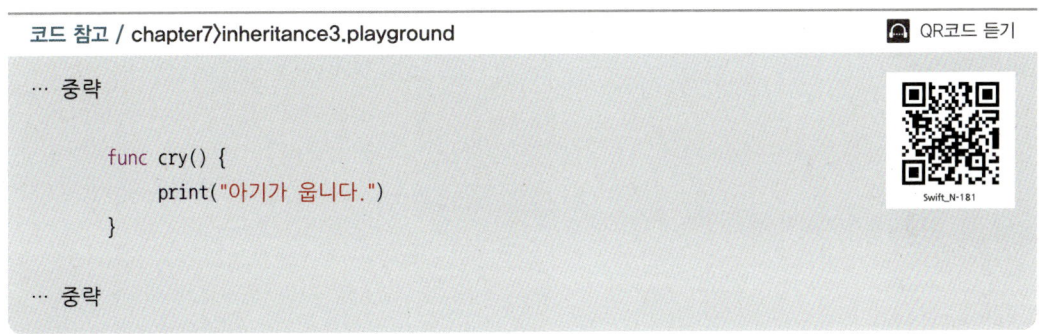

일반적인 함수 추가와 같으므로 이상하게 느껴지는 부분은 없을 것입니다. 새로 추가한 메소드는 부모 클래스와는 상관없으므로 Baby 클래스로부터 만든 인스턴스 객체에서만 호출할 수 있습니다.

이번에는 Person 클래스에 정의한 속성을 Baby 클래스에서 재정의하는 방법을 알아보겠습니다. 속성은 무조건 새로운 것으로 바꿀 수는 없으니 다음과 같은 경우에만 재정의가 가능합니다.

❶ get, set 구문이 모두 있는 계산 속성으로 저장 속성을 재정의할 때
❷ get, set 구문이 모두 있는 계산 속성을 get, set 구문이 모두 있는 계산 속성으로 재정의할 때
❸ get 구문만 있는 계산 속성을 get, set 구문이 모두 있는 계산 속성으로 재정의할 때
❹ get 구문만 있는 계산 속성을 get 구문만 있는 계산 속성으로 재정의할 때

조금 복잡해 보이지만 간단하게 말하면 저장 속성을 계산 속성으로 바꾸거나 get 구문만 있는 계산 속성을 get, set 구문이 모두 있는 계산 속성으로 바꿀 수 있다는 것입니다.

inheritance4.playground 파일을 새로 만들고 다음 코드를 입력합니다.

코드 참고 / chapter7)inheritance4.playground

```swift
class Person {
    var name : String
    var age : Int
    
    init(name:String, age:Int) {
        self.name = name
        self.age = age
    }
}

class Baby : Person {
    
    override var name : String {
        didSet {
            print("name -> \(name)")
        }
    }
    
    override var age : Int {
        get {
            return 10
        }
        set {
        }
    }
}

var baby1 = Baby(name:"걸스데이", age:22)
print("baby1의 age -> \(baby1.age)")

baby1.name = "티아라"
```

Person 클래스에 있던 name 속성과 age 속성은 Baby 클래스에서 재정의되었으며, 두 변수 모두 앞에 override 키워드가 붙어 있습니다. name 속성은 값이 설정되면 그 값을 화면에 출력하도록 했고 age 속성은 값을 참조할 때 무조건 10이라는 값을 반환하도록 했습니다. 코드를 실행하면 다음과 같은 결과를 볼 수 있습니다.

```
class Baby : Person {
    override var name : String {
        didSet {
            print("name -> \(name)")
        }
    }
    
    override var age : Int {
        get {
            return 10
        }
        set {
```

```
10
```

```
baby1의 age -> 10
name -> 티아라
```

▲ 자식 클래스(Baby 클래스)에서 속성을 재정의한 결과

그런데 Person 클래스에서 정의한 속성을 자식 클래스에서 상속 받은 경우라도 속성을 바꿀 수 없도록 만들 수 있습니다. final 키워드를 속성이나 함수 또는 클래스 앞에 붙이면 상속을 받은 자식 클래스에서 재정의할 수 없습니다.

> final → 자식 클래스에서 재정의할 수 없다는 의미

다음 코드처럼 직사각형을 나타내는 Rectangle 클래스를 하나 정의한 후 Square 클래스가 Rectangle 클래스를 상속 받도록 합니다.

코드 참고 / chapter7〉inheritance4.playground

```
… 중략

class Rectangle {
    final var width : Int!
    final var height: Int!
    final func getWidth() -> Int {
        return width
    }
}

class Square : Rectangle {
    override func getWidth() -> Int {
    }
}
```

Rectangle 클래스에는 두 개의 속성과 하나의 메소드가 들어 있지만 이들 모두 final 키워드가 앞에 붙어 있습니다. 이렇게 하면 Square 클래스에서 override 키워드로 재정의하려고 할 때 오류 메시지가 표시됩니다.

다음은 getWidth 메소드를 재정의하려고 할 때 표시된 오류 메시지입니다.

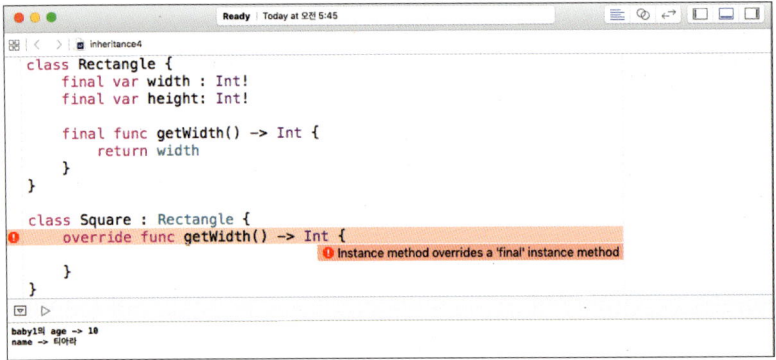

▲ 부모 클래스에서 final 키워드를 붙인 메소드를 재정의할 때 표시되는 오류

이제 Person에서 상속 받아 Baby 클래스를 만들 때 변수나 메소드를 마음대로 추가하거나 바꿀 수 있다는 것을 알게 되었습니다.

퀴 즈 풀 자

 Quiz 31

Person을 상속한 Student 클래스를 만든 후 Person 클래스에 들어 있는 함수를 재정의하세요. Person 클래스의 속성으로 사람 이름과 전화번호를 넣고 walk 함수도 넣어둡니다. Student 클래스는 Person 클래스를 상속하도록 한 후 walk 함수를 재정의합니다. Person의 walk 함수와 Student의 walk 함수 안에서는 각각 다른 메시지를 출력하도록 하세요.

해답 | exercise07_02.playground

3 _ 객체의 형 변환

10이라는 숫자와 "안녕"이라는 글자를 각각 변수나 상수에 넣어 두려면 자료형이 Int와 String인 변수를 선언해야 합니다. 이와 마찬가지로 인스턴스 객체도 그 객체를 생성한 틀에 해당하는 클래스를 자료형으로 하는 변수나 상수를 선언해야 그 변수에 할당할 수 있습니다. 그러면 특정 객체를 가리키는 변수가 있을 때 이 변수만으로 어떤 자료형의 객체인지를 알 수 있을까요? 그리고 다른 클래스에서 상속한 경우에는 어떤 자료형이라고 말할 수 있을까요?

객체의 자료형 확인

어떤 인스턴스 객체가 어떤 클래스로부터 만들어진 것인지 알고 싶다면 is 연산자를 사용할 수 있습니다. 다음과 같은 구조의 is 연산자를 사용해 보기 위해 typecasting1.playground 파일을 새로 만들고 다음 코드를 입력합니다.

> 인스턴스 객체 is 객체 자료형

코드 참고 / chapter7>typecasting1.playground

```swift
class Person {
    var name : String
    var age : Int
    init(name:String, age:Int) {
        self.name = name
        self.age = age
    }
}

class Baby : Person {
    func cry() {
        print("아기가 웁니다.")
    }
}

var person1 = Person(name:"소녀시대", age:20)
var baby1 = Baby(name:"걸스데이", age:22)

if baby1 is Baby {
    print("baby1의 자료형은 Baby가 맞습니다.")
}

if baby1 is Person {
    print("baby1의 자료형은 Person이 맞습니다.")
}
```

Person 클래스는 name과 age 속성을 갖고 있으며 Baby 클래스는 Person 클래스를 상속하여 만들었습니다. 이 두 개의 클래스는 이전에도 계속 만들어 보았으므로 해석이 어렵지 않을 것입니다. 두 개의 클래스로부터 각각 인스턴스 객체를 만든 후 person1과 baby1 변수에 할당합니다. 그런 다음 if 문을 사용해 baby1 변수가 가리키는 객체가 Baby 자료형이 맞는지, 그리고 Person 자료형이 맞는지 확인합니다.

코드를 실행하면 다음과 같이 baby1 변수가 가리키는 객체는 Baby 자료형이기도 하고 Person 자료형이기도 하다는 것을 알 수 있습니다.

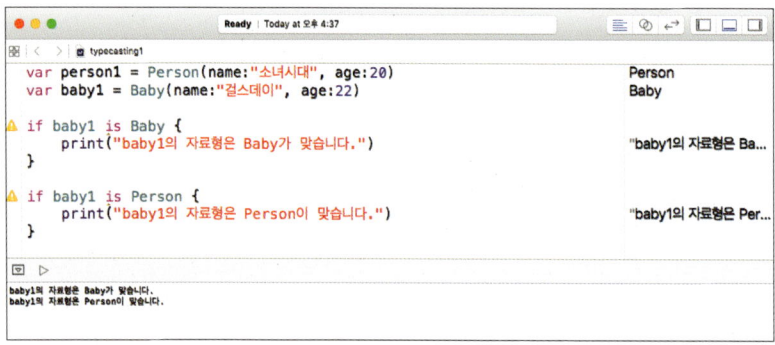

▲ is 연산자를 사용해 객체의 자료형을 비교한 경우

이것은 Baby 클래스가 Person 클래스를 상속했기 때문에 나온 결과입니다. Baby 클래스로부터 만들어진 인스턴스 객체는 그 클래스가 상속한 부모 클래스의 속성을 그대로 가지고 있으므로 is 연산자를 사용할 경우 부모 클래스의 자료형과 비교했을 때도 true 값을 반환합니다.

is 연산자는 나중에 설명할 '프로토콜(Protocol)'을 확인할 때도 사용할 수 있습니다. 아직 프로토콜은 살펴보지 않았지만, is 연산자는 인스턴스 객체와 직접적으로 관련된 부모 클래스나 프로토콜에 대해 true 값을 반환한다고 생각하면 됩니다.

객체의 자료형을 바꾸기

Baby 클래스가 Person 클래스를 상속한 것이므로 Baby는 Person이라고 말할 수 있습니다. 그렇다면 다음과 같이 Person 자료형으로 선언된 변수에 Baby 클래스로부터 만들어진 인스턴스 객체를 할당해 보겠습니다.

코드 참고 / chapter7>typecasting1.playground   QR코드 듣기

… 중략

```
var person2 : Person = Baby(name:"티아라", age:22)
```

person2 변수의 자료형이 Person이지만 Baby 클래스에서 만들어낸 인스턴스 객체를 할당해도 아무런 문제가 생기지 않습니다. 이것은 Person이라는 자료형으로 만든 변수는 Baby 인스턴스 객체를 가리킬 수 있기 때문입니다.

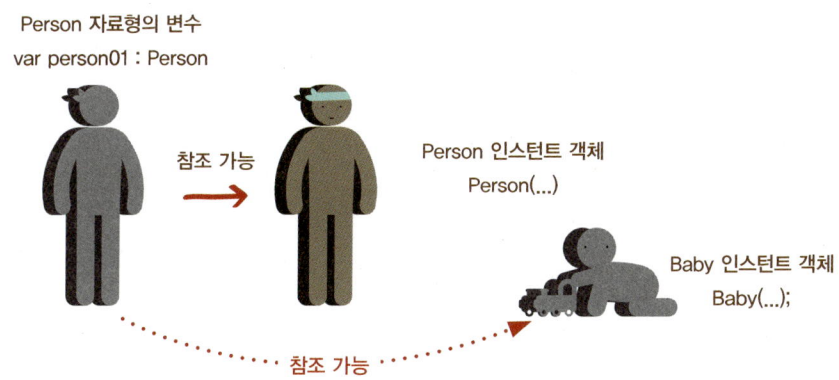

▲ Person 틀로 만든 변수가 Baby 인스턴스 객체를 가리키는 경우

그런데 person2 변수의 자료형이 Person이므로 Baby 클래스 안에 정의한 cry 메소드는 호출할 수 없습니다. person2.cry()라는 코드를 입력하면 다음 결과 화면처럼 오류가 표시됩니다.

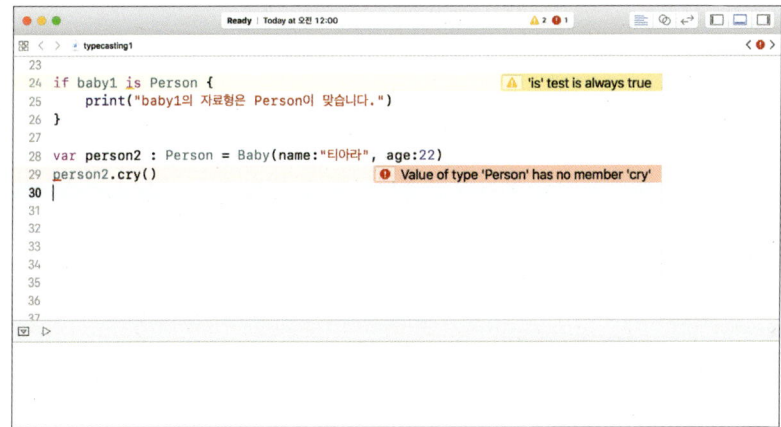

▲ Person 자료형으로 된 변수의 cry 메소드를 호출한 경우

자료형이 Person이므로 실제 인스턴스 객체가 Baby라고 하더라도 cry 메소드를 호출할 수 없습니다.

▲ Person 자료형으로 된 변수의 cry 메소드를 호출한 경우

다시 말해, 실제 객체가 Baby로부터 만들어졌더라도 Person 자료형으로 된 변수가 그 객체를 가리킬 때는 그 자료형 안에 정의된 속성이나 메소드만 사용할 수 있습니다. 따라서 이 인스턴스 객체의 자료형을 Baby로 바꿔서 cry 메소드를 호출하고 싶을 때도 있을 수 있습니다. 이것을 형 변환 또는 '타입 캐스팅(Type Casting)'이라고 부릅니다. 어떤 인스턴스 객체의 형 변환은 일반적으로 상속 관계에 있는 자료형 사이에서 허용됩니다.

타입 캐스팅은 변환되기 전의 자료형과 변환된 후의 자료형이 상속 관계에서 위에 있는지 또는 아래에 있는지에 따라 '업 캐스팅(Up Casting)'과 '다운 캐스팅(Down Casting)'으로 나뉩니다.

```
업 캐스팅    → 자식 클래스 자료형을 부모 클래스 자료형으로 변환하는 경우
다운 캐스팅  → 부모 클래스 자료형을 자식 클래스 자료형으로 변환하는 경우
```

Person 자료형으로 된 person2 변수를 Baby 자료형으로 변환하는 것은 다운 캐스팅에 해당합니다. 그런데 다운 캐스팅은 변환 과정에서 오류가 발생할 가능성이 있으므로 nil이 반환될 수 있습니다. 이런 문제 때문에 옵셔널 캐스팅과 강제 캐스팅을 사용합니다.

형 변환을 할 때는 as 연산자를 사용하는데 다음과 같은 유형으로 나뉩니다.

```
as → 업 캐스팅에 사용됨
     인스턴스 객체 as 변환할 자료형
```

```
as? → 다운 캐스팅 중에 옵셔널 자료형으로 변환할 때 사용됨
      인스턴스 객체 as? 변환할 자료형
```

```
as! → 다운 캐스팅 중에서 강제로 일반 자료형으로 변환할 때 사용됨
```

그러면 앞에서 만든 person2 변수를 Baby 자료형으로 변환할 때는 어떤 연산자가 사용되어야 할까요? 다음과 같이 as? 연산자를 사용해 보겠습니다.

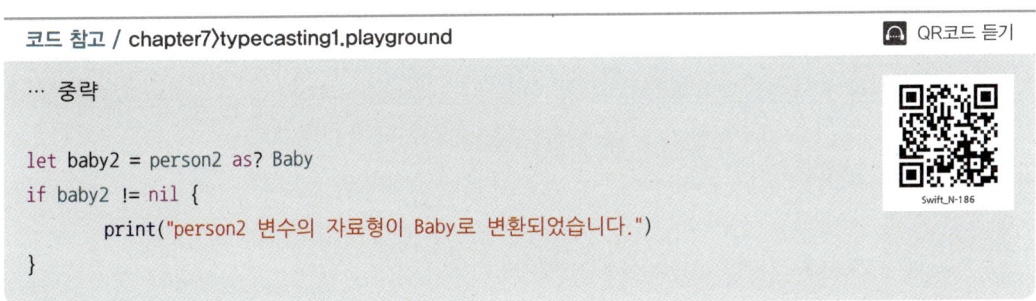

person2 변수의 자료형이 Baby 자료형으로 변환된 후 baby2 상수에 할당되었습니다. 코드를 실행하면 정상적으로 변환된 것을 확인할 수 있습니다.

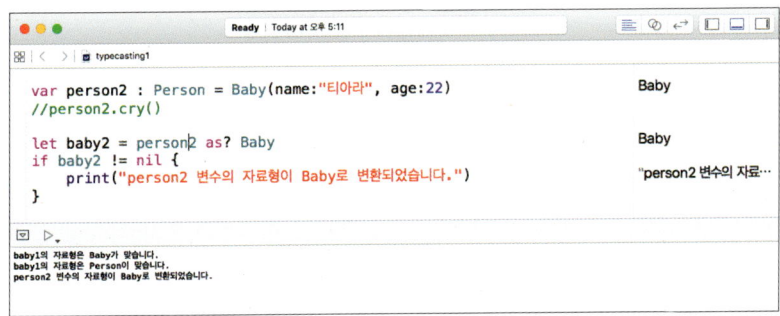

▲ person2 변수의 자료형을 Baby 자료형으로 변환한 경우

baby2는 옵셔널 자료형이므로 if 문에서 nil이 아닌지 확인하는 과정을 거칩니다. 그런데 이렇게 if 문을 사용할 때는 다음 코드처럼 if 문 안에서 바인딩하여 사용하는 경우가 많습니다.

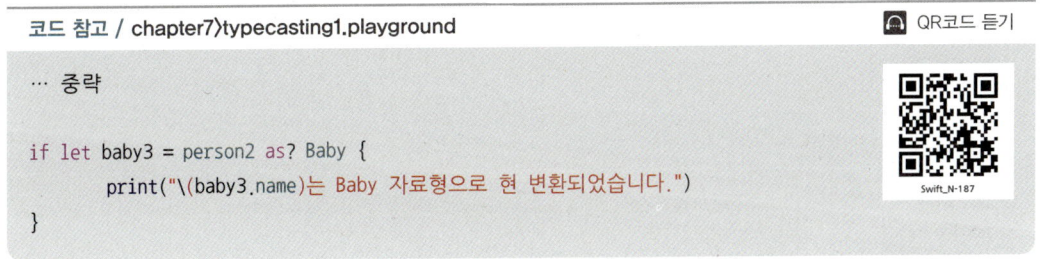

person2 변수의 객체를 Baby 자료형으로 형 변환한 후 baby3 상수에 할당했습니다. if 문 안에 상수를 바인딩했으므로 baby3 상수의 값이 nil이 아니면 if 문의 중괄호 안에 있는 코드가 실행됩니다.

as? 대신 as!를 사용할 수도 있습니다.

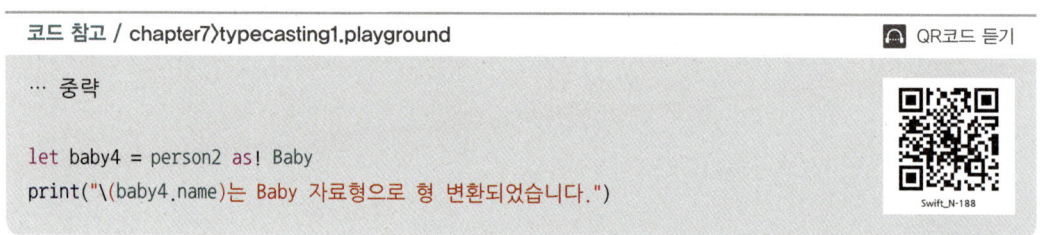

as! 연산자를 사용하면 옵셔널 자료형으로 반환되지 않으므로 속성이나 메소드를 바로 사용할 수 있습니다. 그렇지만 잘못 변환될 경우 오류가 발생할 수 있다는 점에 주의해야 합니다. 코드를 실행하면 다음과 같이 잘 변환된 것을 확인할 수 있습니다.

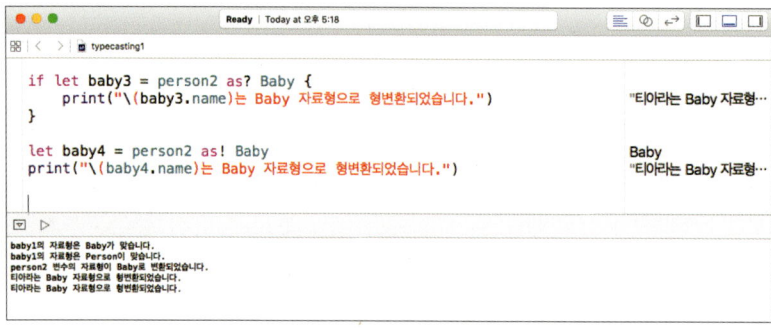

▲ if 문에서 바인딩한 경우와 as! 연산자로 형 변환한 경우

Any와 AnyObject

형 변환을 할 때는 상속 관계에 있는 클래스들끼리만 가능하다고 했는데 Any와 AnyObject는 예외적으로 사용됩니다. Any는 어떤 자료형에나 들어갈 수 있는 범용 자료형이며, AnyObject는 클래스들이 상속 받는 가장 상위 클래스입니다. 따라서 어떤 클래스든 AnyObject로 형 변환할 수 있습니다.

Any와 AnyObject 자료형으로 변수를 선언하고 Person과 Baby로부터 인스턴스 객체를 만들어 할당해 보겠습니다.

코드 참고 / chapter7〉typecasting1.playground QR코드 듣기

```
… 중략

var person3 : Any = Person(name:"애프터스쿨", age:24)
var baby5 : AnyObject = Baby(name:"여자친구", age:23)
let person4 = person3 as? Person
let baby6 = baby5 as? Baby

if person4 != nil {
    print("Any에서 Person으로 형 변환되었습니다.")
}

if baby6 != nil {
    print("AnyObject에서 Baby로 형 변환되었습니다.")
}
```

Person 클래스로부터 만들어진 인스턴스 객체는 Any 자료형으로 선언된 person3 변수에 할당되었습니다. 그리고 Baby 클래스로부터 만들어진 인스턴스 객체는 AnyObject 자료형으로 선언된 baby5 변수에 할당되었습니다. 이 두 개의 변수는 각각 Person과 Baby 자료형으로 형 변환되었습니다. 코드를 실행하면 다음과 같이 잘 변환된 것을 확인할 수 있습니다.

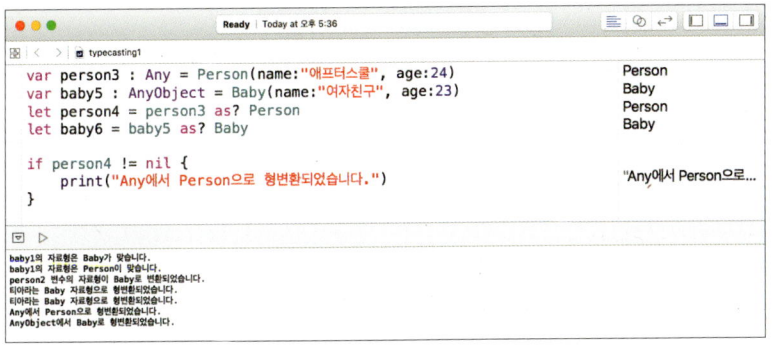

▲ Any와 AnyObject 자료형으로 선언된 변수를 형 변환한 경우

Any의 경우에는 인스턴스 객체뿐만 아니라 정수나 문자열처럼 어떤 값이든 할당할 수 있는 자료형입니다. 이 때문에 배열을 선언할 때 Any 자료형으로 된 원소들이 들어갈 수 있도록 선언하면 배열 안에는 어떤 것이든 원소로 들어갈 수 있습니다. AnyObject에는 정수나 문자열과 같은 기본 자료형은 들어갈 수 없지만 클래스로부터 만들어진 인스턴스 객체는 어떤 것이든 들어갈 수 있습니다.

다음은 AnyObject 자료형으로 배열을 만든 경우와 Any 자료형으로 딕셔너리를 만들었을 때의 코드입니다.

코드 참고 / chapter7)typecasting1.playground   QR코드 듣기

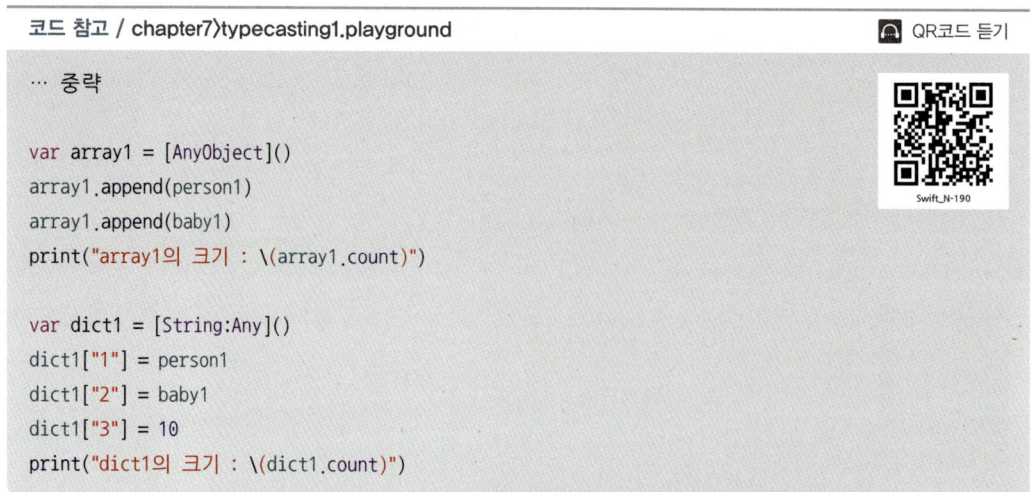

array1 변수는 AnyObject가 원소로 들어갈 수 있도록 선언되었습니다. 그리고 person1 객체와 baby1 객체가 추가되었습니다. dict1 변수는 딕셔너리로 만들어졌는데 키는 String, 값은 Any 자료형으로 선언되었습니다. 그러면 이 딕셔너리에는 person1 객체나 baby1 객체뿐만 아니라 10과 같은 숫자도 들어갈 수 있습니다. 코드를 실행하면 다음과 같이 배열과 딕셔너리가 정상적으로 만들어진 것을 확인할 수 있습니다.

▲ Any와 AnyObject 자료형으로 선언된 배열이나 딕셔너리에 데이터를 추가한 경우

Any나 AnyObject 자료형을 배열이나 딕셔너리를 선언할 때 사용하면 편리한 점이 많습니다. 하지만 너무 자주 사용하면 매번 형 변환을 해야 할 수 있으므로 상황에 맞게 사용하는 것이 좋습니다.

제네릭

스위프트는 타입 기반 언어(Type based Language)입니다. 따라서 변수를 만들 때 타입(자료형)을 명

시해야 하며 자료형이 무엇이냐에 따라 다른 코드를 입력해야 합니다. 예를 들어, 더하기 함수를 만들 때에도 정수를 파라미터로 전달하는지 아니면 실수를 파라미터로 전달하는지에 따라 다른 함수가 만들어집니다. 하지만 더하기 함수에 정수가 전달될 수도 있고 실수가 전달될 수도 있다면 두 개의 함수를 각각 만들어야 하는 문제가 생깁니다. 이런 경우에 '제네릭(Generic)'을 사용하면 좀 더 편리합니다. 제네릭은 데이터의 자료형에 의존하지 않고 프로그램을 만들 수 있는 방법을 제공합니다.

제네릭은 꺾쇠 기호(〈 〉)를 사용합니다. generic1.playground 파일을 새로 만들고 다음 코드를 입력합니다.

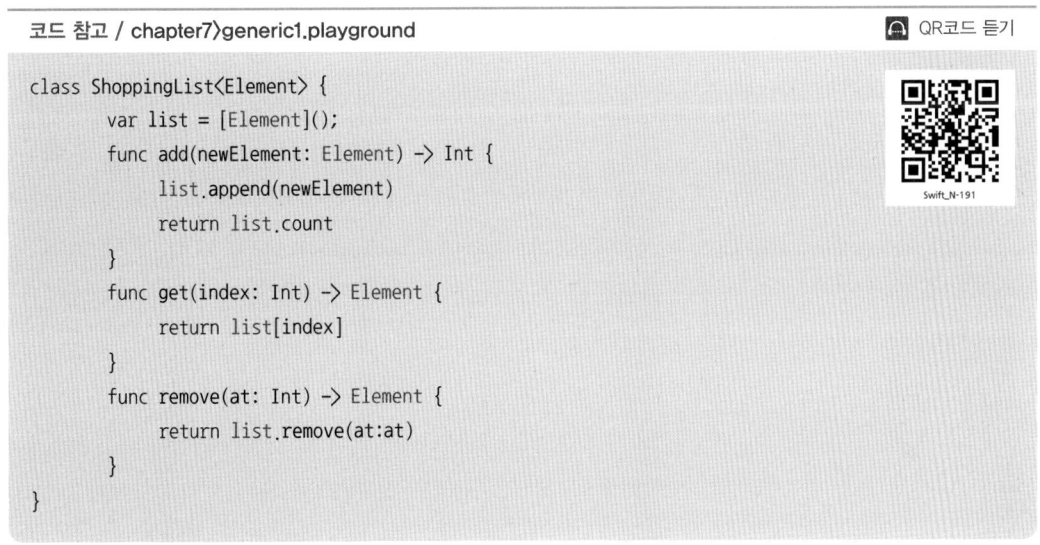

코드 참고 / chapter7〉generic1.playground

```
class ShoppingList<Element> {
    var list = [Element]();
    func add(newElement: Element) -> Int {
        list.append(newElement)
        return list.count
    }
    func get(index: Int) -> Element {
        return list[index]
    }
    func remove(at: Int) -> Element {
        return list.remove(at:at)
    }
}
```

ShoppingList 클래스 안에서는 Element라는 자료형이 사용되었습니다. 그런데 이 Element라는 자료형은 우리가 미리 정의한 것이 아닙니다. 바로 클래스의 이름 뒤에 꺾쇠 표시를 하고 그 안에 넣어준 것입니다. 이렇게 클래스 뒤에 명시한 제네릭 이름은 그 클래스 안에서 자료형으로 사용될 수 있습니다.

ShoppingList 클래스는 마트에서 장을 보기 전에 사야 할 물건들을 넣어두기 위한 것입니다. 따라서 그 안에는 배열을 하나 만들고 필요한 값을 추가할 것입니다. 그런데 이 배열에 추가되는 원소는 문자열일 수도 있고 ShoppingItem과 같은 새로운 클래스를 정의한 후 그 클래스로부터 만든 객체일 수도 있습니다. 이 때문에 String 자료형으로 된 배열을 만들지, 또는 ShoppingItem 자료형으로 된 배열을 만들지 미리 정하지 않은 것입니다. 쇼핑할 물건을 추가할 때는 add 메소드를 호출하고 확인할 때는 get 메소드를 호출하도록 합니다. 그리고 remove 메소드도 추가했습니다. 이 클래스를 사용해 인스턴스 객체를 만들 때는 다음 코드처럼 제네릭의 자료형을 명시합니다.

> 코드 참고 / chapter7>generic1.playground   QR코드 듣기
>
> ```
> … 중략
> var mylist = ShoppingList<String>()
> var count = mylist.add(newElement:"양배추")
> print("쇼핑 리스트에 추가했습니다. : \(count)")
> ```

여기에서는 String 자료형을 꺾쇠 기호 안에 넣어 문자열로 쇼핑할 물건들의 정보를 넣을 것이라고 알려줍니다. 코드를 실행하면 '양배추'라는 항목이 ShoppingList 객체 안에 추가된 것을 확인할 수 있습니다.

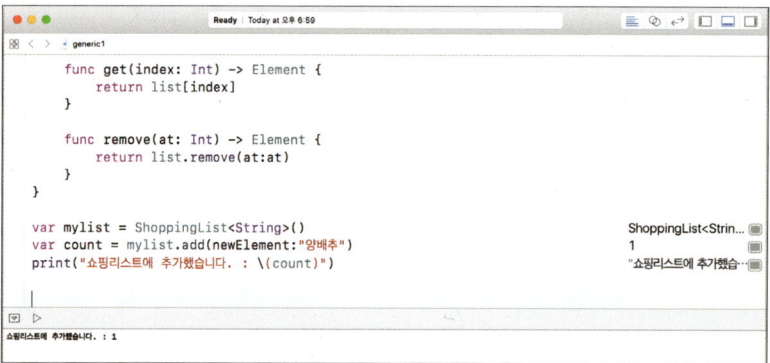

▲ 제네릭으로 클래스를 만들어 사용하는 경우

이번에는 ShoppingList 클래스로부터 인스턴스 객체를 만들 때 제네릭이 명시된 위치에 String과 같은 기본 자료형이 아니라 ShoppingItem 클래스로부터 만들어진 인스턴스 객체를 사용해 보겠습니다. 다음 코드를 추가합니다.

> 코드 참고 / chapter7>generic1.playground   QR코드 듣기
>
> ```
> … 중략
> class ShoppingItem {
>     var name : String
>     var price : Int
>     init(name:String, price:Int) {
>         self.name = name
>         self.price = price
>     }
> }
>
> var mylist2 = ShoppingList<ShoppingItem>()
> var count2 = mylist2.add(newElement:ShoppingItem(name: "양배추", price: 1000))
> print("ShoppingItem 객체를 쇼핑 리스트에 추가했습니다. : \(count2)")
> ```

ShoppingItem 클래스는 쇼핑할 물건의 이름과 가격 정보를 담고 있습니다. 이 클래스를 먼저 정의한 후 이 클래스로부터 ShoppingList 객체를 만들었습니다. 새로 만든 인스턴스 객체는 add 메소드를 호출하여 추가합니다. 코드를 실행하면 다음과 같이 ShoppingList 객체에 ShoppingItem 객체가 정상적으로 추가된 것을 확인할 수 있습니다.

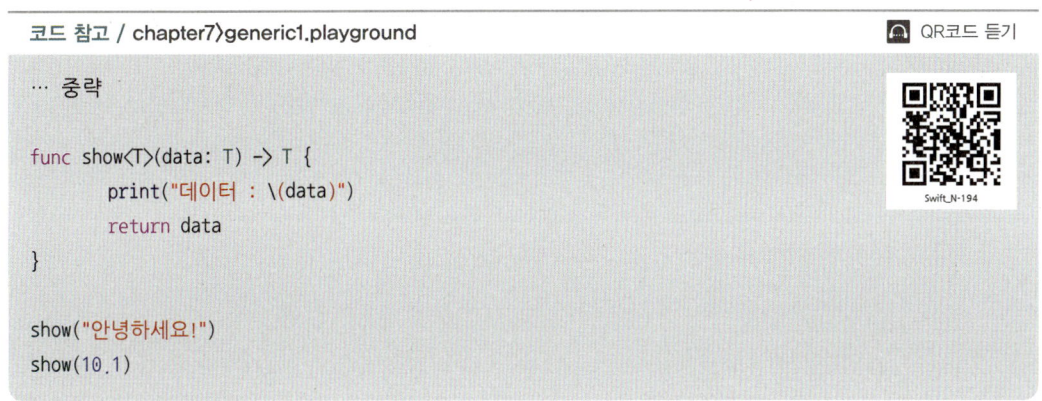

▲ 제네릭으로 클래스를 만들었을 때 제네릭의 위치에 인스턴스 객체가 사용된 경우

이번에는 제네릭을 사용해 함수를 만들어 보겠습니다. show 함수를 다음과 같이 정의합니다.

코드 참고 / chapter7〉generic1.playground　　　　　　　　　　QR코드 듣기

```
… 중략

func show<T>(data: T) -> T {
    print("데이터 : \(data)")
    return data
}

show("안녕하세요!")
show(10.1)
```

Swift_N-194

show 함수는 이름 뒤에 꺾쇠 기호를 입력했는데 그 안에 T라는 단어가 들어 있습니다. T는 제네릭을 의미하며 그다음에 오는 파라미터나 반환 자료형 그리고 중괄호 안의 코드에서 사용됩니다. 이 함수는 단순히 화면에 데이터를 출력하고 return 키워드를 사용해 값을 반환하는 기능을 가지고 있습니다.

이 함수를 호출하는 부분에서는 파라미터에 String 자료형의 데이터를 넣을 수도 있고 Int 자료형의 데이터를 넣을 수도 있습니다. 코드를 실행하면 다음과 같은 결과를 확인할 수 있습니다.

▲ 제네릭으로 함수를 정의한 후 호출한 결과

제네릭을 사용해 함수를 만들면 함수를 호출할 때 다양한 자료형의 값을 사용할 수 있는 장점이 있습니다. 지금까지 하나의 클래스에서 다른 클래스를 만들 때 상속하여 만드는 방법을 알아보았습니다. 그리고 상속이라는 것을 사용했기 때문에 알아야 하는 형 변환과 Any, AnyObject, 제네릭 등에 대해서도 살펴보았습니다. 이를 통해 스위프트에서 사용하는 다양한 코드 형태에 조금 더 익숙해졌습니다.

퀴즈풀자

Quiz 32 — Person을 상속한 Student 클래스를 만든 후 새로운 인스턴스 객체를 만들고 Person 자료형의 변수에 할당합니다. 그리고 이 객체를 사용할 때 Student 자료형으로 형 변환을 해 보세요. Person 클래스에는 사람 이름과 전화번호를 속성으로 넣고 walk 함수도 넣어 둡니다. Student 클래스는 Person 클래스를 상속하도록 한 후 walk 함수를 재정의합니다. Student 클래스로부터 새로운 인스턴스 객체를 만든 후 Person 자료형으로 된 변수에 할당하고 walk 함수를 호출합니다. 그리고 다시 Student 자료형으로 형 변환한 후 walk 함수를 호출해 봅니다.

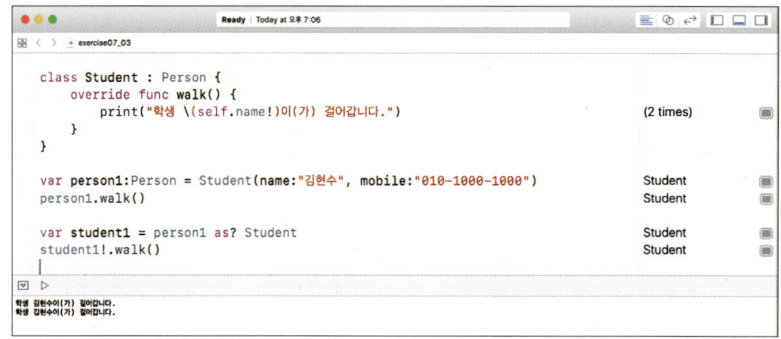

해답 | exercise07_03.playground

4 _ 프로토콜은 언제 사용할까?

객체 지향에서 클래스는 객체가 가지고 있는 속성이나 메소드를 하나의 자루 안에 넣어주는 역할을 합니다. 만약 이 클래스로부터 만들어진 인스턴스 객체가 어떤 기능을 실행하도록 하려면 그 객체의 메소드를 실행해야 합니다. 어떤 객체의 메소드를 실행하는 것은 객체 자신이므로 실제로는 그 객체에 명령을 전달하는 것과 같습니다. 이렇게 다른 객체에서는 그 객체에 명령만 내릴 수 있고 하나의 객체는 그 안에서 모든 기능을 수행할 수 있도록 만든 것을 '캡슐화(Encapsulation)'라고 합니다.

캡슐화 이해하기

캡슐화라는 개념은 객체 지향에서 매우 중요하게 다뤄집니다. 캡슐화는 캡슐이라는 막으로 싸여 있는데 캡슐을 통과할 수 있는 유일한 통로가 메소드입니다. 다른 객체는 캡슐 막을 통과할 수 없으며 유일하게 메소드를 실행해 달라는 명령 또는 요청만 허용됩니다.

캡슐이라는 막은 성(Castle)의 성벽에 빗대어 볼 수 있습니다. 적을 막기 위해 만든 성은 사방이 성벽으로 가로막혀 있으며 통로는 성문이 유일한 구조입니다. 조선의 도읍인 한양의 성문은 동서남북 4대문이 있으니 동대문이나 남대문을 생각해 보면 쉽게 이해될 것입니다.

▲ 성벽으로 둘러싸여 있고 성문으로만 통과할 수 있는 캡슐화

성벽과 성문으로 만들어진 성은 함부로 들어가거나 나갈 수 없게 되어 있습니다. 여기에서 성을 클래스라고 하고 성벽과 성문으로 성을 둘러싸는 것을 '인터페이스(Interface)'라고 할 수 있습니다. 객체 지향의 일반적인 개념으로는 인터페이스라고 부르지만 스위프트에서는 '프로토콜(Protocol)'이라고 부릅니다. 프로토콜이란 일종의 정해진 약속을 말하는 것으로 '객체에 접근할 때는 이렇게 해야 한다.'라는 규약을 정해 놓은 것입니다.

원칙적으로 클래스에 접근할 수 있는 방법은 메소드입니다. 메소드는 단지 기능을 실행하는 것이기 때문에 그 클래스 안에 들어 있는 값을 클래스 밖에서 직접 건드릴 수 없도록 막아줍니다. 이것은 어떤 사람이 성 안에 있는 사람에게 편지를 전해야 할 때 직접 전달할 수 없고 성문을 지키는 사람에게 얘기하면 그 사람이 대신 전달해 주는 것과 같습니다.

성문을 지키는 사람에게 편지를 전달하는 것이 '메소드를 호출하는 것'과 같다면 성문을 지키는 사람이 성 안에 있는 집에 편지를 전달하는 과정은 '메소드의 기능이 실행되는 과정'이라고 할 수 있습니다. 이렇게 클래스에 접근할 때 메소드를 사용하면 함부로 클래스 안에 있는 값을 건드리지 못하게 할 수 있으므로 어떤 메소드들을 사용할 수 있는지를 프로토콜로 정의해 놓으면 편리합니다. 즉, 프로토콜이라는 것을 하나 만들고 그 안에 접근할 수 있는 메소드가 무엇인지를 정하게 됩니다.

예를 들어, 성을 한양에 하나만 만드는 것이 아니라 평양에도 만들었다면 두 개의 성은 모양이나 그 안에 들어 있는 집의 수가 모두 달랐을 것입니다. 그럼에도 불구하고 성을 만들 때는 동서남북으로 네 개의 성문을 만들어야 하고 편지를 배달할 때는 성문을 지키는 사람에게 전달해야 한다고 정해 두었다면 성에 있는 문의 개수나 성 안에 있는 사람에게 편지를 전달하는 방법은 모두 같을 것입니다.

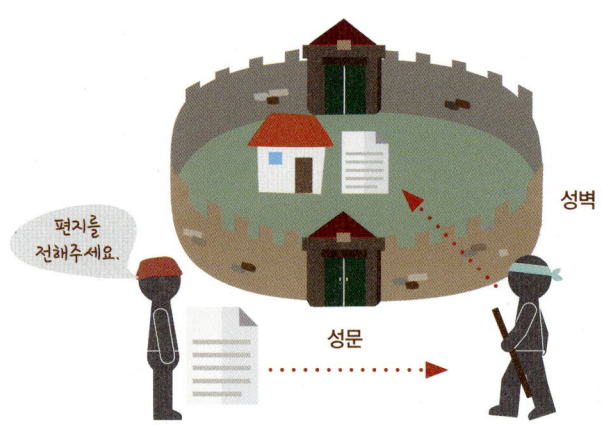

▲ 프로토콜로 편지를 전달하는 방법

프로토콜이 이런 내용을 미리 정해두는 것이라면 그 안에는 사용할 수 있는 메소드가 어떤 것들인지가 들어 있을 것입니다.

프로토콜의 개념을 간략히 설명했으니 이제 아주 간단한 계산기 기능을 클래스로 만들어 보겠습니다. 계산기 기능을 만들면서 실제로 계산할 수 있는 기능을 넣을 것인데 계산기가 가질 수 있는 기능을 프로토콜로 미리 정해 두도록 할 것입니다.

▲ 프로토콜로 둘러싸인 계산기 만들기

계산기는 일반 계산기나 공학용 계산기 등 여러 가지 형태로 만들 수 있습니다. 일반 계산기도 기능에 따라 여러 가지가 있습니다. 하지만 계산기의 가장 기본적인 기능인 더하기, 빼기, 나누기, 곱하기를 계산기가 가져야 할 가장 기본적인 기능이라고 정한다면 이 기능을 프로토콜로 정의할 수 있습니다.

프로토콜 사용하기

protocol1.playground 파일을 새로 만들고 MyCalculator라는 이름의 클래스를 정의합니다.

코드 참고 / chapter7〉protocol1.playground   QR코드 듣기

```
class MyCalculator {
    func add(first a: Int, second b: Int) -> Int {
        return a + b
    }
}
```

이 클래스 안에 계산기 기능을 넣는다면 가장 간단하게 만들 수 있는 것이 더하기 메소드입니다. 이번에는 더하기 기능이 들어 있는 프로토콜을 정의해 보겠습니다.

코드 참고 / chapter7〉protocol1.playground   QR코드 듣기

```
… 중략

protocol Calculator {
    func add(first a: Int, second b: Int) -> Int
}
```

프로토콜은 protocol 키워드와 함께 그 뒤에 프로토콜의 이름을 입력해서 만듭니다.

`protocol 프로토콜 이름 { ... }`

프로토콜 안에는 기본적으로 메소드를 선언할 수 있지만 단순히 선언만 할 것이므로 중괄호나 중괄호 안에 들어가는 코드는 만들지 않습니다. 함수 상자로 생각하면 함수 상자에 들어가는 값과 나오는 값이 몇 개가 있고 자료형이 무엇인지는 알지만 그 안에서 동작하는 기능은 들어 있지 않은 껍데기라는 뜻이 됩니다.

이렇게 만든 프로토콜은 클래스를 정의할 때 사용할 수 있습니다. MyCalculator 클래스를 다음 코드처럼 수정합니다.

코드 참고 / chapter7〉protocol1.playground   QR코드 듣기

```
… 중략

class MyCalculator : Calculator {
    func add(first a: Int, second b: Int) -> Int {
        return a + b
    }
}
```

어떤 클래스를 정의하면서 그 뒤에 콜론(:)을 붙이고 프로토콜 이름을 붙이면 '그 뒤에 나오는 프로토콜을 구현한다.'는 의미가 됩니다.

클래스 이름 : 프로토콜 이름

이 형식은 하나의 클래스가 다른 클래스를 상속 받을 때의 형식과 동일합니다. 하나의 클래스는 여러 개의 프로토콜을 구현할 수 있는데 이때는 콤마(,)를 붙여주면서 여러 개의 프로토콜 이름을 넣어주면 됩니다.

클래스 이름 : 프로토콜 이름1, 프로토콜 이름2, 프로토콜 이름3, …

그렇다면 클래스를 만들 때 그 클래스가 상속도 하면서 프로토콜 구현도 하는 경우에는 어떻게 해야 할까요? 상속은 하나의 클래스만 가능하므로 상속할 클래스를 가장 먼저 넣어주고 그 뒤에 프로토콜을 입력하면 됩니다.

클래스 이름 : 부모 클래스 이름, 프로토콜 이름1, 프로토콜 이름2, 프로토콜 이름3, …

프로토콜 안에는 add라는 메소드가 정의되어 있으므로 MyCalculator 클래스에서 add 메소드의 기능을 구현해야 합니다. 이렇게 만든 MyCalculator 클래스를 사용해 인스턴스 객체를 만든 후 Calculator라는 자료형을 가진 변수에 할당하도록 합니다.

코드 참고 / chapter7〉protocol1.playground   QR코드 듣기

```
… 중략

var calculator : Calculator = MyCalculator()
var result = calculator.add(first:10, second:10)
print("add 결과 -> \(result)")
```

실제로 만들어진 인스턴스 객체는 MyCalculator 자료형이지만 이 객체는 Calculator 자료형으로 된 변수나 상수에도 할당될 수 있습니다. 다만 이렇게 하면 Calculator 프로토콜에서 선언한 메소드만 호출할 수 있습니다.

코드를 실행하면 다음과 같이 정상적으로 실행되는 것을 확인할 수 있습니다.

```
class MyCalculator : Calculator {
    func add(first a: Int, second b: Int) -> Int {
        return a + b
    }
}

protocol Calculator {
    func add(first a: Int, second b: Int) -> Int
}

var calculator : Calculator = MyCalculator()        MyCalculator
var result = calculator.add(first:10, second:10)    20
print("add 결과 -> \(result)")                       "add 결과 -> 20\n"

add 결과 -> 20
```

▲ 프로토콜을 준수하는 더하기 기능을 실행한 경우

클래스가 자료형으로 사용될 수 있는 것처럼 프로토콜도 자료형으로 사용될 수 있습니다. 또한 어떤 클래스가 프로토콜을 준수한다고 하면 그 클래스를 사용해 만든 실제 객체는 그 프로토콜을 자료형으로 가질 수 있습니다. 이렇게 하면 계산기를 사용하고 싶을 때 계산기에 구현된 실제 기능을 일일이 클래스에서 찾지 않고 프로토콜만 보면 됩니다. 프로토콜에는 기능을 구현하는 코드가 들어 있지 않으니 어떤 메소드들이 정의되어 있는지 훨씬 간단하게 확인할 수 있습니다.

▲ 프로토콜만 알면 충분해요

프로토콜이 갖는 기능이 무엇인지 어느 정도 이해되더라도 아직 코드에서는 큰 차이를 못 느낄 수 있습니다. 그렇다면 새로운 계산기 클래스를 하나 더 만들어 보겠습니다. 친구가 만든 계산기라는 뜻으로 FriendCalculator 클래스를 하나 만든 후 Calculator 프로토콜을 구현하도록 합니다. FriendCalculator 클래스가 Calculator 프로토콜을 구현하도록 해야 하니 콜론(:) 뒤에 프로토콜의 이름을 입력합니다. 이 클래스의 add 메소드 안에서는 더하기 연산이 실행되기 전에 간단한 메시지를 하나 출력하도록 합니다.

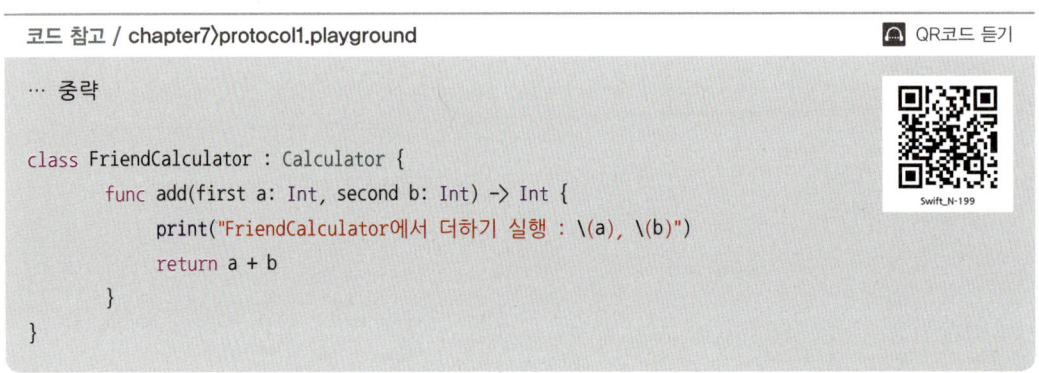

FriendCalculator 계산기의 add 메소드를 구현하는 코드는 이전에 만들었던 계산기의 add 기능과 약간 다릅니다. 그러나 이 메소드를 호출하는 방식은 같습니다. 다음 코드를 추가로 입력합니다.

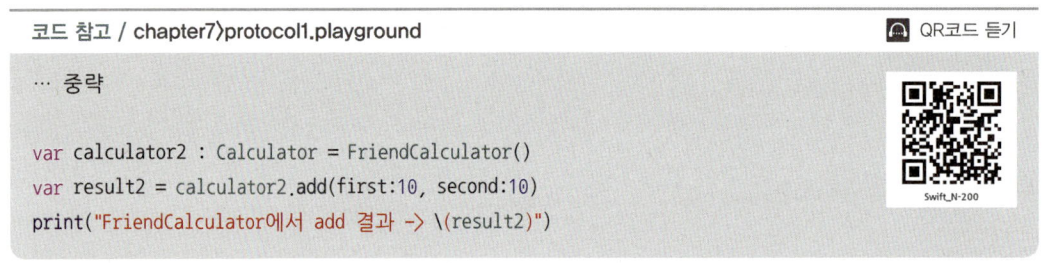

FriendCalculator 클래스를 사용해서 만든 인스턴스 객체를 Calculator 자료형의 변수에 할당했으므로 똑같이 add 메소드를 호출하지만 실제로 실행되는 기능은 다릅니다. 코드를 실행하면 출력되는 메시지가 조금 다른 것을 확인할 수 있습니다.

▲ 똑같은 Calculator 자료형의 메소드를 호출하더라도 다르게 출력되는 결과

실제 코드를 구현하는 것은 클래스가 해야 하는 일이지만 프로토콜을 통해서만 메소드를 호출할 수 있습니다. 따라서 그 클래스의 인스턴스 객체를 만들어 사용하더라도 인터페이스에 정의된 메소드만 알면 충분히 사용할 수 있다는 것을 이해했을 것입니다. 프로토콜은 구조체에도 사용할 수 있습니다. 하나의 구조체를 만들고 하나 또는 여러 개의 프로토콜을 준수하도록 직접 만들어보기 바랍니다.

프로토콜에 추가할 수 있는 것들

프로토콜은 기본적으로 인터페이스의 역할을 하므로 가장 중요한 것은 메소드 선언입니다. 하지만 스위프트는 프로토콜에 속성을 추가할 수도 있고 초기화 메소드를 선언할 수도 있습니다. 프로토콜에 추가할 수 있는 것들을 정리하면 다음과 같습니다.

❶ 메소드 선언
❷ 타입 메소드 선언
❸ 초기화 메소드 선언
❹ 속성 선언(속성의 get, set 행위를 선언)

메소드 선언은 이미 알고 있으므로 타입 메소드와 초기화 메소드를 선언하는 코드를 만들어 보겠습니다. protocol2.playground 파일을 새로 만들고 다음 코드를 입력합니다.

코드 참고 / chapter7〉protocol2.playground

```swift
class MyCalculator : Calculator {
    var owner = ""
    
    static func getType() -> String {
        return "계산기"
    }
    
    required init(owner: String) {
        self.owner = owner
    }
    
    func add(first a: Int, second b: Int) -> Int {
        return a + b
    }
}

protocol Calculator {
    static func getType() -> String
    init(owner: String)
    func add(first a: Int, second b: Int) -> Int
}
```

프로토콜에는 static 키워드를 사용해 타입 메소드를 선언할 수 있습니다. 이렇게 선언한 타입 메소드는 클래스에서 똑같은 유형의 타입 메소드로 구현해야 합니다. 프로토콜에는 초기화 함수인 init 함수도 선언할 수 있습니다. 이렇게 하면 클래스에서 동일한 init 함수를 구현해야 하며, init 함수 앞에 required 키워드를 함께 붙여야 합니다.

- 프로토콜에서 init 함수 선언
→ init(owner : String)

- 클래스에서 init 함수 구현
→ required init(owner : String) { ... }

이렇게 구현한 클래스를 사용해 인스턴스 객체를 만들고 add 메소드를 호출하는 코드를 추가합니다.

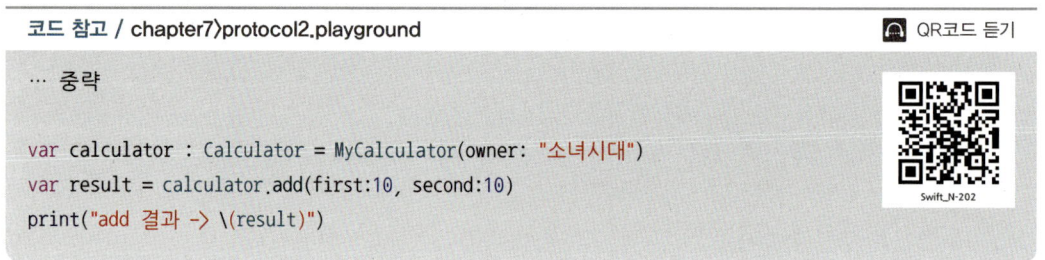

코드를 실행하면 다음과 같이 add 메소드를 호출한 결과를 볼 수 있습니다.

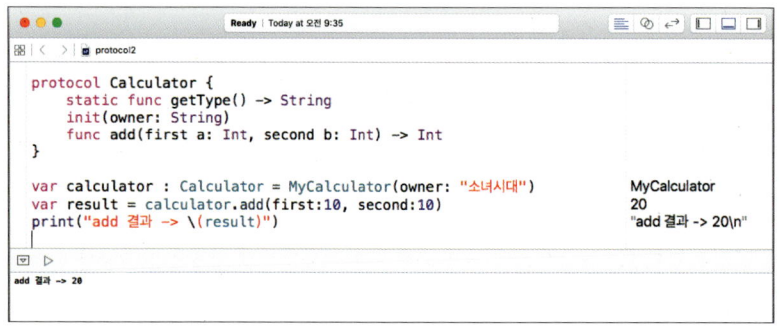

▲ 프로토콜에 타입 메소드와 초기화 함수를 선언한 경우

프로토콜 안에는 속성을 선언할 수도 있습니다. 프로토콜에 속성을 선언할 때는 get, set 중에서 어떤 것이 정의되어야 하는지를 정할 수 있습니다. 다음 코드처럼 시간 정보를 저장할 속성을 프로토콜에 추가합니다.

```
코드 참고 / chapter7〉protocol2.playground                    QR코드 듣기

… 중략

protocol Calculator {

    … 중략

    var duration : Float { get set }
}
```

프로토콜에 속성을 선언하는 형식은 다음과 같습니다.

```
var 변수 이름 : 자료형 { get }
var 변수 이름 : 자료형 { get set }
```

속성은 get 행위만 하도록 선언할 수도 있고 get, set 행위가 가능하도록 선언할 수도 있습니다. 이렇게 선언한 속성은 클래스에서 저장 속성이나 계산 속성으로 구현합니다. 주의할 점은 프로토콜에서 get 행위만 가능하도록 한 것을 클래스에서 get, set 행위가 가능하도록 할 수는 없다는 것입니다. 이것은 코드를 입력하다보면 오류가 표시되므로 쉽게 확인할 수 있습니다.

프로토콜에 선언된 duration 속성을 MyCalculator 클래스에서 구현합니다.

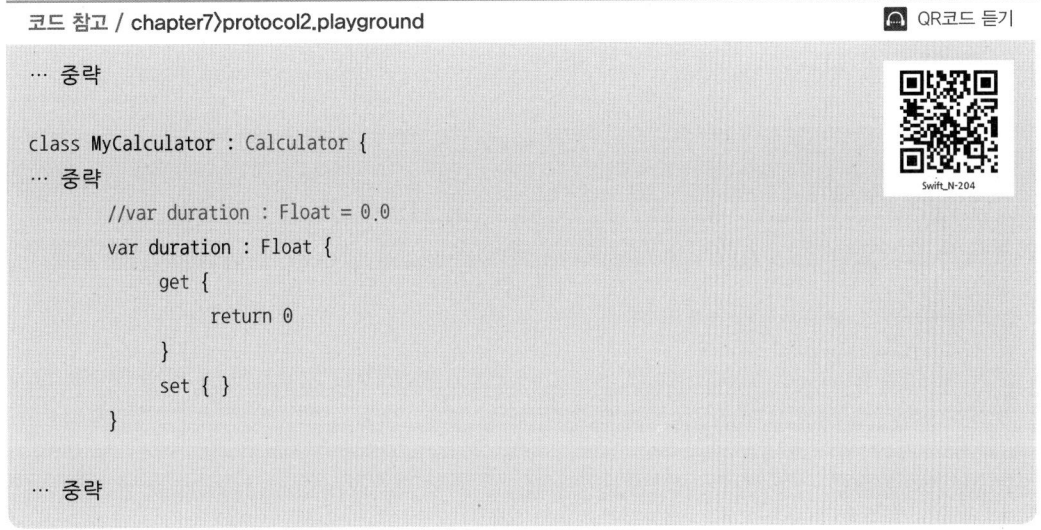

duration 속성은 클래스 안에 저장 속성으로 추가할 수도 있고 계산 속성으로 추가할 수도 있습니다.

프로토콜의 상속

프로토콜도 클래스처럼 상속할 수 있습니다. protocol3.playground 파일을 새로 만들고 다음과 같이 프로토콜을 상속하는 코드를 입력합니다.

코드 참고 / chapter7>protocol3.playground

```swift
protocol Product {
    func getProductName() -> String
}

protocol Calculator : Product {
    func add(first a: Int, second b: Int) -> Int
}

class MyCalculator : Calculator {
    func getProductName() -> String {
        return "내 계산기"
    }
    func add(first a: Int, second b: Int) -> Int {
        return a + b
    }
}
```

Calculator 프로토콜은 Product 프로토콜을 상속합니다. 그리고 MyCalculator 클래스는 Calculator 프로토콜을 준수하도록 정의되었습니다. 그러면 Product 프로토콜에 들어 있는 getProductName 메소드도 MyCalculator 클래스에서 구현해야 합니다. 코드를 실행하면 다음과 같이 제품명이 출력됩니다.

```swift
protocol Product {
    func getProductName() -> String
}

protocol Calculator : Product {
    func add(first a: Int, second b: Int) -> Int
}

var calculator : Calculator = MyCalculator()
print("제품명 : \(calculator.getProductName())")
```

▲ 프로토콜이 다른 프로토콜을 상속하도록 한 경우

프로토콜은 객체 지향에서 말하는 인터페이스 역할을 하기 때문에 클래스를 정의할 때 주로 사용됩니다. 따라서 스위프트에서도 구조체나 열거형에 사용할 수 없도록 하고 클래스에서만 전용으로 사용하도록 만들 수 있습니다. 프로토콜을 정의할 때 class 키워드를 프로토콜 이름 뒤에 붙이면 클래스 전용 프로토콜이 되어 클래스에서만 사용할 수 있습니다.

```
protocol 프로토콜 이름 : class { ... }
```

만약 다른 프로토콜을 상속하면서 클래스 전용 프로토콜로 만들고 싶다면 class 키워드 뒤에 콤마(,)를 붙인 후 부모 프로토콜을 넣어줍니다.

```
protocol 프로토콜 이름 : class, 부모 프로토콜1, 부모 프로토콜2, ... { ... }
```

지금까지 프로토콜에 대해 알아보았습니다. 프로토콜은 실제 인스턴스 객체가 갖고 있는 속성이나 메소드가 무엇인지 구체적으로 알지 못해도 어떤 것들이 선언되어 있는지 알 수 있도록 하므로 실제 코드를 만들 때 자주 사용됩니다.

퀴즈풀자

Thinkable이라는 이름의 프로토콜을 만들고 Student 클래스가 Person 클래스를 상속하면서 동시에 Thinkable 프로토콜을 구현하도록 만들어 보세요. Thinkable 프로토콜에는 think라는 이름의 메소드와 init 초기화 함수를 정의합니다. 그리고 Person 클래스에는 사람 이름과 전화번호를 속성으로 넣어 둡니다. Student 클래스는 Person 클래스를 상속하면서 동시에 Thinkable 프로토콜을 구현하도록 만듭니다. Student 클래스 안에 구현한 think 메소드를 호출하면 화면에 메시지를 출력하도록 합니다.

```swift
protocol Thinkable {
    func think()
    init(name:String, mobile:String)
}

class Student : Person, Thinkable {
    override required init(name:String, mobile:String) {
        super.init(name:name, mobile:mobile)
    }

    func think() {
        print("학생 \(self.name!)이(가) 생각합니다.")
    }
}

var student1:Thinkable = Student(name:"김현수", mobile:"010-1000-1000")
student1.think()
```

해답 | exercise07_04.playground

클래스를 상속하고 프로토콜을 준수하도록 하기

난이도	상	중	✓ 하	소요시간	10분
목표	클래스를 상속하고 프로토콜을 만드는 방법을 연습하세요.				

- 개(Dog) 클래스를 상속하여 강아지 클래스를 만들어 보세요. 그리고 Runnable 프로토콜을 만든 후 강아지 클래스가 Runnable 프로토콜을 준수하도록 해 보세요.

- 개 클래스는 Dog라는 이름으로 만들고 name과 age 속성을 갖도록 합니다. Dog 클래스에는 초기화 함수와 walk 함수도 추가합니다.

- Puppy 클래스는 Dog 클래스를 상속하여 만듭니다.

- Runnable 프로토콜을 정의하고 그 안에 run 메소드를 선언합니다. run 메소드는 Int 자료형으로 된 food라는 이름의 파라미터를 하나 가집니다. Puppy 클래스가 이 프로토콜을 준수하도록 하세요.

- Dog 클래스와 Puppy 클래스를 모두 만들었다면 Dog 클래스로부터 객체를 하나 만들고 그 객체의 walk 메소드를 호출합니다. walk 메소드를 호출하여 반환 받은 결과는 '개가 걸어간 거리 : 10'과 같은 메시지로 출력합니다.

- Puppy 클래스로부터 객체를 하나 만들고 그 객체의 run 메소드를 호출합니다. Puppy 클래스의 run 메소드 안에서는 '강아지 캔디이(가) 뛰어갑니다.'와 같은 메시지를 출력하도록 하세요.

해답 | study07.playground

> Swift 총정리

클래스 상속 방법과 프로토콜 사용 방법

1 상속이란 무엇일까?

상속은 기존에 만들어 둔 클래스의 속성과 메소드를 그대로 사용할 수 있도록 합니다.

```
class 클래스 이름 : 부모 클래스 이름 {
    ...
}
```

초기화 함수는 init이라는 이름을 가지며 func 키워드를 붙이지 않고 반환 값도 없습니다.

```
init( ) {
    코드
}
```

스위프트에서는 클래스 안의 모든 속성에 초기 값을 넣어주도록 강제합니다.
부분 초기화 함수는 convenience 키워드를 붙입니다.

```
convenience init( 파라미터 ) {
    // 같은 클래스에 들어 있는 전체 초기화 함수 또는 부분 초기화 함수 호출
    // 초기화를 위한 코드
}
```

부모 클래스의 초기화 함수는 상속되는 경우가 따로 있습니다.

> 1. 자식 클래스에 전체 초기화 함수를 만들지 않은 경우
> 2. 자식 클래스에서 모든 전체 초기화 함수를 재정의한 경우 부모 클래스의 부분 초기화 함수를 상속 받음

자신을 가리킬 때는 self, 부모를 가리킬 때는 super를 사용합니다.

> self : 나 자신
> super : 부모

2 메소드 재정의와 메소드 추가

부모 클래스의 메소드를 다시 정의하는 것을 메소드 재정의라고 합니다.

```
override func 함수 이름 ( 파라미터 ) -> 반환 자료형 { ... }
```

속성을 재정의할 수 있는 경우가 따로 있습니다.

> 1. 저장 속성을 get, set 구문이 모두 있는 계산 속성으로 재정의할 때
> 2. get, set 구문이 모두 있는 계산 속성을 get, set 구문이 모두 있는 계산 속성으로 재정의할 때
> 3. get 구문만 있는 계산 속성을 get, set 구문이 모두 있는 계산 속성으로 재정의할 때
> 4. get 구문만 있는 계산 속성을 get 구문만 있는 계산 속성으로 재정의할 때

final 키워드를 붙이면 자식 클래스에서 재정의할 수 없습니다.

3 객체의 형 변환

객체의 자료형을 확인할 때 is 연산자를 사용합니다.

```
인스턴스 객체 is 객체 자료형
```

상속한 클래스로부터 만들어진 인스턴스 객체를 변수에 할당할 때 부모 클래스가 변수의 자료형이 될 수 있습니다.
형 변환은 상속 관계에 따라 업 캐스팅과 다운 캐스팅으로 나누어집니다.

> 업 캐스팅 → 자식 클래스 자료형을 부모 클래스 자료형으로 변환하는 경우
> 다운 캐스팅 → 부모 클래스 자료형을 자식 클래스 자료형으로 변환하는 경우

형 변환을 할 때 as 연산자가 사용됩니다.

> as → 업 캐스팅에 사용됨
>   인스턴스 객체 as 변환할 자료형
> as? → 다운 캐스팅 중에 옵셔널 자료형으로 변환할 때 사용됨
>   인스턴스 객체 as? 변환할 자료형
> as! → 다운 캐스팅 중에서 강제로 일반 자료형으로 변환할 때 사용됨

Any는 어떤 자료형이든 들어갈 수 있는 범용 자료형이며 AnyObject는 최상위 클래스입니다.
제네릭을 사용하면 데이터의 자료형에 의존하지 않고 코드를 만들 수 있으며 꺾쇠 기호(〈 〉)를 사용합니다.

4 프로토콜은 언제 사용할까?

프로토콜은 어떤 기능이 있는지를 정의한 것으로 객체 지향 개념에서 인터페이스를 말합니다.

> protocol 프로토콜 이름 { ... }

클래스를 정의할 때 프로토콜을 구현하도록 할 수 있습니다.

> 클래스 이름 : 프로토콜 이름
> 클래스 이름 : 프로토콜 이름1, 프로토콜 이름2, 프로토콜 이름3, ...
> 클래스 이름 : 부모 클래스 이름, 프로토콜 이름1, 프로토콜 이름2, 프로토콜 이름3, ...

프로토콜에는 메소드 외에 계산 속성도 선언할 수 있습니다.

> 1. 메소드 선언
> 2. 타입 메소드 선언
> 3. 초기화 메소드 선언
> 4. 속성 선언(속성의 get, set 행위를 선언)

프로토콜에서 선언한 초기화 함수를 클래스에서 구현할 때는 required 키워드를 붙여줍니다.

> 1. 프로토콜에서 init 함수 선언
>   init(owner : String)
> 2. 클래스에서 init 함수 구현
>   required init(owner : String) { ... }

프로토콜에서 속성을 선언할 때는 get, set 행위만 선언할 수 있습니다.

> var 변수 이름 : 자료형 { get }
> var 변수 이름 : 자료형 { get set }

프로토콜이 다른 프로토콜을 상속할 수 있습니다. 이때 콜론(:) 기호를 붙입니다.
프로토콜을 클래스에서만 구현 가능하도록 하고 구조체나 열거형에서는 사용할 수 없도록 하려면 class 키워드를 콜론 뒤에 붙입니다.

> protocol 프로토콜 이름 : class { ... }
> protocol 프로토콜 이름 : class, 부모 프로토콜1, 부모 프로토콜2, ... { ... }

Swift 총정리

다른 언어 경험이 있다면 Summary!

1 기존 클래스를 상속할 때의 형식

⇒ class 클래스 이름 : 부모 클래스 이름 { ... }

2 초기화 함수의 형식

⇒ 초기화 함수에는 func 키워드가 없고 반환 값도 없음
init ( ) { ... }

3 일부 속성만 초기화하는 부분 초기화 함수

⇒ convenience 키워드를 붙임
convenience init(파라미터) {
  // 같은 클래스에 들어 있는 전체 초기화 함수 또는 부분 초기화 함수 호출
  // 초기화를 위한 코드
}

4 부모 클래스의 초기화 함수가 상속되는 경우

⇒ 1. 자식 클래스에 전체 초기화 함수를 만들지 않은 경우
    2. 자식 클래스에서 모든 전체 초기화 함수를 재정의한 경우
       부모 클래스의 부분 초기화 함수를 상속 받음

5 self와 super

⇒ self는 나 자신, super는 부모

6 부모 클래스의 메소드를 다시 정의하는 메소드 재정의

⇒ override func 함수 이름 (파라미터) –> 반환 자료형 { ... }

7 부모 클래스의 속성을 재정의할 수 있는 경우

⇒ 1. 저장 속성을 get, set 구문이 모두 있는 계산 속성으로 재정의할 때
    2. get, set 구문이 모두 있는 계산 속성을 get, set 구문이 모두 있는 계산 속성으로 재정의할 때
    3. get 구문만 있는 계산 속성을 get, set 구문이 모두 있는 계산 속성으로 재정의할 때
    4. get 구문만 있는 계산 속성을 get 구문만 있는 계산 속성으로 재정의할 때

8 final 키워드의 사용

⇒ final 키워드를 붙이면 자식 클래스에서 재정의할 수 없음

9 객체의 자료형을 확인할 때 사용하는 is 연산자

⇒ 인스턴스 객체 is 객체 자료형

10 형 변환에 사용하는 as 연산자

⇒ as : 업 캐스팅에 사용됨

　　　　인스턴스 객체 as 변환할 자료형

　as? : 다운 캐스팅 중에 옵셔널 자료형으로 변환할 때 사용됨

　　　　인스턴스 객체 as? 변환할 자료형

　as! : 다운 캐스팅 중에서 강제로 일반 자료형으로 변환할 때 사용됨

11 Any와 AnyObject

⇒ Any는 어떤 자료형이든 들어갈 수 있는 범용 자료형이며, AnyObject는 최상위 클래스

12 데이터의 자료형의 의존하지 않는 제네릭

⇒ 제네릭을 사용하면 데이터의 자료형에 의존하지 않으며 꺾쇠 기호(〈 〉) 사용

13 프로토콜의 정의

⇒ protocol 프로토콜 이름 { ... }

14 클래스를 정의할 때 프로토콜을 구현하도록 하는 형식

⇒ 클래스 이름 : 프로토콜 이름

　클래스 이름 : 프로토콜 이름1, 프로토콜 이름2, 프로토콜 이름3, ...

　클래스 이름 : 부모 클래스 이름, 프로토콜 이름1, 프로토콜 이름2, 프로토콜 이름3, ...

15 프로토콜에 선언할 수 있는 계산 속성

⇒ 속성의 get, set 행위를 선언할 수 있음

02-8
메모리 관리와 예외 처리하기

중요도 ★★★☆☆

언어마다 메모리를 관리하는 방법은 조금씩 다릅니다. C 언어를 경험해 보았는지, 아니면 자바 언어를 경험해 보았는지에 따라서도 각각 다르죠. 예를 들어, C 언어는 포인터(Pointer)를 사용해서 메모리의 어느 부분에 값을 저장했는지 알아두었다가 더 이상 저장할 필요가 없을 때 개발자가 직접 메모리를 해제합니다. 이것은 메모리를 무한정 사용할 수 없기 때문에 만든 기능입니다. 그러나 자바 언어는 개발자가 일일이 포인터를 다룰 때 생기는 오류를 방지할 수 있도록 포인터가 없고 시스템이 알아서 메모리를 관리합니다. 그렇다면 스위프트는 어떨까요? 스위프트로 프로그램을 만들 때도 포인터가 없기 때문에 시스템이 알아서 메모리를 관리합니다. 따라서 메모리 관리에 신경 쓰지 않아도 됩니다. 단지, 경우에 따라서 특정 객체를 더 이상 사용하지 않을 때 코드에 명시하는 것이 필요할 때가 있습니다. 이렇게 해야 메모리를 더 효율적으로 사용할 수 있기 때문입니다.

이 장에서는 스위프트의 메모리 관리 방법을 알아봅니다. 또한 예외 상황이 발생했을 때 어떻게 처리하는지도 알아봅니다. 그다음 확장(extension), 서브스크립트(subscript), 중첩 타입 등도 살펴봅니다.

키워드로 알아보는 스위프트 언어

메모리	스위프트는 포인터를 사용하지 않으며 ARC가 자동으로 메모리를 관리합니다.
예외 처리	열거형으로 오류를 정의할 수 있고 예외 상황이 발생했을 때 throw로 예외를 발생시킬 수 있습니다.
확장	이미 만들어져 있는 클래스나 구조체 등에 기능을 추가하고 싶을 때 확장(extension)을 사용합니다.
서브 스크립트	서브스크립트를 사용해 대괄호와 인덱스를 사용할 수 있도록 만들 수 있습니다.
중첩 타입	클래스, 구조체, 열거형 등의 내부에 또 다른 자료형을 정의할 수 있습니다.

1 _ 자동으로 메모리 관리하기

스위프트에서 메모리를 관리하는 역할은 'ARC(Automatic Reference Counting)'가 담당합니다. 이것은 객체를 가리키는 레퍼런스의 숫자를 관리한다는 의미를 가지고 있으며, 실제로도 레퍼런스 숫자를 관리합니다. 여기에서 객체를 가리키는 레퍼런스의 숫자가 매우 중요합니다. 왜 중요할까요?

객체 소유하기

레퍼런스 숫자는 클래스로부터 만들어진 인스턴스 객체에만 적용되는 개념입니다. 따라서 Int, String과 같은 기본 자료형이나 구조체(struct), 열거형(enum)에는 적용되지 않습니다. 그러면 클래스로부터 만들어진 인스턴스 객체를 참조하는 방식을 먼저 살펴보겠습니다. 우선 파인더 창을 열어서 [chapter8] 폴더를 만든 후 arc1.playground 파일을 새로 만들고 다음 코드를 입력합니다.

코드 참고 / chapter8》arc1.playground   QR코드 듣기

```swift
class Person {
    var name : String!
    var age : Int!
    init(name:String, age:Int) {
        self.name = name
        self.age = age
    }
    deinit {
        print("\(name)가 메모리에서 해제되었습니다.")
    }
}
```

Person 클래스는 지금까지 만들어 보았던 클래스의 형태와 크게 다르지 않습니다. name과 age 변수가 속성으로 추가되었으며 init 함수 안에서 name과 age 변수의 값을 초기화하고 있습니다. init 함수로 전달되는 파라미터가 두 개이므로 이 초기화 함수를 사용해 Person 객체를 만들 때는 이름과 나이를 파라미터로 전달하면 됩니다. deinit은 이 Person 클래스로부터 만들어진 인스턴스 객체가 메모리에서 해제될 때 호출됩니다. deinit의 형식을 보면 파라미터가 없고 단지 중괄호 안에 필요한 코드를 넣으면 됩니다.

`deinit { ... }`

deinit의 중괄호 안에 입력한 코드를 보면 단순히 name 속성의 값과 함께 메모리에서 해제되었다는

글을 디버그 영역에 출력하도록 되어 있습니다.

이렇게 만든 Person 클래스로부터 인스턴스 객체를 하나 만든 후 변수에 할당하도록 다음 코드를 추가합니다.

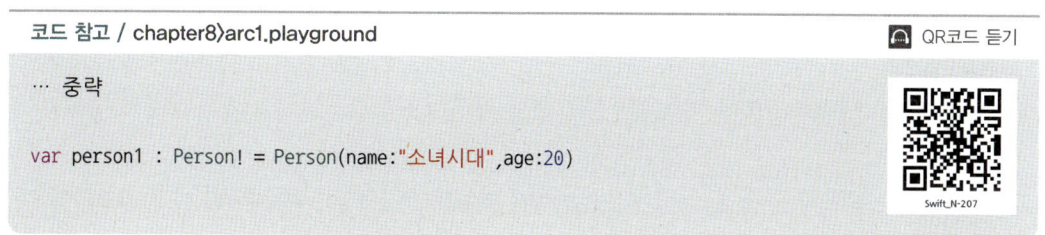

이렇게 하면 메모리에 만들어진 Person 객체를 person1 변수가 가리키게 됩니다. 이 person1 변수의 자료형은 Person!로 만듭니다. 이렇게 !를 붙이면 nil이 할당될 수 있습니다. 이때 ARC에서 관리하는 Person 객체의 레퍼런스 숫자는 1이 됩니다.

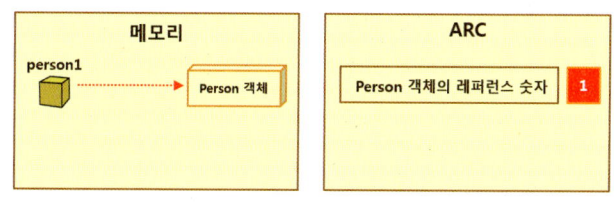

▲ 인스턴스 객체를 만들고 변수에 할당했을 때 레퍼런스 숫자의 변화

이렇게 ARC에서 레퍼런스 숫자를 관리하고 있는 상태에서 레퍼런스 숫자의 값이 0이 되면 그 객체는 메모리에서 해제됩니다. 즉, 객체가 메모리에서 없어지는 것입니다. 레퍼런스는 변수 또는 상수가 인스턴스 객체를 가리키는 것을 의미합니다. 따라서 person1 변수가 Person 객체를 더 이상 가리키지 않도록 nil 값을 할당하면 ARC에서 관리하는 Person 객체의 레퍼런스 숫자는 0이 됩니다. 다음 코드를 추가합니다.

person1 변수에 nil을 할당했습니다. 이제 코드를 실행하면 다음과 같이 메모리에서 해제되었다는 메시지가 출력되는 것을 볼 수 있습니다.

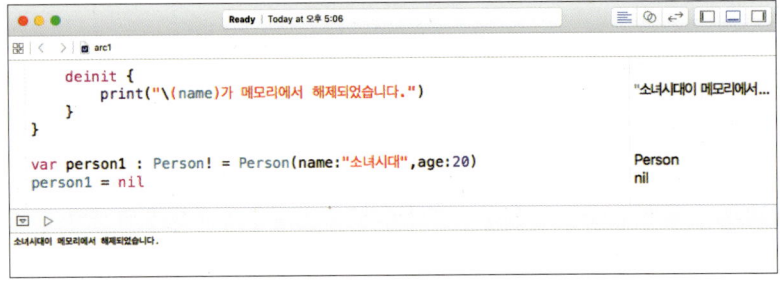

▲ 변수에 nil을 할당하여 메모리에서 객체를 해제하는 경우

Person 객체를 가리키던 person1 변수에 nil을 할당했으므로 person1 변수는 더 이상 메모리에 있는 Person 객체를 가리키지 않습니다. 따라서 Person 객체는 어디에서도 사용하지 않게 되고 ARC는 그 객체를 메모리에서 즉시 제거합니다.

이번에는 하나의 변수가 아니라 두 개의 변수가 인스턴스 객체를 가리키도록 해 보겠습니다. 다음 코드를 추가로 입력합니다.

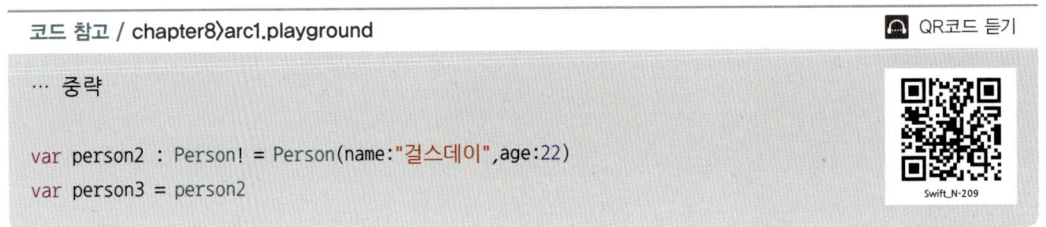

새로운 인스턴스 객체를 만든 후 person2 변수에 할당했습니다. 그리고 다시 person3 변수를 만들어 할당하면 person2와 person3가 모두 그 객체를 가리키게 됩니다.

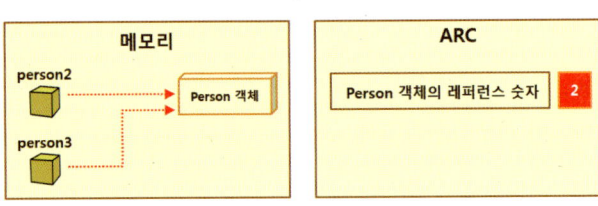

▲ 두 개의 변수가 하나의 인스턴스 객체를 가리킬 때 레퍼런스 숫자의 값

Person 클래스로부터 만들어진 인스턴스 객체를 두 개의 변수가 가리키고 있으므로 ARC에서 관리하는 레퍼런스 숫자의 값은 2가 됩니다. 따라서 다음과 같이 person2 변수에 nil을 할당하더라도 person3가 가리키는 레퍼런스는 사라지지 않아서 객체는 해제되지 않습니다.

결국 ARC에서 관리하는 레퍼런스 개수가 0이 되어야 객체가 해제되므로 person2와 person3 모두 nil 값이 할당되었을 때 그 객체가 해제됩니다.

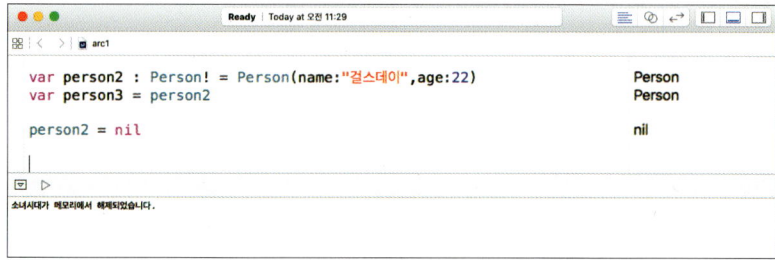

▲ 하나의 변수에만 nil을 할당했을 때 해제되지 않는 객체

만약 자바를 경험해 보았다면 이렇게 레퍼런스만 없애도 객체가 메모리에서 바로바로 사라지는 것을 대단하게 생각할 수 있습니다. 그만큼 프로그램을 효율적으로 만들려면 ARC로 메모리를 잘 관리하는 것이 중요합니다.

변수의 유효 범위

변수는 변수가 선언된 범위(Scope)를 벗어나면 자동으로 사라집니다. 이것을 변수의 '유효 범위'라고 합니다. 변수가 사라지면 변수가 가리키는 객체의 레퍼런스 개수에 변화가 생깁니다. 따라서 유효 범위에 관심을 가져야 합니다.

일반적으로 중괄호로 만들어진 코드 블록 안에 변수를 선언하면 그 변수는 '지역 변수(Local Variable)'가 됩니다. 대표적인 코드 블록이 함수인데, 함수 안에서 지역 변수를 만들면 그 지역 변수는 해당 함수 안에서만 유효합니다. 다음 코드를 추가합니다.

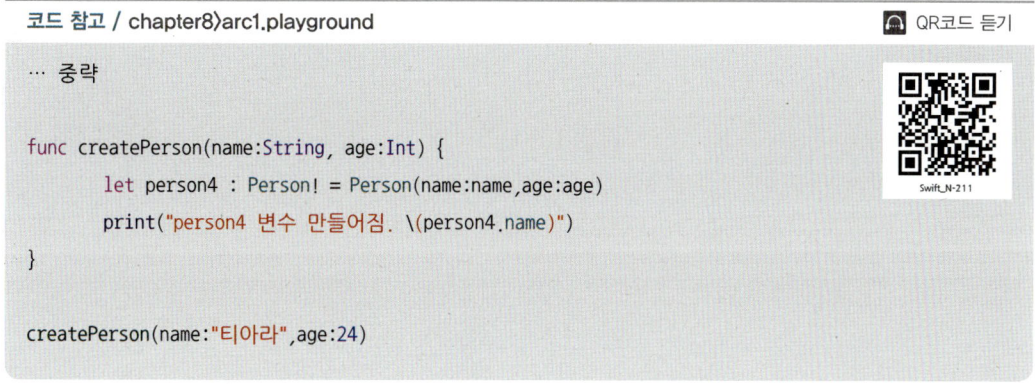

createPerson 함수를 하나 정의했습니다. 이 함수 안에서는 Person 객체를 하나 만들어 person4 상수에 할당합니다. 따라서 createPerson 함수를 호출하면 person4 상수가 Person 객체를 가리키지만 이 상수는 함수의 실행이 끝나면 메모리에서 사라지므로 Person 객체의 레퍼런스 개수는 0이 됩니다. 코드를 실행하면 다음과 같이 객체가 메모리에서 해제되었음을 알 수 있습니다.

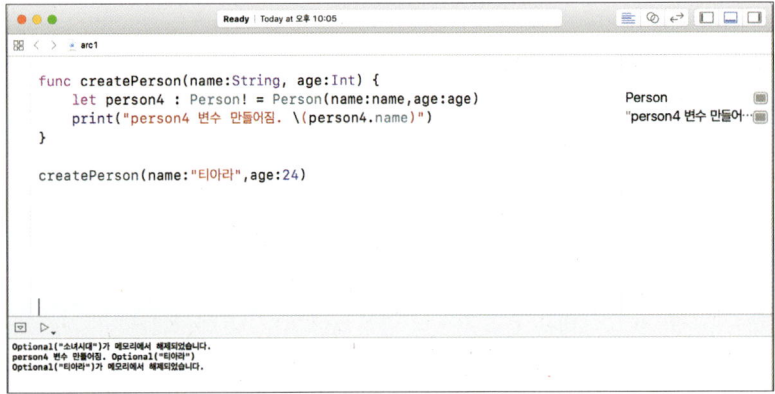

▲ 함수 안에서 만든 지역 변수가 함수 실행이 끝나고 나서 해제된 경우

여기에서 확인한 것처럼 함수 안에 지역 변수로 만들어진 변수나 상수가 인스턴스 객체를 가리키는 경우, 함수 실행이 끝나면 변수나 상수가 사라지고 ARC에서 자동으로 인스턴스 객체를 해제한다는 것을 이해하기 바랍니다. 만약 지역 변수가 아니라 클래스의 속성으로 선언했다면 이 클래스로부터 만들어진 인스턴스 객체가 메모리에 존재하는 동안 객체도 사라지지 않습니다. 그리고 속성을 가지고 있는 인스턴스 객체가 해제되어야 속성으로 할당된 객체도 사라집니다.

다음 코드처럼 Team이라는 새로운 클래스를 하나 만들고 그 안에 Person 자료형의 속성을 하나 추가합니다.

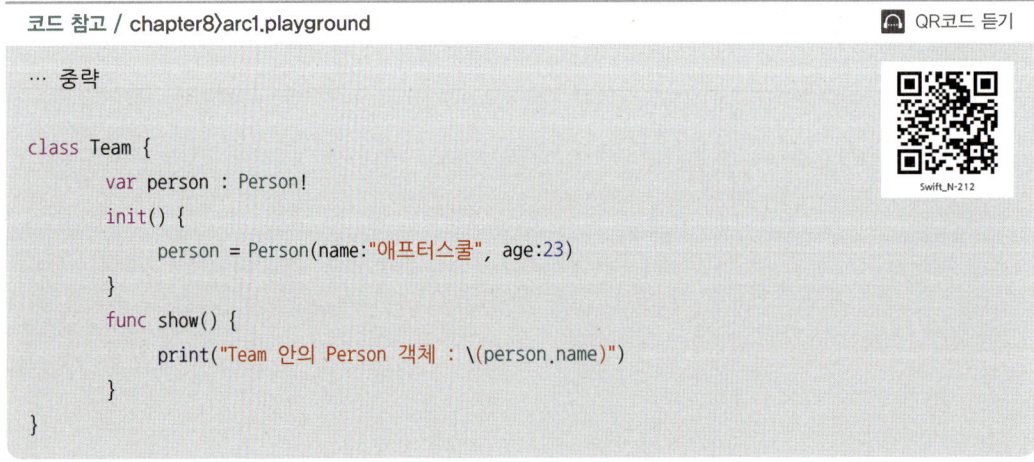

Team 클래스 안에 추가된 person 변수는 init 함수 안에서 초기화됩니다. 결국 Team이라는 클래스에서 Person 자료형으로 된 객체를 참조하는 모양이 됩니다. show 메소드를 호출하면 어떤 사람인지를 콘솔에 출력합니다. 이제 다음 코드를 추가합니다.

코드 참고 / chapter8〉arc1.playground   QR코드 듣기

```
… 중략

var team1 : Team! = Team()
team1.show()
team1 = nil
```

Team 클래스로부터 인스턴스 객체를 하나 만들어 team1 변수에 할당합니다. 그리고 show 메소드를 호출한 후 nil을 할당합니다. 코드를 실행하면 다음과 같이 team1 객체가 해제되면서 그 안에 속성으로 들어 있던 person 객체도 해제되었음을 알 수 있습니다.

▲ 객체가 해제되면서 그 안에 속성으로 들어 있던 객체도 해제된 경우

그런데 ARC가 객체들을 관리하면서 필요할 때마다 자동으로 메모리에서 객체를 없애주는데 왜 굳이 이런 내용들을 살펴봐야 할까요? 이제부터 설명할 강한 순환 참조와 약한 참조 때문입니다.

강한 순환 참조

'강한 순환 참조(Strong Reference Cycles)'는 두 클래스가 서로 참조하는 경우에 만들어집니다. 강한 순환 참조는 ARC에 의해 해제되지 않기 때문에 프로그램이 종료될 때까지 계속 유지됩니다. arc2.playground 파일을 새로 만들고 다음 코드를 입력합니다.

코드 참고 / chapter8>arc2.playground　　　QR코드 듣기

```swift
class Person {
    var name : String!
    var age : Int!
    var team : Team!
    init(name:String, age:Int) {
        self.name = name
        self.age = age
        print("\(name)이 만들어졌습니다.")
    }
    deinit {
        print("\(name)가 메모리에서 해제되었습니다.")
    }
}

class Team {
    var person : Person!
    init(person:Person) {
        self.person = person
        print("Team이 만들어졌습니다.")
    }
    deinit {
        print("Team 객체 해제됨.")
    }
}
```

Person 클래스는 앞에서 만들었던 것을 그대로 사용하되 init 함수 안에서 인스턴스 객체가 만들어졌다는 것을 알 수 있도록 합니다. 즉, init 함수 안에서 콘솔에 글자가 출력되도록 약간 수정합니다. 그리고 Team 클래스의 인스턴스 객체를 할당할 수 있는 team이라는 변수를 추가합니다. Team 클래스는 그 안에 person 변수를 속성으로 갖도록 했으며, 객체를 만들 때 Person 객체를 파라미터로 전달 받을 수 있도록 init 함수를 만들었습니다.

이렇게 만든 클래스를 사용해 객체를 만들고 각각 person1 변수와 team1 변수에 할당합니다. Person 객체 안에 있는 team 속성에는 Team 클래스로부터 만든 인스턴스 객체를 할당합니다.

코드 참고 / chapter8>arc2.playground　　　QR코드 듣기

```swift
… 중략

var person1 : Person! = Person(name:"소녀시대", age:22)
var team1 : Team! = Team(person:person1)
person1.team = team1

person1 = nil
team1 = nil
```

이렇게 하면 Person 객체 안에 있는 변수가 Team 객체를 가리키고 Team 객체 안에 있는 변수가 Person 객체를 가리키게 됩니다. 이것이 '상호 참조'입니다. 이렇게 상호 참조를 하면 강한 순환 참조 상태가 되며, 다음과 같이 person1과 team1 변수에 nil을 할당해도 객체는 해제되지 않습니다. 코드를 실행하면 다음과 같이 메모리에서 해제되었다는 메시지를 볼 수 없습니다.

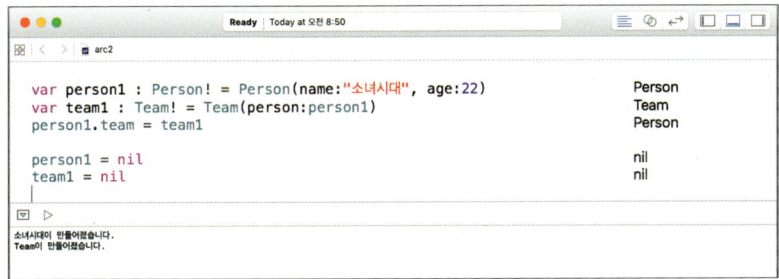

▲ 강한 순환 참조라서 두 객체를 가리키지 않도록 해도 메모리에서 해제되지 않는 경우

이것을 해제하려면 속성에 직접 nil을 할당해야 합니다. 다음 코드처럼 속성으로 들어 있는 변수들에 nil을 할당한 후 person1과 team1 변수를 nil로 만들어 보겠습니다.

코드 참고 / chapter8〉arc2.playground   QR코드 듣기

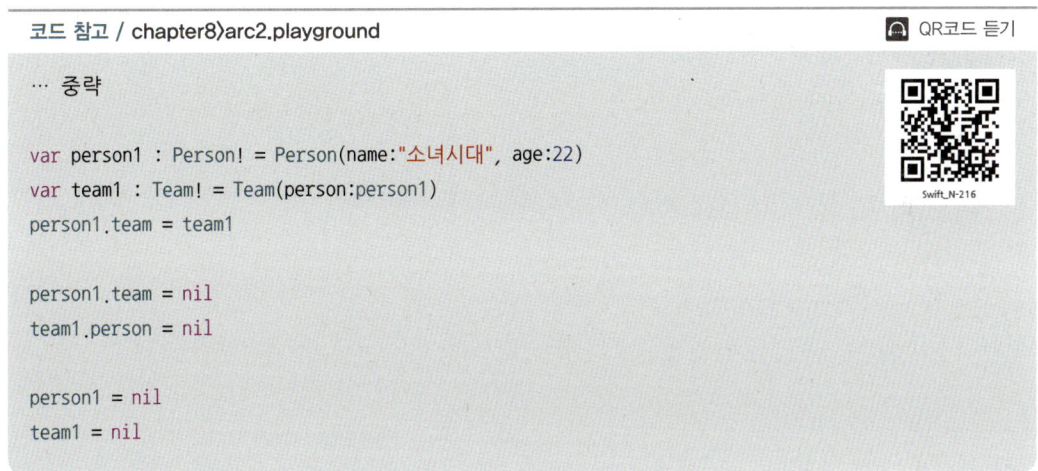

코드를 실행하면 다음과 같이 객체가 메모리에서 해제되었음을 알 수 있습니다.

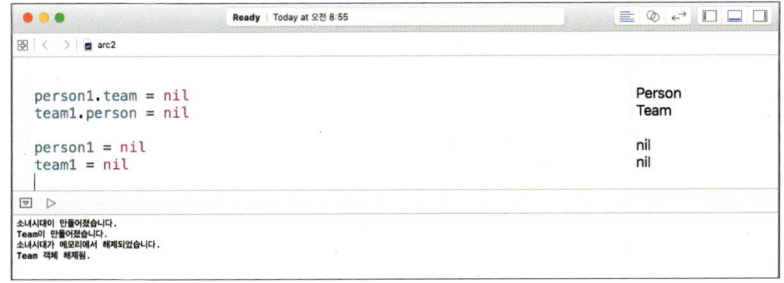

▲ 속성으로 할당된 변수를 nil로 만들어 강한 순환 참조를 해제한 경우

강한 순환 참조는 객체들을 메모리에 계속 유지시켜 메모리가 증가하는 현상을 만들 수 있으므로 주의해야 합니다.

약한 참조

'약한 참조(Weak Pointer)'는 강한 참조와는 다르게 객체를 소유하지 않습니다. 즉, ARC는 약한 참조를 만들 때는 레퍼런스 개수를 늘리지 않습니다. 약한 참조를 코드에서 사용하고 싶다면 weak 또는 unowned 키워드를 사용합니다. weak 또는 unowned를 사용하는 형식은 다음과 같습니다.

```
weak var 변수 이름 : 자료형
unowned var 변수 이름 : 자료형
```

weak 키워드를 사용해 선언한 변수 또는 상수에서 가리키던 객체가 해제되면 이 변수 또는 상수에는 자동으로 nil이 할당됩니다. 따라서 nil이 할당될 수 있도록 옵셔널로 선언해야 합니다. 약한 참조를 만들기 위해 arc2.playground 파일을 복사하여 arc3.playground 파일로 다시 만든 후 다음과 같이 Team 클래스 안의 코드를 수정합니다.

코드 참고 / chapter8)arc3.playground   QR코드 듣기

```
… 중략

class Team {
    weak var person : Person?
… 중략
```

바뀐 부분은 Team 클래스 안에 있던 person 변수의 선언 부분입니다. weak 키워드가 사용되었고 물음표(?)를 붙여 옵셔널로 선언했습니다. 코드를 실행하면 다음과 같이 객체를 가리키는 두 개 변수에 모두 nil을 할당했을 때 속성으로 들어 있던 객체들이 같이 해제된 것을 확인할 수 있습니다.

▲ weak 키워드를 사용해 약한 참조를 만든 경우

이렇게 하면 속성으로 추가했던 객체가 메모리에서 해제되지 않던 강한 순환 참조의 문제를 해결할 수 있습니다. 왜냐하면 weak 키워드를 사용해 약한 참조를 만들었을 때 해당 객체는 ARC에서 필요에 따라 없앨 수 있기 때문입니다.

이번에는 unowned를 사용해 보겠습니다. unowned는 weak와 같이 약한 참조를 만들지만 자동으로 nil이 할당되지 않기 때문에 변수나 상수를 옵셔널로 선언하지 않습니다. weak 키워드는 두 객체가 서로 독립적으로 존재할 수 있는 경우에 사용하기 적당하며, unowned는 하나의 클래스가 다른 클래스에 완전히 종속되었을 때 사용하면 좋습니다.

arc3.playground 파일을 복사하여 arc4.playground 파일을 새로 만든 후 다음 코드처럼 Team 클래스 안에 선언된 person 변수를 수정합니다.

weak 키워드를 unowned로 변경했으며 물음표(?)를 없애서 옵셔널이 아닌 Person 자료형으로 만들었습니다. 코드를 실행하면 weak 키워드를 사용했을 때와 동일한 결과가 출력됩니다. 즉, 상호 참조하고 있는 객체들의 변수에 nil을 할당하여 가리키지 않게 하면 그 안에 들어 있는 객체도 같이 해제됩니다. 그렇다면 weak와 unowned는 변수나 상수를 선언할 때만 다른 걸까요? 만약 person1 = nil이라는 코드 아래 부분에서 team1.person 객체를 참조하려 하면 오류가 발생합니다. 이렇게 변수가 가리키는 곳에 객체가 없는 상태가 된 것을 '댕글링 포인터(dangling pointer)'라고 부릅니다.

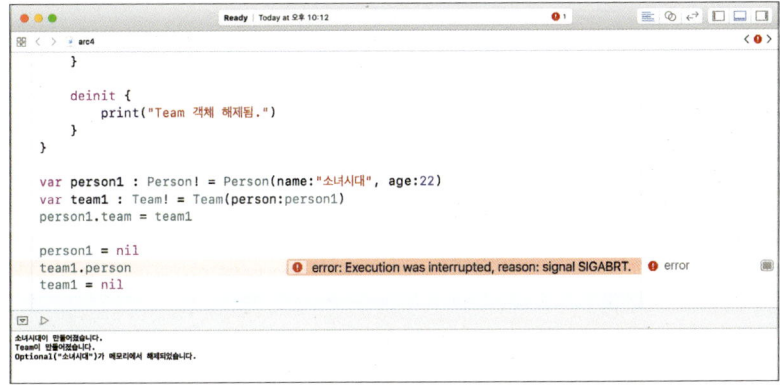

▲ 변수가 가리키는 곳에 객체가 없어 오류가 발생하는 경우

unowned를 사용할 때는 변수가 nil이 될 수 없으므로 이런 오류가 발생할 수 있다는 점에 주의해야 합니다.

컬렉션의 소유권

배열처럼 여러 개의 객체를 담아둘 수 있는 컬렉션에 객체를 넣어둘 때는 소유권이 어떻게 될까요? 컬렉션은 그 안에 들어 있는 객체를 소유하기 때문에 ARC의 레퍼런스 개수에 영향을 미칩니다. arc5.playground 파일을 새로 만든 후 다음 코드처럼 Person 클래스와 함께 Person 객체를 담아둘 수 있는 배열 객체를 만듭니다.

코드 참고 / chapter8〉arc5.playground　QR코드 듣기

```
class Person {
    var name : String!
    var age : Int!
    init(name:String, age:Int) {
        self.name = name
        self.age = age
        print("\(name)이 만들어졌습니다.")
    }
    deinit {
        print("\(name)가 메모리에서 해제되었습니다.")
    }
}

var persons = [Person]()
```

그리고 Person 객체를 하나 만들어 person1 변수에 할당한 후 persons 배열에 person1을 추가합니다. 그런 다음 person1 변수에 nil을 할당합니다.

코드 참고 / chapter8〉arc5.playground　QR코드 듣기

```
… 중략

var person1 : Person! = Person(name:"소녀시대", age:22)
persons.append(person1)
print("person1을 배열에 추가했습니다.")

person1 = nil
```

코드를 실행하면 person1 변수는 메모리에 만들어진 Person 객체를 더 이상 가리키지 않지만 그 객체가 해제되었다는 메시지는 출력되지 않습니다.

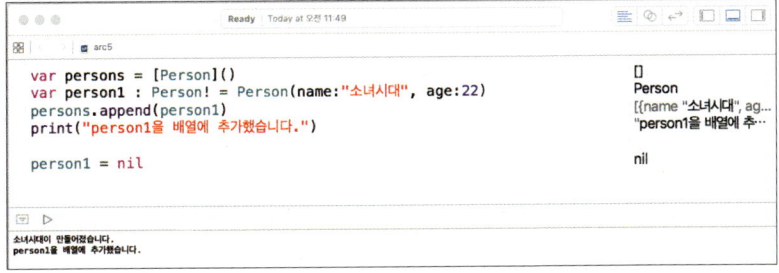

▲ 배열 안에 들어 있어 해제되지 않는 객체

이것은 persons 배열이 그 안에 들어 있는 Person 객체를 소유하고 있기 때문입니다. 만약 Person 객체를 해제하고 싶다면 그 객체를 배열에서 제거해야 합니다. 다음 코드처럼 배열에서 Person 객체를 제거하도록 remove 메소드를 호출합니다.

코드를 실행하면 person1 변수도 Person 객체를 가리키지 않고 배열에서도 그 객체를 소유하지 않으므로 메모리에서 사라졌다는 메시지가 출력됩니다.

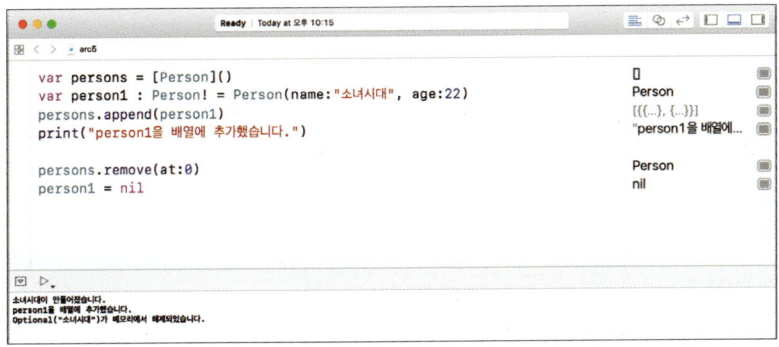

▲ 배열에서 제거되어 메모리에서 사라지는 객체

지금까지 객체를 만든 후에 어떻게 메모리에서 사라지는지 알아보았습니다. 아이폰 앱을 만들 때도 weak 키워드를 자주 볼 수 있으며 강한 순환 참조를 사용할 것인지 아니면 약한 참조를 사용할 것인지를 물어보기도 합니다. 따라서 스위프트에서 메모리에 만든 객체를 어떻게 관리하는지 이해하면서 코드를 살펴보는 것이 좋습니다.

Quiz 34 Person 클래스로부터 인스턴스 객체를 만든 후 세 개의 변수에 차례로 할당했다가 변수가 nil을 가리 키도록 합니다. 그리고 해당 인스턴스 객체가 메모리에서 해제되는지 확인합니다. Person 클래스를 정의하고 이 클래스로부터 인스턴스 객체를 만든 후 변수에 할당합니다. 그리고 이 변수를 다시 다른 변수에 할당한 다음 다시 다른 변수에 할당합니다. 이렇게 만든 변수들이 순서대로 다시 nil을 가리키도록 바꾸어 인스턴스 객체가 언제 메모리에서 해제되는지 확인해 보세요.

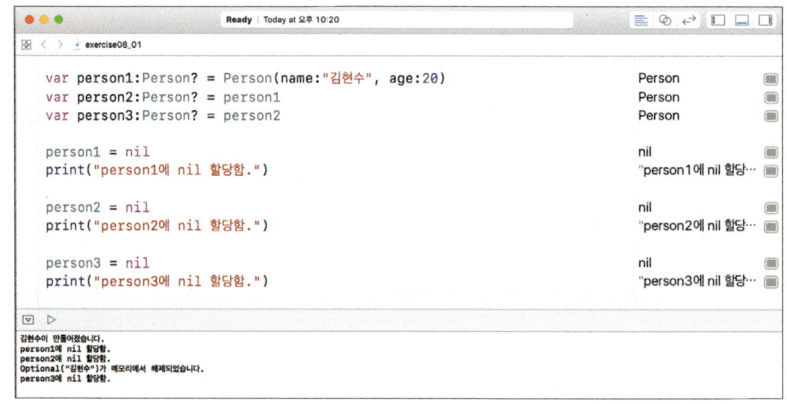

해답 | exercise08_01.playground

2 _ 예외 처리하기

스위프트에서 사용하는 옵셔널은 변수나 상수에 nil이 할당될 수 있게 함으로써 예외적인 상황에 쉽게 대처할 수 있도록 만들었습니다. '예외(Exception)'란 예상하지 못했던 일이 갑자기 발생하는 것을 말하는데 이런 상황이 발생했을 때 변수나 상수에 nil을 할당하면 그 값이 잘못되었다는 것을 알 수 있습니다. 그런데 이런 옵셔널만으로는 함수를 호출한 곳에 예외 상황이 발생했다는 것을 알려줄 수 없습니다. 이 때문에 throw와 같은 키워드를 사용해 예외 상황이 발생했다는 것을 알려주어야 안전하게 처리할 수 있습니다.

오류 객체 만들어 던지기

예외 상황이 발생했을 때 어떻게 처리하는지 알아보기 위해 error1.playground 파일을 새로 만들고 그 안에 계산기 코드를 입력해 보겠습니다. 계산기는 더하기, 빼기, 곱하기, 나누기 기능을 가질 수 있도록 프로토콜을 하나 정의한 후 구현하도록 합니다. 먼저 Calculator라는 이름의 프로토콜을 정의한 다음 Calculator 프로토콜을 준수하는 MyCalculator 클래스를 정의합니다.

코드 참고 / chapter8>error1.playground　　　　　　　　　QR코드 듣기

```swift
protocol Calculator {
    func add(first a:Int, second b:Int) -> Int
    func subtract(first a:Int, second b:Int) -> Int
    func multiply(first a:Int, second b:Int) -> Int
    func divide(first a:Int, second b:Int) -> Int
}

class MyCalculator : Calculator {
}
```

계산기에 더하기 기능을 넣고 그 기능에 접근할 때 프로토콜이라는 껍데기를 계산기 객체에 싸 두면 다른 곳에서는 항상 이 껍데기를 통해서만 접근할 수 있습니다. 한글로 '빼기', '곱하기', '나누기'라고 얘기할 때는 쉽게 보였던 단어들이 영어로 바꾸니 조금 어렵게 보일 수도 있습니다. 'subtract'라는 단어가 빼기, 'multiply'라는 단어가 곱하기, 'divide'라는 단어가 나누기를 의미합니다.

그런데 계산기를 만들려고 했더니 시간이 없어서 더하기 이외의 다른 연산은 만들 수 없을 때 어떻게 해야 할까요? 아니면 더하기 이외의 다른 기능은 아예 만드는 방법을 모른다면 어떻게 해야 할까요? 빼기나 곱하기 그리고 나누기는 쉽게 그 기능을 만들 수 있습니다. 하지만 실제로 어려운 로직(Logic)을 넣어야 하는 메소드일 때는 만들 수 없는 것도 생길 수 있습니다. 이럴 때는 일단 빼기, 곱하기, 나누기 연산의 결과를 반환하는 값으로 0을 넣어둘 수 있습니다. 우선 각 기능 함수의 결과를 반환하는 값으로 0을 지정하도록 다음 코드를 입력해 보세요.

코드 참고 / chapter8>error1.playground　　　　　　　　　QR코드 듣기

```swift
… 중략

class MyCalculator : Calculator {
    func add(first a:Int, second b:Int) -> Int {
        return a + b
    }
    func subtract(first a:Int, second b:Int) -> Int {
        return 0
    }
    func multiply(first a:Int, second b:Int) -> Int {
        return 0
    }
    func divide(first a:Int, second b:Int) -> Int {
        return 0
    }
}
```

아직 새로 추가된 메소드들 안에서는 아무런 계산도 하지 않고 단순히 0 값만 반환합니다. 이 기능을 구현하는 것은 어렵지 않지만 앞에서 얘기한 것처럼 기능을 만들 수 없다면 이렇게 놔두는 게 맞는 걸까요? 이 계산기 기능을 사용하는 쪽에서 보면 이 계산기의 빼기 기능을 호출했을 때 0 값이 나오는 걸 보고 아직 구현이 안 되었다는 것을 알 수 있을까요? 이럴 때 할 수 있는 방법이 '예외'라는 것을 만드는 것입니다.

▲ 예외 만들기

이러한 예외 상황을 다루려면 먼저 오류 유형을 정의해야 합니다. 스위프트에서 제공하는 Error는 열거형으로 만들어졌으며 오류 유형을 정의할 때 사용됩니다. Error를 상속하여 새로운 오류 열거형을 정의하는 방법은 다음과 같습니다.

```
enum 오류 유형 이름 : Error {
    case 유형1
    case 유형2
    ...
}
```

예외 상황이 발생하여 오류를 발생시키고 싶다면 throw를 사용합니다. throw의 형식은 다음과 같습니다.

```
throw 오류 유형
```

throw 외에 throws 키워드도 있는데 throw는 오류를 던져준다는 의미로 사용되고, throws는 오류를 던져줄 수 있는 함수임을 알려줍니다. Calculator 프로토콜의 코드를 다음처럼 수정합니다.

코드 참고 / chapter8>error1.playground   QR코드 듣기

```
protocol Calculator {
    func add(first a:Int, second b:Int) throws -> Int
    func subtract(first a:Int, second b:Int) throws -> Int
    func multiply(first a:Int, second b:Int) throws -> Int
    func divide(first a:Int, second b:Int) throws -> Int
}
```

add 함수의 소괄호 뒤에 throws라는 키워드가 들어갔습니다. throws 키워드를 사용하면 이 함수가 예외를 던질 수 있다는 것을 의미합니다.

> func 함수 이름(파라미터) throws -> 반환 자료형

예외라는 것은 프로그램이 정상적으로 동작하지 않는다는 것을 알려주는 것입니다. 따라서 다음 그림처럼 예외가 발생했을 때 함수 상자에서 정상적인 경로로 값이 나오지 않고 다른 경로로 값이 나오도록 다른 구멍으로 던져준다는 의미입니다.

다시 말해, 메소드에서 'throws'라고 되어 있는 것은 예외라는 것이 나올 수 있다는 것을 알려줍니다. 프로토콜에 들어 있는 메소드들의 정의가 변경되었으므로 MyCalculator 클래스 안에 정의한 메소드들도 수정해야 합니다. 먼저 Error를 상속하여 CalculatorError라는 오류 열거형을 하나 만든 후 MyCalculator 클래스를 다음 코드처럼 수정합니다.

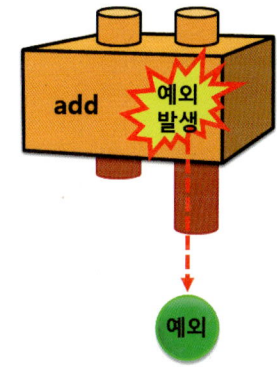

▲ 함수 상자에서 예외 던져주기

코드 참고 / chapter8〉error1.playground

```
… 중략

enum CalculatorError : Error {
    case Unimplemented
    case Incorrect(reason:String)
}

class MyCalculator : Calculator {
    func add(first a:Int, second b:Int) throws -> Int {
        return a + b
    }
    func subtract(first a:Int, second b:Int) throws -> Int {
        throw CalculatorError.Unimplemented
    }
    func multiply(first a:Int, second b:Int) throws -> Int {
        throw CalculatorError.Unimplemented
    }
    func divide(first a:Int, second b:Int) throws -> Int {
        if b == 0 {
            throw CalculatorError.Incorrect(reason: "두 번째 파라미터 값이 0입니다.")
        } else {
            return a / b
        }
    }
}
```

CalculatorError 열거형은 Error를 상속하도록 만들어 졌으며 Unimplemented와 Incorrect라는 두 개의 값을 가지고 있습니다. 첫 번째 값은 이름만 입력되어 있고 두 번째 값은 파라미터로 문자열을 하나 받을 수 있도록 되어 있습니다. MyCalculator 클래스의 add 메소드는 오류를 던지지 않도록 그대로 둡니다. subtract와 multiply 메소드에서는 CalculatorError.Unimplemented 오류를 던지도록 합니다. 그리고 마지막으로 divide 메소드에서는 두 번째 파라미터의 값을 if 문으로 확인한 후 값이 0인 경우에 CalculatorError.Incorrect 오류를 던지도록 합니다. 이때 오류의 원인을 문자열로 같이 넣어줍니다.

코드를 살펴보면 함수에서 반환하는 값이 있어야 한다고 했지만 return 키워드로 시작하는 줄을 삭제했습니다. 그리고 대신 throw라는 키워드를 사용해 오류 객체를 던져주었습니다. 예외 상황을 알려주는 것은 함수 상자에서 값을 돌려주는 것보다 먼저 진행되기 때문에 return 키워드가 없어도 됩니다.

이제 계산기 객체를 만들고 더하거나 빼기 함수를 호출해 보겠습니다. 그런데 보통의 경우에는 함수를 호출하기만 하면 되지만 그 함수가 오류 객체를 던져줄 수 있는 경우에는 다음과 같은 형식을 사용합니다.

```
do {
    try 예외 발생 함수 호출
} catch(오류 유형1) {
    코드
} catch(오류 유형2) {
    코드
} catch(...) {
    ...
}
```

do로 시작하는 구문은 중괄호로 감싸고 그 안에서 예외 상황이 발생할 수 있는 함수를 호출합니다. 이때는 함수를 호출하는 코드 앞에 try 키워드를 붙여줍니다. 예외가 발생했을 때 처리하는 코드는 중괄호 뒤에 catch 키워드를 붙여 처리합니다. 예외는 다양한 유형이 있으므로 catch 키워드는 여러 번 사용될 수 있습니다. 우선 다음 코드를 입력합니다.

코드 참고 / chapter8)error1.playground   QR코드 듣기

```swift
… 중략

var calc1 = MyCalculator()

do {
    let result1 = try calc1.add(first:10, second:10)
    print("더하기 결과 : \(result1)")
    let result2 = try calc1.subtract(first: 20, second: 10)
    print("빼기 결과 : \(result2)")

} catch CalculatorError.Unimplemented {
    print("구현되지 않은 기능입니다.")
} catch CalculatorError.Incorrect(let reason) {
    print("Incorrect 오류 : \(reason)")
}


do {
    let result3 = try calc1.divide(first: 40, second: 0)
    print("나누기 결과 : \(result3)")

} catch CalculatorError.Unimplemented {
    print("구현되지 않은 기능입니다.")
} catch CalculatorError.Incorrect(let reason) {
    print("Incorrect 오류 : \(reason)")
}
```

do로 시작하는 구문 안에서 calc1 객체의 add 메소드와 subtract 메소드가 호출됩니다. 그리고 do로 시작하는 구문을 하나 더 만들고 divide 메소드를 호출하도록 합니다.

코드를 실행하면 다음 그림처럼 두 번의 예외가 발생한 것을 알 수 있습니다.

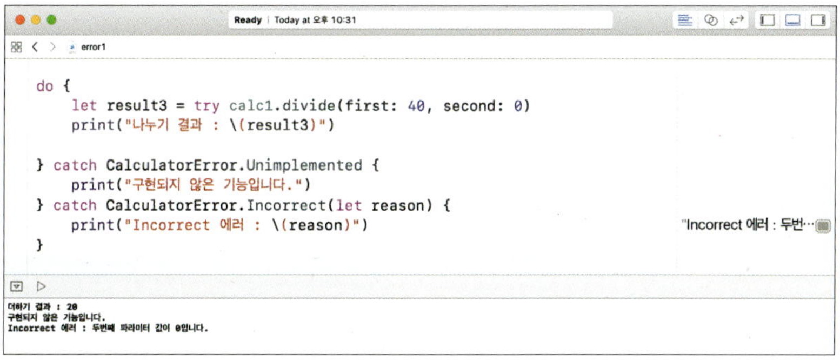

▲ 예외가 발생하여 오류 객체를 확인한 경우

구조체로 오류 유형 만들기

try 구문은 try?나 try!로 바꾸어 사용할 수 있습니다. try? 구문을 사용하면 오류가 발생했을 때 nil이 반환됩니다. 만약 try!를 사용하면 그 뒤에 있는 함수가 실행될 때 예외 상황이 발생하더라도 예외를 던지지 않고 그대로 실행하도록 합니다. 이렇게 하면 예외 처리를 안 해도 되는 장점이 생깁니다. 하지만 만약 심각한 오류가 발생했는데도 처리되지 않고 넘어갔다면 이후에 언제라도 런타임 오류가 발생하면서 프로그램이 중지될 수 있으니 주의해야 합니다.

오류 유형을 정의하는 객체는 열거형 이외에 구조체나 클래스로도 정의할 수 있습니다.

```
struct 오류 유형 이름 : Error {
    코드
}

class 오류 유형 이름 : Error {
    코드
}
```

error2.playground 파일을 새로 만들고 구조체로 오류 유형을 하나 정의한 후 함수를 실행했을 때 그 오류 유형을 던지도록 다음 코드를 입력합니다.

코드 참고 / chapter8)error2.playground　　　　　　　　　　　QR코드 듣기

```swift
struct CustomError : Error {
    var code : Int
    var message : String
}

func checkData() throws {
    throw CustomError(code:400, message:"데이터에서 오류 발생함.")
}
```

구조체 안에는 두 개의 속성이 추가되었습니다. 하나는 오류 코드를 저장할 code 변수이고 또 다른 하나는 오류 메시지를 저장할 message 변수입니다. 이렇게 만든 오류 유형을 사용해 오류를 던질 때는 오류 이름 뒤에 소괄호를 붙인 후 그 안에 속성 값을 넣어줍니다.

checkData 함수를 호출한 후 예외 상황을 처리할 때는 다음과 같이 코드를 입력합니다.

코드 참고 / chapter8)error2.playground　　　　　　QR코드 듣기

```
… 중략

do {
    try checkData()
} catch let error where error is CustomError {
    let errorInfo = error as! CustomError
    print("오류 : \(errorInfo.code), \(errorInfo.message)")
} catch let error {
    print("기타 오류")
}
```

do ~ catch 구문이 앞에서 사용했던 것과 약간 달라졌습니다. catch 문 뒤에서는 error라는 이름의 상수로 오류 객체를 바인딩했습니다. 이렇게 하면 함수에서 던져준 객체를 error 상수로 받을 수 있습니다. 그리고 where 문을 같이 사용하면 CustomError 유형인 것만 골라서 처리할 수 있습니다. 이렇게 바인딩한 오류 객체는 as! 연산자를 사용해 형 변환한 후 사용할 수 있습니다.

코드를 실행하면 다음과 같이 오류 코드와 오류 메시지를 확인할 수 있습니다.

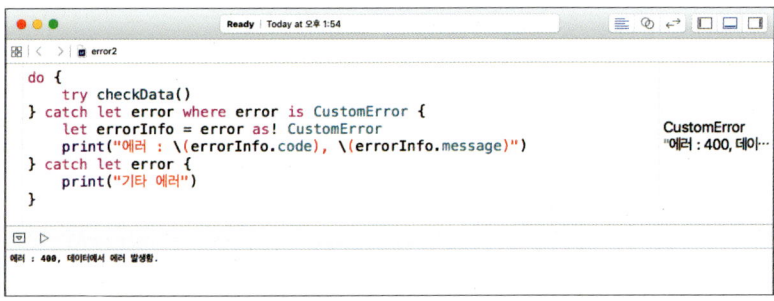

▲ 오류 유형을 구조체로 정의하여 사용한 경우

지금까지 만들어 본 것처럼 예외 상황이 발생하면 함수 안에서 실행되던 코드는 더 이상 진행되지 않고 오류 객체를 밖으로 던져줍니다. 그런데 오류가 발생하더라도 반드시 실행되어야 하는 부분이 있다면 문제가 발생할 수도 있습니다. 이때는 defer 키워드를 사용하여 실행이 지연되도록 합니다. defer 키워드를 사용하면 그 안에 들어 있는 코드는 함수가 종료되기 바로 전에 실행됩니다.

error2.playground 파일을 복사하여 error3.playground 파일을 새로 만든 후 다음 코드처럼 checkData 함수를 수정합니다.

코드 참고 / chapter8〉error2.playground   QR코드 듣기

```
… 중략

func checkData(data:Int) throws {
    defer {
        print("defer 안에서 실행된 코드.")
    }
    if data < 0 {
        print("예외 던져주기 전에 실행된 코드.")
        throw CustomError(code:400, message:"데이터에서 오류 발생함.")
    }
}

do {
    try checkData(data:-10)
} catch let error where error is CustomError {
    let errorInfo = error as! CustomError
    print("오류 : \(errorInfo.code), \(errorInfo.message)")
} catch {
    print("기타 오류")
}
```

checkData 함수를 호출할 때는 정수 값 하나를 파라미터로 전달하도록 수정했습니다. 그리고 그 파라미터의 값이 0보다 작은 경우에 CustomError를 던져주도록 했습니다. 예외를 던지기 전에는 print 함수를 호출하여 콘솔에 메시지를 뿌려줍니다. if 문 이전에 defer 키워드가 사용되었고 그 안에는 defer 안에서 실행되었음을 알려주는 메시지를 콘솔에 출력하도록 하였습니다. 코드를 실행하면 다음과 같이 defer 문 안에 있는 메시지가 함수 종료 전에 호출되었음을 알 수 있습니다.

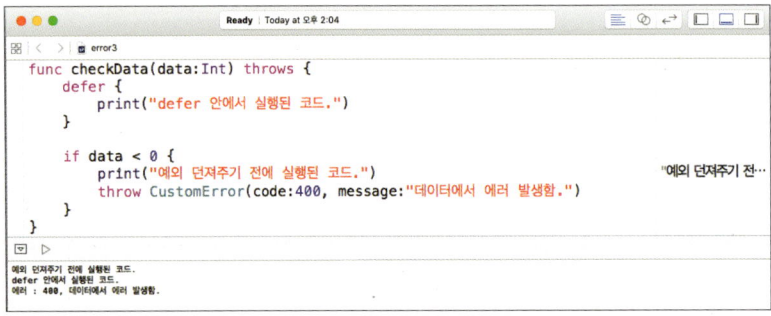

▲ defer 문을 사용해 함수 종료 전에 코드가 실행되도록 한 경우

지금까지 오류 객체를 만들고 예외 상황을 처리하는 방법에 대해 알아보았습니다. 다시 한 번 그 과정을 정리하면 다음과 같습니다.

❶ 열거형이나 구조체로 오류 유형 정의하기
  enum 열거형 이름 : Error { ... }
  struct 구조체 이름 : Error { ... }
❷ 함수를 정의할 때 throws 키워드 사용하기
❸ 예외 상황이 발생하는 코드에서 throw 키워드와 함께 오류 객체 던져주기
❹ 함수를 호출하는 쪽에서 do ~ catch 구문으로 예외 처리하기

예외라는 것에 익숙해져서 어떻게 처리하는지 이해해야 비로소 비정상적으로 종료되지 않는 좀 더 안전한 프로그램을 만들 수 있습니다.

퀴즈풀자

Quiz 35 Person 클래스를 만들고 그 안에 walk 메소드를 정의합니다. walk 메소드의 파라미터로는 음식의 양을 정수 값으로 전달하도록 합니다. 그 다음 인스턴스 객체에서 walk 메소드를 호출하면서 10 이상의 값을 전달했을 때는 예외가 발생하도록 만들어 보세요. 예외를 정의한 후 walk 메소드 안에서 예외가 발생했을 때 throw 메소드로 예외를 전달하도록 만듭니다.

```
func walk(food:Int) throws {
    if food > 10 {
        throw CustomError(code:400, message:"너무 많은 food 값")
    }
    print("사람 \(name)이(가) \(food*10)km 걸어갑니다.")
}

var person1:Person? = Person(name:"김현수", age:20)
do {
    try person1!.walk(food:5)
    try person1!.walk(food:20)
} catch let error {
    let errorInfo = error as! CustomError
    print("예외 발생함 : \(errorInfo.code), \(errorInfo.message)")
}
```

해답 | exercise08_02.playground

3 _ 확장 사용하기

'확장(extension)'을 사용하면 기존에 작성한 클래스, 구조체, 열거형의 기능을 확장할 수 있습니다. 따라서 확장을 사용하면 기존에 만들었던 자료형에 다음과 같은 것들을 추가할 수 있습니다.

> ❶ 계산 속성, 타입 계산 속성을 추가할 수 있습니다.
> ❷ 인스턴스 메소드, 타입 메소드를 추가할 수 있습니다.
> ❸ 초기화 함수를 추가할 수 있습니다.
> ❹ 첨자(subscript)를 설정할 수 있습니다.
> ❺ 중첩 타입(Nested Type)을 정의할 수 있습니다.
> ❻ 프로토콜을 구현하도록 정의할 수 있습니다.

확장을 사용하는 형식은 다음과 같습니다.

```
extension 자료형 { ... }
```

그러면 extension을 사용해서 계산 속성을 추가해 보겠습니다. extension1.playground 파일을 새로 만들고 다음 코드를 입력합니다.

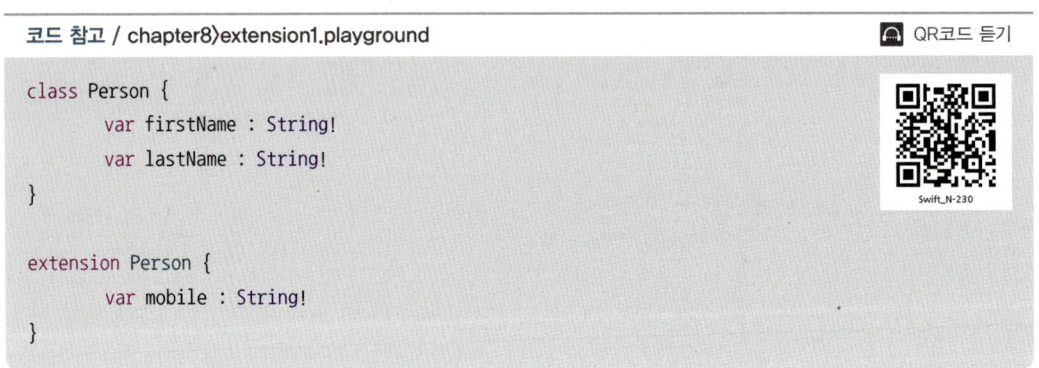

코드 참고 / chapter8)extension1.playground

```swift
class Person {
    var firstName : String!
    var lastName : String!
}

extension Person {
    var mobile : String!
}
```

Person 클래스를 정의하고 그 안에 firstName과 lastName이라는 이름의 변수를 선언했습니다. 두 변수의 자료형은 String!으로 되어 있으므로 값을 초기화하지 않아도 오류가 발생하지 않습니다. extension은 이 Person 클래스를 확장하도록 정의합니다. 따라서 extension 키워드 뒤에 Person이라는 클래스 이름을 붙이면 그 뒤에 나오는 중괄호 안에서 Person 클래스에 속성이나 메소드를 추가할 수 있습니다.

그런데 extension 안에 mobile이라는 속성을 추가하면 오류 메시지가 표시됩니다.

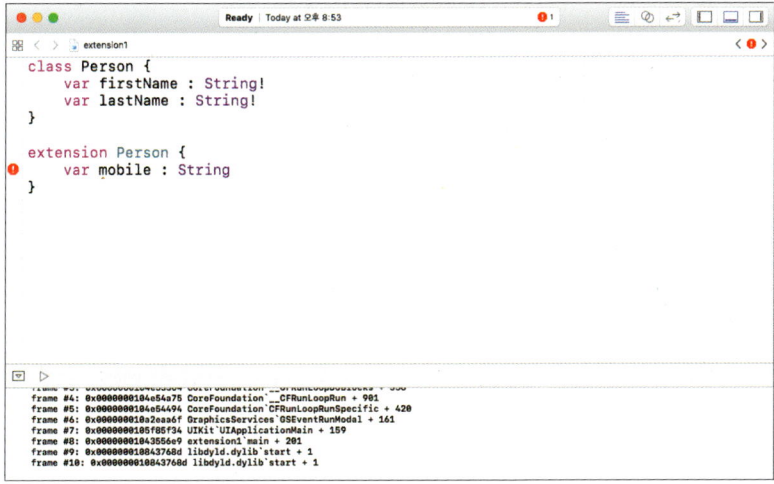

▲ extension 안에 저장 속성을 추가했을 때 표시되는 오류 메시지

이것은 extension이 저장 속성 추가를 허용하지 않기 때문입니다. extension 안에는 계산 속성만 가능하므로 다음 코드처럼 mobile 속성을 빼고 name이라는 이름의 계산 속성을 추가합니다.

코드 참고 / chapter8〉extension1.playground   QR코드 듣기

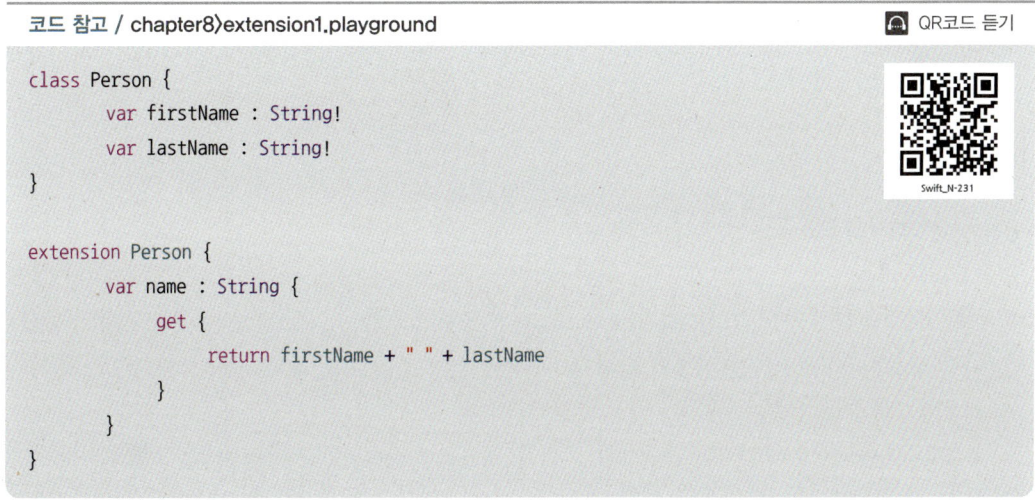

name 속성은 String 자료형으로 선언하고 그 뒤에 중괄호를 붙인 후 get과 중괄호를 넣어서 계산 속성으로 만듭니다. get 안에서는 firstName 속성과 lastName 속성의 값을 붙인 후 반환하도록 합니다.

extension을 사용해 Person 클래스에 name이라는 계산 속성을 추가했으므로 다음과 같이 정상적으로 동작하는지 확인하는 코드를 추가합니다.

코드 참고 / chapter8>extension1.playground   QR코드 듣기

```
… 중략

var person1 : Person = Person()
person1.firstName = "김"
person1.lastName = "준수"
print("person1의 이름 : \(person1.name)")
```

Person 클래스로부터 만든 인스턴스 객체를 person1 변수에 할당하고 firstName과 lastName 속성에 값을 설정한 후 person1.name 속성의 값을 출력합니다. 하단의 실행 버튼(▷)을 누르면 firstName과 lastName 속성의 값을 붙여 출력하는 것을 확인할 수 있습니다.

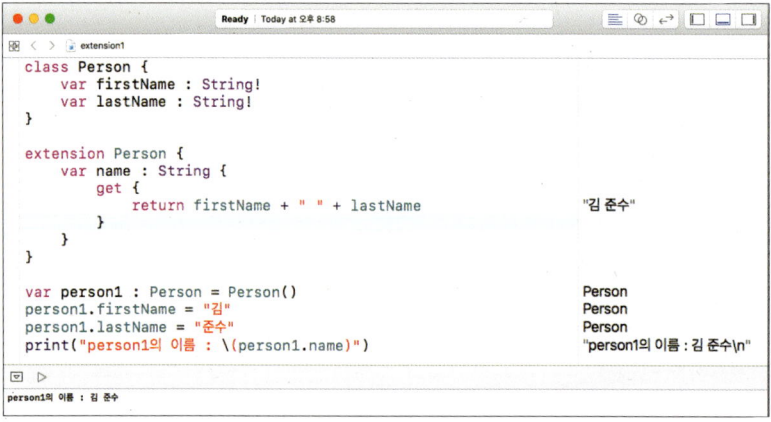

▲ extension으로 추가한 계산 속성이 정상적으로 동작한 결과

이번에는 메소드를 추가해 보겠습니다. extension으로 메소드를 추가할 때는 별다른 제약이 없습니다. 다음 코드처럼 walk라는 이름의 함수를 extension의 중괄호 안에 추가합니다.

코드 참고 / chapter8>extension1.playground   QR코드 듣기

```
… 중략

extension Person {
    var name : String {
        get {
            return firstName + " " + lastName
        }
    }
    func walk() {
        print("사람 \(name)이(가) 걸어갑니다.")
    }
}
… 중략
```

extension으로 추가한 함수는 클래스에 추가했던 함수와 동일한 방법으로 호출할 수 있습니다. person1 변수에 할당된 사람 객체 뒤에 점(.)과 walk()라는 코드를 붙여 함수를 실행합니다.

코드 참고 / chapter8)extension1.playground   QR코드 듣기

```
… 중략

var person1 : Person = Person()
person1.firstName = "김"
person1.lastName = "준수"
print("person1의 이름 : \(person1.name)")

person1.walk()
```

코드를 실행하면 다음과 같이 walk 함수가 정상적으로 실행되는 것을 볼 수 있습니다.

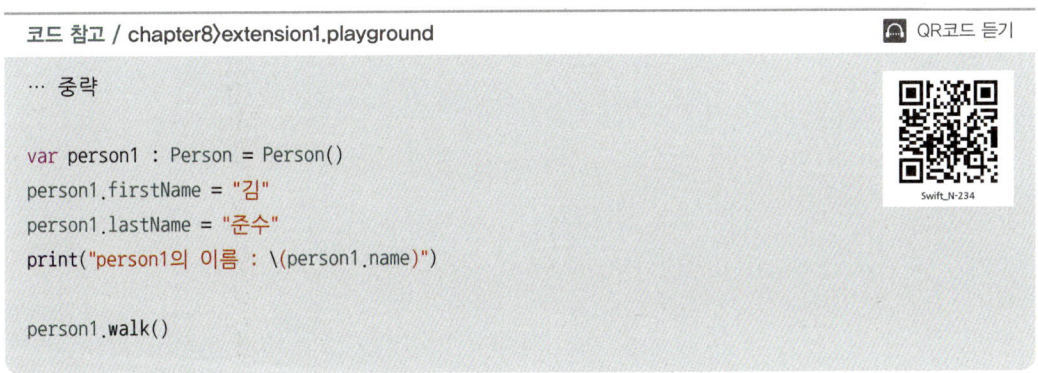

▲ extension으로 추가한 walk 함수가 실행된 결과

이번에는 extension에서 프로토콜을 구현하도록 만들어 보겠습니다. extension 키워드 뒤에 클래스 이름을 붙이고 다시 그 뒤에 콜론(:)과 프로토콜 이름을 붙이면 그 프로토콜을 구현하도록 바꿀 수 있습니다.

extension1.playground 파일을 복사하여 extension2.playground 파일을 새로 만든 후 다음과 같이 코드를 수정합니다.

코드 참고 / chapter8〉extension2.playground

```swift
class Person {
    var name : String!
}

protocol Runnable {
    func run()
}

extension Person : Runnable {
    func run() {
        print("사람 \(name)이(가) 뛰어갑니다.")
    }
}

var person1 : Person = Person()
person1.name = "김준수"
person1.run()
```

Person 클래스 안에는 사람 이름을 담아둘 수 있는 name 변수를 추가합니다. 그리고 name 변수의 자료형은 String!으로 하여 초기화가 필요 없도록 만듭니다. Person 클래스 아래에는 Runnable이라는 프로토콜을 정의합니다. Runnable 프로토콜 안에는 run 함수를 추가하여 이 프로토콜을 구현하는 클래스는 반드시 run 함수를 구현하도록 만듭니다. extension 키워드 뒤에는 Person을 입력하여 Person 클래스의 기능을 확장하도록 만듭니다. 그리고 Person 클래스 이름 뒤에 콜론(:)과 Runnable 프로토콜 이름을 추가한 후 run 함수를 구현하는 코드를 넣어줍니다. 이렇게 하면 Runnable 프로토콜을 준수하지 않던 Person 클래스가 Runnable 프로토콜을 준수하는 것으로 변경됩니다.

extension까지 정의가 끝났다면 Person 인스턴스 객체를 만들고 name 속성에 사람 이름 값을 설정한 후 run 함수를 호출합니다. 실행 버튼을 클릭하면 다음과 같이 run 함수가 실행된 것을 확인할 수 있습니다.

▲ extension에서 프로토콜을 구현하도록 한 결과

지금까지 extension을 사용하는 방법을 알아보았습니다. 그런데 클래스 정의 부분을 찾아 속성이나 함수를 추가하면 되는데 왜 굳이 extension을 사용할까요? 이미 다른 사람이 만들어 놓은 클래스에 속성이나 함수를 추가하고 싶을 경우에 extension을 사용하면 유용합니다.

Person 클래스를 상속하여 Student 클래스를 만들고 다시 extension을 사용해서 함수를 추가해 보세요. Person 클래스 안에는 사람 이름과 나이가 속성으로 들어가도록 합니다. Student 클래스는 Person 클래스를 상속하여 만들고 walk 메소드를 추가합니다. 그리고 extension을 사용하여 Student 클래스에 think라는 이름의 메소드를 추가합니다.

```
class Student : Person {
    func walk() {
        print("학생 \(name!)이(가) 걸어갑니다.")
    }
}
extension Student {
    func think() {
        print("사람 \(name!)이(가) 생각합니다.")
    }
}

var student1 = Student(name:"김현수", age:20)
student1.think()
```

해답 | exercise08_03.playground

4 _ 서브스크립트 사용하기

'서브스크립트(subscript)'는 배열이나 딕셔너리에서 사용하는 인덱스 값을 다른 자료형에서도 사용할 수 있도록 만들어줍니다. 예를 들어, 여러 개의 사람 이름을 넣어둘 배열 객체를 만들고 names라는 이름의 변수에 할당했다면 names라는 배열 안에 들어 있는 각각의 사람 이름은 대괄호와 인덱스를 사용해 접근할 수 있습니다. 이때 대괄호 안에 들어가는 인덱스는 배열이나 딕셔너리처럼 여러 개의 값을 담고 있는 컬렉션 자료형에서 사용하지만 서브스크립트를 정의하면 컬렉션이 아닌 다른 자료형에서도 사용할 수 있습니다. 서브스크립트를 정의하는 형식은 다음과 같습니다.

```
subscript(index : Int) -> Int {
    get {
        return [항목 값]
    }
    set(newValue) {

    }
}
```

서브스크립트 뒤에 소괄호와 -> 기호가 오는 형식은 마치 함수를 닮았습니다. 소괄호 안에 정의하는 자료형은 이 객체를 사용할 때 대괄호 안에 넣는 값의 자료형을 의미합니다. 그리고 -> 기호 뒤에 오는 자료형은 대괄호를 사용했을 때 반환되는 값의 자료형이 됩니다. 중괄호 안에서 어떻게 값을 넣거나 가져올 것인지를 결정하는 코드를 입력합니다.

그러면 서브스크립트를 직접 만들어 보겠습니다. subscript1.playground 파일을 새로 만들고 다음 코드를 입력합니다.

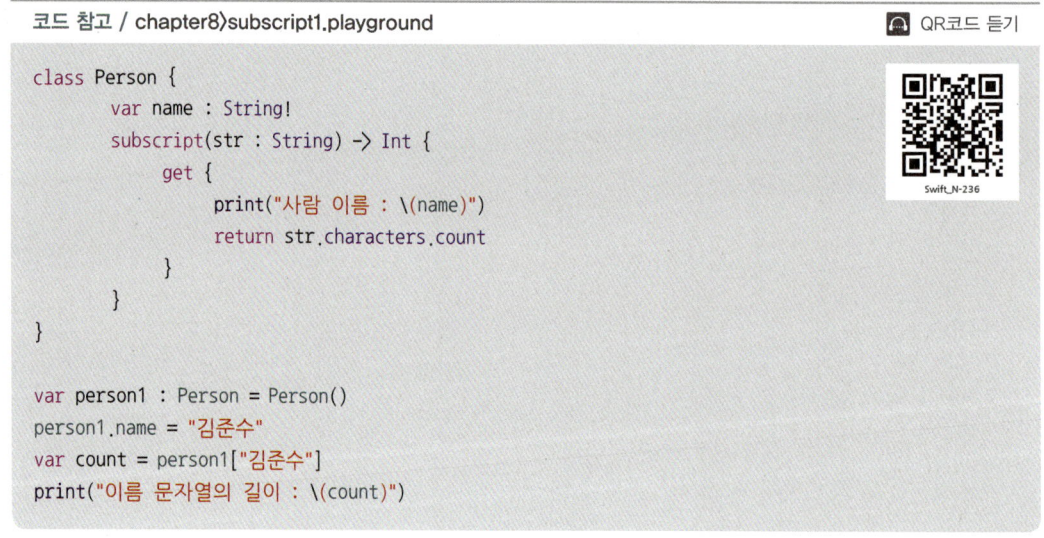

코드 참고 / chapter8)subscript1.playground

```
class Person {
    var name : String!
    subscript(str : String) -> Int {
        get {
            print("사람 이름 : \(name)")
            return str.characters.count
        }
    }
}

var person1 : Person = Person()
person1.name = "김준수"
var count = person1["김준수"]
print("이름 문자열의 길이 : \(count)")
```

Person 클래스 안에는 name 변수를 추가하고 그 아래에 서브스크립트를 추가했습니다. subscript 키워드 뒤에는 소괄호가 오고 그 안에는 String 자료형을 넣었습니다. 그리고 -> 기호 뒤에는 Int 자료형을 선언했습니다. 중괄호 안에는 get 키워드를 추가하고 그 안에서 name 속성의 값을 출력한 후 대괄호를 통해 전달 받은 문자열의 길이를 반환하도록 했습니다.

Person 클래스로부터 인스턴스 객체를 만들고 그 객체의 name 변수에 이름을 할당하는 코드까지는 앞에서 사용했던 코드와 크게 다르지 않습니다. 그런데 그 아랫줄을 보면 person1 객체의 뒤에 대괄호를 붙이고 그 안에 "김준수"라는 값을 넣었습니다. 이렇게 하면 subscript로 정의했던 코드 부분이 실행되고 그 결과가 반환됩니다. 따라서 이 코드를 실행하면 다음과 같이 count 변수 안에 3이라는 숫자가 할당된 것을 확인할 수 있습니다.

```swift
class Person {
    var name : String!
    
    subscript(str : String) -> Int {
        get {
            print("사람 이름 : \(name)")
            return str.characters.count
        }
    }
}

var person1 : Person = Person()
person1.name = "김준수"
var count = person1["김준수"]
print("이름 문자열의 길이 : \(count)")
```

▲ subscript로 정의한 기능을 사용한 결과

여러분이 직접 만든 객체 뒤에 대괄호를 사용할 수 있다는 것이 놀랍지 않은가요? 이렇게 만들면 단순히 점(.) 연산자만 사용할 때보다 훨씬 다양한 형식으로 코드를 구성할 수 있습니다.

5 _ 중첩 타입과 접근 제어 사용하기

중첩 타입(Nested Type)은 자료형을 정의할 때 그 안에 또 다른 자료형을 정의할 수 있도록 합니다. 즉, 클래스, 구조체, 열거형 등의 내부에서 자료형을 정의할 수 있습니다. nested1.playground 파일을 새로 만들고 다음 코드를 입력합니다.

코드 참고 / chapter8〉nested1.playground   QR코드 듣기

```swift
class Rectangle {
    var width : Float!
    var height : Float!
    
    struct Info {
        var name : String!
        var count : Int!
    }
    init(width:Float, height:Float) {
        self.width = width
        self.height = height
    }
}

let info = Rectangle.Info(name:"정사각형", count:0)
print("사각형 정보 : \(info.name), \(info.count)")
```

Rectangle 클래스는 사각형을 표현하는데 그 안에 사각형의 가로와 세로 크기를 넣을 수 있도록 width와 height 변수를 정의합니다. 그리고 Info라는 이름을 가진 구조체가 선언되었습니다. 이 구조체는 Rectangle 클래스 안에서 선언되었으므로 '중첩 타입'이라고 부릅니다. Info 구조체 안에 선언한 name과 count 변수는 이 사각형의 이름과 만들어진 사각형 객체의 개수를 담아두려고 만든 것입니다.

Rectangle 클래스 안에 선언한 Info 구조체를 사용할 때는 Rectangle 클래스 이름 뒤에 점(.)을 붙이고 Info 구조체 이름을 붙여줍니다. 결국 Info 구조체는 인스턴스 객체에 만들어지는 것이 아니라 클래스 안에 만들어진 것이 됩니다. 코드를 실행하면 다음과 같이 사각형 정보를 출력합니다.

▲ 중첩 타입으로 정의하고 그 타입으로부터 객체를 만든 경우

클래스나 그 안에 들어 있는 메소드, 속성은 같은 클래스 안에서만 접근할 수도 있고 같은 모듈 안에서만 접근할 수도 있습니다. 이것은 다른 곳에서 접근할 때 문제가 생길 가능성을 없애기 위한 것입니다. 다음과 같은 세 가지 접근 레벨을 사용해서 설정할 수 있습니다.

```
public    → 모든 곳에서 접근 가능
internal  → 같은 모듈 안에서 접근 가능
private   → 같은 소스 파일에서만 접근 가능
```

접근 레벨은 클래스, 구조체 열거형 타입에 설정할 수 있습니다. 속성이나 메소드에도 접근 범위를 설정할 수 있는데 상위 단계의 접근 범위를 넘어설 수는 없습니다. 예를 들어, 클래스에 설정된 접근 레벨이 private이라면 속성이나 메소드를 internal이나 public으로 선언할 수 없습니다. 클래스와 속성, 그리고 메소드 앞에 public, internal, private을 붙이고 정상적으로 동작하는지를 직접 확인해 보십시오.

지금까지 메모리 관리 방법, 예외 처리 방법 등을 살펴보았습니다. 이 내용은 앞으로 코드를 만들면서 다시 접할 기회가 있으므로 비슷한 방식으로 사용되는 코드를 볼 때마다 이 장에서 실습했던 내용을 되새겨 보기 바랍니다.

퀴즈풀자

Quiz 37

Family 클래스 안에 Member 클래스를 중첩 타입으로 정의합니다. 그리고 이 중첩 타입을 사용해 새로운 인스턴스 객체를 만들어 보세요. Family 클래스를 정의하면서 이름을 속성으로 추가합니다. 그리고 그 안에 Member라는 클래스를 정의합니다. Family 클래스 안에는 배열을 사용해 Member 클래스로부터 만들어진 객체들을 담아둘 수 있도록 합니다. Family 클래스의 정의가 끝났다면 그 다음 Family 클래스로부터 하나의 인스턴스 객체를 만듭니다. 그리고 Member 클래스를 사용해 몇 개의 인스턴스 객체를 만든 후 Family 객체의 배열에 추가합니다.

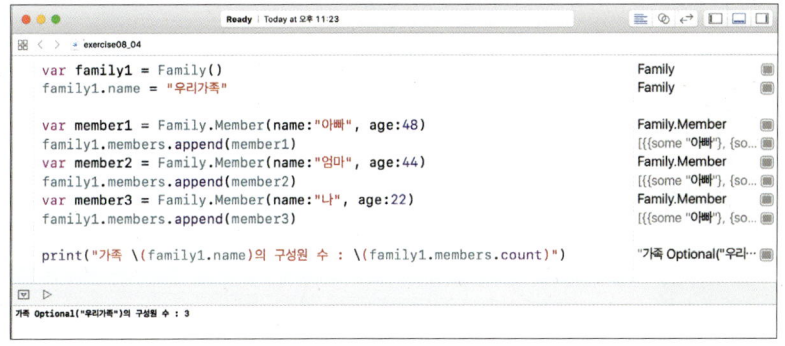

해답 | exercise08_04.playground

강아지 클래스 안에서 예외 상황 만들기

난이도	상	중 ✓	하	소요시간	10분
목표	클래스 안의 메소드에서 예외 상황을 만드는 방법을 연습하세요.				

페이지 참고하세요!

- 객체 소유하기 ✓
  p.392
- 오류 객체 만들어 던지기 ✓
  p.404
- 구조체로 오류 유형 만들기 ✓
  p.410

✓ 개(Dog) 클래스 안에 정의된 메소드를 호출할 때 예외 상황이 발생하도록 만들어 보세요.

✓ 개 클래스는 Dog라는 이름으로 만들고 name과 age 속성을 갖도록 합니다. Dog 클래스에는 초기화 함수와 run 함수도 추가합니다.

✓ run 메소드는 distance라는 이름의 정수 값을 파라미터로 전달 받도록 합니다. 그리고 distance의 값이 10보다 크면 LimitedError라는 예외를 던지도록 만듭니다. 예외가 발생하지 않은 경우에는 '강아지 미미이(가) 10km를 달려갑니다.'와 같은 메시지가 출력되도록 합니다.

✓ LimitedError는 구조체로 정의하고 Error를 상속하도록 합니다.

✓ Dog 클래스를 정의했다면 Dog 클래스로부터 하나의 객체를 만들고 run 메소드를 두 번 호출하도록 합니다. 첫 번째 호출에서는 distance 파라미터의 값을 8로 전달하고 두 번째 호출에서는 distance 파라미터의 값을 12로 전달합니다.

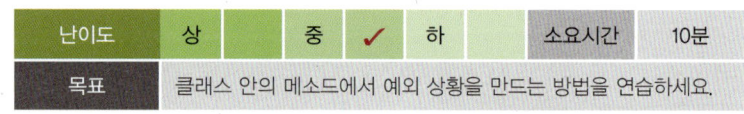

해답 | study08.playground

Swift 총정리

ARC를 이용한 자동 메모리 관리와 예외 처리

1 자동 메모리 관리

스위프트는 ARC가 자동으로 메모리를 관리합니다.
객체를 가리키는 숫자가 0이 되면 객체를 없앱니다.
객체가 메모리에서 해제될 때 호출될 코드는 deinit 안에 넣어 줍니다.

```
deinit { ... }
```

인스턴스 객체를 만들고 변수에 할당하면 레퍼런스 숫자가 하나 올라갑니다.

```
이것을 객체를 '소유(own)한다'라고도 합니다.
```

변수에 nil을 할당하면 레퍼런스 숫자가 하나 줄어듭니다.
변수가 함수 안에서 선언되었다면 함수가 종료될 때 변수도 같이 메모리에서 없어집니다.
강한 순환 참조는 두 클래스가 서로 참조하는 경우에 만들어지며 ARC에 의해 해제되지 않습니다.

```
class Person {
    var team : Team!
}
class Team {
    var person : Person!
}
```

속성으로 할당된 변수를 nil로 만들면 강한 순환 참조를 해제할 수 있습니다.
약한 참조는 강한 순환 참조와 다르게 객체를 소유하지 않으며 레퍼런스 숫자도 늘지 않습니다.

```
weak var 변수 이름 : 자료형
unowned var 변수 이름 : 자료형
```

배열이나 딕셔너리처럼 컬렉션 안에 객체를 넣으면 컬렉션이 그 객체를 소유합니다.
배열 안에 객체를 넣어 두면 객체가 해제되지 않습니다.

2 예외 처리하기

열거형으로 오류를 정의할 수 있습니다.

```
enum 오류 유형 이름 : Error {
    case 유형1
        case 유형2
    ...
}
```

예외 상황이 발생해서 오류를 발생시키고 싶을 때 throw를 사용할 수 있습니다.

> throw 오류 유형

함수를 정의할 때 그 함수를 예외를 발생시킬 수 있다면 throws를 사용할 수 있습니다.

> func 함수 이름(파라미터) throws -> 반환 자료형

오류 객체를 던져줄 때는 do ~ catch 구문을 사용하고 do 안에 try가 들어갑니다.

> ```
> do {
>     try 예외 발생 함수 호출
> } catch(오류 유형1) {
>     코드
> } catch(오류 유형2) {
>     코드
> } catch(...) {
>     ...
> }
> ```

try 문은 try?나 try!로 바꾸어 사용할 수 있습니다.

> 만약 try? 문을 사용하면 오류가 발생했을 때 nil이 반환됩니다.

오류 유형을 정의하는 객체는 열거형 이외에도 구조체나 클래스로 정의할 수도 있습니다.

> ```
> struct 오류 유형 이름 : ErrorType {
>     코드
> }
>
> class 오류 유형 이름 : ErrorType {
>     코드
> }
> ```

defer를 사용하면 함수 종료 전에 코드가 실행되도록 할 수 있습니다.

3 확장 사용하기

확장(extension)을 사용하면 기존에 작성했던 클래스, 구조체, 열거형의 기능을 확장할 수 있습니다.

> extension 자료형 { ... }

확장을 사용할 때 저장 속성은 추가할 수 없으며, 계산 속성이나 타입 계산 속성만 추가할 수 있습니다.
확장을 사용하면 다음처럼 인스턴스 메소드, 초기화 함수 등을 추가할 수 있습니다.

1. 계산 속성, 타입 계산 속성을 추가할 수 있습니다.
2. 인스턴스 메소드, 타입 메소드를 추가할 수 있습니다.
3. 초기화 함수를 추가할 수 있습니다.
4. 첨자(subscript)를 설정할 수 있습니다.
5. 중첩 타입(Nested Type)을 정의할 수 있습니다.
6. 프로토콜을 구현하도록 정의할 수 있습니다.

4 서브스크립트 사용하기

서브스크립트(subscript)는 배열이나 딕셔너리에서 사용하는 인덱스 값을 다른 자료형에서도 사용할 수 있도록 만들어 줍니다.

```
subscript(index : Int) -> Int {
    get {
        return [항목 값]
    }
    set(newValue) {
    }
}
```

5 중첩 타입과 접근 제어 사용하기

클래스, 구조체, 열거형 등의 내부에서 또 다른 자료형을 정의하는 것을 '중첩 타입'이라고 합니다.

```
class Rectangle {
    struct Info {
        var name : String!
        var count : Int!
    }
}
```

중첩 타입으로 정의하면 자료형 이름 뒤에 점(.)을 붙인 후 중첩 타입의 이름을 붙여 사용합니다.

```
let info = Rectangle.Info(name:"정사각형", count:0)
```

세 가지 접근 레벨을 설정할 수 있습니다.

```
public → 모든 곳에서 접근 가능
internal → 같은 모듈 안에서 접근 가능
private → 같은 소스 파일에서만 접근 가능
```

Swift 총정리

다른 언어 경험이 있다면 Summary!

1 스위프트의 자동 메모리 관리와 ARC

⇒ 스위프트는 ARC가 자동으로 메모리를 관리합니다.
객체를 가리키는 숫자가 0이 되면 객체를 없앱니다.
객체가 메모리에서 해제될 때 호출될 코드는 deinit 안에 넣어줍니다.
   deinit { ... }

인스턴스 객체를 만들고 변수에 할당하면 레퍼런스 숫자가 하나 올라갑니다.
변수에 nil을 할당하면 레퍼런스 숫자가 하나 줄어듭니다.

2 ARC에 의해 해제되지 않는 강한 순환 참조

⇒ 강한 순환 참조는 두 클래스가 서로 참조할 때 만들어지며 ARC에 의해 해제되지 않음
```
class Person {
    var team : Team!
}

class Team {
    var person : Person!
}
```

3 레퍼런스 숫자를 늘리지 않는 약한 참조

⇒ weak var 변수명 : 자료형
  unowned var 변수명 : 자료형

4 컬렉션의 객체 소유

⇒ 배열이나 딕셔너리와 같은 컬렉션 안에 객체를 넣으면 객체가 해제되지 않음

5 열거형으로 오류 정의

⇒ enum 오류 유형 이름 : Error {
     case 유형1
     case 유형2
     ...
  }

6 오류를 발생시킬 때 사용하는 throw와 함수 정의 시 사용하는 throws

⇒ throw 오류 유형
  func 함수 이름(파라미터) throws -> 반환 자료형

7 do ~ catch와 try

⇒
```
do {
    try 예외 발생 함수 호출
} catch(오류 유형1) {
    코드
} catch(오류 유형2) {
    코드
} catch(...) {
    ...
}
```

8 try와 try?, try!

⇒ try 문은 try?나 try!로 바꾸어 사용될 수 있습니다.

9 확장 기능의 사용

⇒ 확장(extension)을 사용할 때 기존 클래스, 구조체, 열거형의 기능을 확장 가능

extension 자료형 { ... }

10 서브스크립트의 사용

⇒ 서브스크립트(subscript)를 사용할 때 대괄호와 인덱스를 사용하도록 만들 수 있음

```
subscript(index : Int) -> Int {
    get {
        return [항목 값]
    }
    set(newValue) {

    }
}
```

11 중첩 타입의 정의

⇒ 클래스, 구조체, 열거형 등의 내부에서 또 다른 자료형을 정의할 수 있음

02-9
문자열과 시간 다루기
중요도 ★★★☆☆

변수에 문자열을 넣는 것은 쉽지만 그 형식은 여러분이 원하는 형태로 구성하기 어려울 때도 많습니다. 특히 한 명이 아닌 여러 사람의 이름을 콤마(,)로 구분해서 하나의 문자열로 넣거나 특수 기호와 함께 넣었다면 그중에서 필요한 글자만 따로 잘라내어 사용해야 합니다. 이때 그 사용 방법을 모르면 한참을 헤맬 수도 있습니다.

아이폰 앱이나 맥북에서 동작하는 프로그램을 만들 때 추가적으로 사용할 수 있는 SDK가 있고 그 안에 여러 가지 기능이 들어 있습니다. 그중에서 가장 기본이 되는 것이 '파운데이션 프레임워크(Foundation Framework)'입니다. 파운데이션 프레임워크는 데이터 처리나 파일 처리와 같은 필수 기능을 제공하므로 파운데이션 프레임워크를 사용해 문자열이나 시간 등을 다루게 됩니다. 따라서 이 장에서는 문자열을 어떻게 처리해야 하는지 살펴봅니다. 또한 날짜와 시간을 표시해야 하는 경우도 자주 생기므로 날짜와 시간을 원하는 형식으로 바꾸는 방법도 알아봅니다.

키워드로 알아보는 스위프트 언어

NSObject	import를 사용해 프레임워크를 사용하도록 할 수 있으며 NSObject가 기본 클래스입니다.
문자열	문자열의 길이를 알아내거나 대소문자 변환 그리고 콤마로 문자열을 분리하는 것 등이 가능합니다.
날짜/시간	NSDate 객체를 만들면 현재 시간을 알 수 있고 NSDateFormatter를 사용해 문자열로 바꿀 수 있습니다.
파운데이션 프레임워크	파운데이션 프레임워크의 클래스로 로그, 배열, 딕셔너리 객체를 만들면 좀 더 다양한 기능을 사용할 수 있습니다.

1 _ 파운데이션 프레임워크

스위프트를 어느 정도 이해했다고 하더라도 iOS나 macOS 응용 프로그램을 바로 만들 수 있는 것은 아닙니다. 앱이나 프로그램을 만들 때는 사진 찍기와 같은 멀티미디어 기능을 사용하거나 단말의 센서 다루기 또는 데이터를 가공하는 등의 기능이 함께 사용될 때가 많기 때문입니다. 앱을 만들 때 필요한 기능은 애플에서 미리 만들어 SDK로 제공하는데 그 안에는 프레임워크라고 불리는 라이브러리들이 있습니다.

여러 프레임워크 중에서 'UIKit 프레임워크'는 사용자가 눈으로 볼 수 있는 화면을 구성하며, 이벤트를 처리할 때 필요한 기능을 제공합니다. 그리고 UI를 보여주면서 시작되는 클래스도 제공됩니다. 프로그램을 실행했을 때 처음부터 화면이 보이는 경우가 많으니 이 프레임워크를 사용할 때가 많겠죠? UIView, UIImage는 UIKit에서 제공하는 클래스들로 클래스 이름 앞에 UI를 붙여 구별합니다. 이 외에도 지도를 다루는 데 필요한 'MapKit 프레임워크', 멀티미디어 기능을 제공하는 'AVFoundation 프레임워크' 등이 있습니다. 그중에서 가장 기본이 되고 다른 프레임워크가 의존하고 있는 것이 '파운데이션 프레임워크'입니다.

파운데이션 프레임워크는 데이터 처리, 네트워크 처리, 파일 처리와 같은 필수 기능을 제공합니다. 파운데이션 프레임워크에서 제공하는 클래스는 이름 앞에 NS를 붙입니다. 예를 들어, NSData, NSArray, NSURL은 파운데이션 프레임워크에서 제공하는 클래스들입니다.

파운데이션 프레임워크를 사용할 때는 프로그램의 상단에 import 문을 입력합니다. 이 한 줄만 입력하면 파운데이션 프레임워크를 사용할 수 있게 됩니다.

```
import Foundation
```

NSObject 클래스는 파운데이션 프레임워크의 가장 기본이 되는 클래스로서 다른 클래스의 부모 클래스가 됩니다. 파운데이션 프레임워크에서 제공하는 기능을 사용하는 새로운 클래스를 만들 때는 NSObject를 상속해야 하는 경우가 있습니다. NSObject가 제공하는 주요 기능으로는 '객체 비교', '셀렉터(Selector)' 등이 있습니다.

isEqual을 사용해 객체 비교하기

먼저 객체 비교 기능은 === 연산자의 기능과 크게 다르지 않습니다. 하지만 NSObject를 상속하고 isEqual 메소드를 구현하면 두 객체를 비교할 내용을 좀 더 구체적으로 지정할 수 있습니다. 우선 파인더 창을 연 다음 [projects] 폴더 안에 [chapter9] 폴더를 만들고 foundation1.playground 파일을 새로 만든 후 다음 코드를 입력합니다.

코드 참고 / chapter9>foundation1.playground   QR코드 듣기

```swift
import Foundation

class Person : NSObject {
    var name : String
    var age : Int
    init(name: String, age : Int) {
        self.name = name
        self.age = age
    }
    override func isEqual(_ object: Any?) -> Bool {
        if let other = object as? Person {
            return self.name == other.name && self.age == other.age
        }
        return false
    }
}

let person1 = Person(name:"소녀시대", age:22)
let person2 = Person(name:"소녀시대", age:22)
let person3 = Person(name:"걸스데이", age:20)

if person1.isEqual(person2) {
    print("person1과 person2는 같습니다.")
}

if person1 != person3 {
    print("person1과 person3은 다릅니다.")
}
```

isEqual 메소드를 구현하면 이 메소드를 사용해 두 개의 객체를 비교하게 됩니다. === 연산자를 사용할 때도 내부적으로 isEqual 메소드를 호출하므로 동일한 결과를 만들어냅니다. 하지만 isEqual 메소드 안에서는 파라미터로 전달된 객체를 형 변환한 후 그 객체 안에 들어 있는 속성 중에서 어떤 것을 비교할지 지정할 수 있습니다. 따라서 필요에 따라 비교 기능을 수정할 수 있습니다.

▲ isEqual 메소드를 사용해 두 개의 객체를 비교한 결과

셀렉터 사용하기

'셀렉터(Selector)'는 함수를 식별하기 위해 만드는 정보입니다. 이 정보는 iOS용 앱을 만들 때 이벤트를 전달할 타깃을 지정하거나 알림 또는 타이머 등에 사용됩니다. 셀렉터를 사용하면 객체 안에 들어 있는 메소드를 구분할 수 있습니다. 셀렉터를 만들 때는 Selector 구조체를 사용하거나 다음처럼 #selector( ) 문을 사용합니다.

> #selector(메소드 이름(파라미터 이름1:파라미터 이름2:파라미터 이름n:))

#selector 뒤에 소괄호를 붙인 후 메소드 이름과 파라미터를 지정합니다. 메소드 이름 뒤에 오는 소괄호 안에 파라미터들을 열거하는데, 각 파라미터 뒤에는 콜론(:)을 붙여줍니다. 여기에서 파라미터 이름은 외부 파라미터를 의미합니다. 외부 파라미터는 이 함수를 호출할 때 사용할 이름을 지정하는 것으로 함수를 정의할 때 외부 파라미터 이름을 _로 지정했다면 동일하게 _ 기호를 붙여줍니다. 셀렉터를 사용할 때는 Selector 구조체를 사용할 때와 #selector 문을 사용할 때 파라미터를 지정하는 방법이 약간 다르다는 점에 주의해야 합니다.

> **정박사님 궁금해요** 문자열로 셀렉터를 만드는 것은 이제 사용하지 말라던데요?
>
> 스위프트 2.2 이후부터는 #selector 문을 사용하는 것을 권장합니다. Selector 구조체를 사용할 때는 문자열로 셀렉터를 만들게 되는데 이렇게 하면 컴파일했을 때 해당 문자열로 지정한 메소드가 있는지 없는지 확인할 수 없습니다. 따라서 문자열을 잘못 넣어도 오류를 미리 확인할 수 없다는 문제가 생깁니다. 하지만 #selector 문을 사용하면 컴파일했을 때 메소드가 정의되어 있는지 미리 확인할 수 있습니다.
> 혹시라도 Selector 구조체를 사용한 예전 코드를 마주할 수 있으므로 이 단락에서는 Selector 구조체를 사용하는 경우와 #selector 문을 사용하는 경우를 모두 비교하여 설명합니다.

여기에서는 셀렉터를 어떻게 만드는지만 알아보겠습니다. 우선 foundation2.playground 파일을 새로 만들고 다음 코드처럼 show 함수를 만듭니다.

코드 참고 / chapter9)foundation2.playground

```
import Foundation

func show() {
    print("show 호출됨.")
}
```

show 함수는 전달되는 파라미터도 없고 반환되는 값도 없는 가장 간단한 형태입니다. 이 함수의 셀렉터는 다음 코드처럼 만들 수 있습니다.

```
코드 참고 / chapter9>foundation2.playground                    QR코드 듣기

… 중략

let method = Selector(("show"))
```

셀렉터는 함수를 식별할 수 있는 문자열로 만들게 됩니다. 이 문자열은 함수 이름과 파라미터, 외부 파라미터 이름으로 구성됩니다. show 함수는 파라미터가 없으므로 "show"라는 문자열만으로 셀렉터를 만들 수 있습니다. 이 셀렉터를 #selector 문으로 바꾸면 다음과 같습니다. 파라미터가 없을 때는 함수의 이름만 지정합니다.

`#selector(show)`

만약 파라미터가 한 개라면 콜론(:) 기호를 붙여줍니다. show2라는 이름의 함수를 추가하고 data라는 이름의 파라미터를 전달 받도록 합니다.

```
코드 참고 / chapter9>foundation2.playground                    QR코드 듣기

… 중략

func show2(data:String) {
    print("show2 호출됨 : \(data)")
}

let method2 = Selector(("show2:"))
```

show2 함수의 파라미터가 한 개이므로 "show:" 문자열로 함수를 구분합니다. 콜론을 하나 붙여서 파라미터가 하나 있다는 것을 알려줍니다. 만약 파라미터가 하나 이상인 경우에는 콜론 뒤에 파라미터의 이름을 붙여줍니다. 함수 이름과 콜론(:) 그리고 파라미터 이름을 붙일 때 파라미터는 두 번째 파라미터 이름부터 붙여줍니다. 파라미터 이름은 외부 파라미터 이름을 붙여주지만 외부 파라미터가 없으면 내부 파라미터 이름을 붙여줍니다.

이 셀렉터를 #selector 문으로 바꾸면 다음과 같습니다. 파라미터가 있을 때는 함수 이름 뒤에 소괄호를 붙이고 그 안에 파라미터를 지정합니다.

`#selector(show2(data:))`

#selector 문에 들어가는 메소드의 파라미터는 모두 지정합니다.

```
코드 참고 / chapter9》foundation2.playground                QR코드 듣기

… 중략

func show3(data:String, name:String) {
    print("show3 호출됨 : \(data), \(name)")
}

let method3 = Selector(("show3:name:"))
```

show3 함수의 이름 뒤에 콜론을 붙인 후 두 번째 파라미터 이름을 붙여주었습니다.
이 셀렉터를 #selector 문으로 바꾸면 다음과 같습니다.

`#selector(show3(data:name:))`

show3 메소드의 파라미터는 두 개이며 각각 data:와 name: 기호를 붙여주었습니다.
이렇게 만든 셀렉터는 나중에 아이폰용 앱을 만들 때 사용되므로 셋째 마당에서 다시 볼 수 있습니다.

셀렉터로 메소드 구분하기

셀렉터는 메소드를 호출하기 전에 메소드 호출이 가능한지 검사할 때 사용될 수도 있습니다. 메소드 호출이 가능한지 검사하는 메소드는 다음과 같습니다.

`func responds(to: Selector) -> Bool`

다음 코드를 입력합니다.

```
코드 참고 / chapter9》foundation2.playground                QR코드 듣기

… 중략
class Person : NSObject {
    var name : String
    var age : Int
    @objc init(name: String, age : Int) {
        self.name = name
        self.age = age
    }
    @objc func greeting(message:String) {
        print("\(name)에게 인사 : \(message)")
    }
}
```

Person 클래스를 만들고 그 안에 greeting이라는 이름의 함수를 추가했습니다. 그런데 함수 앞에 @objc 키워드가 붙어 있습니다. 이 키워드는 Objective-C에서 호출할 수 있는 함수를 의미하며, #selector를 사용해서 셀렉터를 지정할 경우에는 함수 앞에 붙여주어야 합니다. 이렇게 클래스 안에 함수가 들어 있을 때 다음 코드처럼 인스턴스 객체를 만든 후 그 인스턴스 객체의 responds 메소드를 호출하면 greeting 함수를 사용할 수 있는지 없는지 확인할 수 있습니다. 셀렉터를 사용해 확인하는 코드를 추가합니다.

코드 참고 / chapter9>foundation2.playground   QR코드 듣기

```
… 중략

let selector1 = #selector(Person.greeting(message:))

let person1 = Person(name:"소녀시대", age:22)
person1.responds(to:selector1)
person1.responds(to:#selector(Person.greeting(_:)))

person1.responds(to:#selector(Person.init(name:age:)))
```

코드를 실행하면 플레이그라운드 화면의 오른쪽에 다음과 같이 responds의 결과가 true로 표시되는 것을 알 수 있습니다.

▲ 객체 안에 메소드가 들어 있는지를 검사한 결과

퀴즈풀자

Dog 클래스를 정의한 후 이 클래스에 특정 메소드가 정의되어 있는지 확인하는 함수를 만듭니다. import Foundation 코드를 가장 먼저 입력하고 Dog 클래스가 NSObject를 상속하도록 합니다. Dog 클래스 안에는 walk라는 이름의 메소드를 추가합니다. Dog 클래스를 정의했다면 checkDog라는 이름의 새로운 함수를 하나 만든 다음 이 함수를 호출했을 때 Dog 클래스 안에 walk라는 이름의 메소드가 있는지 확인하도록 합니다.

해답 | exercise09_01.playground

2 _ 문자열 다루기

변수에 문자열을 넣거나 변수 안에 들어 있는 문자열에서 필요한 글자만 빼내어 다른 변수에 할당하는 방법은 잘 알아둘 필요가 있습니다. 이미 알고 있는 것처럼 문자열은 큰따옴표(" ") 안에 입력합니다.

문자열의 길이 알아내기

string1.playground 파일을 새로 만들고 다음 코드를 입력합니다.

코드 참고 / chapter9〉string1.playground   QR코드 듣기

```
var message : String = "안녕하세요!"
var length = message.characters.count
print("길이 : \(length)")
```

message 변수에 할당된 문자열의 길이를 알고 싶다면 count 속성을 사용하면 됩니다. 그런데 문자열 자체에는 이 속성이 없어서 그 안에 있는 characters 객체의 count 속성을 사용해야 합니다.

`문자열.characters.count`

characters 객체는 문자열 안에 들어 있는 각각의 문자에 접근하는 방법을 제공합니다. 만약 문자열에 어떤 글자도 넣고 싶지 않다면 다음과 같이 코드를 입력합니다.

코드 참고 / chapter9〉string1.playground　　　　　　QR코드 듣기

```
… 중략

var name : String = ""
if name.isEmpty {
        print("이름이 없습니다.")
}
```

큰따옴표 안에 글자를 넣지 않으면 빈 글자가 됩니다. 이 경우에는 문자열의 길이 값이 0인지 확인할 수 있지만 isEmpty라는 속성을 사용하면 빈 글자인지도 확인할 수 있습니다.

문자열 안의 문자 확인하기

문자열 안에 들어 있는 문자를 확인할 때는 대괄호 안에 Index 객체를 넣어줍니다. 보통 배열을 사용할 때는 대괄호 안에 인덱스 숫자를 넣어주므로 문자열 안에 들어 있는 각각의 문자를 확인할 때도 인덱스 숫자를 넣어주면 쉽습니다. 그러나 스위프트에서는 숫자가 아닌 Index 객체를 넣어야 합니다. 문자열 안에 들어 있는 첫 번째 문자의 위치는 startIndex, 마지막 문자 뒤의 위치는 endIndex로 참조합니다. endIndex는 문자열이 끝난 곳의 위치를 알려주기 위해 마지막 문자 뒤의 위치를 가리킵니다.

`문자열.startIndex`　　첫 번째 문자의 위치
`문자열.endIndex`　　마지막 문자 뒤의 위치

문자열 안에 들어 있는 첫 번째 문자와 마지막 문자를 확인하기 위해 다음과 같이 코드를 입력합니다.

코드 참고 / chapter9〉string1.playground　　　　　　QR코드 듣기

```
… 중략

var first = message[message.startIndex]
var last = message[message.index(before: message.endIndex)]
print("첫 번째 : \(first), 마지막 : \(last)")
```

문자열이 어떤 글자로 시작하는지 확인하고 싶다면 hasPrefix 메소드를 사용하고, 어떤 글자로 끝나는지 확인하고 싶다면 hasSuffix 메소드를 사용합니다. 다음 코드를 추가합니다.

코드 참고 / chapter9>string1.playground   QR코드 듣기

```
… 중략

if message.hasPrefix("안녕") {
    print("안녕 으로 시작합니다.")
}

if message.hasSuffix("!") {
    print("! 로 끝납니다.")
}
```

코드를 실행하면 다음과 같이 문자열 안에 어떤 문자들이 들어 있는지 확인할 수 있습니다.

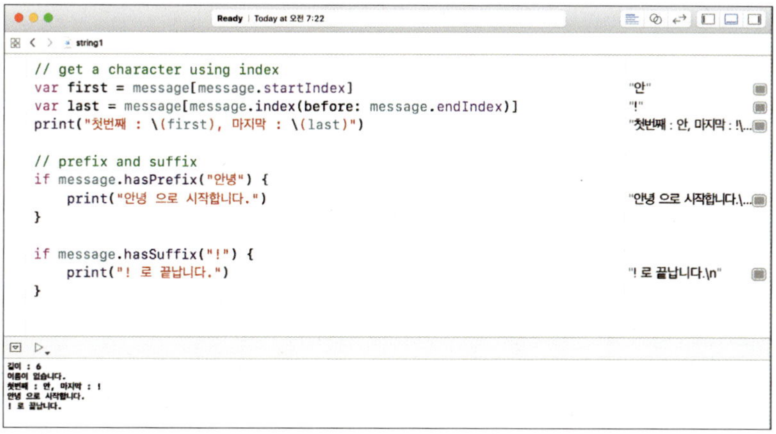

▲ 문자열 안에 어떤 문자들이 들어 있는지 확인한 결과

문자열 일부를 뽑아내거나 삭제하기

문자열의 일부를 뽑아내야 하는 경우도 상당히 많습니다. 예를 들어, '이름 : 김현수'라는 문자열이 있다면 이 문자열에서 : 기호를 찾아내고 그 기호 뒤에 있는 사람 이름만 확인하고 싶을 때가 있습니다. 이 기능은 보통 다른 언어에서 substring이라는 이름으로 제공되는데 스위프트에서는 범위 연산자를 사용합니다. 문자열 뒤에 대괄호를 붙이고 그 안에 Index 객체를 사용한 범위를 지정하면 그 범위에 해당하는 문자열만 잘라내어 반환합니다.

문자열 [Index 범위]

Index 범위는 시작 인덱스와 끝 인덱스를 범위 연산자인 ... 또는 ..<로 연결하여 지정합니다. 그런데 앞에서 알아본 것처럼 문자열의 시작 인덱스는 startIndex, 끝나는 다음 인덱스는 endIndex를 사용해서 확인할 수 있지만 중간 부분의 인덱스는 어떻게 확인할 수 있을까요? index 메소드를 사용하면서 몇 번째 인덱스를 확인하고 싶은지를 파라미터로 넣어주면 확인할 수 있습니다.

다음 코드를 추가로 입력합니다.

index 메소드를 호출하면서 첫 번째 파라미터를 message.startIndex로 하고 offsetBy 파라미터의 값을 1로 하면 두 번째 문자의 위치를 가리킵니다. 그리고 첫 번째 파라미터를 message.endIndex로 하고 offsetBy 파라미터의 값을 -2로 하면 마지막에서 두 번째 문자의 위치를 가리킵니다. 이것을 ... 연산자를 사용해 범위를 지정한 후 문자열 뒤에 오는 대괄호 안에 넣어주면 그 글자들만 반환됩니다.

만약 세 번째 문자부터 끝까지 잘라내어 반환하려고 한다면 index 메소드를 호출하면서 첫 번째 파라미터는 message.startIndex, offsetBy 파라미터는 1로 하고 endIndex를 ..< 연산자로 이어줍니다. 이렇게 만든 인덱스 범위를 사용해서 그 문자들을 삭제하고 싶다면 removeSubrange 메소드를 사용할 수 있습니다.

문자열.removeSubrange[Index 범위]

다음 코드를 입력하고 실행하면 문자열 안에 있던 글자가 잘려나간 것을 알 수 있습니다.

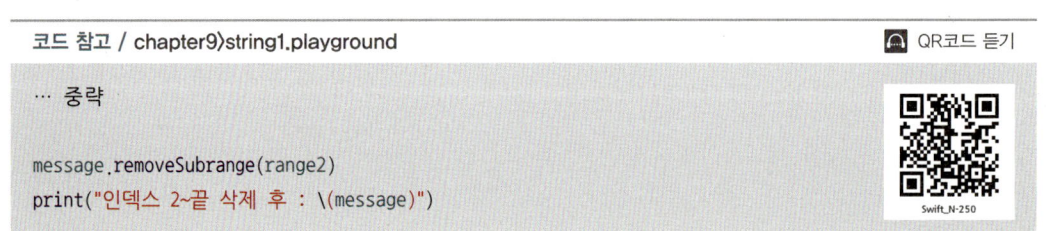

사용자가 로그인을 하려고 아이디와 비밀번호를 입력했을 때, 입력한 문자열을 대문자로 바꿔주거나 소문자로 바꿔주어야 하는 경우도 생깁니다. 이때는 문자열 안에 있는 lowercased와 uppercased 속성을 사용합니다.

```
문자열.lowercased    소문자로 변환된 문자열 참조
문자열.uppercased    대문자로 변환된 문자열 참조
```

다음과 같이 코드를 입력합니다.

코드 참고 / chapter9〉string1.playground

```
… 중략

var id = "TestUser01"
print("LowerCase : \(id.lowercased)")
print("UpperCase : \(id.uppercased)")
```

코드를 실행하면 문자열이 소문자나 대문자로 바뀐 것을 확인할 수 있습니다.

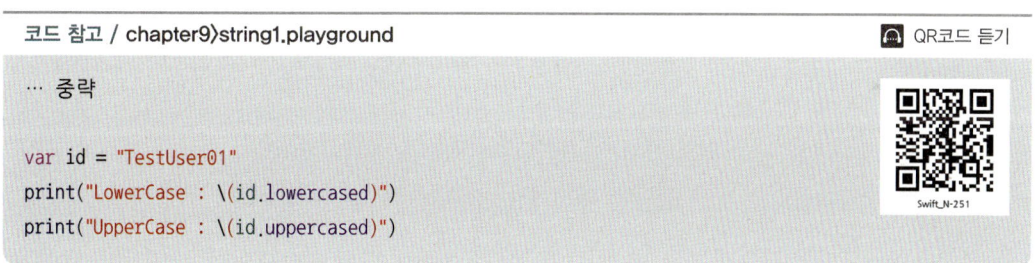

▲ 문자열을 소문자나 대문자로 변환한 경우

문자열 분리하기

지금까지는 문자열을 다루는 방법을 알아보았는데 파운데이션 프레임워크에서 제공하는 메소드들을 사용하면 더 많은 기능을 구현할 수 있습니다. string2.playground 파일을 새로 만든 다음 import Foundation 코드를 입력하고 다음 코드를 입력합니다.

코드 참고 / chapter9>string2.playground   QR코드 듣기

```
import Foundation

var message = "안녕하세요!"
var length = message.lengthOfBytes(using: String.Encoding.utf8)
print("UTF8 인코딩일 경우 바이트 길이 : \(length)")
```

문자열이 차지하는 바이트 길이를 알고 싶다면 lengthOfBytes 메소드를 사용할 수 있습니다. 이 메소드는 using이라는 이름의 파라미터로 인코딩 종류를 전달 받을 수 있습니다. 만약 UTF8 인코딩을 사용했을 때의 길이를 알고 싶다면 파라미터로 String.Encoding.utf8을 전달하면 됩니다. 이 외에도 문자열을 다룰 때 필요한 가장 기본적인 메소드들이 파운데이션 프레임워크에 포함되어 있습니다.

이번에는 문자열을 분리하는 기능을 확인해 보겠습니다. 다른 언어에서는 일반적으로 이 기능을 split이라는 이름으로 제공합니다. 다음 코드를 추가로 입력합니다.

코드 참고 / chapter9>string2.playground   QR코드 듣기

```
… 중략

let fruits = "apple,peach,kiwi"
let fruitsArray = fruits.components(separatedBy:",")
print("과일 개수 : \(fruitsArray.count)")

var index = 0
for fruit in fruitsArray {
    print("#\(index) : \(fruit)")
}
```

components 메소드를 사용하면 문자열에 들어 있는 특정 문자열을 기준으로 문자열을 분리합니다. 어떤 문자열을 사용해서 분리할 것인지는 separatedBy라는 이름의 파라미터로 넘겨줍니다. 그리고 이 메소드를 호출했을 때 반환되는 문자열의 개수를 확인하려면 count 속성을 사용합니다.

콤마(,) 등을 사용해 분리한 각각의 문자열을 확인하고 싶다면 for ~ in 구문을 사용할 수 있습니다. 코드를 실행하면 다음과 같이 콤마(,)로 분리된 문자열의 개수와 각각의 문자열이 출력됩니다.

```
// count based on encoding
var message = "안녕하세요!"
var length = message.lengthOfBytes(using: String.Encoding.utf8)
print("UTF8 인코딩일 경우 바이트 길이 : \(length)")

// split
let fruits = "apple,peach,kiwi"
let fruitsArray = fruits.components(separatedBy:",")
print("과일 개수 : \(fruitsArray.count)")

var index = 0
for fruit in fruitsArray {
    print("#\(index) : \(fruit)")
}
```

▲ 문자열의 일부를 분리한 경우

문자열 안에 있는 문자의 위치 알아내기

문자열 안에 있는 특정 문자의 위치를 알아낸 후에 그 문자를 잘라내는 경우도 있습니다. 이때 가장 먼저 해야 하는 것이 특정 문자의 위치를 알아내는 것입니다. 문자열 안에 있는 특정 문자의 위치를 알아내고 싶다면 characters 객체의 indexOf 메소드를 사용할 수 있습니다.

> 문자열.characters.indexOf(대상 글자)

다음 코드를 입력합니다.

코드 참고 / chapter9>string2.playground

```
… 중략

var index1 = message.characters.index(of: "하")!
print("하 글자의 인덱스 : \(index1)")

var range1 = message.range(of: "하세요")!
print("하세요 글자의 인덱스 : \(range1.lowerBound), \(range1.upperBound)")
```

"하"라는 글자를 찾아내기 위해 index 메소드를 사용했습니다. 이 메소드를 호출하면서 of 파라미터의 값으로 문자열을 전달하면 그 문자열의 위치를 인덱스 값으로 확인할 수 있습니다. index 메소드가 반환하는 값은 옵셔널 자료형으로 되어 있으므로 느낌표(!)를 붙여 옵셔널을 해제합니다. 만약 특정 글자의 범위를 알아내고 싶다면 range 메소드를 사용합니다.

문자열.range(of: 대상 글자)

이 메소드를 호출했을 때 반환되는 객체는 범위를 나타내며 lowerBound와 upperBound 속성이 있어 글자의 시작 인덱스와 끝 인덱스를 확인할 수 있습니다.

이번에는 문자열의 앞과 뒤에 공백이 있는 경우 그 공백을 없애봅니다. 다른 언어에서는 이 기능을 trim이라는 이름으로 제공하는 경우가 많습니다. 다음 코드를 입력합니다.

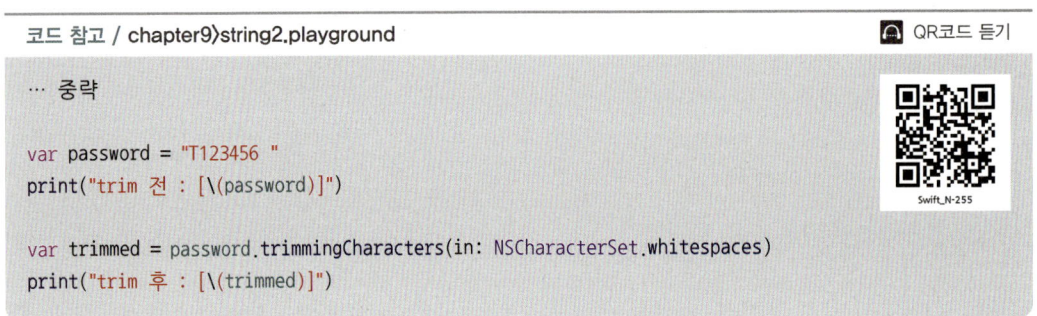

코드 참고 / chapter9〉string2.playground   QR코드 듣기

```
… 중략

var password = "T123456 "
print("trim 전 : [\(password)]")

var trimmed = password.trimmingCharacters(in: NSCharacterSet.whitespaces)
print("trim 후 : [\(trimmed)]")
```

코드를 실행하면 문자열 뒤에 있는 공백이 없어진 것을 확인할 수 있습니다.

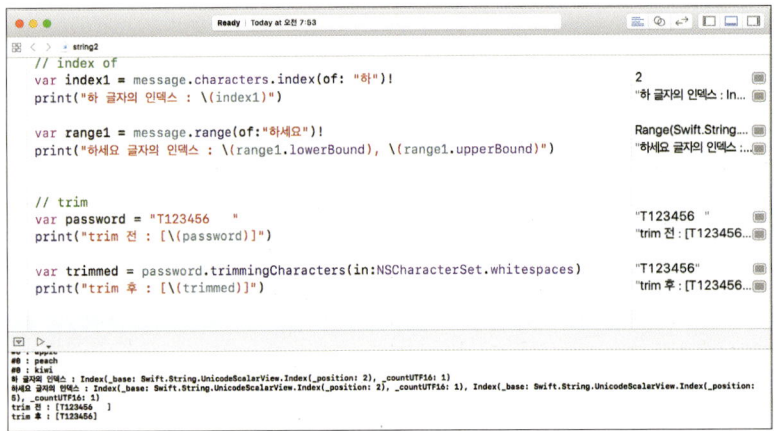

▲ 문자열 안에 있는 문자의 위치를 확인하고 문자열 안의 공백을 없앤 경우

지금까지 문자열을 다루는 방법에 대해 알아보았습니다. 보통 다른 곳에서 가져온 날씨 데이터, 건강 데이터 등을 조작한 후 그 결과를 화면에 보여주는 경우가 많으므로 아이폰 앱을 만들 때도 문자열을 다루는 경우가 많습니다. 따라서 이 단락에서 다룬 문자열 메소드들을 여러 번 사용해보는 것이 좋습니다.

Quiz 39 {"name":"소녀시대","age":20}이라는 문자열이 있습니다. 이 문자열에서 "소녀시대"라는 글자만 뽑아내 보세요. 이 문자열은 JSON이라고 불리는 형식으로 되어 있습니다. 이 안에서 "소녀시대"라는 글자만 뽑아내도록 문자열을 콤마(,)로 구분한 후 다시 콜론(:)으로 구분하는 과정을 진행해 봅니다.

해답 | exercise09_02.playground

3 _ 날짜와 시간 다루기

날짜와 시간을 다룰 때는 Date 클래스를 사용합니다. Date는 기준 시각인 1970년 1월 1일 0시 0분 0초를 기준으로 시간이 얼마나 지났는지를 계산합니다. 이 방법은 다른 언어에서도 똑같이 사용되므로 다른 언어에서 날짜와 시간을 다루어 보았다면 스위프트에서도 쉽게 다룰 수 있습니다. Date 객체를 만들면 현재 시각으로 객체가 만들어지며, 이 객체를 사용해서 년, 월, 일과 같은 날짜를 확인하거나 시, 분, 초와 같은 시간을 확인할 수 있습니다. 만약 Date 객체를 사용해 ○○○○년 ○○월 ○○일처럼 특정 형식에 맞는 문자열로 바꾸어 보여주고 싶다면 DateFormatter 객체를 사용해야 합니다.

date1.playground 파일을 새로 만들고 현재 일시를 나타내는 Date 객체를 하나 만듭니다.

코드 참고 / chapter9〉date1.playground

```
import Foundation

let now = NSDate()
print("현재 일시 : \(now)")
```

그런데 print 함수를 호출하여 now 상수의 값을 출력해 보면 현재 시간과 다른 값이 출력되는 것을 볼 수 있습니다. 이것은 서울 기준시가 런던 기준시보다 9시간 빠르기 때문이므로 이 시간을 그대로 사용할 수는 없습니다. 이 Date 객체를 문자열 형식으로 바꾸기 위해 다음 코드처럼 DateFormatter를 사용합니다.

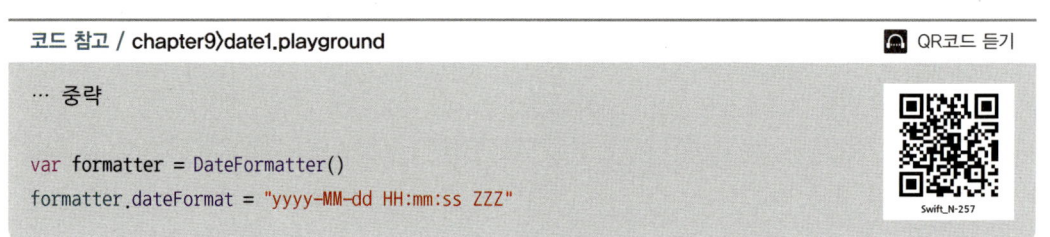

코드 참고 / chapter9〉date1.playground   QR코드 듣기

… 중략

```
var formatter = DateFormatter()
formatter.dateFormat = "yyyy-MM-dd HH:mm:ss ZZZ"
```

DateFormatter 객체를 만든 다음에 어떤 형식으로 문자열을 만들 것인지는 dateFormat 속성 값으로 설정합니다. 이때 다음과 같이 예약된 기호를 사용합니다.

기 호	설 명
y	연도를 출력합니다. yy : 연도에서 뒷자리 두 숫자만 출력합니다. ex) 16 yyyy : 연도 네 숫자를 출력합니다. ex) 2016
M	월을 출력합니다. M : 월에서 뒷자리 한 숫자만 출력합니다. ex) 9 MM : 월을 두 자리로 출력합니다. ex) 09 MMM : 월을 영문 약어로 출력합니다. ex) sept MMMM : 월을 영문으로 출력합니다. ex) september
d	날짜를 출력합니다.
h, M	시간을 출력합니다. hh : 12시간 단위로 출력합니다. ex) 01 HH : 24시간 단위로 출력합니다. ex) 13
m	분을 출력합니다.
s	초를 출력합니다.
Z	밀리 초를 출력합니다.

dateFormat 속성으로 설정된 값을 보면 "yyyy-MM-dd"와 같은 형식으로 들어있습니다. 이것은 "2018-09-12"과 같은 형식으로 출력하라는 의미입니다. 시간의 경우에도 "HH:mm:ss ZZZ"와 같은 형식으로 지정하면 "13:20:30 128"과 같은 시간으로 출력하라는 의미가 됩니다. DateFormatter 객체는 디폴트 시간대(TimeZone)가 로컬(내 컴퓨터)이기 때문에 자동으로 서울 시간으로 출력됩니

다. 만약 타임존의 값을 다른 것으로 설정하여 다른 지역의 시간으로 출력하고 싶다면 timeZone 속성을 다른 것으로 바꾸어야 합니다.

dateFormat이 설정되었다면 다음과 같이 두 가지 메소드를 사용할 수 있습니다.

```
func string(from: Date) -> String
func date(from: String) -> Date?
```

string 메소드는 Date 객체의 값을 문자열로 변환할 때 사용하며 date 메소드는 문자열의 값을 Date 객체로 변환합니다. 여기에서는 Date 객체의 값을 문자열로 변환할 것이므로 string 메소드를 사용합니다. 다음 코드를 입력합니다.

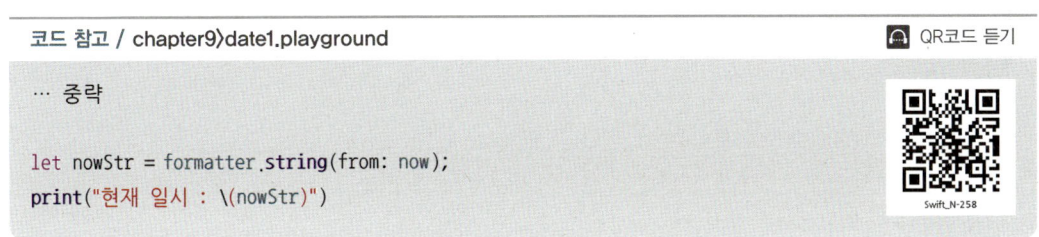

코드 참고 / chapter9〉date1.playground

```
… 중략

let nowStr = formatter.string(from: now);
print("현재 일시 : \(nowStr)")
```

코드를 실행하면 다음과 같이 현재 시간이 원하는 형태로 표시된 것을 알 수 있습니다.

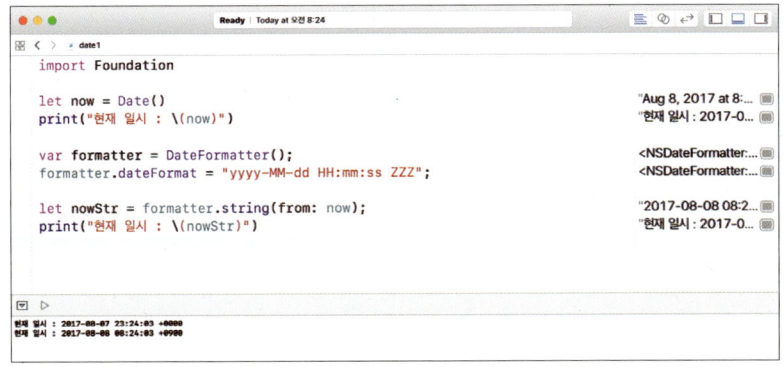

▲ Date로 현재 시간을 객체로 만든 후 문자열 형식으로 출력한 경우

현재 시간이 아니라 현재 시간으로부터 일정 시간이 지난 Date 객체로 만들고 싶을 때도 있습니다. 이때는 Date 객체를 만들 때 timeIntervalSinceNow라는 파라미터를 전달하면 됩니다. 이 파라미터의 값으로는 초 단위 숫자 값을 넣어줄 수 있습니다. 만약 넣은 숫자 값이 양수 값이면 현재 시간과 넣은 값을 더한 값으로 Date 객체를 만들고, 음수 값이면 현재 시간에서 넣은 값을 뺀 값으로 Date

객체를 만들게 됩니다. 예를 들어, 1일 전의 일시를 알고 싶다면 파라미터로 (-60*60*24)를 전달하고, 1일 후의 일시를 알고 싶다면 파라미터로 (60*60*24)를 전달하면 됩니다. 만약 이미 만들어진 Date 객체의 값을 바꾸고 싶다면 addingTimeInterval 메소드를 사용하면 됩니다.

다음 코드를 입력하여 정상적으로 만들어 지는지 확인합니다.

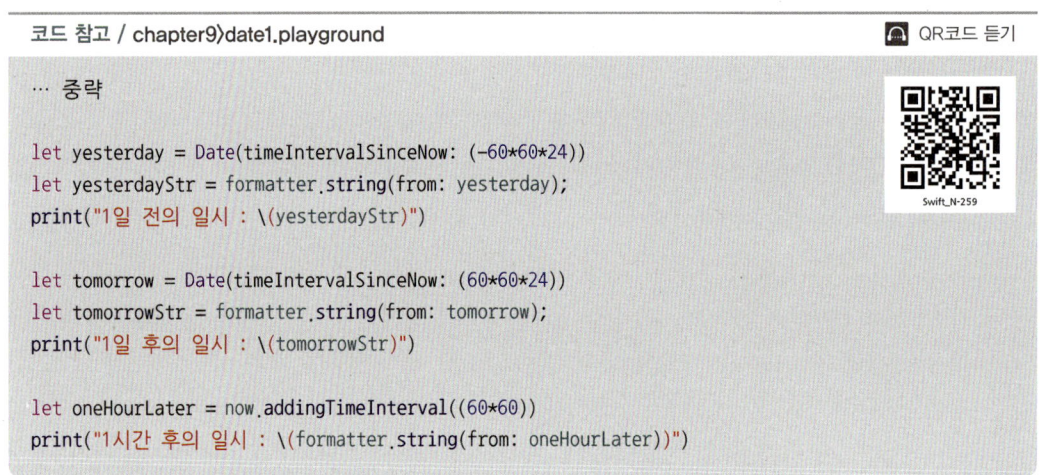

두 개의 Date 객체를 비교하면 두 개의 일시 중에서 어떤 것이 더 빠르고 느린지를 알 수 있습니다. 다음 코드를 추가합니다.

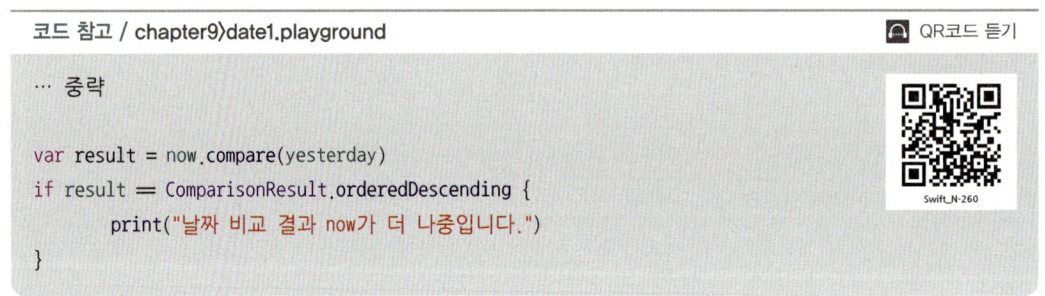

compare 메소드를 사용해서 now와 yesterday 상수에 들어 있는 일시 값을 비교했습니다. 비교한 결과는 ComparisonResult 열거형으로 확인할 수 있습니다. 여기서는 now 상수의 값이 더 나중이 므로 orderedDescending 값이 반환됩니다.

Date의 값 중에서 연도나 시간만 뽑아내고 싶은 경우에는 Calendar 클래스를 사용할 수 있습니다. 다음 코드를 입력합니다.

코드 참고 / chapter9〉date1.playground 　　　　　　　　　　　QR코드 듣기

… 중략

```
var hour = Calendar.current.component(Calendar.Component.hour, from: now)
var minute = Calendar.current.component(Calendar.Component.minute, from: now)
print("현재 시간 : \(hour)시 \(minute)분")
```

Calendar 클래스에는 current라는 속성이 들어 있습니다. 이 속성은 현재 일시가 설정된 Calendar 객체입니다. 이 객체를 사용해서 시간 정보만 뽑아내고 싶다면 component 메소드를 호출합니다. 첫 번째 파라미터로는 Calendar.Component 객체가 전달되는데 시간인 경우에는 Calendar.Component.hour 객체를 전달합니다. 두 번째 파라미터인 from 파라미터의 값으로는 now를 전달합니다.

코드를 실행하면 다음과 같은 결과를 볼 수 있습니다.

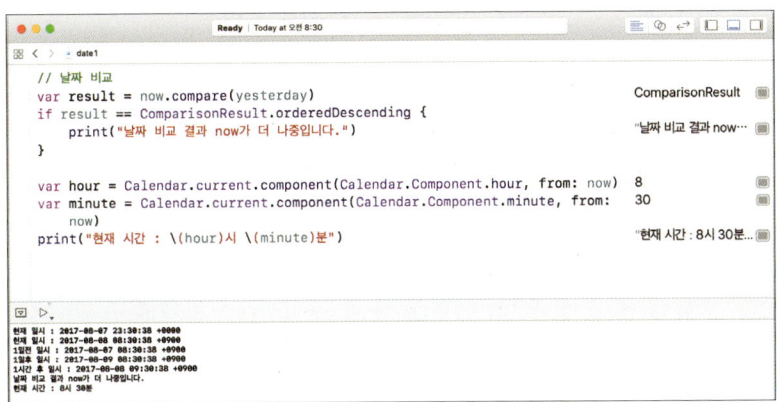

▲ 현재의 시간과 현재의 분 정보만 뽑아낸 경우

퀴즈풀자

Quiz 40 현재 시간을 20181020103011처럼 년, 월, 일, 시, 분, 초를 모두 붙인 형태로 만들어 보세요. DateFormatter 객체를 사용해서 현재 시간을 문자열로 바꾸면 됩니다.

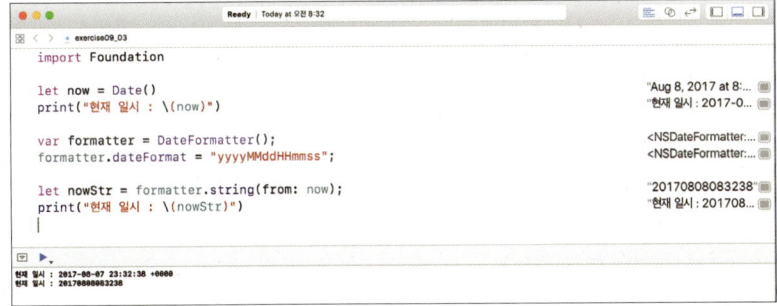

해답 | exercise09_03.playground

4 _ 다양한 기능을 가진 로그, 배열, 딕셔너리 객체 사용하기

파운데이션 프레임워크에는 다양한 클래스가 들어 있습니다. 앞에서는 그중에서 유용하게 사용되는 문자열과 날짜/시간을 다루는 방법을 알아보았습니다. 이번에는 NSLog와 NSArray 그리고 NSDictionary에 대해서도 알아보겠습니다. NSLog는 print 함수 대신 사용할 수 있는데 포맷 형식에 맞춰 출력할 수 있습니다. 다음은 대표적으로 사용되는 포맷 문자열입니다.

```
%@  레퍼런스 자료형
%d  정수 자료형
%f  실수 자료형
```

포맷 문자열은 문자열 안에 포함시킬 수 있으며, NSLog 함수를 호출하면서 파라미터들을 넣으면 두 번째 파라미터의 값들이 차례대로 포맷 문자열을 대체합니다. foundation3.playground 파일을 새로 만든 후 다음 코드를 입력합니다.

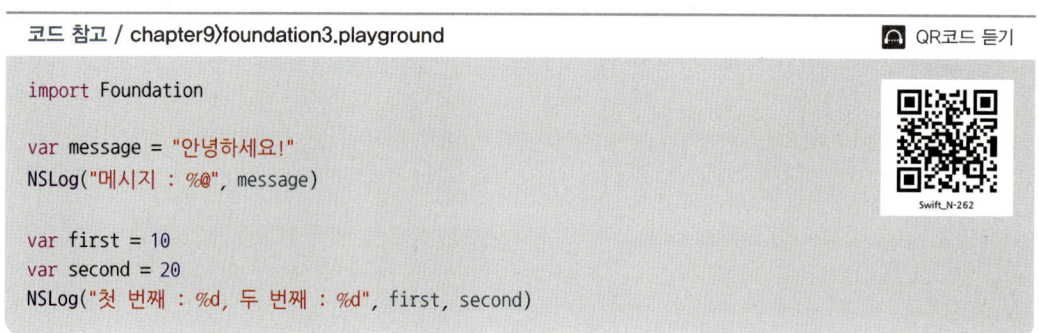

문자열도 레퍼런스 자료형으로 처리될 수 있으므로 %@ 포맷 문자열을 사용합니다. first와 second 변수에는 정수 값이 들어 있으므로 %d 포맷 문자열을 사용합니다.

코드를 실행하면 다음과 같은 결과를 볼 수 있습니다.

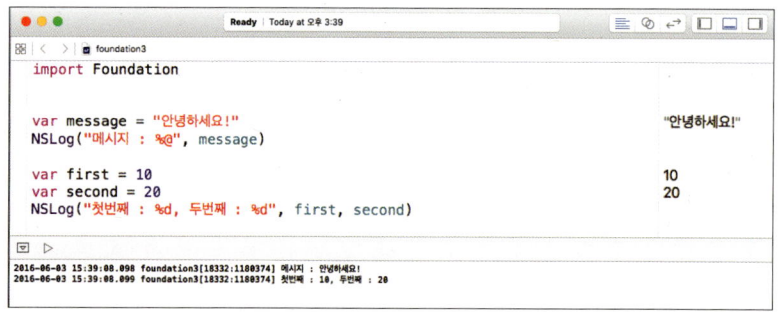

▲ NSLog를 사용해서 문자열과 숫자를 출력한 경우

NSLog를 사용하면 로그가 출력된 일시가 함께 표시되고 어떤 프로그램에서 오류가 발생했는지도 표시되므로 실행 결과를 좀 더 구체적으로 확인할 수 있습니다. %@ 포맷 문자열을 사용할 때 객체를 넣어주면 객체의 주소와 클래스만 표시됩니다. 만약 직접 만든 클래스에서 구체적인 정보를 출력하고 싶다면 description이라는 이름의 계산 속성을 정의하면 됩니다. 다음 코드를 추가합니다.

코드 참고 / chapter9〉foundation3.playground   QR코드 듣기

```
… 중략
class Rectangle : NSObject {
    var width = 0
    var height = 0
    init(width:Int, height:Int) {
        self.width = width
        self.height = height
    }
    override var description: String {
        return "직사각형 \(width), \(height)"
    }
}

var rect1 = Rectangle(width:100, height:100)
NSLog("객체 정보 : %@", rect1)
print("\(rect1)")
```

Rectangle 클래스는 가로 크기와 세로 크기 값을 속성으로 가지고 있습니다. 이 안에 description 계산 속성을 추가하고 그 속성에서 반환하는 값은 가로와 세로 크기를 포함하는 문자열이 되도록 만듭니다. 그러면 이 Rectangle 클래스로부터 만든 인스턴스 객체를 NSLog로 출력할 때 이 문자열이 출력됩니다. description 계산 속성을 정의하면 NSLog 함수뿐만 아니라 print 함수를 사용할 때도 description 계산 속성에서 반환한 문자열이 출력됩니다.

코드를 실행하면 다음과 같은 결과를 볼 수 있습니다.

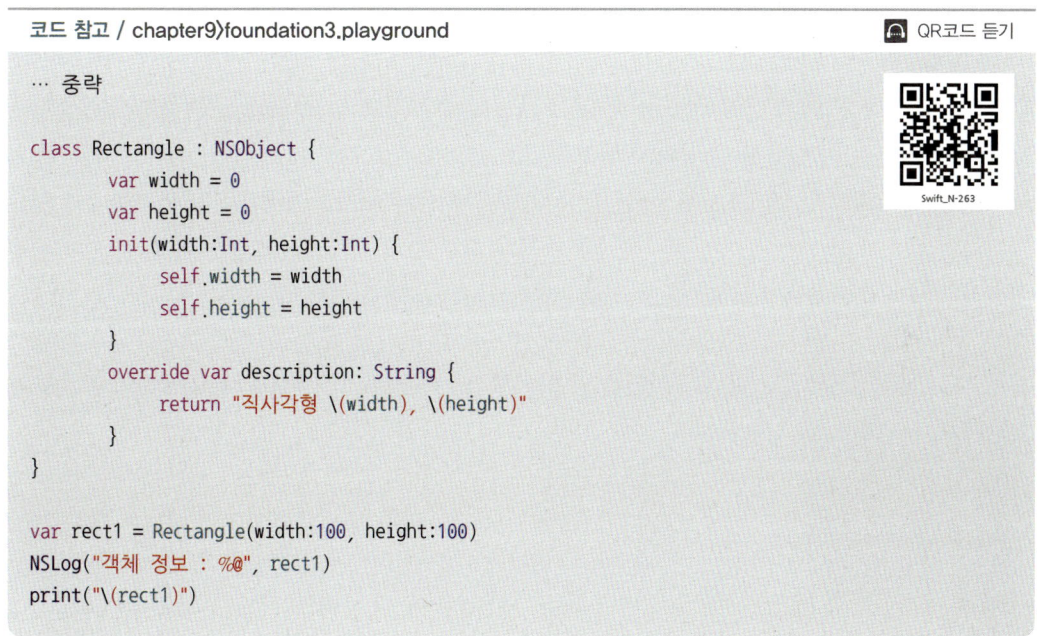

▲ description 계산 속성을 정의한 후에 NSLog로 출력한 경우

지금까지 알아본 것처럼 NSLog 함수가 수행하는 역할은 print 함수의 역할과 크게 다르지 않습니다. NSArray나 NSDictionary도 이미 여러분이 알고 있는 배열이나 딕셔너리와 비슷하며, 그 기능들을 좀 더 편리하게 사용할 수 있는 메소드들을 포함하고 있습니다. 단, 스위프트의 배열이나 딕셔너리가 한 가지 자료형을 지정하여 그 자료형으로 된 데이터만 원소로 저장할 수 있다면, 파운데이션 프레임워크에서 제공하는 배열과 딕셔너리는 원소의 자료형이 AnyObject이므로 다양한 자료형의 데이터를 한 번에 다룰 수 있다는 것이 가장 큰 차이점입니다.

파운데이션 프레임워크에서 제공하는 배열은 NSArray와 NSMutableArray 두 가지가 있습니다. Mutable이라는 단어는 '변할 수 있다'는 의미를 갖고 있습니다. 따라서 NSArray는 값이 변경되지 않는 배열을 의미하며 NSMutableArray는 값이 변경될 수 있는 배열을 의미합니다. 이렇게 두 가지로 구분하는 이유는 값이 변경되지 않는 배열로 만들면 훨씬 빨리 처리되는 배열을 만들 수 있다는 장점이 있지만 필요할 때마다 자동으로 길이를 늘일 수 없는 단점도 있기 때문입니다.

먼저 NSArray 클래스를 사용해서 배열을 만들어 보겠습니다. foundation4.playground 파일을 새로 만들고 다음 코드를 입력합니다.

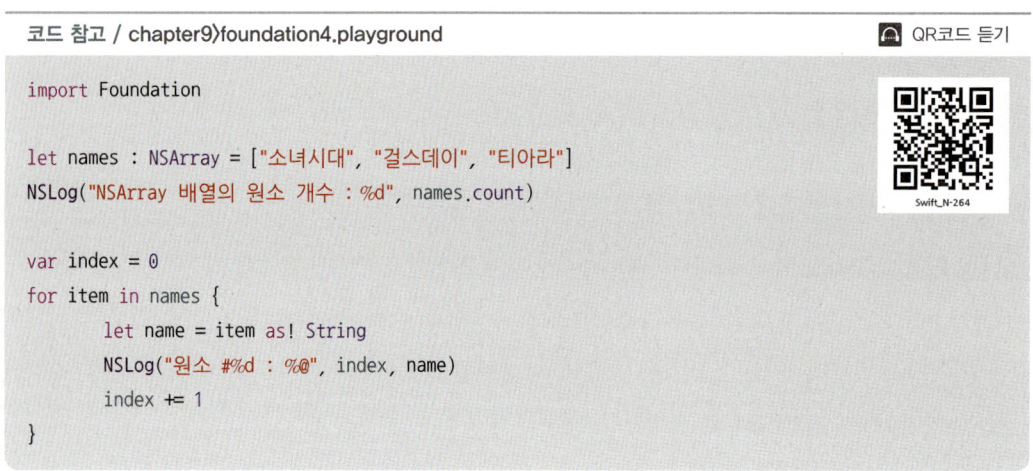

코드 참고 / chapter9>foundation4.playground   QR코드 듣기

```
import Foundation

let names : NSArray = ["소녀시대", "걸스데이", "티아라"]
NSLog("NSArray 배열의 원소 개수 : %d", names.count)

var index = 0
for item in names {
    let name = item as! String
    NSLog("원소 #%d : %@", index, name)
    index += 1
}
```

세 명의 이름을 NSArray 배열로 만들고 names라는 이름의 변수에 할당했습니다. 이렇게 배열을 만들면 count 속성을 사용해 배열의 원소 개수를 확인할 수 있으며, for ~ in 구문으로 각각의 원소를 출력할 수 있습니다. for 문 안에서는 각각의 원소를 문자열로 형 변환한 후 NSLog로 출력했습니다. NSArray 배열 안에 들어 있는 원소는 특정 자료형으로 명시되지 않으므로 형 변환하여 사용합니다. 코드를 잘 살펴보면 스위프트의 배열과 큰 차이가 없다는 것을 알 수 있습니다.

이번에는 NSMutableArray를 사용해서 배열을 만들어 보겠습니다. 다음 코드를 추가로 입력합니다.

코드 참고 / chapter9>foundation4.playground   QR코드 듣기

```swift
… 중략
let names2 : NSMutableArray = ["소녀시대", "걸스데이", "티아라"]
names2.add(2)
names2.insert("애프터스쿨", at:1)
names2.removeObject(at: 2)

NSLog("NSArray 배열의 원소 개수 : %d", names.count)

index = 0
for item in names2 {
    if (item is String) {
        let name = item as? String
        print("원소 #\(index) : \(name)")
    } else {
        print("원소 #\(index) 가 문자열이 아닙니다. : \(item)")
    }
    index += 1
}
```

NSMutableArray에는 원소를 추가하거나 삭제할 수 있는 메소드들이 들어 있습니다. 여기서는 add 메소드를 호출하여 원소를 추가한 후 insert 메소드를 호출하여 두 번째 위치에 사람 이름을 하나 더 추가했습니다. 이때 원소의 값은 숫자든 문자열이든 문제없이 추가됩니다. removeObject 메소드는 특정 위치에 있는 원소를 삭제하는 데 사용됩니다. 이렇게 만든 배열의 원소들도 for ~ in 구문을 사용해 콘솔에 출력할 수 있습니다. 코드를 실행하면 다음과 같이 배열에 들어 있는 원소들의 값을 확인할 수 있습니다.

▲ NSMutableArray 배열에 들어 있는 원소들을 출력한 경우

딕셔너리의 경우에도 NSDictionary와 NSMutableDictionary로 나뉩니다. 파운데이션 프레임워크의 딕셔너리도 스위프트의 딕셔너리와 큰 차이가 없으므로 NSMutableDictionary를 사용하는 코드만 간단하게 만들어 보겠습니다. foundation5.playground 파일을 새로 만들고 다음 코드를 입력합니다.

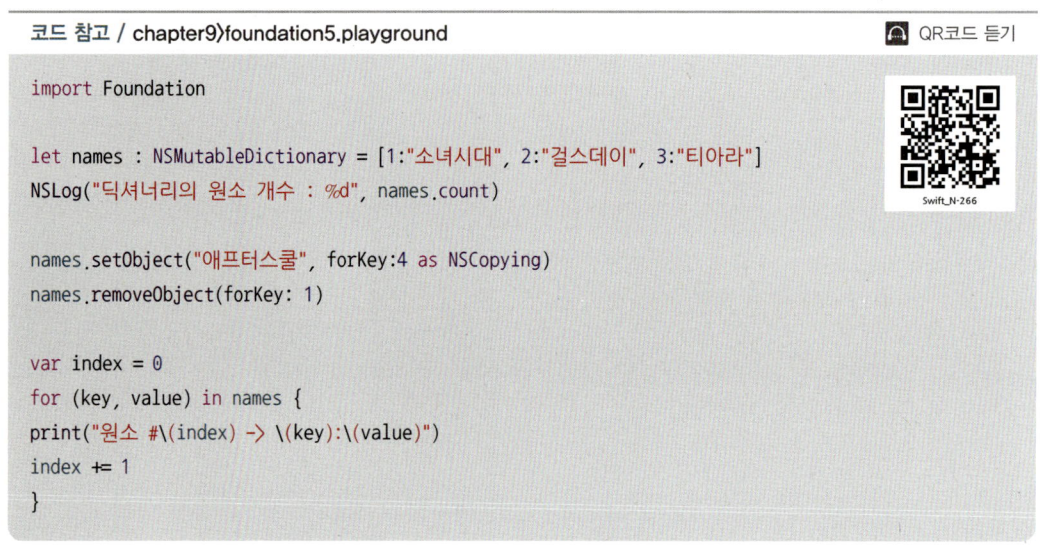

코드 참고 / chapter9>foundation5.playground   QR코드 듣기

```
import Foundation

let names : NSMutableDictionary = [1:"소녀시대", 2:"걸스데이", 3:"티아라"]
NSLog("딕셔너리의 원소 개수 : %d", names.count)

names.setObject("애프터스쿨", forKey:4 as NSCopying)
names.removeObject(forKey: 1)

var index = 0
for (key, value) in names {
print("원소 #\(index) -> \(key):\(value)")
index += 1
}
```

names 변수에는 사람들의 이름을 담고 있는 딕셔너리가 할당되었습니다. 그리고 키가 4이고 값이 '애프터스쿨'인 원소가 하나 더 추가되었습니다. setObject는 키와 값을 설정할 때 사용되며, removeObject 메소드는 키를 사용해 값을 삭제할 때 사용됩니다. 딕셔너리의 값을 하나씩 확인할 때는 for ~ in 구문을 사용하며 튜플로 반환된 키와 값을 화면에 출력할 수 있습니다.

코드를 실행하면 다음과 같이 수정된 딕셔너리의 원소들을 확인할 수 있습니다.

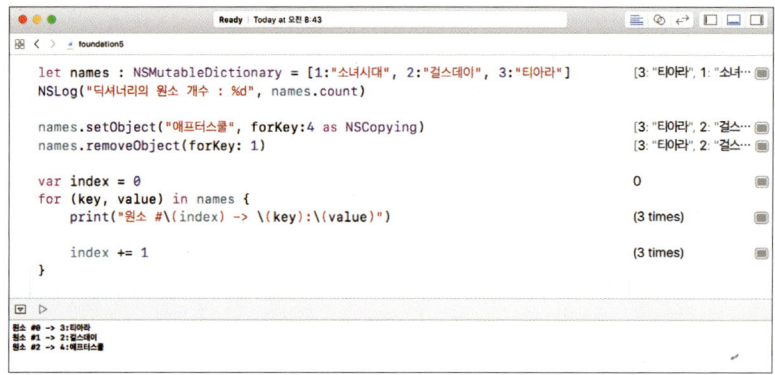

▲ NSMutableDictionary 딕셔너리에 들어 있는 원소들을 출력한 경우

지금까지 파운데이션 프레임워크에서 제공하는 기본 기능들을 문자열과 시간을 다루는 내용 중심으로 살펴보았습니다. 이 내용은 앞으로 코드를 만들면서 접할 기회가 많으니 비슷한 방식으로 사용되는 코드를 볼 때마다 이 장에서 해 보았던 것들을 되새겨 보기 바랍니다.

Quiz 41 NSMutableDictionary를 사용해 가족 구성원들을 저장했다가 출력해 보세요. 예를 들어, "아빠"를 키로 하고 "김준수"를 값으로 하여 원소를 추가합니다. 몇 명의 가족 구성원이 추가되었다면 모든 가족 구성원을 출력하도록 합니다.

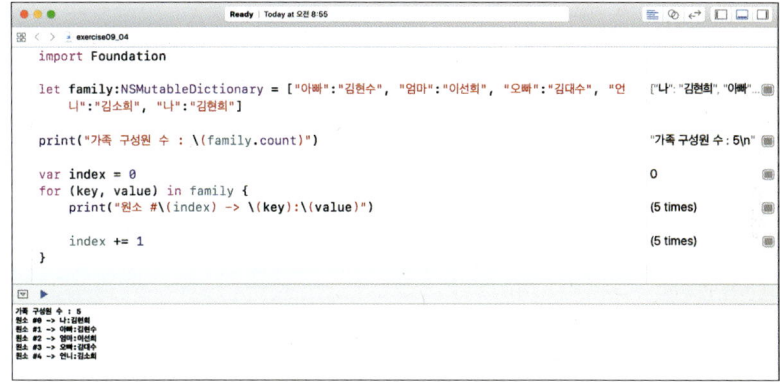

해답 | exercise09_04.playground

문자열과 시간을 객체의 속성으로 넣어주기

✓ 문자열로 되어 있는 이름과 생일을 사용해서 여러 강아지 객체를 만들어 보세요.

✓ 강아지 클래스는 Dog라는 이름으로 만들고 name과 birth 속성을 갖도록 합니다. name 속성은 String 자료형으로 만들고 birth 속성은 Date 자료형으로 만듭니다.

✓ 먼저 두 개의 문자열 변수에 여러 강아지 이름과 생일이 들어 있도록 합니다. 예를 들어, 이름은 "미미,캔디", 생일은 "2017-01-02 12:20,2017-05-10 10:30"과 같이 콤마(,)로 구분된 문자열로 넣어둡니다.

✓ 두 개의 문자열 변수에 들어 있는 여러 강아지의 이름과 생일을 사용해서 강아지 객체를 만들고 배열에 넣어둡니다. 생일 문자열을 Date 객체로 변환해야 강아지 객체를 만들 때 birth 파라미터의 값으로 전달할 수 있습니다.

✓ 배열에 추가한 강아지 객체의 이름과 생일을 모두 출력해 봅니다.

해답 | study 09 playground

Swift 총정리

문자열과 시간을 다루는 방법

1 파운데이션 프레임워크

프레임워크는 라이브러리이며 애플에서 미리 만들어 제공하는 SDK입니다.
파운데이션 프레임워크는 가장 기본적이면서 필수적인 기능을 제공합니다.

> NSObject가 기본 클래스

파운데이션 프레임워크 사용할 때 import 문을 사용합니다.

> import Foundation

isEqual 함수는 NSObject를 상속하면 사용할 수 있으며 === 연산자의 기능과 같습니다.
셀렉터는 함수를 식별하기 위해 만드는 정보입니다.

> #selector(show)
> #selector(show2(message))

2 문자열 다루기

문자열의 길이는 characters 객체의 count 속성으로 확인합니다.

> 문자열.characters.count

문자열 안의 문자 위치 중 첫 번째와 마지막 문자는 쉽게 확인할 수 있습니다.

> 문자열.startIndex 첫 번째 문자의 위치
> 문자열.endIndex   마지막 문자 뒤의 위치

일부 문자열을 뽑아낼 때 대괄호가 사용됩니다.

> 문자열 [Index 범위]

시작이나 끝 인덱스에서 다른 인덱스를 참조하려면 index 메소드를 사용합니다.

> 문자열.index(...)

일부 문자열을 삭제할 때 removeSubrange가 사용됩니다.

> 문자열.removeSubrange [Index 범위]

대문자나 소문자로 변환하고 싶을 경우 lowercased, uppercased을 참조합니다.

> 문자열.lowercased   소문자로 변환된 문자열 참조
> 문자열.uppercased   대문자로 변환된 문자열 참조

콤마(,)로 문자열을 분리하고 싶을 때 components 메소드를 사용합니다.

> components(separatedBy: ",")

문자열 안에 있는 문자의 위치를 알아낼 때 indexOf를 사용합니다.

> 문자열.characters.index(of: 대상글자)

일부 문자열의 인덱스 범위를 알고 싶다면 range 메소드를 사용합니다.

> 문자열.range(of: 대상글자)

3 날짜와 시간 다루기

Date 객체를 만들면 현재 시간을 값으로 가집니다.

> let now = Date()

Date 객체의 값을 문자열로 바꿀 때 DateFormatter를 사용합니다.

> var formatter = DateFormatter();
> formatter.dateFormat = "yyyy-MM-dd HH:mm:ss ZZZ";

날짜를 문자열로 변환할 때 사용하는 두 가지 메소드가 있습니다.

> func string(from: Date) -> String
> func date(from: String) -> Date?

4 NSLog, NSArray, NSDictionary

NSLog는 print 함수 대신 로그 출력에 사용될 수 있으며 포맷 문자열이 들어갈 수 있습니다.

> %@ 레퍼런스 자료형
> %d 정수 자료형
> %f 실수 자료형

배열은 NSArray나 NSMutableArray로 만들 수 있습니다.
딕셔너리의 경우에도 NSDictionary와 NSMutableDictionary로 나누어집니다.
파운데이션 프레임워크에 들어 있는 NSArray나 NSDictionary로 배열이나 딕셔너리를 만들면 다양한 메소드를 사용할 수 있습니다.

Swift 총정리

다른 언어 경험이 있다면 Summary!

1 파운데이션 프레임워크의 사용
⇒ import Foundation

2 NSObject의 isEqual 메소드
⇒ isEqual 함수는 NSObject를 상속하면 사용할 수 있으며 === 연산자의 기능과 같음

3 함수를 식별하기 위한 셀렉터
⇒ 메소드 이름 뒤에 소괄호를 붙이고 그 안에 외부 파라미터 이름과 콜론(:) 기호를 붙임
  #selector(show)
  #selector(show2(message))

4 문자열의 길이 확인
⇒ 문자열.characters.count

5 일부 문자열을 뽑아낼 때 사용하는 대괄호
⇒ 문자열 [Index 범위]

6 문자열의 대소문자 변환
⇒ 문자열.lowercased   소문자로 변환된 문자열 참조
  문자열.uppercased   대문자로 변환된 문자열 참조

7 문자열을 콤마로 분리
⇒ components(separatedBy: ",")

8 특정 문자의 위치 확인
⇒ 문자열.characters.index(of: 대상글자)

9 Date 객체를 사용한 현재 시간 확인
⇒ let now = Date()

10 Date 객체의 값을 문자열로 바꾸기
⇒ var formatter = DateFormatter();
  formatter.dateFormat = "yyyy-MM-dd HH:mm:ss ZZZ";

11 날짜를 문자열로 변환할 때 사용하는 DateFormatter의 두 가지 메소드
⇒ func string(from: Date) -> String
  func date(from: String) -> Date?

12 배열을 만들 때 사용하는 객체
⇒ 배열은 NSArray나 NSMutableArray로 만들 수 있음

13 딕셔너리를 만들 때 사용하는 객체
⇒ 딕셔너리의 경우에도 NSDictionary와 NSMutableDictionary로 만들 수 있음

| 셋째 마당 |

스위프트를 활용한 아이폰 앱 만들기

둘째 마당에서 스위프트가 무엇인지 알아보았습니다. 프로그래밍 언어는 한 조각 한 조각이 모여 하나의 프로그램으로 완성되는 것이라서 둘째 마당에서 하나씩 익힌 내용을 충분히 이해하고 있어야 합니다. 하지만 아직은 이 조각들을 어떻게 조립해야 완성된 프로그램을 만들 수 있는지 잘 모릅니다. 스위프트 코드를 실제로 활용하는 과정을 연습해 봐야 비로소 완성된 프로그램을 만들 수 있게 됩니다. 가장 좋은 방법이 실제로 동작하는 아이폰 앱을 직접 만들어보는 것입니다. 아이폰 앱이나 macOS용 프로그램은 스위프트를 가장 잘 활용할 수 있는 방법이기 때문에 이 장에서는 아이폰 앱을 함께 만들어 갈 것입니다. 아이폰 앱을 만들다 보면 어떤 부분에서 클로저가 사용되고 또 어떤 부분에서 셀렉터가 사용되는지 등을 알 수 있게 됩니다.

이제 아이폰 앱을 만들면서 스위프트를 활용하는 시간을 가져볼까요?

01 | 아이폰 앱 만드는게 어렵나요?

오브젝티브-C를 사용할 때는
어렵게 느꼈겠지만 스위프트의 기본 앱 화면은
마우스로 끌어다 놓으면 만들 수 있어!

02 | 아직 스위프트에 익숙하지 않은데...

우선 둘째 마당의 스위프트 코드를 반복해서 입력하고
익숙해지도록 해. 그래야 아이폰 앱을
더 잘 이해하고 잘 만들 수 있어.

03 | 배운 내용으로 앱을 만들 수 있나요?

스위프트의 조각을 하나씩 알아본 거야.
지금부터 아이폰 앱을 만들어보면 각 조각이
어떻게 사용되는지 알 수 있어.

03-1
스위프트로 아이폰 앱 만들기

중요도 ★★★☆☆

지금부터는 아이폰 앱을 만들 때 스위프트가 어떻게 사용되는지 알아볼 차례입니다. 아이폰 앱을 만들려면 먼저 프로젝트를 만들어야 합니다. 이때 앱의 화면과 소스 코드가 자동으로 만들어집니다. 어떤 것들이 만들어졌는지 들여다보면 스위프트가 사용되는 부분도 볼 수 있습니다. 자동으로 생성된 화면을 수정하고 소스 코드에는 여러분이 직접 스위프트 코드를 덧붙일 수 있습니다. 이 과정을 연습하다 보면 앱을 만들 때 스위프트가 어떻게 사용되는지 좀 더 잘 이해할 수 있습니다.

이 장에서는 아이폰 앱 제작에 필요한 프로젝트를 만들었을 때 자동으로 생성된 코드의 내용을 살펴볼 것입니다. 그리고 스위프트가 어떻게 앱에 적용되는지도 함께 살펴보도록 하겠습니다.

키워드로 알아보는 스위프트 언어

프로젝트	프로젝트만 만들어도 앱에 필요한 기본 화면과 스위프트 코드가 자동으로 생성됩니다.
화면	화면마다 뷰 컨트롤러가 만들어지고 뷰 컨트롤러에서 화면을 관리합니다.
컨트롤러	화면에 라벨이나 버튼 등을 추가할 수 있고 화면에 추가한 것들은 소스와 연결할 수 있습니다.
로그인	로그인 화면을 위한 화면을 구성하고 스위프트 코드도 입력하여 로그인 기능을 만들어 봅니다.

1 _ 가장 간단한 아이폰 앱 만들기

아이폰 앱을 만드는 작업은 그리 어렵지 않습니다. 새로운 프로젝트를 만들면 그 상태 그대로 아이폰 단말에서 실행할 수 있을 정도의 화면과 소스 코드가 자동으로 만들어지기 때문입니다. 자동으로 만들어진 기능 위에 새로운 기능을 추가하는 작업도 쉽습니다. 심지어 스위프트 코드를 건드리지 않고 마우스만 사용해서 화면에 글자를 올려도 앱에 무언가를 보여줄 수 있습니다. 이제 가장 간단한 아이폰 앱을 만드는 과정을 직접 실습해 보겠습니다.

아이폰 앱 제작에 필요한 프로젝트 만들고 화면에 글자 추가하기

❶ 엑스코드를 실행하고 시작 화면에서 [Create a new Xcode project] 메뉴를 누릅니다.

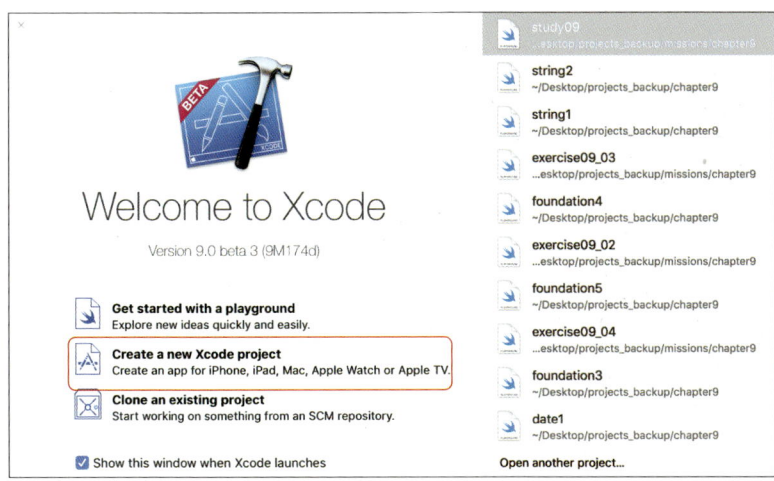

❷ 새로운 프로젝트의 템플릿(Template)을 선택하는 대화상자가 나타납니다. 새로운 프로젝트를 만들었을 때 그 안에 자동으로 생성되는 첫 화면의 유형을 이 대화상자에서 선택할 수 있습니다. 대화상자의 위쪽에는 앱의 종류가 표시되는데, iOS 항목이 기본 설정 값으로 선택되어 있습니다. 그리고 'Single View App'이 기본 값으로 선택되어 그대로 두고 [Next] 버튼을 누릅니다.

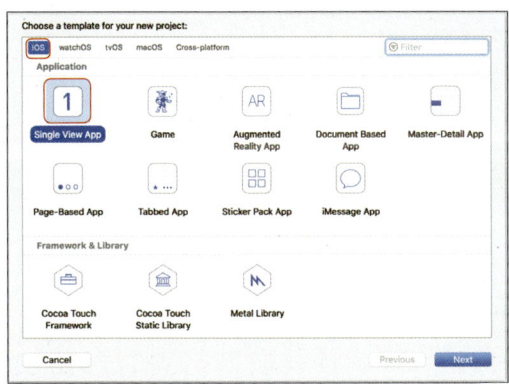

❸ 새로운 프로젝트의 옵션(Option)을 선택하는 대화상자가 보입니다. 이 화면에서는 프로젝트의 기본 정보를 입력할 수 있습니다. Product Name: 입력 상자에 'Login'을 입력합니다. Organization Name:과 Organization Identifier 입력 상자에는 첫째 마당 4장의 '1) 첫 번째 아이폰 앱 만들기'에서 입력했던 내용이 그대로 들어 있습니다. Language: 항목에는 Swift가 선택되어 있습니다. 이 항목들은 그대로 두고 [Next] 버튼을 누릅니다.

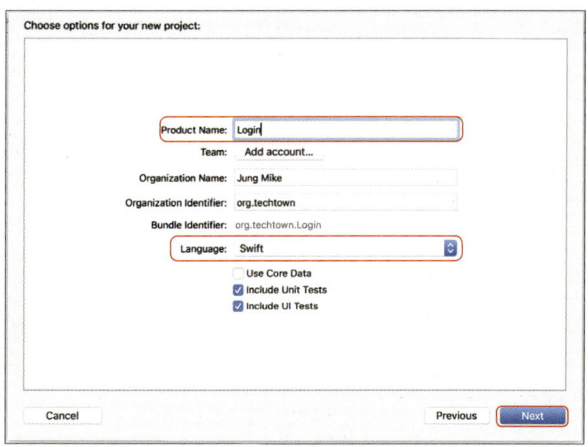

❹ 새로운 프로젝트를 저장할 폴더를 선택하는 대화상자가 나타나면 [projects] 폴더를 선택합니다. 그런 다음 왼쪽 밑에 있는 [New Folder] 버튼을 클릭하여 [part3_chapter1]이라는 새로운 이름의 폴더를 만듭니다. 폴더가 새로 만들어지면 그 폴더를 선택한 후 [Create] 버튼을 누릅니다.

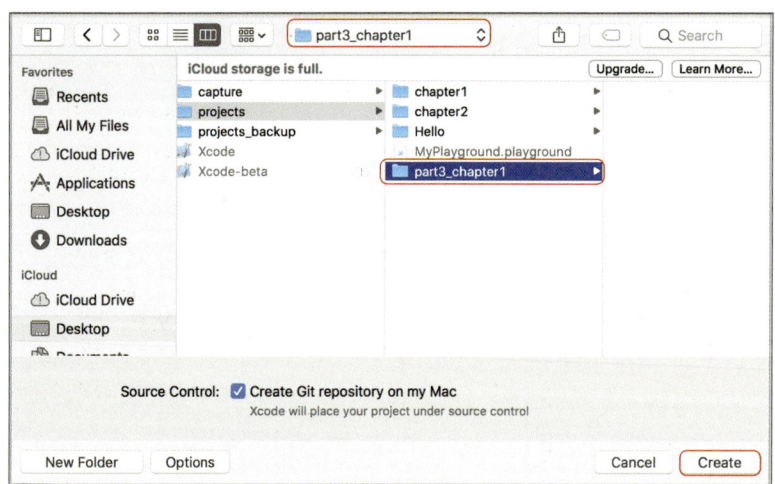

> **정박사님 궁금해요**   **폴더를 선택할 때 더블클릭하면 어떻게 되나요?**
>
> 프로젝트가 만들어질 폴더를 더블클릭하면 곧바로 대화상자가 없어지면서 다음 단계로 넘어갑니다. 예를 들어, [projects] 폴더를 더블클릭하면 새로운 프로젝트가 그 폴더 안에 만들어집니다. 따라서 해당 폴더 안에 들어 있는 정보를 확인하는 목적이라면 한 번만 클릭해야 합니다.

❺ 새로운 프로젝트가 만들어지면 화면에 여러 가지 내용이 표시됩니다. 왼쪽에 보이는 내비게이터(Navigator) 영역에는 프로젝트에 들어 있는 폴더와 파일들이 보이고 가운데 작업 영역에는 새로 만든 Login 프로젝트의 정보가 보입니다. 오른쪽 유틸리티(Utility) 영역에는 선택된 파일의 정보가 표시됩니다.

이 세 개 영역의 위쪽에는 공통으로 사용할 수 있는 아이콘이나 메뉴가 있어서 어떤 것을 선택하는가에 따라 보이는 내용이 달라집니다. 그리고 화면의 가장 위쪽에는 메뉴가 표시됩니다. 이 메뉴도 현재 선택된 창이 어떤 것인가에 따라 달라집니다.

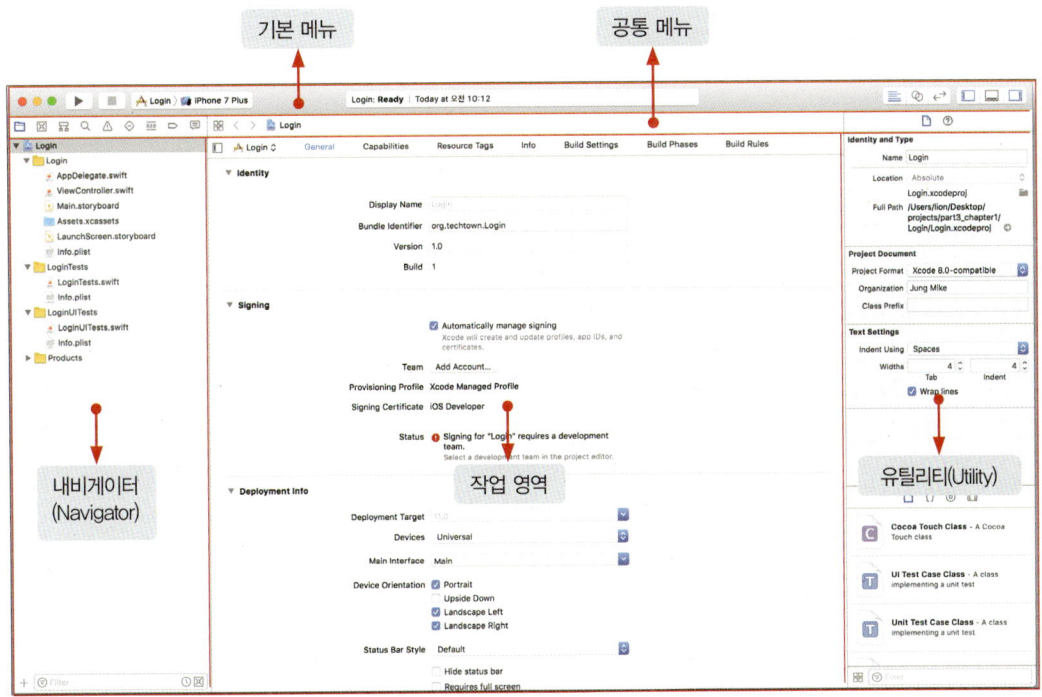

> **정박사님 궁금해요**   오른쪽에 보이는 영역을 왜 인스펙터 영역이라고 부르나요?
>
> 오른쪽 영역에는 주로 인스펙터 창들이 나타납니다. 인스펙터란? '어떤 것에 대한 정보를 보여주는 것'이라고 이해하면 쉽습니다. 오른쪽에 있는 영역의 위쪽에는 인스펙터 창이 보이고 하단에는 라이브러리라고 불리는 창들이 보이는데 인스펙터 창을 사용하는 경우가 훨씬 많기 때문에 오른쪽 영역을 인스펙터 영역이라고 부르기도 합니다.

❻ 가운데 작업 영역의 내용은 왼쪽 내비게이터 영역에서 어떤 것을 선택했는지에 따라 달라집니다. 왼쪽 내비게이터 영역에는 트리 모양이 보이고 가장 위쪽에는 아이콘이 여러 개 있습니다. 프로젝트를 처음 만들면 위쪽 아이콘들 중에서 가장 첫 번째 아이콘이 선택되어 있고 그 내용은 가운데 작업 영역에 보입니다. 왼쪽에 보이는 창을 프로젝트 네비게이터 창이라고 부릅니다. 이 창 안의 항목들 중에서 ViewController.swift를 선택하면 가운데 작업 영역에 보이는 내용이 달라집니다. 이렇게 가운데 작업 영역에 나타나는 내용들은 달라질

수 있습니다. 그런데 만약 이전에 작업 영역에 표시되었던 내용을 다시 보고 싶다면 어떻게 해야 할까요? 이런 경우에는 작업 영역 위쪽에 있는 아이콘들 중에서 가장 왼쪽에 있는 점프 바 아이콘(꿻)을 눌러보면 최근 열어본 파일들 중에서 하나를 선택할 수 있습니다. 또는 왼쪽 화살표 모양 아이콘(〈)을 눌러 이전에 열었던 파일을 다시 불러올 수 있습니다.

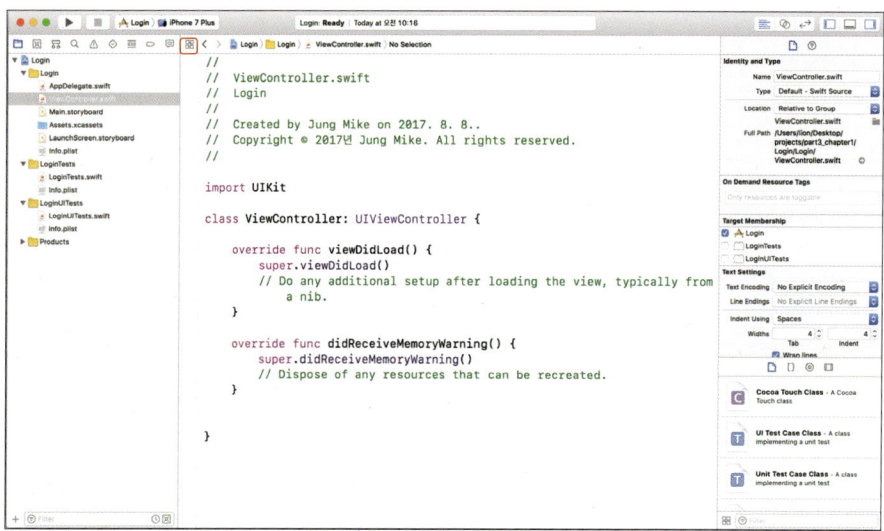

정박사님 궁금해요   점프 바는 어떻게 사용해야 하나요?

가운데 작업 영역 위쪽에 있는 아이콘들 중에서 가장 왼쪽에 있는 아이콘(꿻)을 점프 바(Jump Bar) 아이콘이라고 합니다. 이 아이콘은 창에 보여줄 내용을 빠르게 선택할 수 있도록 도와줍니다. 예를 들어, 현재 작업 영역에 AppDelegate.swift라는 파일이 나타나 있는데 이전에 열어 보았던 ViewController.swift 파일로 내용을 변경하고 싶다면 이 점프 바를 누른 후 해당 파일을 찾아 선택하면 됩니다.

❼ 이제 왼쪽 프로젝트 내비게이터 창에서 [Login] 폴더 안에 있는 Main.storyboard 항목을 찾아 누릅니다. 그러면 가운데 작업 영역 부분에 '인터페이스 빌더(Interface Builder)' 창이 표시됩니다. 인터페이스 빌더는 화면을 구성할 수 있도록 시각적으로 보여주는 기능을 담당합니다. 인터페이스 빌더 화면의 오른쪽에 보이는 아이폰 단말기 모양의 화면 부분이 디자인을 담당합니다. 화면을 보여주기 때문에 '씬(Scene)'이라고 부르는데 편의상 '디자인(Design) 화면'이라고도 부릅니다. 인터페이스 빌더 화면의 왼쪽에 보이는 트리 부분은 '문서 개요(Document Outline)'라고 부릅니다. 문서 개요 부분에는 화면에 어떤 것들이 들어 있는지 트리 모양으로 보여줍니다. 즉, 인터페이스 빌더 창의 왼쪽에는 화면에 들어 있는 구성 요소가 표시되고 오른쪽에는 화면을 보면서 디자인할 수 있는 단말 화면이 표시됩니다.

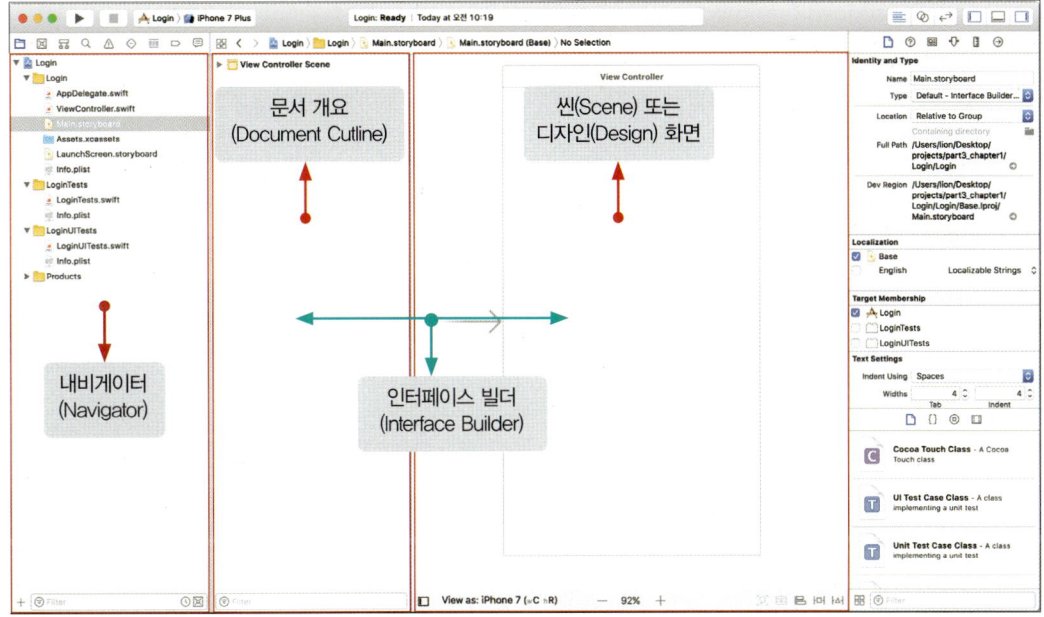

❽ 왼쪽의 문서 개요 트리에서 [View Controller Scene] 항목을 펼쳐보면 그 안에 들어 있는 구성 요소들이 표시됩니다. 그러면 엑스코드 화면 오른쪽의 유틸리티 영역에 표시되는 내용도 바뀝니다.

인터페이스 빌더 창에서 실제로 작업할 때는 문서 개요 화면을 감춰 놓은 상태로 디자인 화면만 보면서 작업을 하는 경우가 많습니다. 디자인 화면을 보면 핸드폰의 단말 모양인데 디자인 화면 영역보다 단말의 크기가 더 큰 경우에는 단말의 일부만 보입니다. 따라서 단말 모양의 화면을 여기저기 옮겨보려면 터치패드에 두 손가락을 터치한 후 움직여야 합니다.

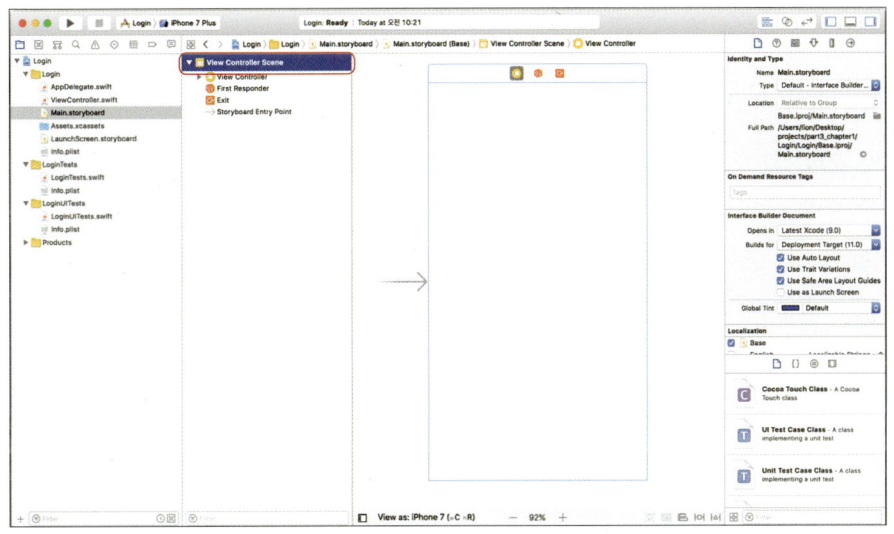

❾ 두 손가락으로 터치하여 화면을 이동할 수 있다곤 하지만 디자인 화면에 표시된 단말 모양이 너무 커서 한눈에 파악하기 어려운 경우도 생깁니다. 이때는 단말의 크기를 좀 더 줄일 수 있습니다. 디자인 화면 왼쪽에 있는 문서 개요 창의 트리에서 [View Controller]를 선택합니다. 그리고 오른쪽 유틸리티 영역을 보면 위쪽의 아이콘 중에서 첫 번째 아이콘이 선택되어 있습니다. 네 번째 아이콘을 클릭합니다. 이 아이콘은 '속성 인스펙터(Attribute Inspector)' 창을 보여주는 아이콘입니다. 만약 이 아이콘이 선택되어 있지 않다면 이 아이콘을 선택하여 속성 인스펙터 창을 열어줍니다. 속성 인스펙터 창에서 Size 항목을 찾아보면 그 값이 Inferred로 되어 있습니다. Inferred는 화면의 크기를 알아서 보여주겠다는 의미라고 할 수 있습니다. 이 Size 항목의 값을 'Page Sheet'로 바꾸면 화면을 한눈에 파악할 수 있을 정도의 크기가 됩니다. Size 항목의 값이 'Inferred'로 되어 있어도 문제가 없다면 그대로 두어도 됩니다.

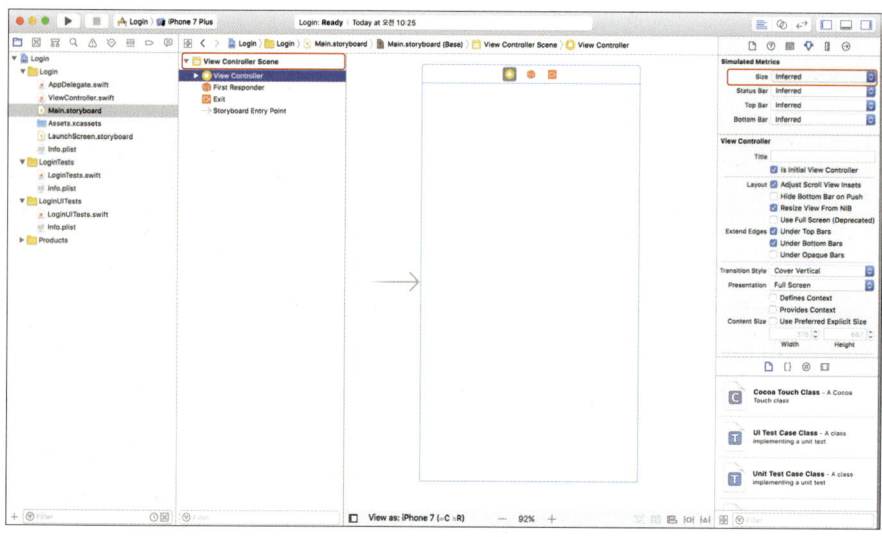

❿ 디자인 화면 안에는 글자나 버튼, 입력 상자 등을 원하는 대로 넣을 수 있습니다. 디자인 화면 안에 글자를 넣어보면 어떤 방식으로 화면에 추가하는지 알 수 있습니다. 오른쪽 유틸리티 영역의 아래쪽 부분이 라이브러리 창인데 여러분이 사용할 수 있는 다양한 위젯이나 기능을 가져다 쓸 수 있는 창입니다. 라이브러리 창의 윗부분에 있는 아이콘 중에서 세 번째에 있는 '객체 라이브러리(Object Library)' 아이콘을 클릭하면 화면에 추가할 수 있는 것들이 나타납니다. 라이브러리 창에 어떤 것들이 들어 있는지 보려면 라이브러리 창 위에 마우스 포인터를 두고 두 손가락으로 터치패드를 스크롤해서 아래쪽으로 내리면 됩니다. 아래로 내려 보면 버튼이나 입력 상자 등이 나타나는데 그중에서 라벨(Label) 항목을 찾아 디자인 화면의 단말 모양 안에 끌어다 놓습니다. 화면에 끌어다 놓을 때는 가로 세로 방향으로 표시된 가이드 선이 표시되므로 좀 더 쉽게 위치를 정할 수 있습니다.

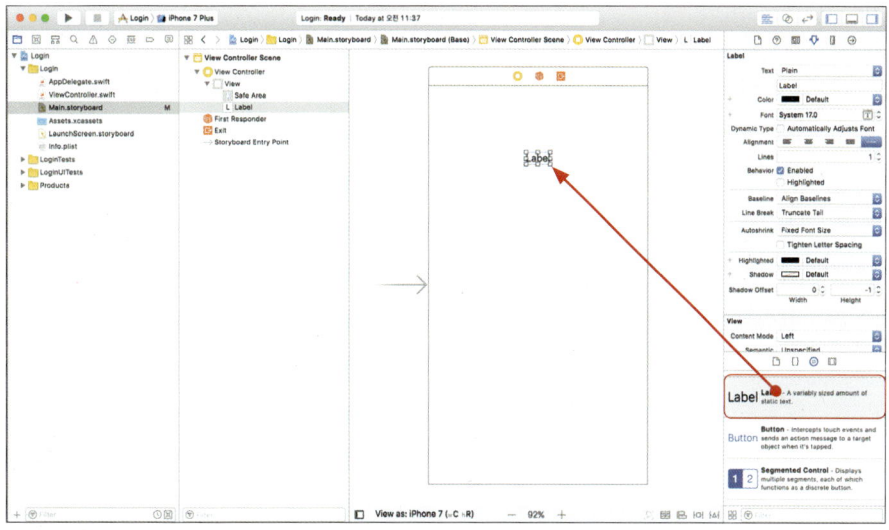

❶ 디자인 화면에 추가한 라벨을 선택하면 오른쪽 유틸리티 영역의 내용이 달라집니다. 유틸리티 영역의 위쪽에 속성 인스펙터(Attributes Inspector) 아이콘이 선택되어 있으면 그대로 두고, 만약 다른 아이콘이 선택되어 있다면 속성 인스펙터 아이콘을 선택합니다. 그러면 속성 인스펙터 창이 열리고 색상이나 글자 등 라벨의 속성들이 표시됩니다. 속성 중에서 Text 속성을 찾아보면 두 번째 줄에 'Label'이라는 글자가 입력되어 있습니다. 이 글자를 '로그인하세요.'로 바꿉니다. 그러면 라벨의 가로 크기보다 글자가 많아서 글자 뒷부분이 ...으로 표시됩니다. 라벨 주변에 표시된 작은 사각형 모양의 핸들(Handle)을 선택하여 잡아끌면 크기를 조정할 수 있습니다. 핸들 중에서 오른쪽 것을 끌어당겨 라벨의 가로 크기를 늘리고 오른쪽 속성 인스펙터 창에서 Font 항목을 찾아 그 값을 System 24.0까지 늘립니다. 그리고 Alignment 항목은 가운데 정렬로 변경합니다. 속성 인스펙터 창에서 속성을 바꾸면 디자인 화면에 보이는 라벨의 모양이 바로바로 바뀌므로 어렵지 않을 것입니다.

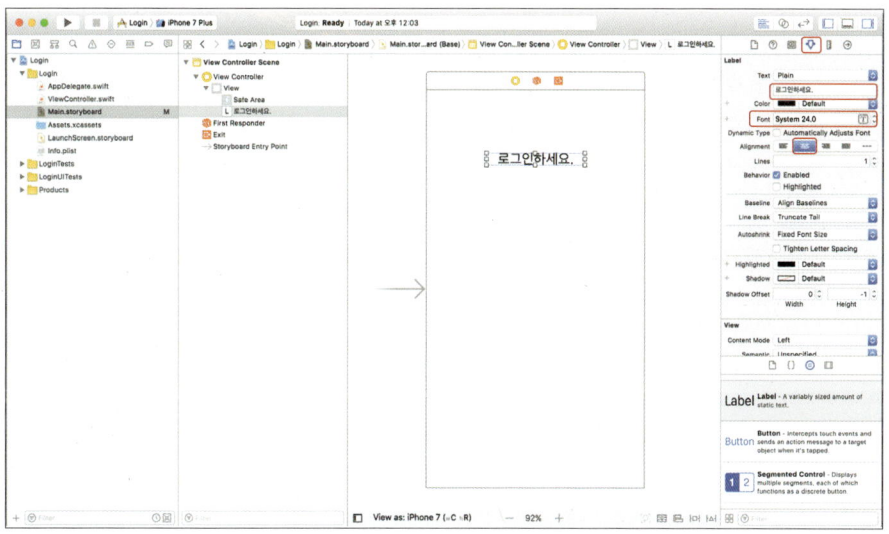

화면에 버튼 추가하고 기능 부여하기

이번에는 디자인 화면에 있는 라벨의 아래쪽에 버튼을 추가한 다음 버튼을 클릭했을 때 간단한 메시지를 보여주도록 만들어 보겠습니다.

❶ 화면 오른쪽 아래에 있는 객체 라이브러리(Object Library) 창에서 버튼(Button) 항목을 찾아 디자인 화면에 끌어다 놓습니다. 라벨의 속성을 바꿨던 것처럼 버튼의 속성도 바꿉니다. 버튼을 선택한 상태에서 오른쪽 속성 인스펙터(Attributes Inspector) 창을 열고 Title 속성의 두 번째 줄에 들어 있는 글자를 '로그인'으로 바꾸고 Font 속성에 들어 있는 글자 크기도 System 24.0으로 바꿉니다.

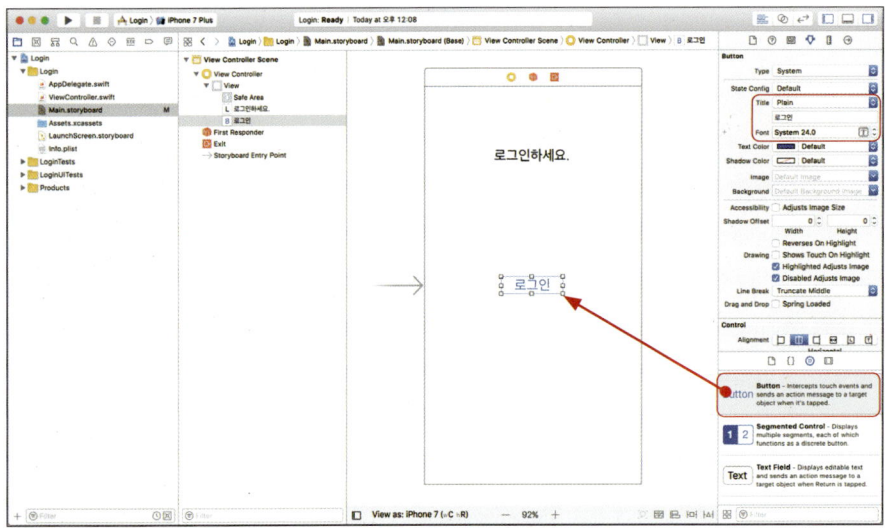

❷ 이제 버튼을 클릭했을 때 기능이 동작하도록 만들겠습니다. 엑스코드에서는 화면과 소스 코드가 분리되어 있어 화면에 추가한 버튼을 클릭했을 때 버튼 기능이 동작하도록 하려면 먼저 화면의 버튼과 소스 코드를 연결해야 합니다. 다시 말해, 화면에 추가한 버튼이 동작한다는 것은 소스 코드로 만든 기능이 실행된다는 것을 의미하므로 화면의 버튼과 소스 코드를 연결해야 합니다. 왼쪽 프로젝트 영역을 보면 파일 이름이 ****.storyboard로 된 것을 볼 수 있습니다. 스토리보드는 하나의 화면 구성 단위입니다. 따라서 로그인 화면을 구성하는 파일은 Login.storyboard라는 이름의 파일로 만들 수 있습니다. 스토리보드 파일 안에는 디자인 화면에서 만든 내용이나 화면의 정보가 들어갈 수 있습니다. 따라서 스토리보드 파일 안에 있는 화면의 내용과 스위프트 소스 파일의 코드를 서로 연결해야 화면에 들어 있는 것에 기능을 부여할 수 있습니다.

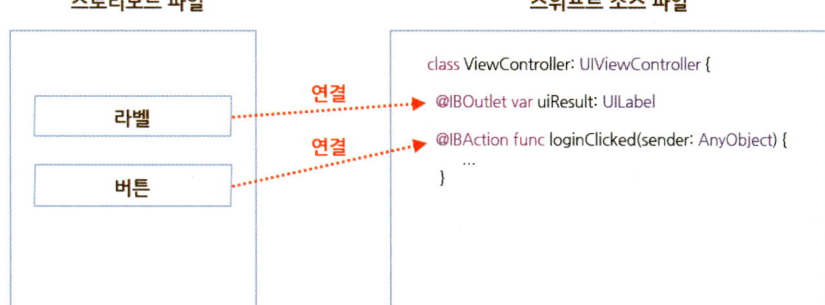

▲ 스토리보드 파일에 있는 것과 스위프트 소스 파일을 연결하기

❸ 화면의 버튼과 소스 코드를 연결할 때는 디자인 화면과 소스 코드가 보이는 창을 동시에 열어서 작업하는 것이 편합니다. 이렇게 작업하려면 디자인 화면은 그대로 둔 채 소스 코드가 보일 창을 하나 더 열어야 합니다. 디자인 화면에 보이는 단말 모양 사각형은 각각 서로 다른 뷰 컨트롤러 소스와 연결되는데 지금 화면에 보이는 단말 모양 사각형의 소스 코드는 ViewController.swift라는 파일에 만들어져 있습니다. 먼저 엑스코드 화면의 타이틀 바 오른쪽에 보이는 여섯 개 아이콘들 중에서 두 번째 아이콘인 '보조 편집기(Assistant Editor) 보여주기' 아이콘을 클릭합니다.

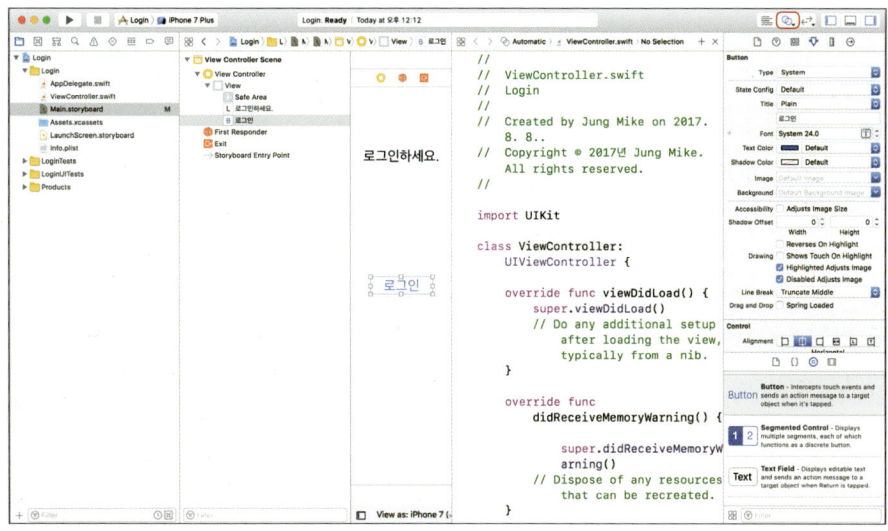

❹ 아이콘을 누르면 가운데 작업 영역에 보조 편집기 창이 하나 더 열립니다. 이 보조 편집기 창에는 소스 코드가 표시되는데 만약 ViewController.swift 파일이 아니면 보조 편집기 창의 왼쪽 위쪽에 있는 점프 바를 사용해서 ViewController.swift 파일을 찾아 선택합니다.

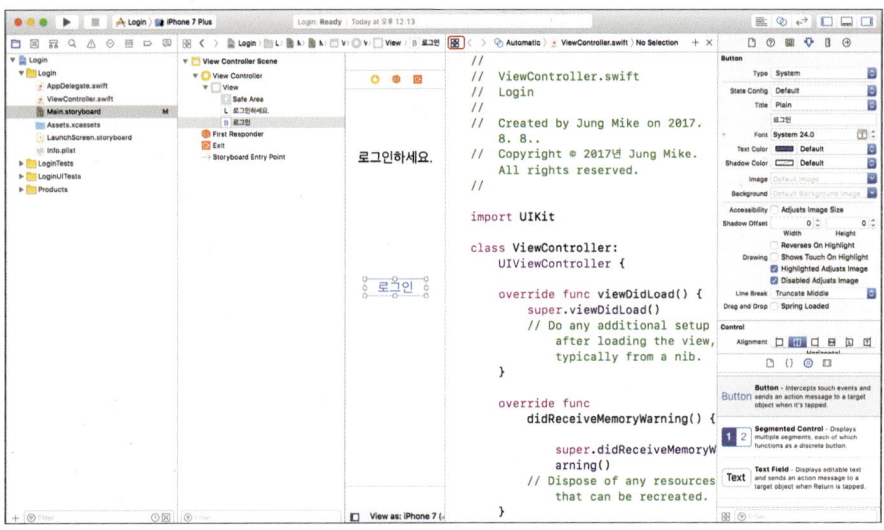

정박사님 궁금해요 | 너무 많은 창 때문에 화면이 잘 보이지 않나요?

불러온 창 때문에 화면이 꽉 차서 잘 보이지 않는다면 각 창의 경계선을 마우스로 끌어 각 창의 가로 크기를 조절할 수 있습니다. 하지만 그렇게 해도 너무 많은 창이 열려 있으면 헛수고입니다. 이때는 왼쪽과 오른쪽에 있는 창을 닫아 작업 영역을 더 넓게 만들면 됩니다. 엑스코드 화면의 타이틀 바 영역은 여섯 개의 아이콘이 나란히 있는데 오른쪽 끝에 있는 세 개의 아이콘이 왼쪽, 아래쪽, 오른쪽에 보이는 영역을 보여주거나 감출 수 있게 하는 아이콘입니다. 이 세 개 아이콘 중에서 첫 번째 아이콘을 눌러 왼쪽 프로젝트 영역을 감추고 세 번째 아이콘을 눌러 오른쪽 유틸리티 영역을 감추면 가운데 작업 영역이 넓어지므로 작업을 훨씬 수월하게 할 수 있습니다.

▲ 왼쪽과 오른쪽 그리고 아래쪽 영역을 보여주거나 감추는 아이콘

그런데 인터페이스 빌더 화면도 왼쪽의 문서 개요 창과 오른쪽 디자인 화면으로 구분됩니다. 만약 인터페이스 빌더 화면의 왼쪽에 있는 문서 개요 창을 보이지 않게 만들려면 디자인 화면의 좌측 하단에 있는 아이콘을 클릭하면 됩니다.

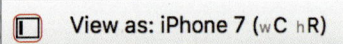

▲ 문서 개요 창을 보이거나 보이지 않게 만드는 아이콘

❺ 엑스코드 화면의 타이틀 바 영역에서 오른쪽에 있는 아이콘 중에서 프로젝트 영역을 보이지 않도록 하는 아이콘을 눌러 화면의 왼쪽에 보이던 프로젝트 영역을 감춥니다. 그리고 인터페이스 빌더의 디자인 화면 좌측 하단에 보이는 아이콘을 눌러 문서 개요 창도 감춥니다. 이렇게 하면 엑스코드 화면에 디자인 화면과 보조 편집기 화면이 나란히 나타납니다.

디자인 화면에 들어 있는 버튼을 소스와 연결하려면 [로그인] 버튼을 선택하고 control 키를 누른 채로 버튼을 끌어 소스 코드 쪽으로 갖다 놓아야 합니다. 이때 만약 마우스를 사용한다면 마우스 오른쪽 버튼을 누른 상태에서 끌어다 놓는 것과 같습니다. 그러면 연결선과 함께 'Insert Outlet or Outlet Connection'이라는 메시지가 보입니다.

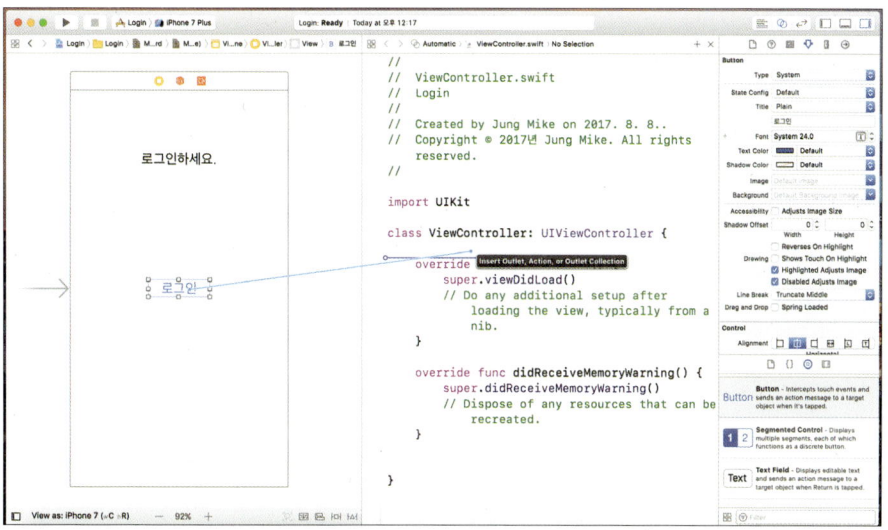

▲ control 키를 누른 채로 [로그인] 버튼을 소스 쪽으로 끌어다 놓았을 때의 화면 표시

❻ 누르고 있던 키패드를 놓으면 작은 창이 뜹니다. Connection 항목에 선택되어 있는 '아웃렛(Outlet)'은 라벨에 표시된 글자를 가져오거나 글자를 설정할 때 사용할 수 있습니다. 그런데 아웃렛이라는 것은 어떤 역할을 할까요? 아웃렛 매장에서 여러 브랜드의 물건을 여러 유통 경로를 없애고 싼 값에 내어 놓으면 고객이 그 물건을 사는 것처럼 단순화된 유통 경로로 연결합니다. 이처럼 아웃렛이라는 것은 디자인 화면에 있는 객체와 소스 코드를 서로 연결하는 통로 역할을 합니다. 다시 말해 소스 코드 쪽에서 디자인 화면에 있는 뷰 객체에 값을 넣거나 가져올 때 사용되는 것이 아웃렛입니다.

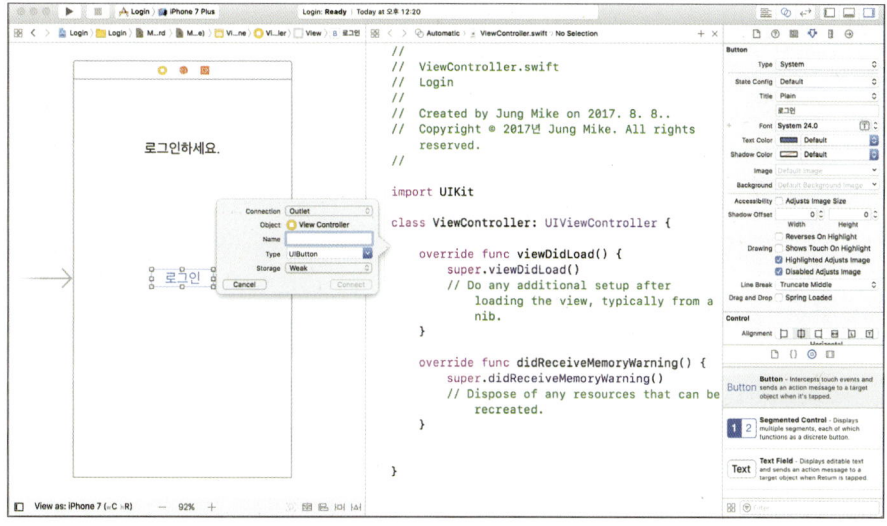

▲ 디자인 화면의 버튼을 소스 쪽에 끌어다 놓았을 때 보이는 대화상자

❼ 버튼의 경우, 삽입한 버튼을 클릭했을 때 어떤 기능이 동작하도록 만들어야 하는데 이것을 '액션(Action)' 이라고 합니다. 버튼의 기능이 동작할 수 있도록 Connection 항목의 값을 'Action'으로 바꿉니다. 그리고 Name 항목에는 이 버튼을 클릭했을 때 동작할 함수의 이름을 넣습니다. 여기서는 'loginClicked'을 입력한 후 아래쪽에 있는 [Connect] 버튼을 클릭합니다.

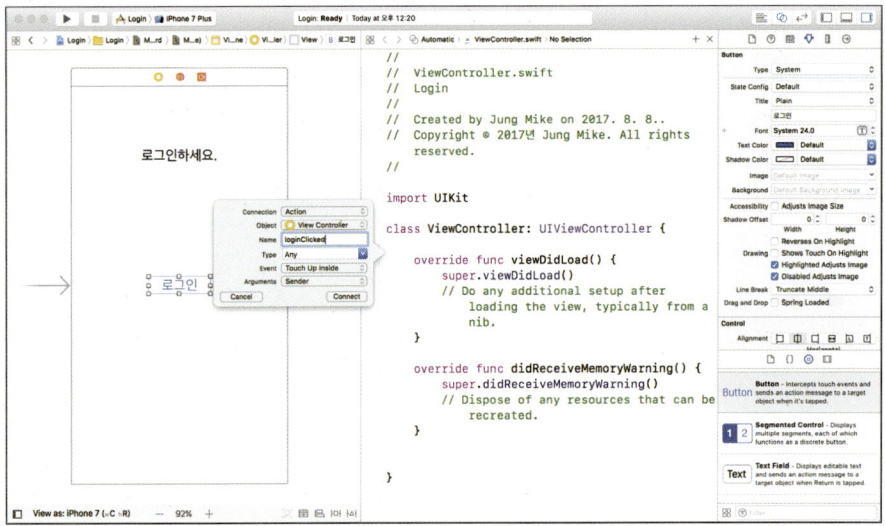

▲ 버튼의 기능이 동작하도록 입력한 액션 정보

❽ 대화상자가 닫히면 ViewController.swift 소스 파일에 들어 있는 ViewController 클래스 안에 loginClicked 함수가 자동으로 추가됩니다. 만약 소스 코드를 수정하기 위해 소스 코드 화면만 보고 싶다면 가운데 작업 영역의 왼쪽에 보이는 표준 편집기(Standard Editor) 화면에서 왼쪽 위에 있는 점프 아이콘(▦)을 클릭한 후 ViewController.swift를 찾아 선택하면 됩니다. 이렇게 하면 표준 편집기에 소스 코드가 나타납니다. 소스 코드에 loginClicked 함수가 추가되면 디자인 화면에 있는 [로그인] 버튼과 연결된 상태가 됩니다.

▲ 소스 파일에 자동으로 추가된 loginClicked 함수

> **정박사님 궁금해요** 버튼과 소스 코드가 연결되어 있는지는 어떻게 확인하나요?
>
> [로그인] 버튼과 소스 코드와 연결되어 있는지는 다음 두 가지 방법으로 확인할 수 있습니다.
>
> (1) 보조 편집기 창 왼쪽의 세로줄 영역을 보면 작은 동그라미가 하나 표시되어 있습니다. 이 동그라미를 클릭해 봅니다.
> (2) 디자인 화면에서 버튼을 선택한 다음 오른쪽 유틸리티 영역의 위쪽에 있는 버튼 중에서 가장 오른쪽에 있는 연결 인스펙터(Connections Inspector) 아이콘을 클릭합니다. 연결 인스펙터 창이 나타나면 그 안에서 연결 정보를 찾아봅니다.
>
> 연결 인스펙터 창에는 연결 정보가 한눈에 표시되므로 편리하게 확인할 수 있습니다. 디자인 화면에서 버튼을 선택하면 연결 인스펙터 창의 항목 중에서 Touch Up Inside 항목에 loginClicked가 표시되어 있는 것을 확인할 수 있습니다.
>
>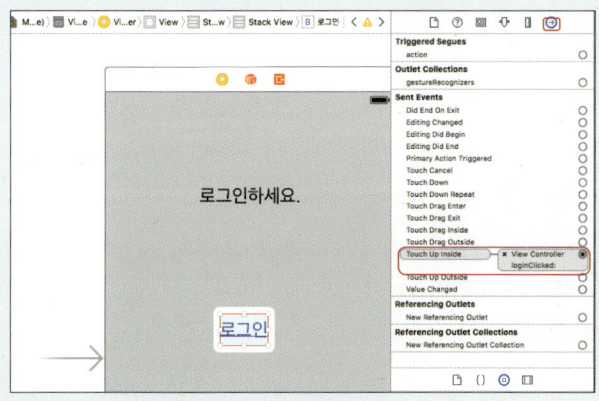
>
> ▲ 연결 인스펙터 창에 보이는 loginClicked 함수

9. 디자인 화면에 보이는 버튼과 소스 코드가 연결되어 있다는 것은 화면에 있는 버튼을 클릭하면 loginClicked 함수가 호출된다는 의미입니다. 이제 이 함수 안에서는 대화상자를 하나 띄우도록 코드를 입력합니다. 대화상자는 UIAlertView라는 이름의 객체를 사용해서 만들 수 있습니다. 다음과 같이 코드를 입력합니다.

코드 참고 / part3_chapter1〉Login〉Login〉ViewController.swift   QR코드 듣기

```swift
… 중략

    @IBAction func loginClicked(_ sender: Any) {
        let alert = UIAlertController(title:"알림", message:"로그인 버튼이 눌렸습니다.",
                        preferredStyle: .alert)
        
        let okAction = UIAlertAction(title: "확인", style: .default) {
                (alert:UIAlertAction!) -> Void in
                NSLog("알림 대화상자의 확인 버튼이 눌렸습니다.")
        }
        
        alert.addAction(okAction)
        present(alert, animated: true, completion: nil)
    }

… 중략
```

❿ 와우! 복잡한 코드를 여러 줄 입력했습니다. 갑자기 모르는 단어들을 이것저것 입력했으니 혼란스러울 수 있습니다. 하지만 각각의 단어들을 보지 말고 코드의 형태를 살펴보면 조금 익숙한 부분이 보일 것입니다. 바로 여러분이 둘째 마당에서 공부했던 스위프트 코드입니다. UIAlertController나 UIAlertAction이 어떤 역할을 하는지는 잘 모르더라도 객체를 만들고 그 안에 정의한 메소드를 호출하는 코드라는 것은 코드 형태만 보고도 알 수 있을 것입니다. 그래도 눈에 금방 들어오지는 않죠? 이 코드가 어떤 형태로 만들어진 것인지는 다음 단락에서 알아볼 것입니다. 따라서 여기서는 알림 대화상자를 띄우는 코드라는 것만 이해하고 넘어갑니다. 이제 모든 작업이 끝났습니다. 창의 위쪽에 있는 버튼 중에서 [실행] 버튼을 클릭하여 앱을 실행합니다.

▲ 엑스코드 화면 좌측 위쪽에 있는 실행 버튼

정박사님 궁금해요 시뮬레이터로 실행한 단말 화면이 너무 큰데 어떻게 줄이나요?

단말 화면이 너무 크게 보이면 엑스코드 창 위쪽에 있는 단말 표시 부분을 선택해서 단말을 바꾸면 됩니다. 만약 [iPhone 8 Plus]가 선택되어 있다면 그 부분을 누릅니다. 그러면 다양한 단말이 표시되는데 그중에서 [iPhone 5s] 단말을 선택한 다음 실행하면 시뮬레이터 화면의 크기가 작아집니다.

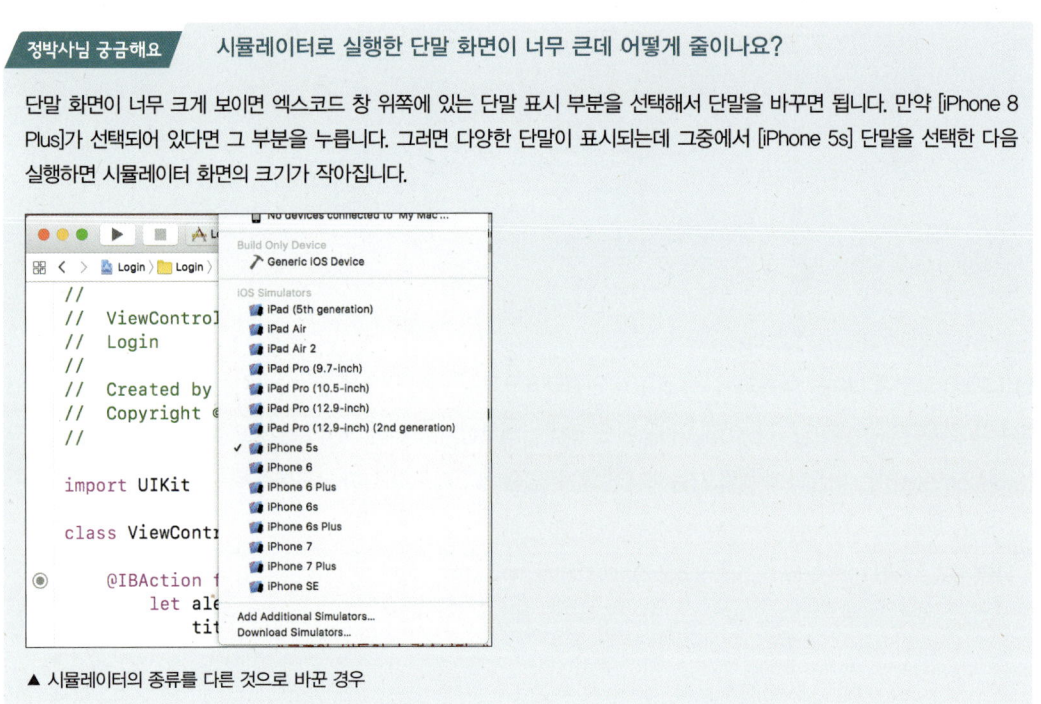

▲ 시뮬레이터의 종류를 다른 것으로 바꾼 경우

⓫ 시뮬레이터에서 앱이 실행됩니다. '시뮬레이터(Simulator)'는 실제 단말처럼 동작하기 때문에 앱을 테스트할 수 있는 가상 단말입니다. 시뮬레이터가 실행될 때까지 몇 분 또는 십여 분 이상 걸리는 경우도 있으니 인내심을 가지고 기다립니다. 시뮬레이터가 실행되었을 때 보이는 화면은 맥북 화면의 크기보다 클 수도 있는데 이때는 시뮬레이터 화면의 일부만 보일 수 있습니다. 따라서 두 손가락으로 터치패드를 스크롤하여 단말 화면의 여기저기로 움직여보기 바랍니다.

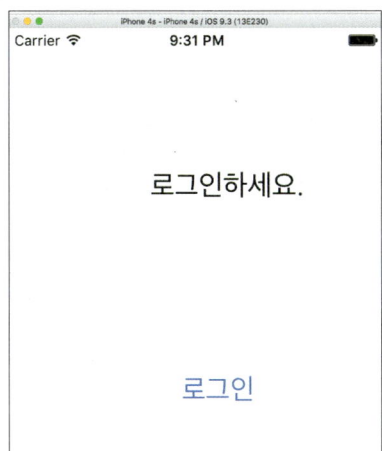

▲ 시뮬레이터에 실행된 Login 앱

❷ 시뮬레이터에 여러분이 만든 앱이 실행되었습니다. 화면에 있는 [로그인] 버튼을 클릭하면 [알림] 대화상자가 나타납니다.

▲ [로그인] 버튼을 눌러 [알림] 대화상자를 띄운 경우

> **정박사님 궁금해요** 시뮬레이터에 보이는 글자를 가운데로 정렬하려면 어떻게 하나요?
>
> 인터페이스 빌더의 디자인 화면에서 글자나 버튼을 가로 방향으로 가운데에 오도록 했더라도 시뮬레이터로 실행했을 때 가운데에 표시되지 않는 경우도 많습니다. 이것은 화면 배치를 어떤 방법으로 했는지에 따라 달라집니다. '오토 레이아웃(Auto Layout)'을 사용하면 실행한 앱 가운데에 글자가 정렬되도록 만들 수 있습니다. 화면 배치 방법을 좀 더 알고 싶다면 아이폰 앱 프로그래밍 기본서를 참조하기 바랍니다.

앱을 실행했을 때 엑스코드 창의 아래쪽에 디버그 영역이 보이게 만들면 로그 정보가 표시됩니다. 그러면 앞에서 입력했던 소스 코드 중에서 NSLog 함수를 실행할 때 넣었던 메시지가 이 부분에 출력됩니다. 따라서 [알림] 대화상자의 [확인] 버튼을 클릭하면 '알림 대화상자의 확인 버튼이 눌렸습니다.'라는 메시지가 디버그 영역에 출력되는 것을 확인할 수 있습니다.

시뮬레이터에 실행된 앱 화면을 닫고 홈 화면으로 돌아오고 싶다면 shift + command + H 키를 누릅니다.

▲ 시뮬레이터의 홈 화면

한 번 실행된 시뮬레이터는 종료되지 않고 그대로 실행되어 있으므로 축소시켜 놓았다가 다음에 앱을 실행할 때 동일한 시뮬레이터를 사용합니다. 그렇게 하면 시뮬레이터가 처음 실행될 때 소요되는 시간을 줄일 수 있습니다.

2 _ 새로 만든 프로젝트의 스위프트 코드 살펴보기

새로운 프로젝트를 만들고 간단한 아이폰 앱을 만들어 보았으니 스위프트가 앱에서 어떻게 사용되는지 알아볼 차례입니다. 스위프트 코드를 살펴보려면 먼저 프로젝트 안에 어떤 것들이 만들어지는지 알아봐야 합니다. 새로운 프로젝트를 만들면 많은 파일들이 자동으로 만들어지는데 그중에서 가장 먼저 볼 수 있는 것이 프로젝트의 메타 정보입니다. 그러면 프로젝트 안에 생성되는 파일과 메타 정보에 대해서 알아보겠습니다.

메타 정보와 프로젝트 안의 파일들

엑스코드 화면의 왼쪽에 있는 프로젝트 내비게이터 창에서 가장 위쪽에 있는 Login 항목을 선택하면 가운데 작업 영역에 메타 정보들이 표시됩니다. 메타 정보 창의 위쪽 탭을 보면 General이 디폴트로 선택되어 있습니다. 그리고 그 아래에는 Identity, Signing, Deployment Info, App Icons and Launch images와 같은 항목들이 들어 있습니다.

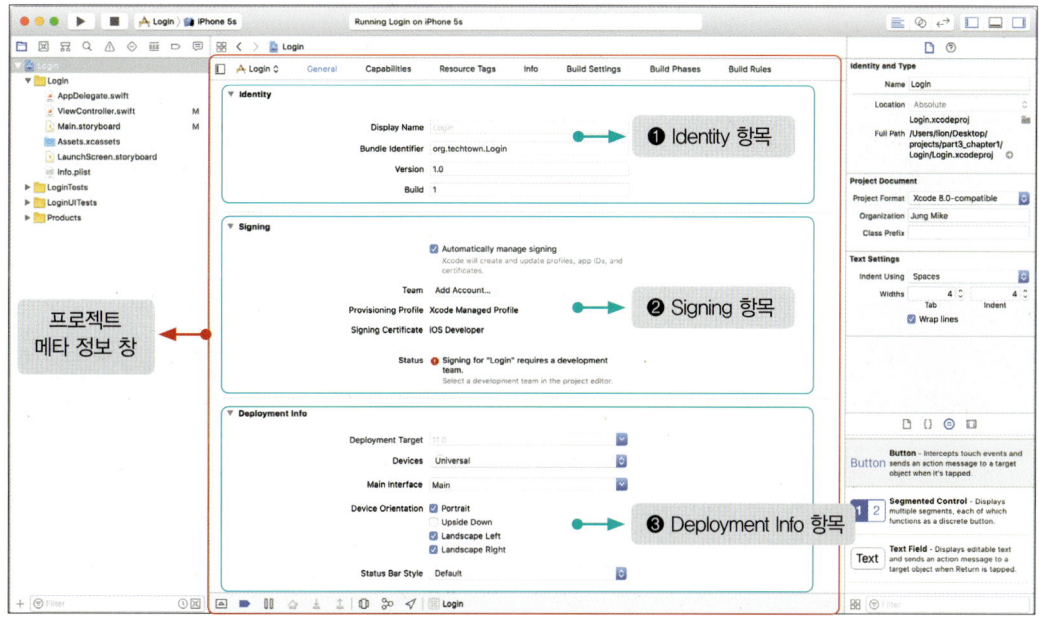

▲ 프로젝트 메타 정보 창이 가운데 작업 영역에 보인 경우

❶ Identity 항목 안에는 Display Name, Bundle Identifier, Version 그리고 Build 항목이 표시됩니다. Bundle Identifier는 앱을 만들었을 때 앱을 구분 짓는 구분자 역할을 합니다. 따라서 다른 앱들과 중복되지 않는 고유한 이름으로 만들어 넣어야 합니다. 결국 Bundle Identifier 정보는 프로젝트를 처음 만

들 때 이름과 함께 넣어준 정보임을 알 수 있습니다. 버전 정보는 앱을 업데이트할 때 필요하다면 그때그때 수정하는 정보입니다.

❷ Signing 항목 안에 있는 내용은 배포 전에 서명하기 위한 설정 항목들입니다.

❸ Deployment Info 안에 있는 내용은 앱을 배포할 때 필요한 몇 가지 설정 항목들입니다. Deployment Target이나 Devices 항목은 어떤 단말로 배포할 것인지를 설정합니다. Devices 항목의 값이 Universal이므로 아이폰과 아이패드 단말들을 모두 지원하는 앱을 만들겠다는 설정입니다. Main interface 항목은 앱을 실행했을 때 처음 보이는 화면을 설정합니다. 프로젝트를 만들었을 때 자동으로 생성되는 스토리보드 파일인 Main.storyboard 파일이 설정되어 있습니다. 스토리보드 파일을 설정할 때는 확장자를 제외한 Main이라는 이름만으로 설정합니다. 만약 다른 스토리보드 파일을 만든다면 Main.storyboard 파일 대신 새로 만든 스토리보트 파일을 지정할 수도 있습니다. Device Orientation은 단말을 가로 방향 또는 세로 방향으로 돌렸을 때 화면도 같이 돌아가도록 할 것인지를 설정합니다.

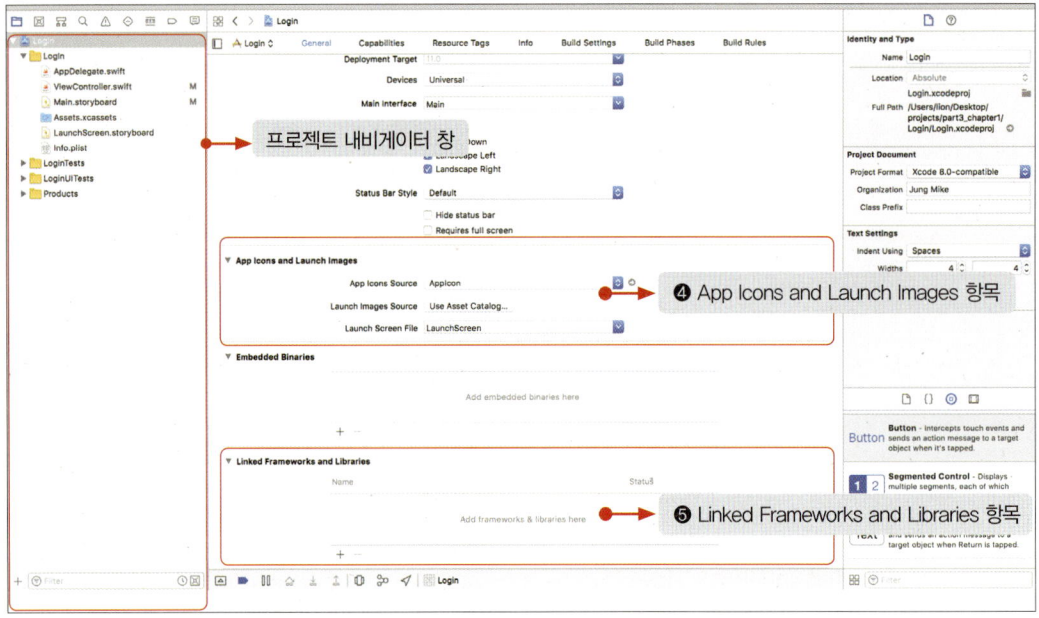

▲ 그 밖의 항목들

❹ App Icons and Launch Images 안에 있는 항목들은 앱의 아이콘을 등록하거나 로딩 화면을 설정하는 데 사용됩니다. 여러분이 나중에 실제 앱을 만들면 앱을 배포하기 전에 아이콘이나 로딩 화면을 새로 만들어 등록할 때 사용할 수 있습니다.

❺ Linked Frameworks and Libraries 안에는 프레임워크나 라이브러리를 추가할 수 있습니다. 화면을 구성하는 데 사용되는 UIKit과 같은 프레임워크는 이미 추가되어 있기 때문에 별도로 추가하지 않지만 다른 외부 프레임워크들은 여기에 등록해야 사용할 수 있습니다. 예를 들어, 내 위치를 확인하여 지도에 표시할 때 사용하는 MapKit 프레임워크를 사용할 수 있는데 MapKit 프레임워크를 사용하려면 먼저 해당 정보를 추가해야 합니다.

지금까지 프로젝트 메타 정보 창에 들어 있는 항목에 대해서 알아보았습니다. 이번에는 왼쪽 프로젝트 내비게이터 창에 보이는 내용이 무엇인지 알아야 하겠죠? 프로젝트 내비게이터 창에 트리 형태로 들어 있는 항목을 간단하게 살펴보면 다음과 같습니다.

[표] 프로젝트 내비게이터 창에 보이는 내용

항목	설명
swift 파일	스위프트 소스 코드 파일입니다. AppDelegate.swift와 ViewController.swift 파일이 있습니다.
storyboard 파일	화면 구성하는 스토리보드 파일입니다. Main.storyboard와 LaunchScreen.storyboard 파일이 있습니다.
info.plist	앱의 속성이 들어 있는 파일입니다.
Assets.xcassets	이미지 파일과 같은 애셋(Asset) 파일이 들어있습니다.
OOTests, OOUITests	테스트용 파일이 저장되는 폴더입니다. 프로젝트를 만들 때 옵션으로 선택하면 자동으로 만들어집니다(여기에서 OO는 프로젝트에 따라 달라짐).
Products	결과물 파일이 들어있습니다.

앞 단락에서 프로젝트를 만들면서 열어보았던 파일은 스토리보드 파일과 스위프트 소스 파일이며, 각 파일의 이름은 Main.storyboard와 ViewController.swift입니다. 이 두 개 파일이 앱을 실행했을 때 처음 보이는 화면을 만듭니다. LaunchScreen.storyboard 파일은 앱을 실행했을 때 잠깐 보였다 사라지는 화면인데 이것을 '런치 스크린' 또는 '스플래시 스크린(Splash Screen)'이라고 부릅니다. AppDelegate.swift 파일은 앱의 상태가 어떻게 바뀌었는지를 알 수 있도록 하고 각 상태에 따라 어떻게 동작할 것인지를 코드로 넣을 수 있게 되어 있습니다.

앱의 UI 구성

앞에서 만들었던 간단한 화면에는 라벨과 버튼만 들어 있습니다. 겉보기에는 라벨과 버튼만 들어 있는 단순한 화면처럼 보이지만 내부적으로는 다음 그림처럼 여러 레이어가 합쳐져서 표현된 것입니다.

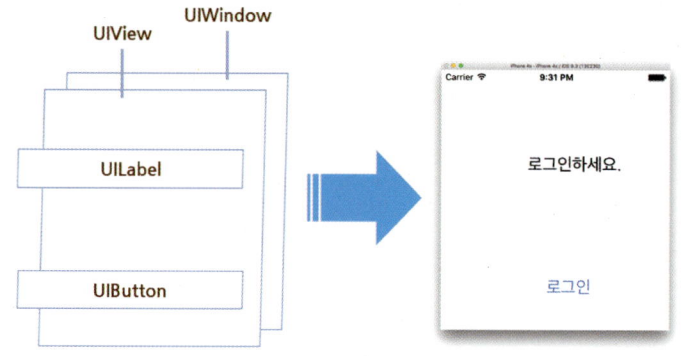

▲ 화면에 라벨과 버튼이 보이는 과정 〈P03_S01_026.png〉

라벨은 'UILabel'로 만들 수 있고 버튼은 'UIButton'으로 만들 수 있습니다. 이렇게 아이폰 앱을 만들 수 있도록 미리 제공되는 UILabel, UIButton, UITextField, UIImageView 등이 화면에 보이게 되는데 이것들을 '뷰(View)'라고 부릅니다. 그리고 이것을 UIKit에서는 UIView라는 것으로 만들어 제공합니다. 이런 각각의 뷰는 화면에 바로 보이는 것이 아니라 또 다른 UIView 위에 올려야 보입니다. 그리고 이 UIView는 다시 UIWindow 위에 올라가게 됩니다. 이렇게 여러 층으로 구성된 각각의 층을 '레이어(Layer)'라고 부릅니다. 여러 레이어가 합쳐진 것이 사용자의 눈에 보이게 되므로 나중에 애니메이션을 적용할 때도 애니메이션을 구현하는 레이어를 하나 더 만든 후 그것이 합쳐져서 보이게 만듭니다. 애니메이션을 적용하지 않는 상태라면 뷰가 들어 있는 레이어들이 합쳐진 화면만 사용자에게 보이게 됩니다. UIWindow로 만든 화면이 실제 단말에 보이는 과정에서 'UIScreen'이라는 것도 사용됩니다.

[표] 앱 화면에 무언가를 보이게 할 때 사용되는 구성 요소

레이어	설 명
UIView	화면에 보이는 것들을 모아놓은 객체
UIWindow	하나의 화면을 보여줄 때 필요한 그리기 기능을 제공하는 객체
UIScreen	단말의 물리적인 화면을 제어하는 객체

그런데 화면에 추가한 라벨과 버튼의 속성을 사용하거나 관리하는 일을 UIWindow 객체가 직접 하지는 않습니다. UIWindow는 UIViewController를 사용해 뷰를 관리하며, 하나의 UIWindow는 기본적으로 하나의 UIViewController를 반드시 가집니다. 이것을 '루트 뷰 컨트롤러(Root View Controller)'라고 합니다.

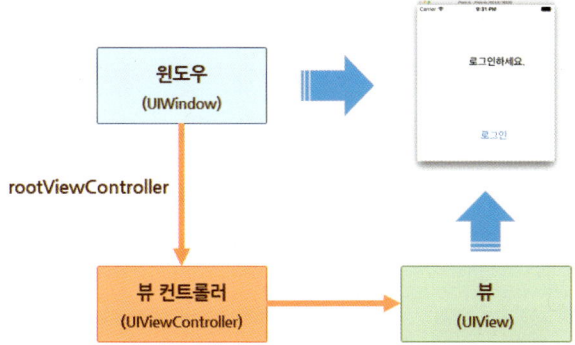

▲ UIWindow 객체가 뷰를 관리할 때 사용하는 루트 뷰 컨트롤러

UIWindow 객체에는 rootViewController라는 속성을 사용해서 뷰 컨트롤러에 접근할 수 있는데 이때 뷰 컨트롤러가 뷰들을 관리하게 됩니다. 그런데 루트 뷰 컨트롤러라고 부르는 이유는 뷰 컨트롤러가 여러 개일 수 있기 때문입니다. 루트 뷰 컨트롤러가 다른 컨트롤러들을 담아둘 수 있는 경우에는 '컨테이너 뷰 컨트롤러(Container View Controller)'를 사용할 수 있습니다.

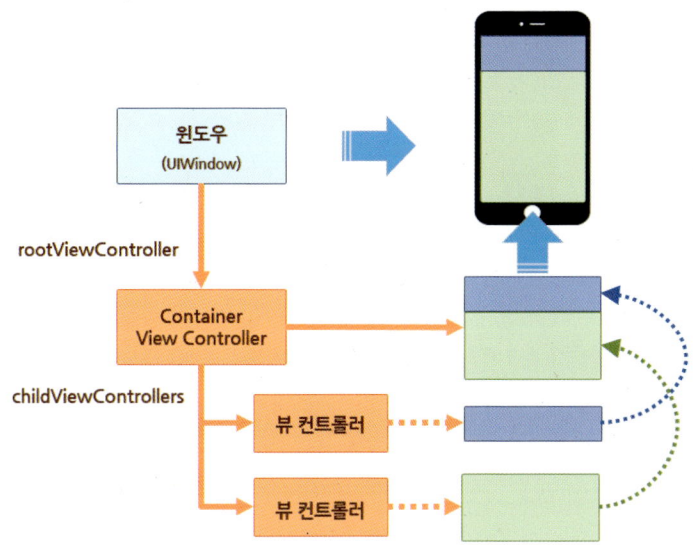

▲ 컨테이너 뷰 컨트롤러에서 관리하는 여러 개의 뷰 컨트롤러들

컨테이너 뷰 컨트롤러 객체에는 childViewControllers라는 속성이 있어서 여러 개의 뷰 컨트롤러를 담아둘 수 있습니다. 보통 아이폰 앱을 사용하다 보면 화면 위쪽의 타이틀 부분을 내비게이션 (Navigation)이라고 부르는데 이것을 관리하는 것이 '내비게이션 컨트롤러(Navigation Controller)' 입니다. 이런 내비게이션 컨트롤러와 화면 하단에 보이는 '탭 바 컨트롤러(Tab Bar Controller)' 등이 화면의 일부분을 구성하면 나머지 각 화면을 만드는 뷰 컨트롤러들이 부분 화면들을 합친 후 화면을

보여주게 됩니다. 즉, 화면의 일부분을 구성하는 뷰 컨트롤러들을 컨테이너 뷰 컨트롤러가 관리하면서 하나의 화면을 구성하는 것입니다.

그러면 화면이 전환되는 경우는 어떨까요? 화면이 전환된다는 것은 하나의 윈도우 안에서 뷰 컨트롤러가 바뀌는 것으로 생각할 수 있습니다. 따라서 여러 개의 뷰 컨트롤러를 만든 후 UIWindow 객체에 새로운 뷰 컨트롤러를 설정하면 그 뷰 컨트롤러에서 관리하는 화면이 나타납니다.

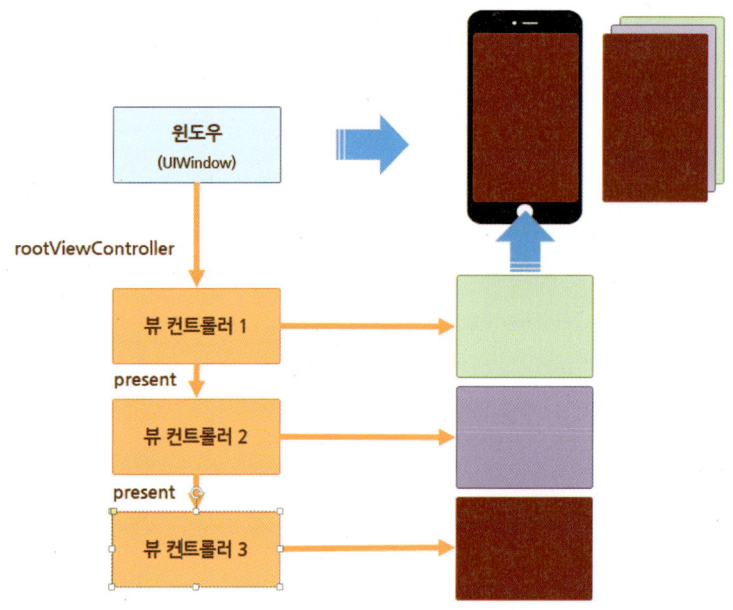

▲ 화면을 전환할 때는 뷰 컨트롤러를 바꾸어 설정

이때 새로운 화면으로 전환해서 보여주는 과정을 present라고 표현하며, 새로운 화면으로 전환할 때 필요한 뷰 컨트롤러는 presentedViewController라는 속성에 넣어 둡니다. present 방식을 사용해서 새로운 화면으로 전환하면 이전 화면은 새로운 화면 아래쪽에 놓이게 됩니다. 따라서 새로 띄운 화면을 없애면 이전 화면이 나타나는 구조입니다.

뷰 컨트롤러 중에서 많이 사용되는 게 바로 내비게이션 컨트롤러인데 이것은 화면 위쪽에 내비게이션 바를 보여주면서 화면을 전환합니다. 따라서 내비게이션 컨트롤러는 컨테이너로서 동작하면서 그 안에 들어 있는 화면들끼리 전환시킬 수도 있습니다. 그리고 필요하다면 완전히 다른 화면으로 전환할 수도 있습니다.

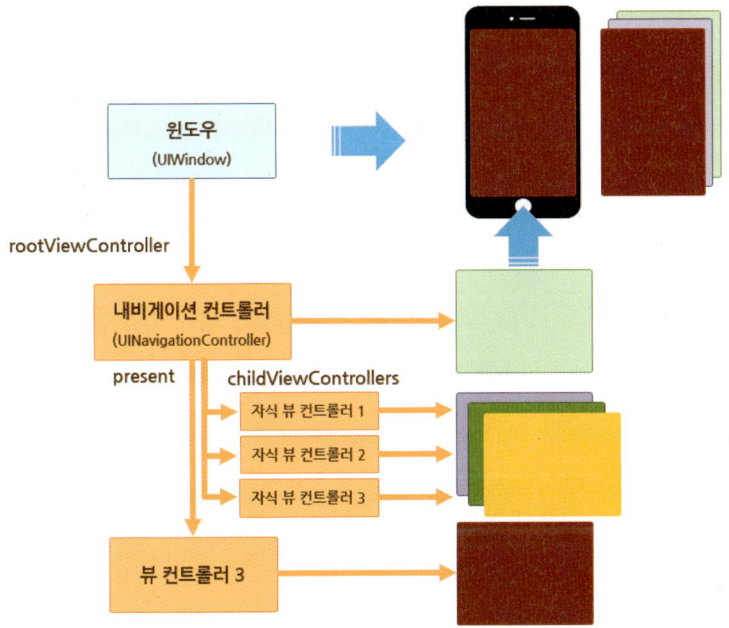

▲ 내비게이션 컨트롤러에서 관리하는 뷰 컨트롤러들

내비게이션 컨트롤러 안에 들어 있는 뷰 컨트롤러들은 childViewControllers 속성으로 참조할 수 있습니다.

화면이 어떻게 구성되는지 조금 이해가 되나요? 아직까지 복잡해 보이는 여러 가지 유형이 있지만 직접 코드를 만들어다 보면 조금씩 이해될 것입니다. 여기서는 "화면이 대충 이렇게 구성 되는구나."라는 정도만 이해해도 됩니다.

3 _ 뷰 컨트롤러 다루기

앱의 UI가 어떻게 구성되는지 알아보면서 뷰 컨트롤러가 화면을 나타내는 역할을 한다고 알게 되었습니다. 사실 앱 화면을 만들 때 여러분이 만지는 것은 대부분 뷰 컨트롤러의 소스 코드입니다. 따라서 뷰 컨트롤러가 무엇인지 조금 더 자세히 알아보겠습니다.

뷰 컨트롤러란 무엇일까요?

뷰 컨트롤러는 하나의 앱 화면을 구성하는 역할을 합니다. 이때 그 안에 들어 있는 소스 코드로 앱이 동작할 수 있도록 만드는 중요한 역할도 담당합니다. 그리고 앱 화면에 UI 구성 요소들을 보여줄 때 그 구성 요소들은 항상 뷰 컨트롤러에 의해 관리됩니다. 또한 단순히 UI 구성 요소를 관리하는 것뿐만 아니라 다른 뷰 컨트롤러들을 자식 뷰 컨트롤러로 포함하거나 다른 뷰 컨트롤러와 연결하는 역할도 합니다.

아이폰 앱을 개발할 때 제공되는 여러 가지 프레임워크 중에서 뷰 컨트롤러를 제공하는 것은 화면 기능을 담당하는 UIKit입니다. UIKit이 기본적으로 제공하는 대표적인 뷰 컨트롤러로는 내비게이션 컨트롤러, 탭 바 컨트롤러, 테이블 뷰 컨트롤러 등이 있습니다. 만약 UIKit에서 제공하는 기능 이외에 다른 방식의 화면 배치가 필요할 경우 여러분이 직접 새로운 뷰 컨트롤러를 만들 수도 있습니다.

새로운 프로젝트를 만들었을 때 보이는 파일 중에서 ViewController.swift 파일을 볼 수 있습니다. 이 소스 파일을 열면 ViewController 클래스를 볼 수 있는데 이것이 UIViewController를 상속하여 직접 만든 뷰 컨트롤러입니다. 이렇게 뷰 컨트롤러를 직접 만드는 방식을 사용하면 화면을 원하는 대로 구성하고 그 안에 있는 뷰들을 배치할 수 있습니다. 상속을 다이어그램으로 표시할 때는 부모 클래스를 위쪽에, 자식 클래스를 아래쪽에 두고 자식 클래스로부터 부모 클래스 쪽으로 화살표를 그려줍니다. 따라서 다음과 같이 표현할 수 있습니다.

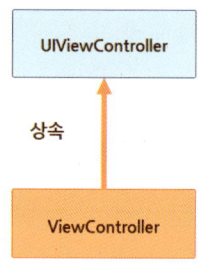

▲ UIViewController를 상속하여 만든 ViewController

내비게이션 컨트롤러는 UINavigationController를 상속하여 만들 수 있으며 이 뷰 컨트롤러 안에는 뷰를 넣을 수 없습니다. 이 뷰 컨트롤러는 다른 컨트롤러를 관리하는 역할을 하므로 직접 뷰 객체들을 넣어 관리하지 않고 뷰 컨트롤러들만 관리하면서 화면 위쪽에 내비게이션 바를 보여줍니다. 즉, 화면 위쪽에 내비게이션을 위한 부분 화면을 보여주면서 다른 뷰 컨트롤러를 관리한다고 말할 수 있습니다.

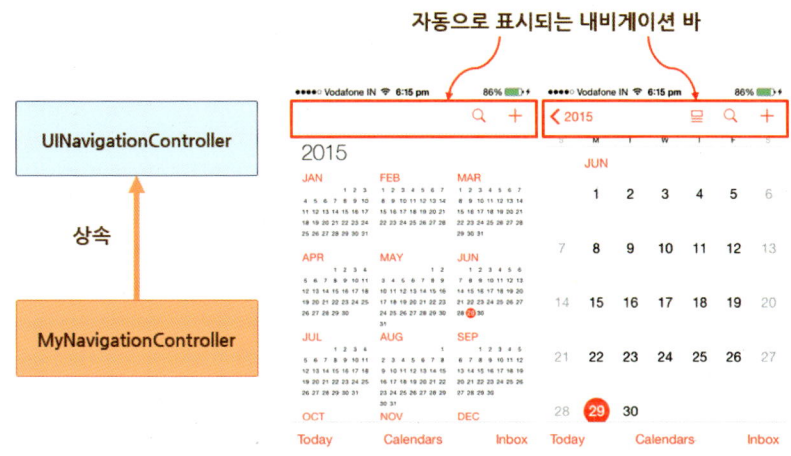

▲ UINavigationController를 상속하여 만든 화면

테이블 뷰 컨트롤러는 리스트 모양(목록 형태)으로 화면을 보여줄 때 사용됩니다. 이 컨트롤러는 UITableViewController 클래스를 상속하여 만들 수 있습니다.

탭 바 컨트롤러는 화면을 전환할 때 필요한 여러 개의 탭을 표시할 때 사용되며, 보통 화면 아래쪽에 나타납니다. 탭마다 다른 뷰 컨트롤러를 연결하여 화면을 구성하면 내비게이션 컨트롤러처럼 다른 화면을 전환하는 데 사용됩니다. 이 컨트롤러는 UITabbarController 클래스를 상속하여 만들 수 있습니다.

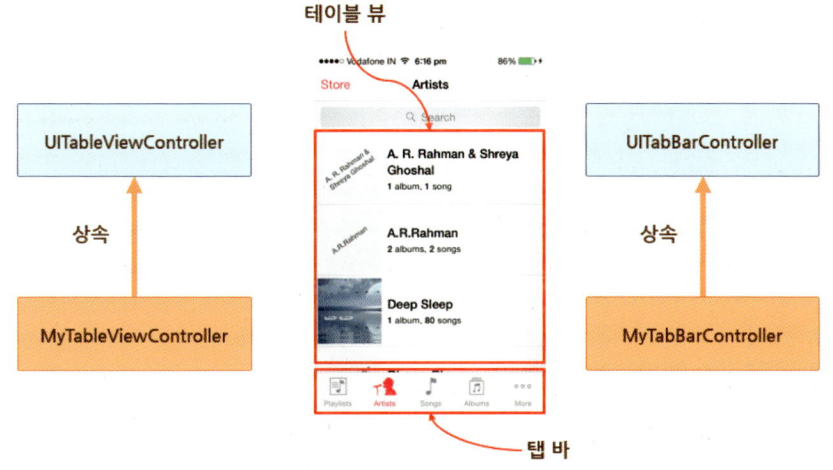

▲ UITableViewController와 UITabbarController를 상속하여 만든 화면

스플릿 뷰 컨트롤러는 목록을 보여주는 마스터(Master) 화면과 해당 목록의 각 아이템을 선택했을 때 상세 내용을 보여주는 디테일(Details) 화면을 함께 표시할 때 사용됩니다. 이 컨트롤러는 UISplitViewController 클래스를 상속하여 만들 수 있습니다.

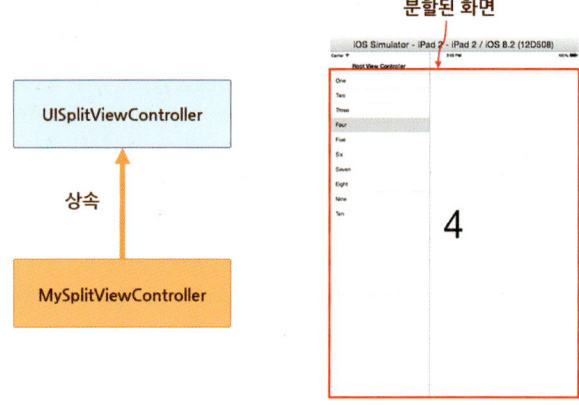

▲ UISplitViewController를 상속하여 만든 화면

이외에도 스크롤 뷰를 만들 때 사용되는 뷰 컨트롤러 등이 있습니다. 지금까지 대표적인 뷰 컨트롤러가 어떻게 화면에 보이는지 알아보았습니다. 뷰 컨트롤러는 앱의 뼈대와 같은 역할을 하는 중요한 객체이니만큼 앱을 만들 때 자주 볼 수 있습니다. 따라서 그 형태와 만드는 방법을 잘 알아두는 것이 좋습니다.

뷰 컨트롤러 소스 코드 다루기

.swift 확장자를 가진 파일이 스위프트 소스 파일이라는 것은 이미 알고 있습니다. 그러면 자동으로 만들어진 프로젝트 파일 중에서 ViewController.swift 파일을 보면서 코드를 살펴보겠습니다. 이 파일은 첫 화면을 만드는 소스 파일이며 스위프트로 소스 코드가 만들어져 있습니다.

소스 파일의 내용을 확인하고 싶다면 먼저 가운데 작업 영역에 표준 편집기 창을 열어 두는 것이 좋습니다. 표준 편집기 창은 프로젝트 화면이 처음 열렸을 때 보이는 기본 편집기 화면과 같습니다. 엑스코드의 타이틀 영역 오른쪽에 있는 여섯 개 아이콘 중에서 표준 편집기 창을 열 수 있는 [show Standard Editor] 아이콘을 클릭합니다. 그리고 엑스코드의 화면 왼쪽에 있는 프로젝트 내비게이터 창에서 ViewController.swift 파일을 선택합니다. 이 파일에는 ViewController라는 클래스가 정의되어 있습니다. 둘째 마당에서 살펴본 스위프트 내용을 되새기면서 코드를 하나씩 살펴보겠습니다.

먼저 가장 위에 보이는 코드가 설명글, 즉 주석(Comment)입니다. 주석은 한 줄의 시작 부분에 // 기호를 붙여 만듭니다. 여러 줄에 한꺼번에 주석을 붙이고 싶다면 /* ~ */ 기호를 사용합니다.

```
코드 참고 / part3_chapter01>Login>Login>ViewController.swift          QR코드 듣기

//
// ViewController.swift
// Login
//
// Created by Jung Mike on 2018. 10. 10..
// Copyright © 2018년 Jung Mike. All rights reserved.
//

… 중략
```

그 아래에 보이는 소스 코드는 import 문입니다. import 키워드는 UIKit 프레임워크를 사용하 겠다는 의미입니다. 새로 만든 프로젝트에는 사용자에게 보여줄 화면이 포함되어 있으며, 이 ViewController.swift 파일이 하나의 화면을 만들기 위한 소스 파일입니다. 따라서 이 파일에는 UIKit을 사용합니다. 화면을 다루는 소스 코드에서는 import UIKit이라는 이 한 줄이 반드시 입력 되어야 합니다. 그 아래에서는 ViewController 클래스를 정의하고 있으며 UIViewController 클래 스를 상속했습니다. 이 클래스는 뷰 컨트롤러를 위한 기본 클래스입니다. 모든 뷰 컨트롤러 클래스 는 UIViewController 클래스를 상속하거나 또는 UIViewController 클래스를 상속하여 만든 다른 클래스를 상속해야 합니다.

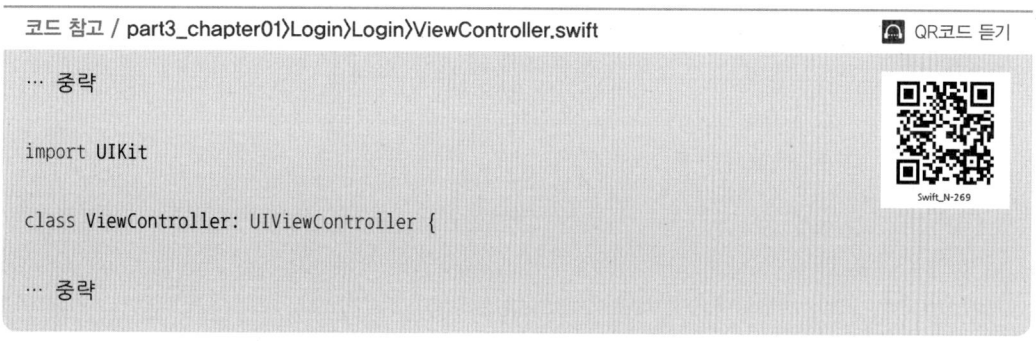

loginClicked 메소드는 여러분이 버튼을 클릭했을 때 동작할 기능을 넣으려고 만든 것입니다. 이 내 용은 잠시 후에 살펴보기로 하고 먼저 그 아래쪽에 있는 viewDidLoad 메소드를 살펴보겠습니다. viewDidLoad 메소드는 ViewController 클래스 안에 들어 있지만 부모 클래스인 UIViewController 에 들어 있던 메소드를 다시 정의한 것입니다. 따라서 메소드 앞에 override 키워드가 붙어 있습니다. 그리고 메소드 안에 들어 있는 코드를 보면 super 키워드를 사용해서 부모 클래스의 viewDidLoad 메소드를 호출하고 있습니다. 이 메소드는 뷰가 메모리에 로딩된 후에 호출됩니다. 따라서 화면 초기 화가 필요하다면 대부분 이 메소드 안에 넣게 됩니다.

```
코드 참고 / part3_chapter01〉Login〉Login〉ViewController.swift          QR코드 듣기

… 중략

    override func viewDidLoad() {
        super.viewDidLoad()
        // Do any additional setup after loading the view, typically from a nib.
    }

… 중략
```

이 메소드 안에 다음 코드처럼 NSLog 함수를 호출하는 코드를 넣어 화면이 로딩되었을 때 로그가 출력되는지 확인해 보겠습니다. viewDidLoad 메소드의 아래쪽에는 didReceiveMemoryWarning 메소드가 들어 있습니다. 이 메소드에도 override 키워드가 있으니 부모 클래스인 UIViewController 클래스에 정의되어 있는 메소드를 재정의한 것임을 알 수 있습니다. 이 메소드는 메모리가 부족한 경우에 자동으로 호출됩니다. 예를 들어, 앱에서 여러 장의 사진 이미지를 읽어 사용자에게 보여주었는데 더 이상 필요하지 않은 사진 이미지를 메모리에서 없애지 않았다면 메모리 부족 현상이 발생할 수 있습니다. 메모리 부족 현상이 발생하면 갑자기 앱이 종료되는 문제가 생길 수 있으므로 시스템에서 이 메소드를 호출하여 알려줍니다.

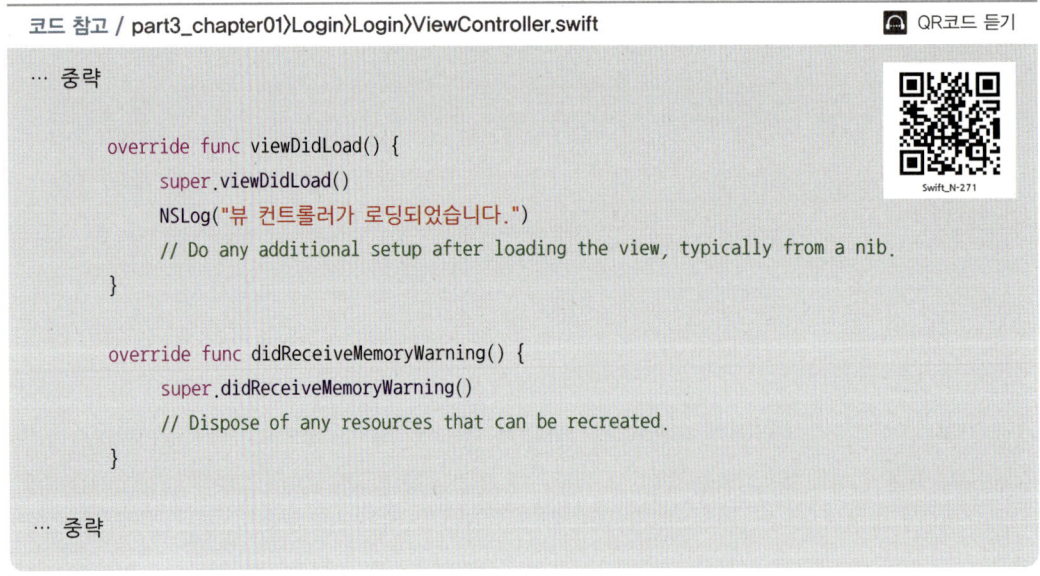

살펴 본 두 개의 메소드는 둘째 마당에서 살펴본 클래스와 메소드의 기본적인 내용만 알아도 이해할 수 있기 때문에 그리 복잡한 코드는 아닙니다. 그러면 여러분이 추가로 입력한 loginClicked 메소드를 살펴보겠습니다.

코드 참고 / part3_chapter01〉Login〉Login〉ViewController.swift　　　QR코드 듣기

… 중략

```swift
    @IBAction func loginClicked(_ sender: Any) {
        let alert = UIAlertController(
                title:"알림",
                message:"로그인 버튼이 눌렸습니다.",
                preferredStyle: .alert
        )
        
        let okAction = UIAlertAction(title:"확인", style: .default) {
            (alert:UIAlertAction!) -> Void in
            NSLog("알림 대화상자의 확인 버튼이 눌렸습니다.")
        }
        
        alert.addAction(okAction)
        present(alert, animated:true, completion: nil)
    }
```

… 중략

앞에서 살펴보았던 코드보다 loginClicked 메소드 안에 들어 있는 코드가 훨씬 더 복잡해 보입니다. 일단 메소드의 앞에 @ 기호로 시작하는 @IBAction이 생소해 보입니다. @ 기호로 시작하는 단어는 '어노테이션(Annotation)'이라고 부르는데 이런 어노테이션이 붙은 코드는 빌드가 진행될 때 해석됩니다. 즉, 빌드 시스템이

> **@IBAction 이란?**
>
> @IBAction이라는 단어를 분해하면 이해가 더욱 쉽습니다. IB는 Interface Builder의 줄임말이며 Action은 액션 정보를 처리한다는 의미입니다. 따라서 인터페이스 빌더에서 설정한 액션 정보를 처리하는 메소드라는 의미로 IBAction이라는 단어를 사용한 것입니다.

이 정보를 해석한 후 빌드 과정에서 필요한 행위를 할 수 있도록 합니다. 여기에서 붙인 @IBAction 어노테이션은 인터페이스 빌더에서 설정한 액션 정보라는 것을 알려주는 것으로, 인터페이스 빌더에서 만든 뷰 객체와 이 loginClicked 메소드가 연결되어 있다는 것을 알려줍니다.

loginClicked 메소드 이름 뒤에는 sender 파라미터가 하나 들어 있습니다. sender는 이벤트를 발생시킨 객체를 의미하는데 여기서는 Any 자료형의 객체가 파라미터로 전달될 수 있도록 했습니다. 이 객체는 실제로는 버튼 객체입니다. 좀 더 자세히 설명하면, 사용자가 버튼을 클릭했을 때 이 loginClicked 메소드가 실행되는데 무엇을 클릭했는지를 파라미터로 전달해주는 것입니다. 무엇을 클릭했는지는 버튼, 텍스트, 이미지 등 다양할 수 있기 때문에 sender 파라미터의 자료형은 Any로 되어 있습니다. 메소드 안에 있는 코드의 첫 번째 줄을 보면 UIAlertController 클래스를 사용해서

인스턴스 객체를 만든 후 alert 상수에 할당하고 있습니다. UIAlertController 클래스는 UI라는 글자로 시작하는 클래스이므로 UIKit 프레임워크에서 제공되는 클래스라는 것을 짐작할 수 있습니다.

UIAlertController는 대화상자를 클래스로 정의한 것인데 대화상자도 하나의 화면이므로 이 클래스가 뷰 컨트롤러의 역할을 합니다. 따라서 대화상자를 보여주는 것도 새로운 화면을 띄우는 것과 같다고 볼 수 있습니다. 새로운 화면을 띄울 때는 present 메소드를 호출하는데, 대화상자를 띄울 때도 이 메소드를 사용합니다.

대화상자에는 [예], [아니오], [확인] 등의 버튼이 추가될 수 있으며, 이런 버튼들은 UIAlertAction 클래스로 정의되어 있습니다. 두 번째 줄에서는 UIAlertAction 클래스를 사용해서 새로운 인스턴스 객체를 만들 수 있으며, 이것이 대화상자에 추가되는 버튼이 됩니다. 이렇게 만든 버튼은 UIAlertController 객체의 addAction 메소드를 호출하여 대화상자에 추가할 수 있습니다.

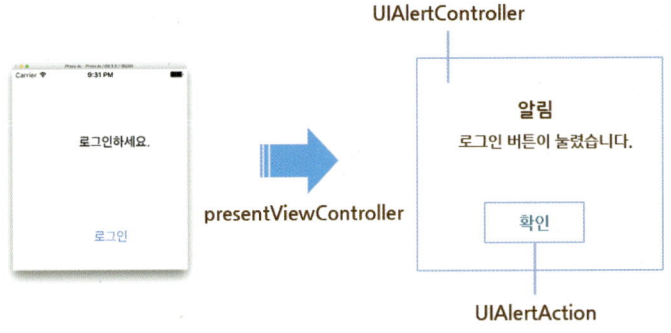

▲ 대화상자의 구성 요소와 대화상자를 보여주는 과정

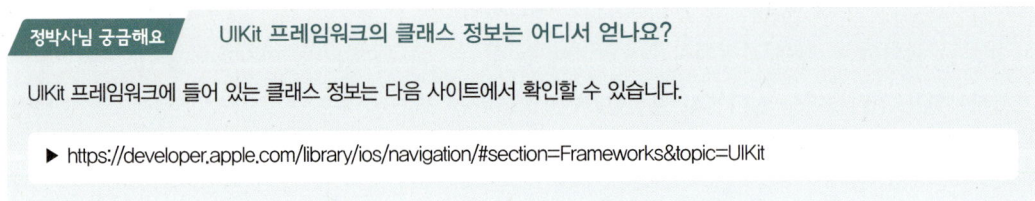

대화상자 객체를 만들 때 전달하는 파라미터를 좀 더 구체적으로 살펴보겠습니다. UIAlertController 클래스를 사용해서 인스턴스 객체를 만들 때 전달되는 파라미터는 세 개입니다. 다음 표를 확인해 보세요.

[표] UIAlertController 클래스로 인스턴스 객체를 만들때 필요한 파라미터

파라미터 이름	설 명
title	대화상자의 제목
message	대화상자의 내용으로 표시되는 글

preferredStyle	대화상자의 스타일
	아래 UIAlertControllerStyle 열거형의 값 중 하나를 사용
	
	enum UIAlertControllerStyle : Int {
	    case actionSheet
	    case alert
	}

파라미터 이름을 정리한 표의 첫 번째는 대화상자의 위쪽 타이틀 영역에 표시되는 제목이고, 두 번째는 대화상자의 내용 부분에 표시되는 글입니다. 그리고 세 번째는 대화상자의 스타일인데 UIAlertControllerStyle 열거형에 정의된 actionSheet 또는 alert 값 중 하나를 사용할 수 있습니다. 앞에서 살펴본 ViewController.swift 코드에서는 .alert라는 코드를 사용해서 alert 스타일을 파라미터로 전달했습니다. 열거형이므로 UIAlertControllerStyle.alert 대신 .alert를 사용할 수 있다는 걸 기억하고 있겠죠?

UIAlertAction 클래스를 사용해서 인스턴스 객체를 만들 때에도 세 개의 파라미터가 전달될 수 있습니다.

[표] UIAlertAction 클래스로 인스턴스 객체를 만들때 필요한 파라미터

파라미터 이름	설 명
title	버튼에 표시되는 글

style	버튼의 스타일
	아래 UIAlertActionStyle 열거형의 값 중 하나를 사용
	
	enum UIAlertActionStyle : Int {
	    case default
	    case cancel
	    case destructive
	}

handler	사용자가 액션을 선택했을 때 실행될 블록 코드

위 표에서 첫 번째는 버튼에 표시되는 글이고 두 번째는 버튼의 스타일입니다.

스타일은 UIAlertActionStyle 열거형에 들어 있는 값들 중에서 하나를 사용할 수 있는데 앞에서 살펴본 ViewController.swift 코드에서는 .default가 사용되었습니다. 세 번째 파라미터로는 블록 코

드가 전달됩니다. 블록 코드는 클로저에서 알아보았던 내용입니다(만약 이 부분이 정확히 이해되지 않는다면 둘째 마당의 클로저 부분을 참조). 세 번째 파라미터로 전달되는 블록 코드는 클로저 표현식으로 되어 있으며, 그 자료형은 하나의 UIAlertAction 객체를 전달 받으면서 반환하는 값은 없는 것으로 정의되어 있습니다.

`((UIAlertAction) -> Void)?)`

세 번째 파라미터는 UIAlertAction 클래스의 초기화 함수를 호출할 때 마지막에 전달되므로 두 번째 파라미터까지 소괄호를 사용해서 호출한 후 중괄호를 사용해서 이어붙이는 방식을 사용했습니다. 중괄호 안에 들어 있는 코드를 보면 함수의 자료형을 먼저 입력한 후 in 키워드 다음에 실행될 코드가 들어가게 되어 있습니다. in 뒤에는 NSLog 함수를 호출하는 코드가 입력되었으므로 콘솔에 메시지를 출력합니다.

마지막으로 present는 새로운 화면을 띄울 때 사용되는 메소드입니다. 첫 번째 파라미터로 UIAlertController 객체를 전달하고 두 번째로는 animated 파라미터, 세 번째로는 completion 파라미터를 전달했습니다.

지금까지 loginClicked라는 메소드의 코드를 살펴보았습니다. 둘째 마당에서 살펴보았던 스위프트 내용만으로도 충분히 이해가 되나요? 사실 아이폰 앱을 만들 때는 UIKit 프레임워크나 다른 프레임워크에서 제공하는 클래스들을 많이 사용하므로 이런 클래스를 모르면 둘째 마당에서 익힌 스위프트 내용을 알아도 코드가 생소하게 느껴질 수밖에 없습니다. 따라서 둘째 마당에서 익힌 내용을 바탕으로 아이폰 앱을 만들 수 있는 SDK를 조금 더 사용해 보아야 코드를 이해할 수 있습니다. 이 단락은 이 정도만 이해하고 다음 단락에서 화면을 좀 더 만들어 보면서 스위프트 코드가 어떻게 사용되는지 더 살펴보겠습니다.

4 _ 로그인 화면 완성하기

앱 화면에 글자와 버튼을 넣고 버튼을 눌렀을 때 [알림] 대화상자를 보여주는 것까지 해 보았습니다. 이제 로그인 화면을 완성해 볼 차례가 되었습니다. 로그인 화면에는 사용자가 아이디와 비밀번호를 입력해야 하므로 화면에 입력 상자 두 개를 추가해야 하며, 라벨을 하나 더 추가하여 로그인 결과를 표시하도록 할 것입니다.

먼저 왼쪽 프로젝트 내비게이터 창에서 Main.storyboard를 선택하여 인터페이스 빌더 화면을 엽니다. 그런 다음 화면에 입력 상자 두 개를 추가하고 [로그인] 버튼을 입력 상자의 오른쪽에 배치합니다.

그리고 아래쪽에 라벨을 하나 더 추가합니다. 입력 상자를 추가하려면 오른쪽 유틸리티 영역의 하단에 있는 객체 라이브러리 창에서 [Text Field] 항목을 찾아 디자인 화면에 끌어다 놓으면 됩니다. 입력 상자에 아무것도 입력하지 않았을 때 안내글을 표시할 수 있는데, 그 안내글은 Placeholder 속성으로 설정할 수 있습니다. 오른쪽 인스펙터 영역의 위쪽에 있는 아이콘 중에서 속성 인스펙터 아이콘을 클릭합니다. 속성 인스펙터 창이 열리면 Placeholder 속성에 '아이디'라는 글자를 입력한 다음 같은 방식으로 두 번째 입력 상자의 Placeholder 속성에 '비밀번호'라는 글자를 입력합니다. 아래쪽에는 라벨을 하나 더 추가하고 '로그인 결과'라는 글자가 표시되도록 합니다.

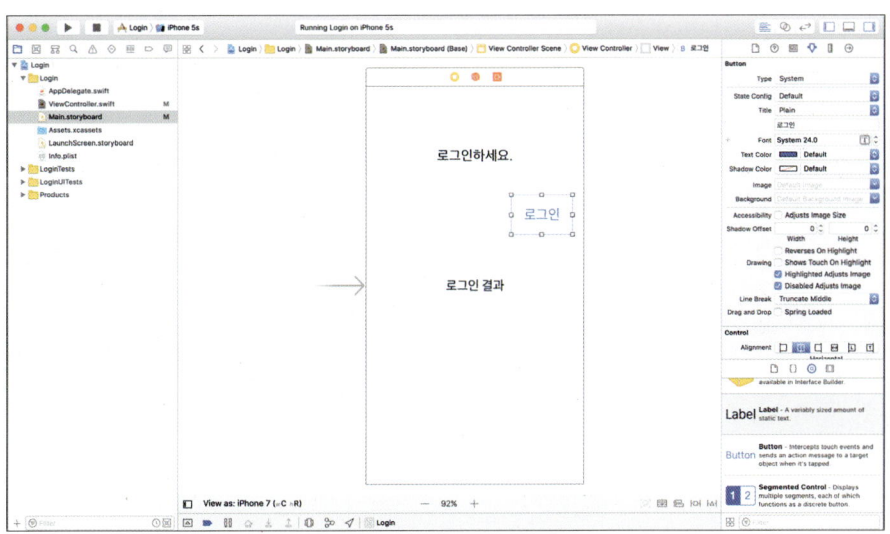

▲ 인터페이스 빌더에서 로그인 화면을 구성한 결과

엑스코드 화면의 타이틀 바 오른쪽에 있는 아이콘을 눌러 왼쪽 프로젝트 영역과 오른쪽 유틸리티 영역이 보이지 않도록 지정합니다. 이제 사용자가 로그인 버튼을 클릭했을 때 두 개의 입력 상자에 입력한 글자를 가져오는 기능을 추가해야 합니다. 그리고 로그인 정보와 일치하는지도 확인해야 합니다. 로그인 정보가 일치하면 그 결과를 라벨에 글자로 표시할 것입니다. 이 기능을 구현하기 위해서 먼저 디자인 화면에 추가한 입력 상자와 라벨을 소스 코드와 연결하는 과정을 진행합니다.

엑스코드 화면의 타이틀 바 오른쪽에 있는 아이콘들 중 보조 편집기(Assistant Editor) 아이콘을 눌러 보조 편집기 창을 엽니다. 그리고 보조 편집기 창의 왼쪽 위에 있는 점프 바를 사용해서 ViewController.swift 소스 파일이 보이도록 합니다.

첫 번째 입력 상자를 선택한 후 `control` 키를 누른 채 소스 파일 쪽으로 끌어다 놓습니다. 그러면 [연결] 대화상자가 보이는데 Connection 항목의 값은 아웃렛(Outlet)이 선택된 상태로 두고 Name 입력 상자에는 'uiIdInput'을 입력합니다. 아래쪽에 있는 Storage 항목의 값은 'Strong'으로 변경합니다.

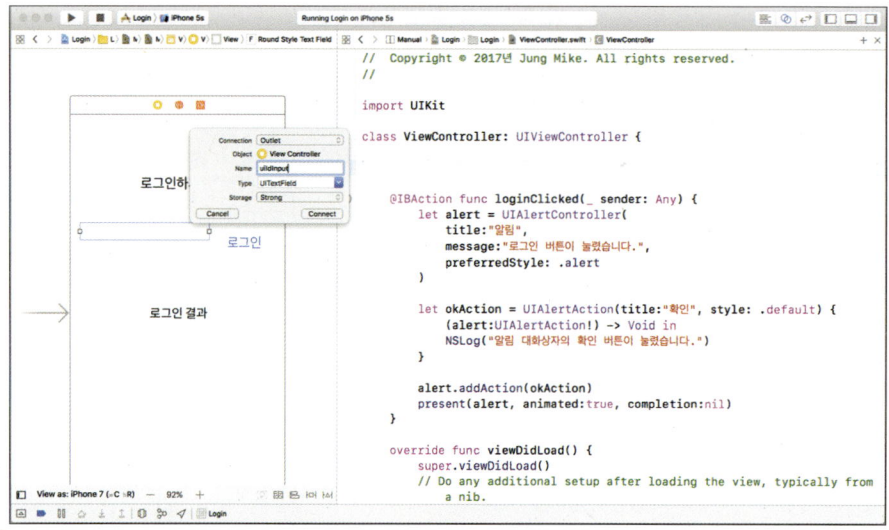

▲ 디자인 화면의 입력 상자와 소스 코드를 연결하는 대화상자

> **정박사님 궁금해요** Storage 항목의 값이 Strong이나 Weak인데 그 의미는 무엇인가요?
>
> 둘째 마당에서 스위프트의 메모리 관리를 알아보면서 '강한 순환 참조'와 '약한 참조'에 대해 살펴보았습니다. 인터페이스 빌더에서 추가한 입력 상자를 소스 코드와 연결할 때 Storage 항목의 값을 Strong으로 변경하면 강한 순환 참조 방식이 되고, Weak로 변경하면 약한 참조 방식이 됩니다. 따라서 Strong으로 설정하면 스토리보드의 텍스트 필드 참조가 사라지지 않으므로 앱이 종료될 때까지 소스 코드에서 참조할 수 있습니다.

대화상자의 아래쪽에 있는 [Connect] 버튼을 클릭하면 소스 파일에 다음과 같은 코드가 추가됩니다.

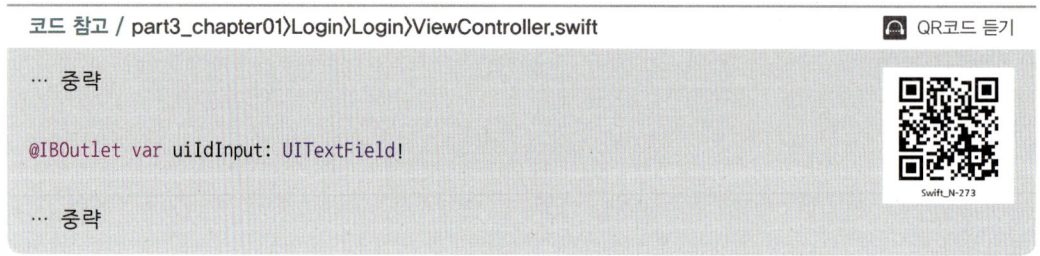

변수의 앞에 @IBOutlet 이라는 어노테이션이 추가되었으므로 빌드 단계에서 자동으로 스토리보드의 입력 상자와 이 변수가 연결될 것이라는 것을 알 수 있습니다. 변수의 이름은 uiIdInput이고 자료형은 UITextField이며, nil이 할당될 수 있도록 ! 기호를 붙였습니다.

두 번째 입력 상자도 동일한 방식으로 처리한 후 [연결] 대화상자에서 Name 입력 상자의 값을 uiPasswordInput으로 입력합니다. [연결] 대화상자에서 Storage 항목의 값을 한 번 변경하면 그 다음에 대화상자가 뜰 때는 이전에 변경한 값이 그대로 보이게 됩니다. 따라서 Storage 항목의 값은 'Strong'으로 보이게 됩니다. 이 값은 그대로 두고 [Connect] 버튼을 클릭합니다. '로그인 결과'라는 글자를 표시했던 라벨도 같은 방식으로 처리합니다. [연결] 대화상자가 보이면 Name 입력 상자의 값을 uiResult로 하고 [Connect] 버튼을 클릭합니다.

[표] 화면에 추가한 뷰 객체들이 소스 코드와 연결될 때의 정보

뷰 객체	변수 이름	Storage 속성	설 명
입력 상자 1	uiIdInput	Strong	사용자가 아이디를 입력할 수 있도록 만든 입력 상자
입력 상자 2	uiPasswordInput	Strong	사용자가 비밀번호를 입력할 수 있도록 만든 입력 상자
라벨 2	uiResult	Strong	로그인 결과를 표시하기 위한 라벨

소스 코드에 @IBOutlet으로 표시된 변수가 세 개 추가되었습니다. 사용자가 아이디와 비밀번호를 입력한 후 [로그인] 버튼을 클릭하면 미리 정해둔 아이디와 비밀번호 문자열과 비교하도록 만들려고 합니다. 이를 위해 다음 코드처럼 미리 정해 둔 아이디와 비밀번호 값을 id와 password 상수에 넣어 두는 코드를 추가합니다.

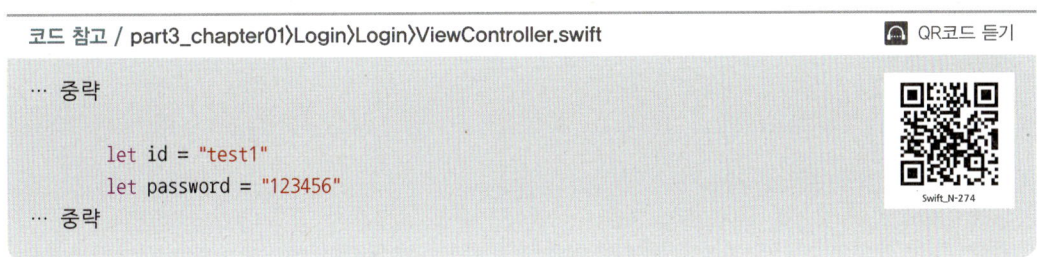

이제 [로그인] 버튼이 클릭되었을 때 입력 상자에 입력한 아이디와 비밀번호 문자열을 대화상자로 보여준 후 [확인] 버튼을 눌렀을 때 사용자가 입력한 아이디와 비밀번호가 미리 설정해 둔 아이디, 비밀번호와 같은지 비교합니다. 만약 같다면 '로그인 성공' 메시지를 화면의 uiResult 라벨에 보여주고 다르다면 '로그인 실패' 메시지를 보여줍니다. 먼저 입력 상자에 입력한 문자열을 가져오거나 입력 상자에 문자열을 넣을 수 있어야 하는데 이때는 UITextField 객체의 text 속성을 사용할 수 있습니다. 즉, 다음 코드를 loginClicked 메소드 안에 추가하면 사용자가 입력 상자에 입력한 아이디와 비밀번호 값을 가져올 수 있습니다.

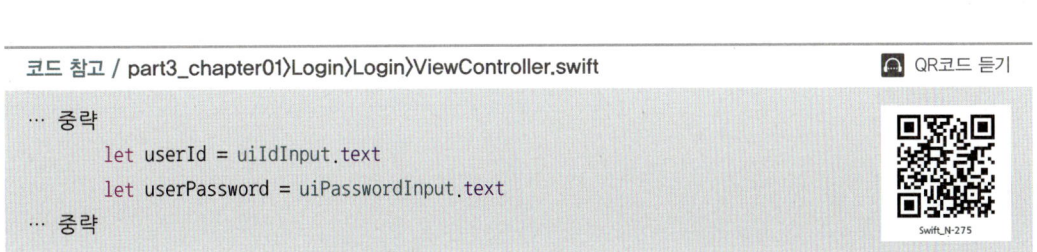

[알림] 대화상자 객체를 만들 때 아이디와 비밀번호를 파라미터로 전달하여 대화상자에 표시할 수 있습니다. [알림] 대화상자를 만들 때 전달하는 message 파라미터 안에 글자를 넣고 동시에 userId와 userPassword 상수의 값도 같이 표시되도록 합니다. 그리고 [알림] 대화상자의 [확인] 버튼을 눌렀을 때 호출되는 코드 안에서는 사용자가 입력한 아이디와 비밀번호를 미리 설정했던 id, password 상수의 값과 비교하도록 합니다.

```
코드 참고 / part3_chapter01>Login>Login>ViewController.swift          QR코드 듣기

… 중략
    let alert = UIAlertController(title:"알림", message:"아이디 : \(userId!),
                비밀번호 : \(userPassword!)", preferredStyle: .alert)
    let okAction = UIAlertAction(title: "확인", style: .default) {
        (alert:UIAlertAction!) -> Void in
        NSLog("알림 대화상자의 확인 버튼이 눌렸습니다.")
        if (userId == self.id) && (userPassword == self.password) {
            self.uiResult.text = "로그인 성공"
        } else {
            self.uiResult.text = "로그인 실패"
        }
    }
    alert.addAction(okAction)
    presentViewController(alert, animated: true, completion: nil)
}
… 중략
```

[알림] 대화상자를 보여줄 때 필요한 코드는 이전에 만들었던 코드를 일부 수정한 것입니다. 코드의 형태는 이전과 같으며 message 속성의 값이 들어가는 부분과 [확인] 버튼을 클릭했을 때 실행되는 코드 부분만 수정했습니다. 코드를 모두 입력한 후의 엑스코드 화면은 다음과 같습니다.

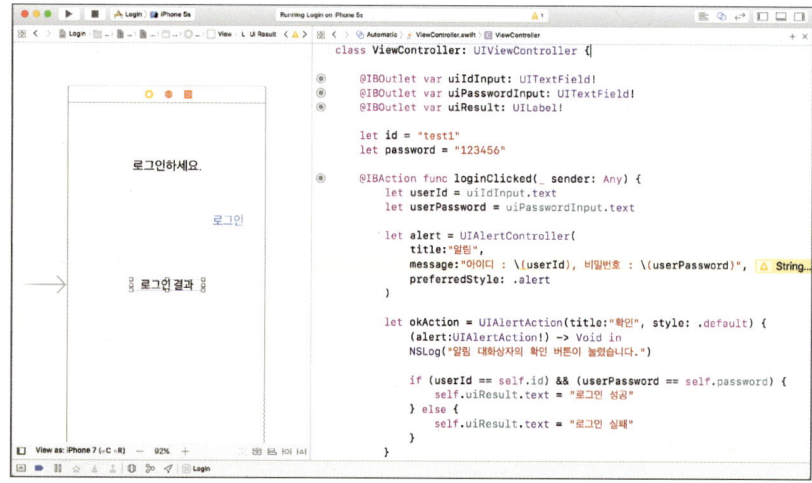

▲ 소스 코드를 모두 입력한 엑스코드 화면

[알림] 대화상자의 [확인] 버튼을 눌렀을 때 실행될 코드를 보면 if 문을 사용해서 userId 상수에 들어 있는 값과 id 상수에 들어 있는 값을 비교하고 있습니다. 그리고 userPassword와 password 상수의 값도 비교한 다음 둘 다 동일하다면 uiResult 라벨에 '로그인 성공'이라는 글자를 표시합니다. if 문의 조건 부분에는 == 기호와 && 기호가 사용되었으며 ViewController 클래스 안에 선언했던 id와 password 상수의 값을 참조할 때는 self 키워드가 사용되었습니다. uiResult 변수로 참조할 수 있는 라벨의 경우에도 클래스 안에서 선언된 것이므로 self 키워드와 함께 사용되었으며 text 속성을 사용해서 '로그인 성공'이라는 글자를 표시했습니다.

코드를 모두 입력했으니 엑스코드 창 위쪽의 [실행] 버튼을 눌러 앱을 실행합니다. 앱이 실행되면 입력 상자에 아이디와 비밀번호를 입력하고 [로그인] 버튼을 누릅니다. 그러면 [알림] 대화상자에 입력한 값이 표시됩니다.

▲ [알림] 대화상자에 표시된 아이디와 비밀번호

[알림] 대화상자의 [확인] 버튼을 클릭하면 화면의 아래쪽 라벨에 '로그인 성공' 또는 '로그인 실패' 메시지가 표시됩니다.

간단한 로그인 화면을 인터페이스 빌더에서 만들고 소스 코드를 수정하여 로그인 기능이 동작하도록 해 보았습니다. 사용자가 입력 상자에 값을 입력하면 그 값을 가지고 와서 어떤 기능을 실행하고, 실행 결과가 나왔을 때 그 결과를 화면에 보여주는 과정이 잘 이해되나요? 지금까지 해 본 것은 앱의 화면과 기능을 만들 때 가장 기초적이지만 중요한 과정입니다. 따라서 지금까지 해 본 내용을 몇 번 반복하여 자신 있게 다룰 수 있어야 합니다.

더하기 화면과 기능 만들어 보기

난이도	상	중	하 ✓	소요시간	10분
목표	화면을 만들고 기능을 추가하는 방법을 연습하세요.				

✓ 더하기 계산을 하는 아이폰 앱 프로젝트를 만듭니다. 프로젝트의 이름은 Calc로 하고 하나의 화면만 갖도록 합니다.

✓ 앱의 화면에는 두 개의 입력 상자, 하나의 버튼, 하나의 라벨이 배치되도록 합니다. 사용자가 두 개의 입력 상자에 각각 숫자를 입력한 후 버튼을 누르면 더하기 기능을 수행하고 라벨에 그 결과를 보여주도록 합니다.

✓ 화면 레이아웃을 만든 후 ViewController.swift 소스 코드에 아웃렛을 만듭니다. 첫 번째 입력 상자의 아웃렛 이름은 'uiAInput'으로 하고 두 번째 입력상자의 아웃렛 이름은 'uiBInput'으로 합니다. 라벨의 아웃렛 이름은 'uiResult'로 합니다. 버튼을 클릭했을 때 실행될 함수의 이름은 'addClicked'로 합니다.

✓ 사용자가 입력 상자에 입력한 값을 가져오기 위해서는 텍스트 필드 위젯의 text 속성을 사용합니다. text 속성을 사용해서 가져온 값은 문자열 자료형으로 된 값이므로 숫자로 변환해야 합니다.

✓ 더하기 기능을 수행할 수 있는 함수를 ViewController 클래스 안에 정의하고 이 함수를 호출하여 더하기를 하도록 만듭니다.

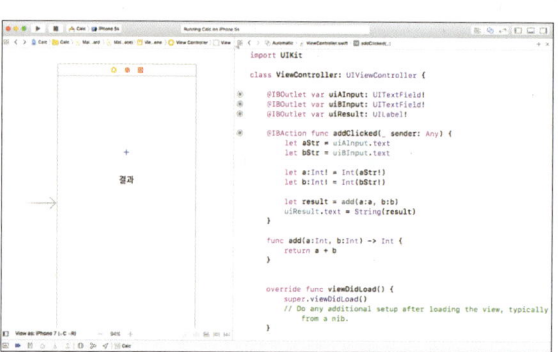
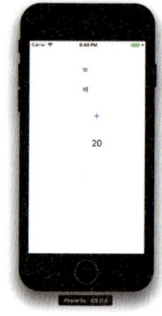

해답 | study 예 0playground

Swift 총정리

스위프트로 아이폰 앱 만들기

1 가장 간단한 아이폰 앱 만들기

엑스코드의 시작 화면에서 프로젝트를 만들면 앱 구성에 필요한 기본 화면과 코드들이 자동으로 생성됩니다.
프로젝트 화면의 왼쪽은 프로젝트 영역, 가운데는 작업 영역, 오른쪽은 유틸리티 영역입니다.

왼쪽의 프로젝트 내비게이터 창에서 ****.storyboard 파일을 선택하면 가운데 작업 영역에 인터페이스 빌더가 열립니다.
인터페이스 빌더의 왼쪽은 문서 개요, 오른쪽은 디자인 화면입니다.
디자인 화면에는 앱을 구성하는 각 화면이 사각형으로 표시됩니다.

사각형 화면을 선택하고 오른쪽 속성 인스펙터 창에서 Size 항목의 값을 조정하면 사각형 화면의 크기를 조절할 수 있습니다.
디자인 화면에 라벨이나 버튼을 추가하려면 오른쪽 하단의 객체 라이브러리 창에서 끌어다 놓으면 됩니다.
디자인 화면에 추가된 라벨이나 버튼의 속성은 오른쪽 속성 인스펙터 창에서 바꿀 수 있습니다.

스토리보드에 있는 것과 스위프트 소스 파일에 있는 것을 연결하려면 표준 편집기에 디자인 화면을 보여주고 그 화면과 나란히 하여 보조 편집기 화면을 열어줍니다.

디자인 화면과 보조 편집기 창 외에 다른 창들이 보이지 않게 하려면 엑스코드 타이틀 바의 오른쪽에 있는 아이콘을 이용합니다. `control` 키를 누른 채로 디자인 화면에서 라벨이나 버튼을 소스 쪽으로 끌어다 놓으면 자동으로 아웃렛이나 액션이 추가됩니다. 이 아웃렛이나 액션을 위해 swift 소스 코드가 추가됩니다.
아웃렛은 디자인 화면에 들어 있는 뷰와 소스 코드를 연결하는 역할을 합니다.

2 새로 만든 프로젝트의 스위프트 코드 살펴보기

왼쪽 프로젝트 내비게이터 창에서 프로젝트 이름을 선택하면 가운데 작업 영역에 프로젝트 메타 정보가 표시됩니다.
프로젝트를 만들면 스토리보드 파일과 스위프트 소스 파일, 그리고 애셋 파일 등이 생성됩니다.
앱 화면이 보이게 할 때 사용되는 구성 요소들로는 UIView, UIWindow, UIScreen이 있습니다.
각각의 화면은 하나의 뷰 컨트롤러를 가집니다.

3 뷰 컨트롤러 다루기

한 화면을 만들 수 있는 뷰 컨트롤러를 직접 만들려면 UIViewController를 상속하여 새로운 클래스를 정의합니다.
내비게이션 컨트롤러는 내비게이션 바를 보여주면서 다른 뷰 컨트롤러를 관리합니다.
테이블 뷰 컨트롤러는 리스트 화면을 보여줍니다.
탭 바 컨트롤러는 여러 개의 탭을 표시하면서 다른 뷰 컨트롤러를 관리합니다.

자동으로 만들어진 ViewController.swift 파일에서는 UIViewController를 상속하면서 직접 뷰 컨트롤러를 정의하고 있습니다.
viewDidLoad 메소드는 화면에 들어 있는 뷰가 메모리에 로딩되었을 때 호출됩니다.
인터페이스 빌더에 추가된 버튼과 연결된 액션 메소드 앞에는 @IBAction 어노테이션이 붙습니다.
대화상자를 보여줄 때는 대화상자 객체를 만든 후 present 메소드를 호출합니다.

4 로그인 화면 완성하기

인터페이스 빌더에 추가된 라벨이나 입력 상자와 연결된 속성 앞에는 @IBOutlet 어노테이션이 붙습니다.
인터페이스 빌더와 소스 코드를 연결할 때 사용되는 연결 대화상자에서는 Storage 항목의 값으로 Strong 또는 Weak를 선택할 수 있습니다.
Strong은 '강한 순환 참조'를 의미하며, Weak는 '약한 참조'를 의미합니다.

03-2
앱의 화면 만들기 중요도 ★★★☆☆

앞 장에서 아이폰 앱을 만들 수 있는 프로젝트를 만들어 보았습니다. 그리고 화면에 라벨이나 버튼을 추가했을 때 스위프트 코드가 어떻게 사용되는지도 살펴보았습니다. 실제 앱을 만들 때는 스위프트 코드뿐만 아니라 애플에서 제공하는 SDK의 클래스들도 같이 쓰이기 때문에 코드가 훨씬 더 복잡하게 보일 수 있습니다. 따라서 이 장에서는 아이폰 앱의 화면을 만드는 과정을 조금 더 진행해 보겠습니다. 화면을 여러 개 만들고 화면끼리 전환하는 방법을 알고 나면 아이폰 앱을 어떻게 만들면 좋을지, 그리고 스위프트의 코드가 화면과 어떻게 연결되어 실행되는지 좀 더 쉽게 이해할 수 있습니다.

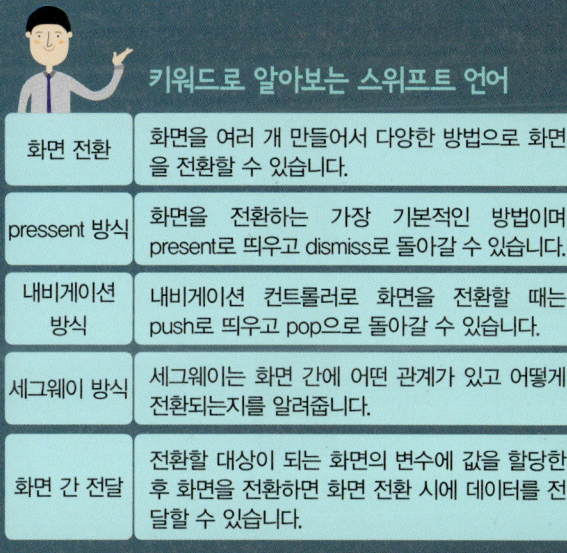

키워드로 알아보는 스위프트 언어

화면 전환	화면을 여러 개 만들어서 다양한 방법으로 화면을 전환할 수 있습니다.
pressent 방식	화면을 전환하는 가장 기본적인 방법이며 present로 띄우고 dismiss로 돌아갈 수 있습니다.
내비게이션 방식	내비게이션 컨트롤러로 화면을 전환할 때는 push로 띄우고 pop으로 돌아갈 수 있습니다.
세그웨이 방식	세그웨이는 화면 간에 어떤 관계가 있고 어떻게 전환되는지를 알려줍니다.
화면 간 전달	전환할 대상이 되는 화면의 변수에 값을 할당한 후 화면을 전환하면 화면 전환 시에 데이터를 전달할 수 있습니다.

1 _ 여러 개의 화면을 만들어서 화면끼리 전환하기

실제로 앱을 만들 때 하나의 화면만 띄우는 경우는 거의 없습니다. 로그인 화면만 하더라도 로그인 후에 보일 메인 화면이나 메뉴 화면이 추가적으로 있어야 하므로 앱을 만들 때는 적어도 두 개 이상의 화면을 만들게 됩니다. 하나의 화면은 하나의 뷰 컨트롤러 파일로 구성된다고 했으니 또 다른 화면을 하나 더 만들면 뷰 컨트롤러를 하나 더 만들어야 합니다. 따라서 화면을 전환한다는 것은 하나의 뷰 컨트롤러에서 다른 뷰 컨트롤러를 띄워주는 것이라고도 할 수 있습니다. 화면이 다른 화면으로 전환되면 이전 화면은 새로운 화면 아래에 놓이게 됩니다. 이때 새로운 화면을 없애면 화면 아래에 놓여 있던 이전 화면으로 돌아갈 수 있습니다.

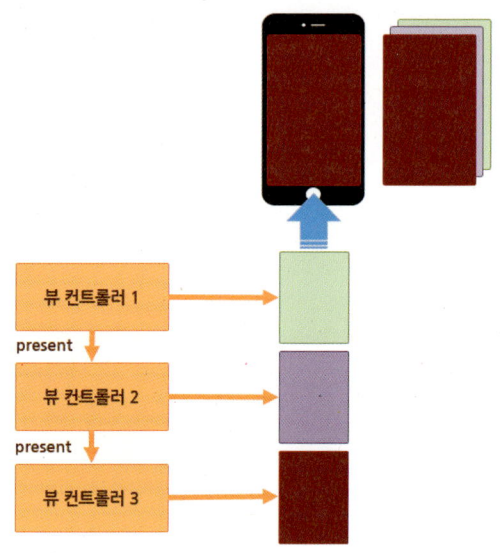

▲ 뷰 컨트롤러를 사용한 화면 전환 방식

iOS에서 화면을 전환할 때는 다음과 같은 방법을 사용할 수 있습니다.

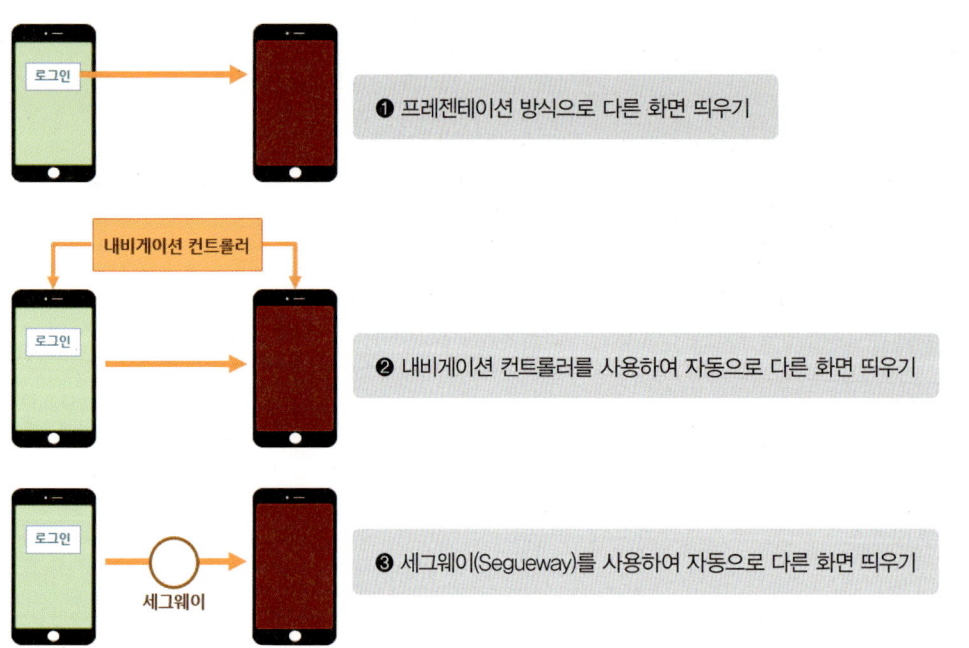

▲ 화면을 전환할 수 있는 세 가지 방법

첫 번째는 한 화면 안에 들어 있는 버튼을 클릭했을 때 프레젠테이션 방식으로 다른 화면을 띄우게 됩니다. 버튼 이외에 다른 뷰 객체를 클릭했을 때도 다른 화면으로 전환되도록 만들 수 있으며, 버튼을 클릭했을 때 코드를 실행하여 다른 화면을 띄웁니다.

두 번째는 내비게이션 컨트롤러를 사용하는 방식입니다. 내비게이션 컨트롤러는 두 개의 화면을 자식 뷰 컨트롤러로 관리하면서 필요할 때 화면을 전환할 수 있게 도와줍니다.

세 번째는 세그웨이를 사용하는 방식입니다. 세그웨이는 디자인 화면에서 두 개의 화면을 연결할 때 사용하는 정보입니다. 디자인 화면에서 세그웨이를 등록하고 어떻게 동작할 것인지 지정하면 필요할 때 화면을 전환할 수 있습니다.

2 _ 프레젠테이션 방식으로 화면 전환하기

새로운 화면 만들어 띄우기

세 가지 방법 중에서 먼저 첫 번째 방법으로 화면을 전환하는 과정을 살펴보겠습니다. 새로운 화면을 만든 다음 뷰 컨트롤러를 호출하여 화면을 띄울 때는 present 메소드가 사용됩니다. 이 메소드는 앞 장에서 [알림] 대화상자를 띄울 때 사용해 보았습니다. 메소드의 이름에 present라는 단어가 들어 있으므로 '뷰 컨트롤러를 화면에 보여준다.'는 의미를 가지고 있습니다. 짐작할 수 있듯이 이런 이유 때문에 이 방식을 '프레젠테이션 방식'이라고 부르기도 합니다. 이제 새로운 프로젝트를 만듭니다. 앞 장에서 새로운 프로젝트를 만들어 보았지만 익숙해질 수 있도록 다시 한 번 지금부터의 과정을 차근차근 따라해 보세요.

❶ 엑스코드를 실행하고 시작 화면에서 [Create a new Xcode project] 메뉴를 누릅니다.

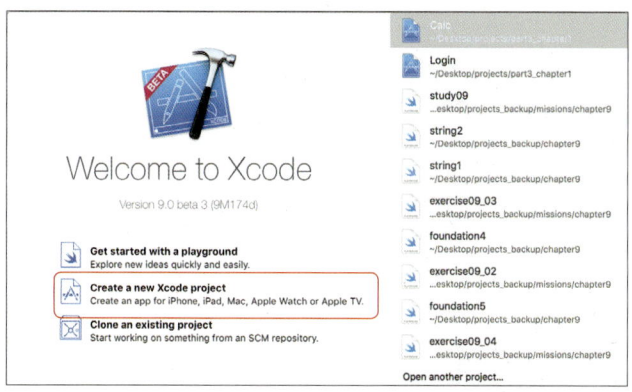

❷ 새로운 프로젝트의 첫 번째 화면 유형을 선택하는 템플릿 선택 대화상자가 나타납니다. 'Single View App'이 선택되어 있다면 그대로 둔 채로 오른쪽 아래에 있는 [Next] 버튼을 누릅니다.

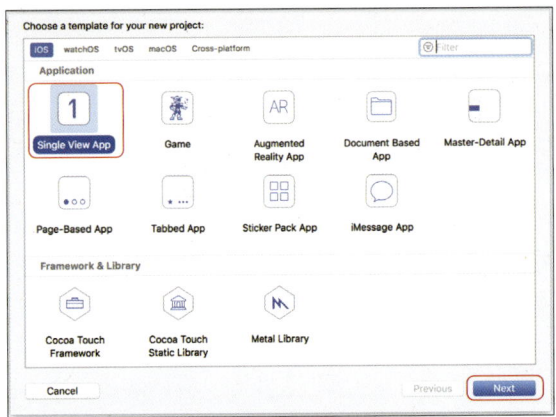

❸ 새로운 프로젝트의 옵션을 입력하는 대화상자가 나타나면 Product Name: 입력 상자에 'PresentScreen'이라고 입력합니다. Organization Name:과 Organization Identifier 입력 상자에는 이미 이전에 입력했던 글자들이 들어 있습니다. 입력된 내용은 그대로 두고 오른쪽 아래에 있는 [Next] 버튼을 누릅니다.

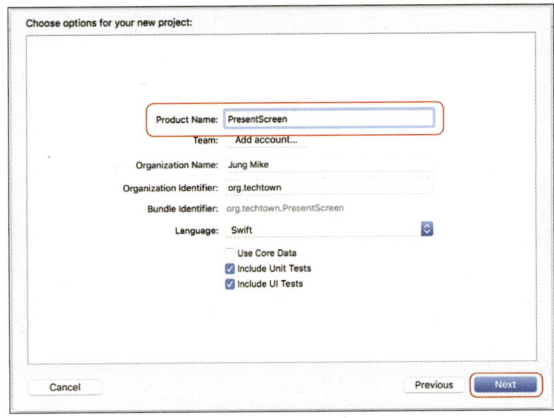

❹ 프로젝트를 저장할 폴더를 선택하는 대화상자가 나타나면 [projects] 폴더 아래에 [part3_chapter2] 폴더를 새로 만듭니다. 그런 다음 새로 만든 폴더가 선택된 상태에서 오른쪽 아래의 [Create] 버튼을 클릭합니다.

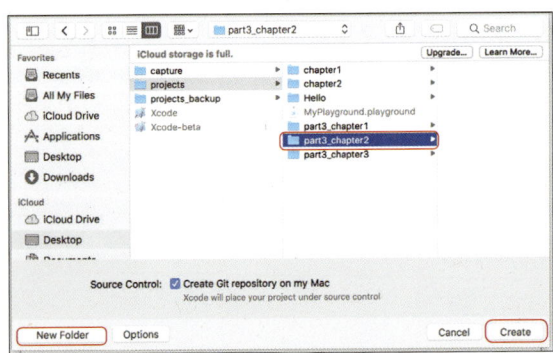

❺ 새로운 프로젝트가 만들어지면 곧바로 프로젝트 창이 열립니다. 화면 왼쪽에 있는 프로젝트 내비게이터 창에서 Main.storyboard 파일을 클릭하여 가운데 작업 영역에 인터페이스 빌더 화면이 나타나게 합니다. 인터페이스 빌더 화면의 왼쪽에 있는 문서 개요 창에서는 [View Controller Scene] 안에 들어있는 [View Controller]를 선택합니다.

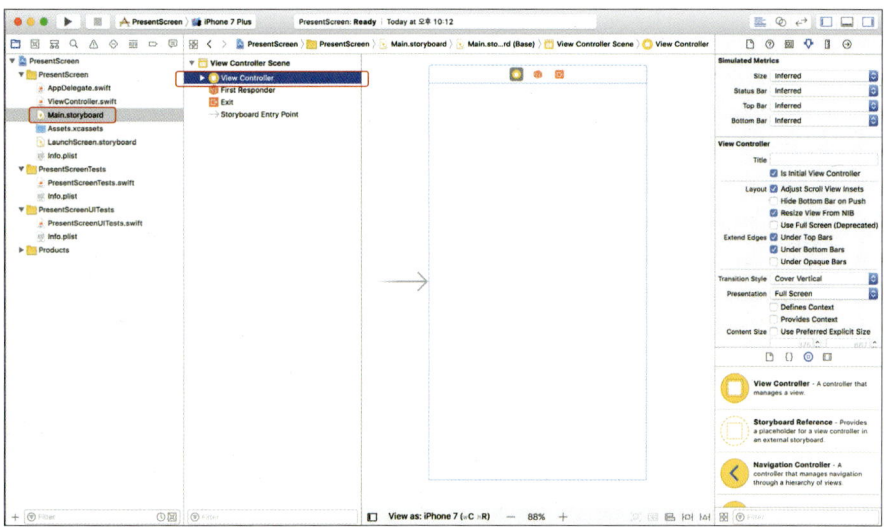

이미 앞 장에서 해 보았던 과정이라 따라서 진행하기 어렵지 않을 것입니다. 여기까지의 과정은 계속 반복해서 익숙하게 다룰 수 있도록 연습하는 게 좋습니다. 그런 이유 때문에 앞 장에서 진행했던 과정을 다시 한 번 반복하여 설명한 것입니다.

❻ 이제 오른쪽 유틸리티 영역의 하단에 있는 객체 라이브러리 창에서 라벨 하나와 버튼 하나를 디자인 화면에 끌어다 배치합니다. 그리고 라벨에는 '로그인 화면'이라는 글자로 수정하고 버튼에는 '메뉴 화면으로'라는 글자로 수정합니다. 라벨과 버튼의 글자를 바꿀 때는 디자인 화면에서 해당 뷰 객체를 클릭해서 선택한 후 오른쪽 속성 인스펙터 창에서 Text 속성이나 Title 속성에 들어 있는 글자를 바꾸면 됩니다. 글자의 크기는 'System 25.0'으로 설정합니다.

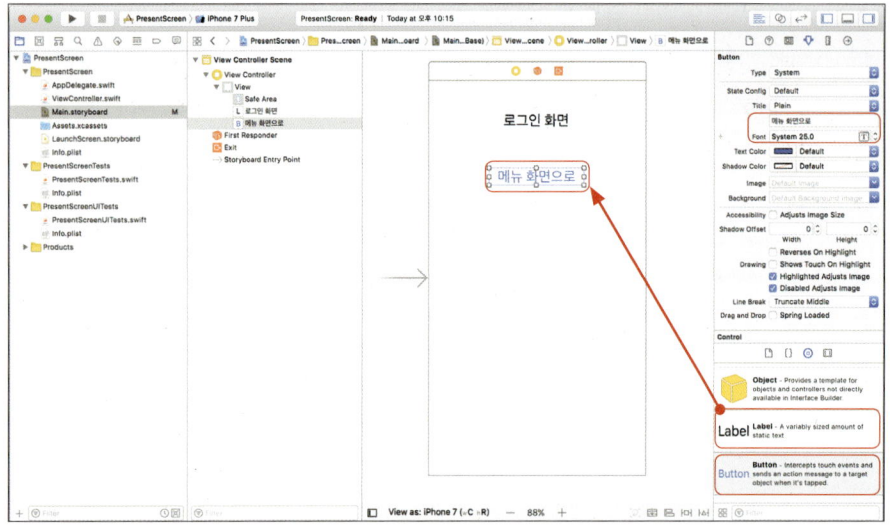

❼ 이제 첫 번째 화면에 들어 있는 [메뉴 화면으로] 버튼을 클릭했을 때 새로운 화면으로 전환되도록 만들 것입니다. 그러려면 새로운 화면이 하나 더 추가되어야 합니다. 오른쪽 아래의 객체 라이브러리 창에서 뷰 컨트롤러(View Controller) 항목을 찾아 디자인 화면에 끌어다 놓으면 새로운 단말 화면이 하나 더 만들어집니다. 사각형으로 보이는 이 단말 화면은 새로운 뷰 컨트롤러 화면입니다. 인터페이스 빌더 화면 왼쪽에 있는 문서 개요 창을 보면 View Controller Scene 항목이 하나 더 생성된 것도 확인할 수 있습니다. 이 항목을 선택하면 새로 추가한 뷰 컨트롤러가 선택되면서 오른쪽 유틸리티 영역에 해당 정보가 표시됩니다.

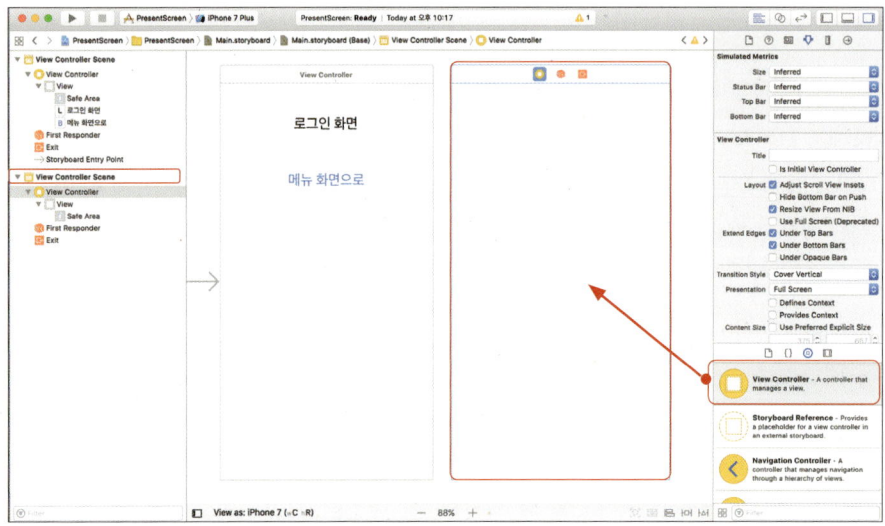

❽ 오른쪽 유틸리티 영역의 위쪽에 있는 아이콘 중에서 세 번째에 있는 [아이덴티티 인스펙터(Identity Inspector)] 아이콘을 선택하여 아이덴티티 인스펙터 창을 엽니다. 각각의 단말 화면은 Storyboard ID라는 것으로 구별할 수 있는데 여기에는 아직 그 값이 설정되어 있지 않습니다. Storyboard ID는 스토리보드에 들어 있는 각 단말 화면을 구별하는 값이며, Storyboard ID 입력 상자에 입력한 값은 첫 번째 화면에서 두 번째 화면으로 전환할 때 사용될 것입니다. Storyboard ID 입력 상자에 'Menu'라고 입력하고 입력한 값을 꼭 기억합니다.

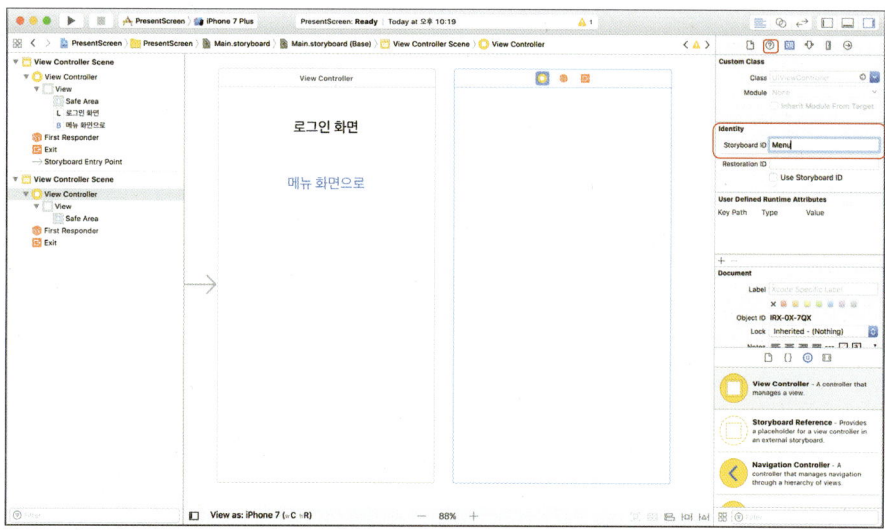

❾ 새로 추가한 화면에도 라벨과 버튼을 추가한 후 라벨의 Text 속성에는 '메뉴 화면'을 입력하고, 버튼의 Title 속성에는 '돌아가기'를 입력합니다.

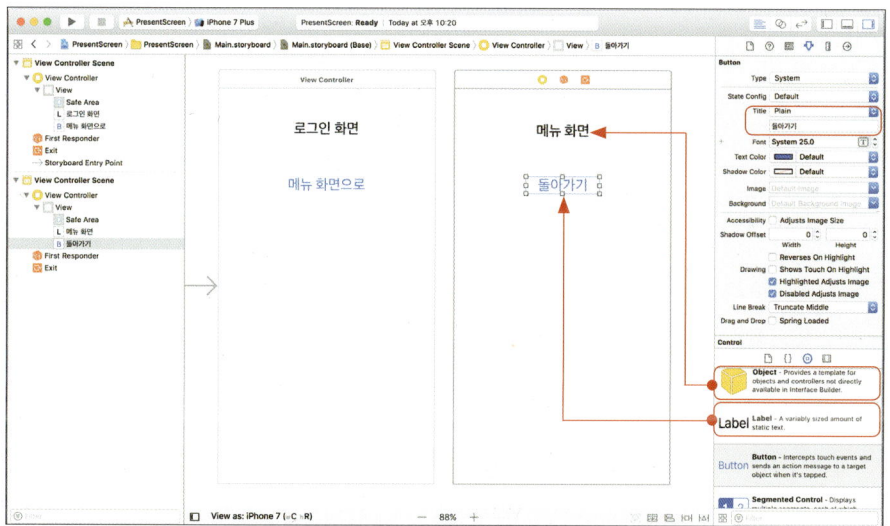

❿ 이제 첫 번째 화면의 [메뉴 화면으로] 버튼을 클릭했을 때 두 번째 화면으로 전환되도록 만들어 보겠습니다. 엑스코드의 타이틀 바 영역 오른쪽에 있는 아이콘을 눌러 보조 편집기 창을 열고 ViewController.swift 소스 코드가 보이도록 합니다. 만약 ViewController.swift 파일이 아닌 다른 파일의 내용이 보인다면 보조 편집기 창의 왼쪽 위에 있는 점프 바 아이콘을 눌러 ViewController.swift 파일을 찾아 선택합니다. 디자인 화면과 보조 편집기 창을 나란히 보이도록 했다면 디자인 화면에 들어 있는 뷰 객체들을 소스 코드와 연결합니다. 디자인 화면에서 첫 번째 화면에 들어 있는 버튼을 선택한 상태로 control 키를 누르고 소스 코드 쪽으로 끌어다 놓습니다. [연결] 대화상자가 보이면 Connection 항목의 값은 'Action'으로 변경하고 Name 입력 상자에 'presentMenuClicked'를 입력한 후 [Connect] 버튼을 클릭합니다.

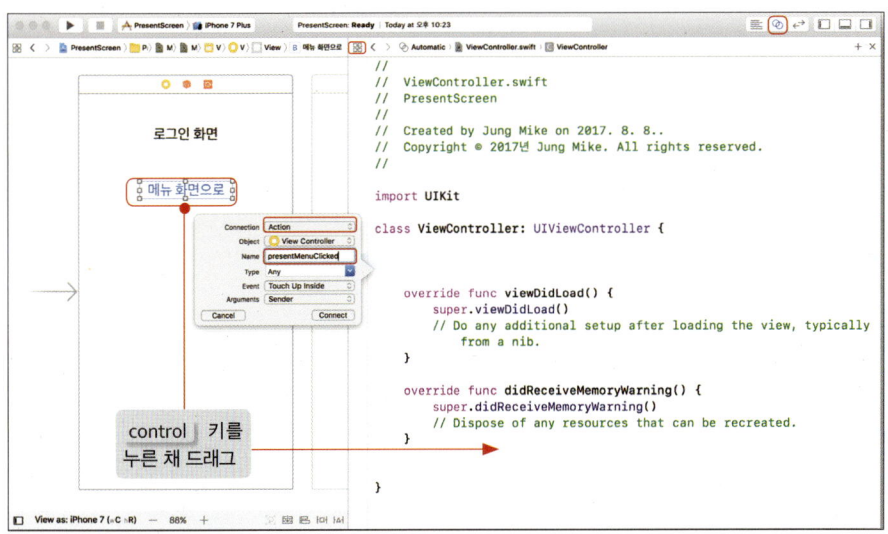

⓫ ViewController 클래스 안에 presentMenuClicked라는 이름의 메소드가 추가되었습니다. 이 메소드 안에 다음 코드처럼 메뉴 화면으로 전환할 수 있는 코드를 입력합니다. ⓭번 화면을 확인하면 입력할 위치를 찾을 수 있습니다.

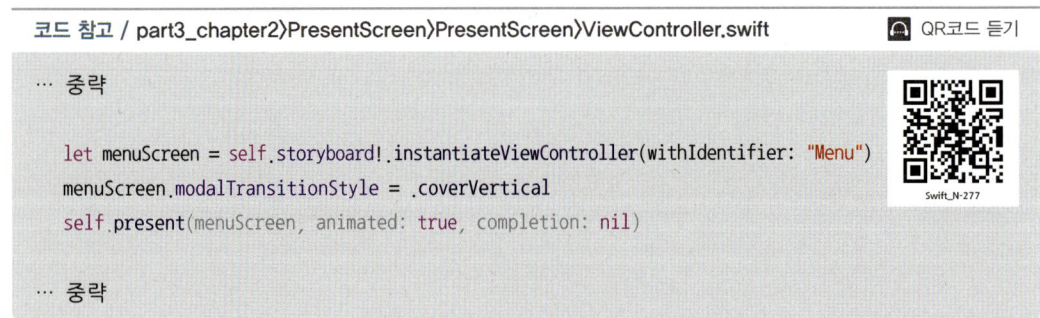

❷ presentMenuClicked 메소드 안에는 세 줄을 추가했습니다. 앞에서 진행한 ⑧번 과정에서 새로 띄울 화면의 스토리보드 ID 값을 'Menu'로 설정했었다는 걸 기억하실 겁니다. 첫째 줄에 입력한 것처럼 instantiateViewController 메소드를 사용하면 스토리보드 ID 값을 사용해서 메모리에 뷰 컨트롤러 객체를 만들 수 있습니다. 이 메소드는 스토리보드 객체에 정의되어 있기 때문에 먼저 이 클래스의 속성으로 들어 있는 스토리보드 객체를 self.storyboard!라는 코드를 사용해서 참조합니다. self.storyboard!는 첫 번째 화면이 들어 있는 스토리보드를 가리키는데 같은 스토리보드 안에 메뉴 화면이 들어 있으므로 이 객체의 instantiateViewController 메소드를 호출하여 두 번째 화면의 뷰 컨트롤러를 만든 것입니다.

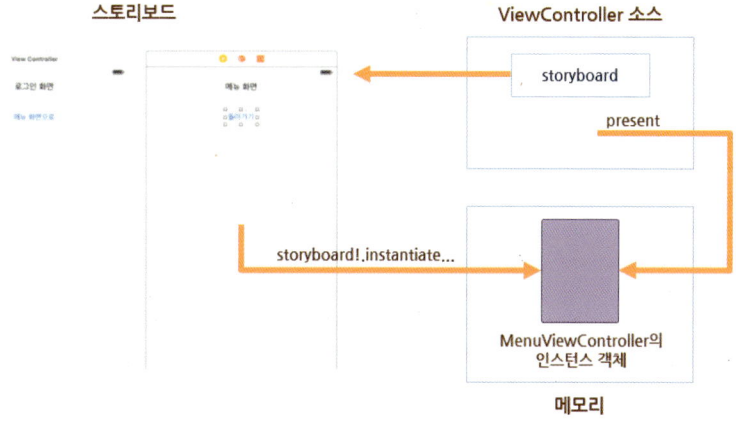

▲ 뷰 컨트롤러 소스에서 스토리보드 객체를 참조하는 방식

❸ 둘째 줄에서는 화면을 전환할 때 사용할 애니메이션 스타일을 지정했습니다. 애니메이션 스타일은 UIModalTransitionStyle 열거형에 정의된 값 중에서 하나를 사용하는데 여기서는 coverVertical을 사용했습니다. 이 값은 화면이 전환될 때 새로운 화면이 아래쪽에서 나타나도록 만들어 줍니다. 마지막 줄은 present 메소드를 호출하여 새로운 화면을 띄웁니다. 이 메소드는 [알림] 대화상자를 띄울 때 사용했던 것과 같으며 첫 번째 파라미터로 뷰 컨트롤러 객체를 전달합니다.

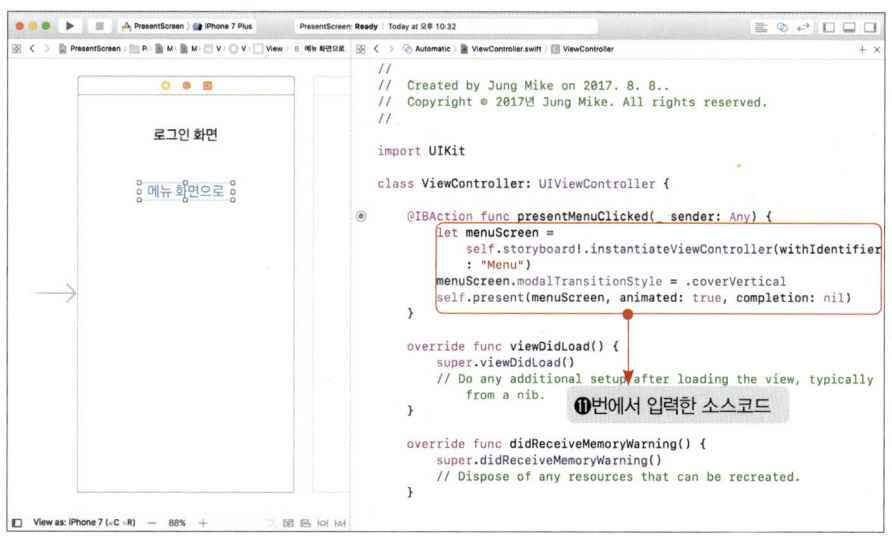

❶❹ 버튼을 클릭했을 때 새로운 화면이 뜨도록 코드를 입력했으니 엑스코드 화면 위쪽의 [실행] 버튼을 클릭하여 앱을 실행합니다. 시뮬레이터가 너무 클 수 있으므로 실행하기 전에 시뮬레이터로 실행될 단말의 종류를 'iPhone 5s'로 변경합니다. 앱이 실행되면 [메뉴 화면으로] 버튼을 클릭하여 두 번째 화면이 뜨는지 확인합니다.

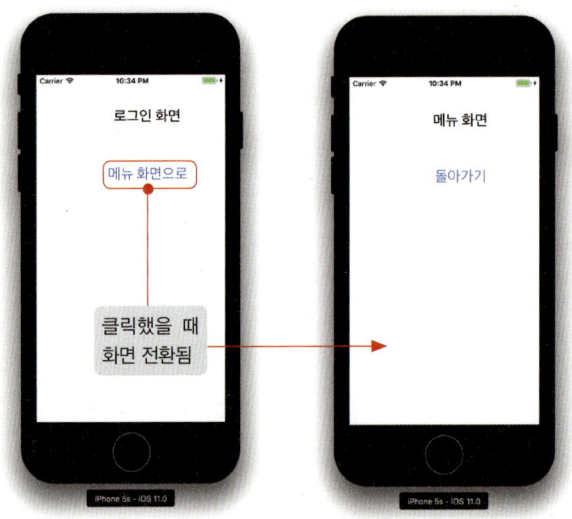

▲ 앱을 실행하고 [메뉴 화면으로] 버튼을 클릭한 경우

❶❺ 그런데 두 번째 화면의 스토리보드 ID를 잘못해서 'Menu'가 아닌 다른 이름으로 넣었을 때는 앱이 비정상 종료될 수 있습니다. 이것은 스토리보드에서 입력한 ID와 소스 코드에 입력한 스토리보드 ID의 이름이 다르기 때문입니다. 이런 경우에 앱이 잘못 동작하지 않게 하려면 다음 코드처럼 if 문의 조건에서 뷰 컨트롤러 객체를 바인딩하여 사용하도록 변경합니다.

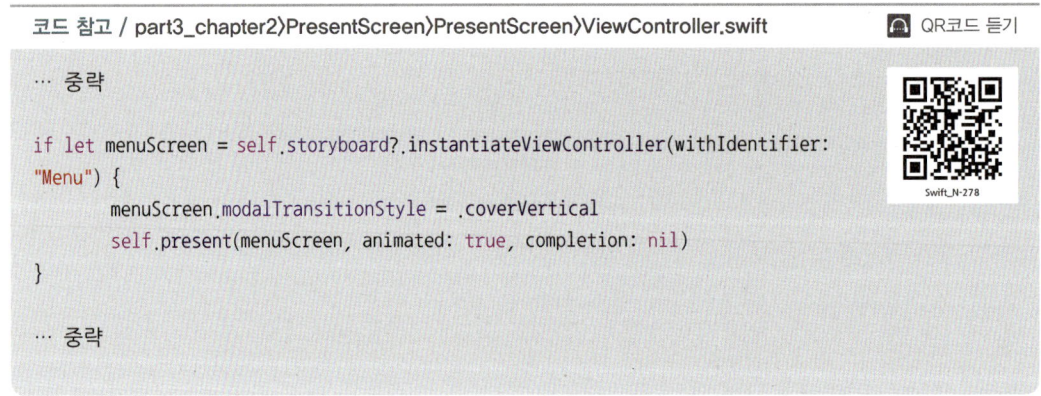

self.storyboard 뒤에 물음표(?)를 붙였으므로 self.storyboard의 값이 nil일 때는 그 뒤에 있는 메소드가 호출되지 않습니다. 그리고 메뉴 화면을 위한 뷰 컨트롤러 객체가 만들어지면 if 문 안에 있는 코드가 실행되면서 화면이 전환됩니다.

이전 화면으로 돌아가기

이제 두 번째 화면에서 [돌아가기] 버튼을 클릭했을 때 이전 화면으로 돌아가는 기능을 추가해 보겠습니다. 화면에 있는 [돌아가기] 버튼에 기능을 넣기 위해 먼저 두 번째 화면에 들어 있는 버튼과 소스 코드를 연결해야 합니다. 그런데 두 번째 화면은 스토리보드에만 추가되어 있고 소스 코드 파일은 추가되지 않았습니다. 스토리보드에는 사용자의 눈에 보이는 UI 리소스만 추가된 것이므로 소스 코드 파일을 새로 추가해야 합니다. 하나의 화면은 UI 리소스와 소스 코드 파일이 쌍으로 만들어져야 한다는 사실을 기억한다면 새로운 소스 파일을 추가해야 한다는 것도 이해될 것입니다.

❶ 오른쪽 유틸리티 영역의 아래쪽에서 파일 템플릿 라이브러리(File Template Library) 창을 엽니다. 이 창은 오른쪽 유틸리티 영역의 아래쪽 창에 보이는 아이콘 중에서 첫 번째 아이콘을 누르면 열 수 있습니다. 파일 템플릿 라이브러리 창에서 새가 날아가는 모양의 [Swift File] 아이콘을 선택한 후 왼쪽 프로젝트 내비게이션 창의 [PresentScreen] 폴더 안으로 끌어다 놓습니다. 그러면 어떤 파일 이름으로 저장할 것인지를 묻는 대화상자가 나타납니다. Save As: 항목에 'MenuViewController.swift'라고 입력한 후 오른쪽 아래에 있는 [Create] 버튼을 클릭합니다.

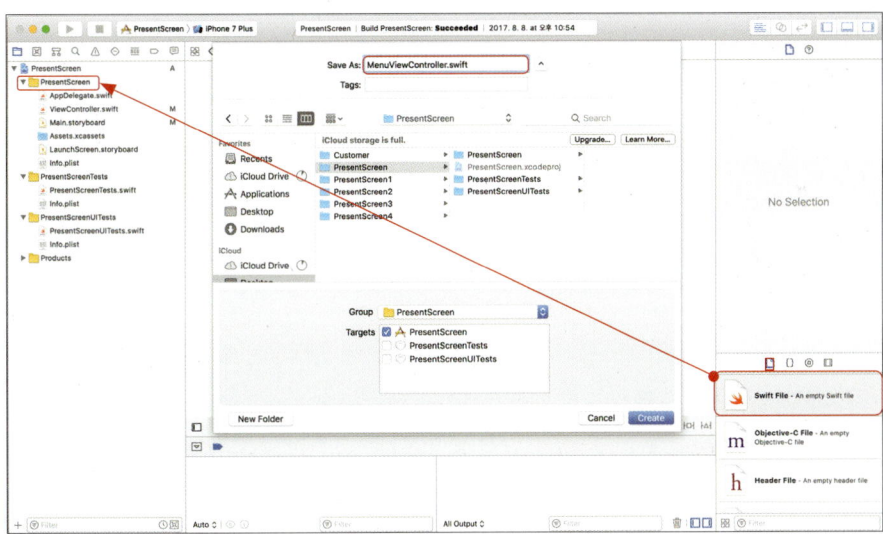

❷ MenuViewController.swift 파일이 만들어지면 가운데 작업 영역에 표준 편집기 화면이 열리면서 파일의 내용이 표시됩니다. 파일에는 import Foundation이라는 코드만 입력되어 있습니다. 이 파일에 새로운 뷰 컨트롤러 클래스를 정의해야 합니다. UIViewController를 상속하는 MenuViewController 클래스가 들어가야 하므로 기존 내용을 삭제하고 다음과 같이 입력합니다.

코드 참고 / part3_chapter2>PresentScreen>PresentScreen>MenuViewController.swift  QR코드 듣기

```
import UIKit

class MenuViewController : UIViewController {
}
```

❸ 자동으로 만들어진 ViewController.swift 소스에서 보았던 것처럼 뷰 컨트롤러 클래스는 viewDidLoad와 didReceiveMemoryWarning이라는 두 가지 메소드를 갖고 있는 것이 좋습니다. 이 두 메소드를 추가하기 위해 클래스 안에 커서를 두고 Esc 키를 누릅니다. 그러면 입력 가능한 메소드들이 보입니다.

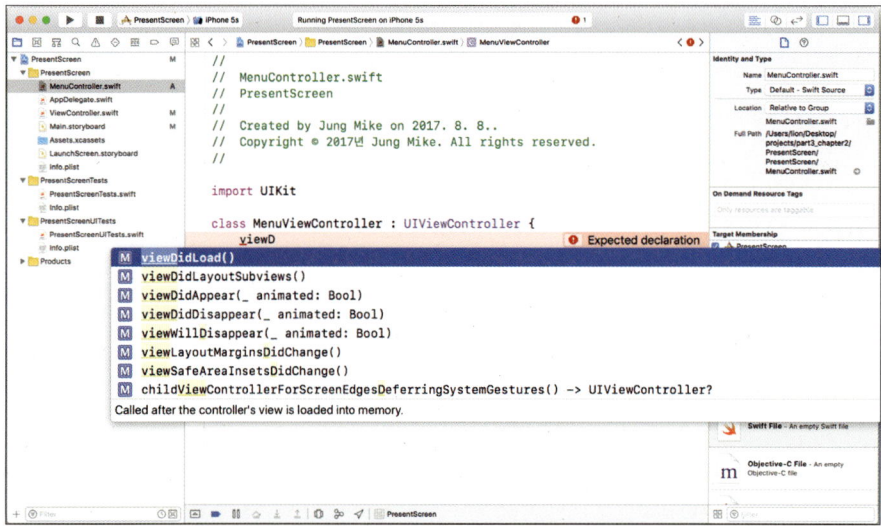

❹ viewDid까지 입력하면 viewDidLoad 메소드가 보입니다. 이 메소드를 선택하여 추가한 후 중괄호 안에서 super.viewDidLoad 메소드를 호출하도록 코드를 입력합니다. didReceiveMemoryWarning 메소드도 같은 방법으로 추가합니다.

코드 참고 / part3_chapter2>PresentScreen>PresentScreen>MenuViewController.swift QR코드 듣기

```
… 중략

    override func viewDidLoad() {
        super.viewDidLoad()
    }
    override func didReceiveMemoryWarning() {
        super.didReceiveMemoryWarning()
    }

… 중략
```

❺ 이제 메뉴 화면에 들어 있는 버튼과 소스 파일을 연결합니다. 왼쪽 프로젝트 내비게이터 창에서 Main.storyboard 파일을 클릭하여 인터페이스 빌더 화면을 연 후 '메뉴 화면'이라는 라벨을 넣었던 두 번째 사각형 단말 화면을 선택합니다. 단말 화면을 선택할 때는 윗부분에 세 개의 아이콘이 있는 타이틀 부분을 클릭해서 선택해야 합니다. 그래야 해당 단말 화면 전체를 선택했다는 의미가 됩니다. 혹시라도 그 안에 들어 있는 라벨이나 버튼이 선택되지 않도록 주의합니다. 그리고 오른쪽 유틸리티 영역의 윗부분 아이콘들 중에서 세 번째 아이콘을 눌러 아이덴티티 인스펙터 창을 엽니다. Class 항목에 희미한 글자로 UIViewController가 선택되어 있는 것을 확인할 수 있습니다. 이것은 스토리보드에 화면은 추가했지만 소스 파일이 없을 때 디폴트로 지정되는 값입니다. Class 항목에 새로 추가한 'MenuViewController'를 값으로 입력합니다.

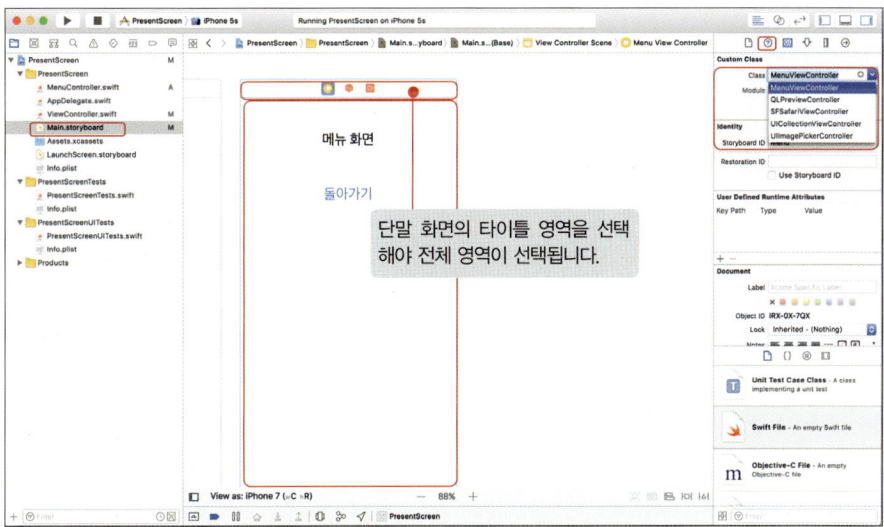

❻ 이제 메뉴 화면의 [돌아가기] 버튼을 클릭했을 때 동작할 코드를 추가합니다. 왼쪽에는 디자인 화면, 오른쪽에는 보조 편집기 창이 보이도록 하고 보조 편집기 창에는 MenuViewController.swift 소스가 보이게 합니다. 그리고 디자인 화면에서 [돌아가기] 버튼을 선택한 후 control 키를 누른 채 소스 쪽으로 끌어당깁니다. [연결] 대화상자가 나타나면 Connection 항목의 값을 'Action'으로 변경하고 Name 입력 상자에는 'backClicked'을 입력합니다. 마지막으로 [Connect] 버튼을 클릭하면 backClicked 메소드가 추가됩니다.

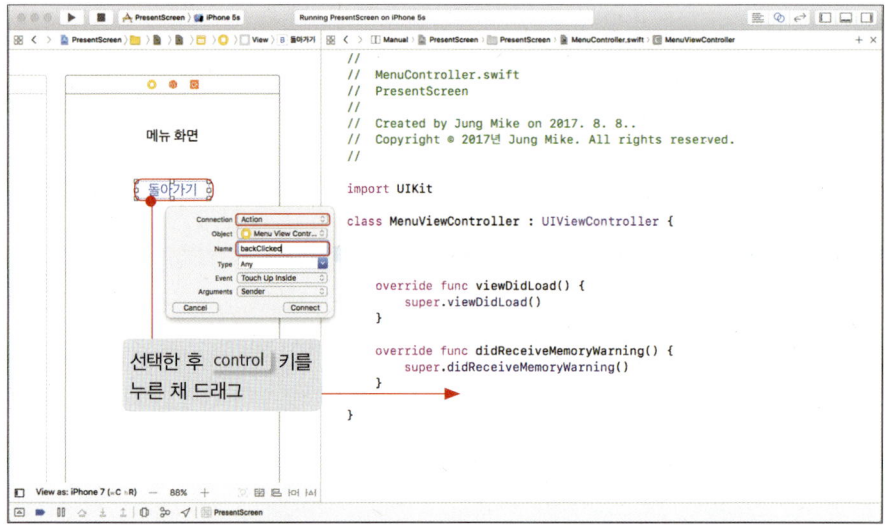

❼ backClicked 메소드 안에서 메뉴 화면을 없애는 dismiss 메소드를 호출하면 이전 메뉴 화면으로 돌아가는 기능을 만들 수 있습니다. 다음 코드를 입력합니다. 현재 화면은 presentingViewController 속성으로 참조할 수 있으며 이 속성의 값이 nil인 경우를 대비하여 ? 기호를 붙입니다. 이렇게 하면 presentingViewController 속성이 nil이 아닐 때만 dismiss 메소드가 실행됩니다.

코드 참고 / part3_chapter2〉PresentScreen〉PresentScreen〉MenuViewController.swift   QR코드 듣기

```
… 중략

    @IBAction func backClicked(sender: AnyObject) {
        self.presentingViewController?.dismiss(true, completion: nil)
    }

… 중략
```

❽ 이제 앱을 다시 실행하여 새로 띄운 화면에서 이전 화면으로 돌아가는지 확인해 보겠습니다. 엑스코드 화면 위쪽의 [실행] 버튼을 클릭하여 앱을 실행합니다. 첫 화면에서 [메뉴 화면으로] 버튼을 클릭했을 때 메뉴 화면으로 전환된 후 메뉴 화면의 [돌아가기] 버튼을 클릭했을 때 원래 화면으로 돌아오는지 확인합니다.

▲ [돌아가기] 버튼을 눌렀을 때 첫 화면으로 돌아온 경우

이제 한 화면에서 다른 화면을 띄울 때는 present 메소드를 호출하고, 새로 띄운 화면에서 원래 화면으로 돌아올 때는 dismiss 메소드를 호출하면 된다는 것을 알게 되었습니다.

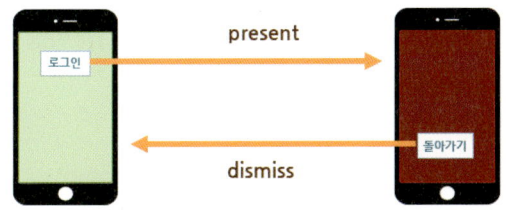

▲ 새로운 화면을 띄웠다가 원래 화면으로 돌아오는 과정

3 _ 내비게이션 컨트롤러로 화면 전환하기

내비게이션 컨트롤러는 화면 전환을 도와주는 뷰 컨트롤러입니다. 내비게이션 컨트롤러를 사용하면 앱의 화면이 어떻게 변경되고 있는지 화면 위쪽의 타이틀 바에 표시해 줍니다. 동시에 각 화면을 위해 만든 뷰 컨트롤러들을 서로 전환해 줍니다.

내비게이션 컨트롤러는 별도의 화면을 가지지 않습니다. 다만 다른 뷰 컨트롤러들을 제어하는 루트 뷰 컨트롤러 역할을 합니다. 내비게이션 컨트롤러에 넣은 뷰 컨트롤러들은 필요에 따라 '내비게이션 스택(Navigation Stack)'에 넣었다가 빼면서 관리됩니다. 내비게이션 스택에는 지금 보고 있는 화면과 이전 화면을 넣거나 뺄 수 있는데 화면을 넣을 때는 pushViewController 메소드를 사용하고 뺄 때는 popViewController 메소드를 사용합니다.

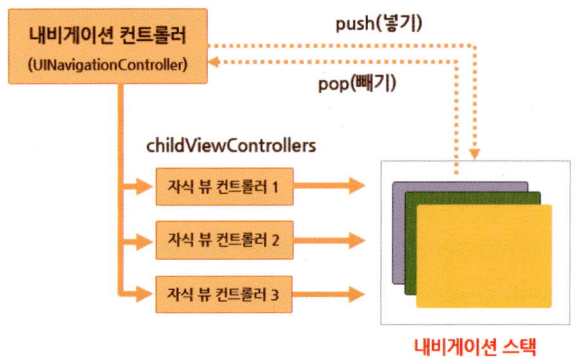

▲ 내비게이션 스택에 화면을 넣었다 빼는 과정

이제 이전에 만들었던 코드를 내비게이션 컨트롤러를 사용해서 화면 전환 방식으로 변경해 보겠습니다. 만약 이전에 만든 코드를 없애지 않고 보관하고 싶다면 파인더에서 현재 프로젝트 폴더를 복사하여 [PresentScreen1]이라는 이름으로 변경해 둡니다. 그러면 이전에 만든 코드는 이 폴더에 백업되므로 나중에 필요할 때 이 폴더를 참조할 수 있습니다. 이 책에서 제공하는 프로젝트 파일도 동일한 방식으로 백업된 파일이며, 여러분이 필요할 때 열고 실행할 수 있습니다. 다음 과정은 원래의 PresentScreen 프로젝트를 수정하면서 진행하도록 합니다.

❶ 인터페이스 빌더 화면의 문서 개요 창에서 첫 번째 뷰 컨트롤러를 선택합니다. 그리고 엑스코드 화면 위쪽의 메뉴 중에서 [Editor → Embed In → Navigation Controller] 메뉴를 선택합니다. Embed In 메뉴는 현재 스토리보드에 있는 뷰 컨트롤러들을 '내비게이션 컨트롤러 안에 자식 컨트롤러로 집어넣는다.'는 의미로 이해하면 됩니다.

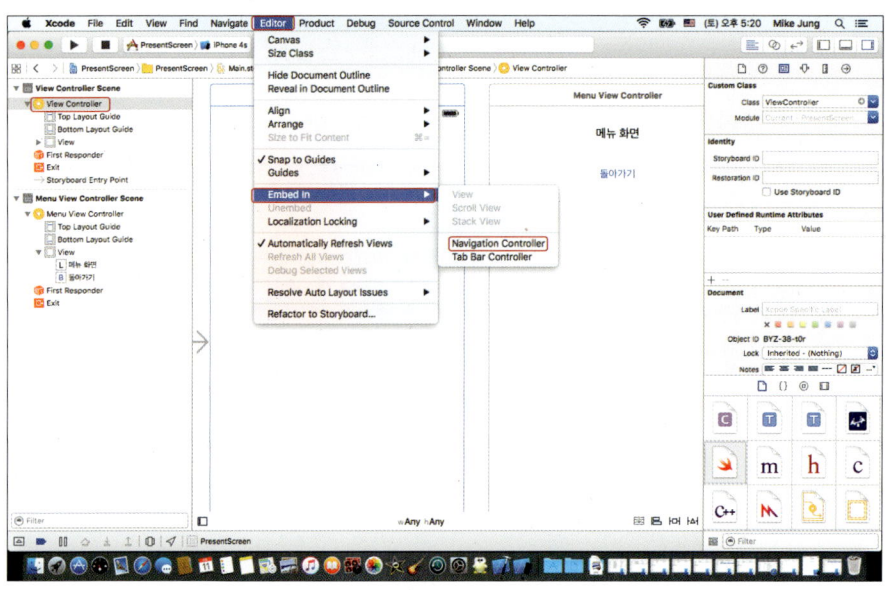

> **정박사님 궁금해요** 객체 라이브러리 창에 있는 내비게이션 컨트롤러는 뭔가요?
>
> 내비게이션 컨트롤러를 추가할 때는 객체 라이브러리 창에서 끌어와서 추가할 수도 있습니다. 다만 이렇게 하면 내비게이션 컨트롤러 이외의 다른 것들도 함께 추가되므로 내비게이션 컨트롤러만 추가하고 싶다면 메뉴에서 선택하여 추가하는 것이 좋습니다.

❷ 인터페이스 빌더의 왼쪽 문서 개요 창에 Navigation Controller Scene 항목이 추가되었습니다. 그리고 디자인 화면에는 내비게이션 컨트롤러(Navigation Controller)라는 사각형의 단말 화면도 추가되었습니다. 내비게이션 컨트롤러 화면은 기존에 만들어져 있던 첫 번째 화면(로그인 화면)과 화살표로 연결되어 있고 첫 번째 화면의 위쪽에는 새로 타이틀 바 영역이 추가되었습니다. 이 타이틀 바 영역을 내비게이션 바(Navigation Bar)라고 부릅니다. 만약 이전에 추가했던 라벨과 버튼이 내비게이션 바 때문에 가려진다면 약간 아래쪽으로 위치를 옮겨줍니다.

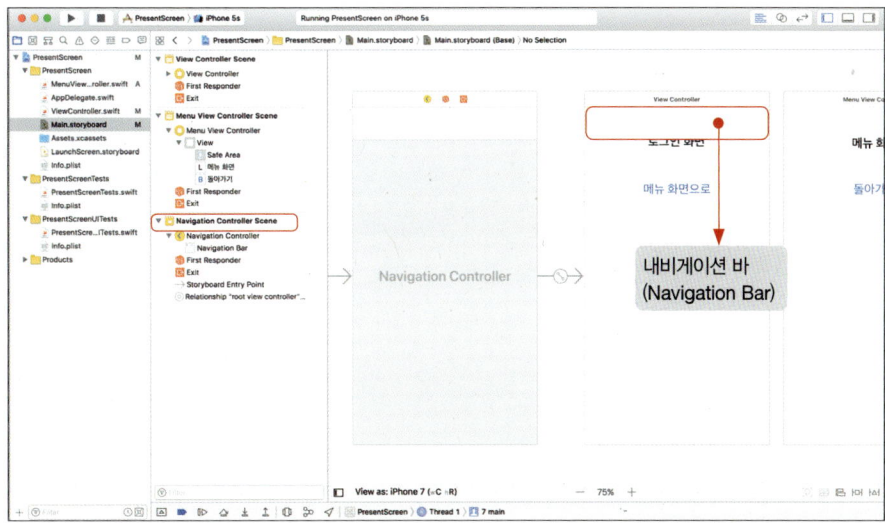

▲ 내비게이션 컨트롤러가 추가된 상태의 디자인 화면

❸ 첫 번째 화면인 로그인 화면 위쪽에 추가된 내비게이션 바에는 제목이나 버튼을 추가할 수 있습니다. 내비게이션 바를 선택한 상태로 오른쪽 유틸리티 영역에서 속성 인스펙터 창을 열어보면 Title 입력 상자에 제목을 입력할 수 있습니다. '로그인'이라는 제목을 입력합니다. 그리고 오른쪽 아래의 객체 라이브러리 창에서 Bar Button Item 항목을 끌어다 내비게이션 바 오른쪽에 놓습니다. 이 아이템이 선택된 상태에서 오른쪽 속성 인스펙터 창을 열어보면 System Item 항목이 보입니다. 이 항목의 값을 'Action'으로 변경하면 액션 아이콘이 표시됩니다.

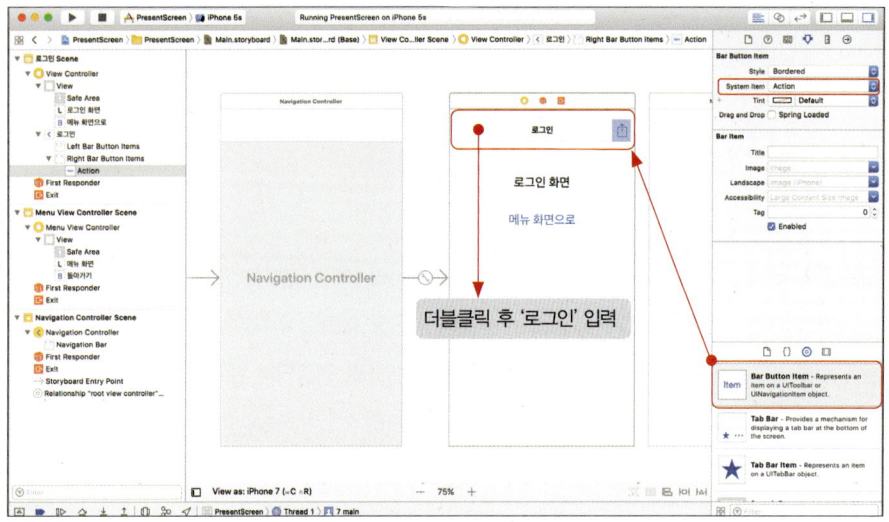

❹ 이제 내비게이션 바의 오른쪽에 추가한 버튼을 소스 코드와 연결해야 합니다. 화면의 왼쪽에는 디자인 화면, 오른쪽에는 보조 편집기 화면이 나란히 보이게 한 다음 보조 편집기 화면에는 ViewController.swift 소스 파일을 불러옵니다. 그리고 로그인 화면의 내비게이션 바 오른쪽에 추가했던 [액션] 버튼을 선택한 상태에서 control 키를 누른 채로 보조 편집기 화면으로 끌어당겨 [연결] 대화상자를 불러옵니다. [연결] 대화상자에서 Connection 속성은 'Action'으로 변경하고 Name 입력 상자에는 'moveToMenuClicked'를 입력한 후 [Connect] 버튼을 누릅니다.

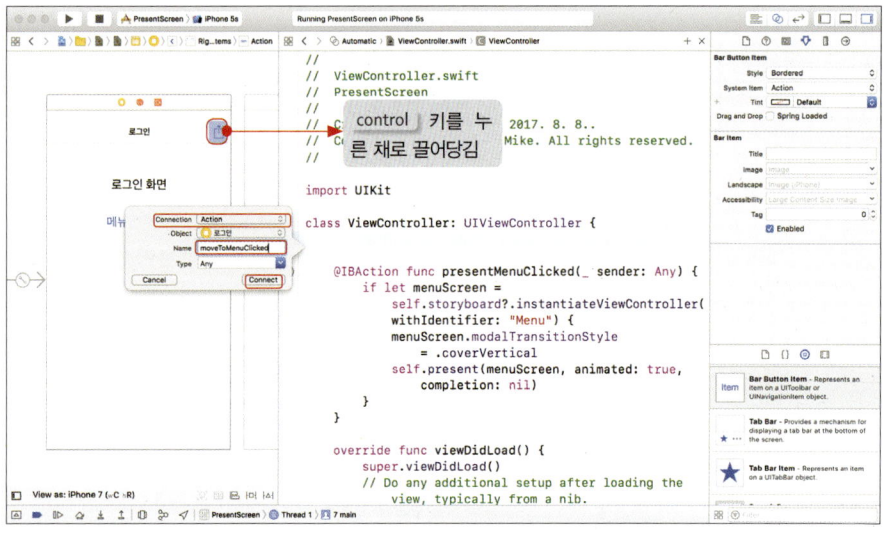

❺ 소스 코드를 보면 moveToMenuClicked 메소드가 추가되었습니다. 이 메소드 안에는 메뉴 화면을 띄우도록 다음 코드를 입력합니다. if 문 안에는 이전보다 간단한 한 줄의 코드만 입력되어 있는데 메뉴 화면을 띄우는 코드가 다릅니다. 지금은 뷰 컨트롤러 클래스가 내비게이션 컨트롤러 안에 들어 있으므로 이 클

래스 안에서 navigationController 속성으로 내비게이션 컨트롤러 객체를 참조할 수 있습니다. 이 객체에는 pushViewController 메소드가 있어 이 메소드를 호출하면 내비게이션 컨트롤러가 새로운 화면을 띄워줍니다. 그리고 동시에 새로운 화면을 위한 뷰 컨트롤러를 내비게이션 스택에 넣어줍니다. 여기에서는 pushViewController 메소드를 호출할 때 메뉴 화면을 위한 뷰 컨트롤러 객체를 파라미터로 전달합니다.

코드 참고 / part3_chapter2〉PresentScreen〉PresentScreen〉ViewController.swift   QR코드 듣기

```swift
… 중략
    @IBAction func moveToMenuClicked(_ sender: Any) {
        if let menuScreen = self.storyboard?.instantiateViewController
        (withIdentifier: "Menu") {
            self.navigationController?.pushViewController(menuScreen, animated: true)
        }
    }
… 중략
```

❻ 엑스코드 화면 위쪽의 [실행] 버튼을 클릭하여 앱을 실행해 봅니다. 그리고 첫 화면 위쪽의 내비게이션 바 오른쪽에 있는 [액션] 아이콘을 눌러 메뉴 화면으로 전환되는지 확인합니다. 내비게이션 바의 오른쪽에 있는 버튼을 클릭하면 메뉴 화면으로 전환됩니다. 그런데 전환된 메뉴 화면 위쪽에도 내비게이션 바가 추가되어 있습니다. 이 내비게이션 바의 왼쪽에는 이전 화면으로 돌아갈 수 있는 [〈 로그인] 아이콘이 보이는데 이것은 내비게이션 컨트롤러가 자동으로 만든 것입니다. 결국 [돌아가기] 버튼을 별도로 만들지 않아도 이전 화면으로 돌아갈 수 있는 기능이 자동으로 만들어진다는 것을 알 수 있습니다.

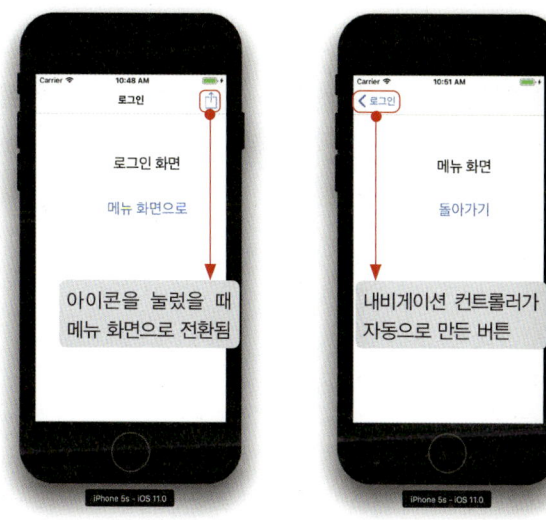

▲ 첫 번째 화면의 위쪽에 있는 아이콘을 눌러 화면을 전환하는 경우

| 정박사님 궁금해요 | 이전에 만든 [돌아가기] 버튼은 왜 동작하지 않나요? |

이전에 만든 [돌아가기] 버튼은 프레젠테이션 방식으로 화면을 전환했습니다. 따라서 내비게이션 컨트롤러로 화면을 전환하는 코드에는 이전으로 돌아갈 수 있는 정보가 없기 때문에 동작하지 않는 것입니다. 다시 말해, 새로 띄운 화면에서 dismiss 메소드를 호출해도 present 메소드를 사용해서 띄운 화면이 없어서 제대로 동작하지 않습니다. 따라서 내비게이션 컨트롤러를 사용했다면 이전 화면으로 돌아가는 방식도 내비게이션 컨트롤러를 사용하도록 수정해야 합니다.

❼ 두 번째 화면(메뉴 화면)에 들어 있는 [돌아가기] 버튼을 눌렀을 때 내비게이션 컨트롤러를 사용해 이전 화면으로 돌아갈 수 있도록 수정해 봅니다. 두 번째 화면의 소스 파일인 MenuViewController.swift 파일을 열고 backClicked 메소드 안에 들어 있는 코드를 다음 코드로 변경합니다. popViewControllerAnimated 메소드를 호출하면 현재 내비게이션 컨트롤러를 사용해서 보여주던 화면을 없애고 이전 화면으로 돌아가게 됩니다. 이제 앱을 다시 실행하고 두 번째 버튼의 [돌아가기] 버튼을 클릭하면 이전 화면으로 돌아가는 것을 확인할 수 있습니다.

코드 참고 / part3_chapter2>PresentScreen>PresentScreen>ViewController.swift QR코드 듣기

```swift
… 중략

    @IBAction func backClicked(_ sender: Any) {
        self.navigationController?.popViewController(animated: true)
    }

… 중략
```

로그인 화면에 들어 있는 [메뉴 화면으로] 버튼을 더 이상 사용하지 않는다면 여러분이 직접 삭제할 수 있습니다. 지금까지 알아본 화면 전환 과정으로 내비게이션 컨트롤러를 사용해서 화면을 전환할 때는 pushViewController와 popViewController 메소드를 사용한다는 것을 알게 되었습니다.

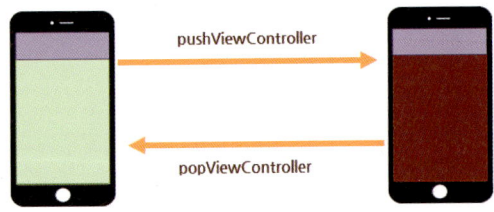

▲ 내비게이션 컨트롤러를 사용하여 화면을 전환하는 과정

present 메소드를 호출하여 화면을 띄우는 프레젠테이션 방식과 내비게이션 컨트롤러를 사용하여 화면을 띄우는 방식을 비교해보니 어떤가요? 내비게이션 컨트롤러를 사용하면 이전 화면으로 돌아가는

기능을 직접 만들 필요도 없을뿐더러 이전 화면으로 돌아가는 버튼을 넣을 필요도 없으니 화면 전환 기능을 좀 더 쉽게 만들 수 있겠죠? 그리고 아이폰 앱을 사용해 봤다면 화면 위쪽에 내비게이션 바가 표시되는 것을 자주 보았을 테니 내비게이션 컨트롤러를 사용하는 앱이 많다는 것도 잘 알고 있을 겁니다. 화면 위쪽에 있는 내비게이션 바에 자동으로 표시되는 [돌아가기] 버튼을 자주 접했다면 지금까지 해 본 내비게이션 컨트롤러 사용 방법이 왜 중요한지 이해할 것입니다.

4 _ 세그웨이로 화면 전환하기

인터페이스 빌더의 디자인 화면에 내비게이션 컨트롤러를 추가했을 때 내비게이션 컨트롤러 화면과 첫 화면 사이에 화살표가 생긴 것을 보았을 것입니다. 이 화살표를 '세그웨이(Segueway)'라고 하고 줄여서 '세그(Segue)'라고도 부릅니다. 세그웨이는 화면 간에 어떤 관계가 있고 어떻게 전환되는지를 알려줍니다. 따라서 스토리보드에 세그웨이를 만들면 이 화살표의 방향에 따라 화면이 자동으로 전환됩니다. 세그웨이를 사용하면 화면을 전환시키는 코드를 소스 파일에 넣지 않아도 화면 전환이 가능하기 때문에 아주 직관적이고 쉬운 방법입니다. 이런 세그웨이는 한 쪽 방향으로만 만들어지며 화살표의 방향을 따라 화면이 전환됩니다.

세그웨이를 설정할 때는 화살표의 시작점과 끝점을 연결하는데 시작점은 뷰 컨트롤러 또는 그 안에 들어 있는 뷰 객체(버튼이나 이미지 등)가 될 수 있습니다. 만약 시작점이 뷰 객체라면 '액션 세그(Action Segue)' 또는 '트리거 세그(Trigger Segue)'라고 부르며, 시작점이 하나의 화면 단위인 뷰 컨트롤러라면 '매뉴얼 세그(Manual Segue)'라고 부릅니다. 매뉴얼 세그는 뷰 컨트롤러 소스 안에서 필요할 때 메소드를 호출하여 실행할 수 있습니다.

> • 세그웨이의 유형
> ❶ 액션 세그(Action Segue) : 시작점이 뷰 객체인 경우
> ❷ 매뉴얼 세그(Manual Segue) : 시작점이 화면인 경우

먼저 버튼을 클릭했을 때 화면이 전환되도록 액션 세그를 만들어 보고 그 후에 매뉴얼 세그도 만들어 보겠습니다. 그리고 매뉴얼 세그를 만들 때는 뷰 컨트롤러의 소스에서 화면이 전환되도록 만들 것입니다. 다음 과정을 진행하기 전에 파인더 창을 열고 이전에 만든 프로젝트 폴더를 복사하여 PresentScreen2로 백업합니다. 그러면 지금까지 만든 코드는 백업되고 엑스코드 화면에서 PresentScreen 프로젝트를 계속 수정하면서 실습할 수 있습니다.

액션 세그로 화면 전환하기

엑스코드 화면의 프로젝트 내비게이터 창에서 Main.storyboard 파일을 클릭하여 인터페이스 빌더 창을 엽니다. 로그인 화면과 메뉴 화면이 보이고 로그인 화면에서 [메뉴 화면으로] 버튼을 클릭했을 때 메뉴 화면으로 이동하는 기능도 이미 만들어져 있습니다. 그러면 이전에 만들었던 화면 전환 기능을 삭제하고 세그웨이를 사용해서 전환되는 기능을 추가해 보겠습니다.

❶ 먼저 로그인 화면에서 [메뉴 화면으로] 버튼을 클릭했을 때 동작하는 메소드를 삭제해 보겠습니다. 디자인 화면에서 [메뉴 화면으로] 버튼을 선택한 후 오른쪽 유틸리티 영역에서 연결 인스펙터(Connection Inspector) 창을 엽니다. 연결 인스펙터는 인터페이스 빌더의 뷰 객체와 소스 파일을 연결했던 정보들을 보여주는데 그중에 아래쪽에 있는 Sent Events 항목을 보면 Touch Up Inside와 연결된 것이 보이고 '로그인'이라는 글자와 함께 presentMenuClicked 메소드가 표시되어 있습니다. 이 항목에 표시되어 있는 [X] 버튼을 클릭하면 해당 메소드를 삭제할 수 있습니다.

❷ 왼쪽 프로젝트 영역에서 ViewController.swift 파일을 선택하여 열어보면 presentMenuClicked 메소드 왼쪽에 있는 작은 원 안쪽이 비어있는 것을 확인할 수 있습니다. 이것은 인터페이스 빌더의 뷰 객체와 이 메소드 간의 연결이 끊겼다는 것을 의미합니다.

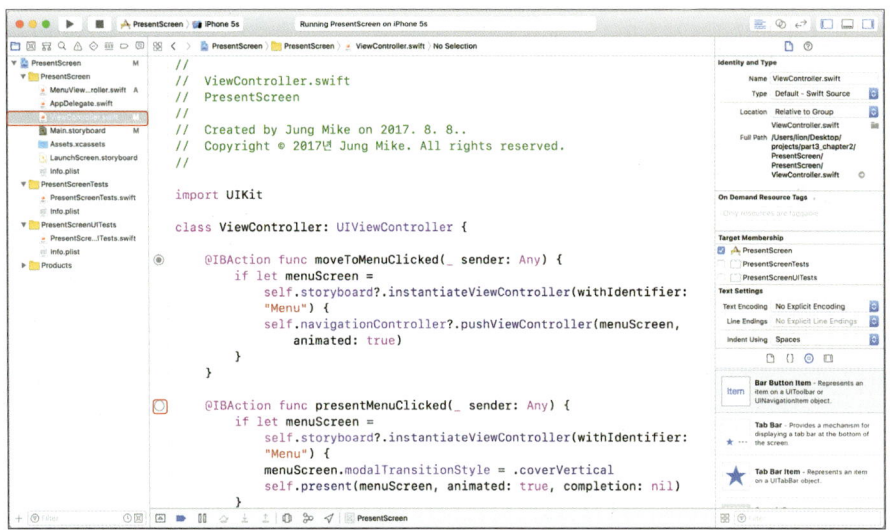

❸ presentMenuClicked 메소드와 그 안에 들어 있던 코드를 모두 삭제하고 스토리보드 화면으로 돌아옵니다. 그리고 [메뉴 화면으로] 버튼을 선택한 후 control 키를 누른 채로 드래그해서 메뉴 화면 위로 가져다 놓습니다. 그러면 세그웨이의 유형을 선택할 수 있는 대화상자가 표시됩니다. 대화상자에서 'Present Modally'를 선택합니다.

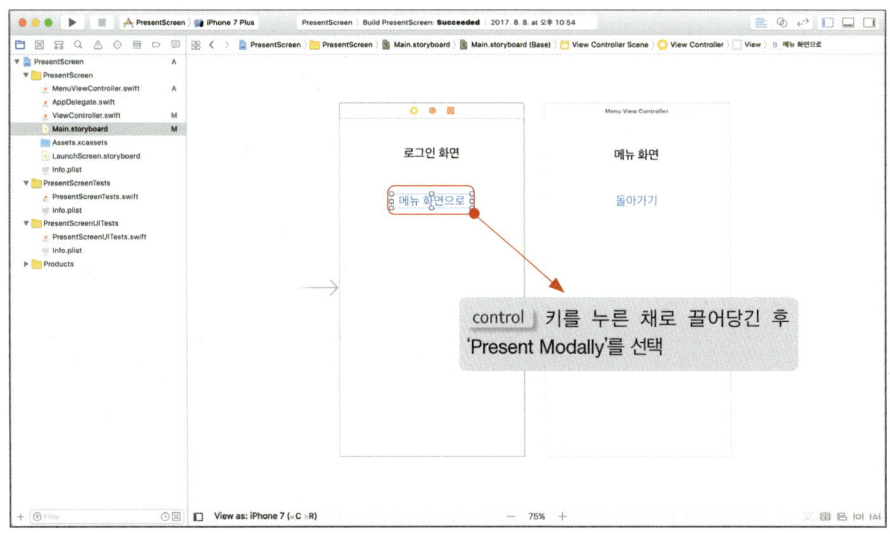

❹ 세그웨이가 만들어지면 로그인 화면과 메뉴 화면 사이에 화살표가 생깁니다. 이제 앱을 실행하고 [메뉴 화면으로] 버튼을 클릭하면 화면이 정상적으로 전환되는 것을 확인할 수 있습니다. 와우! 화면과 화면을 마우스로 끌어 연결만 했는데 화면이 전환되는 기능이 만들어 졌습니다. 이 방법이 앞에서 했던 두 가지 방법보다 훨씬 더 간단합니다. 그런데 새로 띄운 메뉴 화면에서 [돌아가기] 버튼을 눌러보면 이전 화면으로 돌아가지 않습니다. 이것은 내비게이션 컨트롤러를 사용해서 이전 화면으로 돌아가도록 만들었기 때문입니다. 따라서 세그웨이 방식으로 화면을 띄웠을 때는 그 기능이 동작하지 않습니다.

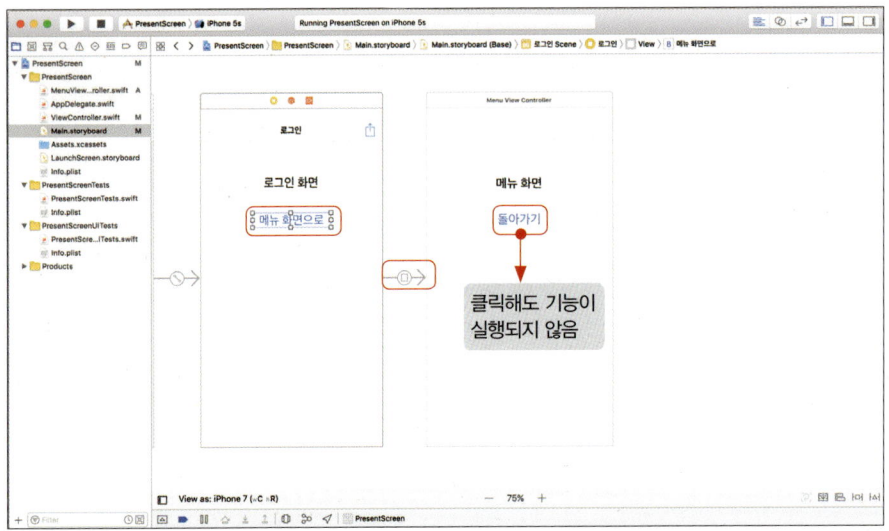

❺ 그렇다면 이번에는 내비게이션 컨트롤러가 그대로 추가되어 있는 상태에서 세그웨이를 변경해 보겠습니다. 디자인 화면에서 [메뉴 화면으로] 버튼을 선택한 상태에서 오른쪽 연결 인스펙터 창을 엽니다. 그러면 Triggered Segues 항목에 액션 정보 하나가 들어 있습니다. [X] 표시를 눌러 삭제하면 두 화면 사이에 표시되었던 세그웨이가 삭제됩니다.

▲ 세그웨이를 삭제하기 위해 표시한 연결 인스펙터 창의 정보

❻ [메뉴 화면으로] 버튼을 선택하고 control 키를 누른 상태에서 메뉴 화면으로 드래그합니다. 세그웨이 유형을 선택할 수 있는 대화상자가 보이면 이번에는 'show' 항목을 선택합니다. 그러면 세그웨이의 아이콘이 이전과는 약간 다른 모양으로 만들어 집니다.

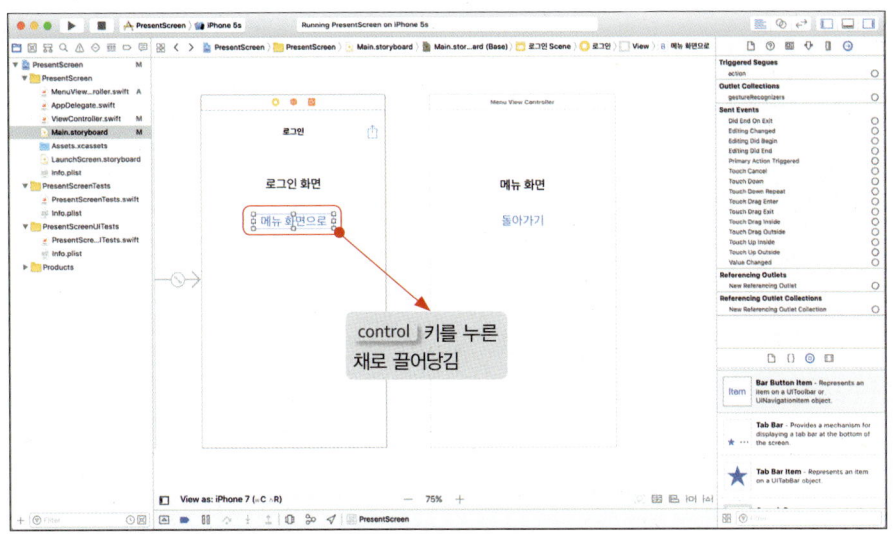

앱을 실행하고 [메뉴 화면으로] 버튼을 누른 후 메뉴 화면에서 [돌아가기] 버튼을 누르면 정상적으로 화면이 전환되는 것을 확인할 수 있습니다. 이렇게 정상적으로 전환되는 이유는 세그웨이 유형을 show로 설정하면 내비게이션 스택에 push하는 형태로 화면을 전환하기 때문입니다. 세그웨이 유형을 show로 하면 내비게이션 컨트롤러가 없을 때에는 Present Modally 방식으로 동작합니다. 따라서 세그웨이를 만들 때는 유형을 show로 하는 것이 좋습니다. 지금까지 해 본 내용만으로도 화면들을 연결하는 세그웨이 화살표에 대해 잘 이해했을 것입니다. 세그웨이를 어느 정도 이해했다면 로그인 화면의 오른쪽 위에 추가했던 아이콘을 눌렀을 때 화면이 전환되는 방식도 세그웨이를 사용하도록 여러분이 직접 바꿔보기 바랍니다.

매뉴얼 세그로 화면 전환하기

이번에는 매뉴얼 세그웨이를 만들어 보겠습니다. 액션 세그웨이 또는 트리거 세그웨이라는 것을 만들면 화면이 자동으로 전환되지만 매뉴얼 세그웨이는 화면 간의 연결 관계만 설정한 후 코드에서 화면을 전환하는 메소드를 호출해야 합니다. 매뉴얼 세그웨이를 실행하고 싶을 때는 매뉴얼 세그웨이를 만든 후 performSegue 메소드를 호출하여 실행합니다.

❶ 매뉴얼 세그웨이는 화면 안에 들어 있는 뷰 객체와 다른 화면을 연결하는 것이 아니라 화면과 화면을 연결하는 것입니다. 따라서 로그인 화면 안에 들어 있는 뷰 객체를 메뉴 화면과 직접 연결할 수는 없습니다. 그러면 시작점이 되는 화면을 끌어다 끝점이 되는 화면에 놓아야 하는데, 시작점이 되는 로그인 화면의 어디를 선택해야 다른 화면과 연결할 수 있는 걸까요? 이런 경우, 화면 자체를 시작점으로 하여 다른 화면에 연결할 수 있도록 사

각형의 화면 위쪽에 아이콘이 제공됩니다. 화면 위쪽의 영역에는 아이콘 세 개가 들어 있는데 이 영역을 '도크(Dock)'라고 부릅니다. 그리고 그중에서 첫 번째 아이콘이 바로 화면 자체를 가리키는 '뷰 컨트롤러 아이콘'입니다. 뷰 컨트롤러 아이콘을 선택한 상태에서 control 키를 누른 채로 메뉴 화면으로 끌어다 놓습니다.

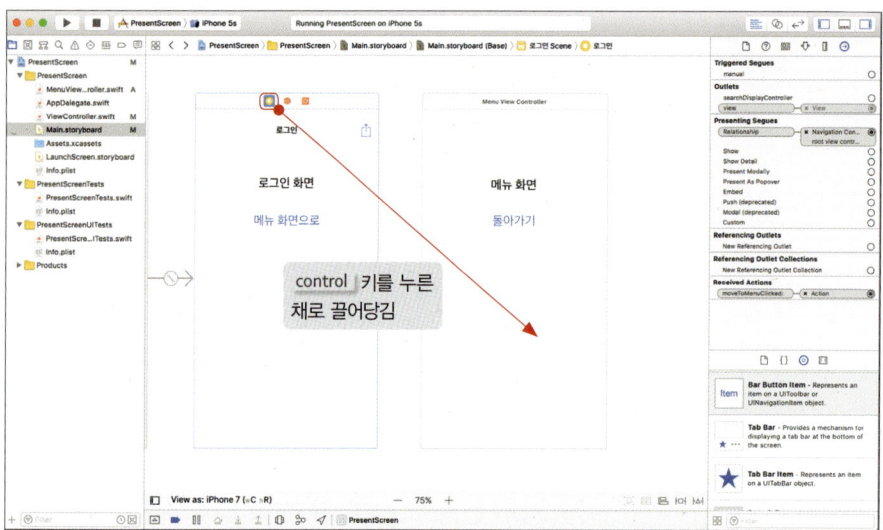

❷ 세그웨이 유형을 선택할 수 있는 대화상자가 나타나면 Manual Segue 항목 아래에 있는 'present Modally'를 선택합니다. 그러면 화면 사이에 세그웨이 화살표가 추가됩니다.

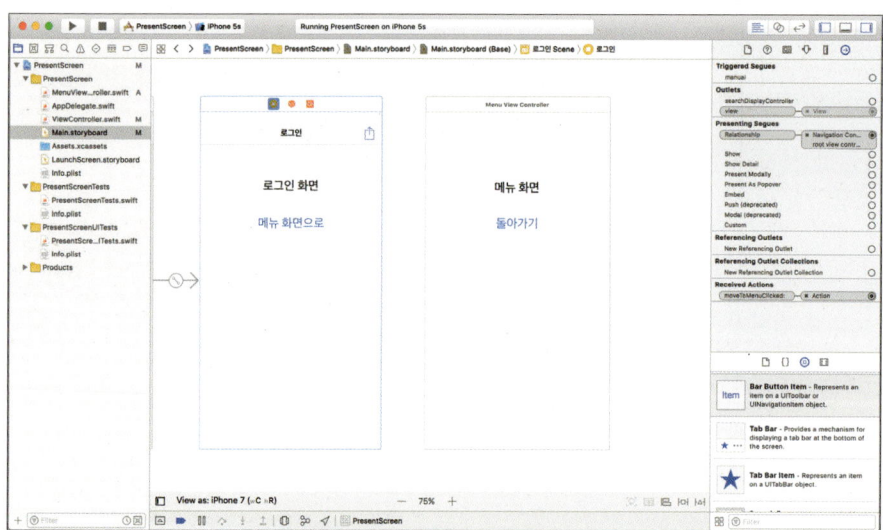

▲ 세그웨이 유형을 선택할 수 있는 대화상자

▲ 화면 사이에 새로 추가된 세그웨이 화살표

❸ 매뉴얼 세그웨이가 생성되었습니다. 매뉴얼 세그웨이는 화면과 화면 간의 전환 방식을 정의한 것이므로 이것을 코드에서 사용할 때는 매뉴얼 세그웨이를 가리키는 ID를 사용해서 전환합니다. 따라서 세그웨이를 지정하는 ID 값을 설정해야 합니다. 새로 추가한 세그웨이 화살표를 선택한 상태에서 오른쪽 속성 인스펙터 (Attribute Inspector) 창을 열면 Identifier를 입력할 수 있습니다. Identifier 입력 상자에 'ManualMenu'를 입력합니다.

❹ 로그인 화면에 들어 있는 버튼을 클릭했을 때 매뉴얼 세그를 사용해서 화면을 전환시킬 것이므로 먼저 로그인 화면에 버튼을 하나 더 추가합니다. 오른쪽 유틸리티 영역 하단에 있는 객체 라이브러리 창에서 Button 항목을 끌어다 로그인 화면에 있는 [메뉴 화면으로] 버튼 아래쪽에 가져다 놓습니다. 그리고 버튼 글자는 '매뉴얼 세그로 전환'으로 변경합니다.

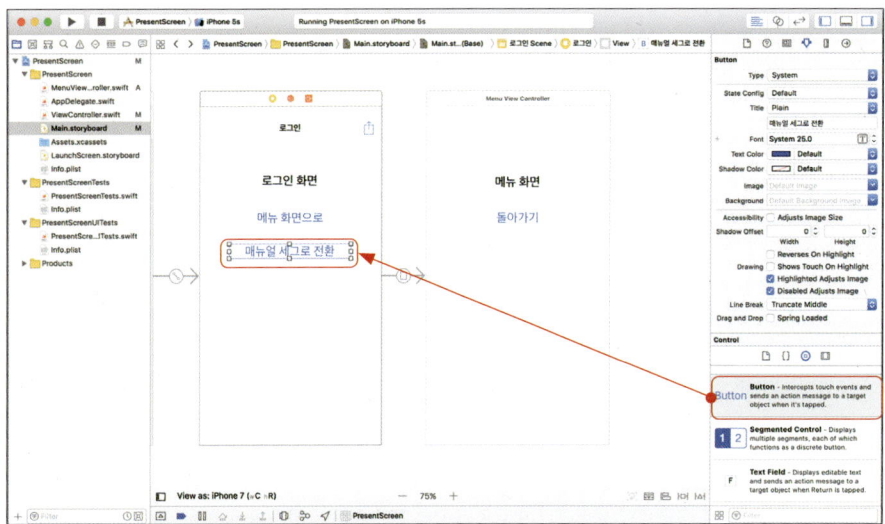

❺ 이제 버튼을 클릭했을 때 코드가 실행되도록 버튼과 소스 코드를 연결합니다. 왼쪽에 디자인 화면을 두고 오른쪽에 보조 편집기를 엽니다. 보조 편집기에는 ViewController.swift 파일이 보이도록 하고 [매뉴얼 세그로 전환] 버튼을 선택한 상태에서 control 키를 누르고 소스 쪽으로 끌어다 놓습니다. [연결] 대화상자가 보이면 Connection 항목에는 'Action'을 선택하고 Name 항목에는 'manualMenuClicked'를 입력합니다. [Connect] 버튼을 클릭하면 소스 파일에 메소드가 추가됩니다.

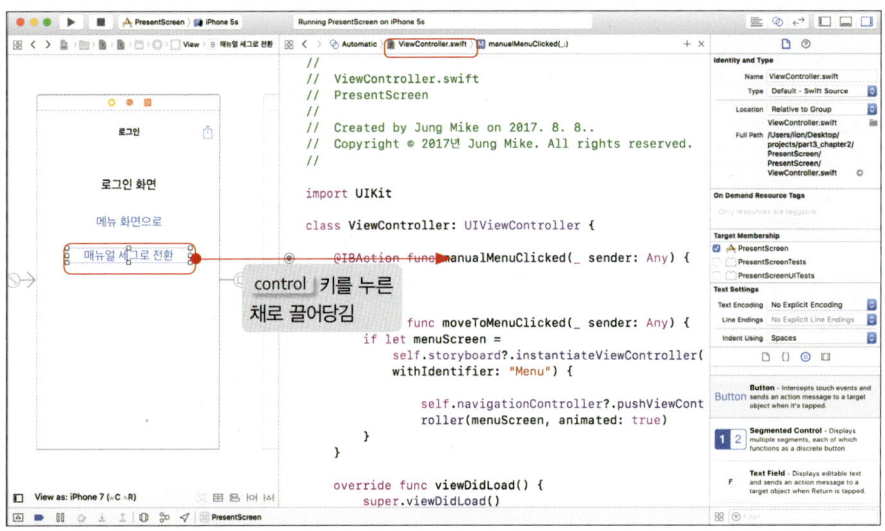

❻ manualMenuClicked 메소드 안에 매뉴얼 세그를 실행할 코드를 추가합니다.

코드 참고 / part3_chapter2〉PresentScreen〉PresentScreen〉ViewController.swift   QR코드 듣기

```
… 중략

    @IBAction func manualMenuClicked(_ sender: Any) {
        self.performSegue(withIdentifier: "ManualMenu", sender: self)
    }

… 중략
```

❼ 만약 세그웨이를 사용해서 화면을 전환할 때 애니메이션을 적용하고 싶다면 어떻게 해야 할까요? 매뉴얼 세그웨이 화살표가 선택된 상태에서 화면 오른쪽에 있는 속성 인스펙터 창을 연 후 Transition 항목의 값을 변경하면 됩니다. 여기서는 'Flip Horizontal' 항목으로 수정합니다.

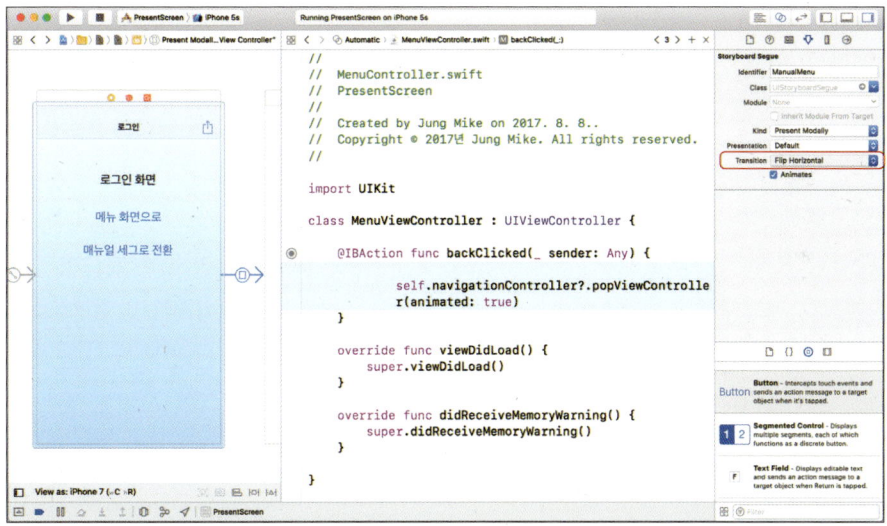

▲ 매뉴얼 세그웨이의 Transition 항목 값을 바꾼 경우

❽ 앱을 실행하고 로그인 화면에 들어 있는 [매뉴얼 세그로 전환] 버튼을 클릭하면 메뉴 화면으로 전환되는 것을 확인할 수 있습니다.

▲ 로그인 화면에 추가된 [매뉴얼 세그로 전환] 버튼

언와인드 기능을 사용해서 이전 화면으로 돌아가기

앞의 과정까지 따라한 결과 이번에도 메뉴 화면으로 전환된 이후에 [돌아가기] 버튼이 동작하지 않습니다. 이것은 매뉴얼 세그웨이의 동작이 Present Modally로 되어 있어 내비게이션 컨트롤러의 push 방식으로 전환되지 못했기 때문입니다. 디자인 화면에서 매뉴얼 세그웨이를 선택한 다음 오른쪽 속성 인스펙터 창을 열어서 Kind 항목의 값을 'Show (e.g. Push)'로 바꿉니다. 그리고 앱을 다시 실행하면 정상적으로 동작하는 것을 확인할 수 있습니다.

그런데 내비게이션 컨트롤러를 사용하지 않고 세그웨이를 사용해서 화면을 전환했을 때 새로 띄운 화면에서 돌아올 때 다른 방식을 사용할 수도 있습니다. 다시 말해, 세그웨이의 Kind 항목의 값이 'Present Modally'로 실행되었을 때 이전 화면으로 돌아오는 다른 방법이 있다는 말입니다. 따라서 이 방법은 꼭 알아두는 것이 좋습니다.

세그웨이는 한 쪽 방향(One way)으로만 화면을 전환하기 때문에 이전 화면으로 돌아오려면 이전처럼 메뉴 화면 안에 들어 있는 버튼을 클릭했을 때 dismiss 메소드를 실행시켜 돌아오게 합니다. 그런데 이것은 메뉴 화면 안에 들어 있는 뷰 객체에 부여하는 기능인데 화면 안에 들어 있는 뷰 객체가 아니라 화면 자체에 기능을 부여하는 방식을 사용하는 것이 좋습니다. 이것이 '언와인드(Unwind)'라는 '되돌리기 기능' 구현 방법입니다. 언와인드를 설정하면 새로 띄운 화면을 닫고 이전 화면으로 돌아가면서 특정 메소드를 실행합니다.

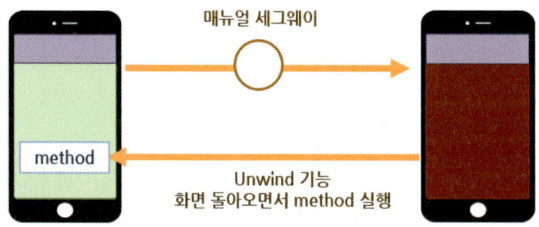

▲ 언와인드가 동작하는 방식

❶ 언와인드 기능을 구현하기 위해서 먼저 로그인 화면의 소스인 ViewController.swift 파일을 열고, 메뉴 화면에서 돌아올 때 실행될 메소드를 다음 코드처럼 추가합니다. 메소드의 이름은 'unwindFromMenu'로 되어 있으며, 이 메소드는 메뉴 화면이 닫힐 때 호출되도록 할 것입니다.

코드 참고 / part3_chapter2〉PresentScreen〉PresentScreen〉ViewController.swift   QR코드 듣기

```
… 중략

    @IBAction func unwindFromMenu(segue: UIStoryboardSegue) {
        NSLog("unwindFromMenu 호출됨")
    }

… 중략
```

❷ 인터페이스 빌더의 디자인 화면 중에서 메뉴 화면에 새로운 버튼을 추가한 후 글자를 '메뉴 화면 나가기'로 변경합니다. control 키를 누른 상태에서 새로 추가한 버튼을 선택하여 화면 위쪽 도크 안에 들어 있는 아이콘 중 세 번째 아이콘 쪽으로 끌어다 놓습니다. 세 번째 아이콘은 Exit 아이콘으로 해당 화면을 닫는 역할을 합니다. 그러면 unwindFromMenuWithSegue라는 이름이 표시됩니다. 이 메소드를 선택하면 화면을 닫는 기능이 추가되고 화면이 닫힐 때 unwindFromMenu 메소드가 실행됩니다.

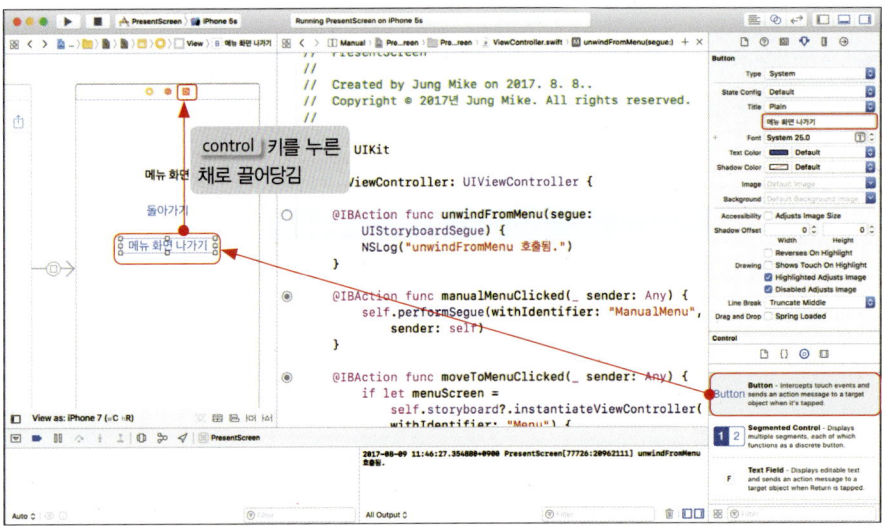

❸ 앱을 실행하고 메뉴 화면으로 전환하면 새로 추가한 [메뉴 화면 나가기] 버튼이 보입니다. 이 버튼을 누르면 이전 화면으로 돌아가게 됩니다. 그리고 앱을 실행했을 때 엑스코드 화면 아래쪽의 디버그 영역(Debug Area)를 열어 보면 unwindFromMenu 메소드가 호출된 것도 확인할 수 있습니다.

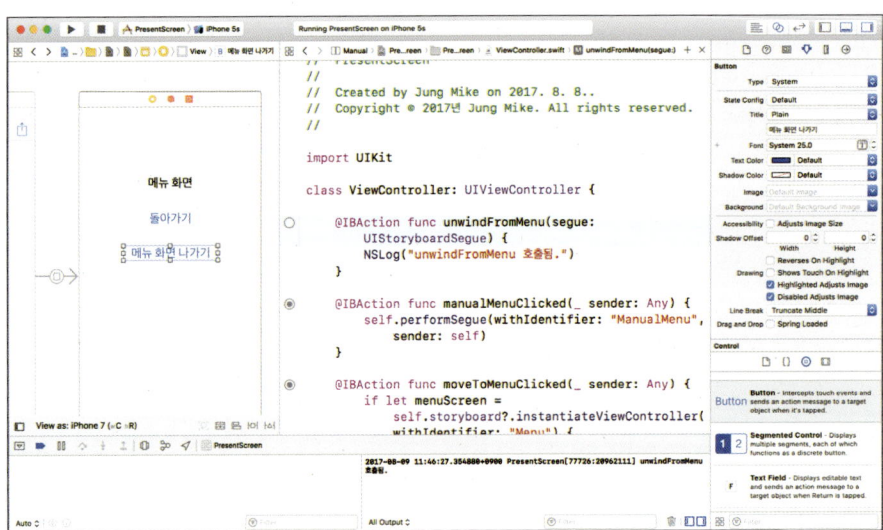

| 정박사님 궁금해요 | 새로 띄운 화면에서 이전 화면이 아닌 다른 화면으로 이동할 수도 있나요? |

이전 화면으로 돌아갈 수 있도록 하는 뷰 컨트롤러 위쪽 도크의 Exit 기능은 이전 화면에만 적용되는 것은 아닙니다. 만약 여러 개의 화면을 순서대로 띄운 후 처음 화면으로 돌아가거나 중간 화면으로 돌아가고 싶을 때도 사용할 수 있습니다. 예를 들어, 로그인 화면에서 메뉴 화면을 띄우고 메뉴 화면에서 고객 화면을 띄운 다음 고객 화면에서 곧바로 로그인 화면으로 돌아가려고 할 때, 단말 화면 위쪽 내비게이션 바에 [Home] 또는 [Logout]이라는 버튼을 만들고 그 버튼을 클릭해서 로그인 화면으로 돌아가게 만들 수 있습니다. 이때는 로그인 화면의 소스 파일을 열고 언와인드되면서 실행될 메소드를 클래스 안에 추가합니다. 그런 다음 고객 화면에서 Exit 아이콘으로 연결할 때 로그인 화면의 소스 코드에 추가했던 메소드를 선택하면 됩니다. 그러면 추가한 메소드가 선언된 뷰 컨트롤러 쪽으로 돌아가게 됩니다.

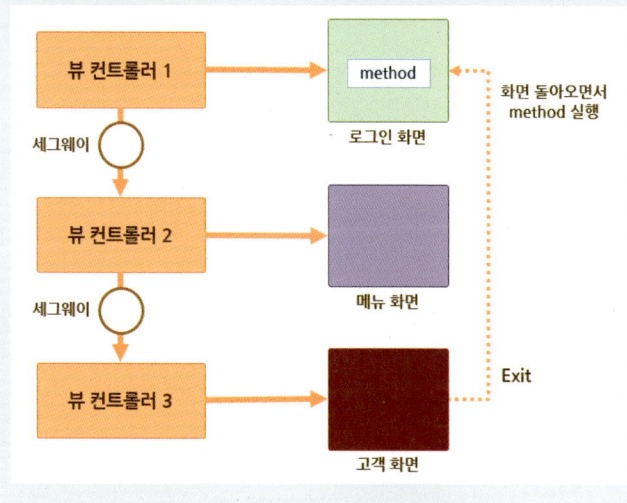

▲ 여러 개의 화면을 순서대로 띄운 후 첫 화면으로 돌아가는 과정

5 _ 커스텀 세그웨이 만들기

지금까지 사용한 세그웨이는 아이폰 앱을 위한 SDK에서 기본적으로 제공하는 것이었습니다. 그런데 세그웨이를 사용해서 화면을 전환할 때 세그웨이 클래스를 상속하여 새로운 클래스를 정의하면 다른 기능도 추가적으로 실행할 수 있습니다. 세그웨이를 만들면 기본적인 UIStoryboardSegue 클래스로부터 인스턴스 객체가 만들어집니다. 따라서 이 UIStoryboardSegue 클래스를 상속하여 새로 클래스를 만들 수 있는데 이렇게 여러분이 원하는 세그웨이를 새로 만드는 방법을 '커스텀 세그웨이(Custom Segueway)'라고 부릅니다.

❶ 새로운 세그웨이 클래스를 정의해 보겠습니다. 우선 오른쪽 유틸리티 영역의 아래쪽에 있는 파일 템플릿 라이브러리 창에서 [Swift File] 항목을 끌어다가 왼쪽 프로젝트 내비게이터 창에 놓습니다. 그러면 새로운 스위프트 파일의 이름과 저장할 위치를 물어보는 대화상자가 나타납니다. 새로운 파일의 이름을 'MoveToMenuSegue.swift'로 입력한 뒤 [Create] 버튼을 누르면 새로운 세그웨이 파일이 생성됩니다. 새로 만든 파일의 기존 내용은 삭제하고 다음 코드를 새로 입력합니다.

코드 참고 / part3_chapter2⟩PresentScreen⟩PresentScreen⟩MoveToMenuSegue.swift   QR코드 듣기

```swift
import UIKit

class MoveToMenuSegue : UIStoryboardSegue {
    override func perform() {
    }
}
```

❷ MoveToMenuSegue 클래스는 UIStoryboardSegue 클래스를 상속하여 만들고 그 안에 perform 메소드를 추가합니다. 이 메소드는 세그웨이가 실행될 때 호출되는데 이 메소드 안에 어떤 코드를 넣는가에 따라 세그웨이의 동작 방식이 달라집니다.

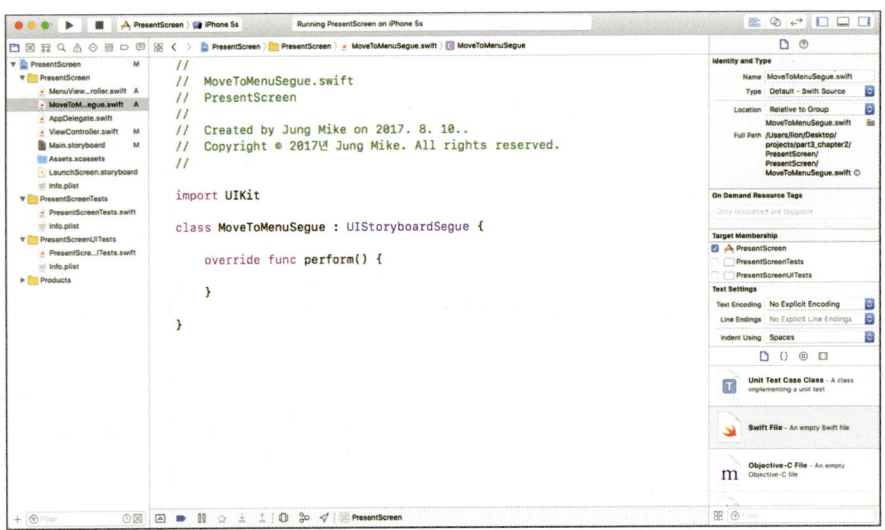

❸ perform 메소드 안에는 다음 코드를 입력합니다. perform 메소드 안에서는 UIView 클래스에 정의된 타입 메소드인 transition 메소드를 호출합니다. 이 메소드는 시작점이 되는 화면의 뷰 객체를 끝점이 되는 화면의 뷰 객체로 전환시키는 역할을 합니다. 따라서 첫 번째 파라미터인 from에는 로그인 화면의 뷰 객체가 전달되어야 하고 두 번째 파라미터인 to에는 메뉴 화면의 뷰 객체가 전달되어야 합니다. 세그웨이가 두 화면 사이를 연결하면 시작점과 끝점에 해당하는 뷰 컨트롤러를 source와 destination이라는 이름의 속성에 할당합니다. 따라서 이 컨트롤러들의 view 속성을 사용해서 각 화면의 뷰 객체를 참조할 수 있습니다.

세 번째 파라미터인 duration은 화면 전환 시간이며 초 단위로 설정합니다. 여기서는 2초 동안 화면 전환이 일어나도록 설정했습니다. 그리고 options 파라미터로 애니메이션 액션이 어떻게 동작하도록 할 것인지를 지정했습니다.

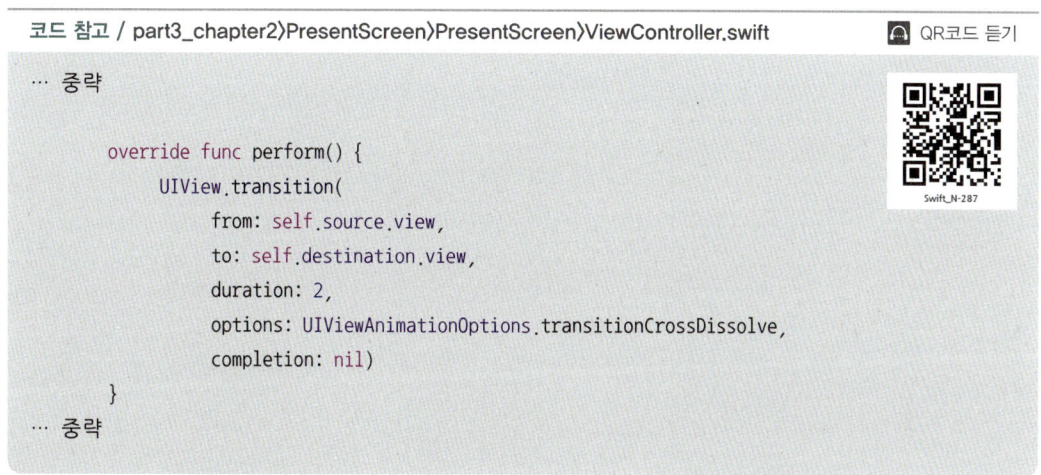

코드 참고 / part3_chapter2〉PresentScreen〉PresentScreen〉ViewController.swift　　QR코드 듣기

```
… 중략

    override func perform() {
        UIView.transition(
            from: self.source.view,
            to: self.destination.view,
            duration: 2,
            options: UIViewAnimationOptions.transitionCrossDissolve,
            completion: nil)
    }
… 중략
```

❹ 이제 새로 추가한 MoveToMenuSegue를 디자인 화면에서 추가해 보겠습니다. 먼저 로그인 화면에 새로운 버튼을 추가하고 버튼 이름은 '커스텀 세그로 전환'이라는 글자로 수정합니다.

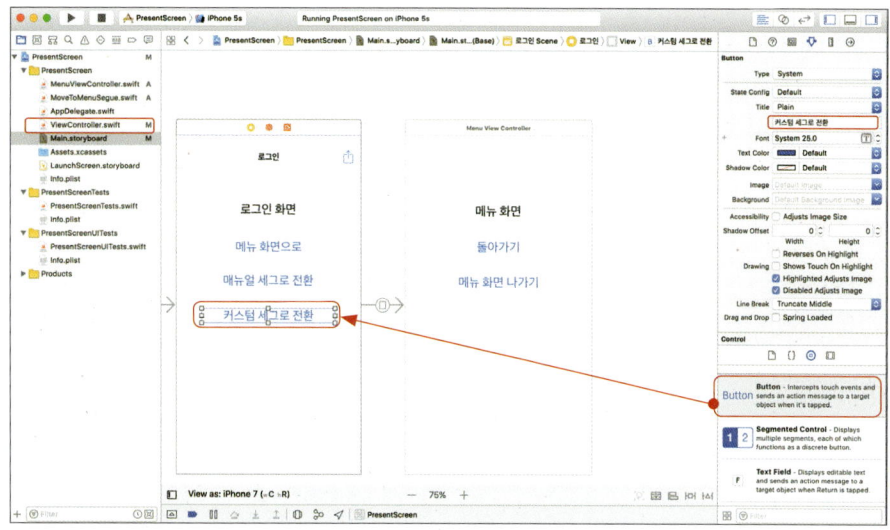

▲ 로그인 화면에 새로 추가한 버튼

❺ 로그인 화면과 메뉴 화면을 연결하는 세그웨이를 새로 만들어 보겠습니다. [커스텀 세그로 전환] 버튼을 선택한 상태에서 control 키를 누르고 마우스로 끌어 오른쪽에 있는 메뉴 화면 위에 놓습니다. 그러면 세그웨이의 유형을 선택할 수 있는 대화상자가 나타나는데 Action Segue 항목 안에 들어 있는 [Custom]을 선택합니다. 그러면 로그인 화면과 메뉴 화면 사이에 { } 모양이 들어 있는 화살표가 추가됩니다. 이 모양으로 표시되면 커스컴 세그웨이가 만들어진 겁니다.

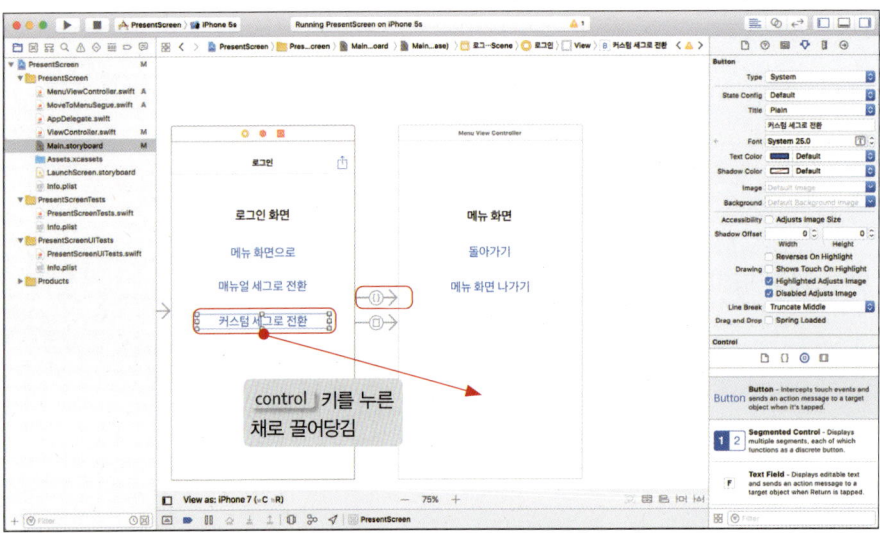

❻ 디자인 화면에 새로 추가한 커스텀 세그웨이는 아까 만든 MoveToMenuSegue 클래스를 적용해야 동작합니다. 새로 추가한 커스텀 세그웨이를 선택한 상태에서 오른쪽 속성 인스펙터 창을 엽니다. Class 입력 상자에 UIStoryboardSegue가 선택되어 있는데 이것을 'MoveToMenuSegue'로 바꿉니다.

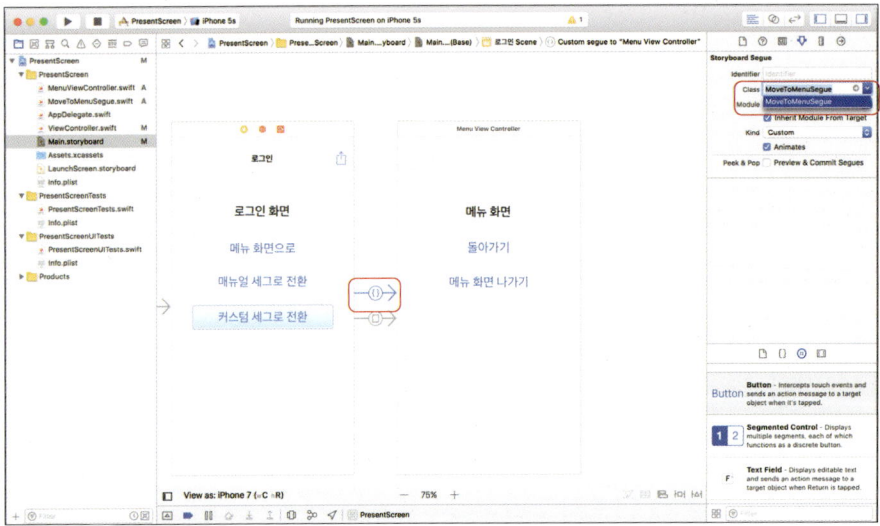

❼ 커스텀 세그웨이를 완성했습니다. 앱을 실행하고 로그인 화면에 추가한 [커스텀 세그로 전환] 버튼을 클릭하면 메뉴 화면으로 전환되는 것을 확인할 수 있습니다.

▲ 로그인 화면에 추가된 [커스텀 세그로 전환] 버튼

❽ 그런데 로그인 화면에서 메뉴 화면으로 전환된 다음 이전 화면으로 돌아오는 기능이 동작하지 않습니다. 이것은 내비게이션 컨트롤러가 사용되었기 때문입니다. 이 문제를 해결하려면 커스텀 세그웨이 클래스 안에서 transition 메소드를 호출하지 않고, 시작점이 되는 뷰 컨트롤러의 navigationController 속성을 사용해서 내비게이션 컨트롤러 객체를 참조한 후 pushViewController 메소드를 호출하도록 하면 됩니다. perform 메소드 안에 있는 코드를 주석으로 만든 후 다음 코드를 추가합니다. 그런 다음 앱을 실행하면 로그인 화면과 메뉴 화면이 정상적으로 전환되는 것을 확인할 수 있습니다.

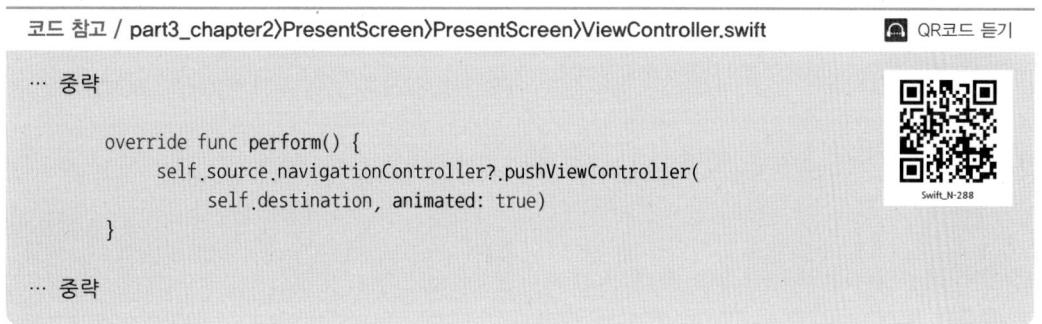

코드 참고 / part3_chapter2〉PresentScreen〉PresentScreen〉ViewController.swift   QR코드 듣기

```
… 중략
    override func perform() {
        self.source.navigationController?.pushViewController(
            self.destination, animated: true)
    }
… 중략
```

Swift_N-288

❾ 마지막으로 세그웨이가 실행될 때 로그를 출력하도록 만들어 보겠습니다. 각 화면의 뷰 컨트롤러에는 prepare 메소드를 재정의할 수 있는데 이 메소드는 세그웨이가 실행될 때마다 호출됩니다. 로그인 화면의 뷰 컨트롤러인 ViewController.swift 파일을 열고 다음 코드를 추가합니다.

코드 참고 / part3_chapter2>PresentScreen>PresentScreen>ViewController.swift   QR코드 듣기

```swift
… 중략

class ViewController: UIViewController {

    override func prepare(for segue: UIStoryboardSegue, sender: Any?) {
        let segueId = segue.identifier
        let senderButton = sender as! UIButton
        NSLog("\(segueId) 세그웨이가 실행됩니다. 버튼 : \(senderButton.currentTitle)")
    }

… 중략
```

❿ prepare 메소드를 재정의했는데 이 메소드에는 세그웨이 객체와 세그웨이를 호출하는 객체가 파라미터로 전달됩니다. 이 메소드 안에서는 세그웨이의 ID를 확인하고 세그웨이를 호출한 뷰 객체가 버튼이므로 이 버튼에 표시된 글자를 로그로 출력하도록 했습니다. 앱을 실행하고 [커스텀 세그로 전환] 버튼을 클릭하여 메뉴 화면을 띄우면 엑스코드 화면 하단의 로그 영역에 로그가 출력됩니다.

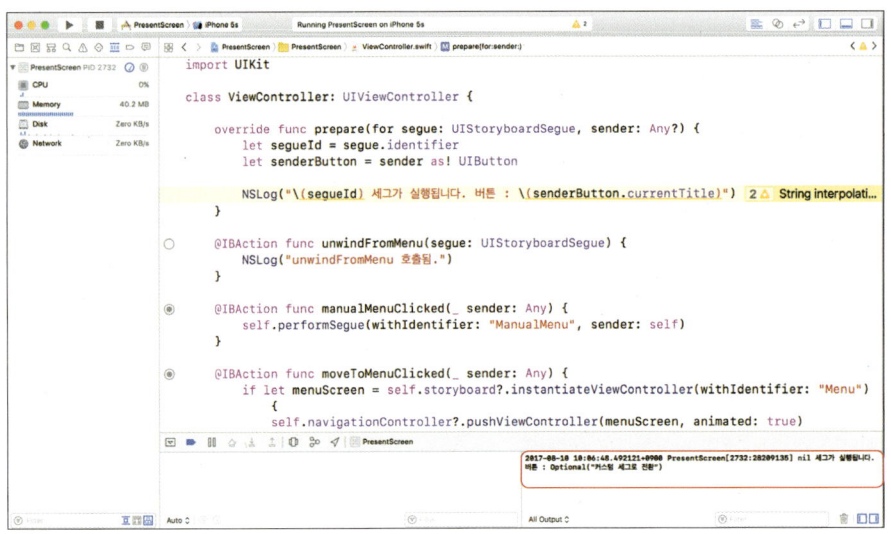

로그를 보면 세그웨이의 ID가 설정되어 있지 않아 nil이 출력됩니다. 소스 코드에서도 NSLog로 출력할 때 사용된 segueId와 senderButton.currentTitle 변수 뒤에 ! 기호를 붙이지 않았기 때문에 경고 메시지가 표시되어 있습니다. 이 경고 메시지가 보이더라도 실행하는 데는 문제가 없습니다. 다만 세그웨이의 ID가 nil 값이 될 수 있고 이 때문에 segueId 뒤에 ! 기호를 붙여 출력하려 할 때는 앱이 비정상 종료될 수 있다는 점을 고려해야 합니다.

만약 커스텀 세그웨이를 선택하고 속성 인스펙터 창에서 Identifier 항목의 값을 입력하면 로그에서 그 값이 출력됩니다. prepareForSegue 메소드는 커스텀 세그웨이뿐만 아니라 다른 세그웨이가 실행될 때에도 호출되므로 이 메소드 안에서 어떤 세그웨이가 실행된 것인지는 identifier 속성으로 구별합니다.

지금까지 화면을 전환하는 세 가지 방법을 알아보았습니다. 화면 전환 과정을 몇 번 반복했으므로 인터페이스 빌더 화면에도 익숙해지고 디자인 화면에 추가한 뷰 객체와 소스 파일을 연결하는 과정도 익숙해졌을 것입니다.

6 _ 화면 전환하면서 데이터 전달하기

화면 전환 방법을 알아봤으니 로그인 화면에서 메뉴 화면으로 넘어갈 때 데이터를 어떻게 전달할 것인지 알아볼 차례입니다. 화면을 전환할 때는 데이터도 함께 전달해야 하는 경우가 자주 생깁니다. 예를 들어, 로그인 화면에서 입력한 사용자 아이디를 메뉴 화면에서 전달 받아 표시하는 경우를 생각할 수 있습니다. 사실 클래스를 하나 만들고 그 안에 타입 속성을 정의하면 로그인 화면에서 그 속성에 저장해 두었다가 다른 화면에서 그 타입 속성을 참고하도록 할 수도 있습니다. 아니면 별도의 저장소를 만들어서 저장해 두었다가 다른 화면에서 참고하도록 할 수도 있습니다. 그러나 화면을 띄울 때 해당 화면으로 데이터를 직접 전달하면 더 직관적이고 편리할 수 있습니다.

지금부터는 로그인 화면에 입력 상자를 하나 추가한 후 메뉴 화면으로 전환될 때 사용자가 입력한 데이터를 직접 전달하여 메뉴 화면에 표시되게 해 보겠습니다. 파인더 창을 열고 [PresentScreen] 폴더를 복사해서 PresentScreen3으로 백업한 다음 엑스코드 화면에서는 지금까지 사용했던 프로젝트를 수정하면서 다음 과정을 진행합니다.

❶ 인터페이스 빌더 화면에서 로그인 화면에 입력 상자를 하나 추가합니다. 입력 상자는 오른쪽 유틸리티 영역의 아래쪽에 있는 객체 라이브러리에서 TextField 항목을 끌어다 놓으면 추가할 수 있습니다. 입력 상자 옆에는 버튼을 추가하고 '전환하기'라는 글자가 표시되도록 합니다. 그리고 메뉴 화면에는 라벨을 하나 추가하고 '전달 받은 값'이라는 글자가 표시되도록 합니다.

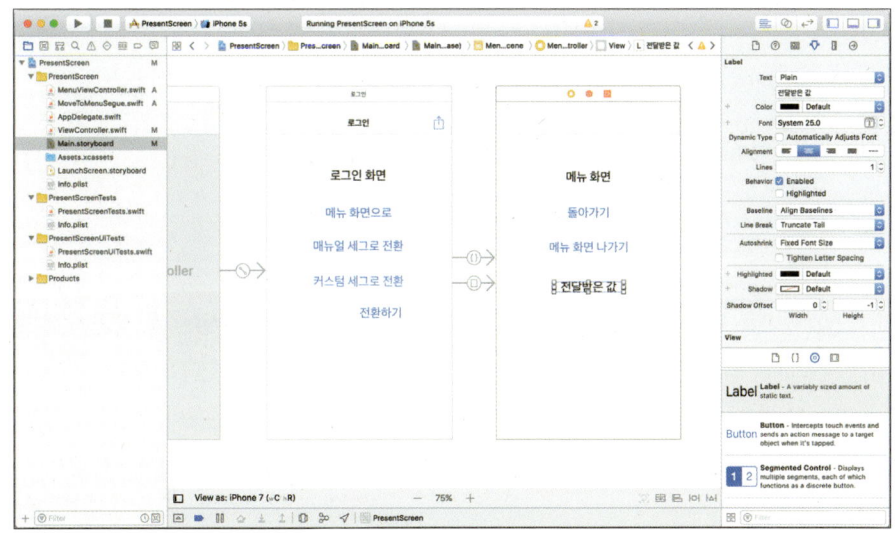

❷ 보조 편집기 창을 열고 로그인 화면의 소스 코드인 ViewController.swift 파일을 엽니다. 그리고 `control` 키를 누른 상태에서 로그인 화면에 있는 입력 상자와 버튼을 소스 코드에 끌어다 놓습니다. 입력 상자와 관련된 [연결] 대화상자가 보이면 Connection 속성의 값을 'Outlet'으로 그대로 두고 이름을 'uiNameInput'으로 입력합니다. 버튼과 관련된 [연결] 대화상자가 나타나면 Conneciton 속성의 값을 'Action'으로 변경하고 'presentWithDataClicked'를 이름으로 입력합니다. 디자인 화면에 있는 뷰 객체를 소스 코드와 연결하는 과정은 여러 번 해보았으니 어렵지 않게 할 수 있을 것입니다. 연결이 끝나면 다음과 같은 코드가 추가됩니다.

코드 참고 / part3_chapter2>PresentScreen>PresentScreen>ViewController.swift   QR코드 듣기

```swift
… 중략

class ViewController: UIViewController {

    @IBOutlet var uiNameInput: UITextField!
    @IBAction func presentWithDataClicked(_ sender: Any) {

    }
… 중략
```

❸ 입력 상자를 위한 변수에는 @IBOutlet 어노테이션이 붙어있고 버튼을 위한 메소드에는 @IBAction 어노테이션이 붙어 있습니다. 메뉴 화면에 추가했던 라벨도 소스 파일에 연결해 줍니다. 오른쪽 보조 편집기 화면에 MenuViewController.swift 파일이 보이도록 합니다. 왼쪽 디자인 화면에서 '전달받은 값'이라고 표시된 라벨을 선택하고 `control` 키를 누른 상태에서 소스 파일 쪽으로 끌어다 놓습니다. 대화상자가 보이면 Connection 속성의 값은 'Outlet'으로 그대로 두고 uiNameLabel이라는 이름을 붙인 후 [Connect] 버튼을 누릅니다. 그러면 다음과 같은 코드가 만들어집니다.

코드 참고 / part3_chapter2>PresentScreen>PresentScreen>MenuViewController.swift   QR코드 듣기

```swift
… 중략

class MenuViewController : UIViewController {
    @IBOutlet var uiNameLabel: UILabel!

… 중략
```

❹ 그런데 하나의 화면에서 새로 띄울 화면으로 값을 전달할 때는 먼저 변수에 값을 할당한 후 나중에 뷰 객체에 그 값을 설정해야 합니다. 왜냐하면 새로 띄울 화면의 뷰 컨트롤러 객체가 만들어졌다고 하더라도 UI 객체는 나중에 초기화되므로 뷰 컨트롤러 객체를 만들었어도 곧바로 UI 객체의 속성에 접근할 수 없기 때문입니다. 따라서 paramName이라는 이름의 변수를 MenuViewController 클래스 안에 추가합니다.

코드 참고 / part3_chapter2〉PresentScreen〉PresentScreen〉MenuViewController.swift QR코드 듣기

```swift
… 중략

class MenuViewController : UIViewController {
    @IBOutlet var uiNameLabel: UILabel!

    var paramName : String = ""

… 중략
```

❺ ViewController.swift 파일을 다시 열고 presentWithDataClicked 메소드 안에 다음 코드를 입력합니다. 입력한 코드는 [전환하기] 버튼을 클릭했을 때 실행됩니다. 코드의 첫 줄에서는 먼저 메뉴 화면을 위해 만들어 둔 MenuViewController 객체를 초기화합니다. instantiateViewController 메소드는 이전에도 if 문과 함께 사용해 본 코드이므로 어렵지 않게 사용할 수 있을 것입니다. 다만 if 문의 조건에서 as? 연산자를 사용해서 MenuViewController로 형 변환을 시도하는 부분이 추가되었습니다. 이것은 MenuViewController 객체에 paramName이라는 이름의 변수를 선언해 두었기 때문에 그 변수에 접근하기 위한 것입니다. 즉, 형 변환을 해서 MenuViewController 자료형으로 된 객체로 만들어야 그 객체 안에 정의된 paramName 변수에 접근할 수 있습니다.

MenuViewController 객체로 형 변환한 후에는 로그인 화면의 입력 상자에 들어 있는 값을 가져와 메뉴 화면의 paramName 변수에 할당합니다. 그다음 pushViewController 메소드를 호출하면 메뉴 화면으로 전환됩니다.

코드 참고 / part3_chapter2〉PresentScreen〉PresentScreen〉ViewController.swift QR코드 듣기

```swift
… 중략

    @IBAction func presentWithDataClicked(_ sender: Any) {
        if let menuScreen = self.storyboard?.instantiateViewController
            (withIdentifier: "Menu")
                as? MenuViewController {
                    menuScreen.paramName = self.uiNameInput.text!
                    self.navigationController?.pushViewController(menuScreen, animated: true)
        }
    }

… 중략
```

❻ 로그인 화면에서 버튼을 클릭했을 때 MenuViewController 클래스에 들어 있는 paramName 변수에 값을 할당했습니다. 그러므로 이제 MenuViewController.swift 파일을 열고 viewDidLoad 메소드 안에 코드를 추가합니다. viewDidLoad 메소드는 UI가 모두 초기화된 후에 호출되므로 이 메소드 안에서는 paramName 변수에 할당된 글자를 라벨에 표시되도록 할 수 있습니다.

코드 참고 / part3_chapter2>PresentScreen>PresentScreen>MenuViewController.swift    QR코드 듣기

```
… 중략

    override func viewDidLoad() {
        super.viewDidLoad()
        self.uiNameLabel.text = "전달받은 값 : " + paramName
    }

… 중략
```

❼ 앱을 실행하고 로그인 화면에 들어 있는 입력 상자에 '소녀시대'와 같은 글자를 입력한 후 [전환하기] 버튼을 클릭합니다. 그러면 메뉴 화면으로 전환됩니다. 그리고 로그인 화면으로부터 전달 받은 값은 라벨에 표시됩니다.

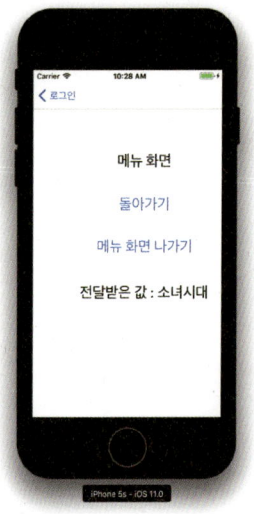   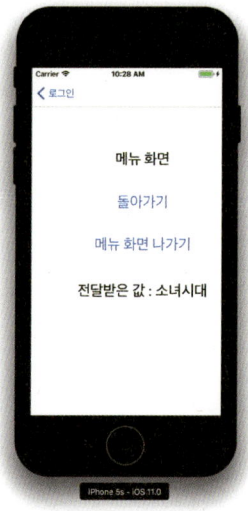

▲ 로그인 화면에 추가된 입력 상자에 글자를 입력하고 [전환하기] 버튼 누르기   ▲ 메뉴 화면에 전달 받은 값이 표시된 경우

지금까지 화면이 전환될 때 데이터를 전달하는 방법을 알아보았습니다. 데이터 전달 과정을 정리하면 다음과 같습니다.

❶ 새로 띄울 화면에 변수를 선언한다.
❷ 새로운 화면을 띄우기 전에 새로운 화면의 뷰 컨트롤러 객체를 초기화하고 그 객체에 추가해 둔 변수에 값을 할당한다.
❸ 새로운 화면으로 전환한다.
❹ 새로운 화면의 viewDidLoad 메소드 안에서 변수에 할당된 값을 뷰 객체의 속성 값으로 할당한다.

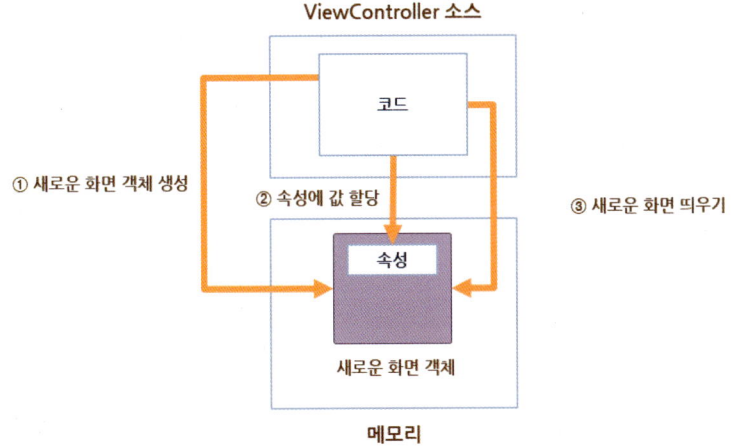

▲ 화면을 전환할 때 데이터를 전달하는 과정

> **정박사님 궁금해요** 화면이 전환될 때 데이터를 전달하는 방식은 전환 방식에 따라 다른가요?
>
> 화면 전환 방식은 크게 세 가지로 나뉩니다. 그런데 이 세 가지 화면 전환 방식과 관계없이 데이터를 전달하는 방식은 모두 같습니다. 즉, 새로 띄울 화면의 뷰 컨트롤러를 객체화하고 그 뷰 컨트롤러 소스에 선언한 변수에 값을 할당하는 방식은 내비게이션 컨트롤러를 사용할 때도 동일하게 적용됩니다. 다만 새로 화면을 띄울 때 present 메소드를 호출할 것인지 아니면 pushViewController 메소드를 호출할 것인지만 다릅니다.
>
> 하지만 세 번째 방식인 세그웨이를 사용한 화면 전환 방식은 새로 띄울 뷰 컨트롤러를 객체화할 필요가 없으며, 세그웨이가 동작하기 전에 변수를 할당해야 하므로 처음 화면의 prepare 메소드 안에서 segue.destination 객체를 형 변환하여 사용해야 합니다. 예를 들어, 세그웨이를 사용할 때는 다음과 같은 메소드를 ViewController.swift 파일 안에 넣을 수 있습니다.
>
> 〈코드 예제〉
> ```
> override func prepare(segue: UIStoryboardSegue, sender: Any?) {
>     if let menuScreen = segue.destination as? MenuViewController {
>         ...
>     }
> }
> ```

이제 화면을 전환하면서 새로 띄울 화면에 데이터를 전달할 수 있게 되었습니다. 여러분이 직접 [로그인 화면 → 메뉴 화면 → 고객 관리 화면] 등으로 전환되도록 만들고 한 화면에서 입력하거나 선택한 값이 다른 화면으로 전환되면서 전달되도록 기능을 추가해 보기 바랍니다.

여러 화면을 전환하면서 데이터 전달하기

✓ 로그인 화면에서 메뉴 화면으로 전환하고 다시 고객 관리 화면으로 전환하는 기능을 만들어 보세요. 화면을 전환할 때는 입력상자에 입력했던 데이터를 전달하도록 합니다.

✓ 새로운 프로젝트를 만들고 프로젝트의 이름은 'Customer'로 합니다.

✓ 로그인 화면에는 입력상자 두 개와 [로그인] 버튼 하나를 배치합니다. 사용자가 입력상자에 아이디와 비밀번호를 입력하고 [로그인] 버튼을 누르면 메뉴 화면으로 전환되도록 합니다.

✓ 메뉴 화면에서는 로그인 화면에 입력했던 아이디를 전달 받아 화면에 표시하도록 합니다. 그리고 버튼을 세 개 만들어 각각 '고객 관리', '상품 관리', '고객 지원'이라는 글자가 표시되도록 합니다.

✓ 메뉴 화면에 있는 세 개의 버튼 중에서 [고객 관리] 버튼을 누르면 고객 관리 화면으로 이동하도록 합니다. 이때 로그인한 사람의 아이디를 전달 받도록 합니다.

✓ 메뉴 화면이나 고객 관리 화면에서는 이전 화면으로 돌아갈 수 있도록 합니다.

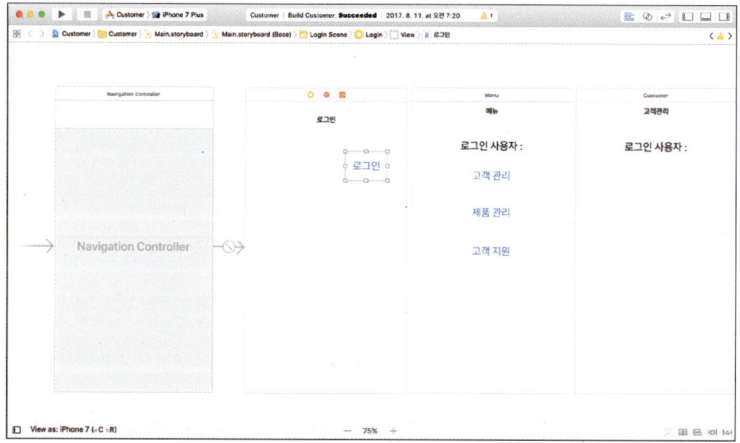

해답 | study 예11.playground

Swift 총정리

앱 화면을 만들 때 스위프트 활용 이해하기

1 화면을 여러 개 만들어서 전환하기

화면을 전환하는 방법은 세 가지가 있습니다.

> 1. 프레젠테이션 방식으로 다른 화면 띄우기
> 2. 내비게이션 컨트롤러를 사용하여 자동으로 다른 화면 띄우기
> 3. 세그웨이(Segueway)를 사용하여 자동으로 다른 화면 띄우기

2 프레젠테이션 방식으로 화면 전환하기

새로운 화면을 위한 뷰 컨트롤러를 만든 후 present 메소드를 호출하여 화면을 띄웁니다.
새로운 화면을 위해 만든 뷰 컨트롤러 객체를 만들 때는 storyboard 객체의 instantiateViewController 메소드를 사용할 수 있습니다.
instantiateViewController 메소드의 파라미터로 스토리보드 ID를 전달하는데 이 ID는 스토리보드에서 사각형 화면을 선택한 후 아이덴티티 인스펙터에서 설정합니다.
이전 화면으로 돌아갈 때는 화면을 띄웠던 presentingViewController 객체의 dismiss 메소드를 호출합니다.

3 내비게이션 컨트롤러로 화면 전환하기

내비게이션 컨트롤러는 각각의 화면을 위한 뷰 컨트롤러들을 자식 컨트롤러로 갖는 루트 뷰 컨트롤러입니다.
내비게이션 컨트롤러에 넣은 뷰 컨트롤러들은 필요에 따라 내비게이션 스택에 넣었다가 빼면서 관리됩니다.
내비게이션 스택에 넣을 때는 pushViewController, 뺄 때는 popViewController 메소드를 사용합니다.
인터페이스 빌더에서 사각형 화면을 선택하고 위쪽 메뉴 중 [Editor → Embed In → Navigation Controller] 메뉴를 선택하면 내비게이션 컨트롤러가 추가됩니다.

4 세그웨이로 화면 전환하기

세그웨이는 화면 간에 어떤 관계가 있고 어떻게 전환되는지 알려줍니다.
세그웨이는 세그라고도 부릅니다. 세그웨이의 유형은 두 가지입니다.

> 1. 액션 세그(Action Segue): 시작점이 뷰 객체인 경우
> 2. 매뉴얼 세그(Action Segue): 시작점이 화면인 경우

한 화면의 버튼을 다른 화면에 연결하면 세그웨이를 만들 수 있습니다.
버튼을 선택한 상태에서 연결 인스펙터 창을 보면 Triggered Segues 항목이 있는데 이 안에 들어 있는 것을 삭제하면 세그웨이가 삭제됩니다.
세그웨이를 만들 때 유형을 'show'로 하면 내비게이션 스택에 push하는 형태로 화면을 전환합니다.
매뉴얼 세그웨이는 화면 간의 연결 관계만 설정한 후 코드에서 화면 전환을 위한 메소드를 호출해야 합니다.
매뉴얼 세그웨이를 실행하고 싶을 때는 매뉴얼 세그웨이를 만든 후 performSegue 메소드를 호출하여 실행합니다.
새로 띄운 화면을 나갈 때는 디자인 화면에 보이는 사각형 화면 위쪽에 있는 Exit 아이콘으로 끌어다 놓으면 됩니다.
Exit 아이콘으로 끌어다 놓으면서 화면을 닫을 때 실행할 메소드를 지정할 수 있으며, 이 메소드가 정의된 화면으로 돌아갑니다.

5 커스텀 세그웨이 만들기

커스텀 세그웨이는 UIStoryboardSegue를 상속하여 만들 수 있습니다.
커스텀 세그웨이의 perform 메소드 안에 화면을 전환시키는 코드를 넣을 수 있습니다.

6 화면 전환하면서 데이터 전달하기

화면이 전환될 때 데이터를 전달할 수 있습니다.

> 1. 새로 띄울 화면에 변수를 선언한다.
> 2. 새로운 화면을 띄우기 전에 새로운 화면을 위한 뷰 컨트롤러 객체를 초기화하고 그 객체에 추가해 놓은 변수에 값을 할당한다.
> 3. 새로운 화면으로 전환한다.
> 4. 새로운 화면의 viewDidLoad 메소드 안에서 변수에 할당된 값을 뷰 객체의 속성 값으로 할당한다.

03-3

클래스를 만들고 여러 가지 작업을 동시에 수행하기 중요도 ★★★☆☆

앞 장에서 화면을 전환하는 방법에 대해 살펴보았습니다. 이제 인터페이스 빌더와 스위프트 코드는 좀 더 익숙해졌을 것입니다. 하지만 엑스코드의 인터페이스 빌더가 많은 수고를 덜어주기 때문에 스위프트 코드를 직접 다루는 일은 그리 많지 않았습니다.

이 장은 앱 안에서 동작하는 스위프트 코드를 좀 더 이해할 수 있도록 둘째 마당에서 다뤘던 스위프트의 클래스를 다시 한 번 만들어 볼 예정입니다. 하지만 이번에는 단순히 클래스만 만들지 않고 클래스로부터 만들어진 인스턴스 객체를 화면에 이미지로 표시해 볼 것입니다. 객체의 메소드를 호출했을 때 화면에 이미지가 표시되는 과정을 따라가다 보면 스위프트 코드를 좀 더 쉽게 이해하게 될 뿐만 아니라 앱 화면 구성에도 좀 더 자신감이 생길 것입니다. 스위프트로 클래스를 만들어 본 다음에는 여러 가지 작업을 동시에 수행하는 방법도 알아봅니다.

키워드로 알아보는 스위프트 언어

수명 주기	앱의 수명 주기 알아보기!
설명	앱이 실행되면 상태가 바뀔 수 있으며 포그라운드 상태와 백그라운드 상태를 오가게 됩니다.
상태 저장	앱의 상태에 따라 데이터를 저장했다가 복구하는 방법!
설명	AppDelegate 클래스로 앱이 중지되거나 다시 실행되는 상태를 알 수 있으므로 이때 데이터를 저장했다가 복구하도록 만들 수 있습니다.
클래스	앱의 상태에 따라 데이터를 저장했다가 복구하는 방법!
설명	클래스와 인스턴스 객체를 만드는 것뿐만 아니라 객체의 메소드를 실행했을 때 화면의 이미지가 바뀌도록 할 수도 있습니다.
동시 실행	여러 가지 작업을 동시에 실행하는 방법!
설명	스위프트에서 동시에 작업이 실행되도록 하는 방법은 NSThread, GCD 등 여러 가지가 있습니다.

1 _ 앱의 수명 주기

앱은 언제라도 동작이 멈출 수 있습니다. 예를 들어, 앱이 실행된 상태에서 전화가 오거나 또는 사용할 수 있는 메모리가 적은 경우 앱이 강제로 제거되는 상황이 발생합니다. 이 때문에 시스템은 앱의 상태를 알 수 있도록 콜백 메소드를 호출해 줍니다. 다음은 앱이 실행된 후에 어떻게 상태가 바뀔 수 있는지 그림으로 표현한 것입니다.

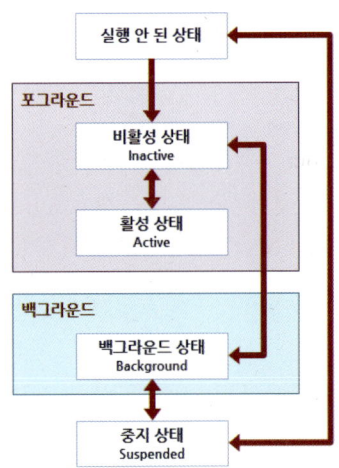

▲ iOS 앱의 상태 변화

앱이 실행되면 사용자의 눈에 화면이 보이기 전까지 다양한 상태 변화가 일어납니다. 앱의 상태는 크게 '포그라운드(Foreground)' 상태와 '백그라운드(Background)' 상태로 나눌 수 있는데 앱이 실행된 포그라운드 상태에서 화면이 나타납니다. 백그라운드 상태는 앱이 중지되고 화면이 사라진 상태로 이해하면 됩니다. 이렇듯 앱은 포그라운드와 백그라운드 상태를 오가게 되는데 앱이 가질 수 있는 각각의 상태를 정리하면 다음과 같습니다.

> ❶ Active : 앱의 화면이 표시되고 실행 중인 상태
> ❷ Inactive : 앱이 실행 중이지만 이벤트를 받고 있지 않은 상태
> ❸ Background : 앱이 백그라운드에서 실행되고 있는 상태
> ❹ Suspended : 앱이 백그라운드에 있지만 실행되지 않은 상태
> ❺ Not running : 앱이 실행되지 않은 상태 또는 앱이 종료된 상태

이렇게 앱이 실행되었다가 종료될 때까지 상태가 변하는 것을 생명이 태어나서 죽는 것에 비유하여 '수명 주기(Life Cycle)' 또는 '생명 주기'라고 부릅니다. 앱의 상태가 수명 주기에 따라 시시각각 변할 때는 그 상태를 알 수 있어야 적절한 처리를 할 수 있는데 이때 'AppDelegate 클래스'가 사용됩니다.

다음 그림은 AppDelegate 클래스가 어떤 역할을 하는지 나타냅니다.

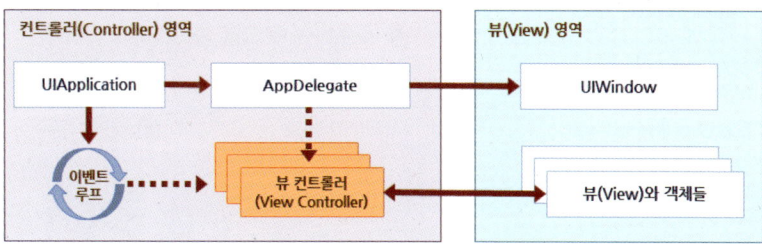

▲ AppDelegate 클래스의 역할

앱이 동작할 때 AppDelegate 클래스의 역할에 따라 사용자에게 화면을 보여주는 '뷰 영역'과 앱의 기능을 제어하는 '컨트롤러 영역'으로 나뉩니다. 앱이 실행되면 UIApplication 객체가 만들어지며 사용자가 입력한 이벤트를 처리할 '이벤트 루프'가 실행됩니다. 그리고 앱의 상태 변화는 UIApplication 객체에서 AppDelegate 객체 쪽으로 전달합니다. 즉, 앱의 상태 변화가 일어나면 UIApplication 객체에서 AppDelegate 클래스에 정의된 콜백 메소드들을 자동으로 호출합니다. 이미 잘 알고 있겠지만 뷰 영역에 들어 있는 화면과 관련된 것들은 뷰 컨트롤러들이 담당합니다.

앱의 상태가 변할 때 호출되는 메소드 알아보기

그럼 지금부터 새로운 프로젝트를 만들고 앱의 상태 변화에 따라 어떤 메소드들이 자동으로 호출되는지 알아보겠습니다.

❶ 엑스코드를 실행하고 시작 화면에서 [Create a new Xcode project] 메뉴를 눌러 새로운 프로젝트를 만듭니다. 새로운 프로젝트의 이름은 'Phonebook'으로 입력한 후 [Next] 버튼을 클릭합니다. 프로젝트 저장 폴더를 묻는 대화상자가 나타나면 [part3_chapter3]이라는 이름의 폴더를 새로 만든 후 해당 폴더를 지정합니다.

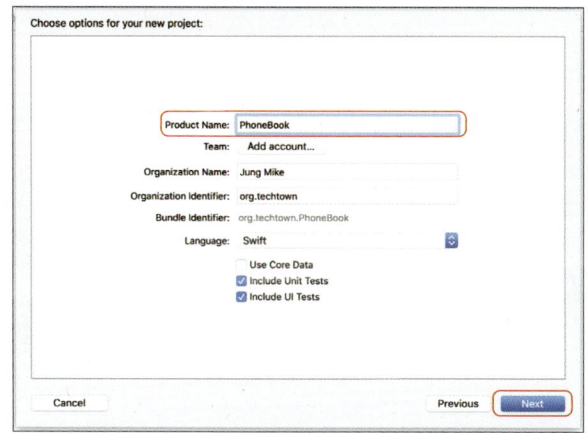

▲ 엑스코드에서 만드는 새로운 프로젝트의 이름을 Phonebook으로 입력한 경우

❷ 새로운 프로젝트가 만들어지고 프로젝트 화면이 보이면 왼쪽에 있는 프로젝트 내비게이터 창에서 AppDelegate.swift 파일을 찾아 클릭합니다. AppDelegate 클래스에는 application이라는 단어로 시작하는 메소드들이 여러 개 들어 있습니다. 각 메소드 안에서는 NSLog 메소드를 호출하여 로그를 출력하도록 합니다.

코드 참고 / part3_chapter3〉PhoneBook〉PhoneBook〉AppDelegate.swift　　QR코드 듣기

```swift
import UIKit

@UIApplicationMain
class AppDelegate: UIResponder, UIApplicationDelegate {

    var window: UIWindow?

    func application(_ application: UIApplication,
        didFinishLaunchingWithOptions launchOptions: [UIApplicationLaunchOptionsKey: Any]?) -> Bool {

        NSLog("application 호출됨.")

        return true
    }

    func applicationWillResignActive(_ application: UIApplication) {
        NSLog("applicationWillResignActive 호출됨.")
    }

    func applicationDidEnterBackground(_ application: UIApplication) {
        NSLog("applicationDidEnterBackground 호출됨.")
    }

    func applicationWillEnterForeground(_ application: UIApplication) {
        NSLog("applicationWillEnterForeground 호출됨.")
    }

    func applicationDidBecomeActive(_ application: UIApplication) {
        NSLog("applicationDidBecomeActive 호출됨.")
    }

    func applicationWillTerminate(_ application: UIApplication) {
        NSLog("applicationWillTerminate 호출됨.")
    }

}
```

application이라는 단어로 시작하는 메소드들이 호출되는 시점은 다음 표에서 확인할 수 있습니다.

[표] AppDelegate 클래스의 메소드들이 호출되는 시점

메소드 이름	설 명
application	앱이 실행되면서 호출됩니다.
applicationDidBecomeActive	앱이 중지되었다가 시작되었거나 처음 시작되면서 실행되었을 때 호출됩니다. (Inactive -> Active)
applicationWillResignActive	앱이 실행된 상태에서 비활성화 상태로 바뀔 때 호출됩니다. (Active -> Inactive)
applicationDidEnterBackground	만약 앱이 백그라운드 모드를 지원하는 경우에는 사용자가 앱을 종료시킬 때 applicationWillTerminate 대신 이 메소드가 호출됩니다. (Inactive -> Background)
applicationWillEnterForeground	앱이 백그라운드 상태에서 비활성화된 상태로 바뀔 때 호출됩니다. (Background -> Inactive) 백그라운드 상태로 바뀌면서 저장된 앱의 데이터는 이 메소드 안에서 복구합니다.
applicationWillTerminate	앱이 종료될 때 호출됩니다.

❸ 앱이 실행되었을 때 라벨이 하나 보이도록 화면을 구성합니다. 인터페이스 빌더 화면을 열고 사각형의 화면 영역 안에 라벨을 하나 가져다 놓습니다. 라벨에는 '전화번호부'라는 글자가 표시되도록 합니다. 이 과정은 많이 해 보았으니 여러분이 직접 할 수 있을 것입니다.

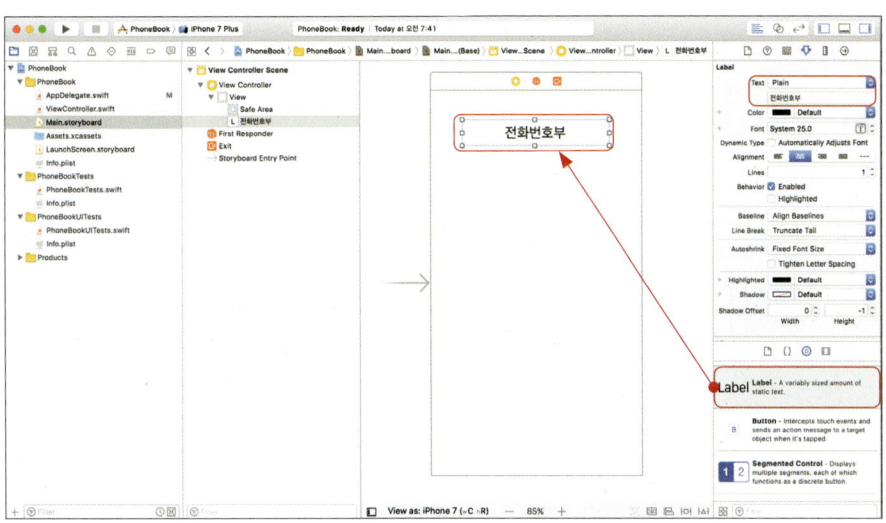

❹ 엑스코드 화면의 왼쪽 위에 표시된 대상 단말을 'iPhone 5s'로 변경한 후 [실행] 버튼을 클릭하여 앱을 실행합니다. 그리고 앱을 실행했을 때 표시되는 디버그 영역의 로그를 확인합니다. 로그를 보면 application 메소드와 applicationDidBecomeActive 메소드가 차례대로 호출되었음을 알 수 있습니다.

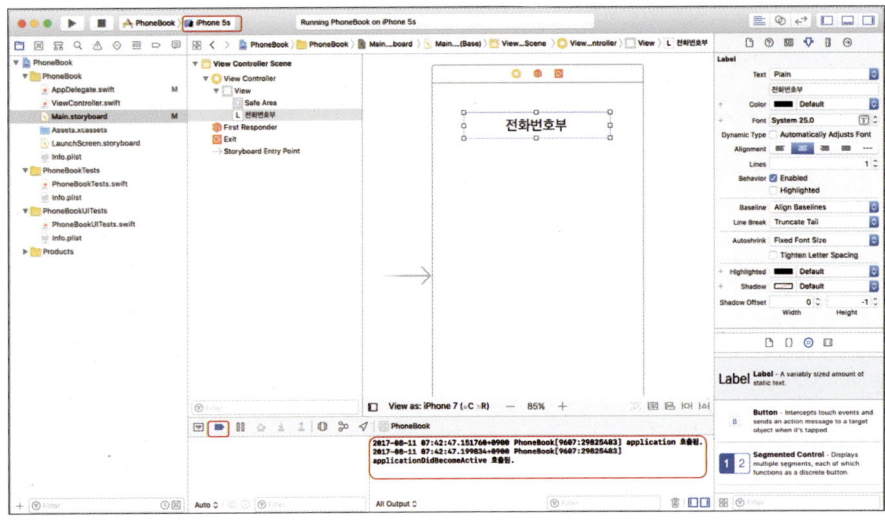

❺ 이번에는 시뮬레이터에서 shift + command + H 키를 눌러 홈 화면으로 이동합니다. 그러면 로그에 applicationWillResignActive 메소드와 applicationDidEnterBackground 메소드가 차례로 호출되었다는 내용이 출력됩니다. 단말에 설치된 PhoneBook 앱 아이콘을 눌러 다시 실행시키면 applicationWillEnterForground 메소드와 applicationDidBecomeActive 메소드가 차례대로 호출됩니다.

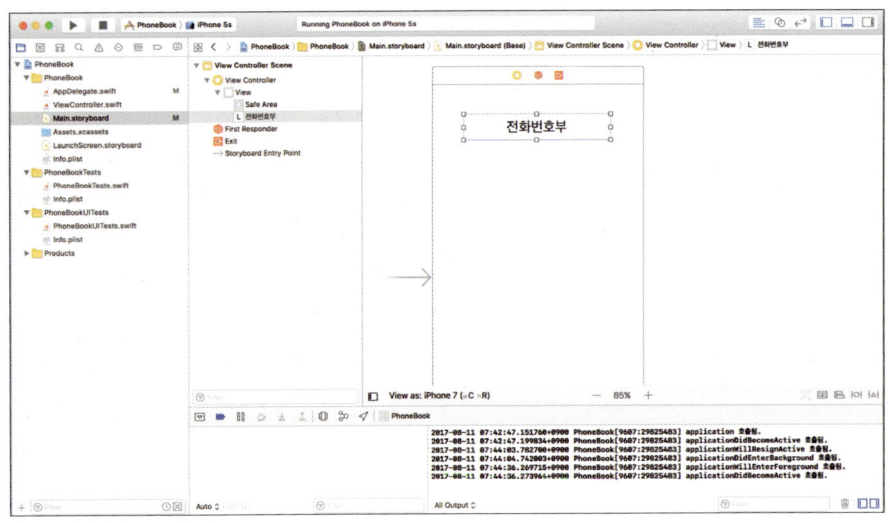

앱의 상태를 로그로 출력해보니 언제 어떤 메소드가 출력되는지 쉽게 알 수 있습니다. 그리고 앱의 화면이 보일 때는 applicationDidBecomeActive 메소드가 호출되고, 앱의 화면이 없어질 때는 applicationDidEnterBackground 메소드가 호출된다는 것도 알 수 있습니다. 따라서 앱을 만들 때는 이 두 가지 메소드가 가장 중요하게 사용된다고 할 수 있습니다.

2 _ 앱 상태에 따라 데이터를 저장했다가 복구하기

사용자가 게임을 하고 있는데 그 게임 앱이 갑자기 중지되거나 메모리에서 제거되었다면, 현재 진행 중인 게임의 레벨(Level)이나 점수(Score)가 사라져 버릴 수 있습니다. 앱 사용자는 이런 상황을 아주 심각한 문제로 인식할 수 있습니다. 그래서 더 이상 앱을 사용하지 않을 수도 있죠. 실제로 앱의 상태에 따라 중요한 데이터가 갑자기 유실될 수 있습니다. 따라서 앱이 백그라운드 모드로 들어갈 때 앱의 데이터를 저장했다가 활성화 상태로 바뀔 때 복구해야 합니다.

앞에서 만든 PhoneBook 프로젝트의 화면에 입력 상자를 하나 만들고 사용자가 입력 상자에 입력했던 글자가 앱이 중지되었다가 다시 실행되어도 그대로 남아 있도록 만들어 보겠습니다.

❶ 인터페이스 빌더 화면을 열고 오른쪽 유틸리티 영역의 아래쪽에 있는 객체 라이브러리 창에서 TextField를 끌어다 놓습니다. 입력 상자가 하나 추가되면 입력 상자와 소스 코드를 서로 연결해야 합니다. 보조 편집기 창을 열고 인터페이스 빌더 화면과 나란히 보이도록 만듭니다. 그리고 보조 편집기 창에는 ViewController.swift 파일이 보이도록 합니다. 디자인 화면에 보이는 입력 상자를 선택한 상태에서 control 키를 누르고 소스 쪽으로 끌어다 놓습니다. [연결] 대화상자가 나타나면 Connection 항목의 값은 'Outlet' 그대로 두고 Name 항목에 'uiNameInput'으로 입력합니다.

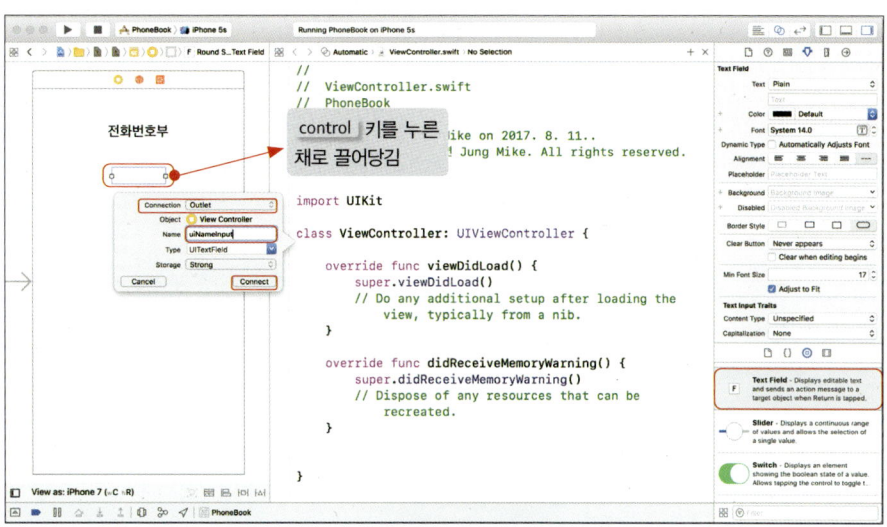

❷ [Create] 버튼을 클릭하면 다음과 같은 코드가 추가됩니다. 이제 화면에 들어 있는 입력 상자에 접근할 수 있게 되었습니다.

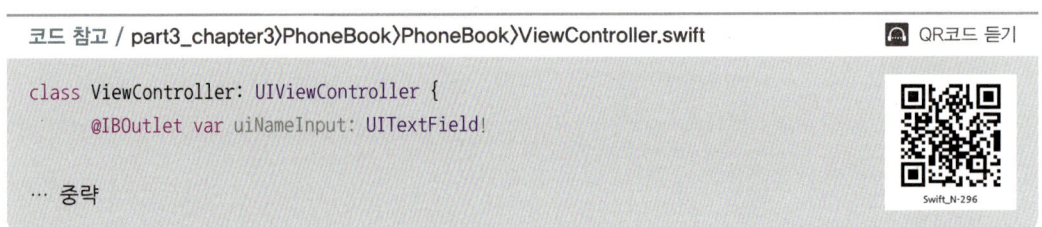

사용자가 이 입력 상자에 입력한 값을 가져오거나 이 입력 상자에 값을 보여줄 시점은 앱이 중지되거나 다시 보이게 되는 시점입니다. 따라서 앱의 상태가 바뀌는 시점을 알아야 하는데 이를 알려주는 콜백 함수는 AppDelegate 클래스에 들어 있습니다. 앱이 중지되어 백그라운드 상태가 되거나 다시 실행되는 포그라운드 상태가 되었을 때 AppDelegate 클래스에서 알 수 있는 거죠. 따라서 AppDelegate 클래스의 콜백 함수가 호출되면 ViewController 클래스로 알려주고 이 클래스에서 화면에 들어 있는 입력 상자의 값을 저장하거나 복구할 수 있도록 해야 합니다.

그런데 AppDelegate 클래스와 ViewController 클래스는 서로 연관성이 없고 떨어져 있는 클래스입니다. 즉, ViewController 클래스에서 AppDelegate 객체를 참조하기가 쉽지 않습니다. 이런 문제 때문에 SDK에서는 NotificationCenter 기능을 제공합니다. 이것은 프로그램의 한 쪽에서 메시지를 보내면 프로그램의 다른 쪽에서 메시지를 받을 수 있는 기능입니다. 메시지를 받는 쪽은 여러 곳이어도 상관없으므로 사실상 한 쪽에서 보낸 메시지는 프로그램의 어느 곳에서나 받을 수 있습니다.

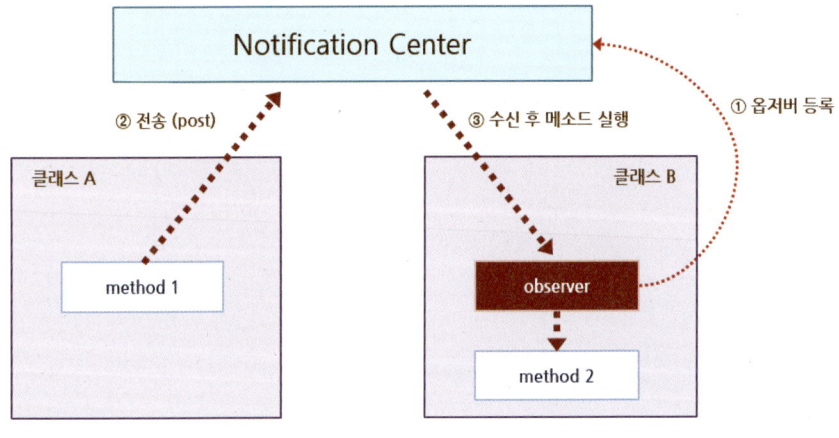

▲ NotificationCenter의 기능

클래스 A에서 메시지를 보내고 클래스 B에서 이 메시지를 받으려고 한다면 먼저 '옵저버(Observer)'를 등록해야 합니다. 옵저버는 어떤 메시지를 받을 것인지 그리고 메시지를 받았을 때 어떤 메소드를 실행해 줄 것인지를 등록합니다. 옵저버를 등록할 때는 이름을 파라미터로 전달하는데 이 이름이 메시지를 구별하는 이름이 됩니다. 메시지를 보내는 쪽에서는 postNotificationName 메소드를 호출하여 메시지를 보낼 수 있는데 파라미터로 이름을 넣어주면 이 이름을 고유한 값으로 사용하여 메시지를 보낼 수 있습니다.

❸ 그러면 먼저 메시지를 보내는 쪽의 코드를 입력해 보겠습니다. 일반적으로는 앱이 백그라운드 상태로 변경되었을 때 호출되는 applicationDidEnterBackground 메소드에서 데이터를 저장하고, 포그라운드 상태로 변경될 때 호출되는 applicatonWillEnterForeground 메소드에서 데이터를 복원할 수 있습니다. 하지만 앱을 처음 실행했을 때도 이전에 저장했던 값을 보여주고 싶다면 applicationWillEnterForeground 대신에 applicationDidBecomActive 메소드를 사용할 수 있습니다.
AppDelegate.swift 파일을 열고 applicationDidEnterBackground 메소드와 applicationDidBecomActive 메소드 안에 다음 코드를 추가합니다.

메시지를 보내기 위해 NotificationCenter.default 객체를 사용합니다. 이 객체의 post 메소드를 호출하면 메시지를 보낼 수 있는데 첫 번째 파라미터로는 메시지의 이름을 전달하고 두 번째 파라미터로는 전송할 객체를 넣어줍니다. 여기에서는 앱이 백그라운드 상태로 들어갔다는 것만 알려주면 되므로 메시지의 이름만 전달합니다. 첫 번째 파라미터로는 'ApplicationDidEnterBackground'를 전달하고 object 파

라미터의 값은 nil을 전달합니다. 보통 메시지의 이름은 대문자로 시작하도록 만들기 때문에 첫 번째 파라미터의 글자는 대문자로 시작하도록 했습니다. applicationDidBecomActive 메소드 안에도 동일한 방식으로 post 메소드를 호출하도록 하고 메시지의 이름은 'ApplicationDidBecomeActive'로 합니다.

❹ AppDelegate 클래스 안에 메시지를 보내는 코드를 입력했으니 이제 ViewController.swift 파일을 열고 메시지를 받을 수 있도록 수신자를 등록하는 코드를 입력합니다.

코드 참고 / part3_chapter3〉PhoneBook〉PhoneBook〉ViewController.swift   QR코드 듣기

```swift
… 중략

    override func viewDidLoad() {
        super.viewDidLoad()
        
        addObserver()
    }
    
    func addObserver() {
        NSLog("addObserver 호출됨.");
        
        NotificationCenter.default.addObserver(self, selector: #selector(appDidEnterBackground),
            name: NSNotification.Name("ApplicationDidEnterBackground"), object: nil)
        NotificationCenter.default.addObserver(self, selector: #selector(appDidBecomeActive),
            name: NSNotification.Name("ApplicationDidBecomeActive"), object: nil)
    }

… 중략
```

수신자를 등록하는 코드는 addObserver라는 이름의 함수 안에 넣었습니다. 수신자를 등록할 때는 NotificationCenter.default 객체를 참조한 후 그 객체의 addObserver 함수를 호출합니다. addObserver 함수를 호출할 때 첫 번째 파라미터는 self로 하고 두 번째 파라미터는 셀렉터 객체, 그리고 세 번째 파라미터는 메시지의 이름을 넣어줍니다. 두 번째 파라미터인 셀렉터는 이 클래스 안에 있는 메소드들 중 하나를 지정할 수 있으며 메시지가 수신되었을 때 자동으로 호출될 메소드를 의미합니다. 따라서 이 셀렉터에서 지정한 메소드가 클래스 안에 추가되어야 합니다.

둘째 마당에서 알아보았던 것처럼 파라미터를 지정하지 않는 셀렉터는 #selector 뒤에 소괄호를 붙이고 그 안에 함수의 이름과 파라미터 정보를 넣는 형식을 사용할 수 있습니다.

#selector(함수 이름)

❺ 'ApplicationDidEnterBackground'라는 이름의 메시지를 받았을 때 호출될 appDidEnterBackground 메소드와 'ApplicationDidBecomeActive'라는 이름의 메시지를 받았을 때 호출될 appDidBecomeActive 메소드를 추가합니다. 새로 추가한 메소드가 호출될 때 디버그 영역에서 로그를 확인할 수 있도록 NSLog 메소드를 호출하는 코드를 넣어 주었습니다.

코드 참고 / part3_chapter3〉PhoneBook〉PhoneBook〉ViewController.swift   QR코드 듣기

```swift
… 중략

    @objc func appDidEnterBackground() {
        NSLog("appDidEnterBackground 호출됨.")
    }
    @objc func appDidBecomeActive() {
        NSLog("appDidBecomeActive 호출됨.")
    }

… 중략
```

❻ addObserver 메소드를 호출하여 수신자를 등록했다면 더 이상 사용할 필요가 없을 때 removeObserver 메소드를 호출하여 수신자를 삭제해야 합니다. 다음과 같이 removeObserver 메소드를 만듭니다. 그리고 'ApplicationDidEnterBackground'라는 이름의 메시지를 받는 수신자와 'ApplicationDidBecomeActive' 라는 이름의 메시지를 받는 수신자를 삭제하는 코드를 입력합니다. 그리고 수신자를 삭제하려고 만든 removeObserver 메소드는 ViewController 객체가 메모리에서 삭제될 때 호출되도록 deinit 메소드 안에 넣어줍니다.

코드 참고 / part3_chapter3〉PhoneBook〉PhoneBook〉ViewController.swift   QR코드 듣기

```swift
… 중략

    deinit {
        NSLog("deinit 호출됨. )
        removeObserver()
    }

    func removeObserver() {
        let nc = NSNotificationCenter.defaultCenter()
        nc.removeObserver(self, name: "ApplicationDidEnterBackground", object: nil)
        nc.removeObserver(self, name: "ApplicationDidBecomeActive", object: nil)
        NSLog("removeObserver 호출됨.");
    }

… 중략
```

❼ 이제 앱을 실행하고 shift + command + H 키를 눌러 홈 화면으로 이동했다가 PhoneBook 앱을 다시 실행합니다. 그러면 엑스코드 화면 하단의 디버그 영역에 로그 메시지가 차례대로 출력됩니다. 로그 메시지로 앱이 백그라운드 상태로 바뀌거나 다시 포그라운드 상태로 돌아와 화면이 보일 때 ViewController 클래스 안에서 메시지를 전달 받는다는 것을 확인할 수 있습니다.

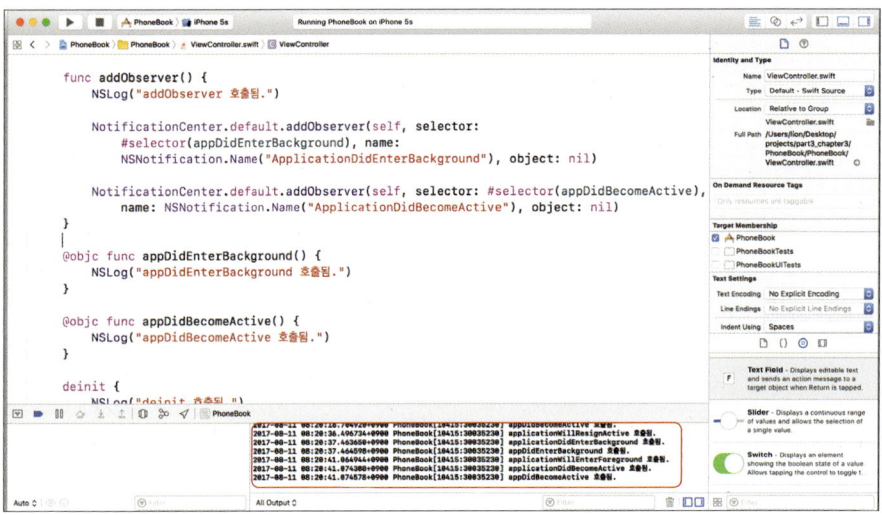

❽ 앱의 상태를 ViewController 클래스 안에서 알 수 있게 되었습니다. 이제 백그라운드 상태로 바뀔 때 입력 상자의 값을 저장하고 포그라운드 상태로 돌아올 때 화면이 보이게 되었을 때 저장된 값을 가져와 입력 상자에 넣어 주도록 만듭니다. 간단한 값을 저장하거나 가져올 때는 UserDefaults 객체를 사용할 수 있습니다. appDidEnterBackground 메소드 안에 다음 코드를 추가합니다.

코드 참고 / part3_chapter3〉PhoneBook〉PhoneBook〉ViewController.swift   QR코드 듣기

```
… 중략

    func appDidEnterBackground() {
        NSLog("appDidEnterBackground 호출됨.")
        let username = uiNameInput.text!
        UserDefaults.standard.set(username, forKey:"username")
        UserDefaults.standard.synchronize()
        NSLog("UserDefaults에 저장한 username 값 : \(username)")
    }

… 중략
```

입력 상자인 uiNameInput에서 글자를 가져와 username이라는 이름의 상수에 할당합니다. 그리고 UserDefaults.standard 객체를 사용해 숫자나 객체 등을 저장합니다. 객체를 저장할 때는 set 메소드를 사용하는데 문자열도 객체이므로 set 메소드를 호출하여 글자를 저장할 수 있습니다. set 메소드를 호출할 때는 forKey 파라미터의 값으로 'username'을 넣어줍니다. UserDefaults에 값을 넣었다면 synchronize 메소드를 호출하여 저장합니다.

❾ appDidBecomeActive 메소드 안에 다음 코드를 추가하면 저장된 값을 가져와 입력 상자에 넣어줍니다. 저장된 값을 가져올 때는 UserDefaults 객체의 objectForKey 메소드를 사용할 수 있습니다. 키(Key)가 'userName'인 값을 가져온 후 as? 연산자를 사용해 String 자료형으로 형 변환합니다. 이렇게 형 변환된 객체는 if 문 안에서 바인딩된 후에 if 문의 중괄호 안에서 입력 상자에 표시되도록 합니다.

코드 참고 / part3_chapter3〉PhoneBook〉PhoneBook〉ViewController.swift   QR코드 듣기

```swift
… 중략

    func appDidBecomeActive() {
        NSLog("appDidBecomeActive 호출됨.")
        if let name = UserDefaults.standard.object(forKey: "username") as? String {
            NSLog("UserDefaults에서 가져온 userName 값 : \(name)")

            if uiNameInput != nil {
                uiNameInput.text = name
            }
        }
    }

… 중략
```

❿ 이제 앱을 실행하고 입력 상자에 '소녀시대'라는 글자를 넣은 후 shift + command + H 키를 눌러 홈 화면으로 이동합니다. 앱을 다시 실행하면 '소녀시대'라는 글자가 보이는데 이때 엑스코드 하단의 디버깅 영역에 출력된 메시지들을 확인합니다.

 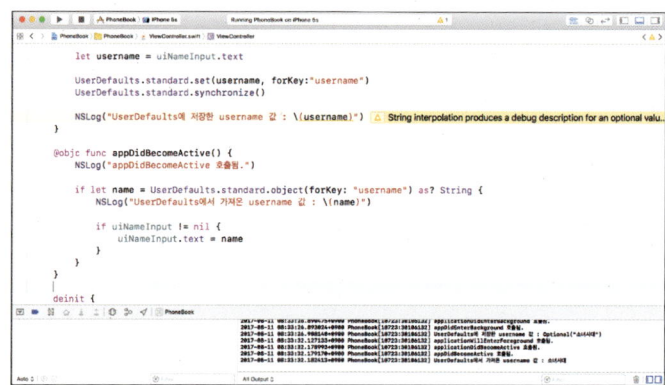

▲ 앱을 실행하고 입력 상자에 글자를 입력한 경우　▲ 디버깅 영역에 출력된 메시지

앱을 다시 실행해도 이전에 저장된 글자가 그대로 입력 상자에 보입니다. 그리고 로그를 보면 UserDefaults를 사용해 입력 상자의 값을 저장했다가 다시 복원했다는 것도 알 수 있습니다. 앱의 상태에 따라 데이터를 저장했다가 가져왔기 때문에 앱을 다시 실행해도 입력 상자에 입력했던 값을 그대로 볼 수 있게 된 것입니다.

이런 기능은 로그인 화면에 '아이디 저장'이라는 체크 박스를 추가한 후 이 체크 박스가 체크되어 있으면 로그인 화면이 뜰 때마다 로그인할 때 사용한 아이디를 항상 나타내는 데 사용할 수 있습니다.

지금까지 앱의 상태 변화를 AppDelegate 클래스에서 알아내고, NotificationCenter를 통해 뷰 컨트롤러 쪽으로 메시지를 보낸 후 화면에 반영하는 과정을 살펴보았습니다. 이제 앱의 상태가 어떻게 변하는지 알게 되었으니 앱의 내부에서 상태에 따라 기능이 동작하는 방식을 머릿속으로 그릴 수 있을 것입니다.

3 _ 클래스를 만들고 화면에 이미지로 보여주기

지금까지 아이폰 앱의 화면이 어떻게 만들어지고 동작하는지 살펴보았습니다. 아직도 실제 앱을 만들기 위해 알아야 할 내용은 많지만 지금까지 살펴본 내용만 잘 익혀도 화면과 코드를 어느 정도 다룰 수 있습니다. 화면을 다루는 방법은 어느 정도 알게 되었으니 이제 스위프트 코드로 클래스를 만든 다음 어떤 클래스로부터 인스턴스 객체가 만들어졌는가에 따라 화면에 다른 이미지를 보여주도록 해 보겠습니다. 그리고 객체의 메소드를 호출할 때마다 다른 이미지를 보여주는 기능도 넣어 보겠습니다.

둘째 마당에서도 클래스를 만들어 보았지만 그때는 플레이그라운드에서 코드 중심으로만 만들었습니다. 이번 단락에서는 프로젝트 안에 코드를 만들어 넣는 것뿐만 아니라 앱 화면에 이미지로도 보여줄 것입니다. 좀 더 구체적으로 설명하자면 사람을 나타내는 Person 클래스를 만들고 걷기와 달리기 등의 메소드를 호출할 때마다 화면에 표시되는 이미지가 바뀌게 할 것입니다.

프로젝트에 이미지 추가하기

❶ 먼저 화면에 나타낼 이미지를 다운로드합니다. 인터넷에는 아이콘을 무료로 다운로드해서 연습할 수 있는 사이트가 많습니다. 웹 브라우저를 열고 www.iconfinder.com과 같은 이미지 무료 다운로드 사이트에 접속한 후 사람이 서 있는 이미지, 걷는 이미지, 달리는 이미지 그리고 아기 이미지와 우는 이미지를 다운로드합니다.

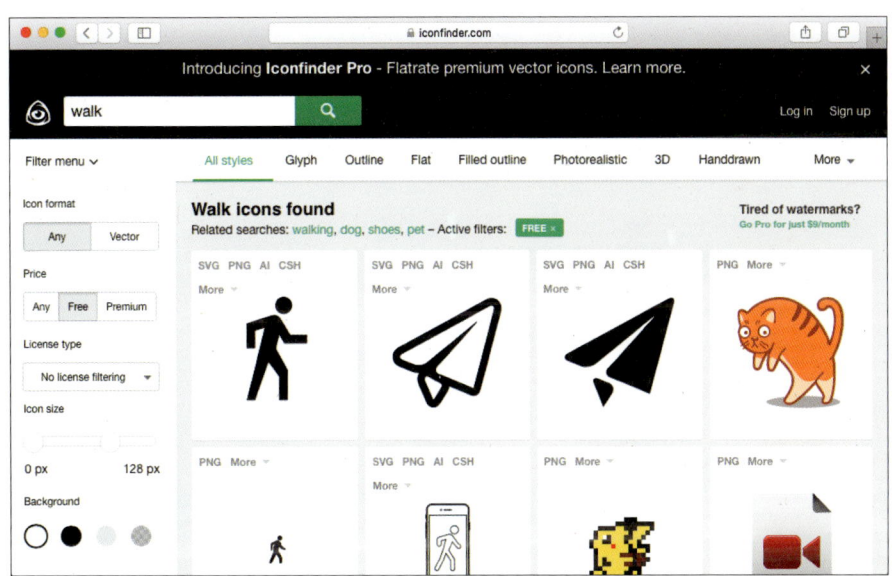

▲ 웹 브라우저를 열고 이미지를 다운로드

❷ 다운로드한 이미지는 복사하여 PhoneBook 프로젝트 안에 넣어야 합니다. 엑스코드의 왼쪽 프로젝트 내비게이터 창에서 Assets.xcassets 항목을 클릭하면 가운데 작업 영역에 애셋 카탈로그(Asset Catalog) 창이 표시됩니다. 애셋은 아이콘이나 이미지처럼 앱에서 사용될 리소스들을 말하며 애셋 카탈로그 창에서 관리합니다. 애셋 카탈로그에는 AppIcon이 이미 추가되어 있습니다. 이 안에 다운로드한 이미지들을 추가할 것입니다. 애셋 카탈로그 창의 좌측 하단에 있는 [+] 아이콘을 클릭하면 메뉴가 나타나는데 여기에서 [New Image Set] 메뉴를 선택합니다.

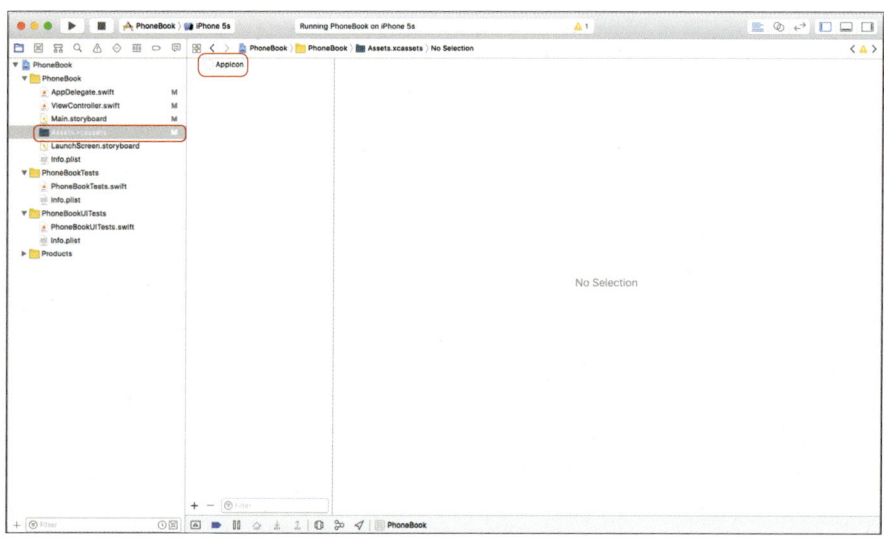

❸ Image 항목이 하나 추가되고 오른쪽에 1x, 2x, 3x가 표시된 점선 사각형이 생성됩니다. 파인더 창을 열고 다운로드한 이미지 중에서 사람이 서 있는 형태의 이미지를 찾아 애셋 카탈로그 창의 2x 사각형 안에 끌어다 놓습니다. 그러면 가운데 부분에 이미지가 추가됩니다. 그리고 엑스코드 화면의 오른쪽에서 속성 인스펙터 창을 열면 이미지의 이름을 바꿀 수 있습니다. Name 항목의 값으로 'PersonStanding'을 입력합니다.

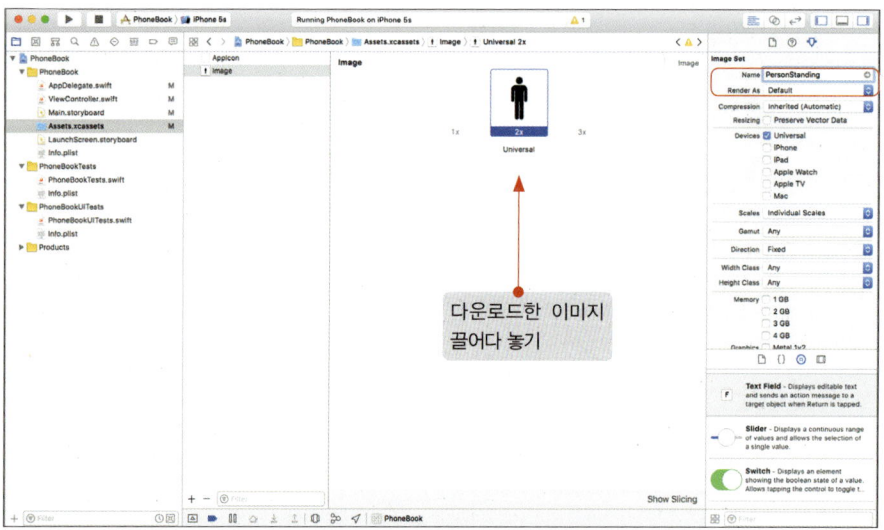

❹ 다른 이미지 파일들도 같은 방식으로 추가합니다. [New Image Set] 메뉴를 사용해 Image 항목을 추가하고 이미지 파일을 애셋 카탈로그 창의 2x 사각형 안에 끌어다 넣어 추가합니다. 이때 각각의 이름을 'PersonWalk', 'PersonRun', 'BabyStanding', 'BabyCry'로 설정합니다.

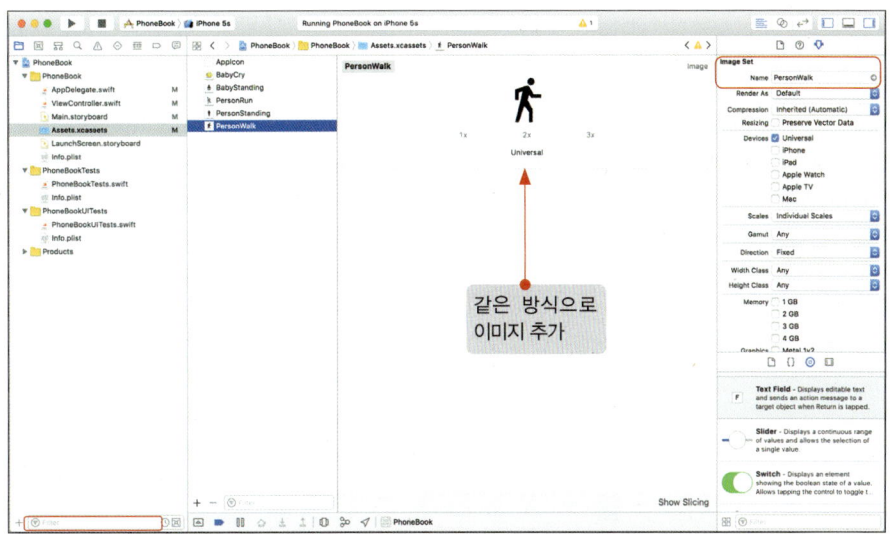

정박사님 궁금해요 — 프로젝트에 이미지를 추가할 때는 항상 애셋에 추가해야 하나요?

프로젝트에서 사용할 이미지를 추가할 때는 애셋에 추가할 수도 있고 프로젝트 안에 새로운 그룹을 만든 후 추가할 수도 있습니다. 새로운 그룹을 만들어 추가하고 싶다면 왼쪽 프로젝트 영역에서 마우스 오른쪽 버튼을 누르고 [New Group] 메뉴를 선택하여 새로운 그룹을 만든 후 그 안에 추가하면 됩니다.

화면에 버튼 추가하고 동작시키기

화면에 이미지 뷰를 추가한 후 서 있는 사람 이미지가 나타나도록 만들어 보겠습니다.

❶ 프로젝트 내비게이터 창에서 Main.storyboard 파일을 클릭하여 인터페이스 빌더 화면을 엽니다. 그런 다음 오른쪽 아래의 객체 라이브러리 창에서 Image View 항목을 끌어다 놓으면 이미지가 보일 영역이 표시됩니다. 오른쪽 속성 인스펙터 창을 열어보면 Image라는 이름의 항목이 있는데 이 항목에서 이미지 뷰에 보일 이미지를 설정할 수 있습니다. 콤보 박스를 클릭하여 PersonStanding을 선택합니다.

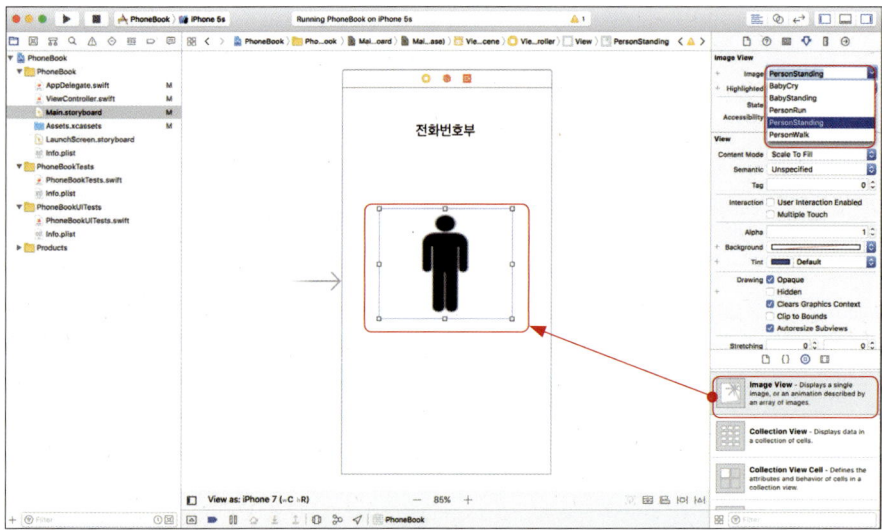

❷ 화면의 이미지 뷰에 기본 이미지가 보이도록 했으니 이제 화면에 버튼을 추가한 후 그 버튼을 클릭했을 때 사람이 걷거나 뛰는 이미지로 바뀌는 기능을 넣어 보겠습니다. 우선 디자인 화면에서 입력 상자의 오른쪽에 [사람 만들기] 버튼을 추가하고 이미지 뷰의 아래쪽에는 [서 있기], [걷기], [달리기] 버튼을 추가합니다.

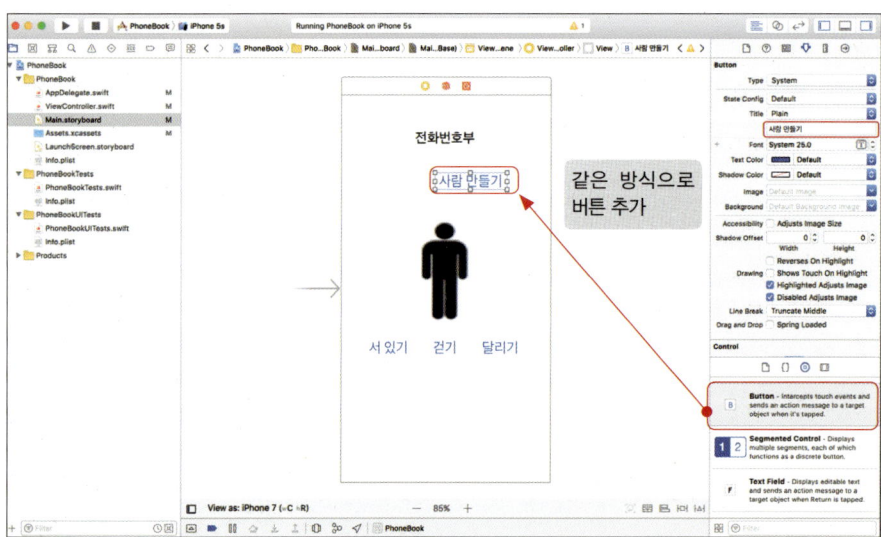

❸ 디자인 화면에 있는 한 개의 이미지 뷰와 네 개의 버튼을 소스 코드에서 사용할 수 있도록 연결합니다. 디자인 화면과 보조 편집기 화면을 나란히 보이도록 하고 보조 편집기 창에는 ViewController.swift 파일이 표시되도록 합니다. control 키를 누른 채로 이미지 뷰를 끌어다 소스 코드에 놓으면 [연결] 대화상자가 표시됩니다. 이미지 뷰를 소스 코드와 연결했을 때 보이는 [연결] 대화상자에서는 Name 항목의 값을 'uiPersonImage'로 입력하고 [Connect] 버튼을 클릭합니다. 그러면 uiPersonImage라는 이름의 변수가 ViewController 클래스 안에 선언됩니다.

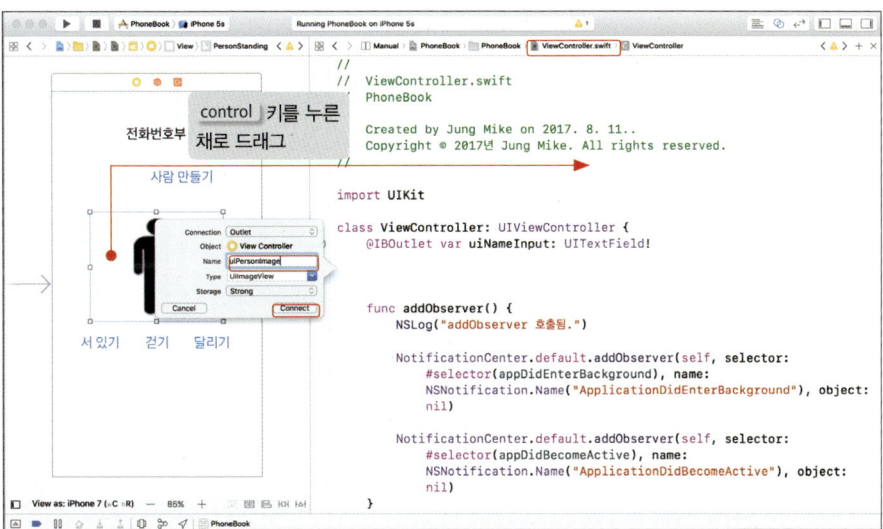

❹ 마찬가지 방법으로 네 개의 버튼을 끌어다 소스 코드 쪽에 놓으면 [연결] 대화상자가 표시됩니다. 버튼을 위한 [연결] 대화상자에서는 Connection 항목의 값을 'Action'으로 바꾸고 Name 입력 상자에는 각각 'createPersonClicked', 'makePersonStanding', 'makePersonWalk', 'makePersonRun'을 입력합니다. 이렇게 하면 ViewController 클래스 안에 네 개의 메소드가 추가됩니다.

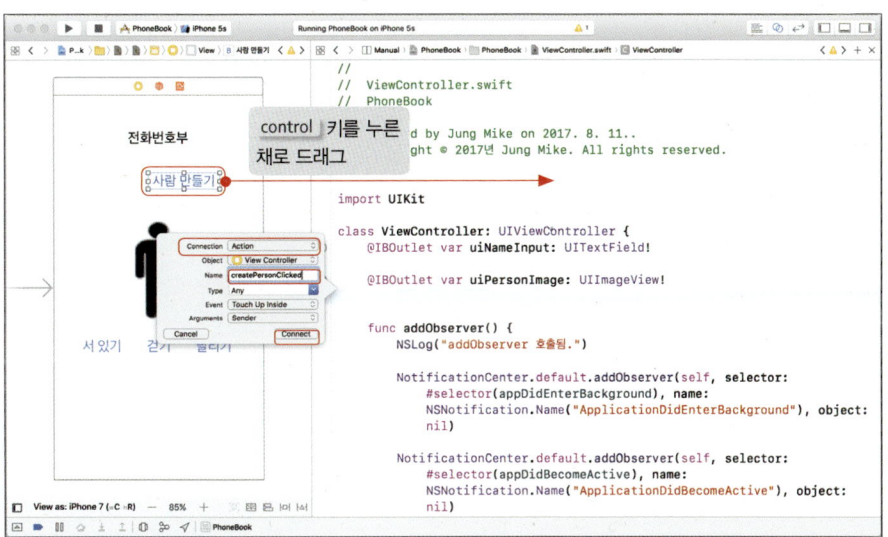

❺ 이제 사람 객체를 만들기 위해 먼저 스위프트 코드로 Person 클래스를 정의합니다. Person 클래스를 별도의 파일에 정의하기 위해 오른쪽 아래의 파일 템플릿 라이브러리 창에서 [Swift File] 아이콘을 끌어다 왼쪽 프로젝트 내비게이터 창의 [PhoneBook] 폴더 안에 넣습니다. 그러면 파일의 이름과 저장 위치를 물어보는 대화상자가 표시됩니다. 파일의 이름은 'Person.swift'로 입력하고 [Create] 버튼을 클릭합니다.

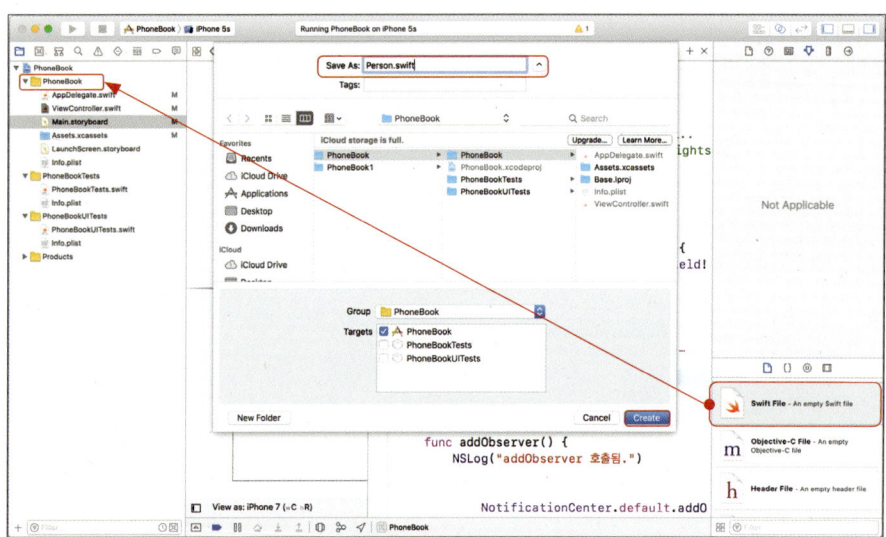

❻ Person.swift 파일 안에 있던 코드를 삭제하고 Person 클래스를 정의하는 코드를 다음처럼 입력합니다. Person 클래스에는 이름, 나이, 전화번호를 저장할 수 있도록 name, age, mobile 변수를 추가하고 초기화 함수를 하나 정의했습니다.

코드 참고 / part3_chapter3>PhoneBook>PhoneBook>Person.swift   QR코드 듣기

```swift
class Person {
    var name: String!
    var age: Int!
    var mobile: String!
    
    init(name:String, age:Int, mobile:String) {
        self.name = name
        self.age = age
        self.mobile = mobile
    }
}
```

Swift_N-303

❼ Person 클래스를 만들었으니 화면에 있는 [사람 만들기] 버튼을 클릭했을 때 사람 객체가 만들어지도록 해야 합니다. ViewController.swift 파일을 열고 사람 객체를 만들어 저장할 person 변수를 하나 선언합니다. person 변수의 자료형은 Person이며 nil이 할당될 수 있도록 ! 기호를 붙였습니다.

코드 참고 / part3_chapter3〉PhoneBook〉PhoneBook〉ViewController.swift   QR코드 듣기

```
… 중략

    var person : Person!

… 중략
```

Swift_N-304

❽ [사람 만들기] 버튼을 클릭했을 때 createPersonClicked 메소드가 호출되도록 연결해 두었으니 createPersonClicked 메소드 안에 사람 객체를 만들어 person 변수에 할당하는 코드를 추가합니다. 사용자가 입력 상자에 입력한 사람 이름을 가져와 name 상수에 할당했습니다. 그리고 Person 클래스로부터 인스턴스 객체를 만들어 person 변수에 할당했습니다. 사람 객체를 만들 때는 세 개의 파라미터가 필요하지만 사용자로부터는 사람 이름만 입력받도록 했으므로 나이와 전화번호는 임의의 값으로 입력합니다. 그리고 사람 객체가 만들어졌다는 것을 알 수 있도록 이미지 뷰의 배경색을 갈색(brownColor)으로 변경했습니다. 뷰 객체의 배경색은 backgroundColor 속성으로 바꿀 수 있으며 UIColor 객체에 있는 타입 메소드들을 사용하여 빨강색, 파랑색, 검정색, 갈색과 같은 색상 값을 참조할 수 있습니다.

코드 참고 / part3_chapter3〉PhoneBook〉PhoneBook〉ViewController.swift   QR코드 듣기

```
… 중략

        @IBAction func createPersonClicked(_ sender: Any) {
            let name = uiNameInput.text!
            person = Person(name:name, age:20, mobile:"010-1000-1000")
            uiPersonImage.backgroundColor = UIColor.brown
            NSLog("Person 객체가 만들어졌습니다. : \(name)")
        }

… 중략
```

Swift_N-305

❾ [서 있기], [걷기], [달리기] 버튼에는 각각 makePersonStanding과 makePersonWalk 그리고 makePersonRun 메소드가 실행되도록 만듭니다. 그리고 그 메소드 안에서는 각각의 경우에 맞는 이미지가 이미지 뷰에 보이도록 만듭니다. 애셋 카탈로그에서 추가했던 이미지로 이미지 객체를 만들려면 UIImage 클래스를 사용해 인스턴스 객체를 만들면서 named 파라미터의 값으로 이미지 파일의 이름을 전달합니다. 이때 이미지 파일의 이름은 확장자를 빼고 전달해야 합니다.

코드 참고 / part3_chapter3〉PhoneBook〉PhoneBook〉ViewController.swift   QR코드 듣기

```swift
… 중략
    @IBAction func makePersonStanding(_ sender: Any) {
        if person != nil {
            uiPersonImage.image = UIImage(named:"PersonStanding")
        }
    }
    @IBAction func makePersonWalk(_ sender: Any) {
        if person != nil {
            uiPersonImage.image = UIImage(named:"PersonWalk")
        }
    }
    @IBAction func makePersonRun(_ sender: Any) {
        if person != nil {
            uiPersonImage.image = UIImage(named:"PersonRun")
        }
    }
… 중략
```

❿ 앱을 실행하고 [사람 만들기] 버튼을 클릭합니다. 그리고 [걷기]나 [달리기] 버튼을 클릭하면 각각의 경우에 맞는 이미지로 변경됩니다. 버튼을 클릭할 때마다 이미지가 달라지는 것을 보면 코드가 어떻게 실행되는지 좀 더 쉽게 이해할 수 있습니다.

▲ 앱을 실행하고 버튼을 클릭하여 Person 객체를 만들었을 때 이미지가 바뀌는 모양

호출된 메소드 안에서 이미지 변경하기

그런데 사실 [걷기] 버튼을 클릭했을 때 Person 객체의 walk 메소드가 실행되면서 이미지가 바뀐 것은 아닙니다. 단지 화면에 보이는 이미지만 바뀐 것이죠. 이것을 Person 객체의 walk 메소드가 호출되었을 때 Person 객체가 이미지를 바꾸도록 해야 객체 지향에서 말하는 객체의 개념에 충실한 구현이 될 것입니다. 따라서 ViewController.swift 파일의 내용과 Person.swift 파일의 내용을 약간 바꿔 보겠습니다.

❶ 엑스코드의 프로젝트 내비게이터 창에서 Person.swift 파일을 클릭하여 Person 클래스의 소스 코드를 엽니다. Person 클래스에 stand, walk, run 메소드를 추가해야 하는데 이 메소드 안에서 이미지 객체에 접근하여 이미지를 바꿔야 하므로 이미지 객체나 뷰 컨트롤러 객체를 이 클래스 안에서도 참조할 수 있어야 합니다. 따라서 초기화 함수를 하나 더 추가하고 뷰 컨트롤러 객체를 전달 받아 이 클래스 안에 선언한 변수에 할당하도록 수정합니다.

새로 추가한 초기화 함수에서는 뷰 컨트롤러 객체를 controller라는 이름의 파라미터로 전달 받은 후 controller라는 이름으로 선언한 변수에 할당했습니다. 이때 controller 변수는 nil이 할당될 수 있도록 ! 기호를 붙여주었습니다.

코드 참고 / part3_chapter3)PhoneBook)PhoneBook)Person.swift　　QR코드 듣기

```swift
… 중략

class Person {
    
    var name: String!
    var age: Int!
    var mobile: String!
    
    var controller: ViewController!
    
… 중략
    init(name:String, age:Int, mobile:String, controller:ViewController) {
        self.name = name
        self.age = age
        self.mobile = mobile
        
        self.controller = controller
    }

… 중략
```

❷ Person 객체가 서 있거나 걷거나 뛰는 기능을 할 수 있도록 standing, walk, run 메소드를 추가합니다. 이 각각의 메소드 안에서 ViewController 클래스에 새로 추가할 changeImage 메소드를 호출하도록 합니다. 뷰 컨트롤러가 화면을 관리하고 이미지 객체는 화면에 추가되어 있으므로 이미지를 변경하는 메소드는 뷰 컨트롤러에 추가할 것입니다. 따라서 이 Person 클래스 안에서는 필요에 따라 뷰 컨트롤러의 changeImage 메소드를 호출하도록 한 것입니다.

코드 참고 / part3_chapter3〉PhoneBook〉PhoneBook〉Person.swift   QR코드 듣기

```swift
… 중략

    func standing() {
        if controller != nil {
            controller.changeImage(named:"PersonStanding")
        }
    }

    func walk() {
        if controller != nil {
            controller.changeImage(named:"PersonWalk")
        }
    }

    func run() {
        if controller != nil {
            controller.changeImage(named:"PersonRun")
        }
    }

… 중략
```

❸ 이제 ViewController.swift 파일을 열고 changeImage 메소드를 추가합니다. changeImage 메소드는 이미지 이름을 파라미터로 전달 받은 후 화면에 있는 이미지 뷰의 이미지를 변경합니다.

코드 참고 / part3_chapter3〉PhoneBook〉PhoneBook〉ViewController.swift   QR코드 듣기

```swift
… 중략

    func changeImage(named:String) {
        uiPersonImage.image = UIImage(named:named)
    }

… 중략
```

❹ createPersonClicked 메소드에서 Person 객체를 생성하는 부분을 수정하고 화면에 있는 세 개의 버튼들을 클릭했을 때 호출되는 메소드들도 수정합니다. createPersonClicked 메소드 안에서 Person 객체를 만들 때 네 번째 파라미터로 뷰 컨트롤러 객체를 전달하도록 수정했습니다. 뷰 컨트롤러 객체는 나 자신이 되므로 self라고 넣어줍니다. makePersonStanding, makePersonWalk, makePersonRun 메소드 안에서는 person 객체의 메소드들을 호출합니다.

코드 참고 / part3_chapter3>PhoneBook>PhoneBook>ViewController.swift   QR코드 듣기

```swift
… 중략

    @IBAction func createPersonClicked(_ sender: Any) {
        let name = uiNameInput.text!
        person = Person(name:name, age:20, mobile:"010-1000-1000", controller:self)
        
        uiPersonImage.backgroundColor = UIColor.brown
        
        NSLog("Person 객체가 만들어졌습니다. : \(name)")
    }
    
    @IBAction func makePersonStanding(_ sender: Any) {
        if person != nil {
            person.standing()
        }
    }
    
    @IBAction func makePersonWalk(_ sender: Any) {
        if person != nil {
            person.walk()
        }
    }
    
    @IBAction func makePersonRun(_ sender: Any) {
        if person != nil {
            person.run()
        }
    }

… 중략
```

❺ 앱을 다시 실행하고 [사람 만들기], [걷기], [달리기] 버튼을 차례대로 눌러 봅니다. 이전에 실행했던 것과 동일하게 이미지가 변경되지만 소스 코드가 동작하는 방식은 달라졌습니다. 지금은 Person 객체에 들어 있는 walk와 같은 메소드를 호출했을 때 이미지가 변경된다는 것을 잘 이해하기 바랍니다.

▲ 앱을 다시 실행하고 버튼을 클릭했을 때 동일하게 바뀌는 이미지

Person 클래스 상속하여 Baby 클래스 만들고 이미지로 보여주기

Person 클래스를 상속하여 Baby 클래스를 만드는 과정을 진행해 보겠습니다.

❶ 프로젝트 내비게이터 창에서 **Main.storyboard** 파일을 클릭하여 인터페이스 빌더 화면을 열고 버튼을 하나 더 추가합니다. 버튼을 추가할 때는 오른쪽 아래의 객체 라이브러리 창에서 **Button**을 찾아 끌어다 놓습니다. 그리고 버튼에 표시되는 글자는 '아기 만들기'로 수정합니다. 아래쪽에 있는 버튼들 밑에는 [울기]라는 버튼을 추가합니다.

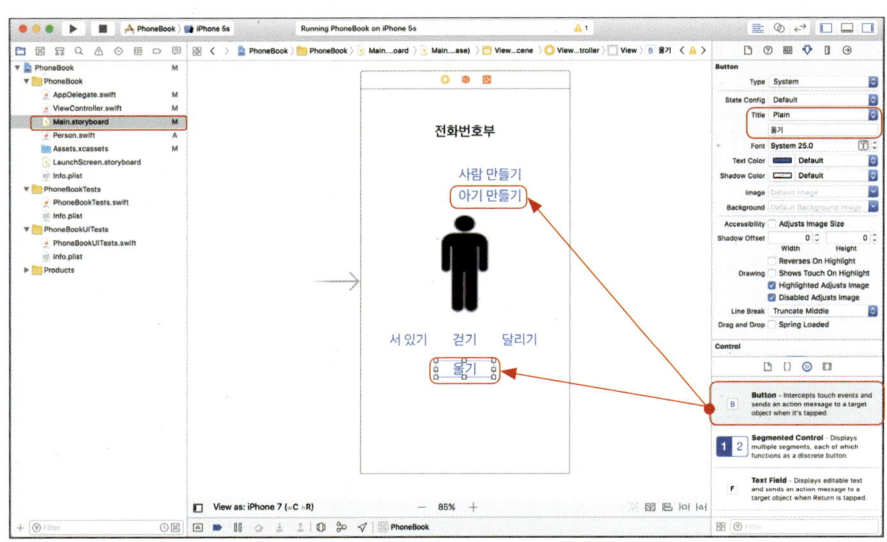

이제 Person 클래스를 상속하여 Baby라는 새로운 클래스를 정의해야 합니다. 그리고 화면에 있는 [아기 만들기] 버튼을 클릭했을 때 Baby 클래스로부터 인스턴스 객체를 만들어야 합니다. Person 클래스를 상속한 Baby 클래스 안에는 cry라는 이름의 메소드를 추가한 후 이 메소드를 호출했을 때 아기가 우는 이미지로 바꾸려고 합니다.

❷ 먼저 새로운 스위프트 파일을 만들고 Baby 클래스를 정의합니다. 스위프트 파일을 추가하려면 오른쪽 아래의 파일 템플릿 라이브러리 창에서 [Swift File] 아이콘을 끌어다 프로젝트 내비게이터 창에 추가해도 되고, 엑스코드 위쪽의 메뉴 중에서 [File → New → File...] 메뉴를 선택하여 추가해도 됩니다. 여기서는 화면 위쪽에 있는 메뉴를 클릭해서 추가해 봅니다.

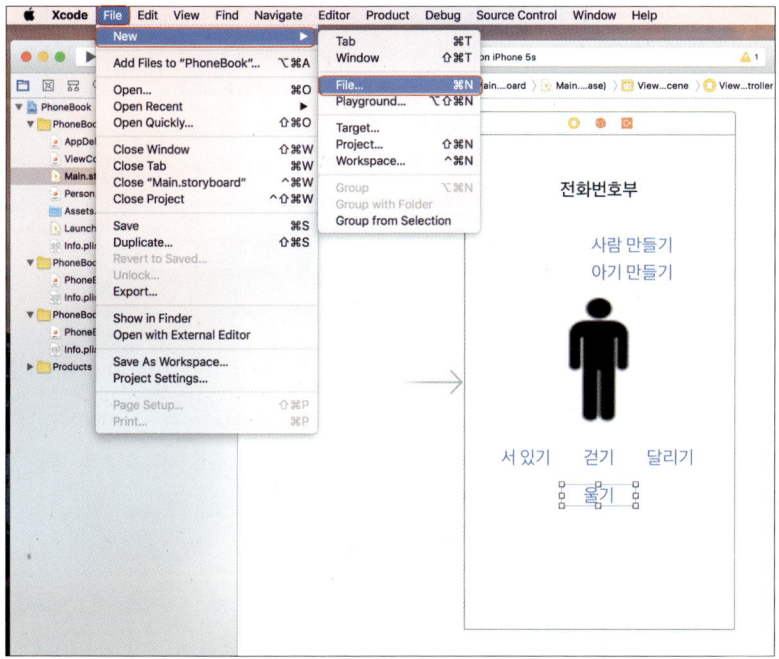

❸ 어떤 종류의 파일을 만들 것인지 물어보는 대화상자가 표시됩니다. [Source] 탭 안에 보이는 항목 중에서 'Swift File'을 선택한 후 [Next] 버튼을 클릭합니다.

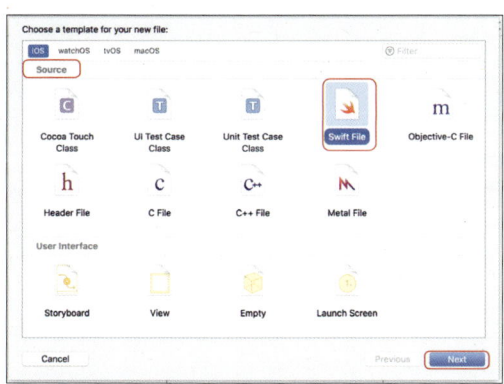

❹ 저장할 파일의 이름과 저장 위치를 물어보는 대화상자가 표시되면 파일 이름을 'Baby.swift'로 입력한 후 [Create] 버튼을 클릭합니다.

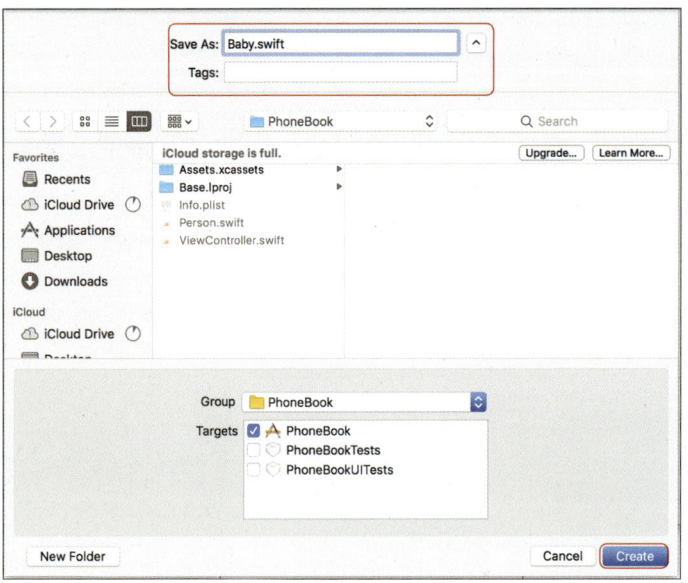

❺ 새로운 Baby.swift 파일이 추가되었다면 그 파일을 열고 다음 코드를 입력합니다. Baby 클래스는 Person 클래스를 상속하도록 하고 초기화 함수는 부모 클래스인 Person 클래스에 있는 초기화 함수를 재정의하여 만들도록 override 키워드를 붙입니다. 초기화 함수 안에서는 부모 클래스의 초기화 함수를 그대로 호출합니다. cry 메소드는 ViewController 클래스에 정의되어 있는 changeImage 메소드를 호출하여 아기가 우는 이미지로 바꾸는 역할을 합니다.

코드 참고 / part3_chapter3>PhoneBook>PhoneBook>Baby.swift   QR코드 듣기

```swift
import UIKit

class Baby : Person {
    override init(name: String, age: Int, mobile: String, controller: ViewController) {
        super.init(name:name, age:age, mobile:mobile, controller:controller)
    }
    
    func cry() {
        if controller != nil {
            controller.changeImage(named:"BabyCry")
        }
    }
}
```

❻ 프로젝트 내비게이터 창에서 Main.storyboard 파일을 클릭하여 인터페이스 빌더 화면을 엽니다. 보조 편집기도 열어서 디자인 화면과 보조 편집기 화면이 나란히 보이게 합니다. 그리고 보조 편집기 화면에는 ViewController.swift 파일의 내용이 표시되도록 합니다. control 키를 누른 상태로 디자인 화면에서 [아기 만들기] 버튼을 끌어 소스 코드에 가져다 놓습니다. [연결] 대화상자가 보이면 Connection 항목의 값을 'Action'으로 바꾼 후 Name 입력 상자에 'createBabyClicked'를 입력합니다. [Connect] 버튼을 클릭하면 소스 코드에 메소드가 추가됩니다. 동일한 방법으로 [울기] 버튼도 [연결] 대화상자를 띄운 후 makeBabyCry 메소드와 연결합니다.

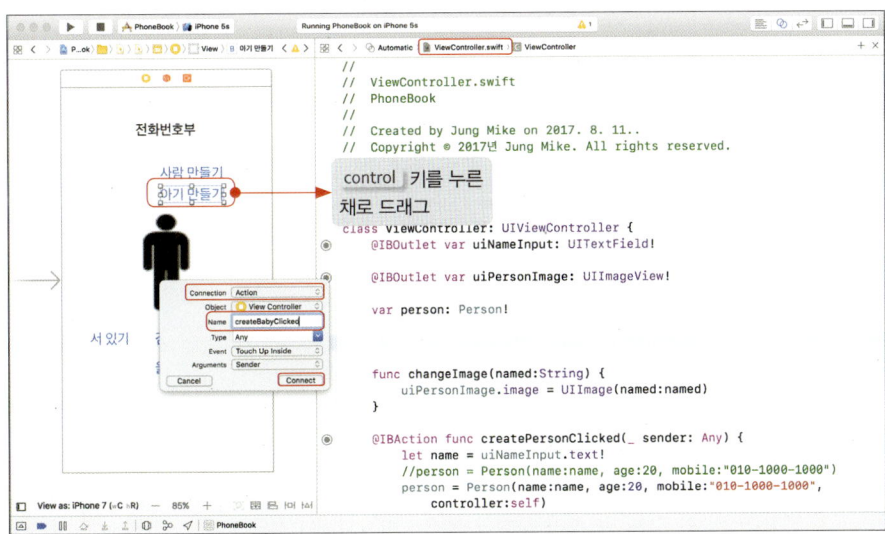

❼ ViewController.swift 파일에 createBabyClicked 메소드와 makeBabyCry 메소드가 추가되었으니 메소드 안에 다음 코드를 추가합니다. createBabyClicked 메소드 안에서는 Baby 클래스를 사용해 아기 객체를 만든 후 person 변수에 할당합니다. person 변수는 Person 자료형으로 되어 있지만 Baby가 Person 클래스를 상속했으므로 Baby 객체가 할당될 수 있습니다. 화면에 들어 있는 이미지 뷰의 배경색은 사이언(cyan) 색으로 변경하여 Person 객체가 만들어졌을 때 보이는 갈색과 구별되게 합니다. 그리고 NSLog 메소드를 호출하여 콘솔에 로그도 출력합니다.

makeBabyCry 메소드 안에서는 Baby 객체의 cry 메소드를 호출하도록 합니다. 그런데 person 변수가 가리키는 객체가 Person 자료형일 수도 있고 Baby 자료형일 수도 있으므로 if 문을 사용하면서 person 변수가 가리키는 객체를 Baby 자료형으로 형 변환합니다. 왜냐하면 Baby 자료형으로 변환해야 cry 메소드를 호출할 수 있기 때문입니다.

코드 참고 / part3_chapter3>PhoneBook>PhoneBook>ViewController.swift　　QR코드 듣기

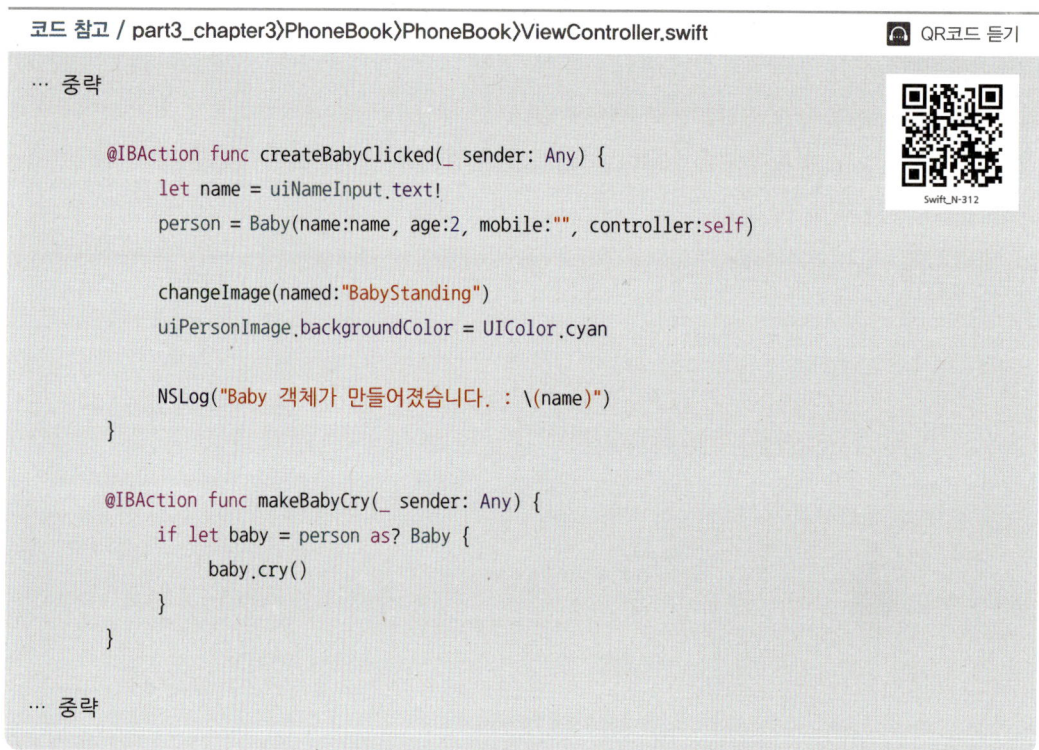

… 중략

```swift
    @IBAction func createBabyClicked(_ sender: Any) {
        let name = uiNameInput.text!
        person = Baby(name:name, age:2, mobile:"", controller:self)
        
        changeImage(named:"BabyStanding")
        uiPersonImage.backgroundColor = UIColor.cyan
        
        NSLog("Baby 객체가 만들어졌습니다. : \(name)")
    }
    
    @IBAction func makeBabyCry(_ sender: Any) {
        if let baby = person as? Baby {
            baby.cry()
        }
    }
```

… 중략

❽ 앱을 실행하고 [아기 만들기] 버튼을 클릭하면 이미지 뷰의 배경색이 바뀌고 아기 이미지가 나타납니다. 로그를 보면 Baby 객체가 만들어졌다는 것을 알 수 있습니다. [울기] 버튼을 클릭하면 Baby 객체의 cry 메소드가 호출되면서 우는 아기 이미지로 변경됩니다.

▲ [아기 만들기] 버튼을 클릭했을 때 보이는 아기 이미지　　▲ [울기] 버튼을 클릭했을 때 보이는 이미지

지금까지 스위프트 소스에서 Person 클래스를 정의하고 그 클래스에서 인스턴스 객체를 만들어 보았습니다. 그리고 그 객체에 들어 있는 메소드를 호출할 때 화면에 보이는 이미지가 바뀌도록 만들어 보았습니다. 또한 Person 클래스를 상속하여 Baby 클래스를 만들었을 때 다른 이미지가 보이게 수정도 해 보았습니다. 단순히 클래스를 정의하고 메소드를 호출하는 코드만 만들다가 화면에 보이는 이미지도 바뀌게 하니 코드가 동작하는 방식이 훨씬 잘 이해되지 않나요? 이제 클래스와 상속이 어떤 것인지 좀 더 잘 이해할 수 있을 것입니다.

4 _ 여러 가지 작업을 동시에 실행하기

프로그램을 만들 때는 보통 여러 개의 함수를 만들어 놓고 그 함수들을 순서대로 실행합니다. 그런데 항상 순서대로 실행될 경우 문제가 생길 수도 있습니다. 예를 들어, 잔디밭에서 원반을 던지고 강아지가 물고 돌아오는 놀이를 했을 때 한 마리에게 물고 오도록 하는 과정은 순서대로 진행될 수 있습니다. 하지만 강아지가 여러 마리일 때는 한 마리가 원반을 물고 돌아오는 동안 다른 강아지들은 기다려야 하는 문제가 발생합니다.

▲ 여러 마리의 강아지와 원반 던지기 놀이를 할 경우

그렇다면 강아지들이 동시에 움직일 수 있도록 기다리는 강아지들에게도 어떤 행동을 할 수 있게 만들어야 합니다. 왜냐하면 기본적으로 프로그램은 코드가 순서대로 실행되기 때문에 여러 가지가 동시에 실행되도록 하려면 실행 방식을 바꿔야 하기 때문입니다. 동시에 무언가를 해야 하는 것을 '동시 작업'이라고 합니다. 동시 작업을 할 때는 보통 '스레드(Thread)'라는 것을 여러 개 만들어 실행합니다. 스위프트도 스레드를 사용해 동시 작업을 하는 것을 지원합니다. 어떤 프로그램을 실행하면 처음에는 메인 스레드라는 것이 자동으로 만들어져 실행되는데 이 메인 스레드에서 새로운 스레드를 만들 수 있습니다. 새로운 스레드를 만들어 실행하면 이 스레드 안에서 실행되는 코드는 메인 스레드와 별개로 실행되므로 동시에 두 개의 작업을 진행시킬 수 있습니다.

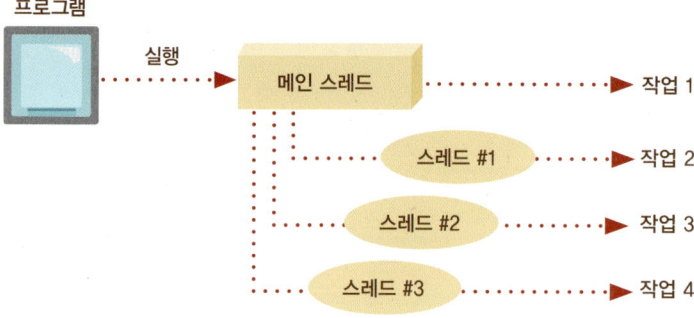

▲ 프로그램과 스레드

스위프트를 사용해 아이폰 앱을 만들 때 동시에 작업이 실행되게 하려면 다음과 같은 세 가지 중의 하나를 사용할 수 있습니다.

❶ Thread
❷ Operation
❸ GCD(Grand Central Dispatch)

❶ Thread는 스레드를 만들어 실행할 수 있도록 합니다. 다른 언어에서도 스레드를 만들어 실행하는 방법을 많이 사용하지만 각각의 작업을 스레드로 만들고 스레드를 관리해야 하므로 조금 비효율적입니다.

❷ Operation은 각각의 작업을 Operation 객체로 만들고 작업 큐(OperationQueue)에 넣는 방식을 사용합니다. 작업 큐에 넣으면 시스템이 해당 큐에 들어 있는 Operation 객체를 순서대로 실행합니다. 스레드를 만든 후 큐에 넣기만 하면 스레드가 알아서 관리하므로 각각의 스레드를 직접 관리할 필요가 없어 조금 더 편리하다고 할 수 있습니다.

❸ GCD는 Operation을 사용하는 방식과 비슷하지만 코드를 실행하는 방식이 훨씬 간단하여 iOS나 MacOS용 프로그램을 만들 때 권장합니다.

그러면 여기서는 이 세 가지 방식 중에서 Thread를 사용하는 방식과 GCD를 사용하는 방식을 살펴보겠습니다.

Thread 사용하기

앱 화면에 버튼과 프로그레스 바를 추가하고 버튼을 누르면 프로그레스 바 값이 점점 증가하도록 만들어 보겠습니다. 이런 작업을 수행하려면 버튼을 클릭했을 때 새로운 스레드를 만들고 그 스레드 안에서 프로그레스 바의 값을 변경하도록 해야 합니다. 이 기능을 Thread로 만들어 보겠습니다.

❶ 엑스코드를 실행한 후 [part3_chapter03] 폴더에 Thread라는 이름의 새로운 프로젝트를 만듭니다. 새로운 프로젝트를 만드는 과정은 여러 번 해 보았으므로 여러분 스스로 만들기 바랍니다.

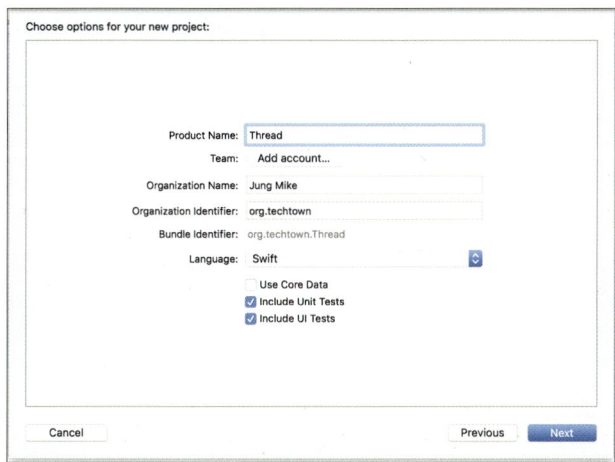

❷ 프로젝트가 만들어지고 엑스코드 창이 뜨면 왼쪽 프로젝트 내비게이터에서 Main.storyboard 파일을 클릭하여 인터페이스 빌더 화면을 엽니다. 그리고 화면에 버튼과 라벨을 하나씩 넣은 다음 프로그레스를 추가합니다. 버튼과 라벨을 추가한 후 버튼에는 '시작' 글자를 넣고 라벨에는 '0'이라는 글자가 표시되도록 합니다. 프로그레스는 오른쪽 아래의 객체 라이브러리 창에서 Progress View라는 항목을 찾아 끌어다 놓으면 됩니다.

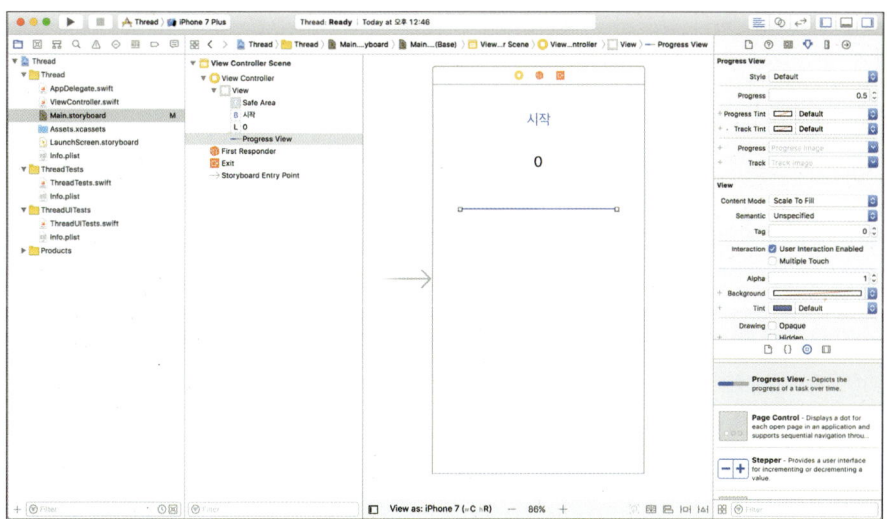

❸ 화면에 추가한 버튼과 라벨 그리고 프로그레스를 소스 코드와 연결하겠습니다. 보조 편집기를 열고 ViewController.swift 파일을 불러온 후 디자인 화면과 보조 편집기 창이 나란히 보이도록 만듭니다. 그리고 control 키를 누른 채로 버튼을 소스 코드 쪽으로 끌어서 [연결] 대화상자가 보이도록 합니다. 버튼을 연결할 때는 Connection 속성을 'Action'으로 하고 Name 입력 상자에 'startClicked'를 입력한 후 [Connect] 버튼을 누릅니다. 라벨과 프로그레스의 [연결] 대화상자에서는 Connection 속성을 'Outlet'으로 그대로 둔 채 Name 입력 상자에 각각 'uiCountLabel'과 'uiProgress'를 입력한 후 [Connect] 버튼을 누릅니다. 그러면 ViewController 클래스 안에 다음 코드가 자동으로 추가됩니다.

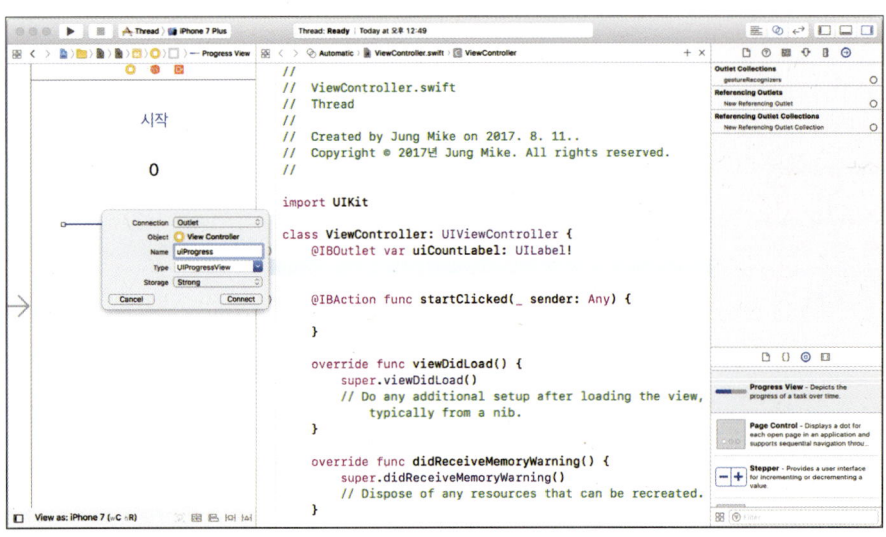

코드 참고 / part3_chapter3〉Thread〉Thread〉ViewController.swift   QR코드 듣기

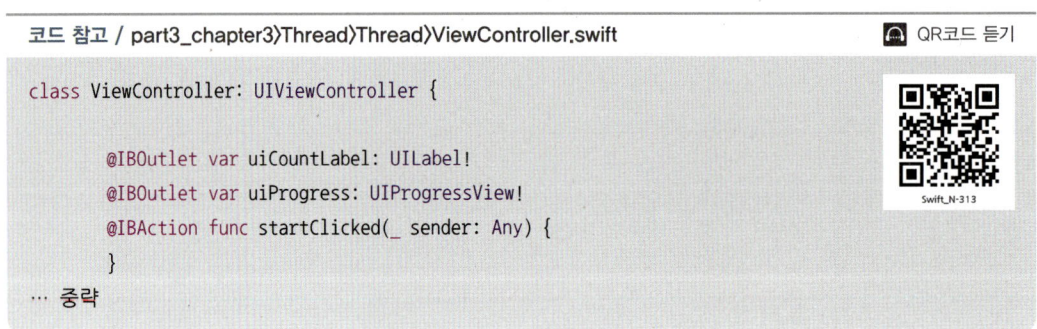

❹ 버튼을 클릭했을 때 startClicked 메소드가 호출되도록 만들었으므로 startClicked 메소드 안에 프로그레스의 값을 자동으로 증가시키는 코드를 입력해야 합니다. 스레드를 하나 만들고 그 안에서 코드가 실행되도록 할 것이므로 Thread 객체를 만들고 스레드를 시작시키는 다음 코드를 추가합니다. Thread 객체를 만들 때는 selector 파라미터를 전달하는데 이 파라미터는 셀렉터를 사용해 스레드 안에서 실행될 메소드를 지정합니다. 여기서는 incrProgress라는 이름의 메소드를 지정했습니다. Thread 객체를 만든 후 start 메소드를 호출하면 스레드가 실행됩니다.

코드 참고 / part3_chapter3〉Thread〉Thread〉ViewController.swift   QR코드 듣기

… 중략

```swift
    @IBAction func startClicked(_ sender: Any) {
        let thread = Thread(target:self, selector:#selector(incrProgress),
        object:nil)
        thread.start()
    }
```

… 중략

❺ 스레드를 만들면서 incrProgress 메소드를 실행하라고 지정했으니 incrProgress 메소드를 추가합니다. incrProgress 메소드 안에는 for 문이 들어 있으며 1부터 100까지 반복 실행되면서 프로그레스에 값을 설정합니다. 스레드는 실행 중간에 취소될 수 있기 때문에 cancelled 속성을 사용해서 혹시라도 취소된 상태가 아닌지 확인해야 합니다. 프로그레스에 설정하는 값은 0부터 1 사이의 값이어야 하므로 count 상수에 들어 있는 값을 100.0으로 나누어 progress 변수에 할당합니다. 그리고 그 값을 프로그레스에 설정하는데 이때는 프로그레스 객체의 setProgress 메소드를 사용합니다. 라벨에도 값이 표시되도록 text 속성에 값을 할당합니다. 코드가 한 번 반복될 때마다 0.1초 동안 쉬었다가 다시 for 문을 반복하도록 하면 프로그레스의 값이 천천히 바뀌게 됩니다. 스레드의 동작을 잠깐 멈출 때는 Thread.sleep 메소드를 사용합니다.

코드 참고 / part3_chapter3〉Thread〉Thread〉ViewController.swift   QR코드 듣기

… 중략

```swift
    @objc func incrProgress() {
        for count in 1 ... 100 {
            if Thread.current.isCancelled == true {
                break
            }
            
            let progress = Float(count) / 100.0
            NSLog("progress : \(progress)")
            
            uIProgress.setProgress(progress, animated: true)
            uiCountLabel.text = String(progress)
            
            Thread.sleep(forTimeInterval: 0.1)
        }
    }
```

… 중략

❻ 앱을 실행하고 [시작] 버튼을 눌러 어떻게 동작하는지 확인합니다. 그러면 앱이 잘 실행되는 경우도 있지만 [시작] 버튼을 누르자마자 엑스코드 화면 아래의 콘솔에 오류 메시지가 출력되는 경우도 있습니다. 그리고 정상적으로 실행되었다고 하더라도 소스 코드에 경고 메시지가 표시됩니다.

이것은 새로 만든 스레드에서 UI에 접근할 수 없기 때문에 생긴 문제입니다. UI는 프로그램이 시작될 때 자동으로 생성된 메인 스레드에서 관리하는데 여러분이 직접 새로 만든 스레드에서 UI에 접근할 때는 어떤 스레드의 작업을 먼저 실행할지 알 수 없는 상태가 됩니다. 이것을 '동시 접근의 문제'라고 합니다. 말 그대로 하나의 객체를 두 곳에서 동시에 접근할 때 생기는 문제인데, 이 문제가 생기지 않도록 하려면 새로 만든 스레드에서 UI에 접근할 때 perform 메소드를 사용하면서 메인 스레드 객체를 지정해야 합니다.

이때 지정한 메소드 안에 코드를 넣으면 그 코드는 메인 스레드에서 실행되기 때문에 UI에 접근할 수 있습니다.

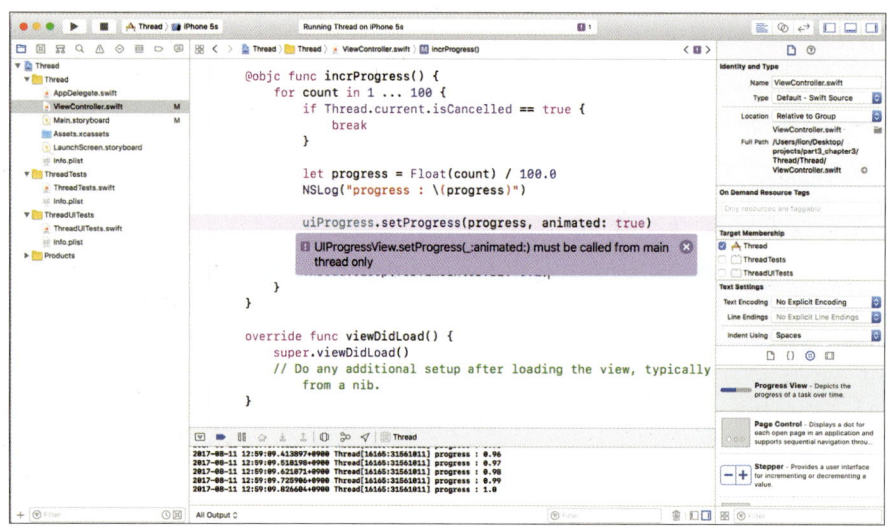

❼ incrProgress 메소드 안의 코드를 다음과 같이 수정합니다. 프로그레스와 라벨에 값을 설정하던 코드를 없애고 perform 메소드를 호출했습니다. 이 메소드를 호출하면서 전달한 셀렉터를 보면 applyProgress 메소드를 지정하고 있습니다.

코드 참고 / part3_chapter3〉Thread〉Thread〉ViewController.swift   QR코드 듣기

… 중략

```swift
    func incrProgress() {
        for count in 1 ... 100 {
            if Thread.current.isCancelled == true {
                break
            }
            let progress = Float(count) / 100.0
            NSLog("progress : \(progress)")
            
            self.perform(#selector(applyProgress), on: Thread.main, with: progress,
             waitUntilDone: false)
            
            Thread.sleep(forTimeInterval: 0.1)
        }
    }
```

… 중략

❽ applyProgress 메소드를 다음과 같이 추가하면 이 메소드가 메인 스레드에서 실행됩니다. 결국 UI에 접근하는 코드를 incrProgress 메소드에서 applyProgress 메소드로 옮긴 모양이 되었습니다.

코드 참고 / part3_chapter3〉Thread〉Thread〉ViewController.swift   QR코드 듣기

… 중략

```swift
    @objc func applyProgress(progress: Float) {
        uiProgress.setProgress(progress, animated: false)
        uiCountLabel.text = String(progress)
    }
```

… 중략

❾ 앱을 다시 실행하고 [시작] 버튼을 누르면 앱이 정상적으로 실행되면서 프로그레스와 라벨의 값이 점차 증가하는 것을 볼 수 있습니다. 이렇게 스레드를 만들어 실행시키는 방법은 iOS와 macOS뿐만 아니라 다른 언어에서도 가장 기본적인 방법으로 사용되니 반드시 알아두는 게 좋습니다.

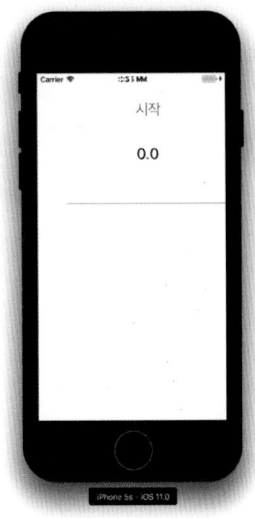

▲ 스레드를 사용해 프로그레스 바의 값을 증가시키는 경우

GCD 사용하기

이번에는 GCD를 사용하는 방법에 대해 살펴보겠습니다. 앞에서 만들었던 프로젝트를 수정하여 GCD를 사용하도록 바꿔 보겠습니다.

ViewController.swift 파일을 열고 다음과 같이 startClicked 메소드 안의 코드를 수정합니다. Thread를 사용할 때는 메소드가 여러 개로 분리되어 있었지만 지금은 하나의 메소드 안에 모든 코드가 들어 있습니다. 스레드에서 실행할 코드는 '글로벌 큐(Global Queue)'라는 것 안에 넣은 후 dispatch_async 메소드를 호출하면서 넘겨줍니다. 글로벌 큐는 새로운 스레드로 만들어져 실행되며 dispatch_get_global_queue 메소드를 사용해 참조할 수 있습니다. dispatch_get_global_queue 메소드를 호출할 때 세 번째 파라미터로 클로저를 전달할 수 있으며 클로저의 중괄호 안에 for 문을 넣어줍니다. for 문 안에서 프로그레스의 값을 바꾸는 코드는 이전과 거의 비슷하지만 UI를 업데이트하는 부분에서는 다시 dispatch_async 메소드를 호출합니다. 그런데 이번에는 dispatch_get_main_queue 메소드를 사용해 '메인 큐(Main Queue)'를 참조한 후 클로저를 전달합니다. 그러면 이 클로저는 메인 스레드에서 실행되므로 UI에 접근해도 문제가 발생하지 않습니다.

코드 참고 / part3_chapter3〉Thread〉Thread〉ViewController.swift　　　QR코드 듣기

```swift
… 중략
        @IBAction func startClicked(_ sender: Any) {
            DispatchQueue.global(qos: .background).async {
                () -> () in
                for count in 1 ... 100 {
                    let progress = Float(count) / 100.0
                    NSLog("progress : \(progress)")
                    
                    DispatchQueue.main.async {
                        self.uiProgress.setProgress(progress, animated: false)
                        self.uiCountLabel.text = String(progress)
                    }
                    
                    Thread.sleep(forTimeInterval: 0.1)
                }
            }
        }
… 중략
```

앱을 다시 실행하고 [시작] 버튼을 누릅니다. 그러면 문제없이 동작하는 것을 확인할 수 있습니다. GCD라는 것을 사용해보니 어떤가요? Thread를 쓸 때보다 코드가 훨씬 간단한가요? 코드가 그리 간단하게 보이지는 않지만 하나의 메소드 안에서 스레드를 만들고 UI도 접근할 수 있다는 점은 아주 큰 장점입니다. GCD는 iOS나 macOS가 아닌 다른 플랫폼에서 스위프트를 사용할 때도 쓸 수 있습니다. 다만 다른 OS에 포팅된 스위프트에서 GCD를 지원하지 않는다면 앞에서 살펴보았던 Thread를 사용했던 것처럼 다른 방법으로 동시 접근 문제를 해결해야 합니다.

지금까지 둘째 마당에서 콘솔로만 확인하던 내용을 앱 화면에 이미지나 다른 뷰로 보여주도록 바꿔 보았습니다. 간단한 코드와 몇 줄 안 되는 콘솔의 출력물로 확인하던 것을 앱의 기능으로 동작하는 코드로 바꿔 보았으니 스위프트를 실제 앱에서 어떻게 사용하는지 더 잘 알게 되었을 것입니다.

이제 본격적으로 앱을 만들 준비가 되었습니다. 지금부터는 스위프트와 아이폰 앱을 간단하게 만드는 수준에서 벗어나 실제 앱을 만드는 단계에 도전할 수 있습니다.

프로토콜과 클래스 만들고 화면에 이미지로 보여주기

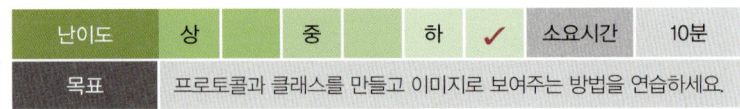

- Animal 프로토콜을 정의하고 이 프로토콜을 준수하는 Dog 클래스를 만들어 보세요. 그리고 이 Dog 클래스를 상속하는 Puppy 클래스를 만들어 보세요.

- Animal 프로토콜에는 stand, sit, run 세 개 메소드를 정의합니다. 그리고 Dog 클래스가 이 프로토콜을 준수하도록 합니다. Dog 클래스에서 stand 메소드가 호출되면 화면에 있는 이미지 뷰에 서 있는 개의 이미지가 보이도록 합니다. sit 메소드가 호출되면 이미지 뷰에 개가 앉아있는 이미지를 보여주고, run 메소드가 호출되면 이미지 뷰에 개가 달리는 이미지를 보여줍니다. Puppy 클래스의 경우에는 강아지 중 서 있거나 또는 앉아 있거나 달리는 이미지를 사용하여 보여주도록 합니다.

- 화면에는 두 개의 입력 상자와 함께 [개 만들기]와 [강아지 만들기] 버튼을 배치합니다. 그리고 그 아래에 이미지 뷰를 배치합니다. 이미지 뷰 아래에는 [서 있기], [앉기], [뛰기] 버튼을 배치합니다.

- 사용자가 이름과 전화번호를 입력하고 [개 만들기] 버튼을 누르면 Dog 클래스를 사용해서 개 객체를 하나 만들고 변수에 할당합니다. [강아지 만들기] 버튼을 누르면 Puppy 클래스를 사용해 강아지 객체를 하나 만들고 변수에 할당합니다.

- 개 또는 강아지 객체가 만들어져 있는 경우, [서 있기] 버튼을 누르면 그 객체의 stand 메소드를 호출하도록 합니다. [앉기]와 [뛰기]의 경우에도 객체의 sit, run 메소드를 호출하도록 합니다.

- 앱을 실행하여 개 또는 강아지 객체를 만들고 [서 있기], [앉기], [뛰기] 버튼을 누름에 따라 이미지 뷰에 보이는 이미지가 바뀌는지 확인해 봅니다.

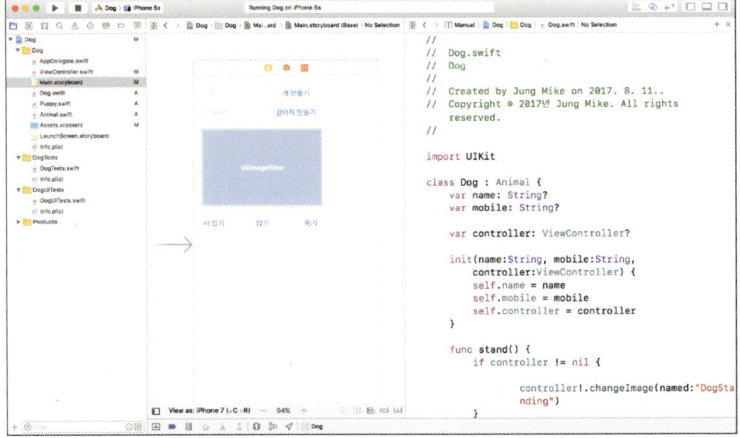

해답 | study12playground

Swift 총정리

클래스를 만들고 여러 가지 작업을 동시 수행하기

1 앱의 수명 주기

앱이 실행되면 상태 변화가 일어나는데 포그라운드 상태와 백그라운드 상태를 오가게 됩니다.

> 1. Active → 앱의 화면이 표시되고 실행 중인 상태
> 2. Inactive → 앱이 실행 중이지만 이벤트를 받고 있지 않은 상태
> 3. Background → 앱이 백그라운드에서 실행되고 있는 상태
> 4. Suspended → 앱이 백그라운드에 있지만 실행되고 있지 않은 상태
> 5. Not running → 앱이 실행되지 않은 상태 또는 앱이 종료된 상태

앱의 수명 주기에 따른 상태는 AppDelegate 클래스로 알 수 있습니다.

2 앱 상태에 따라 데이터 저장했다가 복구하기

앱이 중지된 상태는 applicationDidEnterBackground 메소드로 알 수 있습니다.
앱이 다시 활성화된 상태는 applicationDidBecomActive 메소드로 알 수 있습니다.
NotificationCenter를 사용할 때는 post 메소드로 메시지를 보내고 addObserver 메소드로 등록한 메소드에서 메시지를 받을 수 있습니다.
addObserver로 메소드를 등록할 때는 셀렉터를 사용합니다.

3 클래스를 만들고 화면에 이미지로 보여주기

앱에 보여줄 이미지를 추가할 때는 프로젝트 내비게이터 창에서 애셋 카탈로그에 추가하거나 그룹을 만들어 추가할 수 있습니다.
코드에서 이미지 객체를 만들 때는 UIImage 클래스를 사용하고 named 파라미터로 이미지 이름을 전달합니다.
화면에 보이는 이미지 뷰의 image 속성에 UIImage 객체를 설정하면 화면에 이미지가 보이게 됩니다.
클래스로부터 만들어진 인스턴스 객체의 메소드 안에서 화면에 보이는 이미지 뷰의 이미지를 바꿀 수 있습니다.

4 여러 가지 작업을 동시에 실행하기

스위프트에서 동시 작업이 실행되게 하려면 세 가지 중의 하나를 사용하면 됩니다.

> 1. Thread
> 2. Operation
> 3. GCD(Grand Central Dispatch)

Thread 객체를 만든 후 start 메소드를 호출하면 스레드가 실행됩니다.
Thread 객체를 만들면서 셀렉터를 전달하면 스레드를 시작했을 때 셀렉터에서 지정한 메소드가 실행됩니다.
직접 만든 스레드에서는 화면에 보이는 UI 객체에 직접 접근할 수 없으므로 perform 메소드를 사용하면서 파라미터로 메인 스레드를 지정합니다.
GCD를 사용하면 스레드를 만드는 메소드 안에서 UI 객체도 접근할 수 있습니다.
GCD를 사용할 때는 DispatchQueue가 사용됩니다.

Index

A~B

add 함수	123
Annotation	491
Anonymous Function	331
Any	368
AnyObject 자료형	368
Apache 2.0 라이선스	23
AppDelegate 클래스	550
append 함수	265
ARC	392
Argument	124
Arithmetic Operator	165
Array	149, 254
as 연산자	366
Assign	79
Assignment Operator	90, 168
Assistant Editor	471
Association	241
Attribute	199
Automatically Run	113
Bool 자료형	84
Boolean	83
break 키워드	295
Build	68
Bundle Identifier	479

C

Call Stack	324
Callback function	318
case 키워드	235
catch 키워드	408
Character	83, 89
Class	196
class 키워드	191
Closed Range Operator	175
Closure	320, 330
Closure Trailing	336
Code Block	115, 217
code sign	60
Collection	292
Column	271
Comment	104
Comparative Operator	163
compare 함수	180
Compile	68
components 메소드	442
Computed Properties	214
Conditional Operator	171
Conditional Statement	286
Console	72
Constant	99
Container View Controller	483
contains 함수	264
continue 키워드	295
Convenience Initializer	350
convenience 지시자	352
count 변수	122
Custom Segueway	535

D~E

dangling pointer	401
Date 클래스	445
Declaration	78
defer 키워드	319
Designated Initializer	350
Dictionary	149
didSet 옵저버	219
distance 변수	85
divide 메소드	409
do ~ catch 구문	411
Double 자료형	85
Down Casting	366
duration 속성	383
Element	147
Emulator	58
Encapsulation	201, 375
endIndex	438
enum	235
enumerated 메소드	279
Enumeration	234
Exception	404
Execution Context	324
extension	414
External Parameter	127

F~G

Failable Initializer	353
failPrint 함수	319
false	85
First-class Object	311
Fix Issue	60
Float	83, 220
Fonts & Colors	50
for 문	120, 291
func 키워드	111
Function Call	112
Function Declaration	112
GCD	586
gender 변수	235
Gender 열거형	235
Generic	371
getGender 메소드	236
guard 문	300

H~I

Half-closed Range Operator	175
Hashtable	272
hasSuffix 메소드	439
Identifier	72
if ~ else 구문	171
if 문	178
if 키워드	174
Implicit Unwrapping	140
in 연산자	121
in 키워드	332
Index	256
index 함수	265
Inheritance	347
init 함수	206
Initializer	207
Initializer Delegation	352
Inner Function	324
inout 키워드	136
inout 파라미터	136
insert 메소드	262
Instance	204
Instance Property	220
Int	79
Int?	144
Interpolation	104
is 연산자	174
isEmpty 속성	260, 281

J~N

Key-Value	272
Lazy Properties	215
lazy 키워드	215
lengthOfBytes 메소드	442

let 키워드	99	
Local Parameter	127	
Local Variable	395	
Logical Operator	168	
Loop	120	
machine code	68	
Manually Run	76	
Method	116, 199	
Multiple Comparison	290	
Navigation Stack	517	
Navigator	465	
Nested Function	324	
Nested Type	421	
nil	96	
NSArray 배열	452	
NSLog	450	
null 값	139	

O~P

Object	193
Object Library	468
Object oriented programming	190
Object Type	82
Object-Oriented	188
Open Source	22
Operand	165
Optimizer	25
Optional	25
Outer Function	324
Outlet	473
Overloading	209
override 키워드	360
Overriding	358
Parameter	124
Pass By Reference	211
Pass By Value	211
Playground	27
Preferences	50
present 방식	484
Primitive Type	82
Property Observer	219
Protocol	364, 375

Q~S

range 메소드	443
rawValue	239
Rectangle 클래스	351
Reference	210
remove 함수	263
removeLast 함수	263
removeValue 메소드	276
repeat ~ while 구문	295
required 키워드	382
return 문	300
return 키워드	124
Row	271
Running 메시지	71
Selector	431, 433
self 키워드	208
Set	281
show 함수	314
Simulator	58, 476
Single View App	463
Software Development Kit	117
sort 메소드	275
Spotlight	30
Square 클래스	361
Stack	265
Statement	91
static 키워드	221
String 자료형	89
Strong Reference Cycles	397
Structure	227
subscript	419
subtract	191, 322
sum 함수	126, 176
super 키워드	356
switch 문	236, 296

T~U

target 상수	265
Template	463
Thread	579
throw	406
throws	406
try 구문	410
try 키워드	408
Tuple	138
Type	74
Type Annotation	79
Type based Language	370
Type Casting	366
Type Conversion	93
Type Method	223
Type Property	221
typealias	101
UIAlertAction 클래스	493
UIKit 프레임워크	431, 492
unowned 키워드	400
Unwind	533
Unwrapping	98
Up Casting	366
updateValue 메소드	276
Utility	465

V~Z

Value	73
var	77
Variable	69
Variadic Parameter	134
View Controller Scene	467
VMWare	41
Void 키워드	315
Weak Pointer	400
weak 키워드	400
while 문	291, 294
willSet 옵저버	219
Wrapping	98
WWDC	21
Xcode	43

ㄱ~ㄴ

가변 파라미터	134, 152
강한 순환 참조	397

객체	193
객체 라이브러리	468
객체 비교	431
객체 자료형	82, 212
객체 지향	188, 193
계산 속성	214, 216
구조체	227
기본 자료형	82
내부 파라미터	127
내부 함수	324
내비게이션 스택	517
내비게이션 컨트롤러	483
내비게이터	465
논리 연산자	169, 170

ㄷ~ㄹ

다운 캐스팅	366
다중 비교	290
다중 정의	209
단일 상속	348
닫힌 범위 연산자	175
댕글링 포인터	401
더하기 연산자	93
데이터 전달 과정	544
동일 연산자	163
디버그 영역	72
딕셔너리	149
라이브러리	465
래핑	98
레이어	482
레퍼런스	210
루트 뷰 컨트롤러	482
리눅스용 컴파일러	23

ㅁ~ㅂ

매뉴얼 세그웨이	527
메소드	116, 199
메소드 재정의	358
문자열 자료형	80
문자열 템플릿	102, 104
문장	91
미션 컨트롤 (Mission Control) 키	31

바인딩	289
반 닫힌 범위 연산자	175
반복문	120
반환 자료형	315, 337
배열	149, 254
배열 객체	255
백그라운드	550
범위 연산자	175
변수의 특징	78
보조 편집기	471
복제	40
부동소수	83
부모 클래스	348
부분 초기화 함수	380
불(Bool) 자료형	131
뷰	482
뷰 컨트롤러	486
비교 연산자	164, 165
빌드	68
빼기 함수	322

ㅅ

산술 연산자	165, 166
상속	347
상수	99
상위 클래스	348
상태 표시줄	67
상호 참조	399
서브스크립트	419
세그웨이	504, 523
셀렉터	431, 433
셋	281
속성	199
속성 옵저버	219
속성 인스펙터	468
수명 주기	550
스레드	579
스택	265
스포트라이트	30
시뮬레이터	58, 476
식별자	72
실패 가능 초기화 함수	353
실행 컨텍스트	324

ㅇ

아웃렛	473
암시적 언래핑	140
약한 참조	400
어노테이션	491
언래핑	98
언와인드 기능	532
업 캐스팅	366
에뮬레이터	58
엑스코드	43, 463
엑스코드 메인 화면	57
연결	241
열거형	234
예약어	82
예외	404
오픈 소스	22, 23
옵셔널	25, 139, 83
외부 파라미터	127
외부 함수	324
원소	147
유틸리티	465
유틸리티 영역	57
유효 범위	395
응용 프로그램	36, 45, 68
응용 프로그램 강제 종료	39
익명 함수	331
인덱스	256
인수	124
인스턴스	204
인스턴스 메소드	224
인스턴스 속성	220
인스펙터	57, 465
인터페이스 빌더 창	466
인터폴레이션	104
일급 객체	311

ㅈ~ㅊ

자료형	75
자식 클래스	348
저장 속성	214, 215
전역 변수	190
전체 초기화 함수	350
점(.) 연산자	222
점프 바	466
접근 레벨	423
정보 가져오기	41
정수 옵셔널	144
정수 자료형	80
제네릭	370
제스처	33
조건 연산자	171
조건문	100, 286
조기 종료	300
주석	104
중첩 타입	421
중첩 함수	324
즉시 실행 함수	338
지역 변수	395
지연 속성	215
집합 연산	283
초기화	80
초기화 메소드 위임	352
초기화 함수	207, 350

ㅋ~ㅌ

캡슐화	201, 375
캡처	331
커스텀 세그웨이	535
컨테이너 뷰 컨트롤러	483
컬렉션	292
컴파일	68
코드 블록	115, 217
코드 사인	60
콘솔	72
콜 스택	324
콜백 함수	318
클래스	192, 193
클로저	320, 330
클로저 트레일링	336
클로저 표현식	331
타입 기반 언어	74, 370
타입 메소드	223
타입 속성	221
타입 어노테이션	79
타입 캐스팅	366
타입앨리어스	101
탭 바 컨트롤러	483

템플릿	463
튜플	138
튜플의 값	146

ㅍ~ㅎ

파라미터	124
파운데이션 프레임워크	431
파인더	37
포그라운드	550
프로그래밍 언어	68
프로젝트 내비게이터	57, 481
프로토콜	364, 375
프로퍼티	214
플레이그라운드	27
플레이그라운드 템플릿	48
피연산자	165
하위 클래스	348
할당 연산자	90, 168
함수	111
함수 상자	125
함수 선언	114
함수 호출	114
해시테이블	272
형 변환	93, 368

기타

! 연산자	182
!= 연산자	163
#selector( ) 문	433
%@ 포맷 문자열	450
&& 연산자	169
.Net Framework	24
@IBAction	491
@objc 키워드	436
_ 기호	152
|| 연산자	169
+= 연산자	167
<= 연산자	164
== 연산자	163
=== 연산자	233
>= 연산자	164